21世纪法学研究生参考书系列

王　竹◎著

侵权责任法疑难问题专题研究

（第二版）

中国人民大学出版社
·北京·

侵权责任法
民法
物权法研究
物权法研究
合同法

作者简介

王竹，男，1981年生，四川大学法学院教授、博士生导师，兼任中国人民大学民商事法律科学研究中心侵权法研究所副所长、世界侵权法学会执委会秘书长。1999—2009年相继在中国人民大学获得管理学学士、民商法学硕士和博士学位，先后赴我国台湾地区东吴大学、美国康奈尔大学和耶鲁大学求学，英国牛津大学法学部访学。在《法学研究》、*Chicago-Kent Law Review* 等杂志发表论文140余篇，其中多篇被《新华文摘》、人大复印报刊资料转载。主持国家社科基金青年项目1项、教育部人文社会科学重点研究基地重大研究项目1项、司法部法治建设与法学理论研究部级科研项目2项，独著《侵权责任分担论》《编纂民法典的合宪性思考》《侵权责任法疑难问题专题研究》，合译《美国侵权法：实体与程序》。

第二版修订说明

本书第一版自2012年出版至今快六年了。从我自己和同仁在教学中使用的情况和读者来信反馈来看，本书选取的专题都是理论和实务的热点和难点问题，非常适合作为硕士研究生“侵权法”课程的教材和参考书，也有不少读者是有志于学术研究的高年级本科生和考研学子。除此之外，作者在选题时还特意避免选择那些因为过于深奥而不适宜这一读者群的专题，例如权利与利益的区分保护、违法性与过错、因果关系等。通过阅读本书，读者不但能够就相关问题与作者对话，还能够初步掌握学术论文选题、谋篇、布局、成文各个阶段的写作技巧，逐渐体会宏观、中观、微观三个不同层次的论证方式，达到既“授之以鱼”又“授之以渔”的目的。第一版能够得到读者的认可，也让作者萌生了将这本书定位于侵权法领域专题性研究生教材和高年级本科生参考书，长期跟踪司法实务和理论热点，及时持续修订下去的念头，并得到了郭虹编辑的大力支持。

相比于本教材第一版，第二版作出如下调整：

第一，根据2017年3月15日通过的《民法总则》，结合“编纂民法典”的最新进展，新增了“《民法典·侵权责任编》的编纂背景与结构调整”专题，并对导论部分的“《侵权责任法》立法程序合宪性与‘民法典’起草过程中的宪法意识研究”和“实质意义上侵权法的效力判断方法与立法展望研究”两个专题进行了修正。

第二，根据司法实务中对使用人责任理论体系的需求，增加“我国侵权法上使用人替代责任的谱系化建构研究”和“劳务派遣工作人员的侵权责任研究”两个专题。

第三，鉴于2013年1月1日起施行的《最高人民法院关于审理侵害信息网络传播权民事纠纷案件适用法律若干问题的规定》和2014年10月10日起施行的《最高人民法院关于审理利用信息网络侵害人身权益民事纠纷案件适用法律若干问题的规定》部分采纳了本书第一版专题三“网络侵权责任若干疑难问题研究”的理论学说，该专题已经没有必要作为疑难问题纳入本书，因此删除该专题。

第四，鉴于2012年12月21日起施行的《最高人民法院关于审理道路交通事故损害赔偿案件适用法律若干问题的解释》部分采纳了本书第一版专题五“机动车交通事故责任基本规则研究”的理论学说，该专题已经没有必要作为疑难问题纳入本书，因此删除该专题。

第五，鉴于2013年10月25日修正的《消费者权益保护法》部分采纳了本书第一版专题四“缺陷产品预防性责任研究”的理论学说，该专题已经没有必要作为疑难问题纳入本书，因此删除该专题。

第六，根据《世界侵权法学会报告（I）：产品责任》（人民法院出版社2015年版）的比较法研究，为了展示我国产品责任具有的原发性和中国特色，新增了“我国产品责任制度发展阶段研究”专题。

第七，鉴于2014年3月15日起施行的《最高人民法院关于审理食品药品纠纷案件适用法律若干问题的规定》缺乏体系化整理，增加“缺陷产品营销参与者责任研究”专题。

第八，根据司法实务中医疗产品责任的难点，增加“产品责任对医疗机构和输入不合格血液致害的准用研究”专题。

第九，根据司法实务和理论热点，增加“赔礼道歉民事责任方式的源流、承担与执行研究”专题。

第十，根据最新理论进展，增加“数人侵权责任分担原则研究”专题。

第十一，根据司法实务的最新进展，本书第一版专题十七“建筑物抛掷物、坠落物致害道义补偿责任研究”扩充为第二版专题二十二“来源不明抛掷、坠落物品致害建筑物区分使用人道义补偿责任研究”。

第十二，针对近年来发生的“北京八达岭野生动物园老虎伤人事件”和“宁波雅戈尔动物园老虎伤人事件”等动物园饲养动物损害热点事件，新增了“动物园饲养动物损害责任的类型化研究”专题。考虑到参观者在动物园隔离区之外被动物侵害的情形，动物园应当承担未尽管理职责的无过错责任，动物园尽到管理职责是类似监护人责任的法定减责事由，与《侵权责任法》第32条规定的监护人公平责任类似，因而这一专题被纳入“侵权公平责任论”。

本教材第一版合计17个专题，上述调整共计删除3个专题，新增9个专题，充实1个专题，其余专题也根据立法、司法和理论的最新进展进行了一定的微调，第二版合计23个专题。本书原设“侵权责任公平论”，根据最新的研究进展，笔者认为“侵权公平责任论”的称谓更为准确。本书第二版按照导论、侵权责任构成论、侵权责任分担论和侵权公平责任论的“1+3”四编的体例展开。这样的专题设置能够较好地适应各高校研究生“侵权法”课程教学需要，并可以使本书作为本科生“侵权法”课程的参考书。

本书第二版的专题一“《侵权责任法》立法程序合宪性与‘民法典’起草过程中的宪法意识研究”、专题二“实质意义上侵权法的效力判断方法与立法展望研究”、专题十一“赔礼道歉民事责任方式的源流、承担与执行研究”和专题十二“数人侵权责任分担原则研究”已经制作完成慕课《侵权责任法总论：“侵权责任法专题讲座系列”第一辑》，读者可以在“中国大学 MOOC”平台免费参与学习①，本书其余专题将逐步作为“侵权责任法专题讲座系列”慕课推出。如果读者有兴趣体系化地学习侵权法，可以学习我主讲的《侵权责任法》（国家精品在线开放课程）。②

本书各章节的中英文版本先后分别在英国牛津大学、布里斯托大学、中国人民大学、清华大学、南京大学、厦门大学、我国台湾地区东吴大学、辅仁大学以及澳门大学等法学院作过学术讲座，并在美国维克森林大学、欧洲侵权法研究中心（维也纳）、澳大利亚悉尼大学、北京大学、浙江大学、武汉大学、吉林大学、山东大学、复旦大学、北京航空航天大学、苏州大学、西南政法大学、烟台大学等机构主办的学术会议上进行了数十次专题报告和讨论，使得本书第一版保留内容和第二版新增的部分在论文发表后能够不断地更新和完善并结集出版。特别感谢恩师杨立新教授、Koziol 教授、Green 教授、Nolan 教授、Oliphant 教授、McDonald 教授和各次讲座点评嘉宾、会议与会嘉宾、同学们提出的宝贵意见和建议！

本书的出版，得到了教育部人文社会科学重点研究基地重大项目“中国侵权责任法改革研究”（16JJD820015）和四川大学学术学位研究生教材建设项目《侵权责任法疑难问题专题研究（第二版）》（2016KCJS031）的资助，特此致谢！

王竹　博士

四川大学法学院教授、博士生导师、法律大数据实验室主任

中国人民大学民商事法律科学研究中心侵权法研究所副所长

世界侵权法学会执委会秘书长

电子邮件：wangzhu@scu. edu. cn

个人博客：www. profwang. com

2017 年 8 月 1 日 初稿于日本京都

2018 年 2 月 2 日 定稿于海南博鳌

① 课程地址：http：//www. icourse163. org/course/SCU-1001955003。

② 课程地址：http：//www. icourse163. org/course/SCU-46013，可以直接访问：www. tortliability-law. com。

目　　录

导　论

侵权责任构成论

侵权责任分担论

侵权公平责任论

导 论

本书的导论部分，设三个专题，实际上是两个部分。第一部分先探讨《侵权责任法》立法程序合宪性和实质意义上侵权法效力的判断方法问题。这是两个宏观性和基础性的话题。《侵权责任法》的立法程序合宪性问题源于该法是由全国人大常委会而非全国人民代表大会通过的，这与《宪法》规定的立法权限可能存在正面冲突，并牵涉到“民法典”的其他部分的合宪性问题。在经过了《物权法》“合宪性风波”之后，这一问题显得尤其敏感。笔者认为，在“民法典”起草过程中应该加强宪法意识，正视“合宪性争议”，从“合宪性推定”的角度，对《侵权责任法》立法程序的合宪性作出正面论证，并未雨绸缪地对未来“民法典”起草过程中可能会遇到的“合宪性争议”作出预警。在探讨合宪性问题的过程中，笔者发现了两个被忽略的问题：第一，《民法通则》作为宪法意义上的民事基本法，并不涉及婚姻法、继承法和收养法，即在内容上只包括民法总则、财产法和侵权法；第二，《消费者权益保护法》等法律被定位为绝对意义上的特别法，在一定领域排除其他法律适用。结合这两点，笔者提出了绝对一般法、相对一般法、绝对特别法和相对特别法的四分法框架，旨在对实质意义上的侵权法效力进行判断。事实上，这种方式也同样适用于实质意义上物权法和合同法的效力判断。在此基础上，笔者还提出了实质意义上侵权法的立法展望问题。这两个专题看似一个“形而上”，谈宪法问题；一个“形而下”，讲实质效力，实际上两个专题互为姊妹篇，都是以第三次“民法典”起草以来的“批发改零售”的民事立法模式为背景，纵至宪法，横扩诸法，对我国现行法律体系中的侵权法进行了整体性的效力研究，这也是本书后续专题的理论基础和逻辑起点。

导论部分的第三个专题，是对《民法典·侵权责任编》的编纂背景与结构调整进行的讨论。2017 年 3 月 15 日，十二届人大五次会议通过了《民法总则》，迈出了编纂民法典“两步走”方案的第一步。作为这一方案第二步的重要内容之一，《民法典·侵权责任编》的编纂，也在《民法通则》《侵权责任法》和侵权法领域相关法律、司法解释的基础上，增加了《民法总则》作为编纂背景。设置本专题的核心目的在于评估《民法总则》对《民法典·侵权责任编》立法结构可能的影响。

专题一

《侵权责任法》立法程序合宪性与“民法典”起草过程中的宪法意识研究

我国《侵权责任法》于 2009 年 12 月 26 日由第十一届全国人民代表大会常务委员会第十二次会议通过。由于该法一直被认为是与《物权法》《合同法》并列的民事基本法律，因而其未能提交全国人民代表大会审议通过，在社会上和学界引起了较大的争议。对此质疑，全国人大常委会法制工作委员会王胜明副主任在当天的全国人大常委会办公厅新闻发布会上作出的解释是：“全国人大法律委员会和全国人大常委会法制工作委员会反复研究认为，《侵权责任法》从实际内容看是在《民法通则》等法律的基础上制定的。《民法通则》是 1986 年制定的，在此之后还制定了一些相关的法律。《侵权责任法》是对《民法通则》等法律的细化、补充和完善。根据《宪法》和《立法法》的规定，常委会可以通过《侵权责任法》。”① 王胜明主任的解释，只能说明全国人大常委会法制工作委员会确信《侵权责任法》由全国人大常委会通过的程序符合《宪法》和《立法法》的规定，但未正面回应《侵权责任法》到底是不是宪法意义上的“基本法律”。而从徐显明教授在全国人大常委会分组审议《侵权责任法（草案）》时，建议《侵权责任法（草案）》提交全国人民代表大会审议的意见和理由来看②，该问题仍然具有需要详细说明的必要。

一、“民法典”分编起草模式是产生过程性违宪风险的背景性原因

（一）重新审视“批发”改“零售”的民法典分编起草模式

20 世纪 80 年代初，我国开始第三次民法典的起草工作。从《中华人民共和国民法草案（征求意见稿）》（1980 年 8 月 15 日）（以下简称“民法三次一稿”）、《中

① “全国人大常委会办公厅 12 月 26 日新闻发布会”，见 http：//www. npc. gov. cn/npc/zhibo/zzzb8/node _ 5851. html，最后访问时间：2017 - 08 - 31。

② 参见“徐显明建议侵权责任法草案提交全国人民代表大会审议”，见 http：//www. npc. gov. cn/npc/xinwen/tpbd/cwhhy/2009 - 12/23/content _ 1531743. html，最后访问时间：2017 - 08 - 31。

华人民共和国民法草案（征求意见二稿）》（1981年4月10日）（以下简称“民法三次二稿”）、《中华人民共和国民法草案（第三稿）》（1981年7月31日）（以下简称“民法三次三稿”）到《中华人民共和国民法草案（第四稿）》（1982年5月1日）（以下简称“民法三次四稿”），当时的全国人大常委会法制工作委员会民法起草小组一直是按照整体起草“民法典”的模式在进行。在即将提交通过的时候，全国人大常委会委员长彭真的讲话改变了进程。据江平教授回忆，该次讲话的主要内容包括：农村的改革我们大体已经知道了走什么方向，但是城市里面究竟怎么搞，国有企业走什么路，经济将来到底是计划还是市场，都没有一个最后的定论，或者说明确的方向。在城市改革还没有明确方向的情况下，搞一套完整的、系统的、无所不包的“民法典”，符合不符合实际？在这种情况下，如果我们搞一部无所不包的“民法典”，可能是不切合实际的，甚至是束缚改革的。① 随后，立法计划发生变化，立法机关决定改采先分别制定民事单行法，待条件具备再制定民法典的立法方针②，也就是学者们常说的“批发”改“零售”的民法典分编起草模式。可以设想，如果“民法三次四稿”能够在随后的全国人民代表大会上得到“批发”通过，就和1979年《刑法》一样，也就不会存在“零售”通过可能存在的过程性违宪风险。

（二）过程性违宪风险包括内容与程序两个方面

笔者所谓的过程性违宪风险，是指“民法典”在分编起草过程中可能产生违宪性瑕疵的立法风险，包括内容和程序两个方面。在内容方面，因为各编通过的时间不同，可能存在立法依据、条文表述方面的差异。而我国《宪法》自1982年通过以来，已经经历了1988年、1993年、1999年和2004年四次修改，不同时期的“民法典”各编起草所依据的宪法文本也可能略有不同。尤其是关于基本经济制度方面表述的改变，对于“民法典”各编的起草影响较大。2005年“物权法（草案）”“违宪风波”涉及的就是这种违宪风险。在程序方面，由于“民法典”并未能一次性通过，或者像“中华民国民法”各编一样，在较短时间内连续通过③，这就存在立法机构未按照《宪法》规定的立法程序对“民法典”各编进行审议的程序风险。

（三）过程性合宪是民法典分编起草模式的必然要求

在立法机关决定不再追求整体性通过“民法典”之后，就应该认识到这种民法典分编起草模式可能产生过程性违宪风险。那么，对于民法典分编起草的合宪性要求，就应该不低于甚至应该是高于整体起草模式的要求。要确保“民法典”能够按照基本法律的立法程序起草，从理论上可以设计两种立法路径。

① 参见江平：《从法律实用主义到法律理念主义——中国30年法治进程再思考》，2008年5月10日中国政法大学讲座记录；江平：《中国法治三十年》，见 http：//hn. rednet. cn/c/2008/05/29/1519093_1. html，最后访问时间：2017-08-31。

② 参见梁慧星：《制定民法典的设想》，载《现代法学》，2001（2）。

③ 关于“中华民国民法”各编起草过程，参见谢振民编著：《中华民国立法史》（下册），张知本校订，753～801页，北京，中国政法大学出版社，2000。

第一条路径是“基本法律法典化模式”，即分编按照“基本法律”的立法程序通过，最终通过法典化的方式形成“民法典”，这种模式的过程性违宪风险主要在于内容方面。第二条路径是“非基本法律法典化模式”，即分编按照“非基本法律”的立法程序通过，最后按照“基本法律”的立法程序法典化形成“民法典”，这种模式的过程性违宪风险存在于内容和程序两方面。遗憾的是，立法程序的合宪性问题一直未能成为民法学界重点关注的对象。从“民法典”各编的通过程序来看，也不能明确地看出立法机关对此问题有计划性的安排。《侵权责任法》立法程序的争议，不过是这种欠计划性的体现之一而已。

二、《侵权责任法》的“非基本法律”地位与立法程序的合宪性

（一）“合宪性推定”是《侵权责任法》立法程序合宪性解释的基本取向

所谓合宪性推定，是指作为一种宪法方法，旨在进行合宪性控制的过程中，对制定法首先在逻辑上推定其合乎宪法，除非有证据可以有力地证明该行为明显超越了合理的限度而违反了宪法。① 对于《侵权责任法》立法程序的“合宪性推定”，是《侵权责任法》立法程序合宪性解释的基本取向。对于《侵权责任法》由全国人大常委会通过这一立法程序，我们需要对“《侵权责任法》是否是宪法意义上的‘基本法律’”这一问题作出回答。从合宪性推定的基本取向出发，我们首先要试图论证《侵权责任法》不是宪法意义上的“基本法律”。只有没有任何符合宪法规定的论证方式能够得出这样的结论，我们才会考虑《侵权责任法》是宪法意义上的“基本法律”。

（二）《民法通则》是宪法意义上的民事“基本法律”

所谓宪法意义上的“基本法律”，是指由全国人民代表大会制定和修改的，规定或调整国家社会生活中在某一方面具有根本性和全面性关系的法律，其效力仅次于宪法而高于其他法律。我国《民法通则》不但具有独特的名称和体例安排，而且具有特殊的历史地位，对其“基本法律”地位需要作出进一步分析和确认。

在决定对“民法典”采用分编起草模式后，首先通过的是“民法三次四稿”中独立成编起草、较为完善的《继承法》②，之后开始考虑起草“民法总则”。1985 年 6 月，全国人大法工委召开了一系列“民法总则”座谈会，1985 年 7 月 10 日全国人大法制工作委员会起草了正式的《中华人民共和国民法总则（讨论稿）》。③ 随后，经过商议，将“民法总则”改称“民法通则”。可见，《民法通则》这个名称不

① 关于合宪性推定的介绍，参见王书成：《宪法方法论之觉醒——由合宪性推定说开》，载《浙江学刊》，2009，(1)。

② 参见刘素萍主编：《继承法》，87 页，北京，中国人民大学出版社，1988。

③ 参见何勤华、李秀清、陈颐编：《新中国民法典草案总览》（下册），623～624 页，北京，法律出版社，2003。

是充分酝酿后的决策，而是在短时间较快达成的共识①，意在对该法特殊的体例和内容作出概括。

从《民法通则》的内容来看，第一章“基本原则”、第二章“公民（自然人）”、第三章“法人”、第四章“民事法律行为和代理”、第七章“诉讼时效”和第九章“附则”的内容属于“总则”内容。第五章“民事权利”第一节“财产所有权和与财产所有权有关的财产权”属于“物权编”内容，第二节“债权”包括了“债法总则”和后来《合同法》的部分内容，第三节“知识产权”勾勒出了我国知识产权法的基本轮廓，第四节“人身权”事实上并无身份权内容，包括了“人格权”的主要内容。第六章“民事责任”采用违约责任与侵权责任一并规定的模式，前者后来纳入《合同法》中，后者就是《侵权责任法》的雏形。第八章“涉外民事关系的法律适用”属于国际私法内容。可以明显地看出，《民法通则》在内容上远远超越了“民法总则”的范围，已经构建起了“民法典”的基本结构，只是“民事权利”一章在内容上略显简单而已。因此我们可以确认，《民法通则》是“民法典”采用分编起草模式背景下的过渡性民事“基本法律”。

（三）《侵权责任法》不是宪法意义上的民事“基本法律”

我国《宪法》第62条第3项规定：“全国人民代表大会行使下列职权：……（三）制定和修改刑事、民事、国家机构的和其他的基本法律……”《立法法》第7条第2款规定：“全国人民代表大会制定和修改刑事、民事、国家机构的和其他的基本法律。”从《宪法》和《立法法》的字面意义理解，全国人大常委会通过的《侵权责任法》应该确定不是“基本法律”。

这种情况并非第一次发生，被认为是“民法典”组成部分的民事法律，在《侵权责任法》之前还有四部是由全国人大常委会通过的：(1)《涉外经济合同法》（失效）于1985年3月21日由第六届全国人民代表大会常务委员会第十次会议通过；(2)《技术合同法》（失效）于1987年6月23日由第六届全国人民代表大会常务委员会第二十一次会议通过；(3)《收养法》于1991年12月29日由第七届全国人民代表大会常务委员会第二十三次会议通过；(4)《担保法》于1995年6月30日由第八届全国人民代表大会常务委员会第十四次会议通过。

可以推断，立法机关已经不自觉地选择了将“民法典”分编按照“非基本法律”的立法程序通过，最后通过法典化形成“民法典”的立法路径。应该明确的是，由全国人民代表大会制定的法律不能一概称为“基本法律”。由全国人民代表大会通过的《婚姻法》《继承法》《合同法》《物权法》的确不是宪法意义上的民事“基本法律”，而属于“非基本法律”②。从我国的立法实践来看，全国人民代表大

① 参见魏振瀛：《参加〈民法通则〉起草的片断回顾》，载《判解研究》，2006年第1辑，北京，人民法院出版社，2006。

② 这样的推论对于民法学者来说是苦涩的，这种苦涩源于由全国人大常委会通过《侵权责任法》这样一部民事权利保护基本法的妥当性欠佳。

会经常制定“非基本法律”在先，制定“基本法律”在后。

（四）由全国人大常委会通过《侵权责任法》具有立法程序意义上的合宪性

2002年《民法（草案）》可以作为确定我国“民法典”内容的正式文件。该草案包括九编，其中第八编是“侵权责任法”。从全国人大法工委的其他文件也可以看出，“侵权责任法”作为“民法典”的一部分进行的审议，被视为对《侵权责任法》的第一次审议。因此，我们也可以得出结论，《侵权责任法》是未来“民法典”的一部分，而非“民法典”本身。

从合宪性推定的角度出发，笔者认为，《宪法》意义上的刑事、民事的“基本法律”应该是指《刑法》和“民法典”。作为过渡性的民事“基本法律”，《民法通则》是宪法意义上的民事“基本法律”。而作为未来“民法典”一部分的《侵权责任法》，由于不是宪法意义上的民事“基本法律”，完全可以由全国人大常委会予以通过。这种立法程序符合《宪法》和《立法法》的规定。学界对于全国人大常委会通过《侵权责任法》的质疑，主要是基于《侵权责任法》通过之前的10年间，《合同法》和《物权法》是由全国人民代表大会通过，而具有同样地位的《侵权责任法》则是由全国人大常委会通过这一立法程序的反差提出的，属于妥当性问题而非合宪性问题。

三、中国式“民法典”的确立与立法结构的合宪性

容易被忽略的是，《侵权责任法》第2条第2款关于民事权益的列举，对于未来“民法典”的结构确定问题，具有重要的参考价值。该款规定：“本法所称民事权益，包括生命权、健康权、姓名权、名誉权、荣誉权、肖像权、隐私权、婚姻自主权、监护权、所有权、用益物权、担保物权、著作权、专利权、商标专用权、发现权、股权、继承权等人身、财产权益。”对比2002年《民法（草案）》结构可知，“生命权、健康权、姓名权、名誉权、荣誉权、肖像权、隐私权”对应第四编“人格权法”，“婚姻自主权、监护权”对应第五编“婚姻法”和第六编“收养法”，“所有权、用益物权、担保物权”对应第二编“物权法”，“继承权”对应第七编“继承法”。根据立法机关的权威解释，“等人身、财产权益”涵盖了第三人侵害债权的问题①，可以视为对应第三编“合同法”。

由于对民事权利类型的列举顺序不同于2002年《民法（草案）》，《侵权责任法》第2条实际上展示了立法机关对于未来“民法典”结构的新设想，包括如下要点：一是“民法典”将采纳“总—分—责”结构，这不同于《法国民法典》的三编制②，也

① 参见王胜明主编：《中华人民共和国侵权责任法解读》，11页，北京，中国法制出版社，2010。

② 《法国民法典》已经于2006年改为“五编制”，第四编为“担保”，第五编为“关于适用于马约特岛的规定”。在此是从传统学说上指称《法国民法典》的三编制结构。参见《法国民法典》，罗结珍译，2页，北京，北京大学出版社，2010。

不同于《德国民法典》的五编制，而是具有中国特色的“中国式”民法典结构。二是“分则”部分，“人格权法”可以独立成编，并与其他民事权利类型并列，作为“分则”的展开逻辑。从这种权利类型的规划来看，应该对与“物权”“人格权”并列的“债权”进行宏观性的规定，但是否单独起草“债法总则”还有待观察。三是“责任”部分，《侵权责任法》是所有民事权益的保护法，这就是该法第2条第1款规定“侵害民事权益，应当依照本法承担侵权责任”的“民法典”体系价值。

《民法总则》第五章“民事权利”第109～111条是对人格权益的规定，第112条是对身份权的规定，第113～117条是对物权的规定，第118～122条是对债权的规定，第123条是对知识产权的规定，第124条是对继承权的规定。笔者认为，《民法总则》对民事权利的列举顺序延续了《侵权责任法》对未来“民法典”结构的规划。从“实用主义思路”出发，应该尊重立法机关的这种立法设想。结合上述分析，根据“等人身、财产权益”对于“人身”与“财产”的排序，未来中国“民法典 ”的结构和现行法律的对应性大致如下：

第一编　总则编（2017年《民法总则》）

第二编　人格权编（2002年作为《民法（草案）》第四编一审）①

第三编　婚姻家庭编（1980年制定、2001年修正《婚姻法》＋1991年制定、1998年修正《收养法》）

第四编　继承编（1985年《继承法》）

第五编　物权编（2007年《物权法》）

第六编　合同编（1999年《合同法》＋1995年《担保法》第二章“保证”、第六章“定金”）

第七编　侵权责任编（2009年《侵权责任法》）

四、应该加强“民法典”分编起草过程中的宪法意识

从近30年的“民法典”分编起草过程来看，即使是在《中共中央关于全面推进依法治国若干重大问题的决定》明确提出“编纂民法典”的背景下，我国“民法典”的编纂之路仍很漫长。为了避免未来出现新的违宪风险，我们应该吸取已经经历的“违宪风波”教训，加强“民法典”编纂过程中的宪法意识。笔者认为，应该从如下五个方面入手：

（一）立法依据的合宪性——直接性与间接性

作为我国立法的重要惯例，每部法律几乎无一例外地设定了“总则”章，并在第1条规定立法目的和立法依据。《宪法》是“基本法律”的直接立法依据，作为

① “人格权编”是否独立成编，还存在一定的争议。

“基本法律”的《刑法》和《民法通则》，均在立法目的条文中规定了“根据宪法”“制定本法”字样。如《刑法》第1条规定：“为了惩罚犯罪，保护人民，根据宪法，结合我国同犯罪作斗争的具体经验及实际情况，制定本法。”《民法通则》第1条规定：“为了保障公民、法人的合法的民事权益，正确调整民事关系，适应社会主义现代化建设事业发展的需要，根据宪法和我国实际情况，总结民事活动的实践经验，制定本法。”《民法总则》第1条规定：“为了保护民事主体的合法权益，调整民事关系，维护社会和经济秩序，适应中国特色社会主义发展要求，弘扬社会主义核心价值观，根据宪法，制定本法。”

在作为“民法典”分则组成部分的民事立法中，规定了“根据宪法”“制定本法”的仅有《继承法》和《物权法》。《继承法》第1条规定：“根据《中华人民共和国宪法》规定，为保护公民的私有财产的继承权，制定本法。”《物权法》第1条规定：“为了维护国家基本经济制度，维护社会主义市场经济秩序，明确物的归属，发挥物的效用，保护权利人的物权，根据宪法，制定本法。”考虑到《继承法》颁布于《民法通则》之前，而《物权法》是在经历了“违宪风波”之后才在“五审稿”第1条增加了“根据宪法，制定本法”字样，笔者认为，“民法典”分则各编起草的直接立法依据是《民法通则》而非《宪法》①，在立法目的条文中实际上无须规定“根据宪法，制定本法”字样。因此，未来可能起草的《人格权法》和《债法总则》，在第1条立法目的条款也无须注明“根据宪法，制定本法”字样，但必须确保内容上的合宪性。而未来制定“民法典”，则必须在第1条注明“根据宪法，制定本法”。

（二）立法程序的合宪性——整体性与部分性

根据《宪法》和《立法法》对于全国人民代表大会和全国人民代表大会常务委员会的立法权限分工，作为“民法典”的组成部分，未来可能起草的《人格权法》和《债法总则》可以由全国人大常委会通过。但从妥当性的角度考虑，《人格权法》与《宪法》上的基本权利关系紧密，如果能够提交全国人民代表大会通过，更为合适。由于《债法总则》与《合同法》存在较大的协调需要，也可以考虑在未来“民法典”制定时完成。应该强调的是，未来的“民法典”必须整体由全国人民代表大会通过。从现在“民法典”各编的起草情况和2002年《民法（草案）》来看，未来的“民法典”总条文数应该在1 200条以上，大约3倍于此前全国人民代表大会通过的较大篇幅的法律，如1997年《刑法》和1999年《合同法》的400余条篇幅。而“民法典”的“总—分—责”结构所蕴含的体系性内容，将增大该法的审议难度。如有需要，可以考虑通过延长全国人民代表大会的会期来确保“民法典”的审议质量。

① 因此，笔者也赞成王胜明主任所理解的“《侵权责任法》是对《民法通则》等法律的细化、补充和完善”。《民法通则》作为过渡性民事“基本法律”，不宜作为未来“民法典”各编的立法依据，因此，“民法典”各编无须将《民法通则》作为立法依据加以规定，这也是我国民事立法的惯例。

（三）立法精神的合宪性——形式性与实质性

“民法典”的各个组成部分在立法精神上必须与《宪法》保持一致，这是“民法典”分编起草模式的立法合宪性要求。2005 年“违宪风波”中关于《物权法》没有规定“社会主义的公共财产神圣不可侵犯”的违宪指责，就属于此类。对于立法精神的合宪性判断，在“民法典”分编起草模式下，需要考虑判断对象的形式意义和实质意义。众所周知，民法有形式意义和实质意义之分：前者专指系统编纂的民事立法即“民法典”；后者则是调整平等主体之间财产关系和人身关系法律规范的总称。相应的，在“民法典”分编起草模式下，“民法典”的组成部分也存在实质性与形式性的区分。例如，形式意义的物权法专指《物权法》，而实质意义的物权法则是指调整平等主体之间物权关系法律规范的总称，不仅包括《物权法》，还包括《民法通则》和《担保法》《土地管理法》《城市房地产管理法》《农村土地承包法》等法律中的物权法规范。正是基于这样的逻辑，笔者在“违宪风波”中曾经指出，《民法通则》已经规定了“国家财产神圣不可侵犯”，那么如果承认《民法通则》的合宪性，就应该承认实质意义上物权法的合宪性。但如果未来通过法典化的方式编纂民法典，是否在“总则”或者“物权法”部分保留该表述，则是值得认真斟酌的问题。①

（四）法律修改的合宪性——全面性与局部性

在我国的民事立法实践中，对全国人民代表大会制定的“民法典”的相关部分进行修改，如 1998 年的《关于修改〈中华人民共和国收养法〉的决定》和 2001 年的《关于修改〈中华人民共和国婚姻法〉的决定》均是由全国人民代表大会常务委员会通过的。《宪法》第 67 条第 3 项规定：“全国人民代表大会常务委员会行使下列职权……（三）在全国人民代表大会闭会期间，对全国人民代表大会制定的法律进行部分补充和修改，但是不得同该法律的基本原则相抵触……”《立法法》第 7 条第 3 款规定：“全国人民代表大会常务委员会制定和修改除应当由全国人民代表大会制定的法律以外的其他法律；在全国人民代表大会闭会期间，对全国人民代表大会制定的法律进行部分补充和修改，但是不得同该法律的基本原则相抵触。”从《宪法》和《立法法》的规定来看，在全国人民代表大会闭会期间，对全国人民代表大会制定的法律，无论是否是基本法律，都只能进行“部分”补充和修改，并“不得同该法律的基本原则相抵触”。因此，在“民法典”分编起草过程中，需要区分局部性与全面性的补充和修改。

2009 年 8 月 27 日《全国人民代表大会常务委员会关于修改部分法律的决定》将《民法通则》第 7 条修改为“民事活动应当尊重社会公德，不得损害社会公共利益，扰乱社会经济秩序”，并删去第 58 条第 1 款第 6 项。这属于根据《宪法》对基

① 参见王竹：《论〈民法通则〉与〈物权法（草案）〉的合宪性——以“实质意义上的物权法”为核心》，载《判解研究》，2006 年第 3 辑，北京，人民法院出版社，2006。

本经济制度进行修改后的对应性部分修改。事实上，该决定涉及的数十部法律，不少是由全国人民代表大会制定的，修改的幅度也符合《宪法》和《立法法》的规定。但全国人大常委会对《婚姻法》的修改则具有全面性，值得反思。有学者指出，1980 年《婚姻法》原有 37 个条文，2001 年的《婚姻法》修正案修改了 21 个条文、增加了 17 个条文、删除了 1 个条文，分别占原条文数的 56.76%、45.95% 和 2.70%。毋庸置疑，这种大范围的修改已经很难用"部分补充和修改"来描述，而将其定性为"法律的重新制定"更为恰当。① 在未来"民法典"正式制定之前，全国人大常委会对于由全国人民代表大会分编通过的"民法典"组成部分的任何修正，都应该尽量保持在"部分补充和修改"范围内。尤其是在"法典化"过程中，对《担保法》的条文会进行全面的删除和位置的调整，笔者建议由全国人民代表大会而非全国人大常委会来完成这一立法活动。

（五）法律解释的合宪性——限缩性与扩张性

在法律解释适用上，也存在合宪性问题，例如《物权法》第 166 条规定："需役地以及需役地上的土地承包经营权、建设用地使用权部分转让时，转让部分涉及地役权的，受让人同时享有地役权。"仔细对文句结构进行分析，本条前段实际上描述了两种法律事实，即"需役地"的部分转让和"需役地上的土地承包经营权、建设用地使用权"的部分转让。我国《宪法》第 10 条第 4 款规定："任何组织或者个人不得侵占、买卖或者以其他形式非法转让土地。土地的使用权可以依照法律的规定转让。"可见，"需役地"的部分转让与《宪法》的规定存在文义上的表面矛盾。《物权法》第 167 条对于"供役地"部分转让的规定同样存在类似的疑义。从合宪性解释的取向出发，笔者认为，《物权法》第 166、167 条所谓"需/供役地"部分转让不包括土地和空间，应该采用限缩性的解释，专指建筑物，这样便能够化解这两个条文与《宪法》的表面矛盾。但从立法技术的角度看，这两个条文乃至整个"用益物权编"的确存在"不动产即土地"的定式思维，未来《物权法》的修正或者"民法典"法典化过程中，应该加强建筑物用益物权的设计。②

对《侵权责任法》第 2 条第 2 款列举的民事权益类型范围，则应该进行扩张性解释。该款规定缺少了对人格尊严和人身自由的规定，而《宪法》第 38、37 条对人格尊严和人身自由分别作出了规定。尤其是《最高人民法院关于确定民事侵权精神损害赔偿责任若干问题的解释》（以下简称《精神损害赔偿司法解释》）第 1 条第 1 款第 3 项规定："自然人因下列人格权利遭受非法侵害，向人民法院起诉请求赔偿精神损害的，人民法院应当依法予以受理……（三）人格尊严权、人身自由权"。从《民法通则》没有规定人身自由权来看，该司法解释的依据应该是《宪法》。那

① 参见林彦：《基本法律修改权失范及原因探析》，载《法学》，2002 (7)。

② 参见杨立新、王竹：《解释论视野下的〈物权法〉第一百六十六条和第一百六十七条——兼评用益物权编"不动产即土地"的定势思维》，载《河南省政法管理干部学院学报》，2008 (1)。

么，应该认为，对宪法上规定的“人格尊严”和“人身自由”是被“等人身、财产权益”所包含的。正是基于这样的考虑，《民法总则》第 109 条实际上是对宪法上人格权而非对一般人格权的规定：“自然人的人身自由、人格尊严受法律保护。”在未来可能的《人格权法》的起草过程中，立法机关应该参考学者对宪法上人格权予以全面保护的建议①，特别注意对《宪法》规定的人格权进行全面列举，避免任何遗漏。

① 参见杨立新：《中国人格权法立法报告》，501～504 页，北京，知识产权出版社，2005；王利明主编：《中国民法典学者建议稿及立法理由：人格权编·婚姻家庭编·继承编》，189～192 页，北京，法律出版社，2005。

专题二

实质意义上侵权法的效力判断方法与立法展望研究

一、《侵权责任法》对实质意义上侵权法的体系影响

（一）实质意义上的侵权一般法与侵权特别法

形式意义上的法和实质意义上的法是法的两种基本存在状态。侵权一般法与侵权特别法的区分，是实质意义上而非形式意义上的区分。《侵权责任法》是形式意义上的侵权责任法，而所有现行法律体系中的侵权责任规范[①]，构成实质意义上的侵权责任法。《民法通则》作为宪法意义上的民事基本法，其中的侵权责任规范与《侵权责任法》一起构成实质意义上的侵权一般法。《民法通则》和《侵权责任法》之外的其他法律中规定的侵权责任规范，相应地构成实质意义上的侵权特别法。[②]从侵权法的立法技术来讲，由于不会单独颁布一部名为“特别侵权法”的法律，所以就不会出现形式意义上的侵权特别法，因此，下文实质意义上的侵权特别法简称为“侵权特别法”。

另外，侵权一般法与侵权特别法的区分，不同于一般侵权行为与特殊侵权行为的区分。前者确立的是实质意义上法律规范的适用规则，后者是根据侵权行为类型的不同而适用不同侵权责任归责原则。因此，《侵权责任法》第四章到第十一章的内容，一方面属于特殊侵权行为规定，另一方面属于实质意义上的侵权一般法。

（二）《侵权责任法》的颁布对实质意义上侵权法的影响方式

由于《侵权责任法》并非由全国人民代表大会通过，而是由全国人大常委会通

① 按照立法机关的安排，《侵权责任法》调整国家机关及工作人员在民事活动中发生的侵权行为，对于属于国家赔偿法调整范围的，适用国家赔偿法的规定。因此，《国家赔偿法》不属于侵权责任规范。参见王胜明主编：《中华人民共和国侵权责任法解读》，161～162页，北京，中国法制出版社，2010。

② 有学者认为，一般法与特别法主要根据法的适用范围（如针对人、事、时间和地域范围）不同而作出分类，并因此具有相对性。参见张文显主编：《法理学》，141页，北京，法律出版社，2007。另外，有学者将一般法（或称“普通法”）和特别法的区分作为同位阶上法条竞合的处理规则进行考察。参见黄茂荣：《法学方法与现代民法》，210～218页，北京，法律出版社，2007。

过的，可以判断其并非宪法意义上的民事基本法律。① 这样的定位使得《侵权责任法》对于侵权特别法原有体系的影响评估变得较为疑难。既不能认为侵权特别法的规定不同于《侵权责任法》就一概无效，也不能简单地依据“新法优于旧法”的基本法理进行判断。具体来说，《侵权责任法》的非宪法意义上的民事基本法律定位，对实质意义上的侵权法的影响包括两个方面：

第一，对确定实质意义上侵权一般法的影响。实质意义上的侵权一般法包括《侵权责任法》和经过效力判断被认为是继续有效的《民法通则》上的侵权责任规范。《侵权责任法》的规定如果和《民法通则》的相关规定不一致，就涉及《民法通则》相关条文效力的判断问题。

第二，对侵权特别法效力判断的影响。《侵权责任法》的颁布和实施，使得实质意义上的侵权一般法发生了较大的变化。这种变化主要体现在实质意义上的侵权一般法条文数量的增加、内容的具体化和部分规则的改变三个方面。这将对现存的侵权特别法效力产生较大影响，也对未来侵权特别法的修改和制定设定了规范界限。

下文将围绕上述两个方面的话题，对侵权特别法效力判断的基本规则进行探讨。

二、我国现行法律体系中特别法与一般法的基本类型

我国现行法律体系中，法律整体之间的适用规范较少作为立法技术被关注，一般通过学理并依据《立法法》的规定进行判断。笔者在此关注的是法律明文对于某部法律的整体或者该法规定的民事责任部分整体的法律适用规范。根据我国现行法律对于法律整体适用规范的规定方式，笔者建议，可以将法律的适用规范地位分为四种，即绝对一般法、绝对特别法、相对一般法和相对特别法。一般来说，前三种法律规范通过立法明文规定确定其法律规范适用地位，而未对法律适用规范作出规定的法律，则是相对特别法。大多数部门法都是相对特别法。这四种法律适用规范的地位具体如下：

（一）绝对一般法

根据《宪法》和《立法法》的规定，必须由全国人民代表大会制定的“刑事、民事、国家机构的和其他的基本法律”是绝对一般法。所谓绝对一般法，是指该法在任何情况下均为一般法，其他法律相对于该法均是特别法。《刑法》和《民法通则》是公认的宪法意义上的刑事和民事基本法律，因此为绝对一般法。作为分编起草的“民法典”的组成部分，尽管 1980 年《婚姻法》、1985 年《继承法》和 1991 年《收养法》没有作出明确的规定，但由于其所涉及内容与《民法通则》基本不重

① 参见本书专题一：《侵权责任法》立法程序合宪性与“民法典”起草过程中的宪法意识研究。

合，实质上扮演了绝对一般法的角色。2001 年新《婚姻法》第 49 条将《婚姻法》上的民事责任明确规定为绝对一般法："其他法律对有关婚姻家庭的违法行为和法律责任另有规定的，依照其规定。"这开启了我国民事立法规定绝对一般法法律适用规范的先河。未来《继承法》和《收养法》如果有机会修改，应该考虑增加对其绝对一般法地位的明文规定。

（二）绝对特别法

所谓绝对特别法，是指该法或者该法的民事责任部分规定，在任何情况下该法均为特别法，其他法律相对于该法均是一般法；仅仅在该法没有规定的情形下，才适用其他法。我国现行法律体系中，对绝对特别法地位有种规定方式，即"本法未作规定的"方式和"除本法另有规定外"方式。最为集中体现这两种立法技术的是《消费者权益保护法》。该法第 2 条规定："消费者为生活消费需要购买、使用商品或者接受服务，其权益受本法保护；本法未作规定的，受其他有关法律、法规保护。"第 3 条规定："经营者为消费者提供其生产、销售的商品或者提供服务，应当遵守本法；本法未作规定的，应当遵守其他有关法律、法规。"第 48 条规定："经营者提供商品或者服务有下列情形之一的，除本法另有规定外，应当依照其他有关法律、法规的规定，承担民事责任……"按照这两种规定方式，《消费者权益保护法》即是绝对特别法。采用"本法未作规定的"模式的，还有《民办教育促进法》第 2 条、《专属经济区和大陆架法》第 13 条和《驻外外交人员法》第 2 条第 3 款。采用"除本法另有规定外"模式的，还有《保险法》第 94 条和《农业法》第 64 条。

需要指出的是，在特殊法律适用领域，可能还存在相对于绝对特别法来说更加特别的法律，如在食品、药品纠纷领域，《食品安全法》和《药品管理法》相对于《消费者权益保护法》就是更加特别的法律。而且，在法律适用规则上，这种相对的绝对性还可能进一步地深入，例如婴幼儿食品、药品方面的细化规定较之《食品安全法》和《药品管理法》就更加特别。可见，绝对一般法"向上"是《宪法》，但绝对特别法"向下"则可能在特殊的领域中存在更加特殊的调整规范。

（三）相对一般法

《物权法》第 8 条规定："其他相关法律对物权另有特别规定的，依照其规定。"这里的"另有特别规定"，不同于《婚姻法》第 49 条规定的"另有规定"，增加了"特别"字样。《侵权责任法》第 5 条规定："其他法律对侵权责任另有特别规定的，依照其规定。"根据立法机关的解释，《侵权责任法》第 5 条的规定就是借鉴了《物权法》第 8 条的模式。[①] 事实上，在我国现行有效法律中，除了《物权法》和《侵权责任法》，仅有《涉外民事关系法律适用法》第 2 条采用了这种"另有特别规定

① 参见王胜明主编：《中华人民共和国侵权责任法解读》，22 页，北京，中国法制出版社，2010。

的”规定模式，这说明立法机关有意地对这三部法律采用了同样的特别立法技术，以表达同《民法通则》的适用关系。

从《物权法》的立法过程来看，“七审稿”和最后的“上会稿”第8条均规定：“其他法律对物权另有规定的，依照规定。”而最后得以通过的《物权法》第8条的“另有特别规定”显然是特别的改动。笔者认为，《物权法》《侵权责任法》和《涉外民事关系法律适用法》在一般法与特别法关系立法技术上有了较大突破，即考虑到了《民法通则》作为宪法意义上民事基本法律与《物权法》《侵权责任法》《涉外民事关系法律适用法》的效力关系问题。通过增设“特别”限定，能够确保《物权法》《侵权责任法》《涉外民事关系法律适用法》的相关规定取代《民法通则》的相关规定，从而回避了《民法通则》与《物权法》《侵权责任法》《涉外民事关系法律适用法》的效力关系问题。

综上所述，笔者认为，《物权法》《侵权责任法》和《涉外民事关系法律适用法》因为运用了上述的特别立法技术，使得三者成为不同于绝对一般法的相对一般法。所谓相对一般法，就是兼具一般法和特别法的双重地位，但在一定的领域以一般法地位为主。在相对于绝对一般法时，相对一般法是作为特别法适用；在一定领域相对于其他法律，包括相对于其他相对一般法时，均具有一般法地位。

确定《侵权责任法》的相对一般法地位，对于确定实质意义上的侵权责任法具有重大意义。作为相对一般法，《侵权责任法》相对《民法通则》属于特别法，二者条文存在冲突时，应该依据新法、特别法，即《侵权责任法》。而《侵权责任法》相对其他法律，在侵权法领域为一般法，其他现行法律的侵权责任规范与《侵权责任法》的规范有冲突的，则取决于该法律是否是绝对特别法。

从这样的意义上讲，具有与《物权法》第8条、《侵权责任法》第5条和《涉外民事关系法律适用法》第2条类似地位的是《合同法》第123条规定的“其他法律对合同另有规定的，依照其规定”中的“另有规定”，这里应当理解为“另有特别规定”。未来《合同法》如果进行修订，也应该相应修改该条文，这样才能保证其与《物权法》《侵权责任法》《涉外民事关系法律适用法》在法律适用规范上立法技术的一致性。未来可能的《人格权法》《债法总则》立法，也应该作出类似的相对一般法的规定。

（四）相对特别法

绝大多数部门法，既不是宪法意义上的基本法律，也没有像《消费者权益保护法》等绝对特别法一样，将自己定位为绝对特别法。因此，其法律适用规则地位就是相对特别法。所谓相对特别法，是指仅仅在相对于绝对特别法的情形下，作为一般法地位；其余情况，在相对于绝对一般法和相对一般法时，均作为特别法。相对特别法之间，一般不会发生效力冲突问题。如果出现效力冲突，则依据《立法法》关于法律效力冲突的一般规定进行处理。

三、实质意义上侵权一般法的内容确定

（一）《侵权责任法》与《民法通则》规定不一致时的适用规范

实质意义上侵权一般法内容的确定，是对侵权特别法进行效力判断的前提。其实质就是《侵权责任法》与《民法通则》相关侵权法规范条款的效力判断问题。《侵权责任法》与《民法通则》规定不一致时，其效力判断的结果包括适用《民法通则》和适用《侵权责任法》两种情形。

适用《民法通则》的情形包括两种情况：第一种是《侵权责任法》未涉及的《民法通则》侵权责任规范，继续适用《民法通则》的规定；第二种是《侵权责任法》的规定没有《民法通则》相应侵权责任规范详细的，且二者不存在实质效力冲突的，也继续适用《民法通则》的规定。

适用《侵权责任法》的情形包括四种情况：第一种是《侵权责任法》改变《民法通则》规定的；第二种是《侵权责任法》对《民法通则》规定进一步明确的，未来法院无须引用《民法通则》，径直引用《侵权责任法》即可；第三种是《侵权责任法》对《民法通则》的规定进一步类型化，包括增加新类型的情形；第四种是《侵权责任法》改变《民法通则》相关条文定位的，这种情形主要适用于公平责任。

（二）《民法通则》上侵权责任规范的效力类型和适用规范

根据上文确定的适用规范，《民法通则》上的侵权责任规范可以分为六种效力类型。

1.《侵权责任法》未涉及的《民法通则》侵权责任规范，应该适用《民法通则》

《侵权责任法》未涉及的《民法通则》侵权责任规范，可以细化为三类具体情况：

第一，《民法通则》规定的一般侵权行为类型。尽管《侵权责任法》在比较法上属于侵权行为类型列举较多的立法例，但少数特殊的《民法通则》列举的一般侵权行为，包括部分未规定在《民法通则》侵权责任部分的一般侵权行为，仍然未被《侵权责任法》涉及，因此继续适用《民法通则》的规定。具体来说，包括如下三种：第一种是监护人不履行监护职责或者侵害被监护人的合法权益的侵权行为，规定在《民法通则》第 18 条；第二种是违法代理行为的连带责任，规定在《民法通则》第 67 条；第三种是侵害知识产权和不正当竞争行为的侵权责任，规定在《民法通则》第 118 条，尽管知识产权诸法和反不正当竞争法已经对此类侵权行为进行了具体规定，但该条文仍然具有一般性的对发现权和其他科技成果权的保护效果。

第二，《侵权责任法》上的“退步条款”对应的《民法通则》规定。所谓“退步条款”，即《侵权责任法》的规定较之《民法通则》的相应侵权责任规范更为简略，在法院适用时必须单独或者同时适用《民法通则》的相关规定。最为典型的是《侵权责任法》第 19 条，即“侵害他人财产的，财产损失按照损失发生时的市场价

格或者其他方式计算”。较之《民法通则》第 117 条[①]的规定，仅包括全损情况下损害赔偿计算方法的原则性规定，对于部分损害的折价赔偿、返还财产、恢复原状和其他重大损失的赔偿，《侵权责任法》未作出规定。

第三，《民法通则》上的普遍性规定。《侵权责任法》未对时效和涉外民事关系法律适用规则作出规定，这应该理解为立法机关的有意安排。关于时效的规定，包括《民法通则》第 135～141 条的规定。其中第 141 条规定作为引致条款，可能转而适用其他侵权特别法关于时效的规定。涉外民事关系法律适用规则，适用《涉外民事关系法律适用法》。[②]

2.《侵权责任法》与《民法通则》规定无本质差别的侵权责任规范更宜适用《侵权责任法》

《侵权责任法》与《民法通则》规定无本质差别的侵权责任规范，应该适用《侵权责任法》，理由有两点：一是《民法通则》颁布于 20 世纪 80 年代中期，当时的习惯用语，如“公民”“单位”等，现在已经不再适宜。二是《侵权责任法》专门调整侵权责任，相关条文之间的关系较之于《民法通则》整合更为紧密，而未来“民法典”法典化过程中，《民法通则》相关条文可能被修改。具体来说，包括如下三个方面：

第一，《侵权责任法》规定的连带责任与《民法通则》规定的连带债务的适用规则。《民法通则》第 87 条是对连带债务的规定，在《侵权责任法》颁布之前，我国法律体系中并无关于连带责任的规定，法律适用中是将连带债务的规定准用于连带责任，我国台湾地区“民法”也存在这样的情形。尽管从海峡两岸的司法实践来看，没有出现适用上的太多疑难，但这一问题在学理和立法上的确仍然有进一步明晰的必要。邱聪智教授特别指出，法律所定之连带责任，是否尽为连带债务，或者应属不真正连带，学理上难谓毫无讨论余地。[③]《侵权责任法》第 13 条关于连带责任形态对外承担规则的规定和第 14 条关于连带责任形态对内分摊规则与追偿权的规定，对此问题予以了明确。这种明确化尽管由于未包括连带责任的分摊请求权规则而显得不够彻底[④]，实质上也和《民法通则》第 87 条规定并无本质差别，但毕竟改变了原有的准用规则，因而在未来司法适用中应该适用《侵权责任法》的规定。

第二，《侵权责任法》和《民法通则》规定的侵权责任承担方式。较之《民法通则》第 134 条第 1 款，《侵权责任法》第 15 条第 1 款删除了典型的违约责任，即

---

① 《民法通则》第 117 条分为 3 款，第 1 款规定：“侵占国家的、集体的财产或者他人财产的，应当返还财产，不能返还财产的，应当折价赔偿。”第 2 款规定：“损坏国家的、集体的财产或者他人财产的，应当恢复原状或者折价赔偿。”第 3 款规定：“受害人因此遭受其他重大损失的，侵害人并应当赔偿损失。”

② 《涉外民事关系法律适用法》第 44 条对侵权责任涉外法律适用作出了一般性规定，第 45 条和第 46 条分别对产品责任和侵害人格权的涉外法律适用作出了特别列举规定。

③ 参见邱聪智：《新订民法债编通则》（下），394 页，北京，中国人民大学出版社，2004。

④ 参见本书专题十七：连带责任分摊请求权研究。

“（六）修理、重作、更换”和“（八）支付违约金”，并改变了“消除影响、恢复名誉”与“赔礼道歉”的相对顺序。就后一变化，立法者并未明确说明，笔者认为可能是出于条文美观上的原因作出了这种调整①，这并不影响两种民事责任的适用规则。而《侵权责任法》第15条第2款与《民法通则》第134条第2款并无本质差别，但前者将单独适用或者合并适用的范围，限定在侵权责任范围内，更为具体化。另外，《侵权责任法》第15条未规定《民法通则》第134条第3款规定的民事制裁内容。从上述对比中可以看出，《侵权责任法》第15条与《民法通则》第134条在侵权责任的种类规定上，并无本质区别。鉴于《侵权责任法》第15条明确了八种民事责任方式的侵权责任方式的性质，在司法实践中更宜适用《侵权责任法》的规定。

第三，《侵权责任法》对《民法通则》抗辩事由体系的顺序和体系作出调整。《侵权责任法》和《民法通则》都对抗辩事由体系作出了规定，其中不可抗力、紧急避险、正当防卫和受害人过错②的规定，在内容上二者并无本质区别。但在顺序和体系上，则作出了较大调整。《民法通则》上受害人过错制度被规定在第131条，前临第130条关于共同侵权行为的规定，构成了形式意义上的侵权责任分担制度③；后临第132条，构成侵权责任减轻制度。④《民法通则》上的不可抗力制度规定在“民事责任一般规定”中的第107条，是作为民事责任的通用抗辩事由存在的，自然适用于侵权责任领域。《民法通则》上的紧急避险和正当防卫制度，则分别规定在侵权责任部分的第129条和第128条。对比《侵权责任法》第三章的规定，该法首先规定了第26条受害人过错制度，相对于《民法通则》新设了第27条受害人故意制度和第28条第三人原因制度，随后规定了不可抗力、正当防卫和紧急避险三种抗辩事由。这种变化是在体系上将受害人过错明确为抗辩事由，并将不可抗力具体化，最后改变了相关条文顺序后形成的新体例。由于这几种抗辩事由在适用上并无顺序上的优先性，因而这种改变对于侵权责任规范本身并无影响。但因《侵权责任法》第三章增设了两种抗辩事由，并将六种抗辩事由集中规定在第三章“不承担责任和减轻责任的情形”标题下，在适用选择上更为简略，所以未来司法适用中应该适用《侵权责任法》。

3.《侵权责任法》对《民法通则》的侵权责任规范进一步明确化，应该适用《侵权责任法》

《侵权责任法》对《民法通则》侵权责任规范的进一步明确化，是《侵权责任

① 遗憾的是，立法者未能将“消除影响”和“恢复名誉”分别规定为两种侵权责任方式，这显示出立法过程的仓促性。

② 《侵权责任法》第27条规定的受害人故意制度（“损害是因受害人故意造成的，行为人不承担责任。”）属于新规则，自然作为侵权一般法存在。

③ 当然，这种结构的形成可能具有一定的偶然性。这种体例的形成过程，参见王竹：《侵权责任分担论》，57～61页，北京，中国人民大学出版社，2009。

④ 参见王竹：《我国侵权法上“公平责任”源流考》，载《甘肃政法学院学报》，2008（2）。

法》的重要立法目的之一，具体来说体现在如下六个方面：

第一，侵权责任一般条款。《侵权责任法》第 6 条第 2 款明确了过错推定责任原则为独立的侵权责任归责原则。第 7 条修正了《民法通则》第 106 条第 3 款规定的歧义。而《民法通则》第 106 条第 2 款使用的“公民”概念不符合现行法律体系的民事主体定位，因此，未来司法适用侵权责任归责原则条款应该引用《侵权责任法》第 6 条和第 7 条。

第二，精神损害赔偿制度。通说认为，《民法通则》第 120 条第 1 款规定的侵害人格权“可以要求赔偿损失”包括精神损害赔偿，而《侵权责任法》第 22 条对精神损害赔偿的适用条件作出了明确规定：“侵害他人人身权益，造成他人严重精神损害的，被侵权人可以请求精神损害赔偿。”未来司法适用应该引用《侵权责任法》的规定。

第三，饲养动物致害责任。《民法通则》第 127 条对饲养动物致害作出了规定，但该条使用了两个分号被分为三段，三段之间的关系并不清晰。尤其是第三段规定“由于第三人的过错造成损害的，第三人应当承担民事责任”到底是免责事由还是不真正连带责任的规定存在疑义。《侵权责任法》第 78 条的规定相当于《民法通则》第 127 条的前段和中段，并增加了因被侵权人重大过失作为减责事由的规定。《侵权责任法》第 83 条的规定相当于《民法通则》第 127 条后段的规定，并明确了第三人过错导致饲养动物致害适用不真正连带责任形态。

第四，产品责任。《民法通则》第 122 条对产品责任作出了基本规定，包括产品制造者、销售者责任和产品运输者、仓储者责任两个方面。《产品质量法》第 43 条将产品生产者、销售者责任确定为不真正连带责任，但未涉及产品运输者、仓储者责任。《侵权责任法》第 43 条明确了生产者、销售者的缺陷产品不真正连带责任，第 44 条就生产者、销售者对使产品存在缺陷有过错的第三人的追偿权作出了明确规定。未来司法适用应该引用《侵权责任法》的规定。

第五，被侵权人消灭时适用的特殊规则。《民法通则》第 44 条第 2 款对企业法人分立、合并的权利和义务主体变化作出了规定，该规定适用于被侵权人是单位的情形。《侵权责任法》第 18 条第 1 款对被侵权自然人死亡和被侵权单位分立、合并的权利主体变化规则进行了具体规定。司法适用中，应该适用《侵权责任法》的规定。

第六，紧急救助受损的侵权责任和补偿责任。《民法通则》第 109 条对紧急救助受损的侵权责任和补偿责任作出了一般规定，《侵权责任法》第 23 条第 2 句进一步明确了受益人补偿责任的适用规则：“侵权人逃逸或者无力承担责任，被侵权人请求补偿的，受益人应当给予适当补偿。”

4.《侵权责任法》对《民法通则》的侵权责任规范进一步类型化或增加新类型，应该适用《侵权责任法》

《侵权责任法》对《民法通则》侵权责任规范的进一步类型化，或者通过增加新类型进行类型化，包括如下四种情形：

第一，共同侵权行为承担连带责任。《民法通则》第 130 条是对共同侵权行为承担连带责任的一般规定。《侵权责任法》第 8 条、第 9 条第 1 款、第 10 条和第 11 条将共同侵权行为承担连带责任的情形，具体化为共同实施侵权行为人的连带责任、教唆人或帮助人的连带责任、共同危险行为人的连带责任和数个充分原因偶然竞合造成不可分损害的连带责任四种具体情形。应该认识到，共同侵权行为承担连带责任的范围，在大陆法系是一个扩大化的过程。① 《侵权责任法》第 8 条规定将共同侵权行为限制为主观共同实施侵权行为，较之《最高人民法院关于审理人身损害赔偿案件适用法律若干问题的解释》（以下简称《人身损害赔偿司法解释》）第 3 条第 1 款更为保守。未来如果司法实践上有所突破，则可以引用《民法通则》第 130 条的概括性规定。

第二，高度危险责任。《民法通则》第 132 条对高度危险责任及其免责事由作出了规定。《侵权责任法》第九章对高度危险责任进行了拓展规定。第 69 条是高度危险作业致害无过错责任一般条款。第 72 条和第 73 条区分了高度危险物致害无过错责任和高度危险行为致害无过错责任，并规定了不同的抗辩事由体系。另外，第 76 条还对高度危险作业人对侵入者的抗辩事由作出了特别规定。其中，第 73 条在交通事故责任领域限定为“高速轨道运输工具”，较之《民法通则》第 132 条规定的“高速运输工具”，将机动车交通事故责任排除在外，后者适用《侵权责任法》第六章“机动车交通事故责任”的规定。

第三，不动产设施的脱落、坠落与倒塌。《民法通则》第 126 条是对不动产及其附属物倒塌、脱落、坠落过错推定责任的统一规定。《侵权责任法》第 85 条和第 86 条分别规定了不动产设施及其附属物脱落、坠落致害过错推定责任和不动产设施倒塌致害的侵权责任。

第四，地下工作物致害责任。《民法通则》第 125 条对施工人地下设施致害的过错推定责任进行了规定，《侵权责任法》第 91 条第 1 款作出了类似的规定，并在第 2 款增设了管理人地下设施致害过错推定责任的规定。该条属于以增加类型方式进行的进一步类型化。

5.《侵权责任法》与《民法通则》因位置变化带来定位变化的侵权责任规范，应该适用《侵权责任法》

因《侵权责任法》与《民法通则》位置变化带来定位变化的侵权责任规范，主要涉及公平责任及其相关条文。在《民法通则》中，由于起草时受到 20 世纪 70 年代南斯拉夫债法修改和 1922 年、1964 年《苏俄民法典》的多重影响，《民法通则》第 133 条对于非完全民事行为能力人致害侵权责任的规定，未安排在特殊侵权行为

① 参见王竹：《侵权责任分担论》，40～46 页，北京，中国人民大学出版社，2009。

领域，而特别安排在第 132 条公平责任之后，作为适用范围的限制性条款。[①]《侵权责任法》切断了这两项侵权责任规范之间的关系。一方面，公平责任被明确为普遍适用的公平补偿责任，规定在第 24 条；另一方面，非完全民事行为能力人致害侵权责任回归到传统民法定位，规定在第 32 条，与第 33 条规定的无意识致害的侵权责任和公平责任毗邻，形成了完整的非完全民事行为能力人致害侵权责任体系。这种主要因为条文位置变化带来的定位变化的情形[②]，在司法适用中应该适用《侵权责任法》的规定。

6.《侵权责任法》改变《民法通则》的侵权责任规范，所以应该适用《侵权责任法》

因《侵权责任法》改变《民法通则》的侵权责任规范，应当适用《侵权责任法》。这些情形包括：

第一，人身损害赔偿的范围。《民法通则》第 119 条规定："侵害公民身体造成伤害的，应当赔偿医疗费、因误工减少的收入、残废者生活补助费等费用；造成死亡的，并应当支付丧葬费、死者生前扶养的人必要的生活费等费用。"而《侵权责任法》第 16 条规定："侵害他人造成人身损害的，应当赔偿医疗费、护理费、交通费等为治疗和康复支出的合理费用，以及因误工减少的收入。造成残疾的，还应当赔偿残疾生活辅助具费和残疾赔偿金。造成死亡的，还应当赔偿丧葬费和死亡赔偿金。"对比可知，《侵权责任法》没有规定"死者生前扶养的人必要的生活费"，明文规定了残疾赔偿金和死亡赔偿金。而《最高人民法院关于适用〈中华人民共和国侵权责任法〉若干问题的通知》（法发〔2010〕23 号）第 4 条规定："人民法院适用侵权责任法审理民事纠纷案件，如受害人有被扶养人的，应当依据《最高人民法院关于审理人身损害赔偿案件适用法律若干问题的解释》第二十八条的规定，将被扶养人生活费计入残疾赔偿金或死亡赔偿金。"该规定将这一问题进一步复杂化。尽管法律适用的具体规则还有待立法解释或者司法解释进一步明确，但可以确定的是，《侵权责任法》的确改变了《民法通则》规定的人身损害赔偿范围。[③]

第二，环境污染无过错责任的构成要件。《民法通则》第 124 条规定："违反国家保护环境防止污染的规定，污染环境造成他人损害的，应当依法承担民事责任。"而《侵权责任法》第 65 条规定："因污染环境造成损害的，污染者应当承担侵权责任。"比较可知，《侵权责任法》取消了《民法通则》规定的环境污染无过错责任的违法要件，与环境保护诸法保持了一致。

① 参见王竹：《我国侵权法上"公平责任"源流考》，载《甘肃政法学院学报》，2008（2）。

② 除了因位置变化带来的定位变化，《侵权责任法》第 32 条在内容上与《民法通则》第 133 条也略有不同，这也是司法适用上应该引用《侵权责任法》第 32 条的另一个理由。

③ 关于这一问题的初步分析，参见王竹：《一概删除"被扶养人生活费"赔偿值得商榷》，载《中国社会科学报》，2010-11-04，11 版。

（三）附带问题：原有司法解释中侵权责任规范的效力判断基本规则

与实质意义上侵权一般法内容确定相关的问题，是《侵权责任法》生效之前最高人民法院颁布的司法解释中侵权责任规范的效力问题。笔者认为，原有司法解释中的侵权责任规范的效力取决于所解释的《民法通则》条文的效力，具体来说包括三种情况：

第一，《侵权责任法》未直接涉及司法解释所依据的《民法通则》侵权责任规范，原则上认为该司法解释规定的侵权责任规范继续具有效力，所涉及的《民法通则》条文参见上文第一种效力类型。

第二，《侵权责任法》确认或者未改变司法解释所依据的《民法通则》侵权责任规范的，原则上认为该司法解释规定的侵权责任规范继续具有效力，所涉及的《民法通则》条文参见上文第二种、第三种和第四种效力类型。

第三，《侵权责任法》改变了司法解释所依据的《民法通则》侵权责任规范的，原则上认为该司法解释规定的侵权责任规范不再具有效力，所涉及的《民法通则》条文参见上文第五种和第六种效力类型。

四、侵权特别法的效力判断规则

（一）侵权特别法效力判断的两种基本模式

容易被误解的侵权特别法效力判断的模式，是认为依据类似于“法律另有规定，依照其规定”的法条进行判断即可。经过仔细研究，笔者认为《侵权责任法》影响现有侵权特别法效力的方式应该分为以下两种模式：

第一种模式是《侵权责任法》通过改变《民法通则》确立的侵权一般法规则，导致相关侵权特别法效力发生变化，即“法律整体判断模式”。大多数侵权特别法都是通过这种模式进行效力判断。其基本规则是，以《侵权责任法》第5条规定的“其他法律对侵权责任另有特别规定的，依照其规定”作为效力判断的基本标准，对《民法通则》和《侵权责任法》之外所有法律中规定的侵权责任规范进行判断。①

第二种模式是《侵权责任法》通过引致条款规定对其他法律的适用规则，达到确认现有侵权特别法的效力和预留未来侵权特别法立法空间的目的，即“引致条款判断模式”。只有少数的侵权特别法通过这种模式进行效力判断。其基本规则是，规定在《民法通则》和《侵权责任法》之外的其他法律中的侵权责任规范，虽然依据“法律整体判断模式”被判断为没有法律效力，但由于《侵权责任法》明文规定的引致条款，而获得法律效力。质言之，“引致条款判断模式”是“法律整体判断

① 这样的视角类似于我国台湾学者称为“法规范”的范畴。参见黄茂荣：《法学方法与现代民法》，132～133页，北京，法律出版社，2007。

模式”的例外和补充。

（二）法律整体判断模式下的侵权特别法效力判断基本规则

1.《侵权责任法》第5条规定的“另有特别规定”判断规则

如前所述，《侵权责任法》第5条规定的是相对一般条款定位模式：“其他法律对侵权责任另有特别规定的，依照其规定。”与《婚姻法》第49条绝对一般条款仅仅规定了“另有”规定不同，该条规定了“另有”规定和“特别”规定两条侵权特别法适用限制。由于《侵权责任法》整体作为侵权一般法，因而根据《侵权责任法》第5条判断出的“另有特别规定”，均属于具有效力的侵权特别法。因此，如何判断“另有特别规定”就显得尤其重要。

（1）“另有”规定的判断规则

所谓“另有”规定，应该理解为其他法律也对侵权责任规范作出了规定，具体来说包括如下几种类型：

第一，对侵权行为类型的规定，即规定了侵权责任归责原则和构成要件，如《电子签名法》第28条规定：“电子签名人或者电子签名依赖方因依据电子认证服务提供者提供的电子签名认证服务从事民事活动遭受损失，电子认证服务提供者不能证明自己无过错的，承担赔偿责任。”

第二，对侵权责任形态的特别规定，如《产品质量法》第58条规定：“社会团体、社会中介机构对产品质量作出承诺、保证，而该产品又不符合其承诺、保证的质量要求，给消费者造成损失的，与产品的生产者、销售者承担连带责任。”

第三，对抗辩事由的特别规定，如《铁路法》第58条第1款规定：“因铁路行车事故及其他铁路运营事故造成人身伤亡的，铁路运输企业应当承担赔偿责任；如果人身伤亡是因不可抗力或者由于受害人自身的原因造成的，铁路运输企业不承担赔偿责任。”第2款对“受害人自身的原因”作出了列举性的说明：“违章通过平交道口或者人行过道，或者在铁路线路上行走、坐卧造成的人身伤亡，属于受害人自身的原因造成的人身伤亡。”

第四，对损害赔偿范围的特别规定，如《反不正当竞争法》第17条第3款规定：“因不正当竞争行为受到损害的经营者的赔偿数额，按照其因被侵权所受到的损失确定；实际损失难以计算的，按照侵权人因侵权所获得的利益确定。赔偿数额还应当包括经营者为制止侵权行为所支付的合理开支。”

（2）“特别”规定的判断规则

在法律整体判断模式下，“特别”是指整部法律相对于《侵权责任法》都是特别法。相对于《侵权责任法》这一相对一般法而言的，按照上文分析的四种法律之间的效力规范体系，其他相对一般法、相对特别法和绝对特别法在整体上都是《侵权责任法》的特别法。考虑到其他法律另有的规定存在《侵权责任法》没有相应规定的情形，具体来说“特别”规定包括如下三种情况：

第一，无论《侵权责任法》是否作出规定，另一绝对特别法都作出了规定。以典型的绝对特别法《消费者权益保护法》为例，该法第55条第2款规定的惩罚性赔偿就属于这一类型："经营者明知商品或者服务存在缺陷，仍然向消费者提供，造成消费者或者其他受害人死亡或者健康严重损害的，受害人有权要求经营者依照本法第四十九条、第五十一条等法律规定赔偿损失，并有权要求所受损失二倍以下的惩罚性赔偿。"

第二，《侵权责任法》没有作出规定，另一非绝对一般法作出了规定。[①] 这种情形包括其他相对一般法和相对特别法两种情形。其他相对一般法，以《物权法》为例，其第21条第2款规定了登记机构的登记错误赔偿责任："因登记错误，给他人造成损害的，登记机构应当承担赔偿责任。登记机构赔偿后，可以向造成登记错误的人追偿。"该款确定的是特殊的不真正连带责任。[②] 相对特别法，以《产品质量法》为例，《侵权责任法》没有对产品和缺陷作出界定，应该适用《产品质量法》第2条和第46条的规定。

第三，《侵权责任法》作出了一般规定，另一相对特别法作出了特别规定。《侵权责任法》第86条第1款对建设单位、施工单位缺陷不动产设施倒塌致害责任作出了规定："建筑物、构筑物或者其他设施倒塌造成他人损害的，由建设单位与施工单位承担连带责任。建设单位、施工单位赔偿后，有其他责任人的，有权向其他责任人追偿。"《建筑法》第69条第1款的规定涵盖了工程监理单位的连带责任："工程监理单位与建设单位或者建筑施工企业串通，弄虚作假、降低工程质量的，责令改正，处以罚款，降低资质等级或者吊销资质证书；有违法所得的，予以没收；造成损失的，承担连带赔偿责任；构成犯罪的，依法追究刑事责任。"

2. 侵权特别法与侵权一般法存在冲突时的效力判断规则

应该指出，由于《侵权责任法》对《民法通则》的实质性改变主要体现在人身损害赔偿的范围和环境污染无过错责任的构成要件两个方面，而《侵权责任法》通过之前的立法中的侵权责任规范，均作为侵权特别法必须与《民法通则》保持一致；因而可能存在效力冲突而需要进行效力判断的侵权特别法，也只存在于这两个领域。

（1）人身损害赔偿的范围

《侵权责任法》通过之前，在20世纪90年代中期，原《产品质量法》《消费者权益保护法》和原《国家赔偿法》对人身损害赔偿的范围，按照《民法通则》第119条的基本精神进行了具体化，2000年《产品质量法》修正和2012年《国家赔偿法》修正并未改变赔偿项目。如前所述，《消费者权益保护法》为绝对特别法，《侵权责任法》在适用范围上也与《国家赔偿法》进行了区分，因此与《侵权责任法》第16条存在效力冲突的只有《产品质量法》第44条第

① 在这种情形中，不再判断作为绝对一般法《民法通则》的特殊规则，因为该问题属于侵权一般法的确定问题。

② 参见杨立新：《论不动产错误登记损害赔偿责任的性质》，载《当代法学》，2010（1）。

1 款的规定："因产品存在缺陷造成受害人人身伤害的，侵害人应当赔偿医疗费、治疗期间的护理费、因误工减少的收入等费用；造成残疾的，还应当支付残疾者生活自助具费、生活补助费、残疾赔偿金以及由其扶养的人所必需的生活费等费用；造成受害人死亡的，并应当支付丧葬费、死亡赔偿金以及由死者生前扶养的人所必需的生活费等费用。"对比可知，"由死者生前扶养的人所必需的生活费"这一赔偿项目不再为《侵权责任法》第 16 条所列举。如前所述，《最高人民法院关于适用〈中华人民共和国侵权责任法〉若干问题的通知》（法发〔2010〕23 号）第 4 条的规定，使得这一问题具有不确定性。但可以明确的是，并无任何理由使得产品责任的赔偿项目不同于《侵权责任法》的一般规定，因此，未来司法实践中该条文将不再适用。

(2) 第三人过错导致环境污染的法律效果

《侵权责任法》第 68 条规定第三人过错导致环境污染适用不真正连带责任："因第三人的过错污染环境造成损害的，被侵权人可以向污染者请求赔偿，也可以向第三人请求赔偿。污染者赔偿后，有权向第三人追偿。"而《海洋环境保护法》第 89 条第 1 款作出了免除污染者责任，由第三人承担的例外规定："造成海洋环境污染损害的责任者，应当排除危害，并赔偿损失；完全由于第三者的故意或者过失，造成海洋环境污染损害的，由第三者排除危害，并承担赔偿责任。"从立法机关的权威解释来看，是希望通过《侵权责任法》第 68 条达到"赋予被侵权人赔偿对象的选择权"的目的①，因此《海洋环境保护法》第 89 条第 1 款将第三者过错作为免责事由的规定，在未来司法实践中将不再适用。

（三）引致条款判断模式下的侵权特别法效力判断基本规则

1. 引致条款判断模式的基本规则

引致条款，是指本身没有独立的规范内涵，甚至不具有解释规则的意义，单纯引致某一具体规范，法官需要从所引致的具体规范的目的去确定其效果的法律条款。②

按照引致条款所引致条款的明确性，可以将引致条款分为开放引致条款和封闭引致条款。所谓开放引致条款，即法律仅仅规定类似"法律另有规定的，依照其规定"的引致规范。如《物权法》第 85 条规定："法律、法规对处理相邻关系有规定的，依照其规定；法律、法规没有规定的，可以按照当地习惯。"由于没有明确引致对象，法院适用时只需要对其他法律中的侵权责任规范作形式判断。而立法者也可以通过修法或者新的立法修改或者增加被引致的条款。所谓封闭引致条款，即法律明确规定了引致法律的对象，法院在适用时只能按照该引致条款明确指向的法律寻求引致，立法者只能通过修改该法律来修改被引致的条款，而不得通过新的立法

① 参见王胜明主编：《中华人民共和国侵权责任法解读》，341～342 页，北京，中国法制出版社，2010。

② 参见苏永钦：《私法自治中的经济理性》，35 页，北京，中国人民大学出版社，2004。

来增加被引致的条款。在立法技术上包括使用书名号和不使用书名号两种。使用书名号的情形，如《合同法》第 113 条第 2 款规定："经营者对消费者提供商品或者服务有欺诈行为的，依照《中华人民共和国消费者权益保护法》的规定承担损害赔偿责任。"不使用书名号的情形，如《物权法》第 114 条规定："拾得漂流物、发现埋藏物或者隐藏物的，参照拾得遗失物的有关规定。文物保护法等法律另有规定的，依照其规定。"就立法的稳定性和兼容性而言，以不使用书名号为宜。

2. 《侵权责任法》上的开放引致条款

《侵权责任法》上的开放引致条款，按照其引用方式，又可以分为常态开放引致条款和例外开放引致条款。所谓常态开放引致条款，即《侵权责任法》有意预留的，由其他法律进行规定的内容，通过在《侵权责任法》法条中进行叙述达到引用的目的。所谓例外开放引致条款，即《侵权责任法》作出了一般性规定，但例外地允许其他法律对该问题作出特别规定，通过"法律另有规定"的导语，达到引致的目的。

（1）常态开放引致条款①

《侵权责任法》上的常态开放引致条款有以下三个②：

第一，第 7 条对无过错责任原则的规定："行为人损害他人民事权益，不论行为人有无过错，法律规定应当承担侵权责任的，依照其规定。"该条规定一方面适用于《侵权责任法》上的无过错责任侵权行为类型，也是对其他法律明文规定的无过错责任侵权行为类型的引致。例如《动物防疫法》第 84 条第 2 款规定："违反本法规定，导致动物疫病传播、流行等，给他人人身、财产造成损害的，依法承担民事责任。"《矿产资源法》第 32 条规定："开采矿产资源给他人生产、生活造成损失的，应当负责赔偿，并采取必要的补救措施。"

第二，第 66 条对污染者抗辩事由举证责任的规定："因污染环境发生纠纷，污染者应当就法律规定的不承担责任或者减轻责任的情形及其行为与损害之间不存在因果关系承担举证责任。"《海洋环境保护法》第 91 条、《大气污染防治法》第 63 条和《水污染防治法》第 85 条均对抗辩事由作出了规定。

第三，第 77 条对高度危险责任法定赔偿限额适用规则的规定："承担高度危险责任，法律规定赔偿限额的，依照其规定。"我国现行法律体系中，《民用航空法》《海商法》和我国参加的《华沙公约》对高度危险责任的法定赔偿限额分别作出了

① 拉伦茨教授将这种需要进一步充实其内容或者详细描述应用在其他法条的概念或者类型的不完全法条形式称为"说明性法条"。［德］卡尔·拉伦茨：《法学方法论》，陈爱娥译，138 页，北京，商务印书馆，2003。

② 《侵权责任法》第 64 条规定："医疗机构及其医务人员的合法权益受法律保护。干扰医疗秩序，妨害医务人员工作、生活的，应当依法承担法律责任。"这里的"依法"，主要引致的是《执业医师法》第 40 条的规定："阻碍医师依法执业，侮辱、诽谤、威胁、殴打医师或者侵犯医师人身自由、干扰医师正常工作、生活的，依照治安管理处罚法的规定处罚；构成犯罪的，依法追究刑事责任。"但该规定并非侵权责任规范。

规定。需要指出的是，行政法规对高度危险责任的法定赔偿限额的规定因为其并非法律，所以不是本条引致的对象。

（2）例外开放引致条款①

《侵权责任法》上的例外开放引致条款是第29条对不可抗力的规定："因不可抗力造成他人损害的，不承担责任。法律另有规定的，依照其规定。"

我国现行法中对不可抗力另行规定的情形包括两类：第一类是对不可抗力免责事由予以全部或者部分排除，如《邮政法》第48条第1项规定："因下列原因之一造成的给据邮件损失，邮政企业不承担赔偿责任：（一）不可抗力，但因不可抗力造成的保价的给据邮件的损失除外……"《侵权责任法》第70条规定："民用核设施发生核事故造成他人损害的，民用核设施的经营者应当承担侵权责任，但能够证明损害是因战争等情形或者受害人故意造成的，不承担责任。"因此，民用核设施致害的不可抗力抗辩类型仅限于战争和与战争类似的情形，如陨石击中等。第71条规定："民用航空器造成他人损害的，民用航空器的经营者应当承担侵权责任，但能够证明损害是因受害人故意造成的，不承担责任。"因此，不可抗力不是民用航空器致害的抗辩事由。第二类是环境保护诸法。需要指出的是，前述作为常态开放引致条款的《侵权责任法》第66条实际上也是第29条的引致对象。根据《海洋环境保护法》第91条第2项和《大气污染防治法》第63条的规定，对不可抗力免责事由的适用，仅限于"完全由于不可抗拒的自然灾害"，且附加了"经及时采取合理措施，仍然不能避免造成环境污染损害的"条件。《水污染防治法》第96条第2款规定："由于不可抗力造成水污染损害的，排污方不承担赔偿责任；法律另有规定的除外。"而《固体废物污染环境防治法》第86条的规定模式与《侵权责任法》第66条类似。修改后的《环境保护法》第64条规定："因污染环境和破坏生态造成损害的，应当依照《中华人民共和国侵权责任法》的有关规定承担侵权责任。"鉴于《环境保护法》是环境污染责任领域的一般法，除了特别环境侵权法明文规定不可抗力抗辩事由仅限于"完全由于不可抗拒的自然灾害"，且附加了"经及时采取合理措施，仍然不能避免造成环境污染损害的"条件之外，均适用《侵权责任法》的规定。

3.《侵权责任法》上的封闭引致条款②

《侵权责任法》上的封闭引致条款是第48条关于机动车交通事故责任法律适用的规定："机动车发生交通事故造成损害的，依照道路交通安全法的有关规定承担赔偿责任。"该条引致的主要是《道路交通安全法》第76条的规定。

需要注意的是，《侵权责任法》第27条规定"损害是因受害人故意造成的，行

① 有学者将在同一法条中附上但书、嵌入除外规定或另增消极要件等情形定义为"限制性法条"。黄茂荣：《法学方法与现代民法》，167～168页，北京，法律出版社，2007。

② 这种法条形式也有学说认为可以被划入"说明性法条"。苏永钦：《私法自治中的经济理性》，138页，北京，中国人民大学出版社，2004。

为人不承担责任”，而《道路交通安全法》第76条第2款规定：“交通事故的损失是由非机动车驾驶人、行人故意碰撞机动车造成的，机动车一方不承担赔偿责任。”这样就出现了《侵权责任法》第27条与《道路交通安全法》第76条第2款的效力冲突问题。笔者认为，根据《侵权责任法》第48条引致的“承担赔偿责任”仅仅是指侵权责任构成，而不包括抗辩事由。[①]

（四）附带问题：行政法规中侵权责任规范的效力问题

《最高人民法院关于裁判文书引用法律、法规等规范性法律文件的规定》（法释〔2009〕14号）第4条规定：“民事裁判文书应当引用法律、法律解释或者司法解释。对于应当适用的行政法规、地方性法规或者自治条例和单行条例，可以直接引用。”我国现行行政法规中，有不少侵权责任规范，最为突出的是在医疗损害责任领域。《侵权责任法》生效之后，如何判断行政法规是否是“应当适用”，是法律整体判断模式下侵权特别法效力判断的附带问题。

《立法法》第88条第1款规定：“法律的效力高于行政法规、地方性法规、规章。”因此，如果行政法规中的侵权责任规范与《侵权责任法》的有冲突，应该适用《侵权责任法》。因此，《医疗事故处理条例》中的侵权责任规范，包括鉴定程序均不再适用，后者已经为《最高人民法院关于适用〈中华人民共和国侵权责任法〉若干问题的通知》（法发〔2010〕23号）第三点所确认。

应该指出的是，该部行政法规，尽管不能适用于侵权责任的确定，却并不因为《侵权责任法》的生效而失效，其余部分规范仍然具有行政法规效力。

五、《民法总则》对实质意义上侵权法的影响

《民法总则》上的侵权责任规范主要包括《侵权责任法》规范的“总则化”和新增规范两大类，主要分布在第八章“民事责任”，也涉及第九章“诉讼时效”。

（一）《侵权责任法》规范的“总则化”

《侵权责任法》规范的“总则化”主要包括如下方面：

第一，一般数人侵权责任分担规则的总则化。《民法总则》第177条将《侵权责任法》第12条[②]中包含的按份责任最终责任分担规则抽出作为一般性规则规定：“二人以上依法承担按份责任，能够确定责任大小的，各自承担相应的责任；难以确定责任大小的，平均承担责任。”值得赞许。《民法总则》第178条前两款整合了《侵权责任法》第13条连带责任对外责任分担和第14条连带责任对内最终责任分

① 详细论证参见王竹：《特殊侵权行为中受害人过错制度的适用研究——以〈侵权责任法〉第六章到第十章为中心》，载《河南财经政法大学学报》，2012（1）。

② 《侵权责任法》第12条规定：“二人以上分别实施侵权行为造成同一损害，能够确定责任大小的，各自承担相应的责任；难以确定责任大小的，平均承担赔偿责任。”

担的规则，第3款兼顾到了侵权责任和违约责任两大主要适用范围，规定："连带责任，由法律规定或者当事人约定。"实现了连带责任规则的一般化，补全了我国民法上长期缺乏连带责任规则，不得不准用《民法通则》第87条有关连带之债规定的缺憾。① 未来《民法典·总则编》还可以进一步整合第177条按份责任和第178条第2款连带责任的对内责任分担规则。②

第二，主要侵权责任方式的总则化。《民法总则》第179条第1款是对主要民事责任方式的规定。该款最终未能确立《民法总则（草案）》（一审公开征求意见稿）中的"修复生态环境"责任，与该法第9条新增的"民事主体从事民事活动，应当有利于节约资源、保护生态环境"这一绿色基本原则的立法意图不完全吻合。建议《民法典·侵权责任编》将《侵权责任法》第八章"环境污染责任"③ 充实为"污染环境与破坏生态责任"④，并规定"修复生态环境"责任的具体适用。⑤ 值得关注的是，《民法总则》第179条第2款新增"法律规定惩罚性赔偿的，依照其规定"的一般性规定，未来应当会有进一步扩大适用范围的立法趋势。

第三，三项侵权责任抗辩事由的总则化。第180条合并了《民法通则》第107条和第153条的内容，对不可抗力作了统一规定，作为抗辩事由适用于整个民事责任体系。《民法总则》随后在第181条和第182条规定了正当防卫和紧急避险两种抗辩事由，内容相比《侵权责任法》第30条和第31条仅有略微调整。建议未来《民法典·总则编》补充"自助行为"这一重要抗辩事由。⑥

第四，见义勇为人受害责任的总则化。《民法总则》第183条对见义勇为人受害责任进行了规定，内容较之《侵权责任法》第23条略有调整，体例上延续了《民法通则》第109条规定在第六章"民事责任"的第一节"一般规定"的安排。

第五，侵权责任优先规则的一般化。《民法总则》第187条以《侵权责任法》第4条侵权责任优先为编纂对象，规定了"民事责任优先规则"。

上述"总则化"的《侵权责任法》规范在未来《民法典·侵权责任编》中无须重复规定。

（二）《民法总则》新增的侵权责任规范

《民法总则》新增的侵权责任规范主要包括如下方面：

---

① 我国台湾地区"民法"存在类似的法律适用问题。参见邱聪智：《新订民法债编通则》（下），394页，北京，中国人民大学出版社，2003。

② 详见王竹：《论数人侵权责任分担中最终责任份额的确定方式》，载《法商研究》，2010（6）。

③ 《侵权责任法》只在第八章标题适用了"环境污染"的表述，而在条文中均使用"污染环境"的表述。应该指出，"污染环境"的表述更为准确，未来《民法典·侵权责任编》应该予以修正。

④ 《环境保护法》第64条规定：因污染环境和破坏生态造成损害的，应当依照《中华人民共和国侵权责任法》的有关规定承担侵权责任。

⑤ 参见《最高人民法院关于审理环境民事公益诉讼案件适用法律若干问题的解释》（法释〔2015〕1号）第15、20～24条。

⑥ 《中华人民共和国民法（草案）》（2002年12月23日）第八编"侵权责任法"第23条曾经规定了"自助行为"，但该条文在后续草案中没有保留。

第一，新增的自愿实施紧急救助行为致害免责规定。《民法总则》在立法的最后阶段新增第184条："因自愿实施紧急救助行为造成受助人损害的，救助人不承担民事责任。"该条没有设置故意或者重大过失情形的除外条款①，立法过于仓促且非必要，徒生疑惑，实为败笔。建议最高人民法院尽快出台司法解释予以补救，并在未来"民法典"编纂过程中修正这一立法错误。

第二，新增的侵害英雄烈士等人格利益侵权责任。《民法总则》第185条新增规定："侵害英雄烈士等的姓名、肖像、名誉、荣誉，损害社会公共利益的，应当承担民事责任。"这是践行该法第1条规定的"弘扬社会主义核心价值观"的典型立法体现。② 对比《精神损害赔偿司法解释》第3条第1项的规定③，二者具有类似的保护范围。《民法总则》第185条更突出侵害对象为"英雄烈士等"且"损害社会公共利益"，未来应该建立相应的公益诉讼制度。本条的规定具有偶然性，在《民法总则》立法过程中引起较大争议的"狼牙山五壮士"名誉权纠纷案④，对本条规定的确立起到了明显的推动作用。而早在2002年第6期《最高人民法院公报》就刊载了《彭家惠诉〈中国故事〉杂志社名誉权纠纷案》，这对于该条的司法适用可作参考。

第三，新增的侵权责任诉讼时效。《民法总则》规定了两类特殊的诉讼时效起算点，实际上都是对弱势被侵权人的特殊保护制度。第190条规定："无民事行为能力人或者限制民事行为能力人对其法定代理人的请求权的诉讼时效期间，自该法定代理终止之日起计算。"第191条规定："未成年人遭受性侵害的损害赔偿请求权的诉讼时效期间，自受害人年满十八周岁之日起计算。"这两条《民法总则》的特殊诉讼时效规定，预示着未来《民法典·侵权责任编》应当对非完全民事行为能力人，尤其是未成年人被法定代理人侵害和被性侵害的侵权责任作出特别规定。沿着这一立法思路，在未来《民法典·总则编》的编纂过程中，笔者建议还应当参考《婚姻法》第11条第3句规定的"被非法限制人身自由的当事人请求撤销婚姻的，应当自恢复人身自由之日起一年内提出"。在第191条基础上增加如下规定："被非法限制人身自由遭受性侵害的，损害赔偿请求权的诉讼时效，自恢复人身自由之日起计算。"

上述《民法总则》新增的侵权责任规范在民法典编纂过程中需要与《民法典·侵权责任编》进行协调。

(三)《民法总则》对实质意义上侵权法的影响较小

《民法总则》颁布实施之后，实质意义上侵权一般法的判断范围就包括了《民

① 参见石宏主编：《〈中华人民共和国民法总则〉条文说明、立法理由及相关规定》，437～438页，北京，北京大学出版社，2017。

② 参见石宏主编：《〈中华人民共和国民法总则〉条文说明、立法理由及相关规定》，440页，北京，北京大学出版社，2017。

③ 《精神损害赔偿司法解释》第3条第1项规定："自然人死亡后，其近亲属因下列侵权行为遭受精神痛苦，向人民法院起诉请求赔偿精神损害的，人民法院应当依法予以受理：(一) 以侮辱、诽谤、贬损、丑化或者违反社会公共利益、社会公德的其他方式，侵害死者姓名、肖像、名誉、荣誉……"

④ 《最高人民法院公布四起"狼牙山五壮士"等保护英雄人物人格权益典型案例》，2016年10月19日。

法总则》与《民法通则》《侵权责任法》三部法律。鉴于《民法总则》与《民法通则》的关系①、《民法总则》与《侵权责任法》的关系②，均适用“新法优于旧法”规则，那么《民法总则》对侵权一般法的影响，也就可以整体适用“新法优于旧法”的规则。即按照上文先确定《民法通则》和《侵权责任法》所构成的“旧侵权一般法”的实质内容，然后再按照“新法优于旧法”的规则处理《民法总则》上侵权法规范与“旧侵权一般法”的关系，最后确立“新侵权一般法”。在确立了“新侵权一般法”之后，再按照上文确定“旧侵权特别法”效力规则的方式，然后确定“新侵权特别法”。

按照上文的分析，《民法总则》上的侵权责任规范可以分为《侵权责任法》规范的“总则化”和新增规范两大类，其中“总则化”的类型在具体规则上只是作了细微调整，那么这两种类型的规范对于《侵权责任法》来说，都属于“新法优于旧法”的适用范围。原则上我们可以认为，《民法总则》中的侵权责任规范通过优先于《侵权责任法》中对应规则适用和新增规则适用，并不会超过《侵权责任法》对《民法通则》中侵权责任规范的影响。因此，“新侵权一般法”实质上是微调了被《民法总则》“总则化”的侵权责任规范和新增了少数侵权责任规范，对侵权特别法的影响可以忽略不计，整个实质意义上的侵权法也得以基本保持稳定。

六、未来实质意义上侵权法的立法展望

按照分编起草“民法典”的立法模式和立法机关已经公布的立法文件，未来还可能继续制定《人格权法》，并可能制定《债法总则》。而《民法通则》也将最终退出历史舞台。③ 即使不考虑“民法典”法典化过程中还可能出现修改《侵权责任法》的情况，仅上述未来立法活动也将会对侵权一般法，进而对侵权特别法产生较大的体系影响。因此，未雨绸缪地研究这两个问题，显得十分重要。

（一）侵权一般法在未来可能发生的变化

1. 可能的《人格权法》和《债法总则》的制定对侵权一般法的可能影响

未来如果制定《人格权法》将不可避免地包括部分侵权责任规范，这与《人格权法》和《侵权责任法》的紧密关系是相一致的。未来如果制定《债法总则》，则必然涉及侵权行为之债与侵权责任，尤其是损害赔偿责任的关系。可见，《人格权法》和《债法总则》的制定将必然对侵权一般法造成一定的影响。笔者认为，这种影响可能包括两种方式：一是确立新的侵权一般法规范，这种情况主要体现在《人

① 参见李建国：《关于〈中华人民共和国民法总则（草案）〉的说明》，在第十二届全国人民代表大会第五次会议上，2017年3月8日。

② 参见《第十二届全国人民代表大会法律委员会关于〈中华人民共和国民法总则（草案）〉审议结果的报告》，2017年3月12日第十二届全国人民代表大会第五次会议主席团第二次会议通过。

③ 关于上述未来立法活动的必要性与合宪性分析，参见王竹：《〈侵权责任法〉立法程序的合宪性解释——兼论“民法典”起草过程中的宪法意识》，载《法学》，2010（5）。

格权法》中，即以侵害人格权侵权行为类型的方式出现，也将包括特殊的民事责任方式适用和侵权责任分担规则。二是修改侵权一般法的现有规定，这种情况更多地可能出现在《债法总则》中，例如对多数人之债制度的完善等。总的来说，《人格权法》和《债法总则》的制定对侵权一般法的可能影响是增量型的。

2.《民法通则》的废止对侵权一般法的可能影响

与《人格权法》和《债法总则》的制定对侵权一般法的可能影响是增量型的不同，《民法通则》的废止对侵权一般法的可能影响将表现为减量型。尽管《民法总则》继续保留了“民事责任”章的设计，但也仅保留了一般规定和民事责任的方式，而不再规定具体的侵权民事责任规范。结合上文的分析，减少的《民法通则》现行侵权责任规范主要包括“《侵权责任法》未涉及的《民法通则》侵权责任规范”中的两类规范：第一类是《民法通则》侵权责任部分规定的一般侵权行为类型，即第118条侵害知识产权和不正当竞争行为的概括性条款。该条款未来被删除后，可以适用《侵权责任法》第2条第2款和第6条第1款。第二类即笔者所谓的《侵权责任法》“退步条款”——第19条关于财产损害赔偿的规定，其所对应的是《民法通则》第117条。该条款未来被删除后，建议通过修改完善《侵权责任法》第19条或者通过最高人民法院颁布“财产损害赔偿司法解释”的方式予以完善。

（二）侵权特别法未来的立法空间和立法技术

制定侵权一般法的目的之一，就在于确定侵权责任规范的基本原则和整体规范框架，并有计划地预留未来侵权特别法的立法空间。而制定或者修改侵权特别法，均必须是在侵权一般法预留的立法空间中。为了确保侵权特别法中侵权责任规范的效力，必须通过一定的立法技术予以体现。应该基于上文对侵权特别法效力判断的两种不同模式，分别确定两种模式下的立法空间和立法技术。

1. 基于法律整体判断模式的侵权特别法未来立法空间和立法技术问题

基于法律整体判断模式的未来侵权特别法立法空间和立法技术，要区分非绝对特别法和绝对特别法。

非绝对特别法可以对侵权一般法进行补充或者完善，但不能违背或者歪曲侵权一般法的立法本意。补充规范，即对侵权一般法未作规定的侵权责任规范进行补充，常见的是对特别诉讼时效的规定。完善规范，是对侵权一般法作出规定的侵权责任规范的进一步完善，包括三种情况：一是对侵权一般法的抽象规定进行具体化，如规定具体的公平责任类型。二是对侵权一般法的模糊规定进行明确化，如对财产损害赔偿规则进行具体规定。三是对侵权一般法的种属规定进行类型化或者增加新的类型，如规定其他使用人替代责任。

绝对特别法可以另行作出不同于侵权一般法的特别规定，以体现对特殊人群的特别保护。例如，《消费者权益保护法》在侵权责任形态①、损害赔偿的计算、惩

① 参见王竹：《论我国侵权法上的缺陷产品营销参与者责任——兼评最高人民法院〈食品药品纠纷司法解释〉相关规定》，载《人大法律评论》，2014年卷第1辑，北京，法律出版社，2014。

罚性赔偿制度等方面均作出特别规定。[①] 未来修订或制定新的弱势群体保护诸法，如《残疾人保障法》《妇女权益保障法》《老年人权益保障法》《未成年人保护法》可以对损害赔偿的计算、精神损害赔偿的适用条件等作出特别规定。

2. 基于引致条款判断模式的侵权特别法未来立法空间和立法技术问题

基于引致条款判断模式的未来侵权特别法立法空间和立法技术问题，要区分开放引致条款和封闭引致条款。如前所述，《侵权责任法》上的开放引致条款有 4 个，每个引致条款预留的立法空间和相应的立法技术如下：

第一，第 7 条对无过错责任原则的引致条款规定。未来部门法上规定的侵权行为类型只要是确为适用无过错责任的，就可以认定其特别侵权法的效力。但应该注意的是，我国现行法律体系中，绝大多数部门法上的侵权责任规范，尽管没有明文规定过错要件，但一般都适用过错责任原则。未来立法机关如能提高部门法侵权责任规范的立法技术规范性，将有助于此类特别侵权法效力的认定。

第二，第 29 条对不可抗力的引致条款规定。未来侵权特别法对不可抗力的例外规定，可以包括两类：第一类是对不可抗力免责事由予以排除；第二类是对不可抗力免责事由的适用附加条件。

第三，第 66 条对污染者抗辩事由举证责任的引致条款规定。未来修改现行环境保护诸法和制定新型环境保护法（如《光污染防治法》）时，可以根据不同污染类型的特性规定特定的抗辩事由，但不得违背《侵权责任法》确立的基本规则。

第四，第 77 条对高度危险责任法定赔偿限额适用规则的引致条款规定。未来侵权特别法如果规定了高度危险责任类型，且适用无过错责任原则，则可以并且应该对法定赔偿限额作出规定。尤其重要的是将现行行政法规，如《国务院关于核事故损害赔偿责任问题的批复》中关于高度危险责任的法定赔偿限额，规定到相应的法律中。

由于《侵权责任法》上的封闭引致条款只有第 48 条，该条引致的是《道路交通安全法》，因而未来可以通过修改《道路交通安全法》第 76 条及相关条文来实现对机动车交通事故侵权责任规范的修改。

① 就此立法动向，笔者在《消费者权益保护法》修改之前的预测性建议，均得以实现。参见王竹：《论实质意义上侵权法的确定与立法展望》，载《四川大学学报（哲学社会科学版）》，2011（3）。

专题三

《民法典·侵权责任编》的编纂背景与结构调整

2017年3月15日，十二届全国人大五次会议通过了《民法总则》，迈出了编纂民法典“两步走”[①] 的第一步。作为“两步走”编纂方案第二步的重要内容之一，《民法典·侵权责任编》的编纂，也在《民法通则》《侵权责任法》和侵权法领域相关法律、司法解释的基础上，增加了《民法总则》作为编纂背景。本专题结合笔者近年来的思考，重点探讨未来《民法典·侵权责任编》相对于《侵权责任法》的结构调整，作为对该编编纂的立法建议。

一、《民法典·侵权责任编》的编纂背景

《民法典·侵权责任编》的编纂背景，主要是指“债法总则”和“人格权法”的立法规划改变，而这两个方面的立法规划实际上也通过《民法总则》有所体现。

（一）离散的“债法总则”与渐行渐远的侵权责任

1. 离散的“债法总则”

未来“民法典”中的“债法总则”制度体现出离散化的趋势。随着2020年这一潜在的“编纂民法典”时限的临近，加之2002年《民法（草案）》并无债法总则内容，学界与立法机关似乎已经就不制定“债法总则”达成了默契。[②] 在这样的背景下，《民法总则》试图通过第五章“民事权利”最低限度地满足债法总则的制度供给。具体来说，在第118条第1款中规定：“民事主体依法享有债权。”第2款规定：“债权是因合同、侵权行为、无因管理、不当得利以及法律的其他规定，权利

① 李建国：《关于〈中华人民共和国民法总则（草案）〉的说明》，在第十二届全国人民代表大会第五次会议上，2017年3月8日。

② 根据笔者的观察，对于“债法总则”的呼唤似乎在2013年之后就逐渐消退，随后的文献对“债法总则”的立法建议也显得相对谨慎，如崔建远：《中国债法的现状与未来》，载《法律科学》，2013（1）；哈斯巴根、周炜：《试论设立债法总则的途径及其现实性》，载《宁夏社会科学》，2013（2）；陆青：《债法总则的功能演变——从共同规范到体系整合》，载《当代法学》，2014（4）；王利明：《论债法总则与合同法总则的关系》，载《广东社会科学》，2014（5）。

人请求特定义务人为或者不为一定行为的权利。”然后在第119～122条中分别用一个条文规定了合同、侵权行为、无因管理和不当得利这四种债权的典型发生原因。作为“债法总则”的替代性立法方案，体现出明显的制度供给不足。

《合同法》制定之时，由于当时预计“民法典”在短期内无法出台，才选择让《合同法》总则在一定程度上暂时扮演“债法总则”的角色，并且规划一旦制定“民法典”，就要“归还”本属于“债法总则”的制度及规范。① 但由于“债法总则”立法规划的落空，未来绝大部分债法总则规范，如债的履行、债的保全、债的变更与移转和债的消灭制度，将不得不继续跟随《合同法》被编纂到《民法典·合同编》。

2. 渐行渐远的侵权责任

仔细观察，一方面，《民法总则》第120条②并非关于侵权之债的规定，而是《侵权责任法》第2条第1款规定的“侵害民事权益，应当依照本法承担侵权责任”与第3条规定的“被侵权人有权请求侵权人承担侵权责任”的组合，实质上是关于“侵权责任当事人主义”的规定。这一规则表述最大的遗憾是错失了澄清侵权责任与侵权之债之间关系的绝佳机会。另一方面，由于《民法总则》第118条相比于《民法通则》第84条，没有与后者第2款③债权请求权相对应的规则④，未来实务中侵权之债恐有完全被侵权责任替代之趋势，侵权行为也将仅仅在学理名义上作为侵权之债的发生原因。

（二）面临难产的“人格权法”与亟须整合的人格权益保护制度

1.《民法总则》第五章“民事权利”中人格权相关条文评析

应当指出，《民法总则》第109⑤条并非一般人格权规定，而是对《宪法》第37条规定的人身自由和第38条规定的人格尊严的民法保护。未来《民法典·侵权责任编》应该重新规划以“人格尊严”为核心的侵害一般人格权的侵权责任规范，并将人身自由权作为具体人格权予以保护。

就自然人的具体人格权，《民法总则》第110条第1款规定⑥较之《侵权责任法》第2条第2款，这一条款单独列出了“身体权”，并且改变了《精神损害赔偿司法解释》和《人身损害赔偿司法解释》采用的“生命权、健康权、身体权”的相对顺序，而采用了更类似于《德国民法典》第823条第1款规定的“生命、身体、健康”的排列顺序。未来在《民法典·侵权责任编》上对相应侵权责任的规定应该体现这一变化。

---

① 参见崔建远：《债法总则与中国民法典的制定——兼论赔礼道歉、恢复名誉、消除影响的定位》，载《清华大学学报：哲社版》，2003（4）。

② 《民法总则》第120条规定：“民事权益受到侵害的，被侵权人有权请求侵权人承担侵权责任。”

③ 《民法通则》第84条第2款规定：“债权人有权要求债务人按照合同的约定或者依照法律的规定履行义务。”

④ 这一立法遗漏将对司法实务造成较大的困惑，详见王竹：《〈民法总则（草案）〉若干法律规范去留问题大数据分析》，载《四川大学学报（哲学社会科学版）》，2017（1）。

⑤ 《民法总则》第109条规定：“自然人的人身自由、人格尊严受法律保护。”

⑥ 《民法总则》第110条第1款规定：“自然人享有生命权、身体权、健康权、姓名权、肖像权、名誉权、荣誉权、隐私权、婚姻自主权等权利。”

《民法总则》第110条第2款规定："法人、非法人组织享有名称权、名誉权、荣誉权等权利。"该款规定直接对应《民法通则》第99条第2款、第101条和第102条关于法人人格权的规定，不但就法人人格权继续采"肯定说"，并且扩张到了"非法人组织"，值得关注。

《民法总则》第111条吸收了修订《消费者权益保护法》和制定《网络安全法》的经验，对个人信息进行了特别保护。未来在《民法典·侵权责任编》应当将这一宣示性条文进一步转化为更为规范化的侵权责任条文。

需要指出的是，对个人信息权进行保护的条款是在《民法总则（草案)》(二审公开征求意见稿）中增加的，而《民法总则》第110条的内容尤其是第2款关于法人、非法人组织人格权的规定，则是在《民法总则（草案)》（一审公开征求意见稿）中确立的。正是这两个条文加入的先后顺序，导致了《民法总则》第111条的单独规定。试想，如果《民法总则》第110条从最初就考虑到了增加对"个人信息"的保护，更合理的立法表述应该是在第110条第1款中增加"个人信息权"，即类似《侵权责任法》第2条第2款增加"隐私权"的做法。这样处理的优点在于一次性将"个人信息权"作为权利进行规定，并与"隐私权"并列，明确二者的差别。没有采用这种做法的缺点是，《民法总则》错失了在第111条第2款法人人格权中增加与"个人信息权"并列的"组织信息权"的立法机会。在信息社会，除了将个人信息从个人隐私中独立出来，也应该相应地将组织信息从商业秘密中独立出来，未来个人信息和组织信息都应该作为人格权益进行保护。《民法总则》第123条第2款第5项将其作为知识产权客体予以保护："知识产权是权利人依法就下列客体享有的专有的权利：……（五）商业秘密"。这四种权利客体的关系如表1。

表1　　民事主体私密信息客体类型

民事主体/客体类型	私密	信息
自然人	个人隐私	个人信息
法人、非法人组织	商业秘密	组织信息

鉴于《民法总则》第110条第2款在列举名称权、名誉权和荣誉权之后，还使用了"等权利"的立法技术，可以在解释论上认为"等权利"包括法人、非法人组织的"组织信息权益"，未来可以通过司法解释予以确认。《民法典·侵权责任编》应当对侵害个人隐私权、个人信息和组织信息的侵权责任进行规定，将侵害商业秘密的侵权责任预留给《反不正当竞争法》规定。

2. 亟须整合的人格权益保护制度

《民法总则》起草过程中关于"人格权法"是否独立成编的争议再起，"人格权法"独立成编之梦似乎渐行渐远。[①] 而就人格权益的保护而言，《民法总则》上的

① 参见李适时：《关于〈中华人民共和国民法总则（草案）〉的说明》，在第十二届全国人大常委会第二十一次会议上，2016年6月27日。

人格权制度无法替代《民法通则》和现行司法解释体系中的规定。未来由《民法典·侵权责任编》承担人格权益保护的重任也不失为次优的立法选择，这就需要对现行人格权益保护制度进行全面的整合。

《民法通则》建立了涵盖权利种类和权利保护的完整人格权法体系。第五章“民事权利”第四节“人身权”从第98条到第103条规定了自然人的生命健康权、姓名权、肖像权、名誉权、荣誉权和婚姻自主权，以及法人的名称权、名誉权和荣誉权。相比于《民法总则》第110条，除了当时尚未确立的隐私权，这些条款在权利内容上都进行展开，并包含了人格权请求权的内容。① 《民法通则》第六章“民事责任”第三节“侵权的民事责任”在第119条中对人身损害赔偿进行了规定，第120条第1款对侵害自然人精神性人格权的侵权责任进行了规定，第2款对侵害法人人格权的侵权责任进行了规定，形成了较为完整的侵害人格权侵权责任体系。

鉴于保护人格权益在实务中的重要性，最高人民法院于20世纪80年代末90年代初在《最高人民法院公报》上发布了大量侵害人格权的公报案例②，并总结司法实践经验，先后发布了名誉权案件解答（1993年）和名誉权案件解释（1998年）两个司法解释。进入21世纪以来，最高人民法院发布的《精神损害赔偿司法解释》（2001年）和《人身损害赔偿司法解释》（2003年），全面提升和系统建立了我国的人格权益保护制度；2014年发布的关于审理利用信息网络侵害人身权益民事纠纷案件的规定则对利用信息网络侵害他人姓名权、名称权、名誉权、荣誉权、肖像权、隐私权等人格权益的侵权责任进行了细致的规定。

上述相关司法解释的解释对象，主要是《民法通则》的相关条文和《侵权责任法》第36条关于网络侵权责任的规定，而《民法通则》中的人格权种类和侵害人格权侵权责任相关规定，在“民法典”编纂完成后，会随着《民法通则》一起被废止。我国现行法上的人格权益保护制度，亟须在未来《民法典·侵权责任编》中予以整合。

二、建议“侵权损害赔偿责任”独立成章

（一）庞杂的《侵权责任法》第二章“责任构成和责任方式”

《侵权责任法》合计12章92条，其中最后一章附则只有1条，其余平均每章

① 参见杨立新、袁雪石：《论人格权请求权》，载《法学研究》，2003（6）。

② 这些公报案例主要是侵害名誉权的案例，如《上海新亚医用橡胶厂诉武进药疗用品厂损害法人名誉权纠纷案》（1988年第1期）、《王发英诉刘真及〈女子文学〉等四家杂志侵害名誉权纠纷案》（1989年第2期）、《胡冀超、周孔昭、石述成诉刘守忠、陈秀琴诉魏锡林、〈今晚报〉社名誉权纠纷案》（1990年第2期）、《康达医疗保健用品公司诉西北工商报社、陕西省医疗器械公司侵害法人名誉权纠纷案》（1990年第2期）、《徐良诉〈上海文化艺术报〉、赵昌伟侵害名誉权纠纷案》（1990年第4期）、《〈遵义晚报〉社侵害名誉权纠纷案》（1992年第2期）和《倪培璐、王颖诉中国国际贸易中心侵害名誉权纠纷案》（1993年第1期），也有侵害肖像权的案例，如《卓小红诉孙德西、重庆乳品公司侵犯肖像权纠纷案》（1987年第1期）。

8～9条，条文最少的第八章“环境污染责任”只有4条，而第二章“责任构成和责任方式”则多达20条。从形式美感看，该章显得过长。尽管该章第12～15条、第23条已经被《民法总则》第177～179条和第183条“总则化”，但剩余条文仍然包括了侵权责任构成（第6、7条）、连带责任的适用范围（第8～11条）、损害赔偿责任（第15～20条、22条、25条）和预防性侵权责任（第21条）①，以及备受争议的公平责任（第24条）② 等内容，略显庞杂。未来《民法典·侵权责任编》可以考虑拆分为两章。

（二）以“损害赔偿”为核心的不同侵权责任方式立法定位

根据《民法总则》第179条的规定，未来《民法典·侵权责任编》中的侵权责任方式将包括四个方面，立法定位各有不同。

第一，以填补性侵权责任为主。“恢复原状”和“赔偿损失”是填补性侵权责任，以损害的发生为要件，是侵权责任的主体部分，其中又以“赔偿损失”为核心。

第二，以预防性侵权责任为辅。“停止侵害”“排除妨碍”和“消除危险”属于预防性侵权责任，不以损害的发生为要件，其设立目的是预防损害的发生，起到辅助性的作用。

第三，兼顾精神性侵权责任。“消除影响、恢复名誉”和“赔礼道歉”是“恢复原状”在侵害人格权益领域的特殊化③，这也从主要侵权责任承担方式的角度佐证了《民法典·侵权责任编》规定侵害人格权益侵权责任的必要性。

第四，惩罚性赔偿责任法定化。惩罚性赔偿责任以法律明文规定为限，属于例外性规则，《民法典·侵权责任编》需要设定其适用范围的扩展条件。

（三）建议设立“侵权损害赔偿责任”章作为第二章

按照上述立法定位，笔者建议设立“侵权损害赔偿责任”章作为第二章，规定损害赔偿责任的基本规则和类型。损害赔偿责任的基本规则是我国《侵权责任法》乃至整个民法所欠缺的，包括恢复原状与全部赔偿规则、损害赔偿责任的确定与酌定规则、损益相抵规则、维持最低生活标准规则④、优先顺位规则⑤和支付方式规则等。损害赔偿责任的类型则以《侵权责任法》第16～20条、第22条为基础，规定人身损害赔偿责任、财产损害赔偿责任和精神损害赔偿责任，并考虑增设惩罚性

① 参见王利明：《侵权责任法研究》（上卷），620页，北京，中国人民大学出版社，2010。

② 本部分主要讨论《民法典·侵权责任编》的结构调整问题，暂不讨论公平责任的去留和体例安排问题。

③ 参见张新宝：《〈中华人民共和国民法总则〉释义》，389页，北京，中国人民大学出版社，2017。

④ 传统民法一般考虑保留维持最低生活保障、履行法定扶养义务和支付被抚养的未成年人教育所必需的费用这三项。鉴于中国社会医疗保障缺失的现实，建议增加对侵权责任人和其抚养的未成年人的“基本医疗以及正在进行的危重疾病治疗”必需费用的规定。

⑤ 《民法总则》规定了“民事财产责任的优先性”规则，《民法典·侵权责任编》应该规定民事侵权责任优先于公益诉讼、抢救费用和丧葬费的优先性，以及惩罚性赔偿责任的劣后性。

赔偿责任的一般性规定。

我国现行法上的惩罚性赔偿责任主要是《侵权责任法》第 47 条、《消费者权益保护法》第 55 条第 2 款和《食品安全法》第 148 条第 2 款的规定。值得注意的是，《商标法》2013 年修改时新增第 63 条第 1 款第 2 句："对恶意侵犯商标专用权，情节严重的，可以在按照上述方法确定数额的一倍以上三倍以下确定赔偿数额。"这实为惩罚性赔偿规定。最新的《著作权法》修改草案①和《专利法》修改草案②也包含了类似的惩罚性赔偿责任条款。建议惩罚性赔偿责任在主观上以"恶意"或者"明知故犯"为限，并限于造成他人死亡或者健康严重损害以及侵犯知识产权的情形。

三、建议确立"责任构成与责任分担"章

在《民法典·侵权责任编》设立第二章"侵权损害赔偿责任"之后，《侵权责任法》第二章"责任构成和责任方式"的剩余条文，主要是侵权责任构成（第 6、7 条）、连带责任的适用范围（第 8～11 条）和预防性侵权责任（第 21 条）三组规则。笔者建议对内容略作调整后，更改章名为"责任构成与责任分担"，作为《民法典·侵权责任编》第一章。本章包括两部分内容。

（一）一般侵权责任构成规则

《侵权责任法》第 6 条第 1 款规定："行为人因过错侵害他人民事权益，应当承担侵权责任。"第 7 条规定："行为人损害他人民事权益，不论行为人有无过错，法律规定应当承担侵权责任的，依照其规定。"这两个条文之所以没有规定"造成损害"的构成要件，是为了与《侵权责任法》第 15 条规定的主要侵权责任方式中的预防性侵权责任的构成要件相协调，即预防性侵权责任不以损害的发生为要件。因此，"造成损害"的要件规定在损害赔偿类型部分。③ 如果侵权责任的构成区分损害赔偿责任和预防性侵权责任，那么侵权损害赔偿责任归责原则的条款就可以增加"造成损害"的构成要件，而在侵权损害赔偿责任类型部分就不必再规定这一要件。

建议未来《民法典·侵权责任编》以《侵权责任法》第 6 条和第 7 条为基础，

① 《中华人民共和国著作权法》（修订草案送审稿）第 76 条第 2 款规定："对于两次以上故意侵犯著作权或者相关权的，人民法院可以根据欠款计算的赔偿数额的二至三倍确定赔偿数额。"中国政府法制信息网：见 http：//zqyj. chinalaw. gov. cn/readmore? listType=1&id=125，访问时间：2017-05-06。

② 《中华人民共和国专利法修订草案》（送审稿）第 68 条第 1 款第 3 句规定："对于故意侵犯专利权的行为，人民法院可以根据侵权行为的情节、规模、损害后果等因素，在按照上述方法确定数额的一倍以上三倍以下确定赔偿数额。赔偿数额还应当包括权利人为制止侵权行为所支付的合理开支。"中国政府法制信息网：见 http：//zqyj. chinalaw. gov. cn/readmore? listType=1&id=905，访问时间：2017-05-06。

③ 需要指出的是，《侵权责任法》第 19 条（"侵害他人财产的，财产损失按照损失发生时的市场价格或者其他方式计算。"）并未按照立法规划规定"造成损害"的要件，系立法瑕疵。

先规定侵权损害赔偿责任的构成要件，然后再以《侵权责任法》第 21 条为基础规定预防性侵权责任的构成要件，形成“侵权损害赔偿责任＋预防性侵权责任”的一般侵权责任构成体系。

（二）一般侵权损害赔偿责任分担规则

《民法典·侵权责任编》中的一般侵权损害赔偿责任分担规则，至少应当包括一般数人侵权责任分担规则和被侵权人过错规则两部分。①

1. 一般数人侵权责任分担规则

一般数人侵权责任分担规则，是指连带责任与按份责任的适用规则。《侵权责任法》第 8～11 条规定了连带责任的适用范围，对应《民法通则》第 130 条。《民法通则》采传统大陆法系立法模式，在一般数人侵权责任分担领域，只规定连带责任的适用范围，不属于连带责任适用范围的数人侵权行为，则适用按份责任。《侵权责任法》在第 12 条规定“二人以上分别实施侵权行为造成同一损害”的按份责任适用情形，实属多余，应该是受到《人身损害赔偿司法解释》第 3 条第 2 款的影响。② 未来《民法典·侵权责任编》无须就按份责任的适用范围作出规定。

2. 被侵权人过错规则

从体例上看，《民法通则》第 130 条规定连带责任的适用范围，第 131 条规定被侵权人过错，构成了完整的一般侵权责任分担规则体系。《人身损害赔偿司法解释》第 2 条的解释对象是《民法通则》第 131 条，第 3～5 条的解释对象是《民法通则》第 130 条，尽管交换了相对顺序，但仍然构成完整的一般侵权责任分担规则体系。

被侵权人过错制度是在《民法（草案）》（2002 年 12 月 23 日）第八编“侵权责任法”纳入新设的第三章“抗辩事由”中的，该章还包括正当防卫、紧急避险和自助行为。在随后的草案中，第三章更名为“不承担责任和减轻责任的情形”，并逐渐纳入了不可抗力、受害人故意和第三人原因等内容，最终《侵权责任法》在该章第 26 条规定了被侵权人过错制度：“被侵权人对损害的发生也有过错的，可以减轻侵权人的责任。”

笔者认为，被侵权人过错制度适用的方式是比较双方的过错和原因力，这更类似于数人侵权责任分担的比较侵权人之间的过错和原因力规则。③ 被侵权人过错制度适用的效果并非免除责任而是减轻责任，而其他的抗辩事由的适用效果是免除责任。在未来《民法典·侵权责任编》中，被侵权人过错制度应该重新与数人侵权责

① 完整的一般侵权责任分担规则，还应当包括被侵权人过错参与一般数人侵权责任分担规则，参见王竹：《论受害人有过错的数人侵权责任分担》，载《清华法学》，2010（2）。

② 《人身损害赔偿司法解释》第 3 条第 2 款规定：“二人以上没有共同故意或者共同过失，但其分别实施的数个行为间接结合发生同一损害后果的，应当根据过失大小或者原因力比例各自承担相应的赔偿责任。”

③ 参见杨立新、王竹：《论侵权法上的受害人过错制度》，载《私法研究》，第 7 卷，北京，法律出版社，2009。

任分担制度一起构成完整的一般侵权责任分担制度。

四、建议删除“不承担责任和减轻责任的情形”章

（一）“受害人故意”和“第三人原因”一般化之否定

《侵权责任法》第27条规定了一般化的“受害人故意”抗辩事由：“损害是因受害人故意造成的，行为人不承担责任。”就此规定，《侵权责任法》草案起草机关的权威解读认为：“本条规定对行为人免责，是指损害完全是因为受害人的故意造成的，即受害人故意的行为是其损害发生的唯一原因。”① 这一解读一方面强调受害人的主观故意，另一方面强调“唯一原因”。按照这一逻辑，似乎“受害人过失+唯一原因”就不能免责。应当指出，在一般侵权责任中，如果受害人的行为是损害发生的唯一原因，无论其主观上是否有过错或者过错程度如何，均因侵权人的行为与损害的发生没有因果关系而免除责任。这属于侵权责任要件不足的责任不构成问题，而非抗辩事由。笔者认为，受害人故意作为抗辩事由，仅限于在危险责任领域，是指受害人故意利用危险作业本身固有的危险性导致自身损害的情形，不是一般侵权责任的抗辩事由。

《侵权责任法》第28条规定了一般化的“第三人原因”抗辩事由：“损害是因第三人造成的，第三人应当承担侵权责任。”按照《侵权责任法》草案起草机关的权威解读，要区分“第三人过错是造成损害的唯一原因”和“第三人过错是造成损害的部分原因”。第三人过错是造成损害的唯一原因再按照归责原则进行区分，在过错责任和过错推定责任范围内，第三人原因实际上是作为免责事由；在无过错责任中，有被告承担、被侵权人选择责任承担人和第三人承担责任等不同处理，但都适用特别法的规定。第三人过错是造成损害的部分原因的情形，根据案件的不同情况，分别适用《侵权责任法》第9～12条关于连带责任适用范围的规定。② 仔细分析上述解读就会发现，第28条仅仅在过错责任和过错推定责任中，作为免责事由单独被适用；而其他类型，实际上都是适用其他条文。那么，第28条作为一般侵权行为部分的抗辩事由规定，实际价值就是过错责任和过错推定责任中第三人原因是造成损害的唯一原因的免责事由规定。③

按照这样的认识，我们应该进一步思考。与其说过错责任和过错推定责任中第三人原因作为造成损害的唯一原因是免责事由规定，不如说对于被告来讲，其行为根本不是造成损害的原因。从诉讼构造的角度，原告起诉被告，被告证明第三人原因才是损害发生的全部原因，就完成了举证责任，应当免除责

① 王胜明主编：《中华人民共和国侵权责任法解读》，129页，北京，中国法制出版社，2010。

② 参见王胜明主编：《中华人民共和国侵权责任法解读》，132～135页，北京，中国法制出版社，2010。

③ 参见张力、郑志峰：《侵权责任法中的第三人侵权行为》，载《现代法学》，2015（1）。

任。原告应该另行起诉第三人请求承担侵权责任，此时前案被告证明的“第三人原因才是损害发生的全部原因”，则是由第三人在第二个案件中作为被告承担侵权责任的因果关系要件。这样看来，第 28 条实际上是第二个案件的因果关系要件在第一个案件中的体现，本身就是侵权责任构成中的因果要件问题，不应该作为一般性的抗辩事由进行规定。而在危险责任领域，如《侵权责任法》第 68 条第三人过错导致污染环境的不真正连带责任和第 83 条第三人过错导致饲养动物致害的不真正连带责任，第三人原因不能构成免责事由。如果被侵权人选择由危险责任人承担赔偿责任，危险责任人只能在承担责任后，向作为最终责任人的第三人追偿。

（二）危险责任非侵权人原因规则的“普遍化”而非“一般化”定位

值得注意的是，《侵权责任法》第八章“环境污染责任”、第九章“高度危险责任”和第十章“饲养动物损害责任”均普遍规定的“受害人重大过失”抗辩事由，却没有被“一般化”。《人身损害赔偿司法解释》第 2 条第 2 款规定：“适用民法通则第一百零六条第三款规定确定赔偿义务人的赔偿责任时，受害人有重大过失的，可以减轻赔偿义务人的赔偿责任。”而《民法通则》第 106 条第 3 款规定：“没有过错，但法律规定应当承担民事责任的，应当承担民事责任。”可见这仍然是引致“法律规定”的具体的无过错责任类型，并非一般化规定。笔者认为，较之《侵权责任法》对受害人故意和第三人原因的“一般化”，更合理的做法是参考“受害人重大过失”的立法模式，在危险责任领域①作“普遍化”的处理。这一立法模式的推论是，《侵权责任法》第九章“高度危险责任”，应该增设“第三人原因”不真正连带责任的规定。

（三）没有必要再保留“不承担责任和减轻责任的情形”章

《侵权责任法》第三章“不承担责任和减轻责任的情形”仅有 6 个条文，其中第 29～31 条关于不可抗力、正当防卫和紧急避险的规定，已经被纳入《民法总则》第 180～182 条。而第 26 条被侵权人过错实际上是侵权责任分担规则。仅剩的第 27 条受害人故意和第 28 条第三人原因的规定，属于错误地用“一般化”手段规定“普遍化”规则，那么该章的固有内容就已经全部被消解，未来《民法典·侵权责任编》也就没有必要再保留“不承担责任和减轻责任的情形”章了，建议予以删除。

五、建议新设“侵害人格权益的侵权责任”章

（一）建议《民法典·侵权责任编》增设第三章“侵害人格权益的侵权责任”

从当前的情势看，未来“民法典”将不会设“人格权编”，而《民法总则》中

① 笔者使用“危险责任”而非“无过错责任”的概念，是希望排除“产品责任”。产品责任的抗辩事由体系较为特殊，与危险责任差别较大。

的人格权规则又过于简单而无法对人格权进行足够的保护。未来对人格权进行保护的重任，就会重新定位到《民法典·侵权责任编》上，立法的最佳选择就是在《民法典·侵权责任编》中增设“侵害人格权益的侵权责任”章。

在具体章节设置上，要与《侵权责任法》的结构相协调。一般认为，《侵权责任法》的前三章是对一般侵权责任的规定，第四章到第十一章是对特殊侵权责任的规定。“侵害人格权益的侵权责任”章，本应是“人格权编”的内容，定位与《物权法》第三章“物权的保护”类似。只是因为立法机关改变了 2002 年《民法（草案）》“人格权法”独立成编的立法规划，才不得不纳入《民法典·侵权责任编》中。从这一章内容的一般性与特殊性考虑，“侵害人格权益的侵权责任”一般适用过错责任，应该归入一般侵权责任。但在侵害的权益方面，又具有“人格权益”这一特殊性。因此，最佳设置是安排在第三章，作为一般侵权责任与特殊侵权责任的过渡。

在规则设计上，为了承接《民法通则》的人格权保护体系，建议每个条文都同时规定人格权请求权与侵权请求权，以便对人格权益提供更加全面的保护。在体例设计上，鉴于人格权制度是以自然人作为典型设计的，建议先规定自然人的人格权益保护，再规定特殊主体的人格权益保护。后者所称“特殊主体”，主要是指胎儿、死者、未成年人和妇女，以及法人、非法人组织。

（二）侵害自然人人格权益的侵权责任

《民事案件案由规定》（法〔2011〕42 号）第一部分“人格权纠纷”项下“一、人格权纠纷”分为 9 个三级案由：“1. 生命权、健康权、身体权纠纷；2. 姓名权纠纷；3. 肖像权纠纷；4. 名誉权纠纷；5. 荣誉权纠纷；6. 隐私权纠纷；7. 婚姻自主权纠纷；8. 人身自由权纠纷；9. 一般人格权纠纷。”这与《民法总则》第 109 条和第 110 条第 1 款的内容基本吻合。需要指出的是，人身自由权是具体人格权，而“一般人格权”的核心内容主要是“人格尊严”，其性质是人格利益而非人格权。而《民法总则》第 111 条规定的个人信息，现阶段也更适合作为人格利益来保护。

未来《民法典·侵权责任编》可以参考《民法总则》的条文顺序和内容，用四个方面的条文来规定侵害自然人人格权益的侵权责任，具体来说：

第一，规定侵害一般人格权的侵权责任，建议条文为：“侵害自然人的人格尊严，造成严重后果的，应当承担侵权责任。”

第二，规定侵害具体人格权的侵权责任，设置 11 个条文，分别是：（1）侵害生命权的侵权责任；（2）侵害身体权的侵权责任①；（3）侵害健康权的侵权责任；（4）侵害姓名权的侵权责任；（5）侵害肖像权的侵权责任；（6）侵害名誉权的侵权责任；（7）侵害荣誉权的侵权责任；（8）侵害隐私权的侵权责任；（9）侵害婚姻自

① 要突出对侵害身体自主的救济，参见王竹、方延：《身体权学理独立过程考》，载《广州大学学报》，2012（5）。

主权的侵权责任；(10) 侵害性自主权和生育自主权的侵权责任[①]；(11) 侵害人身自由权的侵权责任。

第三，规定侵害个人信息的侵权责任，可以结合《民法总则》第111条的内容进行设计。

第四，规定侵害公开权的侵权责任。我国侵权法学说和实务均普遍认可自然人将其人格利益予以商业化利用的权利，应该在自然人人格权益保护的最后一条，规定自然人的公开权以及侵害公开权的侵权责任。

(三) 侵害特殊主体人格权益的特别规范

侵害特殊主体人格权益的侵权责任包括：

第一，侵害胎儿人格利益的侵权责任。《民法总则》第16条规定："涉及遗产继承、接受赠与等胎儿利益保护的，胎儿视为具有民事权利能力。但是胎儿娩出时为死体的，其民事权利能力自始不存在。"该条规定可以作为胎儿利益保护的概括性规定，但侵害胎儿人格利益的侵权责任还需要《民法典·侵权责任编》作出具体规定。

第二，侵害死者人格利益的侵权责任。《民法总则》第185条实为侵害死者人格利益的特殊类型，在"人格权法"难以独立成编的背景下，理应由《民法典·侵权责任编》规定。在《民法总则》中予以应景式的规定，缺乏立法规划，略显唐突。未来"民法典"编纂过程中，应该回归《民法典·侵权责任编》，并作规则上的细化。从逻辑上，应当先对侵害死者人格利益作一般性的规定，然后再作特别性的规定。

第三，侵害未成年人和妇女人格利益的特别规定。《民法总则》第128条规定："法律对未成年人、老年人、残疾人、妇女、消费者等的民事权利保护有特别规定的，依照其规定。"对于该条列出的五类弱势群体，均有对应的特殊保护性法律。考虑到《民法总则》第190条和第191条对未成年人被侵害特殊诉讼时效的规定，以及妇女性自主权保护与未成年人性自主权保护的同等重要性，建议在《民法典·侵权责任编》中对侵害未成年人和妇女的人格权益，尤其是性自主权作特别规定。

第四，侵害法人、非法人组织人格权益的侵权责任。侵害法人、非法人组织人格权益的侵权责任，主要是参照侵害自然人人格权益的相关规定，但在类型上限定为法定的法人人格权益。另外，比照个人信息，还要对侵害组织信息的侵权责任进行规范。

① 建议在"侵害婚姻自主权的侵权责任"之后，紧接着规定"侵害性自主权和生育自主权的侵权责任"，这是考虑到《民法总则》第191条已经规定了未成年人遭受性侵害的损害赔偿请求权诉讼时效期间特殊规则，理应在《民法典·侵权责任编》中规定侵害性自主权的侵权责任。而随着生育技术的发展和社会观念的改变，婚姻、生育与性对象不重合的情形逐渐增加，有必要对生育自主权作类似的保护。

六、建议“使用人责任”独立成章

（一）现行侵权法上使用人责任规则评析

1.《侵权责任法》上的使用人责任规则评析

《侵权责任法》在第四章“关于责任主体的特殊规定”用两个条文构建了使用人责任体系，包括以下三个方面的规则：

第一，以雇主是否是单位为区分的对外替代责任。第34条第1款规定的是用人单位替代责任，同时适用于单位劳动关系和单位劳务关系。第35条第1句规定的是个人劳务替代责任。①

第二，对内人身保护责任。第35条第2句规定：“提供劳务一方因劳务自己受到损害的，根据双方各自的过错承担相应的责任。”尽管本条采用的比较过错规则受到学者的批评②，但却在《侵权责任法》上确立了个人劳务关系中的对内人身保护责任。

第三，劳务派遣不真正补充责任。③ 第34条第2款规定：“劳务派遣期间，被派遣的工作人员因执行工作任务造成他人损害的，由接受劳务派遣的用工单位承担侵权责任；劳务派遣单位有过错的，承担相应的补充责任。”这是《侵权责任法》较之《人身损害赔偿司法解释》确立的使用人责任的新规定。

2.《人身损害赔偿司法解释》中的使用人责任规则评析

《人身损害赔偿司法解释》中的使用人责任，规定在第8～14条，包括如下三个方面的规则：

第一，以“劳动关系—劳务关系—无偿帮工”为基本区分的对外替代责任。第8条第1款是对劳动关系对外替代责任的规定，第9条第1款前段是对劳务关系对外替代责任的规定，第13条第1句是对无偿帮工这种特殊劳务关系中的对外替代责任的规定。

第二，以“劳动关系—劳务关系—无偿帮工”为基本区分的对内人身保护责任。第11条第1款第1句是对劳务关系中的对内人身保护责任的规定，第14条第1款第1句是对无偿帮工关系中的对内人身保护责任的规定，第11条第3款明确了劳动关系的对内人身保护责任适用工伤保险制度。

第三，以“劳动关系—劳务关系—无偿帮工”为基本区分的对内人身保护责任与第三人侵权责任的分担规则。第12条第2款将劳动关系中对内人身保护责任与

---

① 由于我国《劳动法》规定的劳动关系仅存在于单位与个人之间，所以不存在个人劳动关系。

② 参见程啸：《侵权责任法》，2版，431～432页，北京，法律出版社，2015。

③ 关于这一责任的性质仍存在争议。参见王竹、张恒：《劳务派遣工作人员的侵权责任——兼论“不真正补充责任”的确立与扩展适用》，载《法学》，2013（2）；郑志峰：《劳务派遣中雇主替代责任之检讨——兼评“不真正补充责任”》，载《法学》，2015（9）。

第三人侵权责任的分担规则规定为并合责任①，第 11 条第 1 款第 2 句将劳务关系下对内人身保护责任与第三人侵权责任的分担规则规定为单向的不真正连带责任，第 14 条第 2 款将无偿帮工关系下对内人身保护责任与第三人侵权责任的分担规则规定为补充性的补偿责任。

可见，《人身损害赔偿司法解释》建立起了以"劳动关系—劳务关系—无偿帮工"为基本区分的对外替代责任、对内人身保护责任以及对内人身保护责任与第三人侵权责任的分担规则体系。第 10 条统一规定了承揽关系的对外替代责任和对内人身保护责任适用过错责任，但未明确该对内人身保护责任与第三人侵权责任的分担规则。

3. 二者的对比评析

通过对比《侵权责任法》与《人身损害赔偿司法解释》的使用人责任规定，能够得出如下结论：

第一，完整的使用人责任规则包括三项内容，即对外替代责任规则、对内人身保护责任规则以及对内人身保护责任与第三人侵权责任的分担规则。《侵权责任法》未按照这一体系展开规定实属遗憾，未来《民法典·侵权责任编》应该自觉按照这一体系进行展开。

第二，以使用人关系类型而非雇主类型作为替代责任体系的展开方式更为科学。《侵权责任法》与《人身损害赔偿司法解释》中的使用人替代责任的关系可以用表 2 来展示。②

表 2　　《侵权责任法》与《人身损害赔偿司法解释》使用人责任体系对照

	《侵权责任法》第 34 条第 1 款	《侵权责任法》第 35 条第 1 句
《解释》第 8 条	劳动关系	（立法排除）
《解释》第 9 条	单位雇佣关系/单位劳务关系	个人雇佣关系/有偿个人劳务关系
《解释》第 13 条	（未规定）	无偿帮工关系

对比可知，《侵权责任法》立法模式的弊端是对劳动关系和单位劳务关系适用同一规则，尽管在对外替代责任上看似无差别，但不利于对内人身保护责任及其与第三人侵权责任分担规则的构建。而《人身损害赔偿司法解释》抓住了"劳动关系—劳务关系—无偿帮工"这一基本区分，更加有利于对内人身保护责任及其与第三人侵权责任分担规则的统一构建，建议未来《民法典·侵权责任编》采用这一关系类型展开方式。

① 《人身损害赔偿司法解释》第 12 条第 2 款规定："因用人单位以外的第三人侵权造成劳动者人身损害，赔偿权利人请求第三人承担民事赔偿责任的，人民法院应予支持。"《社会保险法》第 42 条规定："由于第三人的原因造成工伤，第三人不支付工伤医疗费用或者无法确定第三人的，由工伤保险基金先行支付。工伤保险基金先行支付后，有权向第三人追偿。"

② 参见王竹、张恒：《论我国侵权法上使用人替代责任的谱系化建构》，载《四川师范大学学报（社会科学版）》，2013（5）。

第三，应该规定劳务派遣责任和承揽关系责任。自《劳动合同法》2008年实施以来，劳务派遣用工规模迅速扩大，同时司法实务中涉及劳务派遣纠纷的案件也明显增加。承揽关系并非狭义的使用人关系（即雇佣关系），但在实务中大量定作人没有过错的承揽人致害和受害责任纠纷案件，被错误地适用了公平责任。为了明确法律适用，建议未来《民法典·侵权责任编》对这两类特殊使用人关系予以规范。

(二)“使用人责任”独立成章的必要性

“使用人责任”独立成章的必要性，主要源于使用人责任的特殊规则和体系定位，具体表现为：

第一，对外替代责任并非特殊侵权责任类型。与《侵权责任法》第32条规定的监护人责任不同，使用人对外替代责任的替代对象是完全民事行为能力人。该完全民事行为能力人首先要承担侵权责任，然后才是责任的替代。而监护人责任，在结构上更接近于饲养动物致害责任或者物件损害责任，是监护人自己的责任。使用人对外的替代责任在机动车交通事故责任和医疗损害中较为常见，《侵权责任法》第54条实际上就是以替代责任为设计原型。① 其他特殊侵权责任类型中，也存在替代责任适用的情形。因此，使用人对外替代责任，并非特殊侵权责任类型，而是侵权责任的替代规则。

第二，对内人身保护责任本质上不是侵权责任。对内人身保护责任并非侵权责任，使用人并非造成被使用人损害的侵权行为人。只是由于我国劳动法区分劳动关系与劳务关系，而工伤保险又不能涵盖全部的使用人关系，只能通过侵权法为劳务关系和无偿帮工关系中的被使用人受损提供救济。

第三，对内人身保护责任与第三人侵权责任的分担不是侵权责任分担。由于对内人身保护责任不是侵权责任，所以第三人侵权责任与对内人身保护责任的分担，也不是普通的侵权责任之间的责任分担，因此也不适用侵权责任分担的基本规则。

综合上述考虑，笔者建议未来《民法典·侵权责任编》的“使用人责任”体系化后，从“关于责任主体的特殊规定”一章中独立出来，单独作为一章进行规范。

(三)“使用人责任”独立成章的设计思路

1.“使用人责任”独立成章作为第四章

尽管使用人责任的三项内容并非完全属于侵权责任，但能够体系化地规定在《民法典·侵权责任编》中，具有统一法律适用的优势。由于使用人对外替代责任不是特殊侵权责任类型但替代的是损害赔偿责任，而对内人身保护责任及其与第三人侵权责任的分担规则的定位又附属于对外替代责任，笔者建议，将使用人责任独立成章，规定在原“关于责任主体的特殊规定”一章之前，作为第四章。

① 参见王利明：《侵权责任法研究》（下卷），377页，北京，中国人民大学出版社，2011。

2. 以"控制力强弱"作为使用人关系谱系化构建的基础①

在"劳动关系—劳务关系—无偿帮工"这一《人身损害赔偿司法解释》确立的使用人谱系中，以"隶属—平等"和"有偿—无偿"作为两个区分维度，可以将典型的使用人关系纳入表3。

表3　　　　使用人关系中的控制力要素

	隶属	平等
有偿	①劳动关系	②劳务关系
无偿	（立法排除）	③无偿帮工关系

笔者认为，隶属使用人关系中的控制力一般大于平等使用人关系中的控制力，有偿使用人关系中的控制力一般大于无偿使用人关系中的控制力。因此，上述表格中的使用人关系谱系就可以按照控制力强弱进行排序，并作为谱系化构建使用人责任体系的基础：①劳动关系＞②劳务关系＞③无偿帮工关系。

然后按照控制力大小，每类使用人责任的对外替代责任和对内人身保护责任适用相同的归责原则，设计相应的对内人身保护责任与第三人侵权责任的分担规则，以实现谱系化地规定使用人责任的立法目的。具体设计如表4。

表4　　　　使用人责任的类型化

使用人责任/关系	劳动关系	劳务关系	无偿帮工关系
替代责任	无过错责任	过错推定责任	过错责任
人身保护责任	无过错责任	过错推定责任	过错责任
与第三人责任分担	并合责任	单向的不真正连带责任	补充性的补偿责任

3. 参照规定劳务派遣关系使用人责任和承揽关系过错责任

就劳务派遣关系的对外替代责任而言，可以继续沿用《侵权责任法》第34条第2款规定的不真正补充责任。就其对内人身保护责任而言，因为用人单位与劳动者之间是劳动关系，应当通过用人单位参加工伤保险。就对内人身保护责任与第三人侵权责任分担规则而言，也比照劳动关系适用。

承揽关系例外的对外替代责任和对内人身保护责任，可以《人身损害赔偿司法解释》第10条规定为基础适用过错责任原则。因第三人原因造成承揽人损害，定作人没有过错的，由第三人承担侵权责任；定作人有过错的，适用按份责任。

七、《民法典·侵权责任编》的相应结构调整建议

通过上文的分析，《民法总则》的颁布和立法机关"民法典"编纂立法规划的

① 就这一谱系化构建思路，详见王竹、张恒：《论我国侵权法上使用人替代责任的谱系化建构》，载《四川师范大学学报（社会科学版）》，2013（5）。

调整，对《民法典·侵权责任编》提出的结构调整要求主要是在一般侵权责任部分。具体的结构调整建议如下：

第一，《侵权责任法》第一章“一般规定”因被《民法总则》吸收而删除。

第二，《侵权责任法》第二章“责任构成和责任方式”除了被“总则化”的剩余条文，分设为《民法典·侵权责任编》的前两章，即第一章“责任构成与责任分担”和第二章“损害赔偿责任”。

第三，《侵权责任法》第三章“不承担责任和减轻责任的情形”因条文全部被“总则化”或者没有必要规定而删除。

第四，《民法典·侵权责任编》新增第三章“侵害人格权益的侵权责任”。

第五，《侵权责任法》第四章“关于责任主体的特殊规定”中的使用人责任规则与《人身损害赔偿司法解释》中的使用人规则整合后，设立第四章“使用人责任”。

第六，《侵权责任法》第四章“关于责任主体的特殊规定”剩余条文作为《民法典·侵权责任编》第五章。

第七，《侵权责任法》第五章到第十一章相对位置不变，顺延为《民法典·侵权责任编》第六章到第十二章。其中《侵权责任法》第八章“环境污染责任”充实为《民法典·侵权责任编》第九章“污染环境与破坏生态责任”。

第八，删除《侵权责任法》第十二章“附则”。

调整后的《民法典·侵权责任编（编纂建议稿）》和《侵权责任法》的结构对比如表5。

表5　《民法典·侵权责任编（编纂建议稿）》和《侵权责任法》结构对比

《民法典·侵权责任编（编纂建议稿）》	《侵权责任法》
（删除）	第一章 一般规定
第一章 责任构成与责任分担	第二章 责任构成和责任方式
第二章 损害赔偿责任	（独立成章）
（删除）	第三章 不承担责任和减轻责任的情形
第三章 侵害人格权益的侵权责任	（新增）
第四章 使用人责任	（独立成章）
第五章 关于责任主体的特殊规定	第四章 关于责任主体的特殊规定
第六章 产品责任	第五章 产品责任
第七章 机动车交通事故责任	第六章 机动车交通事故责任
第八章 医疗损害责任	第七章 医疗损害责任
第九章 污染环境与破坏生态责任	第八章 环境污染责任
第十章 高度危险责任	第九章 高度危险责任
第十一章 饲养动物损害责任	第十章 饲养动物损害责任
第十二章 物件损害责任	第十一章 物件损害责任
（删除）	第十二章 附则

侵权责任构成论

21 世纪法学研究生参考书系列

近30年来的中国侵权法学，是以侵权责任构成论为主体的理论体系。典型的理论结构是以归责原则为统领，以构成要件体系为核心，以实现矫正正义为目标。这30年理论积累的立法成果集中体现在《侵权责任法》的立法体例和条文内容上。《侵权责任法》颁布之后，除了未能通过立法解决的违法性构成要件问题之外，理论争议点从一般侵权行为领域向特殊侵权行为领域延伸，呈现出百花齐放的态势。就违法性要件问题，从“合理性推定”出发，笔者认为任何解释方案和学说，都必须就第6条使用的“侵害”和第7条使用的“损害”这一重大用语差别作出合理说明。笔者倾向于认为，第6条规定的“侵害”包含了违法性考量，而这一考量在第7条中是不需要的，但由于未能和过错、损害以及因果关系要件一样明文规定，因而不是独立的构成要件，可以作为抗辩事由的对抗对象。

《侵权责任法》在立法结构上体现为“一般与特殊”结构。该结构和“总则与分则”结构的共同点是，特殊规则/分则部分有规定的，依照该规定；无规定的，适用一般规则/总则规定。“一般与特殊”结构和“总则与分则”结构的差别是，一般规则部分有独立的调整对象，而且是法律适用的主体；而总则部分往往没有独立的调整对象，主要是以分则部分作为法律适用的主体。[①] 就第四章到第十一章特殊侵权行为部分，笔者对各章侵权责任构成的疑难问题都进行了探讨。

第四章“关于责任主体的特殊规定”笔者选择了第36条对我国侵权法上使用人替代责任的谱系化建构和劳务派遣工作人员的侵权责任进行探讨，第五章“产品责任”笔者选择了对我国产品责任制度发展阶段和缺陷产品营销参与者责任进行研究，第七章“医疗损害责任”笔者选择了侵害患者知情同意权侵权责任和产品责任对医疗机构和输入不合格血液致害的准用，第十一章“物件损害责任”笔者选择了不动产设施设置缺陷责任。

此外，本编还特别对赔礼道歉民事责任这一特殊的侵权责任方式的源流、承担与执行进行了研究。

① 在这个意义上讲，《物权法》采纳的是“总则与分则”的立法结构，而《合同法》采纳的实际上是“一般与特殊”的立法结构。

专题四

我国侵权法上使用人替代责任的谱系化建构研究[①]

《侵权责任法》第 34 条是对用人单位和用工单位替代责任的规定，第 35 条第 1 句是对个人劳务替代责任的规定，二者共同构成了我国侵权法上使用人替代责任的基本规定。而仍然有效的《人身损害赔偿司法解释》[②] 第 8 条规定的法人或者其他组织替代责任、第 9 条规定的雇主替代责任、第 10 条规定的定作人责任和第 13 条规定的被帮工人替代责任，却无法与这一新的立法体系直接对应，造成了司法适用的困难与混乱。因此，有必要以《侵权责任法》第 34 条和第 35 条第 1 句的规定为基准，对我国侵权法上的使用人替代责任作全面的谱系化研究，检视每种使用人替代责任规则设置的正当性，并作出必要的修正和创设。

一、我国侵权法上使用人替代责任的体系变迁效应与主要问题

（一）我国侵权法上使用人关系的范围与类型

我国侵权法上使用人关系范围在学理上存在一定的争议，直接体现为对使用人替代责任的不同界定，主要分为“狭义说”和“广义说”。“狭义说”认为，使用人替代责任是指用人单位（使用人）应对其工作人员（被使用人）因执行工作任务而造成他人损害的行为承担侵权责任[③]，从而将使用人关系限定为“用人单位”与其“工作人员”之间的关系。“广义说”认为，使用人替代责任是使用人对被使用人在执行职务活动中给他人造成损害而承担的民事责任，包括企业责任、国家赔偿责任、其他作为社会团体或个人因使用他人而承担的责任。[④]

本书在采纳“广义说”的基础上，考虑到《国家赔偿法》与《侵权责任法》之间的关系，排除国家赔偿责任，认为使用人关系包括劳动关系、师徒关

① 本专题的部分内容，是与张恒同学合作的成果，特此致谢！

② 关于《人身损害赔偿司法解释》在整体上和具体法律规则的有效性判断，参见王竹：《论实质意义上侵权法的确定与立法展望》，载《四川大学学报（哲学社会科学版）》，2011（3）。

③ 参见姚辉、梁展欣：《使用人替代责任相关问题探讨》，载《政法论丛》，2010（5）。

④ 参见刘士国：《使用人替代责任疑难问题探讨》，载《辽宁大学学报（哲学社会科学版）》，2006（6）。

系、单位劳务关系、有偿个人劳务关系、“雇佣关系”①、志愿者服务关系、无偿帮工关系、承揽关系、劳务派遣关系、志愿者派遣关系②、承揽派遣关系③和实习关系等。其中在劳务派遣关系、志愿者派遣关系、承揽派遣关系和实习关系中，使用人的确定在学说上存在争议，我们将这四种使用人关系作为非典型使用人关系，下文先对典型使用人关系进行分析之后，再将非典型使用人关系纳入思考的范围。

（二）我国侵权法上使用人替代责任的体系变迁效应

1.《民法通则》之前新中国民法典起草中的使用人替代责任

在《民法通则》通过之前，新中国一共进行了三次民法典的起草，其中第二次起草没有涉及侵权责任。第一次和第三次起草在很大程度上都受到了苏俄民法的影响。

20世纪50年代第一次民法典起草过程中，一共有四部草案的相关条文与雇主替代责任相关，分别是《债篇通则第一次草稿》（1955年10月24日）第36条、《债权篇通则草稿》（1957年1月7日）第13条、《债的通则第二次稿（另案）》（1957年1月9日）第71条和《损害赔偿［第三次草稿］》（1957年2月10日）第6条。“第三次草稿”第6条的条文为：“机关、企业、学校、团体的工作人员，因执行职务对他人造成的损害，由该工作人员所服务的单位负责赔偿。服务单位赔偿后，可以根据该工作人员故意或过失的情节轻重，责令他赔偿全部、一部或者免除责任。”④

这四次草案相关条文的主要特点全面参考1922年《苏俄民法典》第407条⑤的体例与内容，主要体现在：第一，作为雇主的主体以“国家机关”为中心，逐渐扩展到企业、学校、团体等组织，确立了国家赔偿与民事雇主替代责任统一规定的体例。第二，强调“在执行职务”，这比1922年《苏俄民法典》的适用范围更宽⑥，无法确定适用范围的限制。第三，参考1922年《苏俄民法典》的规定⑦，规定了有

① 本文涉及对“雇佣关系”概念的改造，此处的雇佣关系是指《人身损害赔偿司法解释》第9条意义上的雇佣关系。

② “志愿者派遣关系”是指志愿者服务组织招募志愿者后，安排志愿者为第三人服务的使用人关系，详见本专题第四部分的分析。

③ “承揽派遣关系”是指定作人与承揽人签订的承揽合同约定，由承揽人向第三人履行合同，并接受该第三人指示的使用人关系，详见本专题第四部分的分析。

④ 何勤华、李秀清、陈颐编：《新中国民法典草案总览》（上），181、202、225、243页，北京，法律出版社，2003。

⑤ 参见《苏俄民法典》，王增润译，王之相校，165页，北京，新华书店，1950。

⑥ 1922年《苏俄民法典》第407条第1、2句的规定类似“国家赔偿法”：机关对于所属公职人员因职务上不当行为所致之损害，必须于法律特别规定之情形，且公职人员行为之不当系经该管法院或行政机关确认后，始负责任。如受害人对于公职人员之不当行为，未及时申诉者，机关免除其责任。

⑦ 1922年《苏俄民法典》第407条第3句：机关有权就所支付受害人之赔偿数额，令公职人员负担之。

追偿权，但应该理解为是为了保护社会主义公有财产。①

20 世纪 80 年代第三次民法典起草过程中也有四部草案各 3 个条文与雇主替代责任有关，分别是《民法草案（征求意见稿）》（1980 年 8 月 15 日）第 450～452 条、《民法草案（征求意见二稿）》（1981 年 4 月 10 日）第 347～349 条、《民法草案（第三稿）》（1981 年 7 月 31 日）第 471～473 条和《民法草案（第四稿）》（1982 年 5 月 1 日）第 428～430 条。《民法草案（第四稿）》的三个条文包括，第 428 条："法人对它的工作人员由于在执行职务中的过错造成的损害，应当承担民事责任。但法人承担民事责任后，可以向有过错的工作人员进行追偿。"第 429 条："国家工作人员利用职权故意使他人受到损害的，应当由工作人员本人承担民事责任。"第 430 条："强占、私分、挥霍浪费、行贿、受贿以及用其他手段侵害公共财产的，应当收缴非法所得、赔偿损失，还可以对他追究其他民事责任。"②

比较第一次民法典起草的相关条文可知，第三次民法典起草的上述四次草案的相关条文，明显摆脱了苏俄民法的影响，更针对中国实际情况。1955 年《苏联民法纲要》③ 和 1964 年《苏俄民法典》④ 相关条文的主要特点是：第一，区分"组织责任"和"行政管理机关责任""司法机关责任"。第二，"行政管理机关责任"没有特别立法规定的，可以适用"组织责任"。第三，"司法机关责任"仍然以法律规定为限，体现出立法者的责任限制意图。⑤ 而第三次民法典四次草案相关条款，在适用范围上采用"法人"概念统一规定替代责任的主体，比苏联民法更宽。在立法取向上全面强调对保护社会主义公有财产的保护，主要体现在：第一，从"第二稿"开始规定"但法人承担民事责任后，可以向有过错的工作人员进行追偿"。第二，强调国家工作人员"利用职权故意侵权"行为的个人责任，排除国家机关替代责任。第三，单独规定"侵害公共财产"行为，从第三稿开始适用范围不限于"国家工作人员"。

2.《民法通则》上使用人替代责任的形成过程

《民法通则》第三章确立了企业法人、机关法人、事业单位法人和社会团体法人四种法人。机关法人的替代责任最早是由 1982 年《宪法》第 41 条第 3 款规定："由于国家机关和国家工作人员侵犯公民权利而受到损失的人，有依照法律规定取得赔偿的权利。"1986 年《民法通则》第 121 条将《宪法》第 41 条规定的"依照法律规定"落实为："国家机关或者国家机关工作人员在执行职务中，侵犯公民、法人的合法权益造成损害的，应当承担民事责任。"这一规定的主要问题是国家机关工作人员执行职

① 参见《最高人民法院关于木帆船海事赔偿责任问题的批复》（1955 年 5 月 25 日）。

② 何勤华、李秀清、陈颐编：《新中国民法典草案总览》（下），429、482～483、554～555、617 页，北京，法律出版社，2003。

③ 参见《苏联民法纲要和民事诉讼纲要》，中国社会科学院法学研究所译，39 页，北京，法律出版社，1963。

④ 参见《苏俄民法典》，马骧聪、吴云琪译，王家福、程远行校，140～141 页，北京，中国社会科学出版社，1980。

⑤ 参见 1955 年《苏联民法纲要》第 88 条第 3 款、第 89 条，1964 年《苏俄民法典》第 445～447 条。

务中造成损害的情形，民事责任主体并不明确。1988年《最高人民法院关于贯彻执行〈中华人民共和国民法通则〉若干问题的意见（试行）》（以下简称《民通意见》）第152条进一步将国家机关工作人员的行为造成的损害规定为替代责任："国家机关工作人员在执行职务中，给公民、法人的合法权益造成损害的，国家机关应当承担民事责任。"

鉴于行政侵权行为的特殊性，1989年《行政诉讼法》第68条第1款规定："行政机关或者行政机关工作人员作出的具体行政行为侵犯公民、法人或者其他组织的合法权益造成损害的，由该行政机关或者该行政机关工作人员所在的行政机关负责赔偿。"至此，行政侵权替代责任从民事侵权责任中分立出来，司法赔偿责任仍然保留在民事侵权责任中。1994年《国家赔偿法》第2条第1款规定："国家机关和国家机关工作人员违法行使职权侵犯公民、法人和其他组织的合法权益造成损害的，受害人有依照本法取得国家赔偿的权利。"此后形成了民事侵权责任与国家赔偿责任并行的局面，国家机关的民事侵权责任仍然保留在《民法通则》中。

企业法人替代责任方面，《民法通则》第43条规定："企业法人对它的法定代表人和其他工作人员的经营活动，承担民事责任。"《民通意见》第58条进一步扩展为："企业法人的法定代表人和其他工作人员，以法人名义从事的经营活动，给他人造成经济损失的，企业法人应当承担民事责任。"但仍然没有涵盖企业经营活动之外致害的情形。

可见，《民法通则》及《民通意见》中机关法人和企业法人的替代规则呈现出分立的态势，同时《民法通则》中规定的其他法人类型和非法人组织的替代责任规则并不明确。

3.《人身损害赔偿司法解释》中使用人替代责任的体系梳理

为统一《民法通则》上法人和其他组织替代责任的规则，《人身损害赔偿司法解释》第8条第1款第1句规定："法人或者其他组织的法定代表人、负责人以及工作人员，在执行职务中致人损害的，依照民法通则第一百二十一条的规定，由该法人或者其他组织承担民事责任。"第2款规定："属于《国家赔偿法》赔偿事由的，依照《国家赔偿法》的规定处理。"该条的适用范围，主要包括三种类型：(1)《国家赔偿法》上国家赔偿责任之外国家机关工作人员的职务侵权行为所引起的民事赔偿责任；(2) 除机关法人之外的其他各类法人的法定代表人或其工作人员的侵权行为所引起的民事赔偿责任；(3) 不具备法人资格的其他组织（非法人的经济组织或社会团体）的负责人及其工作人员的侵权行为所引起的民事赔偿责任。①

《人身损害赔偿司法解释》第9条第1款规定："雇员在从事雇佣活动中致人损害的，雇主应当承担赔偿责任；雇员因故意或者重大过失致人损害的，应当与雇主

① 参见黄松有主编：《最高人民法院人身损害赔偿司法解释的理解与适用》，141、143页，北京，人民法院出版社，2004。

承担连带赔偿责任。雇主承担连带赔偿责任的，可以向雇员追偿。”从文义上看，该司法解释第 8 条和第 9 条在适用范围的界限上并不清晰。笔者认为，应当参考原《最高人民法院关于适用〈中华人民共和国民事诉讼法〉若干问题的意见》第 45 条规定的“个体工商户、农村承包经营户、合伙组织雇佣的人员在进行雇佣合同规定的生产经营活动中造成他人损害的，其雇主是当事人”。此外，考虑到《民法通则》在第二章“公民（自然人）”规定第四节“个体工商户、农村承包经营户”和第五节“个人合伙”，第三章规定“法人”，认为第 8 条和第 9 条的适用范围区分在于当事人之间是隶属的劳动关系还是平等的劳务关系。

《人身损害赔偿司法解释》第 10 条是对承揽关系中定作人责任的规定①：“承揽人在完成工作过程中对第三人造成损害或者造成自身损害的，定作人不承担赔偿责任。但定作人对定作、指示或者选任有过失的，应当承担相应的赔偿责任。”《合同法》第 251 条第 1 款规定：“承揽合同是承揽人按照定作人的要求完成工作，交付工作成果，定作人给付报酬的合同。”可见第 10 条规定的承揽关系与第 8 条和第 9 条最大的差异是承揽人提供给定作人的是工作成果而非劳务。

《人身损害赔偿司法解释》第 13 条第 1 句规定：“为他人无偿提供劳务的帮工人，在从事帮工活动中致人损害的，被帮工人应当承担赔偿责任。被帮工人明确拒绝帮工的，不承担赔偿责任。帮工人存在故意或者重大过失，赔偿权利人请求帮工人和被帮工人承担连带责任的，人民法院应予支持。”该条与第 8 条至第 10 条规定的三种使用人关系共同的差别是无偿性。与相对类似的第 9 条规定的雇佣关系差别在于，帮工人非基于合同提供劳务，而被帮工人接受劳务。

根据上述分析，可以用“表 1”来说明这四种使用人责任的关系。

表 1

被使用人行为性质/是否有偿	有偿	无偿
基于劳动关系提供劳务	第 8 条	（立法排除）②
基于劳务关系提供劳务	第 9 条	第 13 条
基于承揽合同提供劳动成果	第 10 条	（未规定）③

① 《人身损害赔偿司法解释》第 10 条第 1 句的规定应该被理解为定作人不承担“替代责任”，但该条第 2 句承担的到底是替代责任还是自己责任，在学说上存在争议。参见杨立新、尹艳：《试论定作人指示过失的侵权责任》，载《河北法学》，1991（2）；汪渊智：《论定作人的侵权责任》，载《法学杂志》，2007（3）；杨丽珍：《论定作人之责任》，载《西北大学学报（哲学社会科学版）》，2010（1）。本书限于篇幅和主旨，只对该条第 1 句规定的不承担的“赔偿责任”是“替代责任”进行确认，对其例外承担的“相应的赔偿责任”的性质，笔者将另行撰文进行说明。

② 《劳动法》第 48 条第 1 款规定：“国家实行最低工资保障制度。最低工资的具体标准由省、自治区、直辖市人民政府规定，报国务院备案。”可见，我国立法明确排除了无偿劳动关系。

③ 我国《合同法》第 251 条第 1 款规定的作为有名合同的“承揽合同”是有偿合同，但作为承揽关系基础的承揽合同不应该排除无偿承揽的情形。

4. 对《侵权责任法》第 34 条第 1 款与第 35 条第 1 句关系的分析

《侵权责任法》第 34 条第 1 款规定："用人单位的工作人员因执行工作任务造成他人损害的，由用人单位承担侵权责任。"草案起草机关编写的权威解读指出，"用人单位"包括企业、事业单位、国家机关、社会团体等，也包括个体经济组织等。"工作人员"既包括用人单位的正式员工，也应当包括临时在单位工作的员工①，因此，该条适用于用人单位与工作人员之间的劳动关系和单位劳务关系。②

第 35 条第 1 句规定："个人之间形成劳务关系，提供劳务一方因劳务造成他人损害的，由接受劳务一方承担侵权责任。"草案起草机关编写的权威解读认为，劳务关系是指提供劳务一方为接受劳务一方提供劳务服务，由接受劳务一方按照约定支付报酬而建立的一种民事权利义务关系。"个人之间形成劳务关系"应该理解为"接受劳务一方"仅指自然人，个体工商户、合伙的雇员因工作发生的纠纷，按照该法第 34 条用人单位的规定处理。该条规定不包括因承揽关系产生的纠纷。③

对比表 1 可以发现，《侵权责任法》改变了《人身损害赔偿司法解释》主要以隶属的劳动关系还是平等的劳务关系为基础的划分标准，而是采纳了使用人是单位还是个人的标准。我们可以用"表 2"来说明第 34 条第 1 款和第 35 条第 1 句规定的使用人替代责任的关系。

表 2

当事人/劳动关系与劳务关系	劳动关系	劳务关系
用人单位与工作人员	第 34 条第 1 款	第 34 条第 1 款
个人之间	（立法排除）④	第 35 条第 1 句
基于承揽关系提供劳动成果	（未规定）	（未规定）

5. 《侵权责任法》与《人身损害赔偿司法解释》中使用人替代责任的关系

对比"表 1"和"表 2"可以清晰地看到，《侵权责任法》第 34 条第 1 款的调整对象，既包括《人身损害赔偿司法解释》第 8 条规定的劳动关系，也包括第 9 条规定的雇佣关系中的单位雇佣关系。《侵权责任法》第 35 条第 1 句的调整对象，既包括《人身损害赔偿司法解释》第 9 条规定的雇佣关系中的个人雇佣关系，也包括第 13 条规定的无偿帮工关系。⑤ 根据上述分析，可以用"表 3"来说明《侵权责任法》与《人身损害赔偿司法解释》中使用人替代责任的关系。

① 参见王胜明主编：《中华人民共和国侵权责任法解读》，160 页，北京，中国法制出版社，2010。

② 参见潘杰：《〈侵权责任法〉上用人者责任制度的司法适用——立法与司法解释的比较与适用衔接》，载《法律适用》，2012（2）。

③ 参见王胜明主编：《中华人民共和国侵权责任法解读》，165～167 页，北京，中国法制出版社，2010。

④ 《劳动法》第 2 条规定："在中华人民共和国境内的企业、个体经济组织（以下统称用人单位）和与之形成劳动关系的劳动者，适用本法。国家机关、事业组织、社会团体和与之建立劳动合同关系的劳动者，依照本法执行。"《劳动合同法》第 2 条对劳动关系的使用人一方有类似规定。可见，我国立法明确排除了个人劳动关系。

⑤ 参见周宏：《〈侵权责任法〉中劳务关系之认定》，载《唯实》，2011（11）。

表 3

	《侵权责任法》第 34 条第 1 款	《侵权责任法》第 35 条第 1 句
《解释》第 8 条	劳动关系	（立法排除）
《解释》第 9 条	单位雇佣关系（单位劳务关系）	个人雇佣关系（有偿个人劳务关系）
《解释》第 13 条	（未规定）	无偿帮工

（三）对“雇佣关系”概念的改造

最高人民法院编写的权威解读认为，《侵权责任法》第 35 条中的“劳务”与“雇佣”在我国立法及司法实践中含义已无本质区别。① 但在司法实践中却出现了适用上的混乱，有的法院同时援引《人身损害赔偿司法解释》和《侵权责任法》裁判案件②，有的法院继续单独适用《人身损害赔偿司法解释》③，有的法院使用了“劳务雇佣关系”的表述。④ 出现这种混乱的主要原因是对“雇佣关系”的不同理解。

《侵权责任法》在术语体系的选择上，草案起草机关特别考虑到第 34 条第 1 款的调整范围包括国家机关工作人员因工作发生的侵权行为，而国家机关与工作人员不是雇佣关系，所以未使用“雇主”和“雇员”的概念。⑤ 质言之，作为一种体系变迁效应，《人身损害赔偿司法解释》第 9 条规定的“雇佣关系”，在《侵权责任法》中根据雇佣一方是“用人单位”或者“个人”，被拆分到了第 34 条第 1 款和第 35 条第 1 句，已经被实质性地废除了。

最高人民法院民一庭编写的权威解读曾经提出，《人身损害赔偿司法解释》第 9 条意义上的雇佣关系包括人事关系、劳动关系及劳务关系中的各种雇佣情况。⑥ 这一思路具有启发性。笔者建议，应该对“雇佣关系”概念进行改造，赋予其更广的内涵，用来概括有偿使用人关系类型。按照《人身损害赔偿司法解释》的术语体系，包括“劳动关系”“单位雇佣关系”和“个人雇佣关系”，按照《侵权责任法》的术语体系，包括“劳动关系”“单位劳务关系”和“有偿个人劳务关系”。

（四）我国侵权法上使用人替代责任的主要问题

我国侵权法上使用人替代责任体系的主要问题体现在：

第一，《侵权责任法》未对承揽关系作出明文规定。就定作人的定作、指示或

① 参见奚晓明主编：《〈中华人民共和国侵权责任法〉条文理解与适用》，258 页，北京，人民法院出版社，2010。

② 参见“龙治付等与张光辉等身体权纠纷上诉案”，湖南省常德市中级人民法院（2012）常民四终字第 142 号民事判决书。

③ 参见“项某某与赵甲生命权、健康权、身体权纠纷上诉案”，浙江省舟山市中级人民法院（2012）浙舟民终字第 14 号民事判决书。

④ 参见“常某诉上海某建筑工程有限公司劳务（雇佣）纠纷案”，上海市金山区人民法院（2012）金民初字第 326 号民事判决书。

⑤ 参见王胜明主编：《中华人民共和国侵权责任法解读》，160 页，北京，中国法制出版社，2010。

⑥ 参见黄松有主编：《最高人民法院人身损害赔偿司法解释的理解与适用》，159 页，北京，人民法院出版社，2004。

者选任过失责任，如果造成了人身损害，可以适用《人身损害赔偿司法解释》第10条；如果造成了财产损害或者精神损害，只能直接适用《侵权责任法》第6条第1款过错责任一般条款[①]，具体规则并不清晰。

第二，所有类型的使用人替代责任法律效果同一化。无论是《侵权责任法》还是《人身损害赔偿司法解释》，均将所有的使用人责任无差别地规定为替代责任，归责原则均为无过错责任原则，承担的赔偿责任范围均为全部损失，没有体现出不同使用人替代责任的差异。《侵权责任法》第34条第1款和第35条第1句在规则上的高度相似性，更让人怀疑这种条文区分的必要性。而这种同一化的法律效果设置，对于个人劳务关系，尤其是无偿帮工关系的使用人来说，显得过重。

第三，使用人承担责任的情形规定得不够明确。就使用人承担责任的情形，《侵权责任法》第34条规定为"因执行工作任务"，第35条规定为"因劳务"，《人身损害赔偿司法解释》第8条规定为"在执行职务中"，第9条规定为"在从事雇佣活动中"，第10条规定为"在完成工作过程中"，第13条规定为"在从事帮工活动中"。其中仅有《人身损害赔偿司法解释》第9条第2款对"从事雇佣活动"作了明确的定义，其他使用人关系中的承担责任情形均较难以把握。

第四，缺乏对部分常见使用人替代责任类型的明文规定。师徒关系、志愿者服务关系、志愿者派遣关系、承揽派遣关系和实习关系等使用人关系类型在实践中均较为常见，但立法或者司法解释尚未明确其使用人替代责任规则，这造成了司法裁判依据的混乱。

二、我国侵权法上使用人替代责任的理论基础

（一）使用人替代责任的理论基础

就使用人为他人的行为承担替代责任的理论基础，主要有"控制力说""深口袋理论"和"利益风险一致说"等三种学说。"控制力说"认为，使用人选任被使用人从事职责范围内的活动，则应当对使用人的行为加以控制，防止其损害他人行为的发生。[②] 使用人与被使用人是控制与被控制关系，因此被使用人在使用人控制的范围内致他人损害，应当由使用人承担责任。[③]"深口袋理论"认为，使用人比被使用人有着更深的"口袋"，具有损失的承担能力，而且使用人可以通过更高的商品和服务价格来面向社会分散风险。[④]"利益风险一致说"认为，既然法律允许使用人通过使用他人来扩展其业务范围，使其有获得更高利润的机会，就应当承担更大范围的风险，被使用人执行使用人所委托的事务的过程，包藏着被使用人实施

① 参见姬新江、王燕军：《论定作人的指示过失责任》，载《当代法学》，2007（1）。

② 参见章亮明：《派遣劳动者职务侵权时的雇主责任》，载《法学论坛》，2009（4）。

③ 参见曹艳春：《雇主替代责任研究》，115页，北京，法律出版社，2008。

④ 参见曹艳春：《雇主替代责任研究》，120页，北京，法律出版社，2008。

侵权行为而侵害他人权利或利益的风险。这种风险，理应由使用人承担。①

（二）我国侵权法上使用人替代责任理论基础的内部关系

笔者认为，尽管上述三种理论均被学说认为对使用人替代责任的正当性具有一定的解释力，但三种理论在理论基础内部的地位却是不同的。

1. “控制力说”是主导性理论基础

笔者认为，在使用人为他人的行为承担替代责任的理论基础中，“控制力说”具有主导性。主要理由是，在使用人关系中，个人意志自由不同程度地受到他人限制，不能完全按照自己的意愿从事活动，其因此作出的行为导致损害后果，应当由对行为人享有控制力的主体承担。② 不仅如此，控制力大小还决定使用人关系的类型化，其表现在使用人是否有权对被使用人发出指示，使用人是否有权对被使用人进行奖惩，工作的时间、方式是否由被使用人来决定等。决定控制力大小的因素主要是两个方面：第一，地位因素，即使用人与被使用人地位是否平等，隶属关系中使用人的控制力强于平等关系中使用人的控制力；第二，成本因素，即使用人付出的成本高低，有偿关系中使用人的控制力强于无偿关系中使用人的控制力。③

2. “深口袋理论”是辅助性理论基础

“深口袋理论”也有一定的合理性。由具有较强风险防范能力的主体承担责任④，一方面对受害人的保护更为有力⑤，另一方面也不会导致使用人因承担责任而经济处境明显下降。但其也存在明显的问题，主要体现在：第一，“深口袋理论”以“口袋深”为适用前提，以商业企业为原型⑥，但使用人替代责任中，并非所有使用人都符合这一原型预设，尤其是在无偿帮工关系中。因此，“深口袋理论”仅仅在使用人“口袋深”的案件中才具有个案的正义性。第二，按照该学说，如果被侵权人的“口袋”更深，损害就应该由被侵权人自己部分甚至全部承担，这显然不符合使用人替代责任的基本规则。因此，“深口袋理论”主要在考虑使用人赔偿能力强弱的情形下，具有辅助性的论证效果。

3. “利益风险一致说”是补充性理论基础

“利益风险一致说”具有较强的公平色彩。使用人通过控制被使用人，既得到了利益，又创造了风险，那么最公平的做法就是将风险分配给利益获得者。这一理论的缺陷主要体现在：第一，该学说只能检验论证结论的正确性，即对得到了利益但不承担风险的法律后果进行“不公平”意义上的否定，但不能仅仅凭借评价某一

---

① 参见杨署东：《转承责任基本理论问题新探》，载《重庆大学学报（社会科学版）》，2010（4）。

② 参见尹飞：《为他人行为侵权责任之归责基础》，载《法学研究》，2009（5）。

③ 此处所谓的“无偿”，是指不提供对价性质的劳动报酬，而非完全不提供任何补助或者餐食。

④ 参见胡伟强：《反思〈侵权责任法〉第35条第1款之规定——从法律经济分析的视角解读》，载《2012年度（第十届）中国法经济学论坛论文集》，2012年6月23日。

⑤ 参见尹飞：《为他人行为侵权责任之归责基础》，载《法学研究》，2009（5）。

⑥ See Robert MacCoun，*Is there a “deep-pocket” bias in the tort system?：the concern over biases against deep-pocket de*fang*endants*，Santa Monica，Calif. ：RAND（1993）.

法律规则“利益风险一致”而具有决定性的论证作用。第二，按照该学说，如果我们认为使用人是理性的，将会推导出承担替代责任的风险不能超过受有利益的推论，但这不适用于大多数的使用人替代责任类型。因此，“利益风险一致说”在论证效果和适用范围上都具有补充性。这种补充性体现在：当控制力较弱，以至于使用人替代责任的承担基础不能单独依赖“控制力说”，同时还要依赖“利益风险一致说”时，对后者的依赖将使得使用人替代责任中体现出公平补偿责任的色彩。

三、我国侵权法上使用人关系的谱系化建构方式

（一）我国侵权法上使用人关系谱系化建构的思路

既然“控制力说”是使用人替代责任的主导性理论基础，那么决定不同使用人替代责任规则之间差别的主要因素就是使用人对被使用人的不同控制力，因此就存在将不同使用人关系按照控制力大小进行排序的必要性。笔者将这种根据“控制力说”，按照控制力大小进行排序的体系化构建方式称为“谱系化建构”。

在前文提及的“广义说”涵盖的典型使用人关系中，鉴于《人身损害赔偿司法解释》规定的“雇佣关系”概念已经被《侵权责任法》实质性地废除了，而在承揽关系中定作人对独立承揽人是不进行控制的①，为了简化分析，这两种使用人关系就暂时先不参与使用人关系的控制力排序。

（二）我国侵权法上使用人关系体系中控制力的谱系化构建

使用人关系谱系化研究过程中需要考量的因素包括使用人控制力大小和使用人是单位还是个人两方面因素。如前所述，控制力大小是由地位因素和成本因素共同判断的结果。按照这种思路，我们将各种典型使用人关系类型纳入“表4”。

表 4

		平等	隶属
有偿	单位	③单位劳务关系	①劳动关系
	个人	④有偿个人劳务关系	（立法排除）
无偿	单位	⑤志愿者服务关系	（立法排除）
	个人	⑥无偿帮工关系	②师徒关系

为了对“表4”中的六种典型使用人关系的使用人对被使用人的控制力进行谱系化的大小排序，我们还需要确定决定控制力大小的地位因素和成本因素的相互关系。

笔者认为，较之成本因素，地位因素在决定控制力大小时起决定性作用。以具备隶属、无偿属性的师徒关系与具备平等、有偿属性的个人劳务关系②为例进行对

① See Restatement (Third) of Torts: Liability for Physical and Emotional Harm, § 56, *Comment b*.

② 此处以个人劳务为例，是考虑到师徒之间也是个人关系。使用人是单位或者个人的差别，主要是根据“深口袋理论”影响赔偿责任的范围，详见后文。

比说明。师徒关系中，徒弟为学得一技之长，甚至将其作为今后生活来源的保障，宁愿接受或不得不接受师傅的控制，尽管其付出的劳动是无偿的，师傅的控制力却较强。有偿个人劳务关系中，提供劳务一方从接受劳务一方处获得报酬，但其在提供劳务过程中仍享有较大的自主性，其所得报酬是提供劳务的对价，不必完全遵守接受劳务一方的指示，接受劳务一方的控制力较弱。可见，地位因素较之成本因素对控制力的决定作用更强。按照这样的判断，我们能够得出典型使用人关系中使用人对被使用人的控制力①＞②＞③＝④＞⑤＝⑥的结论。

（三）"深口袋理论"的辅助性适用

在控制力谱系化构建中，"③＝④"和"⑤＝⑥"的原因是，不能认为使用人是单位其对被使用人的控制力就一定强于使用人是个人的情形，使用人是"单位"与"个人"的差别主要体现为对"深口袋理论"的适用。笔者认为，在控制力相同的情况下，应该根据"口袋的深浅"确定责任的严格程度，因此在替代责任的严格程度上，③＞④，⑤＞⑥。再考虑到承揽关系中定作人对承揽人没有控制力，我国侵权法上典型使用人替代责任的严格程度完整排序应该为①＞②＞③＞④＞⑤＞⑥＞承揽关系。

（四）"利益风险一致说"的补充性适用

如"表4"所展示，"⑤志愿者服务关系"和"⑥无偿帮工关系"中的控制力是较弱的。如前所述，这两种关系中替代责任承担的基础要部分依赖于"利益风险一致说"。在使用人替代责任中适用公平补偿责任，比较法上仅见于我国台湾地区"民法典"第188条第2款："如被害人依前项但书之规定，不能受损害赔偿时，法院因其声请，得斟酌雇用人与被害人之经济状况，令雇用人为全部或一部之损害赔偿。"孙森焱教授认为，该款规定的基础是基于公平的报偿责任[①]，并认为具有保障被害人权益的效能。[②] 但据王泽鉴教授介绍，我国台湾地区各级法院从未适用过该条文，实属具文。[③] 笔者认为，这正印证了笔者的看法，即"利益风险一致说"只在控制力较弱的情况下补充性地适用。因此，"⑤志愿者服务关系"和"⑥无偿帮工关系"中，应当根据利益衡量的结果，部分适用公平补偿责任的规则。

四、我国侵权法上典型使用人替代责任的谱系化建构

（一）我国侵权法上典型使用人替代责任谱系化建构的立法技术

笔者对我国侵权法上使用人关系进行谱系化研究的目的在于，将这种谱系化研究的结论与相应的立法技术对应起来。如前所述，在使用人替代责任的理论基础

① 即本专题所论及的"利益风险一致说"。

② 参见孙森焱：《民法债编总论》（上册），253页，北京，法律出版社，2006。

③ 参见王泽鉴：《侵权行为》，447页，北京，北京大学出版社，2009。

中，“控制力说”具有主导性，“深口袋理论”具有辅助性，而“利益风险一致说”则具有补充性。相应的，我国侵权法上使用人替代责任谱系化建构的立法技术分为如下四组共计五种：

第一，对于在控制力判断中作为主要因素的地位因素，其对应的立法技术是归责原则。比较法上，雇主替代责任的归责原则有的规定为无过错责任，例如《法国民法典》《意大利民法典》；有的规定为过错推定责任，例如《德国民法典》《瑞士债务法》《日本民法典》和我国台湾地区“民法典”。这说明，使用人替代责任并非必须适用无过错责任原则，也可以通过适用过错推定责任原则进行缓和。在隶属地位的使用人关系中，应该适用无过错责任原则，而在平等地位的使用人关系中，则可以适用过错推定责任原则。①

第二，对于在控制力判断中作为次要因素的成本因素，其对应的立法技术是承担责任情形的范围大小。这是因为，无偿使用人关系中，被使用人仅仅在特定的工作内容中接受使用人的指示；而在有偿使用人关系中，使用人对被使用人的管理范围会更为宽泛。例如，劳动关系中执行工作任务的范围应该从宽把握，较之从严把握的师徒关系中的从事师傅交代的工作任务范围就更大。有偿劳务关系中的从事劳务的范围应该从宽把握，较之从严把握的志愿者服务关系和无偿帮工关系中从事劳务的范围就更大。

第三，辅助性的“深口袋理论”对应的立法技术是使用人承担替代责任的范围和强制责任保险制度。一般来说，单位比个人的赔偿能力更强，所以原则上单位使用人替代责任为全部赔偿；而个人使用人替代责任在被使用人故意或者重大过失的情形下，可以由被使用人和使用人共同分担责任，或者由被使用人自行承担责任。在不得不由“不深的口袋”承担赔偿责任的情形，应该考虑适用强制责任保险制度。

第四，补充性的“利益风险一致说”对应的立法技术是公平补偿责任。《人身损害赔偿司法解释》第14条第1款第2句规定：“被帮工人明确拒绝帮工的，不承担赔偿责任；但可以在受益范围内予以适当补偿。”第15条规定：“为维护国家、集体或者他人的合法权益而使自己受到人身损害，因没有侵权人、不能确定侵权人或者侵权人没有赔偿能力，赔偿权利人请求受益人在受益范围内予以适当补偿的，人民法院应予支持。”尽管这两项规定均是针对被侵权人自身受到的人身损害，但其作为公平补偿责任②所体现的“利益风险一致说”仍然值得借鉴。

（二）我国侵权法上典型使用人替代责任的谱系化建构

根据上文的分析，对我国侵权法上典型使用人替代责任作谱系化建构如下：

① 某种意义上，如果认为定作人过失责任也是替代责任的话，也可以认为这种替代责任的归责原则被缓和到了过错责任的程度。

② 参见王竹、郑小敏：《我国侵权法上公平责任的类型化研究》，载最高人民法院民一庭编：《民事审判指导与参考》，2007年第4辑，北京，法律出版社，2008。

1. 劳动关系使用人替代责任的法律适用

劳动关系使用人替代责任适用《侵权责任法》第 34 条第 1 款的规定，劳动者在劳动过程中造成他人损害的，由用人单位承担全部的赔偿责任。“在劳动过程中”应该从宽把握，劳动者的行为超出职务范围，但其表现形式是履行职务或者与履行职务有内在联系的，应当认定为“在劳动过程中”。

2. 师徒关系使用人替代责任的规则构建

建议将师徒关系使用人替代责任规定为无过错责任并从严把握适用范围：“徒弟在从事与所学技艺有关的师傅交代的工作任务中致人损害的，由师傅承担赔偿责任；徒弟因故意或重大过失致损害发生的，与师傅承担连带责任。徒弟实施与师傅交代工作任务无关的行为致人损害的，应当由徒弟承担赔偿责任。”①

3. 单位劳务关系使用人替代责任的规则改造

建议将《侵权责任法》第 34 条第 1 款规定的单位劳务关系使用人替代责任明确为过错推定责任并从宽把握适用范围：“未与用人单位建立劳动关系的工作人员因执行工作任务造成他人损害的，由用人单位承担侵权责任，但用人单位能够证明其尽到监督、管理职责的除外。工作人员的行为超出工作任务范围，但其表现形式是与执行工作任务有内在联系的，应当认定为是在执行工作任务。”

4. 有偿个人劳务关系使用人替代责任的规则改造

建议将《侵权责任法》第 35 条第 1 句规定的有偿个人劳务关系替代责任改造为过错推定责任，对提供劳务一方有故意或者重大过失时参与责任分担作出规定，并从严把握适用范围：“个人之间形成劳务关系，提供劳务一方因劳务造成他人损害的，由接受劳务一方承担侵权责任，但接受劳务一方能够证明其授权和指示没有过错的除外。提供劳务一方实施与劳务无关的行为致人损害的，应当由提供劳务一方承担赔偿责任。提供劳务一方因故意或者重大过失致人损害的，应当与接受劳务一方承担连带赔偿责任。”

5. 志愿者服务关系使用人替代责任的规则构建

为促进志愿事业的发展，保护志愿者从事志愿活动的积极性，同时分散志愿服务过程中可能产生的致他人损害的风险，建议国家建立强制责任保险制度。在侵权法上，建议将志愿者服务关系替代责任规定为过错推定责任和例外的公平补偿责任：“志愿者在从事志愿服务过程中造成他人损害的，由接受志愿服务的组织承担侵权责任。接受志愿服务的组织能够证明其组织志愿服务活动没有过错的，由志愿者根据公平原则予以适当补偿。志愿者的行为超出了志愿服务的范围，由志愿者自行承担。”

6. 无偿帮工关系使用人替代责任的规则改造

建议修改《人身损害赔偿司法解释》第 13 条的规定，将无偿帮工关系替代责任规定为过错推定责任，从严把握适用范围，并规定特殊情况下的公平补偿责任：

① 熊继前、王煊城、徐新友：《未出师徒弟履行职务侵权的民事责任承担》，载《人民司法》，1998 (2)。

“为他人无偿提供劳务的帮工人，在从事帮工活动中致人损害的，被帮工人应当承担赔偿责任。帮工人实施与帮工活动无关的行为致人损害的，应当由帮工人承担赔偿责任。被帮工人能够证明其指示没有过错，或者帮工人因故意或者重大过失致人损害的，由帮工人承担赔偿责任；不足部分，由被帮工人在受益范围内予以适当补偿。被帮工人明确拒绝帮工的，由帮工人承担赔偿责任；不足部分，由被帮工人在受益范围内予以适当补偿。”

7. 承揽关系使用人责任的规则改造

建议将《人身损害赔偿司法解释》第10条规定的定作人责任扩展到所有损害类型，并适用于非自然人承揽人①：“承揽人在完成工作过程中对第三人造成损害的，定作人不承担赔偿责任。但定作人对定作、指示或者选任有过失的，应当承担相应的赔偿责任。”

五、我国侵权法上非典型使用人替代责任的法律适用

（一）我国侵权法上非典型使用人替代责任法律适用的基本考虑

非典型使用人关系，是指使用人与被使用人之间的控制力并非基于二者直接的提供劳务或者提供服务的合同建立，而是被使用人是基于某种较为稳固的社会关系被派遣到使用人处，接受使用人的指示从事工作。这种基础性的社会关系，可能是某种典型使用人关系，如劳动关系或者承揽关系，也可能是特殊的社会关系，如志愿者服务关系和教育关系。这些基础性的社会关系必须较为稳固，如作为劳动关系基础的劳动合同或者承揽合同，教育关系也可以视为一种特殊的稳固关系。志愿者从事志愿活动的积极性也可能使这种关系显得较为稳固。而师徒关系、单位劳务关系、有偿个人劳务关系和无偿帮工关系，均具有较强的相对性和临时性，无法作为派遣的基础，所以没有对应的非典型使用人关系。因此，非典型使用人关系也可以称为“派遣型使用人关系”，相应的，典型使用人关系也可以称为“直接型使用人关系”。

非典型使用人关系中使用人的确定之所以在学说上存在争议，是因为存在两类民事主体都可能具备使用人的属性，如劳务派遣关系中的用人单位和用工单位，志愿者派遣关系中的志愿者服务组织和第三人，承揽派遣关系中的定作人和第三人，以及实习关系中的学校和实习单位。这两类民事主体与被使用人构成三方法律关系，较之典型使用人关系更为复杂。

在实践中，非典型使用人关系由于法律规则的不完备和不清晰，往往表现为各

① 《人身损害赔偿司法解释》第10条第1句规定：“承揽人在完成工作过程中对第三人造成损害或者造成自身损害的，定作人不承担赔偿责任。”因为包含了“或者造成自身损害的”内容，实际上将其适用范围限定于自然人担任承揽人的情形，这与该司法解释仅适用于人身损害是相关的。

种变异的情形，如非法经营劳务派遣业务，非实体性的志愿者服务组织，承揽派遣关系中承揽人资质欠缺，以及强制学生以实习名义在实习单位工作等情形，使得具体的法律关系定性出现困难。

笔者认为，我国侵权法上非典型使用人替代责任法律适用的主导性理论基础仍然是“控制力说”，在具体法律适用上应当比照控制力最接近的典型使用人替代责任处理①，并根据实际情况考虑“深口袋理论”和“利益风险一致说”的适用。

（二）我国侵权法上非典型使用人替代责任的法律适用规则

1. 劳务派遣关系使用人替代责任的法律适用及其准用

劳务派遣关系使用人替代责任适用《侵权责任法》第 34 条第 2 款的规定：“劳务派遣期间，被派遣的工作人员因执行工作任务造成他人损害的，由接受劳务派遣的用工单位承担侵权责任；劳务派遣单位有过错的，承担相应的补充责任。”②“执行工作任务”应该从宽把握，被派遣工作人员的行为超出职务范围，但其表现形式与执行工作任务有内在联系的，应当认定为是在执行工作任务。

劳务派遣关系还准用于我国《海商法》第 129 条的规定：“定期租船合同，是指船舶出租人向承租人提供约定的由出租人配备船员的船舶，由承租人在约定的期间内按照约定的用途使用，并支付租金的合同。”此种情形中，船员由出租人选任，而受到承租人的直接指示和监督。

如果是临时性的“出借受雇人”，即使用人要求基于劳动关系的被使用人临时性地听从第三人的指示，被使用人在从事工作中致人损害的，第三人的指示有过失的，第三人应该与使用人承担连带责任。③

未经许可擅自从事劳务派遣业务，在劳务派遣期间被派遣工作人员因执行工作任务造成他人损害的，应当作为主观关联共同侵权行为，由用工单位和用人单位承担连带责任。④

2. 志愿者派遣关系使用人责任的法律适用

“志愿者派遣关系”是指志愿者服务组织招募志愿者后，安排志愿者为第三人服务的使用人关系。“志愿者派遣关系”不同于“志愿者服务关系”。“志愿者服务关系”中接受志愿服务的组织招募志愿者为该组织服务，“志愿者派遣关系”中志愿者服务组织招募的志愿者是为第三人服务的。志愿者服务组织与其志愿工作人员的关系属于“志愿者服务关系”。

① 《侵权责任法》第 34 条第 2 款对劳务派遣关系替代责任的法律适用作了明确规定，也可以作为参照的对象。

② 该“补充责任”实为“不真正补充责任”。王竹、张恒：《劳务派遣工作人员的侵权责任——兼论“不真正补充责任”的确立与扩展适用》，载《法学》，2013 (2)。

③ 参见王泽鉴：《侵权行为》，426 页，北京，北京大学出版社，2009。

④ 参见王竹、张恒：《劳务派遣工作人员的侵权责任——兼论“不真正补充责任”的确立与扩展适用》，载《法学》，2013 (2)。

为了保护志愿者服务组织和志愿者个人从事志愿活动的积极性，同时分散志愿服务过程中可能产生的致他人损害的风险，建议国家建立强制责任保险制度。在侵权法上，笔者认为，志愿者派遣关系中志愿者的行为导致他人损害的，应该参照劳务派遣关系处理，但要考虑志愿者服务组织和志愿者服务的无偿性，以及接受志愿者服务的第三人往往是社会弱势群体，建议将志愿者派遣关系中民事责任规定为例外的公平责任："志愿者派遣关系中志愿者的行为导致他人损害的，志愿者服务组织和接受志愿服务的人没有故意或者重大过失的，不承担责任，由志愿者根据公平原则予以适当补偿。志愿者的行为超出了志愿服务的范围的，由志愿者自行承担责任。"

如果志愿者服务组织是非实体性机构，志愿者的服务行为造成他人损害，接受志愿服务的人没有故意或者重大过失的，由志愿者自行承担责任。志愿服务的组织者存在过错的，由志愿服务组织者根据公平原则予以适当补偿。

3. 承揽派遣关系使用人责任的法律适用

在租赁关系，尤其是工程机械租赁关系中，承租人如果没有合适的工作人员驾驶该工程机械，往往由出租人协助联系驾驶人。如果驾驶人与承租人直接签订服务合同，根据合同的内容可以分别适用劳务关系或者承揽关系。如果驾驶人是与出租人签订承揽合同，但根据该合同内容，驾驶人接受承租人的现场指挥。在这种情形下，驾驶人与出租人之间的关系应该被认定为承揽关系。驾驶人与承租人之间尽管没有合同关系，但实质性地接受其指示。对这种三方法律关系，学说上缺乏研究，鉴于其兼具承揽合同关系和派遣合同关系的性质，笔者将其命名为"承揽派遣关系"，即定作人与承揽人签订的承揽合同约定，由承揽人向第三人履行合同，并接受该第三人指示的使用人关系。

笔者认为，承揽派遣关系中的承揽人行为导致他人损害的，应该参照承揽关系的规则处理，出租人是"选任人"，而承租人是"定作人"和"指示人"，因此被派遣的承揽人在完成工作过程中如果对他人造成损害的，出租人和承租人都不承担赔偿责任。但出租人对选任有过失，或者承租人对定作或者指示有过失的，应当承担相应的赔偿责任。

如果与出租人签订承揽合同的驾驶人没有相应的驾驶资质，出租人和承租人对于驾驶人没有驾驶资质均存在选任过失，应该承担连带责任。

4. 实习关系使用人替代责任的法律适用

实习关系在我国法律体系中没有明确的定位，人力资源和社会保障部倾向性地认为，"全日制普通大专院校和中等职业学校在校学生，到企事业等单位实习，实习学生与实习单位的关系不属于劳动关系。"① 2009 年，教育部、财政部、保监会

① 人力资源社会保障部关于《关于执行〈工伤保险条例〉若干问题的意见（征求意见稿）》公开征求意见的通知，见 http：//www.mohrss.gov.cn/SYrlzyhshbzb/SYgundongxinwen/201301/t20130124_85373.html，人力资源和社会保障部网站，访问时间：2013－07－10。

就中等职业学生实习责任保险联合下发通知，其中要求将学生实习第三者责任纳入保险范围，投保经费原则上由学校负担，学校和企业达成协议由企业支付的，从企业成本中列支。① 笔者认为，国家应该建立实习生强制责任保险制度。在侵权法上，学校原则上不承担替代责任。实习关系中实习单位对实习生的控制力也体现出多样化的特点，不能一概而论。如果控制力较强，则应该比照单位劳务关系处理；如果控制力较弱，则应该比照志愿者服务关系处理。

强制学生以实习名义在实习单位工作，在工作期间学生因执行工作任务造成他人损害的，应当作为主观关联共同侵权行为，由学校和实习单位承担连带责任。

① 参见《教育部 财政部 中国保险监督管理委员会关于在中等职业学校推行学生实习责任保险的通知》（教职成〔2009〕13号）。

专题五

劳务派遣工作人员的侵权责任研究[①]

我国《劳动合同法》自2008年实施以来，劳动用工领域出现了劳务派遣单位数量大幅增加、劳务派遣用工规模迅速扩大的情况，司法实务中劳务派遣工作人员侵权责任纠纷案件数量也明显上升。针对这一情况，我国《侵权责任法》第34条第2款对劳务派遣工作人员侵权责任作出了如下专门规定："劳务派遣期间，被派遣的工作人员因执行工作任务造成他人损害的，由接受劳务派遣的用工单位承担侵权责任；劳务派遣单位有过错的，承担相应的补充责任。"相应的，最高人民法院于2011年修订的《民事案由规定》中将"劳务派遣工作人员侵权责任纠纷"作为与"用人单位责任纠纷"并列的三级案由，以强化对该类案件的审理和处理。根据中华全国总工会上报全国人大常委会法工委的《国内劳务派遣调研报告》，2010年全国劳务派遣人员总数已达6 000多万人，占国内职工总数的20%。[②] 根据全国人大常委会组织的立法调研，我国现阶段存在劳务派遣单位过多过滥、经营不规范等问题，许多用工单位长期大量使用劳务派遣工，有的用工单位甚至把劳务派遣作为用工主渠道。[③] 2012年12月28日，全国人大常委会通过了《关于修改〈中华人民共和国劳动合同法〉的决定》，四点修改决定均针对劳务派遣问题。本专题结合《劳动合同法》本次修改的相关条文，对《侵权责任法》第34条第2款进行深入解读，揭示出后者所规定的"补充责任"并非真正意义上的补充责任，而是确立了一种新的"不真正补充责任"形态，其与《侵权责任法》第37条、第40条所规定的补充责任存在本质区别[④]，在侵权法上有扩展适用的可能性和必要性。

一、劳务派遣中用工单位对外承担替代责任的法理基础

我国《侵权责任法》第34条是对与劳动关系相关的侵权责任的规定，第35条是对与劳务关系相关的侵权责任的规定。根据通说，劳动关系和劳务关系的区分，

① 本专题的部分内容，是与张恒同学合作的成果，特此致谢！

② 参见林嘉、范围：《我国劳务派遣的法律规制分析》，载《中国人民大学学报》，2011（6）。

③ 参见全国人大《劳动合同法修正案（草案）》，见 http：//www.npc.gov.cn/npc/xinwen/lfgz/flca/2012-07/06/content_1729107.html，访问时间：2013－01－01。

④ 关于真正的补充责任分析，参见王竹：《论补充责任在〈侵权责任法〉上的确立与扩展适用》，载《法学》，2009（9）。

可以考虑主体、主体之间的地位、生产资料的归属以及国家干预程度等因素。① 在劳务派遣关系中，工作人员与劳务派遣单位签订劳动合同，成立劳动关系，在接受劳务派遣单位的指挥和监督下进行工作，并获得报酬和法律规定的其他福利待遇。《劳动合同法》第58条第1款规定："劳务派遣单位是本法所称用人单位，应当履行用人单位对劳动者的义务。劳务派遣单位与被派遣劳动者订立的劳动合同，除应当载明本法第十七条规定的事项外，还应当载明被派遣劳动者的用工单位以及派遣期限、工作岗位等情况。"该法第59条第1句规定："劳务派遣单位派遣劳动者应当与接受以劳务派遣形式用工的单位（以下称用工单位）订立劳务派遣协议。"可见，我国的劳务派遣法律制度采取了"单一雇主"模式，即只存在用人单位与被派遣劳动者之间的一重劳动关系。② 应该指出的是，虽然法律依照习惯用语将其规定为"劳务"派遣，但其本质上是"劳动"的派遣，所以《侵权责任法》将劳务派遣工作人员侵权责任规定在第34条第2款而非第35条。因此，在对外责任的承担上，劳务派遣关系在本质上与劳动关系中的对外责任承担法理基础相同。

关于在普通劳动关系中用人单位承担替代责任的法理基础，我国民法学说上主要有"利益与风险一致说""手臂延长说"和"控制力说"三种学说。③ 依据"利益与风险一致说"，用人单位通过指示工作人员从事劳动，扩大生产范围，获取更大利益，所以应为更大范围内的风险负责。依据"手臂延长说"，用人单位工作人员所从事的工作，只是将用人单位的意志作用于生产资料的过程，用人单位借此实现了在不同场合同时进行大量生产，个人能力局限被打破，雇佣制度可以被视为用人单位手臂的延长，因此工作人员在执行工作任务过程中的侵权，应由用人单位承担赔偿责任。依据"控制力说"，用人单位为工作人员承担替代责任的基础在于用人单位对其工作人员有相当的控制能力。基于用人单位与其工作人员之间的控制与被控制关系，用人单位有权指示其工作人员从事某项活动，工作人员的行为是在用人单位的授权下进行，因此工作人员致人损害的责任应由用人单位承担。

劳务派遣关系给替代责任理论带来的挑战主要是传统用人单位所负义务的分离。在普通劳动关系中，工作人员与用人单位签订劳动合同，双方形成劳动关系，用人单位在聘用和选任工作人员时应履行其义务，以保证工作人员能够符合要求地完成将被安排的工作，在劳动过程中用人单位还要履行监督、管理义务，对劳动者进行实际的控制与监督。而在劳务派遣期间，对被派遣工作人员的实际控制与监督义务，已经转移到了用工单位一方④，用人单位仅仅承担聘用和选任义务。

① 参见李坤刚：《劳动关系与劳务关系区别的再思考》，载《安徽农业大学学报（社会科学版）》，2004（4）。

② 参见张荣芳：《论我国劳务派遣法律规制模式》，载《法学评论》，2009（6）；卢修敏：《我国劳务派遣法律结构分析》，载《华东政法大学学报》，2010（2）。

③ 参见邵建东：《论雇主责任》，载《南京大学法律评论》，1997年春季卷，北京，法律出版社，1997。

④ 参见梅夏英、武兴伟：《劳务派遣中的用人者替代责任》，载《广东社会科学》，2011（1）。

尽管学说上关于承担替代责任的法理基础存在上述三种主要学说，但不论基于何种学说，在劳务派遣中承担替代责任的主体都是用工单位。依据“利益与风险一致说”，被派遣工作人员劳动所创造的价值全部由用工单位享有，被派遣工作人员职务侵权给他人造成的损害，应由用工单位承担赔偿责任。依据“手臂延长说”，被派遣工作人员执行用工单位的意志，使用工单位的目的得以实现，用工单位得以在更广的时空范围内进行生产，因此被派遣工作人员在执行职务中致他人损害的责任，应由用工单位承担。而依据“控制力说”，在劳务派遣期间对被派遣工作人员进行事实上控制和监督的主体是用工单位，用工单位对被派遣工作人员发出工作指令，并对其工作进行监督，承担替代责任的主体当为用工单位。因此，《侵权责任法》第 34 条第 2 款规定的劳务派遣关系中用工单位对外承担责任的基础与该条第 1 款规定的在普通劳动关系中用人单位对外承担责任的基础是一致的，即承担的是替代责任。[①] 如果用人单位与用工单位之间的劳务派遣协议就被派遣工作人员造成他人损害的责任承担作出了约定的，不得以该约定对抗被侵权人要求用工单位承担全部赔偿责任的请求。[②]

二、劳务派遣中用人单位与用工单位对内最终责任的分担规则

最终责任分担，即是以填补受害人损害为目的，将与损害总额相等的赔偿责任在数个加害人之间进行分配，以实现分配正义的过程。[③] 在劳务派遣工作人员侵权责任中，用人单位与用工单位应根据双方的比较过错大小分担最终责任。[④] 需要特别指出的是，作为用人单位和用工单位之间的对内最终责任分担，不应考虑被派遣工作人员的主观过错程度。即使出现被派遣的工作人员故意导致损害的情形，只要其行为属于“因执行工作任务”的范畴，就不参与用人单位与用工单位的最终责任分担。

用人单位的过错一般表现为其对工作人员的聘用与选任存在过失。用人单位在与拟派出工作人员签订劳动合同时，以及用人单位与用工单位签订劳务派遣协议后在选任拟派出工作人员时，均应当审查其是否具备从事相关工作的资格以及是否具备完成约定工作的能力。如果用人单位派出的工作人员不符合国家规定或行业公认的从业资格和能力，则可以认定用人单位存在过错。用工单位的过错一般表现在两个方面：一是管理过失。被派遣的工作人员到达用工单位后，用工单位应当对被派

① 参见张帆：《〈侵权责任法〉视角下的劳务派遣雇主责任探析》，载《中国劳动关系学院学报》，2011（1）。但该文认为，用人单位承担的也是替代责任。笔者并不赞同，详见下文分析。

② 参见郭明瑞：《关于劳务派遣单位与劳务用工单位的侵权责任——兼论〈侵权责任法〉第 34 条第 2 款的适用》，载《法学论坛》，2012（2）。

③ 参见王竹：《侵权责任分担论》，205 页，北京，中国人民大学出版社，2009。

④ 参见王立明：《析用人单位或者用工单位的替代责任》，载《青海民族大学学报（教育科学版）》，2011（1）。

遣工作人员的相关资质进行审查，以保证其能够按照用工单位的预期完成工作任务。二是监督过失。被派遣工作人员在用工单位的监督下从事劳动，用工单位有义务对被派遣工作人员的活动进行监督，督促被派遣工作人员按照国家标准和行业标准安全地从事生产。用工单位未尽管理职责和监督职责导致被派遣工作人员工作过程中致人损害，可以认定用工单位存在过错。

修改前的《劳动合同法》第66条规定："劳务派遣一般在临时性、辅助性或者替代性的工作岗位上实施。"修改后的《劳动合同法》将该条修改为三款，其第1款规定："劳动合同用工是我国的企业基本用工形式。劳务派遣用工是补充形式，只能在临时性、辅助性或者替代性的工作岗位上实施。"即将劳务派遣工作岗位的"三性"要求从倡导性规定改变为强制性规定。其第2款则对劳务派遣工作岗位"三性"要求作出了明确的定义："前款规定的临时性工作岗位是指存续时间不超过六个月的岗位；辅助性工作岗位是指为主营业务岗位提供服务的非主营业务岗位；替代性工作岗位是指用工单位的劳动者因脱产学习、休假等原因无法工作的一定期间内，可以由其他劳动者替代工作的岗位。"考虑到"辅助性"岗位在不同行业、不同单位差别很大，在实际操作中确实有一定难度①，其第3款进一步规定："用工单位应当严格控制劳务派遣用工数量，不得超过其用工总量的一定比例，具体比例由国务院劳动行政部门规定。"上述立法修改意在加强对劳务派遣的监管，改变"劳务派遣用工制度的滥用不仅损害了劳动者的合法权益，也对常规的用工方式和劳动合同制度造成较大冲击"的现状。② 因此，有必要在侵权法理论和实务上作出相应的法政策调整，将违反劳务派遣工作岗位"三性"要求的情形认定为劳务派遣工作人员侵权责任中用人单位和用工单位的特殊过错表现形式。

三、劳务派遣中用人单位与用工单位对外责任的分担规则

（一）传统侵权责任分担制度在劳务派遣中的适用困境

如果对劳务派遣工作人员侵权责任简单地套用雇主替代责任结构，被侵权人就只能请求用工单位承担赔偿责任，而不能起诉用人单位。这种制度设计具有明显的缺陷，即如果出现了用工单位无力赔偿的情形，则被侵权人面临着求偿不能的风险。尤其是在造成损害的主要原因是用人单位未尽聘用和选任义务而导致被派遣工作人员不具有相应从业资格和工作能力的情形，这样的求偿不能风险由被侵权人承担显然缺乏正当性。如果用工单位与用人单位对损害的发生都有过错，且立法者为了保障被侵权人受偿，考虑允许对用人单位提起诉讼，那么传统民法提供了另外两

① 参见《全国人大常委会办公厅12月28日新闻发布会》，见 http：//www.npc.gov.cn/npc/zhibo/zzzb25/node_9654.html，访问时间：2013-01-01。

② 参见全国人大《劳动合同法修正案（草案）》，见 http：//www.npc.gov.cn/npc/xinwen/lfgz/flca/2012-07/06/content_1729107.html，访问时间：2013-01-01。

种侵权责任分担制度安排，即按份责任和连带责任，二者的区别主要在于对风险责任的分配上。①

实务中，用人单位经济实力一般较弱，用工单位的经济实力则参差不齐。如果适用按份责任，由用人单位和用工单位按照内部最终责任比例对外承担侵权责任，仍然不利于保护被侵权人，且有悖于替代责任的基本结构。因此，有学者提出，被派遣雇员在从事雇佣活动中致人损害的，派遣单位、用工单位应当承担连带责任。② 这无疑能够最大限度地保护被侵权人的受偿权，但同样面临理论上的困境，即用人单位与用工单位之间不存在《侵权责任法》第8条至第11条规定的连带责任基础。如果从法政策角度考虑将其规定为连带责任，且被侵权人选择由用人单位承担全部责任，这将使经济实力本就较弱的用人单位陷入破产的危险，并将进一步牵连到其他与该劳务派遣单位有劳务派遣合作关系的相关用工单位和被派遣工作人员，社会影响面较大。因此，对劳务派遣关系中用人单位和用工单位对外责任分担的制度设计，应该兼顾对被侵权人和劳务派遣机构二者利益的适当保障。

（二）劳务派遣单位承担“相应的补充责任”的相对合理性

鉴于传统民法提供的上述两种处理模式的局限性，《侵权责任法》第34条第2款最终规定由用工单位对外承担替代责任，用工单位不能全部赔偿的，才由用人单位承担“相应的补充责任”。这种新设计尽管存在争议③，但仍具有两个方面的相对合理性：一是较之按份责任，尽量保障了被侵权人的受偿。被侵权人要求用工单位承担全部责任，在用工单位不能完全赔偿时，可以要求用人单位在过错范围内承担责任，被侵权人的受偿保障与连带责任相同。二是较之连带责任，适度保护了用人单位，有利于促进劳务派遣行业的发展。只有在用工单位不能完全赔偿被侵权人损失时，用人单位才在其过错范围内对被侵权人承担责任，在一定程度上避免了直接承担连带责任的破产风险。

修改前的《劳动合同法》第57条规定劳务派遣单位的注册资本不得少于50万元。实务中，一些劳务派遣单位存在着经营不规范、规章制度不健全、准入门槛低、承担责任能力差等诸多问题。修改后的《劳动合同法》第57条第1款第1项将其修改为“注册资本不得少于人民币二百万元”，这主要考虑的是解决“被派遣劳动者的合法权益受到侵害后，难以获得有效赔偿”的问题。④ 笔者认为，这对于用人单位对外承担补充责任能力的提高同样重要。但应当指出的是，提高劳务派遣单位注册资本的制度设计本身也仅具有相对合理性，并非解决赔偿责任能力的根本性举措。为保护被派遣劳动者的合法权益，应该提高工伤保险和社会保险的实际参

① 参见王竹：《论风险责任概念的确立》，载《北方法学》，2011（2）。

② 参见张玲、朱冬：《论劳务派遣中的雇主责任》，载《法学家》，2007（4）。

③ 参见李中原：《论民法上的补充债务》，载《法学》，2010（3）。

④ 参见全国人大《劳动合同法修正案（草案）》，见 http：//www.npc.gov.cn/npc/xinwen/lfgz/flca/2012-07/06/content_1729107.html，访问时间：2013-01-01。

保比例和保障程度；为保障被侵权人的受偿权，应该大力推广企业责任保险，才能从根本上提供保障。

（三）未经许可擅自从事劳务派遣业务应当承担连带责任

修改后的《劳动合同法》在第57条增加了第2款规定："经营劳务派遣业务，应当向劳动行政部门依法申请行政许可；经许可的，依法办理相应的公司登记。未经许可，任何单位和个人不得经营劳务派遣业务。"相应的，在该法第92条新增了第1款规定："违反本法规定，未经许可，擅自经营劳务派遣业务的，由劳动行政部门责令停止违法行为，没收违法所得，并处违法所得一倍以上五倍以下的罚款；没有违法所得的，可以处五万元以下的罚款。"这体现出立法机关对该行政许可制度进行强力维护的意图。笔者认为，根据上述立法修改，对于未经许可擅自从事劳务派遣业务的情形，在劳务派遣期间被派遣工作人员因执行工作任务造成他人损害的，应当由司法解释明确规定，比照《侵权责任法》第51条的规定，作为主观关联共同侵权行为①，由用工单位和用人单位承担连带责任。

（四）用人单位承担的是自己责任而非替代责任

由用人单位承担"相应的补充责任"，产生了一个新的理论问题，即用人单位承担对外责任，到底是自己责任还是替代责任？笔者认为，用人单位承担的是自己责任，主要理由如下：一是用人单位承担的相应补充责任的范围是用工单位在对内关系中应该承担的最终责任部分，而非基于劳动关系对被派遣工作人员承担替代责任；二是如前所述，用工单位承担替代责任的基础是对被派遣工作人员的实际控制与监督义务，而用人单位承担责任的基础主要是其聘用和选任过失②，或者是违反劳务派遣工作岗位的"三性"要求；三是用人单位的补充责任，是在用工单位无法承担替代责任的情形下补充性地承担，而并非对被派遣工作人员责任的替代承担。

（五）用工单位对用人单位分摊请求权的特殊性

尽管我国立法上并未刻意地对分摊请求权与追偿请求权进行术语区分，但在学理上应当明确二者的区别。分摊请求权一般是与连带责任相对应的制度，是指在连带责任人内部，承担超过自己最终责任份额而使得其他连带责任人部分或者全部免责的责任人，向其他连带责任人请求分摊相应份额责任的民事请求权。而追偿请求权则是与不真正连带或者补充责任相对应的制度，是根据法律规定承担了侵权责任的非最终责任人，向最终责任人请求支付全部损害赔偿金额的权利。③

劳务派遣期间被派遣工作人员的职务侵权，首先由用工单位承担全部的替代责任。如果用工单位承担了赔偿责任，或者其承担了部分赔偿责任而由用人单位补充

① 参见王竹：《〈侵权责任法〉侵权责任分担立法体例与规则评析》，载《法学杂志》，2010（3）。

② 参见郭明瑞：《关于劳务派遣单位与劳务用工单位的侵权责任——兼论〈侵权责任法〉第34条第2款的适用》，载《法学论坛》，2012（2）。

③ 参见王竹：《论连带责任分摊请求权》，载《法律科学》，2010（3）。

性地承担了剩余的赔偿责任，只要承担的责任份额超过了其对内责任份额，就出现了向用人单位要求进行分摊的问题。对此，《侵权责任法》没有作出规定，但由该法起草机关编写的权威解读对其予以了肯定①，也得到了学者的肯定。② 尽管用人单位与用工单位承担的不是连带责任，而是所谓的“相应的补充责任”，但由于二者内部存在类似连带责任的最终责任份额分担，而与不真正连带责任或者典型的补充责任由最终责任人承担全部最终责任存在明显区别，因而这种请求权应定性为分摊请求权而非追偿请求权。笔者建议未来司法解释中应明确准用《侵权责任法》第14条第2款的规定，对于支付超出自己赔偿数额的用工单位，其有权请求用人单位分摊。③ 如果用人单位与用工单位之间的劳务派遣协议就被派遣工作人员造成他人损害的责任承担作出了约定的，从其约定。这种特殊的分摊请求权，也从一个侧面揭示出这种所谓的“相应的补充责任”不是典型意义上的补充责任，而是一种独立的“不真正补充责任”。

四、“不真正补充责任”在侵权法上的确立与扩展适用

（一）不真正补充责任的确立

补充责任形态，是指数个损害赔偿责任人对赔偿权利人负有同一赔偿义务，但法律规定赔偿权利人只能按照一定的顺序请求损害赔偿的责任形态。典型的补充责任形态是两个责任人之间的责任顺序问题，处于第一顺位上的责任人被称为直接责任人，处于第二顺位上的责任人被称为补充责任人。④ 笔者认为，《侵权责任法》第34条第2款规定的劳务派遣关系中用人单位承担的“相应的补充责任”，与《侵权责任法》第37条、第40条规定的典型补充责任存在本质上的区别，主要体现在以下方面：

第一，直接责任人与“补充”责任人之间的关系不同。典型的补充责任人违反的是损害预防义务，与直接责任人之间是预防与被预防的对立关系，对损害的发生产生的是对抗力；而在劳务派遣关系中，作为补充责任人的用人单位与作为直接责任人的用工单位之间是劳务派遣合同基础上的合作关系，对损害的发生产生的是合力。

① 参见全国人大常委会法制工作委员会民法室编：《〈中华人民共和国侵权责任法〉条文说明、立法理由及相关规定》，134页，北京，北京大学出版社，2010。

② 参见郭明瑞：《关于劳务派遣单位与劳务用工单位的侵权责任——兼论〈侵权责任法〉第34条第2款的适用》，载《法学论坛》，2012（2）。

③ 之所以是“准用”而非“适用”，是因为连带责任中的赔偿权利人对责任人的选择没有顺序限制，每个“支付超出自己赔偿数额的连带责任人，有权向其他连带责任人追偿”。但在下文将要确立的“不真正补充责任”中，只可能是直接责任人向补充责任人请求分摊，不可能出现反向的分摊。

④ 参见王竹：《论补充责任在〈侵权责任法〉上的确立与扩展适用》，载《法学》，2009（9）。下文关于典型的补充责任和不真正补充责任的对比，也请参见该文。

第二，最终责任分担结果不同。典型的补充责任人，其过错行为仅为损害的发生提供了条件，不是损害发生的原因，不承担最终责任；而在劳务派遣关系中，用人单位的过错是侵权损害发生的原因之一，需要承担与其过错相应的最终责任。

第三，追偿或者分摊的权利人不同。典型的补充责任人在承担补充责任之后，是由补充责任人向直接责任人追偿；而在劳务派遣关系中，如果用工单位承担了全部的直接责任，或者承担的直接责任超过了其责任份额，则是由作为直接责任人的用工单位向作为补充责任人的用人单位要求进行分摊。质言之，该请求权的顺序不但与典型的补充责任相反，且性质上应该认定为分摊请求权而非追偿请求权。

第四，制度设计的实际责任承担者预设不同。典型的补充责任，其制度设计目的在于让赔偿责任能力一般较强的补充责任人承担补充责任，并获得向赔偿责任能力一般较弱的直接责任人进行追偿的权利，以达到两个责任人与被侵权人之间的受偿风险平衡；而在劳务派遣关系不真正补充责任中，作为补充责任人的用人单位一般责任能力较弱，其制度设计目的在于优先让责任能力可能较强的用工单位承担，例外才由用人单位承担补充责任。

第五，直接责任人确定的程序负担不同。典型的补充责任，其适用条件既包括直接责任人逃逸、不能承担或者不能全部承担赔偿责任，也包括直接责任人不能查明的情形①；而在劳务派遣关系不真正补充责任中，用工单位的确定是整个责任规范适用的前提，这恰恰与连带责任的要求是相同的。

可见，《侵权责任法》第 34 条第 2 款规定的显然不是真正意义上的补充责任，笔者将其称为“不真正补充责任”，主要是考虑其与典型补充责任之间的关系，与连带责任和不真正连带责任之间的关系类似，即共同点主要体现在对外承担责任的顺序上和对被侵权人受偿的保障上，但对内责任分担规则及其法理基础完全不同。在对外责任承担上，真正补充责任与不真正补充责任都体现为直接责任人第一顺位承担责任，而补充责任人第二顺位承担责任。但在对内责任分担上，真正补充责任的补充责任人不承担最终责任，可以向直接责任人全额追偿；而不真正补充责任人的补充责任要承担一定的最终责任，并可能面临来自直接责任人的分摊。

（二）不真正补充责任的制度价值

以劳务派遣工作人员侵权责任为例，不真正补充责任具有如下四个方面的制度价值：

第一，最大限度地保障被侵权人受偿。不真正补充责任的实质是连带责任的变形，在风险责任的分担上仍然是由责任人一方承担全部的受偿不能风险，进而最大限度地减小了被侵权人的受偿不能风险。这种设计为不符合《侵权责任法》第 8 条

① 作为特殊数人侵权责任分担制度，不真正连带责任制度和补充责任制度相比于作为一般数人侵权责任分担制度的连带责任，其在程序负担的分配上，不要求原告查明全部的责任人，即可以依据法律的规定要求法定的责任人承担风险责任。参见王竹：《我国侵权法上特殊数人侵权责任分担制度立法体例与规则研究》，载《政法论丛》，2009（4）。

至第 11 条规定的连带责任基础，但又需要保障被侵权人受偿的立法需求提供了一种新的制度选择。

第二，避免了不希望被侵权人的随意选择导致在立法上具有保护需要的责任人因为承担全部赔偿责任而面临破产的风险。由具有一定赔偿能力的用工单位作为第一顺位责任人先承担责任，确保了作为第二顺位责任人的用人单位承担不超过自己责任份额的责任，降低了其破产风险。这种设计较之连带责任制度可以更好地贯彻立法者对部分当事人的保护意图，进而避免更大的社会连锁反应。

第三，促进直接责任人提高注意义务水平，减少损害的发生并降低损害的程度。由于用工单位是直接责任人，对被侵权人承担全部赔偿责任，并存在向用人单位分摊不能的风险，所以这种设计对于用工单位认真履行管理义务和监督义务有较强的促进作用，进而能够减少损害的发生和降低损害的程度。

第四，降低了被侵权人的程序负担。被侵权人无须查明劳务派遣关系就可以直接起诉用工单位，用工单位如有赔偿能力也无须将用人单位纳入诉讼。只有在例外的情形下，如用工单位无法全部赔偿，才需要将用人单位纳入诉讼。如果能够进一步配合责任保险制度，这种程序负担的降低较之连带责任就更为明显。

（三）不真正补充责任的适用条件

不真正补充责任作为一种新的侵权责任分担形态，主要适用于作为非典型侵权责任人的第三人参与侵权责任分担的情形。在每种侵权行为类型中，立法者都预设了该种侵权行为的典型侵权责任人。相应的，这种侵权行为类型的责任构成和责任分担规则都主要是针对典型侵权责任人设计的，但这并不排除作为损害发生部分原因的非典型第三人根据过错责任原则承担部分责任。这就出现了典型的侵权责任人与非典型的第三人之间的责任分担问题。笔者认为，在满足如下三个适用条件时，应该考虑规定作为非典型侵权责任人的第三人承担与其过错相应的不真正补充责任。①

第一，属于适用过错责任原则或者过错推定责任原则的侵权行为类型。在产品责任、环境污染责任、高度危险责任和饲养动物致害责任等适用无过错责任的侵权行为类型中，立法上已经对侵权责任分担规则作出了特别的安排，涉及第三人原因的，一般应适用不真正连带责任。②

第二，数个责任人之间存在最终责任的分担，但较之各个最终责任人，被侵权人的受偿更需要特别保护，但又没有适用连带责任的一般基础。如果第三人不需承担最终责任，则应该考虑真正的补充责任。如果被侵权人的受偿并不需要特别的立法保护，则应该适用按份责任。如果数个责任人符合《侵权责任法》第 8 条至第 11

① 作为非典型侵权责任人的第三人参与侵权责任分担的系统分析，笔者将另行撰文阐述。在此仅对不真正补充责任的适用条件进行探讨。

② 参见王竹：《论法定型不真正连带责任及其在严格责任领域的扩展适用》，载《人大法律评论》，2009 年卷，170 页，北京，法律出版社，2009。遗憾的是，《侵权责任法》第九章“高度危险责任”遗漏了对第三人过错导致高度危险行为致害的不真正连带责任规定。

条规定的承担连带责任情形，就可以直接适用连带责任。

第三，典型的侵权责任人容易为被侵权人查明，且责任能力可能较强，或者负有责任的第三人在立法上有相对的保护必要。补充责任的承担顺序是相对的，因此本条件属于选择性条件，满足其一或者两者皆满足均可。将典型的侵权责任人规定为直接责任人，能够减轻被侵权人的程序负担，另一方面也能够促进其提高注意义务水平，减少损害的发生和降低损害的程度。将第三人规定为补充责任人，能够避免其直接承担责任，达到立法上的相对保护目的。

（四）不真正补充责任在侵权法上的扩展适用

基于上文对不真正补充责任的制度价值和适用条件的分析，笔者认为，不仅应当在理论上将《侵权责任法》第34条第2款的规定确立为不真正补充责任，而且不真正补充责任在《侵权责任法》的现有条文上就有解释适用的可能，并能够扩展性地解决侵权法实务中的类似疑难问题，其至少包括如下两类侵权行为类型：

一是涉及租赁、借用等情形的侵权行为类型。《侵权责任法》第49条规定："因租赁、借用等情形机动车所有人与使用人不是同一人时，发生交通事故后属于该机动车一方责任的，由保险公司在机动车强制保险责任限额范围内予以赔偿。不足部分，由机动车使用人承担赔偿责任；机动车所有人对损害的发生有过错的，承担相应的赔偿责任。"针对该条第2句后段规定的"机动车所有人对损害的发生有过错的"，《最高人民法院关于审理道路交通事故损害赔偿案件适用法律若干问题的解释》（以下简称《道路交通事故司法解释》）第1条规定："机动车发生交通事故造成损害，机动车所有人或者管理人有下列情形之一，人民法院应当认定其对损害的发生有过错，并适用侵权责任法第四十九条的规定确定其相应的赔偿责任：（一）知道或者应当知道机动车存在缺陷，且该缺陷是交通事故发生原因之一的；（二）知道或者应当知道驾驶人无驾驶资格或者未取得相应驾驶资格的；（三）知道或者应当知道驾驶人因饮酒、服用国家管制的精神药品或者麻醉药品，或者患有妨碍安全驾驶机动车的疾病等依法不能驾驶机动车的；（四）其它应当认定机动车所有人或者管理人有过错的。"笔者认为，该条明确列举的前三项情形，应该区分"知道"和"应当知道"适用不同的侵权责任分担规则。如果是"知道"，机动车所有人或者管理人在主观上一般为故意，应当与机动车的使用人承担连带责任。如果是"应当知道"，机动车所有人或者管理人在主观上一般为过失，应该明确为承担不真正补充责任，即在与其过错"相应的"责任范围内，对外承担补充性的责任。[①] 该条第2项和第3项已经明确规定了机动车使用人的过错表现形式，在第1项规定的情形中，使用人的过错体现在对《道路交通安全法》第21条[②]的违反，因此，使用人

① 有学者已经注意到了这一变化趋势，但没有展开论证。参见张平华：《侵权连带责任的现实类型》，载《法学论坛》，2012（2）。

② 该条规定："驾驶人驾驶机动车上道路行驶前，应当对机动车的安全技术性能进行认真检查；不得驾驶安全设施不全或者机件不符合技术标准等具有安全隐患的机动车。"

基于其自身的过错也要分担部分最终责任。① 这样的制度安排，可以更好地促进机动车使用人提高注意义务水平，减少损害的发生和降低损害的程度。更为重要的是，还可以避免被侵权人直接起诉机动车商事出租人而导致其破产带来的连锁社会影响，促进机动车商事出租行业的发展。推而广之，在其他涉及租赁、借用尤其是商事出租等情形的侵权行为类型中，都可以考虑适用不真正补充责任。

二是第三人过错导致部分损害的过错推定责任侵权行为类型。《侵权责任法》第 6 条第 2 款规定："根据法律规定推定行为人有过错，行为人不能证明自己没有过错的，应当承担侵权责任。"过错推定责任除了将被侵权人置于较为优越的诉讼地位，同时也将被推定有过错的行为人规定为在不能证明自己没有过错的情形下，承担全部赔偿责任的直接责任人。《侵权责任法》第 85 条规定："建筑物、构筑物或者其他设施及其搁置物、悬挂物发生脱落、坠落造成他人损害，所有人、管理人或者使用人不能证明自己没有过错的，应当承担侵权责任。所有人、管理人或者使用人赔偿后，有其他责任人的，有权向其他责任人追偿。"该条第 2 句在我国侵权法上第一次明确规定了过错推定责任人在承担了赔偿责任后对最终责任人的追偿权，具有重大的立法技术进步意义。但这一规定主要是以诉讼中不能查明"其他责任人"为设计原型的，忽略了在诉讼中，如果作为直接责任人的"所有人、管理人或者使用人"能够查明作为第三人的"其他责任人"，那么存在两种不同情形下的适用结果差异。第一种情形是，第三人是造成损害的全部原因，则应该适用《侵权责任法》第 28 条的规定，由第三人承担侵权责任，而免除直接责任人的责任，也就不存在追偿的问题。第二种情形是，直接责任人不能证明自己没有过错，但能够证明"其他责任人"是造成损害的部分原因，按照该条规定，被侵权人仍然只能向直接责任人请求全部赔偿。如果直接责任人赔偿能力有限，被侵权人就可能无法完全求偿。笔者认为，应当通过司法解释确立不真正补充责任结构，允许被侵权人起诉应该承担部分最终责任的"其他责任人"，要求其在自身过错范围内承担相应的补充赔偿责任。② 这样一方面能够继续促进被推定为有过错的直接责任人提高注意义务水平，预防损害的发生，另一方面也能够保护被侵权人的求偿权利。推而广之，在其他适用过错推定责任的侵权行为类型中，也应该比照《侵权责任法》第 85 条第 2 句规定对第三人的追偿权，并在损害是由直接责任人和第三人共同原因造成的情形下，确立不真正补充责任结构。在直接责任人无法承担全部赔偿责任的情形下，如能查明第三人，可由其承担相应的"不真正补充责任"。

① 参见王竹：《侵权责任法疑难问题专题研究》，193 页，北京，中国人民大学出版社，2012。

② 有学者将《侵权责任法》第 85 条的结构解读为"先付责任"，其着眼点在于直接责任人先行赔偿，与笔者将其纳入"不真正补充责任"的思路，在责任承担顺序上并无本质区别（参见杨立新：《多数人侵权行为及责任理论的新发展》，载《法学》，2012 年第 7 期）。但笔者倾向于认为，"先付责任"作为不真正连带责任的变形，应该仅适用于无过错责任侵权行为类型，而不适用于过错推定责任侵权行为类型（参见王竹：《侵权责任法疑难问题专题研究》，208～210 页，北京，中国人民大学出版社，2012）。

专题六

我国产品责任制度发展阶段研究

回顾我国产品责任法制度三十多年来的发展历程，在消费者权益保护这一社会背景下，以《民法通则》《产品质量法》和《侵权责任法》三部立法为标志，大体可以分为三大发展阶段。根据笔者的观察，我国产品责任制度的这三个发展阶段，恰如"趋同进化""杂交育种"和"基因遗传"这三种生物遗传现象，较为典型地体现了我国法律制度在特定社会背景下的产生和发展模式。笔者以此为喻，来介绍我国产品责任的发展过程。

一、"趋同进化"阶段：1986年《民法通则》原发性的"产品质量责任"

《民法通则》第122条规定："因产品质量不合格造成他人财产、人身损害的，产品制造者、销售者应当依法承担民事责任。运输者、仓储者对此负有责任的，产品制造者、销售者有权要求赔偿损失。"我国有不少学者和比较法上的观点都认为该条规定是参考了美国法律协会《侵权法重述·第二次》第402A条和欧共体《产品责任指令》的规定。[①] 实际上，根据笔者的考证，与大多数通过借鉴比较法建立起来的中国法律制度不同，《民法通则》起草过程中没有参考上述比较法资料的明显意图[②]，而是为了"保护消费者的利益，也有利于促进改进产品质量"[③]，原发性地创设了该条文，是较为例外的制度产生方式。

生物学上有个概念叫作"趋同进化"（convergent evolution），是指不同的物种

① 在2013年9月15日召开的"世界侵权法学会成立大会暨第一届学术研讨会"上，有国外学者提出了这一疑问，笔者在会上予以说明，这成为本专题写作的最初动因。参见王竹、王毅纯、邵省：《全球视野下的产品责任典型案例分析》，载《判解研究》，2013年第2辑，北京，人民法院出版社，2013。

② 直到《民法通则》生效之后，我国才有关于产品责任的比较法研究著作。参见曹建明：《国际产品责任法概说》，上海，上海社会科学院出版社，1987。

③ 王汉斌：《关于〈中华人民共和国民法通则（草案）〉的说明》，在1986年4月2日第六届全国人民代表大会第四次会议上。

在进化过程中，由于适应相似的环境而呈现出表型上的相似性。① 最典型的趋同进化例子，莫过于白蚁和蚂蚁。白蚁与蟑螂同源，蚂蚁则与蜜蜂同源。尽管起源不同，但二者在个体外观和社会结构方面极为相似。借用生物学上的这个术语，笔者将这种在创设阶段没有相互借鉴，但在类似的社会环境下产生类似法律制度的现象叫作法律制度的“趋同进化”。《民法通则》第 122 条与《侵权法重述・第二次》第 402A 条、《产品责任指令》规定的类似性，就是绝佳的例子。

（一）“产品质量责任”在《民法通则》第 122 条上的确立

新中国前三次民法典起草都没有涉及产品责任，中国现行产品责任制度源于 20 世纪 70 年代末期开始推行的质量标准化管理。国务院 1979 年 7 月 31 日颁布的《标准化管理条例》（现已失效）第 1 条规定：“标准化是组织现代化生产的重要手段，是科学管理的重要组成部分。在社会主义建设中推行标准化，是国家的一项重要技术经济政策。没有标准化，就没有专业化，就没有高质量、高速度。为了加强标准化管理，提高标准化水平，充分发挥标准化在实现农业、工业、国防和科学技术现代化中的作用，特制订本条例。”在此基础上，1985 年 3 月 15 日国家标准局发布了《产品质量监督试行办法》，旨在“加强对产品的质量监督，促使企业贯彻执行产品技术标准，提高产品质量和经济效益，以适应社会主义现代化建设和人民生活的需要”。可见，中国的产品责任，从建立之初，就是以质量“标准”而非以“缺陷”为中心的。

我国法律层面的产品责任制度首先是在食品责任和药品责任两个领域建立起来的。1982 年《食品卫生法（试行）》（现已失效）第 39 条第 1 款规定：“违反本法，造成食物中毒事故或者其他食源性疾患的，应当负损害赔偿责任。受害人有权要求损害赔偿。”1984 年《药品管理法》第 56 条第 1 款第 1 句规定：“违反本法，造成药品中毒事故的，致害单位或者个人应当负损害赔偿责任。”该法规定的责任人包括药品生产企业、药品经营企业和医疗单位。② 可见，在《民法通则》之前的特别产品责任法上，食品或者药品的生产者和经营者就是法定的责任人。

需要指出的是，《民法通则》第 122 条规定的是“依法”承担民事责任③，这不同于《侵权责任法》第五章“产品责任”直接规定承担侵权责任的表达方式。该条“依法”指向的具体规定是 1986 年 4 月 5 日国务院发布的《工业产品质量责任条例》（国发〔1986〕42 号）。该条例第 2 条规定：“产品质量是指国家的有关法规、质量标准以及合同规定的对产品适用、安全和其它特性的要求。产品质量责任是指因产品质量不符合上述要求，给用户造成损失后应承担的责任。”该条例规定的责任人包括生产企业、储运企业和经销企业。按照该条例第 1 条的规定，“产品”是

① 参见全国科学技术名词审定委员会：《进化遗传学》，2 版，107 页，北京，科学出版社，2006。

② 此处的“医疗单位”，即《侵权责任法》中所称“医疗机构”。

③ 《民法通则》上另一处类似规定是第 124 条，即“违反国家保护环境防止污染的规定，污染环境造成他人损害的，应当依法承担民事责任”。

“工业产品”的简称，“用户”是“用户和消费者”的简称。该条例第 11 条和第 15 条是对生产企业和经销企业产品质量责任的规定。从措辞来看，该条例第 13 条规定的承储、承运企业责任是对生产企业和经销企业的内部责任。另外，1988 年通过的《全民所有制工业企业法》第 60 条第 1 款前段也采纳了《民法通则》第 122 条的“产品质量责任”模式：“企业因生产、销售质量不合格的产品，给用户和消费者造成财产、人身损害的，应当承担赔偿责任……”

综上所述，《民法通则》第 122 条规定的产品责任具有如下特点：

第一，中国法上的产品责任具有原发性，性质上是“产品质量责任”而非“缺陷产品责任”。《民法通则》第 122 条以质量不合格产品为原型设计的产品质量责任，与同时期欧美产品责任法以“缺陷”为中心设计的缺陷产品责任有着完全不同的出发点，这也为 1993 年《产品质量法》的缺陷“双重判断标准”埋下了伏笔。《民法通则》第 122 条规定的财产损害未排除“产品自损”，也是这种原发性的佐证。

第二，该条的立法目的是保护消费者的利益，不但将产品质量责任规定为一种《民法通则》第 106 条第 3 款规定的“无过错责任”，而且将销售者规定为直接责任人。“规定产品责任，对维护消费者的利益，促进企业提高产品质量是非常必要的。”① “责任的法律伦理依据，是保护消费者利益（由销售者负责尤其如此)”②。这一立法模式的原型是“不合格的产品”，因此预设的最终责任人是“制造者”③。这样的立法目的，是考虑到中国地域广大，为了方便受害人起诉，将销售者作为直接责任人，而销售者可以通过供货渠道向生产者追偿。

第三，在对外责任承担上，初步确定了不真正连带责任的结构，并排除运输者、仓储者作为直接责任人。《民通意见》第 153 条第 1 款进一步明确了“不真正连带责任”的结构：“消费者、用户因为使用质量不合格的产品造成本人或者第三人人身伤害、财产损失的，受害人可以向产品制造者或者销售者要求赔偿。因此提起的诉讼，由被告所在地或侵权行为地人民法院管辖。”第 2 款对运输者和仓储者参与诉讼的程序问题作出了规定：“运输者和仓储者对产品质量负有责任，制造者或者销售者请求赔偿损失的，可以另案处理，也可以将运输者和仓储者列为第三人，一并处理。”

（二）《民法通则》通过之后民法学说对“产品质量责任”的肯定

《民法通则》通过之后，民法学说对“产品质量责任”均持肯定态度，有学者认为产品致人损害的民事责任属于侵权责任的范畴，并且实行无过错责任。这样，受害人即使与产品制造者、销售者无合同关系也可以请求赔偿，而且其赔偿请求的成

① 顾昂然：《新中国民事法律概述》，65 页，北京，法律出版社，2000。
② 张俊浩主编：《民法学原理》，846 页，北京，中国政法大学出版社，1991。
③ 没有使用“生产者”概念而是使用了“制造者”概念的原因，详见后文分析。

立不以产品制造者、销售者的过错为要件，从而使产品的消费者、使用者得到更加广泛和充分的法律保护，并有助于促进产品质量的改进。[①] 也有学者指出该规则体现了国家对消费者利益的保护，为广大消费者提供了保护自己合法权益的法律武器，对促进生产经营者改进和提高产品质量，增加社会经济效益也有着重要意义。[②]

就不真正连带责任结构，当时的主流学说明确表示支持，认为因产品不合格而受损害的受害人，既可以直接请求产品制造者承担责任，也可以直接请求产品销售者承担责任，还可以同时直接请求销售者和制造者承担责任。无论制造者还是销售者，都应当首先向受害人承担责任，然后由其向造成产品瑕疵者追偿。[③] 张佩霖教授还特别说明，即使生产者、销售者都没有责任，而是由于中间的仓储保管者或者运输者的装卸、保管不善造成的，消费者、受害者也有权向销售者或制造者索赔，他们没有过错也要首先承担赔偿责任；然后由他们去追查有过错责任的运输者、仓储者，要求补偿损失。[④]

（三）使用“制造者”而非“生产者”术语的可能原因

与此后的产品责任立法用语比较我们会发现，《民法通则》在术语上选择使用了“制造者”而非“生产者”，是较为独特的。考察 20 世纪 70 年代末 80 年代初的立法可以看到，“生产经营”是较为常见的搭配，但如果是“非法”的生产行为，一般搭配为“非法制造”。例如 1979 年《刑法》第 112 条规定：“非法制造、买卖、运输枪支、弹药的……”第 127 条规定：“违反商标管理法规，工商企业假冒其他企业已经注册的商标的……”1982 年《商标法》第 38 条第 2 项规定：“有下列行为之一的，均属侵犯注册商标专用权……（2）擅自制造或者销售他人注册商标标识的……”第 40 条规定：“假冒他人注册商标，包括擅自制造或者销售他人注册商标标识的，除赔偿被侵权人的损失，可以并处罚款外，对直接责任人员由司法机关依法追究刑事责任。”就此问题，最高人民法院和最高人民检察院分别作出了关于非法制造、销售他人注册商标标识构成犯罪的司法解释。[⑤]

另一方面，1984 年《专利法》使用了“制造”产品的搭配，如该法第 11 条第 1 款规定：“……即不得为生产经营目的制造、使用或者销售其专利产品……”第 22 条第 4 款规定：“实用性，是指该发明或者实用新型能够制造或者使用，并且能够产生积极效果。”第 51 条、第 60 条和第 62 条也有类似的搭配。

可见，《民法通则》没有使用“生产者”而使用“制造者”应该是基于 1979 年

① 参见佟柔主编：《中国民法》，579 页，北京，法律出版社，1990。

② 参见王利明、郭明瑞、方流芳：《民法新论》（上册），526～527 页，北京，中国政法大学出版社，1988。

③ 参见佟柔主编：《中国民法》，580 页，北京，法律出版社，1990。

④ 参见张佩霖：《谈谈〈民法通则〉规定的民事责任》，载《政法论坛》，1986（5）。

⑤ 《最高人民法院关于个人非法制造、销售他人注册商标标识而构成犯罪的应按假冒商标罪惩处的批复》（1985 年 5 月 9 日，法（研）复〔1985〕28 号），《最高人民检察院关于个人非法制造、销售他人注册商标标识而构成犯罪的能否按假冒商标罪惩处的批复》（1985 年 10 月 5 日）。

《刑法》和1982年《商标法》非法“制造”搭配的考虑，并受到了1984年《专利法》用语的影响。

（四）“产品质量责任”的诉讼时效

《民法通则》第135条规定：“向人民法院请求保护民事权利的诉讼时效期间为二年，法律另有规定的除外。”这里的“法律另有规定”当时主要是指1981年《经济合同法》（现已失效）第50条的规定：“经济合同当事人向合同管理机关申请调解或仲裁，应从其知道或应当知道权利被侵害之日起一年内提出，超过期限的，一般不予受理。”而1982年《食品卫生法（试行）》第40条第2款和1984年《药品管理法》第56条第2款对“产品质量责任”的诉讼时效都规定为一年。实际上被吸收进了《民法通则》第136条第1款第2项规定：“下列的诉讼时效期间为一年……（二）出售质量不合格的商品未声明的……”对比1981年《经济合同法》第50条可知，该项规定实质上是针对《民法通则》第122条的规定①，进而与《工业产品质量责任条例》第22条保持一致：“除国家另有规定外，质量责任的仲裁请求和起诉，应从当事人知悉或应当知悉权益受损害之日起一年内提出。产品质量责任方愿意承担责任时，不受时效限制。”而“未声明的”规定，则是指向该条例第10条关于“处理品”销售的规定。②

二、“杂交育种”阶段：1993年《产品质量法》改造后的“缺陷产品责任”

《民法通则》通过之后，中国民法学理论研究取得了长足的进步，比较法研究的视野也逐渐开阔。到20世纪90年代初期，中国民法学界已经对欧美当时的产品责任发展有了相当的了解③，1993年《产品质量法》的起草人参考当时美国侵权法上的严格产品责任和《产品责任指令》，专设第四章“损害赔偿”，对“缺陷产品责任”作了比较详细、具体的规定。④

① 《最高人民法院经济审判庭关于诉讼时效期间问题的复函》（1991年11月19日〔1991〕法经字第160号）指出：“因出售质量不合格的商品而未声明引起的损害消费者利益的侵权诉讼和因产品质量不合格造成他人人身、财产损害引起的追究产品责任的侵权诉讼，适用民法通则第一百三十六条规定的1年的诉讼时效期间；至于购销、加工承揽等经济合同因质量纠纷引起的追究违约责任的合同诉讼，应当适用民法通则第一百三十五条规定的二年的诉讼时效期间。”

② 《工业产品质量责任条例》第10条规定：达不到国家的有关标准规定等级、仍有使用价值的“处理品”，经企业主管机关批准后，方可降价销售，在产品和包装上必须标出显著的“处理品”字样。违反国家安全、卫生、环境保护、计量等法规要求的产品，必须及时销毁或作必要的技术处理，不得以“处理品”流入市场。不得用“处理品”生产和组装用以销售的产品。

③ 当时的代表性认识，参见王家福主编：《中国民法学·民法债权》，548～568页，北京，法律出版社，1991。

④ 参见梁慧星：《中国产品责任法——兼论假冒伪劣之根源和对策》，载《法学》，2001（6）。

从《民法通则》上的“产品质量责任”到《产品质量法》上的“缺陷产品责任”的转变，让笔者联想到了另一个生物学术语——杂交育种（crossbreeding），这是通过杂交来培育新品种或品系的育种方法。[①] 如果说《民法通则》上原发性的“产品质量责任”是法律制度“趋同进化”绝佳范例的话，那么1993年《产品质量法》上确立的“缺陷产品责任”则有较强的“杂交育种”意味。

（一）1993年《产品质量法》确立“缺陷产品责任”的时代背景

《工业产品质量责任条例》从第二章到第四章对产品生产企业、储运企业和经销企业的“质量责任”进行了规定。在起草《产品质量法》的过程中，“有些委员和部门提出，产品质量应当由生产者、销售者对用户、消费者负责。因仓储、运输造成的产品质量问题，应由保管人、承运人按照合同的约定对存货人、托运人承担责任，本法对此可以不作规定”[②]。因此，《产品质量法》第三章只规定了生产者和销售者的产品质量责任和义务，没有同《民法通则》第122条一样规定运输者和仓储者责任。

1993年《产品质量法》第四章“损害赔偿”的结构，实际上是和第三章“生产者、销售者的产品质量责任和义务”对应的，第28条是对“销售者产品质量责任”的规定，后来具体化为《部分商品修理更换退货责任规定》（国经贸〔1995〕458号），即常说的“三包”规定，这也为《侵权责任法》第45条规定的“缺陷产品预防性除险责任”埋下伏笔。[③]

当《产品质量法》的起草人对欧美缺陷产品责任有所了解之后，发现《民法通则》第122条规定的严格产品质量责任与比较法上的产品责任严格化的发展趋势是一致的。在这样的背景下，1993年《产品质量法》第29～34条选择调整《民法通则》第122条和《工业产品质量责任条例》的“产品质量责任”体系，改造为全新的“缺陷产品责任”体系，以进一步与欧美缺陷产品责任立法体例保持一致，也就成为顺理成章的选择。同时，受制于《民法通则》第122条已经确定的制造者和销售者无过错不真正连带责任结构，1993年《产品质量法》也不得不作出一些妥协。

（二）对美国产品责任法的部分借鉴

1993年《产品质量法》对美国产品责任法的借鉴对象是1979年美国《统一产品责任示范法》和《侵权法重述·第二次》第402A条，借鉴的内容主要是“缺陷”概念定义方式的选择与销售者过错责任。由于比较法资料获取较为困难，20世纪90年代初期，中国对美国《侵权法重述·第二次》的资料掌握主要是间接的条文

① 参见全国科学技术名词审定委员会：《进化遗传学》，2版，105页，北京，科学出版社，2006。

② 宋汝棼：《全国人大法律委员会关于〈中华人民共和国产品质量法（草案）〉审议结果的报告》，在1993年2月15日第七届全国人民代表大会常务委员会第三十次会议上。

③ 详细分析参见王竹、刘洋：《论缺陷产品预防性除险责任》，载《北航法律评论》，2013年第1辑，北京，法律出版社，2013。

翻译版本，而不包括评注、范例和报告人提示部分①，所以从条文上看，第402A条显得过于单薄。1979年美国《统一产品责任示范法》以其相对丰富的文本内容成为1993年《产品质量法》的主要借鉴对象。

1. “缺陷”概念定义方式的选择

从“产品质量责任”改弦更张到“缺陷产品责任”，首先就需要确定“缺陷”的概念。立法者当时能够参考的，主要就是欧洲和美国两方面的资料，前者包括1979年《斯特拉斯堡公约》和1985年《产品责任指令》，后者包括《侵权法重述·第二次》和1979年《统一产品责任示范法》。有意思的是，当时的欧美产品责任法对“缺陷”的定义从文字上看差别迥异，《斯特拉斯堡公约》第2条第3款和《产品责任指令》第6条以“不能提供人们有权期待的安全性”和“不能具备人们对产品合理预期的安全性能”为定义的中心，而《侵权法重述·第二次》第402A条和《统一产品责任示范法》第104条以“不合理危险”和“不合理的不安全”为定义的中心。

以“标准化管理”为背景建立起来的“产品质量责任”，在思维模式上与美国法上看似更加客观化的“不合理危险”标准更为契合，而欧洲大陆看似更加主观化的“对产品合理预期的安全性能”标准则显得难以把握和融入。因此，1993年《产品质量法》首先在第8条规定：“可能危及人体健康和人身、财产安全的工业产品，必须符合保障人体健康，人身、财产安全的国家标准、行业标准；未制定国家标准、行业标准的，必须符合保障人体健康，人身、财产安全的要求。”然后在第34条规定：“本法所称缺陷，是指产品存在危及人身、他人财产安全的不合理的危险；产品有保障人体健康，人身、财产安全的国家标准、行业标准的，是指不符合该标准。”当时主要起草单位在对该法第34条的解读中指出：“产品缺陷是指产品存在危及人体健康，人身、财产安全的不合理的危险。包括设计上的缺陷，制造上的缺陷和指示上的缺陷。”② 这说明，当时的立法者已经注意到了《统一产品责任示范法》第104条将产品缺陷区分为生产缺陷、设计缺陷和指示缺陷的做法，并作为主要参考对象，只是在条文上没有明确规定采用这一区分而已。

2. 销售者过错责任的确立

应该指出，《斯特拉斯堡公约》和《产品责任指令》规定的责任主体均为生产者，但《民法通则》第122条规定的责任主体既包括制造者也包括销售者。可见，一方面立法者对于规定产品生产者的严格责任没有迟疑，另一方面是对于产品销售者责任的确立，1993年《产品质量法》主要的借鉴对象是《统一产品责任示范法》。

《统一产品责任示范法》第105条第A款规定：“若原告以优势证据的标准证明

① 主要参考版本为刘兴善译《美国法律整编·侵权行为法》，台北，司法周刊杂志社，1986。

② 《国家技术监督局关于对〈中华人民共和国产品质量法〉条文的释义》（技监局法函〔1993〕345号）。

自己所受损害的近因为非制造者的产品销售者未就产品相关方面尽到合理的注意义务，则该非制造者的产品销售者应承担责任。”而1993年《产品质量法》首先在第22条规定“销售者应当采取措施，保持销售产品的质量”，然后在第30条第1款规定：“由于销售者的过错使产品存在缺陷，造成人身、他人财产损害的，销售者应当承担赔偿责任。”这样就确立了销售者的过错责任。

（三）对1985年《产品责任指令》的全面参考

相比于1979年美国《统一产品责任示范法》，《产品责任指令》的内容和篇幅与中国当时的立法技术需求更加贴近。对比可知，除了上述关于缺陷的定义方式和销售者的过错责任，1993年《产品质量法》中缺陷产品责任的剩余规则在《产品责任指令》中都能够找到来源。笔者将主要规范列表对比如表1。

表1　　1993年《产品质量法》与1985年《产品责任指令》主要规范对照表

条文内容/对应条文	《产品质量法》	《产品责任指令》
产品的概念	第2条第2款	第2条
生产者严格责任	第29条第1款	第1条
“缺陷产品以外的其他财产”	第29条第1款	第9条
生产者的抗辩事由	第29条第2款	第7条
来源不明缺陷产品销售者责任	第30条第2款	第3条第3款第1句
诉讼时效	第33条第1款	第10条
最长保护期	第33条第2款	第11条

其中，1993年《产品质量法》第29条第2款列举的三项抗辩事由，与《产品责任指令》第7条规定的六项抗辩事由的对比如表2。

表2　　1993年《产品质量法》与1985年《产品责任指令》抗辩事由对照表

抗辩事由	《产品责任指令》第7条	1993年《产品质量法》第29条第2款
未流通	第a款	第1项
不存在	第b款	第2项
非经济目的	第c款	（未借鉴采纳）
法定标准	第d款	（未借鉴采纳）
不能发现	第e款	第3项
部件缺陷	第f款	（未借鉴采纳）

就《产品责任指令》第7条三项抗辩事由未被借鉴采纳的原因，笔者尝试分析如下：

第一，第7条“（c）产品非生产者为供销售或具有经济目的之其他供应方式而生产，也非在生产者的营业活动过程中所生产或供应”，即“非经济目的”抗辩事由，是因为1993年《产品质量法》第2条第2款规定：“本法所称产品是指经过加工、制作，用于销售的产品。”较之《产品责任指令》第2条规定的“‘产品’指所有的动产”，已经将“用于销售”的目的纳入产品的定义之中，因此该抗辩事由就显得没有必要了。

第二，第 7 条“（d）产品的缺陷系因遵守公权者所颁布之强行规定而产生”，即“法定标准”抗辩事由。1993 年《产品质量法》起草过程中，“草案修改稿”第 29 条第 2 款第 3 项曾经规定：“为使产品符合法律、行政法规规定的强制性要求而导致产品存在缺陷的”，生产者不承担赔偿责任。有全国人大常委会委员提出，当时中国还没有发生这种情况，对此可不作规定，因此删去了这一项抗辩事由。① 这一删除，与 1993 年《产品质量法》确定的以法定标准为原则的“缺陷”判断标准也是相契合的。

第三，第 7 条“（f）对部件的制造者而言，其缺陷应归咎于产品的设计或者归咎于产品制造者的指示”，即“部件缺陷”抗辩事由，则可能是因为《产品质量法》未直接涉及部件制造者责任的缘故而未能纳入规定。

（四）回到《民法通则》的“无过错不真正连带责任”结构

如果 1993 年《产品质量法》仅仅是对 1979 年美国《统一产品责任示范法》的部分借鉴和对 1985 年《产品责任指令》的全面参考的话，我们有理由认为，该法就应该完全抛弃《民法通则》第 122 条和《工业产品质量责任条例》确立的“产品质量责任”体系。但在立法的最后阶段，立法机关又增加了第 31 条的规定②：“产品存在缺陷造成人身、他人财产损害的，受害人可以向产品的生产者要求赔偿，也可以向产品的销售者要求赔偿。属于产品的生产者的责任，产品的销售者赔偿的，产品的销售者有权向产品的生产者追偿。属于产品的销售者的责任，产品的生产者赔偿的，产品的生产者有权向产品的销售者追偿。”

新增的第 31 条使得 1993 年《产品质量法》在产品责任的对外承担上，又回到了《民法通则》第 122 条规定的“无过错不真正连带责任”结构。理由是，如果销售者对外承担的是过错责任，那么就不会出现“属于产品的生产者的责任，产品的销售者赔偿的，产品的销售者有权向产品的生产者追偿”的规则。因为作为过错责任人，销售者可以直接主张应当由生产者承担责任，自己不承担责任。所以，只能理解为销售者对外承担的是无过错责任。

作为佐证，1993 年《产品质量法》第 28 条第 2 款规定：“销售者……赔偿损失后，属于生产者的责任或者属于向销售者提供产品的其他销售者（以下简称供货者）的责任的，销售者有权向生产者、供货者追偿。”这与第 31 条第 2 句和第 3 句的结构相似：“属于产品的生产者的责任，产品的销售者赔偿的，产品的销售者有

① 参见宋汝棼：《关于国家安全法（草案修改稿）、修改商标法的决定（草案）、关于惩治假冒注册商标犯罪的补充规定（草案）、产品质量法（草案修改稿）修改意见的汇报》，在 1993 年 2 月 22 日第七届全国人民代表大会常务委员会第三十次会议上。

② 参见宋汝棼：《关于国家安全法（草案修改稿）、修改商标法的决定（草案）、关于惩治假冒注册商标犯罪的补充规定（草案）、产品质量法（草案修改稿）修改意见的汇报》，在 1993 年 2 月 22 日第七届全国人民代表大会常务委员会第三十次会议上。

权向产品的生产者追偿。属于产品的销售者的责任，产品的生产者赔偿的，产品的生产者有权向产品的销售者追偿。”这说明，1993 年《产品质量法》第 28 条第 1 款与第 31 条第 1 款都是针对受害人请求权的规定。

这种结构在随后通过的 1993 年《消费者权益保护法》第 35 条中得到了确认，该条第 1 款规定：“消费者在购买、使用商品时，其合法权益受到损害的，可以向销售者要求赔偿。销售者赔偿后，属于生产者的责任或者属于向销售者提供商品的其他销售者的责任的，销售者有权向生产者或者其他销售者追偿。”第 2 款规定：“消费者或者其他受害人因商品缺陷造成人身、财产损害的，可以向销售者要求赔偿，也可以向生产者要求赔偿。属于生产者责任的，销售者赔偿后，有权向生产者追偿。属于销售者责任的，生产者赔偿后，有权向销售者追偿。”即这两款分别是产品合同责任和产品侵权责任的请求权基础。

三、“基因遗传”阶段：2009 年《侵权责任法》对“产品质量责任”的延续与发展

在“趋同进化”基础上，中国的“产品质量责任”与欧美的“缺陷产品责任”经过了杂交育种，尽管在用语上尽量靠近“缺陷产品责任”，但在骨子里仍然还能够看到“产品质量责任”的精髓。这就进入了中国产品责任制度发展的第三个阶段——“基因遗传”阶段。

所谓基因遗传（genetic inheritance），是指生物的一种身体结构与机能在后代复制和重显的现象。[①] 笔者认为，中国侵权法上的产品责任包含了三项“产品质量责任”的“遗传基因”，即无过错不真正连带责任结构、缺陷“双重判断标准”和产品自损纳入赔偿范围。其中，产品自损纳入赔偿范围，是第二阶段“杂交育种”未涉及的“隐性基因”，在第三阶段《侵权责任法》的立法过程中再次显现出来。

（一）无过错不真正连带责任结构

1.《侵权责任法》第 41～44 条规定的特点

2000 年《产品质量法》修改，保持了 1993 年的立法模式。2009 年的《侵权责任法》从起草之初，就是在《产品质量法》基础上进行的延续和发展。《消费者权益保护法》2013 年修改后，第 40 条第 2 款也延续和坚持了这一规定模式。与《产品质量法》相比，《侵权责任法》的规定具有以下特点：

第一，《侵权责任法》第 41 条和第 42 条保持了《产品质量法》生产者严格最终责任、销售者过错最终责任和来源不明缺陷产品销售者责任的立法结构，并通过不规定抗辩事由的方式，有意将生产者的抗辩事由交由其他法律规定。就现行法而

① 参见赵晓明、宋秀英：《生物遗传进化学》，250 页，北京，中国林业出版社，2003。

言，主要是《产品质量法》的规定。①

第二，《侵权责任法》第 43 条强化了对外承担责任的“无过错不真正连带责任”结构。《侵权责任法》第 43 条在《产品质量法》第 43 条分为三句的结构基础上分为三款，第 2 款和第 3 款的措辞为：“产品缺陷由生产者造成的，销售者赔偿后，有权向生产者追偿。”“因销售者的过错使产品存在缺陷的，生产者赔偿后，有权向销售者追偿。”相比于《产品质量法》第 43 条的措辞“属于产品的生产者/销售者的责任”，《侵权责任法》第 43 条进一步地强化为只要是生产者“不论有无过错”造成缺陷，或者销售者“因过错”造成缺陷的，就可以进行追偿。

第三，《侵权责任法》第 44 条恢复了《民法通则》第 122 条对运输者、仓储者不直接承担产品责任的规定。② 该条一方面通过增加“等第三人”的概括性规定，扩展了适用范围；另一方面，也是更重要的，将运输者、仓储者责任的性质从“产品质量责任”改变为“缺陷产品责任”。

2. 无过错不真正连带责任结构的含义

这种无过错不真正连带责任结构，具体来说，《侵权责任法》第 41 条规定生产者责任，适用无过错责任原则：“因产品存在缺陷造成他人损害的，生产者应当承担侵权责任。”第 42 条第 1 款规定销售者责任，适用过错责任原则：“因销售者的过错使产品存在缺陷，造成他人损害的，销售者应当承担侵权责任。”第 43 条分为三款，第 1 款规定生产者和销售者对被侵权人承担的无过错责任：“因产品存在缺陷造成损害的，被侵权人可以向产品的生产者请求赔偿，也可以向产品的销售者请求赔偿。”第 2 款规定销售者的追偿权：“产品缺陷由生产者造成的，销售者赔偿后，有权向生产者追偿。”第 3 款规定生产者的追偿权：“因销售者的过错使产品存在缺陷的，生产者赔偿后，有权向销售者追偿。”第 44 条是对生产者、销售者对使产品存在缺陷有过错第三人的追偿权的规定：“因运输者、仓储者等第三人的过错使产品存在缺陷，造成他人损害的，产品的生产者、销售者赔偿后，有权向第三人追偿。”

从文义上看，第 42 条第 1 款规定的销售者过错责任与第 43 条第 1 款规定的销售者无过错责任是相互冲突的。③ 笔者认为，必须采用不真正连带责任的对内和对外结构进行解释，才能化解这一矛盾。具体方案是：第 43 条第 1 款是生产者和销售者缺陷产品责任共同的请求权基础；第 41 条和第 42 条第 1 款应该被理解为生产者和销售者的对内最终责任确定条款，即生产者或者销售者根据第 43 条第 2 款和第 3 款规定进行追偿的请求权基础条款，而非受害人向生产者或者销售者请求赔偿

① 参见王胜明主编：《中华人民共和国侵权责任法解读》，219 页，北京，中国法制出版社，2010。

② 参见高圣平：《论产品责任的责任主体及归责事由》，载《政治与法律》，2010（5）。

③ 参见李剑：《论销售者的产品缺陷责任——兼议〈产品质量法〉第 42 条与第 43 条的关系》，载《当代法学》，2011（5）。

的请求权基础条款。①

具体条文适用规则上，受害人可以依据第 43 条第 1 款要求生产者或者销售者承担侵权责任。如果受害人选择起诉的是销售者，则销售者不能依据第 42 条第 1 款规定的过错责任，以自己无过错对抗受害人的请求，而应该依据第 43 条第 1 款的规定承担严格责任。销售者承担责任后，可以向生产者进行追偿。② 该追偿权行使的前提是第 43 条第 2 款前段规定的“产品缺陷由生产者造成的”，而该段条文所指的，就是第 41 条规定的生产者对缺陷产品承担的严格责任。类似的，如果受害人选择起诉的是生产者，生产者依据第 43 条第 1 款的规定承担严格责任。生产者承担责任后，可以向销售者进行追偿，该追偿权行使的前提是第 43 条第 3 款规定的“因销售者的过错使产品存在缺陷的”，而该段条文所指的，就是第 42 条第 1 款规定的销售者对缺陷产品承担的过错责任。③

以上是对生产者、销售者之间的追偿权结构的分析。如果缺陷是由生产者、销售者之外的第三人造成的，那么承担了直接赔偿责任或者被追偿的生产者或者销售者，可以再依据第 44 条对有过错的运输者、仓储者等第三人进行追偿，这就是学者所谓的“先付责任”④。

3. 食品、药品责任领域对不真正连带责任结构的确认

2013 年发布的《最高人民法院关于审理食品药品纠纷案件适用法律若干问题的规定》（以下简称《食品药品纠纷司法解释》）第 2 条特别对不真正连带责任的结构予以确认，第 1 款规定：“因食品、药品存在质量问题造成消费者损害，消费者可以分别起诉或者同时起诉销售者和生产者。”第 2 款规定：“消费者仅起诉销售者或者生产者的，必要时人民法院可以追加相关当事人参加诉讼。”这种表述较好地诠释了《侵权责任法》第 43 条第 1 款因产品存在缺陷造成损害的，被侵权人“可以”向产品的生产者请求赔偿，“也可以”向产品的销售者请求赔偿这种表述的司法程序操作模式。

2015 年《食品安全法》修改后，第 148 条第 1 款第 1 句规定：“消费者因不符合食品安全标准的食品受到损害的，可以向经营者要求赔偿损失，也可以向生产者要求赔偿损失。”第 2 句特别明确：“接到消费者赔偿要求的生产经营者，应当实行首负责任制，先行赔付，不得推诿；属于生产者责任的，经营者赔偿后有权向生产者追偿；属于经营者责任的，生产者赔偿后有权向经营者追偿。”第 136 条对食品经营者（即销售者）的“无过错责任”予以明确：“食品经营者履行了本法规定的进货查验等义务，有充分证据证明其不知道所采购的食品不符合食品安全标准，并能如实说明其进货来源的，可以免予处罚，但应当依法没收其不符合食品安全标准

① 参见高圣平：《产品责任中生产者和销售者之间的不真正连带责任》，载《法学论坛》，2012（2）。
② 参见张江莉：《论销售者的产品责任》，载《法商研究》，2013（2）。
③ 参见董春华：《再论产品责任的责任主体及归责原则》，载《法学论坛》，2011（5）。
④ 杨立新：《论不真正连带责任类型体系及规则》，载《当代法学》，2012（3）。

的食品；造成人身、财产或者其他损害的，依法承担赔偿责任。”

（二）缺陷“双重判断标准”

《侵权责任法》由于采用了依托《产品质量法》的立法模式，没有规定“缺陷”的概念，继续沿用2000年《产品质量法》第46条的规定：“本法所称缺陷，是指产品存在危及人身、他人财产安全的不合理的危险；产品有保障人体健康和人身、财产安全的国家标准、行业标准的，是指不符合该标准。”

1. 对《产品质量法》上“缺陷”概念三个层次的理解

对于《产品质量法》第46条分号前后两项标准的关系，主流学说一般认为在存在“国家标准、行业标准”的情况下，“不符合该标准”实际上替代了一般性的“不合理的危险”判断。① 而实务中产品生产者、销售者往往以符合国家标准或行业标准作为对“不合理的危险”的抗辩。也有学者主张应该以“不合理的危险”标准取代“国家标准、行业标准”②。这使得对该条分号前后标准之间的关系解读成为了关键。

根据《标点符号用法》的规定，分号用于以下三种情况：第一，复句内部并列分句（尤其当分句内部还有逗号时）之间的停顿。第二，非并列关系的多重复句中第一层分句（主要是选择、转折等关系）之间的停顿。第三，分行列举的各项之间。③ 主流学说的解读实际上是认为分号前后是“非并列关系”，分号之后优先于分号之前。笔者认为，从社会发展的趋势来看，应该将符合国家标准或者行业标准，但具有不合理危险的产品确认为具有缺陷，以最大限度地保护消费者的利益。④ 但如果简单地按照这种思路，就应该认为分号前后仍然是“非并列关系”，只不过是分号之前优先于分号之后，但这种分号的使用并不符合中文的表述习惯。⑤

为了解决这种解读目的和解读方案之间的矛盾，笔者认为，从《产品质量法》第46条的结构来看，应该认为分号前后是“并列关系”。此外，还应该结合《产品质量法》2000年修改后新增的第58条来解读缺陷的判断标准：“社会团体、社会中

① 参见杨立新：《侵权责任法》，304～305页，北京，法律出版社，2010。王利明：《侵权责任法研究》（下卷），246～247页，北京，中国人民大学出版社，2011；张新宝：《中国侵权行为法》，2版，492页，北京，中国社会科学出版社，1998。

② 谭玲：《我国〈产品质量法〉关于缺陷的界定标准问题》，载《学术研究》，2003（8）。

③ 参见中华人民共和国国家标准《标点符号用法》（GB/T 15834—2011），4.6分号。

④ 对此问题，实务中已经开始反思。参见姚建军：《产品质量检验合格并不等于产品无缺陷》，载《人民司法》，2014（2）。

⑤ 如果按照这样的理解，《产品质量法》第46条应该采用类似1991年《铁路法》第58条和《侵权责任法》第33条的立法技术，分为两款进行表述。第1款规定：“本法所称缺陷，是指产品存在危及人身、他人财产安全的不合理的危险。”第2款规定：“产品不符合保障人体健康和人身、财产安全的国家标准、行业标准的，应当认定为存在缺陷。”立法者没有采用这种立法技术，说明从解释论上不应该作这样的解读。

介机构对产品质量作出承诺、保证，而该产品又不符合其承诺、保证的质量要求，给消费者造成损失的，与产品的生产者、销售者承担连带责任。”既然对产品质量作出承诺、保证的社会团体、社会中介机构在产品不符合其承诺、保证的质量要求时要与生产者、销售者一起承担连带责任，那么就需要确定生产者所执行的生产标准。

根据《标准化法》第 2 条，标准分为国家标准、行业标准、地方标准和团体标准、企业标准。对此标准适用问题，可以参考《食品药品纠纷司法解释》第 6 条的规定：“食品的生产者与销售者应当对于食品符合质量标准承担举证责任。认定食品是否合格，应当以国家标准为依据；没有国家标准的，应当以地方标准为依据；没有国家标准、地方标准的，应当以企业标准为依据。食品的生产者采用的标准高于国家标准、地方标准的，应当以企业标准为依据。没有前述标准的，应当以食品安全法的相关规定为依据。”① 可见，生产者所执行的生产标准，可以是国家标准、行业标准或者地方标准，也可以是在没有上述标准情况下或者有相关标准下仍然主动制定的更严格的企业标准。在企业执行企业标准的情况下，应当以企业标准作为产品是否存在缺陷的判断标准。如果是没有国家标准、行业标准或者地方标准的情况，法院还可以按照《产品质量法》第 46 条前段的规定，对该企业标准是否符合消费者合理的安全预期进行判断，以确定该产品是否具有“不合理的危险”而应该被认定为是否具有缺陷。如果是企业自行制定了高于国家标准、行业标准或者地方标准的企业标准，则应该依据《产品质量法》第 58 条的规定，将其视为“社会团体、社会中介机构对产品质量作出承诺、保证”的判断标准，即等同于生产者主动承诺的缺陷判断标准。

对缺陷概念进行的上述解读，是基于 2000 年《产品质量法》修改之后新增的第 58 条对第 46 条前段的更深层次解读。即在第 46 条的前段和后段是一种特殊的相互交织的“并列关系”。为了进一步整合第 46 条规定的“不合理的危险”标准和第 58 条规定的“对产品质量作出承诺、保证”标准，笔者认为，应该统一采用“合理的安全预期”标准②，即以“合理的安全预期”标准来统一判断产品是否具有“不合理性的危险”和是否符合生产者执行的企业标准以及销售者作出的安全性承诺。质言之，应该结合《产品质量法》第 46 条和第 58 条的规定，将中国侵权法上的“缺陷”解读为如下三个层次：

第一层次：在没有国家标准、行业标准、地方标准（以下简称“法定标准”）的情况下，生产者执行企业标准的，缺陷是指按照企业标准生产的产品在设计、生产或者警示说明方面不符合合理的安全预期。生产者没有制定企业标准的，缺陷是

① 该条司法解释没有涉及行业标准，主要是考虑到“目前食品行业标准还在行业内部执行”。奚晓明主编：《最高人民法院关于食品药品纠纷司法解释理解与适用》，97 页，北京，人民法院出版社，2014。

② 即在缺陷的判断标准上，转而参考《产品责任指令》第 6 条的规定：“若某产品不能具备人们对产品合理预期的安全性能，该产品即存在缺陷”。

指产品不符合合理的安全预期。

第二层次：产品有保障人体健康和人身、财产安全的法定标准的，缺陷是指不符合该标准。

第三层次：生产者制定的企业标准高于法定标准的，缺陷是指不符合该企业标准。销售者对产品的安全性能作出了比法定标准更高承诺的，是指不符合该承诺。

以“合理的安全预期”为中心，区分上述三个层次进行解读的考虑是：

第一，产品存在缺陷，从表面上看，是存在危及人身、他人财产安全的不合理的危险；从本质上看，是产品不符合合理的安全预期。例如，鞭炮的危险性是众所周知的，但如果鞭炮的引线足够长且燃烧速度足够慢，则应该认为鞭炮没有缺陷。如果鞭炮的引线看起来足够长但点燃后燃烧速度非常快，则不符合合理的安全预期，应该被认为具有缺陷。至于这种“不符合合理的安全预期”，是因为设计上的原因还是生产上的原因，或者说是警示说明方面的原因，则属于不同的缺陷类型。

第二，在没有法定标准的情形下，较为正规的生产企业会制定企业标准，但较小的生产者可能并不依据任何的标准。对于这种情况，不管是否存在企业标准，法院都可以以“合理的安全预期”标准进行缺陷的判断。

第三，如果产品有保障人体健康和人身、财产安全的法定标准的，那么达到该标准的产品，都应该被认为是合格产品。消费者对该产品的安全性预期，也应该是以该标准为判断标准的。

第四，在市场竞争过程中，生产者制定的企业标准或者销售者对产品的安全性能作出的承诺高于法定标准的，那么消费者就有理由对这种产品的安全性产生比法定标准更高的信赖。因此，对该产品的安全性预期，应该以企业标准或者承诺为判断标准。

这样解读“缺陷”判断标准的优点在于：

第一，通过第三个层次缺陷的解读，化解前两个层次缺陷标准的矛盾，平衡消费者和经营者之间的利益。产品仅仅是满足法定标准是不足以满足市场竞争需求的，但政府的监管止步于法定标准，其目的仅在于保证最低限度的合理安全预期。通过市场竞争，经营者被迫同时也愿意制定更高的企业标准或者作出超过法定标准的承诺，以获得竞争优势。这样的制度设计也有利于在保证质量的同时，促进市场良性竞争，催生更优质的产品。

第二，为《侵权责任法》第 42 条第 1 款规定的销售者造成缺陷的“过错”提供判断标准。从“缺陷”概念提出之初，便是以“生产者”作为立法的设计原型。《产品质量法》第 34 条规定：“销售者应当采取措施，保持销售产品的质量。”因此，销售者的过错，主要是没有采取足够的措施以“保持销售产品的质量”。但是，即使产品的质量或者品质有一定的变化，只要按照上述三个层次的递进关系，要么满足消费者合理的安全预期，要么符合法定标准，要么符合生产者制定的更高企业标准或者销售者对质量的承诺、保证，就应该认为销售者没有过错。甚至说，通过销售者采取的措施，使得本来不满足上述三个层次缺陷的产品，达到了相应层次标准的要求，也应该认为产品没有缺陷。

第三，第三个层次的设定，使对产品质量作出承诺、保证的社会团体、社会中介机构与生产者、销售者承担连带责任的关系更为清晰。对产品质量作出承诺、保证的社会团体、社会中介机构承担的其实是“产品质量担保者责任”，严格地说是一种不真正连带责任。① 这种责任的前提是，生产者和销售者应该承担同等质量标准的缺陷产品责任，而这种缺陷产品责任的“缺陷”标准仅仅从《产品质量法》第46条的规定来看，是无法解读出来的。

2. 法定标准在食品药品纠纷领域的回归

近年来，食品药品领域的产品质量问题频发，成为立法和司法的焦点。2014年《食品药品纠纷司法解释》第5条第2款规定：“消费者举证证明因食用食品或者使用药品受到损害，初步证明损害与食用食品或者使用药品存在因果关系，并请求食品、药品的生产者、销售者承担侵权责任的，人民法院应予支持，但食品、药品的生产者、销售者能证明损害不是因产品不符合质量标准造成的除外。”这一规定实质上排除了“不合理危险”作为缺陷的判断标准。而第7条对于检验合格证明的特别规定也强化了这种“法定标准”作为缺陷的判断标准：“食品、药品虽在销售前取得检验合格证明，且食用或者使用时尚在保质期内，但经检验确认产品不合格，生产者或者销售者以该食品、药品具有检验合格证明为由进行抗辩的，人民法院不予支持。”

2015年修改后的《食品安全法》则延续了2009年原立法根本不涉及“缺陷”概念的做法，第148条第1款第1句明确规定：“消费者因不符合食品安全标准的食品受到损害的，可以向经营者要求赔偿损失，也可以向生产者要求赔偿损失。”

（三）产品自损纳入赔偿范围

《产品质量法》第41条第1款将因产品存在缺陷造成损害中的“他人财产”限定为“缺陷产品以外的其他财产”，是对《产品责任指令》第9条规定的“损害”概念的借鉴，比较法上绝大多数法域的产品责任法也严格区分合同责任与侵权责任，将“产品自损”排除在严格产品责任的赔偿范围之外，另外通过合同责任来处理。② 而《侵权责任法》第41条的规定则无法看出对“产品自损”的排除：“因产品存在缺陷造成他人损害的，生产者应当承担侵权责任。”对此，学说上主要有两种不同的看法。王利明教授认为，如果产品的缺陷不仅造成了自身的损害，也造成

① 参见王竹：《论我国侵权法上的缺陷产品营销参与者责任》，载《人大法律评论》，2014年卷第1辑，北京，法律出版社，2014。

② 参见冉克平：《缺陷产品自身损失的救济路径》，载《法学》，2013（4）。

了其他财产的损害，并且二者也存在密切的联系，就可以直接基于产品责任一并请求赔偿此处产品自身的损害和产品以外的其他损失。但是单纯的缺陷产品本身的损失，作为纯粹经济损失，是不能要求赔偿的。① 张新宝教授明确认为应该排除自损，但允许被侵权人依据产品责任法规范请求人身损害赔偿和产品以外的其他财产损害赔偿，同时依据合同法请求对自损产品的损害赔偿，在一个诉讼程序中合并处理。②

笔者认为，《侵权责任法》第 41 条规定的因产品存在缺陷造成的他人“损害”中的财产损害，既包括缺陷产品以外的其他财产的损害，也包括缺陷产品本身的损害。③ 主要考虑是：第一，排除“产品自损”的立法意图不清晰。《侵权责任法》第 41 条的表述从“一审稿”开始，就没有明显区分“产品自损”和“缺陷产品以外的其他财产”的意图，否则，立法者完全可以采用与《产品质量法》第 29 条第 1 款完全相同的表述模式。第二，应该本着有利于保护消费者的目的进行解释，这样可以降低维权成本，节约司法资源。④ 更为重要的是，是否合并处理对赔偿结果并无实质性影响。将“产品自损”排除在产品责任之外，只会导致诉讼程序复杂化；而将“产品自损”纳入，则有利于及时、便捷地保护用户、消费者的合法权益。⑤ 第三，产品责任的被侵权人可能不是合同当事人。如果因缺陷产品造成的财产损害只有“产品自损”，将“产品自损”纳入产品责任的赔偿范围，被侵权人仍然可以选择向生产者或者销售者请求赔偿；而如果将其排除，就只能由合同当事人（可能不是被侵权人）提出违约之诉，这样不利于保护不是合同当事人的财产所有人。第四，将“产品自损”排除在损害之外交由合同法处理，将适用《民法通则》第 136 条第 2 项规定的“（二）出售质量不合格的商品未声明的”1 年短时效，从保护消费者的角度出发，这种时效上的限制并无合理性。⑥

在将“产品自损”纳入损害概念的理论构建上，可以作如下考虑：第一，如前所述，中国的产品责任并非确立于《产品质量法》而是《民法通则》，而《民法通则》第 122 条规定的产品质量责任包括了对“产品自损”的赔偿。《侵权责任法》的立法选择，可以被视为对《民法通则》立法传统的回归。第二，可以将“缺陷”更进一步地抽象为致害原因，作为损害结果，尽管缺陷由产品来体现，但毕竟不同于产品自身。在零配件缺陷导致整个产品受损的情形中，这种分离性

① 参见王利明：《论产品责任中的损害概念》，载《法学》，2011（2）。

② 参见张新宝、任鸿雁：《我国产品责任制度：守成与创新》，载《北方法学》，2012（3）。

③ 司法实务实际上支持笔者的这一观点，但也有学者对此进行了反思。参见朱晓喆、冯洁语：《产品自损、纯粹经济损失与侵权责任——以最高人民法院（2013）民申字第 908 号民事裁定书为切入点》，载《交大法学》，2016（1）。

④ 参见高圣平：《论产品责任损害赔偿范围》，载《华东政法大学学报》，2010（3）。

⑤ 参见王胜明主编：《中华人民共和国侵权责任法解读》，216 页，北京，中国法制出版社，2010。

⑥ 参见朱岩：《消灭时效制度中的基本问题：比较法上的分析——兼评我国时效立法》，载《中外法学》，2005（2）。

表现得更为明显。第三，《合同法》第122条规定："因当事人一方的违约行为，侵害对方人身、财产权益的，受损害方有权选择依照本法要求其承担违约责任或者依照其他法律要求其承担侵权责任。"在理论构建上，被侵权人如果愿意选择通过违约之诉提起诉讼，法律也不禁止。同样，法律也不应该否认产品自损的侵权请求权的存在。①

① 参见董春华：《产品自身损害赔偿研究》，载《河北法学》，2014（11）。

专 题 七

缺陷产品营销参与者责任研究

长期以来，我国侵权法理论对产品责任的主要关注点是生产者责任和销售者责任，也部分涉及了运输者、仓储者和供货商等流通环节责任，但缺乏对缺陷产品营销参与者责任的必要关注。而近年来，司法实践中缺陷产品营销参与者责任案件层出不穷。为应对这一问题，2014 年 3 月 15 日起施行的（2013 年修正的）《消费者权益保护法》在第 43～45 条中集中规定了展销会的举办者、柜台的出租者、网络交易平台提供者、虚假广告经营者、发布者和推荐者等缺陷产品营销参与者责任。同日施行的《食品药品纠纷司法解释》集中规定了食品、药品领域的缺陷产品营销参与者责任[①]，以“规定”的形式[②]，规范了食品、药品纠纷领域的营销参与者责任体系，值得关注。本专题尝试对缺陷产品营销参与者责任作初步的体系化梳理，并对《食品药品纠纷司法解释》的相关规定进行分析。

一、缺陷产品营销参与者责任体系概述

在现代商品社会，产品从生产到销售，不但要经历运输、仓储、批发等多个流通环节，还需要大量的市场营销活动来促进产品的销售。广义的市场营销活动，既包括我们常见的发布广告，也包括生产环节的检验、认证和其他质量担保方式，以及销售环节的交易市场和交易平台。这些市场营销行为的共同目的就是保障产品质量并促进产品的销售，这样就在产品市场上形成了产品分销链条（chain of distribution）和产品营销链条（chain of marketing）两个平行的市场链条，二者关系如下：

产品分销链条：生产者—流通环节（运输者、仓储者、供货商）—销售者

① 可惜的是，这部司法解释以及最高人民法院民一庭编著出版的权威解读（奚晓明主编：《最高人民法院关于食品药品纠纷司法解释理解与适用》，北京，人民法院出版社，2014），都没有明确“缺陷产品营销参与者责任”这一概念。

② 《最高人民法院关于司法解释工作的规定》（法发〔2007〕12 号）第 6 条第 3 款规定：“根据立法精神对审判工作中需要制定的规范、意见等司法解释，采用‘规定’的形式。”

产品营销链条：产品质量担保者—产品广告业者—交易市场、交易平台

这一平行市场链条的结构投射到产品责任领域，就形成了产品分销参与者责任和产品营销参与者责任这两套并行的责任体系。产品分销参与者责任体系就是我们熟悉的生产者、销售者和运输者、仓储者、供货商等第三人责任，主要规定在我国《侵权责任法》第41～44条。《侵权责任法》并没有对缺陷产品营销参与者责任进行明确的规定，而是分散规定在《消费者权益保护法》《产品质量法》《广告法》《农产品质量安全法》《安全生产法》和《种子法》等特别法上。

在美国侵权法上，用“出售者”（seller）概念涵盖产品分销链条上的各个责任主体，包括“生产者”（manufacturer）、“批发商”（wholesaler）、“零售商”（retail dealer）、“分发者”（distributor）以及“餐厅的经营者”（operator of a restaurant）①，以区别于产品营销参与者，后者主要包括产品认证者（certifier）、担保人（endorser）、安全检查者（safety inspector）、贸易协会（trade association）等类型。② 笔者认为，按照我国商业活动中的产品分销链条的现状和我国现行法的规定，我国侵权法上的缺陷产品营销参与者责任应该分为产品质量担保者责任、虚假广告责任和交易平台提供者责任三大类型。

二、产品质量担保者责任

产品质量担保者，主要包括产品质量检验机构、认证机构和产品质量承诺、保证者三种类型。产品质量检验与产品质量认证是我国产品质量管理体系中两大第三方质量监督体系。两者从不同的角度对产品质量进行检测和监督，前者侧重对产品个体质量的检验，后者侧重对产品生产者质量保证体系的监督。产品质量承诺、保证者则是更加市场化的非检验、认证机构，主要通过自身的专业技能和声誉来担保产品质量，是市场经济发达的表现，其成立与运作是完全市场化的。

（一）产品质量检验机构责任③

产品质量检验机构依据《产品质量检验机构资格审批程序》设立，进行质量检验的依据标准是各种技术标准，侧重对产品个体质量的检验。我国产品质量检验机构主要从事生产许可证管理制度中的质量检验、产品质量仲裁检验和产品质量鉴定中的质量检验，以及《产品质量法》第13条规定的一般性质量检验。具体领域包括：第一，食品、药品类产品质量检验；第二，涉农产品质量检验；第三，安全产品质量检验；第四，其他产品质量检验。

① ALI, *Restatement of the Law, Second, Torts*, § 402A Special Liability of Seller of Product for Physical Harm to User or Consumer, Comment f. Business of selling. See also ALI, *Restatement of the Law, Third, Torts: Products Liability*, § 20 Definition of "One Who Sells or Otherwise Distributes".

② See David G. Owen, *Products Liability Law* (2nd), Thomson/West (2008), pp. 1050-1060.

③ 详见王竹、钟琴：《论产品质量检验、认证机构侵权责任》，载《东方法学》，2013（5）。

1. 产品质量检验机构承担连带责任的情形

我国现行法律中，只有两部特别法明确规定了产品质量检验机构故意伪造检测结果、出具虚假证明应该承担连带责任，分别是《安全生产法》第89条第1款规定的“承担安全评价、认证、检测、检验工作的机构，出具虚假证明……给他人造成损害的，与生产经营单位承担连带赔偿责任”，以及《种子法》第72条规定的种子质量检验机构出具虚假检验证明的，“给种子使用者和其他种子生产经营者造成损失的，与种子生产经营者承担连带责任”。另外，《食品药品纠纷司法解释》第12条第1款也规定：“食品、药品检验机构故意出具虚假检验报告，造成消费者损害，消费者请求其承担连带责任的，人民法院应予支持。”

有学者认为，故意出具虚假检验报告或者出具虚假认证，造成消费者损害的，应当将检验机构和认证机构认定为共同侵权行为人，承担连带责任。① 笔者认为，产品质量检验机构故意伪造检测结果、出具虚假证明的行为，应该属于《侵权责任法》第9条第1款规定的帮助行为特殊类型，应该依据该条承担连带责任。需要指出的是，承担连带责任的对象仅限于产品的生产者而不包括销售者，这是因为产品质量检验的申请者是生产者而非销售者。②

2. 产品质量检验机构承担补充责任的情形

对于《产品质量法》第57条第2款规定（“产品质量检验机构、认证机构出具的检验结果或者证明不实，造成损失的，应当承担相应的赔偿责任”）和《食品药品纠纷司法解释》第12条第2款规定（“食品、药品检验机构因过失出具不实检验报告，造成消费者损害，消费者请求其承担相应责任的，人民法院应予支持”）中的“相应”的责任，有学者认为是与《侵权责任法》第9条第2款和第49条规定的相应责任的规则相同，即单向连带责任。③ 笔者认为，如果产品质量检验机构仅仅是出于过失，属于违反产品缺陷预防义务的侵权责任，应该赋予其顺位利益，适用补充责任可能更为适当。④

（二）产品质量认证机构责任⑤

《认证认可条例》第2条第1款规定：“本条例所称认证，是指由认证机构证明产品、服务、管理体系符合相关技术规范、相关技术规范的强制性要求或者标准的合格评定活动。”我国的认证制度分为自愿认证和强制认证两大类。需要指出的是，企业质量体系认证不同于产品质量认证，前者的认证对象是企业的质量管理体系，

① 参见杨立新：《最高人民法院〈关于审理食品药品纠纷案件适用法律若干问题的规定〉释评》，载《法律适用》，2014（3）。

② 这一判断的影响主要在于分摊请求权和追偿请求权的行使上。

③ 参见杨立新：《中国侵权行为形态与侵权责任形态法律适用指引——中国侵权责任法重述之侵权行为形态与侵权责任形态》，载《河南财经政法大学学报》，2013（5）。

④ 参见王竹：《论数人侵权责任分担原则》，载《苏州大学学报（哲学社会科学版）》，2014（2）。

⑤ 详见王竹、钟琴：《论产品质量检验、认证机构侵权责任》，载《东方法学》，2013（5）。

后者的认证对象是产品的质量。基于产品责任探讨的产品质量认证机构责任，并不包括企业质量体系认证机构的侵权责任。

1. 产品质量认证机构承担连带责任的情形

《食品药品纠纷司法解释》第 13 条第 1 款规定："食品认证机构故意出具虚假认证，造成消费者损害，消费者请求其承担连带责任的，人民法院应予支持。"需要指出的是，现行法没有明文规定认证机构故意出具虚假认证造成消费者损害的，应该承担连带责任。有学者认为，如果食品认证机构故意出具虚假认证，造成消费者人身损害、财产损失的，其与食品的生产者、销售者构成共同侵权，应当承担连带责任。① 笔者认为，与产品质量检验机构承担连带责任的规则类似，这种情形仍然应该视为《侵权责任法》第 9 条第 1 款规定的帮助行为，以该条规定作为连带责任的基础；承担连带责任的对象仅限于产品的生产者而不包括销售者，这也是因为产品质量认证的申请者是生产者而非销售者。

《产品质量法》第 57 条第 3 款规定的产品质量认证机构"对不符合认证标准而使用认证标志的产品，未依法要求其改正或者取消其使用认证标志资格的，对因产品不符合认证标准给消费者造成的损失"与产品的生产者、销售者承担的是"连带责任"。这是较为特殊的违反不作为义务侵权参与连带责任的类型。之所以作出这样的立法安排，是因为该法第 21 条第 2 款规定对产品质量认证机构苛加了较强的法定作为义务："产品质量认证机构应当依照国家规定对准许使用认证标志的产品进行认证后的跟踪检查；对不符合认证标准而使用认证标志的，要求其改正；情节严重的，取消其使用认证标志的资格。"该款规定的结构与《侵权责任法》第 36 条第 2 款和第 3 款的情形类似，是补充责任被强化为了不真正连带责任。②

2. 产品质量认证机构承担补充责任的情形

与产品质量检验机构责任类似，《产品质量法》第 57 条第 2 款规定（"产品质量检验机构、认证机构出具的检验结果或者证明不实，造成损失的，应当承担相应的赔偿责任"）和《食品药品纠纷司法解释》第 13 条第 2 款规定（"食品认证机构因过失出具不实认证，造成消费者损害，消费者请求其承担相应责任的，人民法院应予支持"）中的"相应"的责任，如果产品认证机构仅仅是出于过失，属于违反产品缺陷预防义务的侵权责任，应当承担与过错程度相适应的补充赔偿责任。③

（三）产品质量承诺、保证者责任

从《食品安全法》立法和《消费者权益保护法》的修改来看，2000 年《产品质量法》修改新增的第 58 条"产品质量承诺、保证者责任"没有得到应有的重视，该条规定在司法实践中的适用也较为少见④，可能是因为中国的非检验、认证机构的产品

① 参见王毓莹：《食品药品民事纠纷案件审理中的重点与难点问题》，载《法律适用》，2014（3）。

② 分析详见王竹：《论数人侵权责任分担原则》，载《苏州大学学报（哲学社会科学版）》，2014（2）。

③ 参见王毓莹：《食品药品民事纠纷案件审理中的重点与难点问题》，载《法律适用》，2014（3）。

④ 在北大法宝上，没有检索到适用该条进行裁判的判决书。

质量担保者在市场上还不够成熟，缺乏足够的公信力所致。[①] 尽管《食品药品纠纷司法解释》遗漏了这种质量担保者责任类型，但笔者仍然希望在学说上予以说明。

《产品质量法》第 58 条规定："社会团体、社会中介机构对产品质量作出承诺、保证，而该产品又不符合其承诺、保证的质量要求，给消费者造成损失的，与产品的生产者、销售者承担连带责任。"这种连带责任类似于《担保法》上规定的保证。但和《担保法》上的保证不同的是，对产品质量作出承诺、保证的社会团体、社会中介机构并未与消费者签订保证合同。可见，这是一种基于单方允诺的产品质量承诺、保证，没有主观过失的要求，但要求明示的保证。[②] 其承担责任的基础是对产品质量承诺、保证的违背。在侵权责任分担规则上，这是一种类似连带保证的不真正连带责任。产品质量承诺、保证者承担担保责任后，可以向产品生产者、销售者进行追偿。

三、虚假广告责任

《广告法》第 2 条第 1 款将"广告"界定为商品经营者或者服务提供者承担费用，通过一定媒介和形式直接或者间接地介绍自己所推销的商品或者所提供的服务的商业广告。从 20 世纪 90 年代开始，各种"名人代言"和"机构推荐"的产品出现质量问题的情况并不鲜见。现行的《广告法》《消费者权益保护法》《食品安全法》和《食品药品纠纷司法解释》都对虚假广告责任作出了一些规定。笔者认为，有必要区分为虚假广告的广告主责任、虚假广告经营发布者责任、来源不明虚假广告准用生产者责任和虚假广告推荐者责任四种类型。

（一）虚假广告的广告主责任

所谓广告主，按照《广告法》第 2 条第 2 款的规定，是指为推销商品或者服务，自行或者委托他人设计、制作、发布广告的自然人、法人或者其他组织。《广告法》第 56 条第 1 款前段规定："违反本法规定，发布虚假广告，欺骗和误导消费者，使购买商品或者接受服务的消费者的合法权益受到损害的，由广告主依法承担民事责任"；《消费者权益保护法》第 45 条第 1 款第 1 句规定："消费者因经营者利用虚假广告或者其他虚假宣传方式提供商品或者服务，其合法权益受到损害的，可以向经营者要求赔偿。"结合上述规定，广告主一般是产品的生产者或者销售者，其本身应该承担产品责任。如果广告主不是生产者或者销售者的，常见的如批发商作为广告主，则该广告主承担虚假广告责任，其实际效果是使批发商与生产者、销

① 例如，中国的媒体或者机构很少对产品的质量进行担保，但在美国一些有良好声誉的广告杂志就会对推荐产品的质量进行担保，最著名的案例是 Hanberry v. Hearst Corp., 81 Cal. Rptr. 519 (Ct. App. 1969)。但现在有媒体开始承诺、保证某些农产品为符合"地理标志"标准的产品，可能会逐渐涉及产品质量承诺、担保者责任。

② 这一点与美国法上产品质量担保者基于过失虚假陈述承担责任的责任基础差别较大。See David G. Owen, *Products Liability Law* (2nd), Thomson/West (2008), pp. 1051 - 1052.

售者承担不真正连带责任。

（二）虚假广告经营发布者责任

按照《广告法》第 2 条第 3 款和第 4 款的规定，广告经营者，是指接受委托提供广告设计、制作、代理服务的自然人、法人或者其他组织。广告发布者，是指为广告主或者广告主委托的广告经营者发布广告的自然人、法人或者其他组织。

《广告法》第 55 条第 3 款规定：广告经营者、广告发布者明知或者应知广告虚假仍设计、制作、发布的，应当依法承担连带责任。而《消费者权益保护法》第 45 条第 2 款规定："广告经营者、发布者设计、制作、发布关系消费者生命健康商品或者服务的虚假广告，造成消费者损害的，应当与提供该商品或者服务的经营者承担连带责任。"比较这两项规定可以看出，这两部法律在不同的维度对连带责任的适用范围进行了扩展：《广告法》在广告经营者、广告发布者的主观状态方面将连带责任的范围从"明知"扩展到了"应知"，而《消费者权益保护法》则将连带责任适用于"关系消费者生命健康商品或者服务的虚假广告"，而无主观过错方面的要求。就《广告法》将"应知"纳入承担连带责任的情形，应当认为是将补充责任强化为了不真正连带责任，必须"依法"承担连带责任；而《消费者权益保护法》的规定则可以视为"依法"的所指。应该立足"虚假广告"进行解释，即广告经营者、发布者对"关系消费者生命健康商品或者服务"的广告有较高的实质审查义务，"应知"其为虚假广告，进而将补充责任强化为了不真正连带责任。其余"应知"情形，不宜适用连带责任。在司法适用上，可以参考《食品药品纠纷司法解释》第 11 条第 1 款的规定："消费者因虚假广告推荐的食品、药品存在质量问题遭受损害，依据消费者权益保护法等法律相关规定请求广告经营者、广告发布者承担连带责任的，人民法院应予支持。"

（三）来源不明虚假广告产品准用生产者责任

《广告法》第 56 条第 1 款后段规定："广告经营者、广告发布者不能提供广告主的真实名称、地址和有效联系方式的，消费者可以要求广告经营者、广告发布者先行赔偿。"《消费者权益保护法》第 45 条第 1 款第 3 句有类似的规定："广告经营者、发布者不能提供经营者的真实名称、地址和有效联系方式的，应当承担赔偿责任。"笔者认为，"广告经营者、发布者不能提供经营者的真实名称、地址和有效联系方式的"认定，不能仅仅考虑"名称、地址"的真实性和"联系方式"的有效性这一行政管理中的定性问题，而是应考虑这种情形还导致了被侵权人和行政机关无法查找到虚假广告的广告主或者经营者。简而言之，就是达到了虚假广告产品"来源不明"的程度，与《侵权责任法》第 42 条第 2 款规定的来源不明销售者责任类似，应该对广告经营者、发布者准用生产者责任。① 尽管没有明文规定追偿权，但

① 这样看来，使用"广告经营者、发布者不能指明广告主，也不能指明经营者的"表述，会更为简洁和精确。

笔者认为，广告经营者、发布者承担责任后，应该可以向最终责任人进行追偿。

（四）虚假广告推荐者责任

《消费者权益保护法》第45条第3款规定："社会团体或者其他组织、个人在关系消费者生命健康商品或者服务的虚假广告或者其他虚假宣传中向消费者推荐商品或者服务，造成消费者损害的，应当与提供该商品或者服务的经营者承担连带责任。"与《广告法》第38条第1款后段进行比较可以看到，与虚假广告经营发布者责任类似，《消费者权益保护法》中的虚假广告推荐者责任在"关系消费者生命健康商品或者服务的虚假广告"维度上进行了扩展，但《广告法》在主观过错维度的扩展上，没有"明知或者应知"的限制，显示出更强的惩罚性意味。

虚假广告推荐者承担的侵权责任仍然是过错责任，主观过错具体表现为如下三种情况：第一，代言人与缺陷产品生产者或者销售者具有意思联络，即直接故意。第二，明知代言的产品有缺陷，有可能造成损害，行为人仍然予以代言，放任损害后果的发生，即间接故意。第三，应当知道代言的产品有缺陷有可能会造成损害，基于疏忽或者懈怠而仍然予以代言，即过失。①

如果虚假广告推荐者在主观上表现为故意，即前述第一种情形的直接故意和第二种情形的间接故意，则应该认定为特殊帮助行为，依据《侵权责任法》第9条第1款承担连带责任。如果虚假广告推荐者在主观上表现为过失，笔者认为，如果没有特别法的明确规定，不宜承担连带责任，即"应当依法承担连带责任"。所以《食品药品纠纷司法解释》第11条第2款规定："社会团体或者其他组织、个人，在虚假广告中向消费者推荐食品、药品，使消费者遭受损害，消费者依据消费者权益保护法等法律相关规定请求其与食品、药品的生产者、销售者承担连带责任的，人民法院应予支持。"笔者认为，不但在食品安全领域，在药品安全领域以及婴幼儿产品安全领域，出于社会公共利益考虑，也应该加重对虚假广告推荐者的惩罚，适用连带责任。但在一般产品责任领域，如果推荐者主观上为过失，则不宜承担连带责任，可以适用按份责任。

四、交易平台提供者责任

（一）我国现行法上交易平台提供者责任的三种子类型

我国现行法对交易平台提供者责任的规定分为如下三种子类型：

1. 后发型不真正连带责任

《消费者权益保护法》第43条规定："消费者在展销会、租赁柜台购买商品或者接受服务，其合法权益受到损害的，可以向销售者或者服务者要求赔偿。展销会

① 参见杨立新：《论产品代言连带责任及法律适用规则》，载《政治与法律》，2009（10）。

结束或者柜台租赁期满后，也可以向展销会的举办者、柜台的出租者要求赔偿。展销会的举办者、柜台的出租者赔偿后，有权向销售者或者服务者追偿。”这种子类型的特点是：第一，消费者对展销会的举办者、柜台的出租者的赔偿请求权产生于“展销会结束或者柜台租赁期满后”，具有“后发性”①；第二，从“也可以向展销会的举办者、柜台的出租者要求赔偿”的表述可以看出，消费者对展销会的举办者、柜台的出租者的赔偿请求权与对产品销售者的请求权并行，属于不真正连带责任；第三，明文规定了追偿权。

2. 并发型不真正连带责任

《农产品质量安全法》第 54 条第 2 款规定：“农产品批发市场中销售的农产品有前款规定情形的，消费者可以向农产品批发市场要求赔偿；属于生产者、销售者责任的，农产品批发市场有权追偿。消费者也可以直接向农产品生产者、销售者要求赔偿。”第 54 条第 1 款规定：“生产、销售本法第三十三条所列农产品，给消费者造成损害的，依法承担赔偿责任。”该法第 33 条规定的是各种因不符合农产品质量安全标准而禁止销售的农产品。② 这种子类型的特点是：第一，在禁止销售的农产品责任中，法律直接规定了可以向农产品批发市场要求赔偿，这种赔偿请求权与对生产者、销售者的赔偿请求权同步产生；第二，“也可以直接向农产品生产者、销售者要求赔偿”的规定，说明这是不真正连带责任结构；第三，明文规定了追偿权。

3. 连带型不真正连带责任

《食品安全法》第 61 条规定：“集中交易市场的开办者、柜台出租者和展销会举办者，应当依法审查入场食品经营者的许可证，明确其食品安全管理责任，定期对其经营环境和条件进行检查，发现其有违反本法规定行为的，应当及时制止并立即报告所在地县级人民政府食品药品监督管理部门。”第 130 条第 1 款规定：“违反本法规定，集中交易市场的开办者、柜台出租者、展销会举办者允许未依法取得许可的食品经营者进入市场销售食品，或者未履行检查、报告等义务的……使消费者的合法权益受到损害的，应当与食品经营者承担连带责任。”这种子类型的特点是：第一，集中交易市场的开办者、柜台出租者和展销会举办者未尽法定的审查、检查、管理等预防食品安全事故的义务，本应当承担补充责任，但立法者将其强化为了不真正连带责任，在效果上与并发型不真正连带责任类似。第二，立法表达为

① 这种规则暗含的意思是，可能销售者或者服务者难以查找，或者向其求偿困难，因此候补性地增加了新的不真正连带责任人。参见王竹：《论补充责任在〈侵权责任法〉上的确立与扩展适用》，载《法学》，2009（9）。

② 《农产品质量安全法》第 33 条规定：“有下列情形之一的农产品，不得销售：（一）含有国家禁止使用的农药、兽药或者其他化学物质的；（二）农药、兽药等化学物质残留或者含有的重金属等有毒有害物质不符合农产品质量安全标准的；（三）含有的致病性寄生虫、微生物或者生物毒素不符合农产品质量安全标准的；（四）使用的保鲜剂、防腐剂、添加剂等材料不符合国家有关强制性的技术规范的；（五）其他不符合农产品质量安全标准的。”

"连带责任"属于立法表达不准确，而应该按照"不真正连带责任"的结构进行表达；连带责任应该适用于集中交易市场的开办者、柜台出租者和展销会举办者明知存在食品安全事故风险的情形，这是一种特殊帮助行为。第三，尽管法律没有明文规定追偿权，集中交易市场的开办者、柜台出租者和展销会举办者应该享有全额的追偿权。

（二）交易平台提供者责任的一般规则与例外规定

《食品药品纠纷司法解释》第 8 条规定："集中交易市场的开办者、柜台出租者、展销会举办者未履行食品安全法规定的审查、检查、管理等义务，发生食品安全事故，致使消费者遭受人身损害，消费者请求集中交易市场的开办者、柜台出租者、展销会举办者承担连带责任的，人民法院应予支持。"笔者认为，该规定正确地指出了交易平台提供者的"审查、检查、管理等义务"，可以作为交易平台提供者责任的审判参考。但是否应该将集中交易市场开办者、柜台出租者和展销会举办者的过失行为认定为共同侵权行为，依照《侵权责任法》第 8 条规定，作为客观共同侵权行为人承担连带责任①，还需要进行具体分析。

第一，交易平台提供者未尽审查、检查、管理等预防产品责任的义务的，本应该规定为相应的补充责任，但立法者出于保护消费者权益的目的，强化为不真正连带责任。因此，不管立法是按照"连带责任"的表述方式还是"不真正连带责任"的表述方式，都应该按照不真正连带责任执行。即"连带型不真正连带责任"实质上是"并发型不真正连带责任"的一种存在立法技术瑕疵的表达方式。

第二，对比《消费者权益保护法》第 43 条规定的后发型不真正连带责任、《农产品质量安全法》第 54 条第 2 款规定的并发型不真正连带责任和《食品安全法》第 52 条第 2 款规定的连带型不真正连带责任可以看出，"后发型不真正连带责任"属于交易平台提供者责任的一般规则，"并发型不真正连带责任"只有在法定情况下才能适用。

第三，不论法律或者司法解释是否规定了追偿权，都应该允许交易平台提供者对最终责任人行使全额的追偿权。

（三）网络交易平台提供者责任

1. 网络交易平台提供者的一般规则

随着互联网时代的到来，出现了大量网络交易平台。《消费者权益保护法》第 44 条是对网络交易平台提供者的规定，该条的结构较为复杂。第 44 条第 1 款第 1 句是对销售者和服务者责任的一般规定："消费者通过网络交易平台购买商品或者接受服务，其合法权益受到损害的，可以向销售者或者服务者要求赔偿。"根据该款第 2 句规定的"也可以向网络交易平台提供者要求赔偿"，销售者、服务者责任

① 参见杨立新：《最高人民法院〈关于审理食品药品纠纷案件适用法律若干问题的规定〉释评》，载《法律适用》，2014（3）。

与交易平台提供者责任构成不真正连带责任结构。《消费者权益保护法》第 44 条第 1 款第 3 句对追偿权进行了明确的规定："网络交易平台提供者赔偿后，有权向销售者或者服务者追偿。"《食品药品纠纷司法解释》第 9 条也确认了这种不真正连带责任结构及追偿权。

《消费者权益保护法》第 44 条第 1 款第 2 句前段是对"来源不明情形下网络交易平台提供者准用销售者、服务者责任"的一般规定："网络交易平台提供者不能提供销售者或者服务者的真实名称、地址和有效联系方式的，消费者也可以向网络交易平台提供者要求赔偿"；第 44 条第 1 款第 2 句后段规定："网络交易平台提供者作出更有利于消费者的承诺的，应当履行承诺。"这主要针对的是部分网络平台提供者提出了"先行赔付"，立法者予以了认可。笔者认为，《消费者权益保护法》第 44 条第 1 款第 2 句使用分号有一定的立法瑕疵，不当地将"先行赔付"的承诺范围限定在"网络交易平台提供者不能提供销售者或者服务者的真实名称、地址和有效联系方式的"情形下。而不少网络交易平台提供者实际上已经提出了对消费者更为有利的"无条件先行赔付"承诺，因此建议将该分号按照句号理解更为合理。

2. 网络交易平台提供者责任不同于实体交易平台提供者责任

如前所述，按照《消费者权益保护法》第 43 条的规定，展销会的举办者、柜台的出租者等实体交易平台提供者责任的一般规则是"后发型不真正连带责任"，只有在"展销会结束或者柜台租赁期满后"才能适用。《消费者权益保护法》"修正案草案一审稿"第 16 条曾经规定当网络交易平台上的销售者、服务者不再利用该平台时，消费者可以向网络交易平台提供者要求赔偿①，即与实体交易平台提供者责任保持一致。但第二次审议时，有些常委会委员提出，网络交易不同于实体交易，具有虚拟性的特点，在网络交易平台上销售商品的电商数量庞大，对二者不加区别地对待也不一定对消费者有利，建议合理确定网络交易平台提供者的责任。②法律委员会研究后修改为现在的立法模式。③

可见，《消费者权益保护法》对网络交易平台提供者责任的规定，放弃了实体交易平台提供者责任的立法模式，转而借鉴该法第 45 条规定的"来源不明虚假广告准用生产者责任"。笔者认为，网络交易平台具有一定的广告作用，立法者作出这样的选择有一定的合理性。《网络交易管理办法》第 30 条的规定进一步明确了其提供商品和服务来源的义务："第三方交易平台经营者应当审查、记录、保存在其平台上发布的商品和服务信息内容及其发布时间。平台内

① 参见《消费者权益保护法修正案（草案）条文及草案说明》，见全国人大网站：http://www.npc.gov.cn/npc/xinwen/lfgz/flca/2013-04/28/content_1793762.html。

② 参见苏泽林：《全国人民代表大会法律委员会关于〈中华人民共和国消费者权益保护法修正案（草案）〉审议结果的报告》，2013 年 10 月 21 日在第十二届全国人民代表大会常务委员会第五次会议上。

③ 参见全国人民代表大会法律委员会关于《全国人民代表大会常务委员会关于修改〈中华人民共和国消费者权益保护法〉的决定（草案）》修改意见的报告，2013 年 10 月 24 日在第十二届全国人民代表大会常务委员会第五次会议上。

经营者的营业执照或者个人真实身份信息记录保存时间从经营者在平台的登记注销之日起不少于两年，交易记录等其他信息记录备份保存时间从交易完成之日起不少于两年。”

需要指出的是，网络交易平台往往也会有自营业务，因此《网络交易管理办法》第29条对“区分标记义务”进行了明文规定：“第三方交易平台经营者在平台上开展商品或者服务自营业务的，应当以显著方式对自营部分和平台内其他经营者经营部分进行区分和标记，避免消费者产生误解。”网络交易平台对其自营业务承担销售者责任，对其他经营者经营的产品才承担网络交易平台提供者责任。

五、《食品药品纠纷司法解释》相关规定的主要问题与适用建议

（一）缺陷产品责任的体系性

以上文的分析为基础，我们可以按照区分缺陷产品分销参与者责任和缺陷产品营销参与者责任的思路来分析《食品药品纠纷司法解释》的体系结构。

《食品药品纠纷司法解释》第1条是关于案件受理的规定，同时适用于产品分销参与者责任和产品营销参与者责任。第2条第1款是对《侵权责任法》第43条第1款规定的缺陷产品不真正连带责任规定的民事诉讼程序具体化，而第2款追加的当事人主要是食品、药品的流通环节责任人，如运输者、仓储者等①，这是对《侵权责任法》第44条规定的民事诉讼程序具体化。第3条对“知假买假”的规定，第4条对“赠品”的规定、第5条对食品、药品违约责任和侵权责任举证责任的规定、第6条对食品符合质量标准举证责任的规定和第7条对“检验合格证明”的规定，均仅适用于购买者向生产者、销售者主张权利的情形，即第2～7条的规定只适用于产品分销参与者责任。该解释第14条是对“民事责任的优先性”的规定，第15条是对“惩罚性赔偿金”的规定，第16条是对“格式条款”的规定，这些也仅适用于生产者与销售者，即缺陷产品分销参与者。

而《食品药品纠纷司法解释》第8～13条（第10条除外②）是对缺陷产品营销参与者的规定，包括第8条规定的“集中交易市场的开办者、柜台出租者、展销会举办者”责任、第9条规定的“网络交易平台提供者”责任、第11条规定的虚假广告“广告经营者、广告发布者和推荐者”责任、第12条规定的“检验机构”责任和第13条规定的“认证机构”责任。根据该解释第17条第1款的规定，上述缺陷产品营销参与者责任还可以适用于化妆品、保健品等产品。

如果《食品药品纠纷司法解释》在起草之初就意识到缺陷产品责任包括缺陷产

① 参见奚晓明主编：《最高人民法院关于食品药品纠纷司法解释理解与适用》，52页，北京，人民法院出版社，2014。

② 《食品药品纠纷司法解释》第10条规定的“挂靠者与被挂靠者”责任不涉及产品营销行为，而是适用关于挂靠关系的一般性规则，参见后文。

品分销参与者责任和缺陷产品营销参与者责任两个类型，那么第 2～7 条和第 14～16 条的规定，也可以适用于第 8～13 条和第 17 条第 1 款，后者的相关规定也可以适用于前者，即形成交叉适用、“互通有无”的格局，这将极大地丰富和完善我国产品责任的法律规则。这样看来，《食品药品纠纷司法解释》没有明确缺陷产品营销参与者责任的概念，不仅仅是学理上的缺憾，更重要的是丧失了将缺陷产品分销参与者责任相关规则准用于缺陷产品营销参与者责任的机会。

另外需要指出的是，《食品药品纠纷司法解释》一方面遗漏了“产品质量担保者责任”，另一方面不当地将不涉及产品营销行为的“挂靠者与被挂靠者”责任规定在第 10 条，破坏了这种体系性。在我国侵权法上的挂靠关系中，挂靠者借用被挂靠者的名义和资质从事经营活动导致损害，无论是从违法行为的主观明知角度，还是从风险利益一致的角度，都应该认为挂靠者与被挂靠者应该依据《侵权责任法》第 8 条承担连带责任。关于“挂靠者与被挂靠者”责任的规则，应该在更为一般化的“侵权责任法司法解释”中进行规定，而非在《食品药品纠纷司法解释》中进行列举。近年来涉及挂靠关系侵权责任的相关司法解释无一例外地对这一问题作出列举式的连带责任规定①，这也从一个方面揭示出对一般化的“侵权责任法司法解释”的司法需求。

（二）缺陷产品营销参与者责任的附属性

《食品药品纠纷司法解释》没有明确缺陷产品营销参与者责任概念的另一问题，是忽略了缺陷产品营销参与者责任的附属性，即缺陷产品营销参与者责任必须以缺陷产品责任的成立为前提。如果生产者或者销售者不承担缺陷产品责任，那么营销参与者即使存在违法行为，也只会承担行政责任，而不会承担民事责任。这就解释了为什么缺陷产品营销参与者责任只有侵权责任分担规则而没有侵权责任构成规则的现象。

缺陷产品营销参与者责任在责任构成上的附属性还要进一步体现到适用范围上的附属性，即缺陷产品营销参与者责任并非适用于全部的缺陷类型，而需要作出个体性缺陷和普遍性缺陷的区分。我国侵权法学说上对缺陷的分类采纳“三分法”，即将缺陷分为制造缺陷、设计缺陷和说明警示缺陷三类，这是对美国侵权法相关理论的借鉴。1965 年《侵权法重述·第二次》第 402A 条未对产品缺陷进行类型化②，

① 例如，《最高人民法院关于审理旅游纠纷案件适用法律若干问题的规定》（法释〔2010〕13 号，以下简称《旅游纠纷司法解释》）第 16 条规定：“旅游经营者准许他人挂靠其名下从事旅游业务，造成旅游者人身损害、财产损失，旅游者请求旅游经营者与挂靠人承担连带责任的，人民法院应予支持。”《道路交通事故司法解释》（法释〔2012〕19 号）第 3 条规定：“以挂靠形式从事道路运输经营活动的机动车发生交通事故造成损害，属于该机动车一方责任，当事人请求由挂靠人和被挂靠人承担连带责任的，人民法院应予支持。”《最高人民法院关于国内水路货物运输纠纷案件法律问题的指导意见》（法发〔2012〕28 号）第 12 点规定：“挂靠船舶因侵权行为造成他人财产、人身损害，依据民法通则、侵权责任法、海商法和有关司法解释的规定，挂靠船舶的实际所有人和被挂靠企业应当承担连带赔偿责任。”

② See ALI, *Restatement of the Law*, *Second*, *Torts*, § 402A Special Liability of Seller of Product for Physical Harm to User or Consumer.

实际上是以制造缺陷为原型进行的定义。1979 年《统一产品责任示范法》第 104 条以“不合理的危险”界定产品缺陷，并首次明确将产品缺陷分为制造缺陷、设计缺陷、警示说明缺陷三种。[①] 此后，美国法学会《侵权法重述·第三次·产品责任编》第 2 条对产品缺陷的分类也明确采用了制造缺陷、设计缺陷和说明警示缺陷的“三分法”[②]。针对这种“三分法”的缺陷类型，还可以进一步以缺陷的普遍性为基础区分为个体性缺陷和普遍性缺陷。制造缺陷是个体性风险，仅存在于个别产品，一般情况下并不发生在某一批次或型号的所有产品上，应当通过生产者的严格责任进行救济，即针对特定消费者进行个案救济；设计缺陷和警示说明缺陷是普遍性风险，存在于某一批次或型号的所有产品，具有全面的覆盖性，故可以适用召回制度，即针对不特定消费者进行普遍救济。[③]

需要指出的是，交易平台提供者责任所针对的缺陷类型是个体性缺陷，而虚假广告责任和产品质量担保者责任所针对的缺陷类型是普遍性缺陷。[④] 这一区分的意义在于，交易平台提供者承担的不真正连带责任仅限于生产缺陷，而虚假广告责任和产品质量担保者责任，则不适用于个体性的生产性缺陷。这有利于厘清实务中虚假广告责任和产品质量担保者责任的适用范围。

（三）缺陷食品、药品营销参与者责任的加重性与限制性

从产品责任的历史来看，对产品责任苛加严格责任始于长久以来对食品供应者苛加的极高注意义务，甚至早在 1266 年英国法上就已经出现了对客栈老板、葡萄酒商、啤酒制造者、屠夫、厨师及其他提供腐败食品和饮料者苛加刑事责任的规定[⑤]，这些主要是出于公共利益的考虑。所以不但在食品安全领域，在药品安全领域以及婴幼儿产品安全领域，出于社会公共利益考虑，也应该加重营销参与者责任。

根据上文的分析，缺陷食品、药品营销参与者责任的加重性主要体现在两个方面：第一，本应适用补充责任的情形被强化为了不真正连带责任；第二，对于承担连带责任的主观要求从“明知”扩展到了“应知”。笔者认为，对于普通产品的适用，就需要“举重以明轻”，避免责任过重。质言之，对于消费者权益的保护已经体现在了我国《侵权责任法》第 41～43 条的生产者和销售者无过错不真正连带责任领域，那么如果不是食品、药品以及婴幼儿产品等具有公共利益的产品领域，没有足够充分的其他事由，原则上不能将产品营销参与者责任领域的补充责任强化为

① See *Model Uniform Product Liability Act of* 1979, Sec. 104. Basic Standards of Responsibility for Manufacturers.

② ALI, *Restatement of the Law*, *Third*, *Torts*: *Products Liability*, § 2 Categories of Product Defect.

③ See James A. Henderson Jr. & Aaron D. Twerski, *Products Liability*: *Problems and Process* (*Sixth Edition*), Wolters Kluwer Law & Business, 2008, pp. 3, 165 - 166.

④ See David G. Owen, *Products Liability Law* (2nd), Thomson/West (2008), pp. 1051 - 1052.

⑤ See ALI, *Restatement of the Law*, *Second*, *Torts*, Comment b. History.

不真正连带责任，也不能将连带责任的主观要求从“明知”扩展到“应知”，否则营销参与者的责任就会显得过重。因此，对于《食品药品纠纷司法解释》第 17 条第 1 款规定（“消费者与化妆品、保健品等产品的生产者、销售者、广告经营者、广告发布者、推荐者、检验机构等主体之间的纠纷，参照适用本规定。”）中的“参照适用”，就不能直接适用相关加重性的规定，应尽量按照立法原意适用补充责任和连带责任“明知”的主观限制。

专题八

侵害患者知情同意权侵权责任研究

在《侵权责任法》通过之前，《执业医师法》第26条、《医疗事故处理条例》第11条、《医疗机构管理条例》第33条、《医疗机构管理条例实施细则》第62条和第88条规定了有关医务人员告知说明义务和患者知情同意权的内容，并普遍为医疗机构的诊疗活动所遵循，取得了很好的实践效果。[①]《侵权责任法》第55条借鉴了这些规定，在我国法律上第一次确认了患者的知情同意权[②]，规定了侵害患者知情同意权的侵权责任，并在第56条规定了紧急情况下医疗机构紧急专断治疗的例外情形。对比条文可知，《侵权责任法》与上述法律、法规和部门规章以及2010年颁布的《病历书写基本规范》第10条的规定仍然有诸多区别，民法学界对于侵害患者知情同意权侵权责任的理解也有较大争议，这不利于实务中对此类侵权责任的统一认定。本书从解释论出发，以《侵权责任法》第55条和第56条为中心，对侵害患者知情同意权侵权责任进行解读，作为对最高人民法院起草“医疗损害责任司法解释”相关问题的建议。

一、侵害患者知情同意权侵权责任在体系上的独立性

（一）对侵害患者知情同意权侵权责任独立性的三种典型认识

《侵权责任法》通过之后，民法学界对于第55条规定的侵害患者知情同意权侵权责任在第七章“医疗损害责任”中的体系地位有一定的争议。根据笔者所见，主要存在三种典型认识。

第一种是“独立侵权责任类型说”，以杨立新教授为代表。该说认为，《侵权责任法》第54条、第57条和第58条规定的是医疗技术损害责任。[③] 第55条、第56条和第62条规定的是医疗伦理损害责任[④]，并在违法行为中区分为违反告知义务

① 参见王胜明主编：《中华人民共和国侵权责任法解读》，274页，北京，中国法制出版社，2010。

② 参见王利明：《侵权责任法研究》（下卷），421页，北京，中国人民大学出版社，2011。

③ 参见杨立新：《侵权责任法》，419页，北京，法律出版社，2010。

④ 参见杨立新：《侵权责任法》，428页，北京，法律出版社，2010。

和违反保密义务两种类型。[①] 按照这样的认识，违反告知义务的医疗伦理损害责任是独立的侵权责任类型。

第二种是"过错表现形式说"，以张新宝教授为代表。该说认为，根据《侵权责任法》第54条的规定，医疗损害责任的构成要件包括：（1）诊疗行为具有违法侵害患者的生命、健康等人身权利的特征；（2）患者或者其近亲属遭受损害；（3）诊疗行为与损害结果之间的因果关系；（4）医疗机构、医务人员有过错。[②] 就过错要件，张新宝教授认为，按照《侵权责任法》的规定，包括三种情况：（1）违反告知同意义务；（2）违反医疗机构的注意义务；（3）法定过错推定标准。[③] 按照这样的认识，违反告知同意义务是医疗损害责任过错要件的一种表现形式，不具有独立性。

第三种是"医疗损害责任类型说"，以王利明教授为代表。该说认为，根据《侵权责任法》第54条的规定，医疗损害责任是诊疗活动给患者造成的损害。[④] 《侵权责任法》对医疗损害责任作出了类型化的规定，主要表现在：第一，规定了对药品、医疗器械、消毒药剂、血液的缺陷造成损害的责任。第二，规定了侵害患者隐私权的责任。第三，规定了违反知情同意义务而产生的责任。第四，规定了不必要检查的责任。[⑤] 按照这样的认识，"违反知情同意义务而产生的责任"具有一定的独立性，但其造成的损害仍然是医疗行为本身造成的损害，而非独立的侵害知情同意权的侵权责任。

对比上述三种观点可以看出，侵害患者知情同意权侵权责任的体系定位具有一定的争议性和模糊性，这将直接影响到对《侵权责任法》第55条和第56条的理解与适用，因此有必要首先厘清这一问题。

（二）侵害患者知情同意权侵权责任在《侵权责任法》上的确立过程

《侵权责任法》第二次审议过程中，全国人民代表大会法律委员会曾对医疗损害责任作出过说明："关于医疗损害赔偿责任，草案区分不同情况作了三方面规定：（1）诊疗损害实行过错责任……（'二审稿'第53条，相当于《侵权责任法》第54条；'二审稿'第58条，相当于《侵权责任法》第58条[⑥]）。（2）医务人员未尽告知义务的赔偿责任……（'二审稿'第55条、第56条，相当于《侵权责任法》第55条、第56条）。（3）因药品、医疗器械的缺陷造成损害的，根据《产品质量法》的规定实行无过错责任……"[⑦] 可见，草案起草者将"医务人员未尽告知义务的赔偿责任"和"因药品、医疗器械的缺陷"引起的产品责任作为独立于"诊疗损害责

① 参见杨立新：《侵权责任法》，441～442页，北京，法律出版社，2010。

② 参见张新宝：《侵权责任法》，2版，232～234页，北京，中国人民大学出版社，2010。

③ 参见张新宝：《侵权责任法》，2版，235～237页，北京，中国人民大学出版社，2010。

④ 参见王利明：《侵权责任法研究》（下卷），371～372页，北京，中国人民大学出版社，2011。

⑤ 参见王利明：《侵权责任法研究》（下卷），380～381页，北京，中国人民大学出版社，2011。

⑥ 括号中的内容为笔者添加的说明，以下同，不再赘述。

⑦ 全国人大法律委员会关于《中华人民共和国侵权责任法（草案）》主要问题的汇报，2008年12月22日十一届全国人大常委会第六次会议。

任”的独立侵权责任类型。尽管该文件未对“二审稿”第 57 条规定的未尽“与当时的医疗水平相应的注意义务”医疗损害责任进行明确定性，但由于该类侵权行为既不是“医务人员未尽告知义务的赔偿责任”，也不是“缺陷药品、医疗器械产品责任”，而是强调一种技术意义上的诊疗义务，因而也应该认为是一种“诊疗损害责任”类型。按照这样的认识，“医务人员未尽告知义务的赔偿责任”是独立的侵权责任类型。

（三）侵害患者知情同意权侵权责任是独立的侵权责任类型

《最高人民法院关于修改〈民事案件案由规定〉的决定》（法〔2011〕41 号）修改后的《民事案件案由规定》新增了三级案由“351. 医疗损害责任纠纷”，下设“（1）侵害患者知情同意权责任纠纷”和“（2）医疗产品责任纠纷”两个四级案由，也明确了“侵害患者知情同意权责任纠纷”的独立性。笔者赞成这种定位，认为《侵权责任法》规定的侵害患者知情同意权侵权责任是与“诊疗损害责任”并列的独立侵权责任类型，主要理由是：

第一，两种侵权责任的过错所针对的行为类型有所不同。《侵权责任法》第 54 条规定了诊疗损害责任的过错责任原则。这种过错的举证责任分配，可能是由患者一方承担，如第 57 条规定的“医务人员在诊疗活动中未尽到与当时的医疗水平相应的诊疗义务”，也可能是第 58 条规定的医疗机构过错推定责任，但都是医务人员对其诊疗活动的过错。第 55 条第 2 款规定的“医务人员未尽到前款义务”，是一种未尽告知义务的过错。如果认为第 55 条第 2 款的规定是诊疗损害责任中过错要件的一种表现形式，那么鉴于未尽告知义务的行为并非直接构成诊疗活动的过错，就应该在第 58 条中予以列举作为一种过错推定的情形。这是因为，即使医务人员没有尽到告知义务，也不能认为诊疗行为本身就有过错。这种过错，严格地说是过失，只能以推定的方式确定，并且允许医疗机构一方进行反证。立法者没有作出这样的立法安排，应该认为是区分了两种过错针对的行为类型。

第二，第 58 条规定的过错推定情形与第 60 条第 1 款规定的抗辩事由情形，均仅适用于诊疗损害责任，而不适用于侵害患者知情同意权的侵权责任。第 58 条第 1 项规定的“违反法律、行政法规、规章以及其他有关诊疗规范的规定”，其实质是各种法律性文件中“有关诊疗规范的规定”。第 2 项规定的“隐匿或者拒绝提供与纠纷有关的病历资料”和第 3 项规定的“伪造、篡改或者销毁病历资料”，其主要目的也是判断诊疗活动中的过错，而非是否尽到告知义务。第 60 条第 1 款第 1 项规定：“患者或者其近亲属不配合医疗机构进行符合诊疗规范的诊疗；”第 2 项规定：“医务人员在抢救生命垂危的患者等紧急情况下已经尽到合理诊疗义务；”第 3 项规定：“限于当时的医疗水平难以诊疗。”这 3 项规定均是针对诊疗活动而非医务人员是否尽到告知义务。

第三，第 55 条和第 56 条自成体系，完整地规定了“告知义务—违反告知义务”的侵权责任构成结构与相应的抗辩事由。第 55 条第 1 款规定了与患者知情同意权对应的医疗机构告知义务，由医务人员来具体进行说明。该条第 2 款规定了违反这种义务造成患者损害的侵权责任。第 56 条实质上规定了紧急情况下医疗措施的批准程序作为未尽告知义务侵害患者知情同意权侵权责任的抗辩事由。这两个条文的适用，不以第 54 条为前提。

第四，医务人员尽到说明义务并不是诊疗损害责任的抗辩事由。草案起草者在权威解读中谈道："医务人员尽管尽到了本条第一款规定的义务，尽管取得了患者或者其近亲属同意相关治疗的签字，但如果在后续的诊疗活动中未尽到与当时的医疗水平相应的诊疗义务，造成患者损害的，医疗机构仍应当承担赔偿责任。"① 质言之，书面同意的法律效果是允许医疗机构按照同意的内容实施"手术、特殊检查、特殊治疗"，或者"替代医疗方案"，或者及时转诊治疗，而不是自担风险。

综上所述，笔者认为，侵害患者知情同意权的侵权责任是与诊疗损害责任并列的侵权责任类型。《侵权责任法》上的诊疗损害责任规定包括第 54 条、第 57 条、第 58 条和第 60 条，侵害患者知情同意权的侵权责任规定在第 55 条和第 56 条，缺陷药品、消毒药剂、医疗器械和不合格血液产品责任规定在第 59 条。这样的结论可能会引起从条文顺序角度的质疑，即如果这是立法者的本意，那么为何将第 55 条和第 56 条置于第 54 条与第 57 条之间？但如果认识到第 60 条规定的抗辩事由，显然也不适用于第 59 条规定的缺陷药品、消毒药剂、医疗器械和不合格血液产品责任，那么更为合理的解释则应该是，在起草《侵权责任法》过程中由于未对侵害患者知情同意权的侵权责任的独立性有明确而充分的认识，因而才不恰当地将其置于第 55 条和第 56 条的位置。未来司法解释应当对这一问题予以明确。

二、医疗机构说明义务的类型与履行方式

《侵权责任法》第 55 条第 1 款规定："医务人员在诊疗活动中应当向患者说明病情和医疗措施。需要实施手术、特殊检查、特殊治疗的，医务人员应当及时向患者说明医疗风险、替代医疗方案等情况，并取得其书面同意；不宜向患者说明的，应当向患者的近亲属说明，并取得其书面同意。"这是对医疗机构说明义务的规定。医疗机构的说明义务与患者的知情同意权相对应，是指医疗机构为取得患者对医疗行为的同意，而对该医疗行为的有关事项进行说明的义务。② 因此，第 55 条和第 56 条的规定，不适用于基于社会公共利益考量对严重传染病患者、严重精神障碍者和吸毒者的强制治疗行为。③

① 王胜明主编：《中华人民共和国侵权责任法解读》，277～278 页，北京，中国法制出版社，2010。

② 参见王胜明主编：《中华人民共和国侵权责任法解读》，275 页，北京，中国法制出版社，2010。

③ 对此问题的探讨，参见艾尔肯：《论医疗知情同意理论》，载《河北法学》，2008（8）。近年来对"被精神病"的问题争议较多，更显示出此问题在我国的重要性。参见房清侠：《上访者"被精神病"现象的法社会学思考》，载《河北法学》，2011（1）。对此问题，笔者将另行撰文进行探讨。

（一）第55条第1款第1句与第2句是一般规则与特别规则关系

《侵权责任法》第55条第1款分为两句，其中第2句用一个“分号”将该句分为两段。该条规定了两种告知义务，即第1句规定的适用于所有“诊疗活动”（以下简称“普通诊疗活动”）的普通说明义务和第2句规定的适用于“需要实施手术、特殊检查、特殊治疗”情形（以下简称“特殊诊疗活动”）的特殊说明义务。[①] 延续了《医疗机构管理条例》第23条和《医疗机构管理条例实施细则》第62条的规定模式，《侵权责任法》第55条第1款将“手术”从“诊疗活动”中单独区分出来，与“特殊检查、特殊治疗”归入特殊诊疗活动，适用不同的告知义务规则。立法者的这种有意的区分从该句没有使用“等”字样也可以看出，是仅限于这三种情况。[②]《医疗机构管理条例实施细则》第88条中规定：“特殊检查、特殊治疗：是指具有下列情形之一的诊断、治疗活动：（一）有一定危险性，可能产生不良后果的检查和治疗；（二）由于患者体质特殊或者病情危笃，可能对患者产生不良后果和危险的检查和治疗；（三）临床试验性检查和治疗；（四）收费可能对患者造成较大经济负担的检查和治疗。”这4种情形中，前3项体现出一定的危险性和不确定性，第4项体现出高费用性。正是基于这些特性，医疗机构特殊说明义务的说明范围从“病情和医疗措施”扩展到“医疗风险、替代医疗方案等情况”，告知时间上增加了“及时”的要求，并要求取得患者或者近亲属的书面同意。因此，该款第1句与第2句是一般规则与特别规则的关系，第1句规定的普通说明义务应当同样适用于第2句规定的特殊说明义务中。

（二）全面履行医疗机构说明义务的基本要求与特殊说明义务的内容

笔者认为，全面履行医疗机构说明义务的基本要求包括以下几个方面：第一，“说明”义务贯穿于整个诊疗活动。《医疗机构管理条例实施细则》第88条中规定：“诊疗活动：是指通过各种检查，使用药物、器械及手术等方法，对疾病作出判断和消除疾病、缓解病情、减轻痛苦、改善功能、延长生命、帮助患者恢复健康的活动。”第二，“说明”必须达到“使之明了”的程度，而非仅仅是“介绍”[③] 或者“简要说明”。“三审稿”第55条第1款第1句曾规定：“医务人员在一般诊疗活动中应当向患者简要说明病情和医疗措施。”《侵权责任法》第55条第1款在“三审稿”基础上，删除了“一般”和“简要”字样，这样的修改将说明义务普遍地苛加于诊疗活动，在任何情况下都不能“简要”说明。第三，“说明”不但要“如实告知”，还要“解答其咨询”[④]。医疗行为具有专业性，医务人员的说明应该尽量使用

① 参见王利明：《侵权责任法研究》（下卷），426～428页，北京，中国人民大学出版社，2011。

② 参见王利明：《侵权责任法研究》（下卷），429页，北京，中国人民大学出版社，2011。

③ 可见，《执业医师法》第26条第1款规定的“医师应当如实向患者或者其家属介绍病情”有待向《侵权责任法》看齐。

④ 《医疗事故处理条例》第11条前段规定：“在医疗活动中，医疗机构及其医务人员应当将患者的病情、医疗措施、医疗风险等如实告知患者，及时解答其咨询”。

生活语言而非专业术语，尤其对于文化层次较低的病人，更应该进行通俗易懂的讲解。① 第四，鉴于我国基本医疗保险和商业医疗保险普遍不承保所谓的“自费药”，对此也应该尽到说明义务。

而特殊说明义务中“医疗风险、替代医疗方案等情况”的“等”字，应该是针对特殊诊疗活动的危险性、不确定性和高费用性，与医疗风险和替代医疗方案具有同等重要性的内容，例如，建议及时转诊、可能的过敏体质、是否会输血或者使用血液制品、1年内病人接受X光检测的次数上限等。

（三）患者同意权的行使方式

第55条第1款第2句对特殊诊疗活动明文规定了书面同意的方式，而该款第1句对普通说明义务的规定，并未明文要求患者同意，那么是否还需要患者作出同意的表示呢？笔者认为，该款第2句之所以要求书面同意，是因为实施特殊诊疗活动具有一定的危险性、不确定性和高费用性，那么作为普通诊疗行为，考虑到医疗行为本身的专业性特点，不宜也无法事事征求患者意见，因此无须就所有医疗措施征求患者同意，但应该允许患者提出疑问。如果患者对医疗措施表示反对，则应该尊重患者的意见。因此，患者通过享有“反对权”来实现其在普通诊疗活动中的同意权的行使。而在第55条第1款第2句规定的特殊诊疗活动中，医务人员不但应当向患者说明“病情和医疗措施”，还应当说明“医疗风险、替代医疗方案等情况”，那么患者或者其近亲属的书面同意，就不仅是“同意权”，而且包括了“选择权”。

除了患者表示同意之外，实务中知情同意权还有两种特殊的行使方式，未来司法解释应当予以规定。第一种是授权他人行使。《病历书写基本规范》第10条第1款规定：“对需取得患者书面同意方可进行的医疗活动，应当由患者本人签署知情同意书……患者因病无法签字时，应当由其授权的人员签字……”笔者认为，患者如果是完全民事行为能力人，事先书面授权了他人在其因病无法签字时，按照其授权进行签字，应该认为是从患者处获得了同意。第二种是授权医疗机构决定。如虽然患方具有完全的民事行为能力和同意能力，医疗机构在实施医疗行为前也已经充分履行了告知义务，然而由于医疗行为的高度专业性，患方在此基础上仍无法对即将实施的医疗行为准确认知，并作出是否同意的决断。患方可以在自愿的情形下授权医疗机构，由医疗机构依据患者实际情况代为行使。对此《侵权责任法》没有作出明确的规定。作为患方对自身权利的处置，在不违反强行法和社会基本伦理观念的前提下，应当得到法律的尊重和保护②，但患者近亲属无权授权他人或者医疗机构行使。

① 是否存在所谓“对患者已知事实的告知义务豁免”，从《侵权责任法》立法过程中无法判断。鉴于本书的解释论视角，笔者在此也不作讨论。关于该问题的详细探讨，参见王占明：《医生告知义务的三种豁免根据》，载《厦门大学法律评论》，第18卷，厦门，厦门大学出版社，2010。

② 参见艾尔肯、秦永志：《论医疗知情同意书——兼评〈侵权责任法〉第55条、第56条的规定》，载《东方法学》，2010（3）。

(四)"患者模式"确认了知情同意权的人格权性质

与《医疗机构管理条例》第 33 条第 1 段规定的"患者和家属(或关系人)共享模式"、《执业医师法》第 26 条规定的"患者和家属任选模式"不同,《侵权责任法》第 55 条第 1 款第 2 句前段采用了与《医疗机构管理条例实施细则》第 62 条和《医疗事故处理条例》第 11 条相同的"患者模式"①。这是患者知情同意权作为一种人格权,蕴含自我决定权内容的体现。② 有学者提出,患者的知情同意权应当属于人格权的范畴,具体而言,其应当属于人格尊严和人身自由的内容。我国未来人格权立法中,应当对此加以规定。③ 对此笔者表示赞同,并认为知情同意权是一种患者对医疗机构提出积极作为义务的特殊人格权,有必要作为一种特殊的身体权进行规定。④ 正是由于知情同意权是一种人格权,所以只能由患者个人享有,这也是第 55 条第 1 款第 2 句后段规定的法定代理权的逻辑起点。

(五)"不宜向患者说明的"情形及其适用范围

就"不宜向患者说明的"理解,一般认为是为了避免产生不利后果。⑤ 所谓不利后果,如将会造成患者悲观、恐惧、心理负担沉重,不利于治疗等。⑥ 为此医疗机构一般会采用保护性医疗措施。⑦ 所谓的"保护性医疗措施",是指当医务人员在诊断和治疗过程中向患者本人履行告知义务可能妨碍治疗之效果时,得以依照法律的规定不履行或者不完全履行告知义务⑧,如向危重病人隐瞒病情等。这被学者称为"医疗特权",是指如果说明有危害病人之虞,如使之自杀、精神崩溃、加重病情,拒不治疗时,医生得例外地为全部或者一步的保留。⑨ 此时,近亲属行使的是一种基于保护患者利益而规定的法定代理权。⑩ 笔者认为,第 55 条第 1 款是以完全民事行为能力人作为立法原型,遗漏了患者不具备完全民事行为能力的情形。因此除了避免产生不利后果之外,对于患者不具备完全民事行为能力的情形,也应视为"不宜向患者说明的"情形。但在这种情形中,监护人行使的是《民法通则》第 18 条规定的监护职责。因此,2010 年新颁布的《病历书写基本规范》第 10 条对此

① 季涛:《谁是医疗关系中知情同意权的主体?》,载《浙江社会科学》,2010(2)。

② 参见杨立新、袁雪石:《论医疗机构违反告知义务的医疗侵权责任》,载《河北法学》,2006(12)。该文使用的是"自行决定权"的术语。

③ 参见王利明:《侵权责任法研究》(下卷),424~425 页,北京,中国人民大学出版社,2011。

④ 对此问题的简要说明,参见王竹:《人格权法立法展望》,载《私法研究》,第 10 卷,北京,法律出版社,2011。笔者将另行撰文详细说明这种立法构想。

⑤ 参见《执业医师法》第 26 条第 1 款、《医疗事故处理条例》第 11 条后段。

⑥ 参见王胜明主编:《中华人民共和国侵权责任法解读》,277 页,北京,中国法制出版社,2010。

⑦ 参见《医疗机构管理条例实施细则》第 61 条和第 62 条、《病历书写基本规范》第 10 条第 2 款。

⑧ 参见田侃、虞凯:《试论保护性医疗措施的法律特征及行使原则》,载《南京医科大学学报(社会科学版)》,2006(4)。

⑨ 参见王泽鉴:《侵权行为》,235 页,北京,北京大学出版社,2009。

⑩ 参见季涛:《谁是医疗关系中知情同意权的主体?》,载《浙江社会科学》,2010(2)。

情形的定位有误，该条第 1 款第 1 句和第 2 款应该对应《侵权责任法》第 55 条第 1 款，第 1 款第 2 句应该对应《侵权责任法》第 56 条，而第 1 款第 2 句第 1 分句“患者不具备完全民事行为能力时，应当由其法定代理人签字”被错误地纳入了相当于《侵权责任法》第 56 条规定的“不能取得患者或者其近亲属意见的”情形。

需要特别指出的是，《侵权责任法》第 55 条第 1 款在“二审稿”和“三审稿”的对应条文中，第 2 句的“分号”均为“句号”。这一变化清晰地显示出第 55 条第 1 款第 2 句后段规定的患者近亲属书面同意方式，仅适用于该款第 2 句前段规定的情形。这与《执业医师法》第 26 条第 1 款、《医疗事故处理条例》第 11 条、《医疗机构管理条例实施细则》第 62 条和《病历书写基本规范》第 10 条第 2 款规定的适用于所有诊疗行为的类似规定有一定的差别。笔者认为，《侵权责任法》的处理显得不尽合理。无论是保护性医疗措施，还是非完全民事行为能力人的情形，均不以特殊诊疗活动为限。这样看来，“三审稿”的原有处理方案，似乎更为妥当。

（六）“患者近亲属”的扩展及数位近亲属的顺位问题

《侵权责任法》作为未来“民法典”的组成部分①，采用了“近亲属”的用语，实现了用语的“民法化”，这在一定程度上澄清了《执业医师法》第 26 条使用的“家属”、《医疗机构管理条例》第 33 条使用的“家属或者关系人”和《医疗机构管理条例实施细则》第 61 条使用的“家属和有关人员”带来的混淆。但这种规定也印证了立法者未将不具备完全民事行为能力人纳入“不宜”说明对象的猜测。《民法通则》第 16 条第 2 款第 3 项将“关系密切的其他亲属、朋友”，第 4 款将单位监护人作为未成年人的监护人，第 17 条第 1 款第 5 项和第 3 款也对精神病人的监护人作了类似规定。考虑到这样的情形，新颁布的《病历书写基本规范》第 10 条第 2 款第 2 句规定：“患者无近亲属的或者患者近亲属无法签署同意书的，由患者的法定代理人或者关系人签署同意书。”将“法定代理人”纳入是合理的，但此处仍然保留了“关系人”，则显得多余而且容易引起误解。如果患者既没有近亲属，也没有法定代理人，那么就应直接适用《侵权责任法》第 56 条的规定。

当患者近亲属不止一位时，会出现近亲属的顺位问题。笔者认为，应该考虑两方面的因素：第一，医疗行为具有人身性，应该尽量要求近亲属作出一致意见，无法作出一致意见的，应当取得多数人的意见；第二，由于医疗行为可能导致患者死亡进而发生继承，因而应该参考《继承法》关于继承顺位的规定。鉴于被征求意见的近亲属必须是具有完全民事行为能力的人，按照《民通意见》第 12 条的规定，被征求意见的近亲属包括配偶、父母、成年子女、成年兄弟姐妹、祖父母、外祖父母、成年孙子女和成年外孙子女。《继承法》第 10 条第 1 款规定：“遗产按照下列

① 参见本书专题一：《侵权责任法》立法程序合宪性与“民法典”起草过程中的宪法意识研究。

顺序继承：第一顺序：配偶、子女、父母。第二顺序：兄弟姐妹、祖父母、外祖父母。”因此，医疗机构应该首先征求第一顺序即配偶、成年子女和父母的意见；无法取得第一顺位近亲属意见的，再征求第二顺位近亲属即成年兄弟姐妹、祖父母和外祖父母；无法取得第二顺位近亲属意见的，再征求其他近亲属，即成年孙子女和成年外孙子女的意见。

三、侵害患者知情同意权侵权责任的构成

《侵权责任法》第 55 条第 2 款规定：“医务人员未尽到前款义务，造成患者损害的，医疗机构应当承担赔偿责任。”这是对侵害患者知情同意权侵权责任构成的规定。

（一）“前款义务”突兀的立法用语是如何产生的

《侵权责任法》第 55 条第 2 款规定：“医务人员未尽到前款义务，造成患者损害的，医疗机构应当承担赔偿责任。”该款“前款义务”的用语过于简略而显得不太符合用语习惯，且为我国现行法律体系中用语上的孤例[①]；而在整个《侵权责任法》上也显得较为模糊，与其他条文中明确规定义务类型，如第 36 条规定的“安全保障义务”、第 57 条和第 60 条规定的“诊疗义务”、第 75 条规定的“高度注意义务”以及第 76 条规定的“警示义务”形成了较为鲜明的对比。这种立法用语的突兀性，是由其立法过程产生的。在起草《侵权责任法》过程中，“一审稿”未规定医疗损害责任。2008 年 12 月 21 日“二审稿”新增了第七章“医疗损害责任”，应该指出，在“二审稿”之前，曾有一份未经全国人大常委会审议的《中华人民共和国侵权责任法草案》（2008 年 9 月 23 日修改稿）供学者讨论。该草案是最早规定“医疗损害责任”章的立法草案，其中第 59 条仅有 1 款，内容相当于《侵权责任法》第 55 条第 1 款，而没有第 2 款。可见，较之第 55 条第 1 款，第 55 条第 2 款实际上是真正意义上的“二审稿”新增条款，这种立法的突兀性就不难理解了。

（二）医疗机构“未尽前款义务”的具体情形

根据学者对判例的总结，实务中医疗机构未履行说明义务的情形主要有七种：（1）医方未就其资质向患者履行说明义务，超范围行医造成后果；（2）医方术前未告知患者手术的目的或性质，以致手术目的完全背离了患者就医初衷，产生严重的损害后果；（3）医方术前未告知或未充分告知患者手术的风险；（4）医方术前未告知患者替代性治疗方案；（5）医方擅自术中更改手术方案；（6）医方未告知药品毒

① 我国现行法上较为通行的表述方式为：“前款规定义务”，如《职业病防治法》第 31 条第 4 款、《食品安全法》第 52 条第 2 款、《保险法》第 23 条第 2 款、《邮政法》第 47 条第 3 款、《非物质文化遗产法》第 31 条第 2 款。另有类似的表述：“前款规定的义务”，如《行政许可法》第 67 条第 2 款。

副作用；（7）医方未及时履行转诊告知义务，致患者丧失最佳治疗时机。① 鉴于第55条第1款规定的是告知义务，就“未尽到前款义务”的文义解释来看，应该认为无法包括第5种“医方擅自术中更改手术方案”等医疗机构擅自改变治疗方案的情形，而这种情形恰恰是患者知情同意权的重要体现。《最高人民法院公报》2004年第8期刊载的《郑雪峰、陈国青诉江苏省人民医院医疗服务合同纠纷案》的“裁判摘要”指出：“公共医疗卫生服务机构履行医疗服务合同时，在非紧急情况下，未经同意擅自改变合同双方约定的医疗方案，属于合同法第一百零七条规定的履行合同义务不符合约定的行为。”该“裁判摘要”明确了该类案件可以适用《合同法》进行解决，但笔者认为，此种情形仍不应排除患者以侵权为由提起诉讼。建议未来司法解释对“未尽到前款义务”作扩大化解释，将医疗机构擅自改变治疗方案纳入侵害知情同意权侵权责任中。

《病历书写基本规范》第10条第1款第1句规定：“对需取得患者书面同意方可进行的医疗活动，应当由患者本人签署知情同意书。”因此，医疗机构是否尽到了特殊说明义务，应该由医疗机构通过提供由患者本人或者其近亲属签署的知情同意书来证明，举证责任在医疗机构一方。而对于医疗机构是否尽到普通说明义务，举证责任则在患者一方。

（三）造成患者“损害”是指人身损害或者严重精神损害

值得斟酌的是，《侵权责任法》第55条第2款中“损害”的性质到底是什么？根据对侵害患者知情同意权侵权责任独立性地位的认识不同，有“实际损害说”和“知情同意权受损说”两种学说。

“实际损害说”以王利明教授为代表，他认为就医疗损害责任中的损害要件而言，包括人身伤亡的损害和财产损失。其中人身伤亡的损害主要是指因侵害患者生命权、健康权和身体权而造成的损害，还包括精神损害，即因医疗机构的过错导致人身伤害之后，产生相应的精神痛苦、肉体痛苦等。② 在医疗机构未能尽到对患者的告知和取得患者同意的义务的情况下，必须要造成患者损害的结果，医疗机构才需要承担责任。③ 最高人民法院林文学法官则明确地认为这种损害不包括对知情同意权的侵害：“在侵害患者知情权的情况下，不是医疗机构都要承担赔偿责任，必须要有损害的事实。尽管对知情权的侵害本身也是一种损害，但是《侵权责任法》要求的损害是物质损害和精神损害，如果患者不能举证损害的事实，医疗机构也不承担损害赔偿责任。”④

“知情同意权受损说”以杨立新教授为代表，他认为违反告知义务的医疗伦理

① 参见姜春玲：《论患者的知情同意权——判例调查基础上的理论与立法检讨》，载《南京大学法律评论》，2006年秋季卷，北京，法律出版社，2006。

② 参见王利明：《侵权责任法研究》（下卷），388页，北京，中国人民大学出版社，2011。

③ 参见王利明：《侵权责任法研究》（下卷），432页，北京，中国人民大学出版社，2011。

④ 林文学：《〈侵权责任法〉医疗损害责任规定若干问题探析》，载《法律适用》，2010（7）。

损害责任侵害的是患者的知情权和自我决定权①，损害事实主要不是人身损害事实（尽管也有人身损害事实），而是知情同意权、自我决定权等民事权利的损害②，包括现实权益损害和期待利益损害两类。现实权益损害包括人身损害、精神损害和财产损害，期待利益损害包括丧失治疗最佳时机（包括存活机会）和最佳治疗方案、丧失其他可预见利益和其他间接性损害。③

按照第55条第2款规定的“造成患者损害的”规定，患者在诊疗活动中受到“损害”是“医疗机构应当承担赔偿责任”的前提。而且这种损害的发生，不以诊疗损害责任或缺陷药品、医疗器械和不合格血液产品责任的“造成患者损害的”为限，更准确地说，是不以这两种侵权责任的成立为前提，但必须以有损害为前提。也就是说，这种损害可能同时是侵权责任的构成要件，也可能有损害但在诊疗活动中医务人员或者医疗机构没有过错，也可能是诊疗损害责任满足了第60条第1款规定的抗辩事由，或者缺陷药品、医疗器械和不合格血液产品责任满足了《产品质量法》规定的抗辩事由，但必须造成了损害，第55条第2款才能适用。在这样的意义上，笔者认为就损害的性质，应该采纳“实际损害说”，主要是指人身损害，但特殊情形下也包括诊疗行为侵害人身权益直接造成的严重精神损害。例如，患者的右乳房发现恶性肿瘤，医生在得到其同意的情况下实施了乳房切除手术。但在切除了右乳房后又对其左乳房作了病理切片检查，发现左乳房属于乳腺症，医生在没有得到本人的同意下，将其左乳房也切除了。全部切除女性乳房内部组织对于患者来说从生理机能到外观上影响都很大，患者因此遭受严重精神损害。④

应当指出，《侵权责任法》第55条第2款规定的“造成患者损害的”，与第57条、第59条和第62条的用语相同而内涵不同。在《侵权责任法》上，立法者一般用“造成”表示因果关系，但在第55条第2款中，即使医务人员未尽说明义务，也不必然导致患者损害。质言之，患者的损害可能是诊疗行为造成的，也可能是自身病情的恶化，或者二者兼有之，但肯定与未尽说明义务无因果关系。而从侵害患者知情同意权的角度出发，“未尽到前款义务”就已经侵害到了知情同意权，也无须再说明“造成患者损害的”。因此，在某种意义上，第55条第2款规定的“造成患者损害的”容易造成误解，立法上更宜使用第54条规定的“患者在诊疗活动中受到损害”或者第58条和第60条使用的“患者有损害”用语。

（四）医疗机构承担的“赔偿责任”是对侵害患者知情同意权的赔偿

尽管“损害”的性质是患者实际遭受的人身损害或者严重精神损害，但第55条第2款规定的“医疗机构应当承担赔偿责任”却是对侵害患者知情同意权的赔

① 参见杨立新：《侵权责任法》，442页，北京，法律出版社，2010。

② 参见杨立新：《侵权责任法》，444页，北京，法律出版社，2010。

③ 参见杨立新：《侵权责任法》，442～443页，北京，法律出版社，2010。

④ 该案例详见段匡、何湘渝：《医师的告知义务和患者的承诺》，载梁慧星主编：《民商法论丛》，第12卷，159～160页，北京，法律出版社，1999。

偿，即“赔偿”的“损害”为“知情同意权受损”。因此，医疗伦理损害责任的赔偿，主要是精神损害抚慰金赔偿。① 即适用《侵权责任法》第 22 条的规定：“侵害他人人身权益，造成他人严重精神损害的，被侵权人可以请求精神损害赔偿。”这里的严重精神损害，是侵害知情同意权造成的，而非诊疗行为侵害人身权益直接造成的严重精神损害。在赔偿数额上，医疗机构因侵害患者知情同意权承担的精神损害赔偿，应当是象征性的，赔偿数额一般不应当过高。② 至于造成的实际损失的赔偿，以及诊疗行为侵害人身权益直接造成的严重精神损害，则应当另行确定赔偿数额。

比较法上一个重要的理论争议是是否存在对患者知情同意权单独侵害的侵权法救济问题。如著名的日本“病人基于宗教信仰拒绝接受输血案”，输血行为不但未造成患者损害，还挽救了患者的生命。日本最高裁判所认为，该案主管医师违反了说明义务，剥夺了患者决定是否接受有输血可能性本案手术的权利，侵害了患者的人格权，因此，应该承担给患者造成精神痛苦的责任。③ 按照上文的逻辑，我国《侵权责任法》第 55 条第 2 款实际上已经对此争议作出了回答，即未造成人身损害，也未因侵害人身权益造成患者严重精神损害④，不能依据第 55 条第 2 款请求对患者知情同意权的保护。笔者认为，这种立法选择是符合我国现阶段实际的。

那么，对于仅仅侵害了患者知情同意权，但未造成患者人身损害或者严重精神损害的情形，如果不能请求精神损害赔偿，是否可以请求其他侵权责任的救济呢？《侵权责任法》第 54 条、第 55 条第 2 款、第 57 条、第 59 条和第 60 条都使用了“赔偿责任”的用语，而第 62 条使用了“侵权责任”的用语，第 64 条使用了“法律责任”的用语。对比可知，第 55 条第 2 款规定的构成要件仅限于赔偿责任，而不包括对其他侵权责任方式的适用。因此，笔者倾向于认为，对于未造成人身损害或者严重精神损害，但侵害了患者知情同意权的情形，应该适用《侵权责任法》第 15 条第 1 款规定的“赔礼道歉”责任方式。精神损害赔偿和赔礼道歉两种侵权责任的适用，使得第 55 条规定的侵害患者知情同意权的侵权责任在侵权责任类型的适用上与同属医疗伦理损害责任的第 60 条侵害患者隐私权的侵权责任保持了同质性。

① 应当指出，《侵权责任法》上的侵害患者知情同意权的医疗伦理损害责任是从法国法上借鉴而来的。参见杨立新：《中国医疗损害责任制度改革》，载《法学研究》，2009（4）。有意思的是，2010 年 6 月 3 日法国最高法院改变了原有的“生存机会丧失理论”，确定了对侵害患者知情同意权的精神损害赔偿。参见 Cass. 1eciv.，June3，2010，Bull. civ. I，No. 573.，转引自 Florence G'Sell-Macrez，“Medical Malpractice and Compensation in France”，86 *CHICAGO-KENT LAW REVIEW*，1103（2011）。

② 参见杨立新：《侵权责任法》，444 页，北京，法律出版社，2010。

③ 关于该案的案情和详细分析，参见夏芸：《患者自己决定权和医师裁量权的冲突——评“病人基于宗教信仰拒绝接受输血案”》，载《南京大学法律评论》，2003 年春季卷，北京，法律出版社，2003。

④ 从文义上看，《侵权责任法》第 22 条将精神损害赔偿的适用范围限于“侵害他人人身权益”，不但排除了《精神损害赔偿司法解释》第 4 条规定的“具有人格象征意义的特定纪念物品”，也排除了民族习惯和宗教信仰。如果未来司法解释将侵害宗教信仰纳入精神损害赔偿的范围之内，那么与该案类似的案件则可以对侵害知情同意权适用精神损害赔偿。

四、作为知情同意原则例外的医疗机构紧急专断治疗

《侵权责任法》第 56 条规定："因抢救生命垂危的患者等紧急情况，不能取得患者或者其近亲属意见的，经医疗机构负责人或者授权的负责人批准，可以立即实施相应的医疗措施。"这是对作为知情同意原则例外的医疗机构紧急专断治疗的规定，也有学者称之为"存在紧急情况时告知义务豁免"①。一般而言，专断治疗应当承担侵害患者知情同意权的责任，而紧急专断治疗，是指当患者处于不立即实施医疗行为其生命可能遭受重大危险的紧急状态时，医生有权在没有获得患者的知情同意的情况下按照应有的医疗方式进行治疗。②

（一）医疗机构紧急专断治疗的适用范围

《医疗机构管理条例》第 33 条规定："医疗机构施行手术、特殊检查或者特殊治疗时……无法取得患者意见又无家属或者关系人在场，或者遇到其他特殊情况时，经治医师应当提出医疗处置方案，在取得医疗机构负责人或者被授权负责人员的批准后实施。"对比可知，《侵权责任法》第 56 条将紧急情况下医疗机构紧急专断治疗适用范围从"施行手术、特殊检查或者特殊治疗时"改为"因抢救生命垂危的患者等紧急情况"，这就涉及了紧急专断治疗是否仅适用于第 55 条第 1 款第 2 句规定的特殊诊疗活动的问题。笔者认为，紧急专断治疗也应该同样适用于第 55 条第 1 款第 1 句规定的普通诊疗活动，理由在于：

第一，自"二审稿"开始，草案起草者就分别起草第 55 条第 1 款和第 56 条，这表明第 56 条是与整个第 55 条第 1 款对应的规则，而非仅仅适用于该条第 1 款第 2 句。否则，立法者就应该在第 56 条中采用与第 55 条第 1 款第 2 句相同的导语，即"需要实施手术、特殊检查、特殊治疗的"。

第二，如果第 56 条仅适用于第 55 条第 1 款第 2 句的情形，立法者就应该将第 55 条第 1 款的两句分为两款，第 2 句与第 56 条另行组成一款与《医疗机构管理条例》第 33 条类似的条款。立法者没有采用《医疗机构管理条例》第 33 条的模式，说明其希望对该规则进行修订。

第三，特殊诊疗活动的危险性、不确定性和高费用性，与是否存在"因抢救生命垂危的患者等紧急情况"并无直接对应性。例如，患者溺水暂时停止呼吸时，医务人员需要对其进行人工呼吸，该种治疗既无危险性和不确定性，费用也不高，却又非常紧急。如果出现"不能取得患者或者其近亲属意见的"情

① 王占明：《医生告知义务的三种豁免根据》，载《厦门大学法律评论》，第 18 卷，厦门，厦门大学出版社，2010。笔者之所以采纳"紧急专断治疗"而非"存在紧急情况时告知义务豁免"的术语，是因为《侵权责任法》第 56 条的重点不在于免责，而在于对"紧急专断治疗"批准程序的规定。

② 参见满洪杰：《作为知情同意原则之例外的紧急专断治疗——"孕妇死亡"事件舆论降温后的思考》，载《法学》，2008（5）。

形，就应该“经医疗机构负责人或者授权的负责人批准，可以立即实施相应的医疗措施”。

“三审稿”第56条规定的“因抢救危急患者等紧急情况”，《侵权责任法》通过时，将该导语部分改为“因抢救生命垂危的患者等紧急情况”。这样的改变将紧急情况下医疗措施的批准程序的适用范围缩小，进一步尊重了患者的知情同意权。相应的，对于“等”紧急情况的范围也进行了缩减，仅限于涉及生命利益的情形，如即将降生的胎儿，而不包括病情可能严重恶化但不危及生命的情形。①

（二）医疗机构紧急专断治疗的适用前提

“二审稿”第56条将医疗机构紧急专断治疗的适用前提规定为：“难以取得患者或者其近亲属同意的”，“三审稿”将该分句改为“不能取得患者或者其近亲属意见的”，并最终为立法所坚持。该条文的变化表现在“不能”和“意见”两处。就“难以”改“不能”的目的，草案起草者的解释是：“‘难以……’的表述易被理解为包括了患者或者其近亲属明确表示不同意的情况……考虑到虽然患者或者其近亲属明确不同意治疗的情况在实践中确有发生，但对于如何处理认识上不一致，分歧较大……这个问题还涉及法定代理权、监护权等基本民事法律制度，情况较为复杂，还应当总结实践经验作进一步研究，待今后条件成熟时再作明确规定。”② 因此，可以确定的是，患者或者近亲属不同意或者不表示的，应当视为“可以”取得同意但未取得同意的情形，不适用第56条的规定。③ 就“同意”改“意见”的目的，草案起草者认为不包括患者或者其近亲属明确表示拒绝采取医疗措施的情况。④ 笔者认为，《侵权责任法》第56条第2分句规定“不能取得患者或者其近亲属意见的”中的“意见”⑤ 的表述不同于第55条第2句使用的“同意”，因此既包括不能取得同意意见，也包括不能取得反对意见，还包括患者和近亲属均不作任何表示的情形。但如果患者或者其近亲属明确表示拒绝，则应该认为是取得了意见，从而不能适用第56条的规定。

草案起草者认为该条规定的“不能取得患者或者其近亲属意见”主要是指患者不能表达意志，也无近亲属陪伴，又联系不到近亲属的情况。⑥ 笔者认为，与第55条第1款类似，该条也是以完全民事行为能力人作为立法原型，遗漏了患者不具备完全民事行为能力的情形。因此，结合第55条第1款的规定，“不能取得”还应该区分为以下两类：

第一类是不存在“不宜向患者说明的”情况，但患者因痛苦、麻醉或者声带无

① 该立法限缩的效果实际上回到了“家属拒绝签字导致孕妇胎儿双亡案”的情形，是否合理，还有待探讨。

② 王胜明主编：《中华人民共和国侵权责任法解读》，278～279页，北京，中国法制出版社，2010。

③ 关于患者或者其近亲属不同意或者不表示的应然处理，详见后文分析。

④ 参见王胜明主编：《中华人民共和国侵权责任法解读》，278页，北京，中国法制出版社，2010。

⑤ 该“意见”用语，为《侵权责任法》上唯一的一次使用。

⑥ 参见王胜明主编：《中华人民共和国侵权责任法解读》，278页，北京，中国法制出版社，2010。

法发声等特殊原因无法表达意志的，此时从知情同意权是人格权的定性出发，无须征求患者近亲属意见，可以直接视为“不能取得患者……意见”。

第二类是存在“不宜向患者说明的”情况，包括可能对患者产生不利影响和患者不具备完全民事行为能力两类，应该向其近亲属说明。有四种情形应当视为不能取得患者近亲属意见：一是近亲属具备完全民事行为能力，但不作反对表示，也不对替代医疗方案进行选择，或者是无其他任何意见的；二是患者没有近亲属，或者没有具有完全民事行为能力的近亲属；三是近亲属无法联系到的，或者能够联系到的近亲属不具备完全民事行为能力；四是能够联系到的近亲属处于因痛苦、麻醉或者声带无法发声等特殊原因无法表达意志的，如同一事故中受重伤的患者近亲属。

（三）医疗机构紧急专断治疗的主体与程序

《医疗机构管理条例》第 33 条第 3 段规定：“……无法取得患者意见又无家属或者关系人在场，或者遇到其他特殊情况时，经治医师应当提出医疗处置方案，在取得医疗机构负责人或者被授权负责人员的批准后实施。”对比可知，尽管“经医疗机构负责人或者授权的负责人批准”这一分句表面上是对批准者的规定，实际上还隐含了申请者的问题。笔者认为，在此紧急情况下的申请者，应该就是经治医师而非他人。[①] 而批准者则包括医疗机构负责人和授权的负责人两类，后一类是在“三审稿”中新增的，并得到了最后的立法确认，也更符合我国医疗机构的实际运作方式。

就批准的时间来讲，严格地说应该是审核时间，尽管该分句没有规定批准者“立即”审核，但从该条第 1 分句规定的“紧急情况”与第 4 分句规定的“立即”来看，立法者希望构建的是一项快速高效的批准程序，以便实现“抢救生命垂危的患者”的目的。因此，经治医师申请后，医疗机构负责人或者授权的负责人负有立即审核的义务。法定审核者审核后，可以作出批准或者拒绝批准的决定，也可以改变医疗处置方案后批准。因未能尽到“立即”审核义务而延迟采取医疗措施，进而导致患者损害的，受害人可以依据《侵权责任法》第 54 条要求医疗机构承担侵权责任。

就批准的方式而言，除了正式的申请与批准程序，《病历书写基本规范》第 10 条第 1 款还规定：“对需取得患者书面同意方可进行的医疗活动，应当由患者本人签署知情同意书……为抢救患者，在法定代理人或被授权人无法及时签字的情况下，可由医疗机构负责人或者授权的负责人签字。”因此可以认为，如果医疗机构负责人或者授权的负责人在患者法定代理人或被授权人无法及时签字的情况下签字，应该视为简易的批准方式。

（四）医疗机构紧急专断治疗的实施时间与措施范围

“可以立即实施相应的医疗措施”中的“可以”，并非在经治医师的申请得到批

① 经治医师是否有积极申请义务，参见后文分析。

准后，“可以”或者也“可以不”立即实施相应的医疗措施，而是表明经过法定程序批准后实施的相应的医疗措施不侵害患者的知情同意权。应该指出的是，这种经过批准的诊疗行为如果符合诊疗损害责任的构成要件，仍然可能使医疗机构承担侵权责任，但不会使之同时承担侵害知情同意权的侵权责任。

关于“相应的医疗措施”到底是“抢救生命垂危的患者等紧急情况”下的必要措施，还是仅限于批准的措施，也存在疑义。笔者认为，从“申请—批准”的程序看，措施的必要性应该在申请程序中体现，而批准程序则包括对于这种必要性的审核，因此，应该以最后的批准范围为限。

（五）对第56条遗留的医疗伦理问题的补救建议

《侵权责任法》第56条遗留的医疗伦理问题主要体现在以下两个方面：

第一，是否存在第56条规定之外的适用医疗机构紧急专断治疗的其他特殊情况？有学者提出，患者拒绝治疗权应受到限制的情形包括4种：（1）对自杀者的急救。（2）涉及第三方利益的治疗，如对于孕妇的救治，涉及胎儿的生命安全。（3）家属代理的排除。（4）医生根据患者病情、医疗伦理和具体情形认定患者拒绝治疗的原因明显不合理时。该学者同时认为，紧急专断治疗符合我国法律关于紧急避险的规定，可以使医生的专断医疗行为阻却违法。[①] 笔者认为，这样的认识有一定的合理性，但存在内在矛盾。如果认为紧急专断治疗的正当性源于紧急避险，那么就相当于认为我国民法上确立了对生命健康权的保护可以限制患者的知情同意权，那么实际上患者的拒绝治疗权几乎就必须让位于医疗机构的专业判断。如果要尊重并保护患者的知情同意权，就应该在知情同意权与生命健康权的保护与冲突之外，寻找新的正当性基础。因此，笔者认为，这种限制应该仅限于上述第二种涉及第三方利益的治疗的情形和第三种家属代理排除中患者为非完全民事行为能力人的情形。

第二，“因抢救生命垂危的患者等紧急情况”下，医疗机构是否负有积极抢救的义务？笔者认为，患者与医疗机构的关系，不是单纯的医疗合同关系，而是患者与专家之间的关系。《执业医师法》第24条规定：“对急危患者，医师应当采取紧急措施进行诊治；不得拒绝急救处置。”医疗机构的执业医师掌握的医疗知识具有社会性，因此在面临生命垂危的患者等紧急情况下，应该对《执业医师法》第24条作扩张解释，认为执业医师负有对患者状况的积极判断义务和对相应医疗措施的实施义务，即积极抢救义务。而2011年7月1日生效的《社会保险法》第30条第2款规定（“医疗费用依法应当由第三人负担，第三人不支付或者无法确定第三人的，由基本医疗保险基金先行支付。基本医疗保险基金先行支付后，有权向第三人追偿”）和第42条规定（“由于第三人的原因造成工伤，第三人不支付工伤医疗费用或者无法确定第三人的，由工伤保险基金先行支付。工伤保险基金先行支付后，

① 参见满洪杰：《作为知情同意原则之例外的紧急专断治疗——“孕妇死亡”事件舆论降温后的思考》，载《法学》，2008（5）。

有权向第三人追偿”)，更为医疗机构实施积极抢救提供了经费保障。因此，当患者或者近亲属不作反对表示时，执业医师应当从“救死扶伤”的神圣职责出发，履行积极抢救义务，这一义务主要包括以下三个方面[①]：(1) 经治医师对医疗措施的积极申请义务；(2) 医疗机构负责人或者授权的负责人对医疗措施的积极审核义务；(3) 医疗机构负责人或者授权的负责人对经治医师申请的医疗措施，基于专业的判断作出必要修改和扩展的义务。相应的，《侵权责任法》第 60 条第 1 款第 2 项规定的“患者有损害，因下列情形之一的，医疗机构不承担赔偿责任……(二) 医务人员在抢救生命垂危的患者等紧急情况下已经尽到合理诊疗义务……”，可以作为免责事由援引，以降低医疗机构积极抢救义务的法律风险。

① 此处探讨的积极抢救义务，尚不涉及我国医疗机构长期存在的“先交钱，后治病”的顽疾。这一话题涉及诸多社会因素，笔者将另行撰文说明。

专题九

产品责任对医疗机构和输入不合格血液致害的准用研究
——以《侵权责任法》第59条为中心

《侵权责任法》第59条规定："因药品、消毒药剂、医疗器械的缺陷，或者输入不合格的血液造成患者损害的，患者可以向生产者或者血液提供机构请求赔偿，也可以向医疗机构请求赔偿。患者向医疗机构请求赔偿的，医疗机构赔偿后，有权向负有责任的生产者或者血液提供机构追偿。"该条文是我国现行法律体系第一次对诊疗活动中的医疗产品责任作出的具体规定，并将医疗产品责任准用于输入不合格血液致害的情形，意义重大。《侵权责任法》颁布之后，我国民法学界对于医疗机构是否承担了医疗产品销售者责任①和输入不合格血液致害是否属于产品责任存在重大争议。本专题尝试对这两个问题作出解释论意义上的回答，并作为对最高人民法院制定"医疗损害责任"司法解释的建议。

一、医疗产品责任在《侵权责任法》上的确立与体系结构

（一）《侵权责任法》颁布之前的医疗产品责任立法模式

我国的医疗损害责任经历了新中国成立初期到《民法通则》的行政调处阶段（1949—1986）②、《民法通则》与原《医疗事故处理办法》的双轨制角力阶段（1987—2002）③、《医疗事故处理条例》与《人身损害赔偿司法解释》的双轨制适用阶段（2002—2009）④ 和《侵权责任法》取代《医疗事故处理条例》阶段（2010

① 就此问题的学术综述，请参见董春华：《中美医疗器械侵权中医疗机构性质之争》，载《商业研究》，2011（8）。

② 这个时期最为典型的司法意见是《最高人民法院关于处理医疗事故案件不应判给经济补偿问题的批复》（1964年1月18日）。

③ 这个时期最为典型的司法意见是《最高人民法院关于李新荣诉天津市第二医学院附属医院医疗事故赔偿一案如何适用法律问题的复函》（1992年3月24日）。

④ 这个时期最为典型的司法意见是《最高人民法院关于参照〈医疗事故处理条例〉审理医疗纠纷民事案件的通知》（法〔2003〕20号）。

年至今)① 四个发展阶段。新中国第三次民法典起草第一次草案，即《中华人民共和国民法草案》(征求意见稿)(1980 年 8 月 15 日) 第 457 条曾规定：“医疗单位的工作人员，由于严重不负责任致使伤病员死亡、残废、组织器官损伤并累及功能障碍，或者发生病情加剧等不良后果，构成医疗事故的，除对有过错的医务人员依法追究责任外，医疗单位应负赔偿责任。个人行医造成医疗事故的，由行医人员承担责任。”② 该条草案确定了我国以医疗事故为核心的医疗损害责任立法体例。由于此后的第三次民法典起草第二次草案到第四次草案取消了对医疗事故的规定，因而在《民法通则》中也没有对医疗损害责任进行具体规定。自《民法通则》以来的两个双轨制阶段中③，医疗产品责任一直被包含在医疗事故中处理，不具有独立的立法地位，是否适用产品责任也存在疑义。

笔者认为，《侵权责任法》通过之前的这种以医疗事故包括诊疗过错、医疗产品责任和侵害患者知情同意权④三种医疗损害责任的立法模式，与我国长期以来医疗机构以公有制为主的医疗体制有关。⑤ 随着私有医疗产品生产商和销售商的逐渐出现、发展和壮大，以及“以药养医”模式带来的各种弊端的逐渐凸显，在《侵权责任法》的立法过程中，将医疗产品责任从医疗事故中独立出来的社会基础逐渐产生了。而医疗产品的高度技术化和科学性特征，也对在诉讼过程中将其作为一种独立的案由提出了要求。

(二) 医疗产品责任在《侵权责任法》中的确立过程

《侵权责任法》在 2002 年年底随民法典草案第一次审议时，并未规定医疗损害责任。在 2008 年第二次审议过程中，全国人民代表大会法律委员会曾对医疗损害责任的立法模式作出过说明：“关于医疗损害赔偿责任，草案区分不同情况作了三方面规定：1. 诊疗损害实行过错责任……2. 医务人员未尽告知义务的赔偿责任……3. 因药品、医疗器械的缺陷造成损害的，根据产品质量法的规定实行无过错责任……”⑥ 可见，草案起草者一开始就将“因药品、医疗器械的缺陷”引起的产品责任作为独立于“诊疗损害责任”的独立侵权责任类型来起草。⑦ 需要指出的

① 这个时期最为典型的司法意见是《最高人民法院关于适用〈侵权责任法〉若干问题的通知》(法发〔2010〕23 号)。

② 何勤华、李秀清、陈颐编：《新中国民法典草案总览》(下)，429 页，北京，法律出版社，2003。

③ 参见杨立新：《中国医疗损害责任制度改革》，载《法学研究》，2009 (4)。

④ 参见王竹：《解释论视野下的侵害患者知情同意权侵权责任》，载《法学》，2011 (11)。

⑤ See Zhu WANG, Ken Oliphant, *Yangge Dance: the Process and Rhythm of the Reform of Tort Liability for Medical Malpractice in P. R. China*, 87 Chicago-Kent Law Review 23 - 25 (2012) .

⑥ 全国人民代表大会法律委员会关于《中华人民共和国侵权责任法 (草案)》主要问题的汇报，2008 年 12 月 22 日十一届全国人大常委会第六次会议。

⑦ 根据杨立新教授的介绍，2006 年发生的“齐二药”案在审理过程中的激烈学术讨论，对《侵权责任法》单独规定医疗产品责任起到了一定的推动作用。该案于 2008 年 7 月 15 日一审宣判，2008 年 12 月 10 日二审维持原判，《侵权责任法》于 2008 年 12 月 21 日提交全国人大常委会二次审议。参见杨立新、岳业鹏：《医疗产品损害责任的法律适用规则及缺陷克服》，载《政治与法律》，2012 (9)。

是，"二审稿"用第 61 条和第 62 条两个条文分别规定"因药品、消毒药剂、医疗器械的缺陷造成患者损害的"产品责任和"因输入不合格的血液造成患者损害的"侵权责任。尽管草案对这两种侵权责任分担形态的规定完全相同，但可以看出立法者对于两种责任差异性的认识及其相应地在立法上合并同类项的迟疑。还值得说明的是，从"二审稿"开始，草案就只规定了"医疗机构赔偿后，属于……（第三人）……责任的，有权向……（第三人）……追偿"，而未规定第三人向医疗机构追偿以及生产者与销售者之间的追偿。这一方面体现出适用产品责任一般规则的意图，另一方面也表明草案起草机关对于医疗机构不同于产品销售者法律地位的特别考虑。

"三审稿"第 59 条实现了对"药品、消毒药剂、医疗器械的缺陷"和"输入不合格的血液"造成患者损害侵权责任这两项规则的合并规定，但从立法者特别将"输入不合格的血液"后置，且刻意以"不合格"区别于"缺陷"的立法处理来看，可以确定二者尽管在侵权责任分担形态上适用相同的规则，但立法者仍然试图提示二者的不同。而该条第 2 句规定的"患者向医疗机构请求赔偿的，医疗机构可以要求生产者或者血液提供机构协商赔偿"，更体现出立法者对医疗机构作不同于销售者处理的意图。最终立法者在《侵权责任法》第 59 条中将这种"协商赔偿"机制明确为医疗机构对"负有责任的生产者或者血液提供机构"的单向追偿权。

（三）医疗产品责任在《侵权责任法》中的体系定位

通过上述对《侵权责任法》之前医疗事故立法模式与《侵权责任法》上医疗产品责任的确立过程的回顾可以看到，《侵权责任法》第 59 条对诊疗活动中的医疗产品责任进行了独立的规定，改变了《侵权责任法》颁布之前医疗事故包含医疗产品责任的立法模式。《最高人民法院关于修改〈民事案件案由规定〉的决定》（法〔2011〕41 号）修改后的《民事案件案由规定》新增了三级案由"351. 医疗损害责任纠纷"，下设"（1）侵害患者知情同意权责任纠纷"和"（2）医疗产品责任纠纷"两个四级案由，进一步从司法实务角度明确了"医疗产品责任纠纷"的独立性。需要说明的是，"医疗产品责任纠纷"作为"医疗损害责任纠纷"三级案由下的四级案由，特指在诊疗活动中因缺陷医疗产品造成损害产生的纠纷，既不包括没有任何诊疗行为、单纯只是购买医疗产品的消费者①，也不包括被侵权人通过医疗机构之外的销售渠道获取缺陷医疗产品造成损害产生的纠纷，后者所属案由为"349. 产品责任纠纷"。本专题为说明医疗机构与医疗产品生产者、供货商以及过错第三人之间的追偿关系，采广义医疗产品责任的概念，包括上述两项案由涉及的医疗产品责任。

（四）《侵权责任法》中医疗产品责任的体系结构

笔者认为，《侵权责任法》中的医疗产品责任在体系上是一个"一般规则＋二维准用"的结构。所谓"一般规则"，是指医疗产品责任原则上适用产品责任的一般规

① 参见王利明：《侵权责任法研究》（下卷），412 页，北京，中国人民大学出版社，2011。

则；所谓“二维准用”，是指医疗机构在主体意义上准用销售者责任规则和不合格血液在致害物意义上准用缺陷产品责任规则这两种准用规则。具体包括如下三个方面：

第一，医疗产品责任的一般规则是产品责任在医疗损害责任领域的具体化。医疗“产品”及其“缺陷”的判断，适用《产品质量法》第 2 条第 2 款和第 46 条的规定。[①] 医疗产品的生产者和销售者以及过错第三人的责任适用《侵权责任法》第 41 条到第 44 条规定的缺陷产品不真正连带责任规则，以及《产品质量法》上规定的抗辩事由。[②]《侵权责任法》第 45 条规定的“生产者、销售者对产品个体性缺陷流通后的补救义务”、第 46 条规定的“生产者、销售者违反产品普遍性缺陷流通后补救义务的侵权责任”[③] 和第 47 条规定的“产品责任的惩罚性赔偿”，也应同样适用于医疗产品责任。[④]

第二，医疗机构就缺陷医疗产品致害在责任主体意义上准用销售者责任规则。在《侵权责任法》起草的立法征求意见过程中，人们就医疗机构是否为销售者有不同意见。但是，草案起草机构最终以便利患者受到损害后主张权利为目的，依据《产品质量法》作出了具体规定。一些被征求意见的医疗机构代表也表示药品、消毒药剂、医疗器械的缺陷造成患者损害，患者向医疗机构请求赔偿，符合社会一般常理，可以接受。[⑤] 笔者认为，一方面医疗机构“以药养医”的医疗体制尚未得到根本性改变，另一方面医疗机构又确实不同于一般药品销售者。因此，医疗机构在医疗产品责任对外责任承担上的精准定位，应该是参照销售者的责任主体地位，准用不真正连带责任，在对内责任分担上适用特殊规则。

第三，医疗机构就输入不合格血液致害在致害物意义上准用缺陷产品责任规则。按照《产品质量法》第 2 条的规定，血液不属于产品。鉴于输入不合格血液致害与医疗产品责任在表现上的类似性和本质上的区别性，立法者将医疗产品责任准用于输入不合格血液致害的情形，只能理解为法政策性的特别处理[⑥]，有学者则使用“准产品”的概念来表述这一准用关系。[⑦] 这样一方面简化了立法，方便在司法适用中保护患者；另一方面则间接地将销售者责任和生产者责任准用于医疗机构和血站。但并非所有在医疗机构输入不合格血液致害的情形都可以准用缺陷产品责任，在例外情况下也可能适用过错责任。

① 参见王胜明主编：《中华人民共和国侵权责任法解读》，286 页，北京，中国法制出版社，2010。

② 参见王竹：《论法定型不真正连带责任及其在严格责任领域的扩展适用》，载《人大法律评论》，2009 年卷，北京，法律出版社，2009。

③ 王竹、王毅纯：《论违反产品普遍性缺陷流通后补救义务的侵权责任》，载《北航法律评论》，2011 年第 1 辑，北京，法律出版社，2011。

④ 限于本专题的篇幅和研究重点，关于这三个条文在医疗产品责任中的适用，笔者将另行撰文说明。

⑤ 参见王胜明主编：《中华人民共和国侵权责任法解读》，285～286 页，北京，中国法制出版社，2010。

⑥ 参见周友军：《侵权法学》，341 页，北京，中国人民大学出版社，2011。

⑦ 参见杨立新、岳业鹏：《医疗产品损害责任的法律适用规则及缺陷克服》，载《政治与法律》，2012 (9)。

二、医疗产品责任的一般规则

（一）缺陷医疗产品的类型

所谓医疗产品，按照《侵权责任法》第 59 条的规定，包括药品、消毒药剂和医疗器械三类。所谓“药品”，按照《药品管理法》第 100 条的规定，是指用于预防、治疗、诊断人的疾病，有目的地调节人的生理机能并规定有适应症或者功能主治、用法和用量的物质，包括中药材、中药饮片、中成药、化学原料药及其制剂、抗生素、生化药品、放射性药品、血清、疫苗、血液制品和诊断药品等。按照该项规定，血清和血液制品属于药品而非血液。按照《血液制品管理条例》第 45 条的规定，血液制品是指各种人血浆蛋白制品，包括Ⅰ类白蛋白类制品、Ⅱ类免疫球蛋白类制品、Ⅲ类凝血因子类制品三类。

已经失效的 1992 年《消毒管理办法》第 32 条规定，消毒药剂是指用于消毒、灭菌或洗涤消毒的制剂。所谓消毒，是指用化学、物理、生物的方法杀灭或消除环境中的致病微生物，达到无害化。所谓灭菌，是指用化学、物理方法达到杀灭一切微生物。参考上述规定，对于《侵权责任法》上的“消毒药剂”应作广义理解，它既包括狭义的消毒药剂，也包括灭菌药剂和洗涤消毒的制剂。

所谓“医疗器械”，按照原（2000 年）《医疗器械监督管理条例》第 3 条的规定，是指单独或者组合使用于人体的仪器、设备、器具、材料或者其他物品，包括所需要的软件；其用于人体体表及体内的作用不是用药理学、免疫学或者代谢的手段获得，但是可能有这些手段参与并起一定的辅助作用；其使用旨在达到下列预期目的：（1）对疾病的预防、诊断、治疗、监护、缓解；（2）对损伤或者残疾的诊断、治疗、监护、缓解、补偿；（3）对解剖或者生理过程的研究、替代、调节；（4）妊娠控制。《消毒管理办法》第 46 条规定，消毒产品，包括消毒剂、消毒器械（含生物指示物、化学指示物和灭菌物品包装物）、卫生用品和一次性使用医疗用品。可见，消毒产品中，除了消毒剂之外，消毒器械、卫生用品和一次性使用医疗用品，均属于医疗器械而非消毒药剂。①

就医疗产品缺陷的判断，应该适用《产品质量法》第 46 条的规定。药品缺陷的判断本身较为复杂，且并非本专题研究重点，在此不作展开。② 就消毒药剂缺陷，主要体现为标签不规范、浓度或者成分不达标、添加非法成分、失效等情形。③ 就医疗器械缺陷而言，根据《医疗器械召回管理办法》第 4 条，是指：（1）正

① 比较法上，医疗器械的侵权责任适用类似处方药的规则，因此对其范围必须予以明确。但在本专题涉及范围内，医疗器械和消毒药剂在法律规则的适用上，并无区别。

② 参见宋跃晋：《药品缺陷的法律分析》，载《河北法学》，2010（11）。

③ 参见杨向东、施向红、张振东、唐琳、潘菊新、范忠飞、史济峰：《缺陷消毒产品收回模式的构建与实施》，载《上海预防医学杂志》，2010（3）。

常使用情况下存在可能危及人体健康和生命安全的不合理风险；或（2）不符合强制性标准、经注册或者备案的产品技术要求；或（3）不符合医疗器械生产经营质量管理有关规定导致可能存在不合理风险等。常见的缺陷类型包括材料（如化学成分和显微组织检验）、硬度、耐腐蚀性能、表面质量等不符合相关标准，或者警示说明不充分等。①

（二）缺陷医疗产品不真正连带责任的结构

《侵权责任法》第 59 条未对生产者和销售者的医疗产品责任进行明确规定，也未涉及过错第三人的责任，实务中应该对该开放漏洞予以积极填补，适用《侵权责任法》第 41～44 条规定的不真正连带责任结构。② 具体到医疗产品责任，条文适用方式为：在诊疗活动中因药品、消毒药剂、医疗器械的缺陷遭受损害的患者，可以依据第 43 条第 1 款要求医疗产品的生产者或者销售者承担侵权责任。如果患者选择起诉的是医疗产品销售者，则医疗产品销售者不能依据第 42 条第 1 款规定的是过错责任，以自己无过错来对抗患者的请求，而应该依据第 43 条第 1 款的规定承担严格责任。医疗产品销售者承担责任后，可以向医疗产品生产者进行追偿。该追偿权行使的前提是第 43 条第 2 款前段规定的“产品缺陷由生产者造成的”，而该段条文所指，就是第 41 条规定的生产者对缺陷产品承担的严格责任。类似的，如果患者选择起诉的是医疗产品生产者，医疗产品生产者依据第 43 条第 1 款的规定承担严格责任。医疗产品生产者承担责任后，可以向医疗产品销售者进行追偿，该追偿权行使的前提是第 43 条第 3 款规定的“因销售者的过错使产品存在缺陷的”，而该段条文所指的，就是第 42 条第 1 款规定的医疗产品销售者对缺陷产品承担的过错责任。③ 对于因第三人过错造成的药品、消毒药剂、医疗器械缺陷的情形，适用《侵权责任法》第 44 条的规定，由承担了责任的医疗产品生产者或者销售者对作为最终责任人的第三人进行追偿。

（三）医疗产品责任的抗辩事由

《侵权责任法》第 60 条对医疗损害责任的抗辩事由进行了规定：“患者有损害，因下列情形之一的，医疗机构不承担赔偿责任：（一）患者或者其近亲属不配合医疗机构进行符合诊疗规范的诊疗；（二）医务人员在抢救生命垂危的患者等紧急情况下已经尽到合理诊疗义务；（三）限于当时的医疗水平难以诊疗。前款第一项情形中，医疗机构及其医务人员也有过错的，应当承担相应

① 参见刘东兴、蒋彬：《论缺陷医疗器械损害中质量检验的完善——从一例医疗器械损害赔偿案说起》，载《医院院长论坛》，2011（3）。

② 参见杨立新：《医疗产品损害责任三论》，载《河北法学》，2012（6）。

③ 参见王竹：《缺陷产品不真正连带责任制度的确立与完善》，载《中国社会科学报》，2009－12－08，第 7 版。

的赔偿责任。”该条规定的抗辩事由显然仅适用于诊疗损害责任①，而不适用于医疗产品责任。笔者认为，医疗产品责任的抗辩事由，仍然应该适用《产品质量法》第41条第2款规定的三种情形，即未将产品投入流通的，产品投入流通时引起损害的缺陷尚不存在的，或者将产品投入流通时的科学技术水平尚不能发现缺陷存在的。

三、医疗机构就缺陷医疗产品致害准用产品销售者责任规则

如前所述，医疗机构在对外责任的承担上处于参照销售者的地位，准用医疗产品不真正连带责任②，但还适用其他特殊规则，具体包括如下几个方面：

（一）医疗机构医疗产品责任的对内单向追偿权及其对应的抗辩事由

值得探讨的是，第59条仅规定了医疗机构赔偿后，有权向负有责任的医疗产品生产者追偿，而没有对应地规定医疗产品生产者可以向有过错的医疗机构追偿。对此问题，有学者认为，医疗机构在第59条的规定中实质上是作为销售者在承担责任，因此缺陷医疗产品责任也可以适用《侵权责任法》关于产品责任的规定③，即应该理解为可以双向地追偿。也有学者将医疗机构作为不同于医疗产品销售者的责任人类型④，因此不能直接适用《侵权责任法》第43条第2款的规定。如前所述，应该认识到立法者是有意规定的单向追偿权，即表明医疗机构是不同于销售者的责任人。产品责任一般规则在医疗产品责任中的适用，不是体现在这种向医疗机构的追偿权上，而是体现在生产者与销售者之间的双向追偿权上。当然，这样的解释并不妨碍医疗产品生产者向有过错的医疗机构进行追偿。这种情形中，医疗机构的过错往往体现为类似于仓储者的第三人地位，如未能按照相关规定和标准保管好医疗产品，因而导致医疗产品致害。⑤ 而医疗产品生产者或者血液提供机构也可以通过证明是医疗机构的过错导致了医疗产品出现缺陷或者血液变得不合格，来对抗医疗机构的追偿。

另外，《侵权责任法》没有规定医疗机构向医疗产品供货商的追偿权。笔者认为，这种情形应该适用《产品质量法》第40条第2款的规定（“销售者依照前款规定负责修理、更换、退货、赔偿损失后，属于生产者的责任或者属于向销售者提供产品的其他销售者（以下简称供货者）的责任的，销售者有权向生产者、供货者追偿。”）和第4款的规定（“生产者之间，销售者之间，生产者与销售者之间订立的

① 参见王竹：《解释论视野下的侵害患者知情同意权侵权责任》，载《法学》，2011（11）。

② 有学者认为，医疗机构是作为销售者，承担的是“连带责任”，这是对“不真正连带责任”的一种误解。参见廖焕国：《医疗机构连带承担药品缺陷责任之质疑》，载《法学评论》，2011（4）。

③ 参见王利明：《侵权责任法研究》（下卷），412页，北京，中国人民大学出版社，2011。

④ 参见杨立新：《侵权责任法》，453页，北京，法律出版社，2010。

⑤ 参见王竹：《侵权责任法疑难问题专题研究》，207页，北京，中国人民大学出版社，2012。

买卖合同、承揽合同有不同约定的，合同当事人按照合同约定执行。”）进行处理。

（二）过错导致医疗产品存在缺陷的第三人代替医疗机构的责任地位

既然医疗机构并非产品的销售者，尽管在一般情形下准用对外的不真正连带责任，但如果医疗机构能够举证证明是因第三人过错导致医疗产品存在缺陷的，则可以适用《侵权责任法》第28条规定的“损害是因第三人造成的，第三人应当承担侵权责任”，即由第三人承担侵权责任而免除医疗机构的侵权责任。进一步可以推导出，该有过错的第三人代替医疗机构在第59条上的法律地位，与医疗产品的生产者承担不真正连带责任。鉴于医疗机构已经举证证明是第三人过错导致医疗产品存在缺陷，生产者可以基于《侵权责任法》第44条向该过错第三人追偿。就现行法律条文来看，并未赋予患者对医疗产品供货商的直接请求权，因此，医疗产品供货商不作为不真正连带责任人对患者承担直接责任。

四、输入不合格血液致害准用缺陷产品责任规则

就现代医疗技术与医院医疗实践来看，人体器官、组织、血液和生殖细胞都是常见的移植或者植入对象，其中输血最为常见，也是伦理障碍和医疗风险最小的类型。就人体器官和组织而言，一般都是在医院中直接进行移植，不存在准用医疗产品责任的可能。①《侵权责任法》未将生殖细胞的植入纳入考虑范围，是因为人类辅助生殖技术的使用仅限于被批准开展人类辅助生殖技术的医疗机构，应该适用医疗合同对相关纠纷进行处理。从草案起草机关在立法过程中进行调研的范围和出版的权威解读来看，输入不合格血液致害责任主要是针对输入不合格的无偿献血血液致害设计的。②

（一）“不合格的血液”的认定

按照《血站管理办法》第65条的规定，血液是指全血、血液成分和特殊血液成分。所谓全血，即包括血细胞和血浆的所有成分。因此，《侵权责任法》第59条所称“不合格血液”中“血液”包括全血和经过初步处理的血液成分。国家倡导医疗机构应当积极推行成分输血以保证医疗质量和安全，医疗实务中成分输血的比例也正在逐步提高。常见的手工分红细胞悬液、手工分浓缩血小板、手工分冰冻血浆和机采血小板等均为血液成分。③

有学者认为“不合格”应当解释为与“缺陷”含义等同④，笔者对此不敢苟同。从上述回顾的立法过程中可以清晰地看出，草案起草机关既不将血液纳入产

① 有的人体器官和组织的移植需要经过医学上的处理，如对角膜进行冷冻，但仍然不改变其不能准用医疗产品责任的法律性质。

② 参见王胜明主编：《中华人民共和国侵权责任法解读》，86～292页，北京，中国法制出版社，2010。

③④ 参见周友军：《侵权法学》，342页，北京，中国人民大学出版社，2011。

品，也不使用“缺陷”这一特定的法律术语，就是为了避免这种混同。笔者认为，“不合格”系无偿献血过程中医学检查判断的结果，应当根据《献血者健康检查标准》规定的“献血者血液检验标准”进行判断，主要是指血液在采血阶段的不合格，包括在血比重筛选中不合格，或者丙氨酸氨基转移酶（ALT）、乙型肝炎病毒表面抗原（HBsAg）、丙型肝炎病毒抗体（HCV抗体）、艾滋病病毒抗体（HIV抗体）和梅毒螺旋体抗体（RPR法或TRUST法）试验呈阳性，或者未达到甲型肝炎治愈要求以及在疟疾高发地区检出疟原虫的血液。

《医疗机构临床用血管理办法》（卫生部令第85号）第16条第1款规定：“医疗机构接收血站发送的血液后，应当对血袋标签进行核对。符合国家有关标准和要求的血液入库，做好登记；并按不同品种、血型和采血日期（或有效期），分别有序存放于专用储藏设施内。”第2款规定：“血袋标签核对的主要内容是：（一）血站的名称；（二）献血编号或者条形码、血型；（三）血液品种；（四）采血日期及时间或者制备日期及时间；（五）有效期及时间；（六）储存条件。”第3款规定：“禁止将血袋标签不合格的血液入库。”笔者认为，对于血袋标签不合格但无法确定血液是否合格的情况，应该准用《侵权责任法》第58条第1项规定的“患者有损害，因下列情形之一的，推定医疗机构有过错：（一）违反法律、行政法规、规章以及其他有关诊疗规范的规定”；适用举证责任倒置，推定血液不合格。[①]

（二）血液不是产品并不影响其准用医疗产品责任

关于血液是否属于产品，学说上存在争议，这直接涉及血液是否适用产品责任的问题。肯定说认为，血液属于特殊产品[②]，应该适用产品责任。[③] 否认说认为，血液不属于《产品质量法》上的产品，不适用产品责任。[④] 我国《产品质量法》第2条第2款规定：“本法所称产品是指经过加工、制作，用于销售的产品。”笔者认为，血液尽管经过了血站采集和初步的处理，但由于没有经过加工或者制作，因而不属于产品。草案起草机关倾向于认为应当将血液视为“产品”，使血液提供者承担与血液制品生产者相同的责任[⑤]，这实质上是将医疗产品责任准用于输入不合格血液致害的情形，是较为巧妙的处理，蕴含了立法者的法政策考量，但同时间接地将销售者责任和生产者责任准用于医疗机构和血站。这种制度设计带来的最大变化就在于“无过错输血”不再一概可作为抗辩事由。

（三）“无过错输血”抗辩事由的排除与例外适用

所谓“无过错输血”抗辩事由，是指《医疗事故处理条例》第33条第4项将

① 参见王竹、舒栎宇：《医疗机构过错推定规则的理解与适用》，载《医学与法学》，2012（2）。

② 参见杨立新：《民法物格制度研究》，79页，北京，法律出版社，2008。

③ 参见王利明：《侵权责任法研究》（下卷），414～415页，北京，中国人民大学出版社，2011。

④ 参见梁慧星：《论〈侵权责任法〉中的医疗损害责任》，载《法商研究》，2010（6）。

⑤ 参见王胜明主编：《中华人民共和国侵权责任法解读》，290～291页，北京，中国法制出版社，2010。

"无过错输血感染造成不良后果"规定为抗辩事由，即医疗机构只要证明在输血过程中无过错，即可免除输入不合格血液致害的侵权责任。所谓无过错输入不合格血液，即采血、输血行为均符合法律规定，但因输血引发感染采血过程中已经检测过的乙肝、丙肝、艾滋病、梅毒病毒等。其发生的主要原因是，目前的检验方法受到现有医学水平的限制，部分早期病毒感染患者，其病毒标志物在血液中难以检出，即所谓的"窗口期"。这类经初检和复检合格的血液，作为合格血液输入人体后就会使人传染上述疾病。

对于是否将"无过错输血"作为抗辩事由进行规定，草案起草机关的主要考虑是：与血液提供机构相比，输血感染案件中的受害人是处于被动接受地位的弱者。对于无过错输血感染这一不可预料的风险，血液提供者更有控制风险、承担风险和分散风险的能力。医疗机构有能力和责任对血液和血液制品进行鉴别，而患者相比一般消费者而言，在专业性方面更处于劣势。因此，医疗机构的责任不应当比一般销售者的责任更低。[①] 按照上述思路，可以确定，医疗机构对输入不合格血液造成损害一般不适用"无过错输血"抗辩事由。[②] 笔者认为，对于"无过错输血"抗辩事由排除存在至少两种例外，即紧急情况下医疗机构临时采集血液后直接输入急需输血的患者体内和因第三人过错导致血液不合格的两种情形。

《医疗机构临床用血管理办法》第 27 条第 2 款规定："……为保证应急用血，医疗机构可以临时采集血液，但必须同时符合以下条件：（一）危及患者生命，急需输血；（二）所在地血站无法及时提供血液，且无法及时从其他医疗机构调剂血液，而其他医疗措施不能替代输血治疗；（三）具备开展交叉配血及乙型肝炎病毒表面抗原、丙型肝炎病毒抗体、艾滋病病毒抗体和梅毒螺旋体抗体的检测能力；（四）遵守采供血相关操作规程和技术标准。"该规定实际上限制了医院进行临时采血的条件，但对于患者的生命安全能够有更大的保障，并能够促进医院提高自己的医疗水准。如果在符合上述条件临时采集血液情形下出现输入不合格血液导致损害的情况，因为并非经过血站采血，不能准用产品责任的规则。笔者认为，医疗机构应当依据《侵权责任法》第 54 条承担过错责任，而"无过错输血"抗辩事由可以视为《侵权责任法》第 60 条第 1 款第 2 项规定的"医务人员在抢救生命垂危的患者等紧急情况下已经尽到合理诊疗义务"抗辩事由在输血治疗中的具体表现。

就第三人过错导致血液不合格的情形，既然医疗机构并非血液的销售者，血站也并非血液的生产者，对医疗机构和血站准用产品销售者责任和生产者责任并不代表医疗机构和血站是销售者和生产者，因此可以适用《侵权责任法》第 28 条规定的"损害是因第三人造成的，第三人应当承担侵权责任"，由第三人承担侵权责任，而免除医疗机构和血站的侵权责任。

① 参见王胜明主编：《中华人民共和国侵权责任法解读》，291～292 页，北京，中国法制出版社，2010。
② 参见王利明：《侵权责任法研究》（下卷），411 页，北京，中国人民大学出版社，2011。

（四）医疗机构对血液提供机构的追偿权

就对内追偿权而言，血液不同于医疗产品的特殊性在于，血液从采集到最终输入患者体内，只经过血站及医疗机构两个阶段的操作程序①，因此不存在销售者环节。按照第 59 条对《侵权责任法》的规定，输入不合格的血液造成患者损害，患者向医疗机构请求赔偿的，医疗机构赔偿后，可以向负有责任的血液提供机构追偿。由于血液并非产品，而输入不合格血液致害对医疗产品责任的准用，也仅限于对患者的无过错不真正连带责任，因而医疗机构必须证明血站是“负有责任的”，才能进行追偿，而不同于对医疗产品生产者基于《侵权责任法》第 41 条无过错对内责任的追偿。笔者认为，所谓“负有责任的”，应该是指违反法律、法规规定的操作规程进行采血和供血的过错，因此血站在对内责任上，应该适用过错责任，而非无过错责任。血站可以通过证明其采血和供血行为无过错而对抗医疗机构的追偿权，因此“窗口期”所产生的风险，应该由医疗机构，而非血站来承担。

（五）输入不合格血液致害适用过错责任的情形

应该指出，并非所有在医疗机构输入不合格血液致害的情形都可以准用缺陷产品责任。笔者认为，至少如下三种情形应该适用过错责任：

第一，因《献血者健康检查标准》之外的其他医学指标检出或者超标导致的医疗损害。如血液中检出感冒病毒或血脂超标，医疗实务中仍然可以作为输血用血。但如果因患者的病情本应避免这种输血而最终导致医疗损害的，因为输入不合格血液致害责任主要是针对输入不合格的无偿献血血液致害的情形，则不应准用缺陷产品责任，而应当适用《侵权责任法》第 54 条规定的过错责任。

第二，医疗机构之间调剂的血液不合格导致的医疗损害。《医疗机构临床用血管理办法》第 26 条第 2 款规定：“因应急用血或者避免血液浪费，在保证血液安全的前提下，经省、自治区、直辖市人民政府卫生行政部门核准，医疗机构之间可以调剂血液。”第 15 条规定：“医疗机构应当对血液预订、接收、入库、储存、出库及库存预警等进行管理，保证血液储存、运送符合国家有关标准和要求。”因此，如果医疗机构入库的血液本来是合格的，但调剂过程中血液受到污染、变质，则不应准用缺陷产品责任，而由有责任的医疗机构基于《侵权责任法》第 54 条承担过错责任。

第三，采用自体输血技术输入不合格血液的医疗损害。所谓自体输血，是指输入患者自己预先储存的血液或失血回收的血液的医学技术。由于不涉及血站采血，因而应该视为复杂诊疗活动的重要组成部分。如医疗机构未尽到与当时的医疗水平相应的诊疗义务，造成患者因自体输血导致损害的，不应准用缺陷产品责任，而应当适用《侵权责任法》第 57 条规定的诊疗过失责任。

① 参见王胜明主编：《中华人民共和国侵权责任法解读》，286 页，北京，中国法制出版社，2010。

专题十

不动产设施设置缺陷责任研究

一、问题的提出

在民法典中规定地上工作物致害侵权责任为传统大陆法系之通例。在侵权责任类型上，对我国《侵权责任法》第 86 条第 1 款起草具有直接影响的[①]《法国民法典》第 1386 条、《德国民法典》第 836 条、《瑞士债务法》第 58 条、《日本民法典》第 717 条和我国台湾地区“民法典”第 191 条，均区分保管缺陷责任和设置缺陷责任两种侵权责任类型。在责任人范围及其适用的归责原则上，《法国民法典》和《瑞士债务法》规定为所有人的无过错责任；《德国民法典》规定为占有人的过错推定责任；《日本民法典》则规定为占有人过错推定责任为原则，所有人无过错责任为补充；我国台湾地区“民法典”规定为所有人的过错推定责任。基于立法技术进步的原因，《瑞士债务法》《日本民法典》和我国台湾地区“民法典”还规定了相应的追偿权。质言之，上述比较法上各立法例均将地上工作物致害责任规定为保有人责任，只是保有人的范围及其适用的归责原则不同，但在归责原则的适用上均不区分保管缺陷和设置缺陷。

我国《侵权责任法》也对地上工作物致害侵权责任作出了规定。该法第 85 条规定的是不动产设施及其附属物脱落、坠落致害过错推定责任：“建筑物、构筑物或者其他设施及其搁置物、悬挂物发生脱落、坠落造成他人损害，所有人、管理人或者使用人不能证明自己没有过错的，应当承担侵权责任。所有人、管理人或者使用人赔偿后，有其他责任人的，有权向其他责任人追偿。”第 86 条分两款对不动产设施倒塌致害的侵权责任进行了规定。第 1 款是对设置缺陷不动产设施倒塌致害侵权责任的规

① 所谓产生直接影响的比较法立法例，是指在起草过程中，为学术界和立法机关共同关注并实际借鉴了的立法例，而并非起草当时所有的比较法立法例。这种关注和借鉴主要体现为学者起草的立法建议稿中引用的比较法立法例。参见梁慧星主编：《中国民法典草案建议稿附理由·侵权行为编、继承编》，84～86 页，北京，法律出版社，2004；王利明主编：《中国民法典学者建议稿及立法理由·侵权行为编》，241～242 页，北京，法律出版社，2005；杨立新主编：《中华人民共和国侵权责任法草案建议稿及说明》，217～218 页，北京，法律出版社，2007。

定："建筑物、构筑物或者其他设施倒塌造成他人损害的，由建设单位与施工单位承担连带责任。建设单位、施工单位赔偿后，有其他责任人的，有权向其他责任人追偿。"第2款是对保管缺陷不动产设施倒塌致害侵权责任的规定："因其他责任人的原因，建筑物、构筑物或者其他设施倒塌造成他人损害的，由其他责任人承担侵权责任。"与上述各立法例对比可知，我国《侵权责任法》上的地上工作物致害侵权责任具有以下特点：第一，在侵权责任类型区分上，第85条和第86条分别是对不动产设施"脱落、坠落"和"倒塌"的规定，区分的标准在于不动产设施致害的方式，而非保管缺陷致害和设置缺陷致害的区分。第二，在责任人的范围上，既包括保有人责任，也包括设置人责任。第85条规定的不动产设施脱落、坠落致害侵权责任的责任人是所有人、管理人或者使用人，即传统民法上的保有人，但将占有人进一步具体化为管理人或者使用人；第86条第1款规定的不动产设施倒塌致害侵权责任的责任人不是不动产保有人，而是作为设置人的建设单位与施工单位，且它们之间承担"连带责任"；第86条第2款规定的责任人为"其他责任人"，则不甚明确。第三，在责任人适用的归责原则上，对不动产设施脱落、坠落致害侵权责任，适用的是保有人过错推定责任原则，而不动产设施倒塌致害侵权责任的归责原则在文义表述上并不清晰，需要作理论上的进一步探讨。第四，两个条文均采纳先进立法经验，规定了追偿权，但"其他责任人"的范围还需要进一步确定，尤其是第86条第1款和第2款规定的"其他责任人"之间的关系，值得研究。

以上述大陆法系民法典的立法传统为背景，对比《侵权责任法》第85条和第86条的立法模式可以看到，第85条的规定大体上延续了大陆法系民法典的立法传统，即相当于统一规定了不动产设施因脱落、坠落致害的设置缺陷责任和管理缺陷责任，均由保有人（所有人、管理人或者使用人）承担过错推定责任，并规定了追偿权。但第86条第1款将设置缺陷不动产设施倒塌致害侵权责任规定为设置人责任，即建设单位责任和施工单位责任，则在一定程度上偏离了大陆法系的不动产设施保有人责任传统，并可能造成免除不动产设施保有人为设置缺陷导致倒塌造成损害承担侵权责任的态势。另外，第86条第2款在文义上的不确定性，也给第86条第1款的解释适用造成了困难。

特别需要指出的是，第86条第1款的规定不但在我国侵权法体系中属于新设规则，其丰富的内容和复杂的结构在大陆法系民法典中也可谓独树一帜。因此，在理论上有对第86条第1款进行特别细致分析的必要。

二、《侵权责任法》第86条第1款的适用范围

要确定《侵权责任法》第86条第1款的适用范围，只有首先厘清《民法通则》第126条的适用范围，进而确定《侵权责任法》第85条、第86条第1款和第2款这三项法律规则之间的关系，才可能得出一个较为清晰的结论。

（一）《民法通则》第 126 条的适用范围

《民法通则》第 126 条规定："建筑物或者其他设施以及建筑物上的搁置物、悬挂物发生倒塌、脱落、坠落造成他人损害的，它的所有人或者管理人应当承担民事责任，但能够证明自己没有过错的除外。"该条规定大致延续了大陆法系民法典的立法传统，但将不动产设施致害责任的适用范围扩展到了建筑物上的"搁置物、悬挂物"。从新中国三次民法典起草的四次草案来看①，均无类似规定，因而应视为《民法通则》起草过程中的嬗变。由于缺乏立法理由书，只能尝试从当时的文献中寻找线索。由马原任主编，佟柔、周贤奇任副主编，1989 年人民法院出版社出版的全国法院干部业余法律大学教材《中国民法教程》较为独特地将第 126 条的立法主旨解释为"搁置物、悬挂物等致人损害的民事责任"，同时对 1988 年《民通意见》第 155 条规定的堆放物品倒塌致害公平责任进行了说明。② 因此，较为合理的解释应该是当时的司法实务中搁置物、悬挂物和堆放物致害情形较多，《民法通则》第 126 条吸收了搁置物、悬挂物致害的规则，而《民通意见》第 155 条则是对堆放物品倒塌致害责任的规定。这一点也可以从《侵权责任法》的第 88 条规定（"堆放物倒塌造成他人损害，堆放人不能证明自己没有过错的，应当承担侵权责任。"）将堆放物倒塌致害的公平责任修改为过错推定责任中得到印证。

因此，《民法通则》第 126 条实质上是关于不动产设施及其上的搁置物、悬挂物因设置缺陷和保管缺陷而发生倒塌、脱落、坠落致害的保有人侵权责任适用过错推定责任原则的统一规定。

（二）《侵权责任法》不动产设施致害侵权责任的统一起草过程

以《民法通则》第 126 条为基础，"一审稿"第 55 条规定："建筑物或者其他设施以及建筑物上的搁置物、悬挂物发生倒塌、脱落、坠落情形造成他人损害的，它的所有人或者管理人应当承担侵权责任，但能够证明自己没有过错的除外。"对比可知，该条草案唯一的修改在于将"民事责任"具体为"侵权责任"。"二审稿"第 82 条第 1 款规定："建筑物或者其他设施以及建筑物上的搁置物、悬挂物发生倒塌、脱落、坠落造成他人损害，所有人或者管理人不能证明自己没有过错的，应当承担侵权责任。"该款规定尽管改变了"一审稿"对过错推定责任的规定方式，但并无实质性变化。该条草案第 2 款借鉴比较法上的先进立法例，为应对司法实践中的追偿需求，规定："所有人或者管理人承担责任后，有其他责任人的，有权向其他责任人追偿。"该款新增规定成为《侵权责任法》第 85 条和第 86 条第 1 款规定

① 《中华人民共和国民法草案（征求意见稿）》（1980 年 8 月 15 日）第 463 条、《中华人民共和国民法草案（征求意见二稿）》（1981 年 4 月 10 日）第 359 条、《中华人民共和国民法草案（第三稿）》（1981 年 7 月 31 日）第 483 条和《中华人民共和国民法草案（第四稿）》（1982 年 5 月 1 日）第 439 条。摘自何勤华、李秀清、陈颐编：《新中国民法典草案总览》（下），北京，法律出版社，2003。

② 参见马原主编：《中国民法教程》，321 页，北京，人民法院出版社，1989。

的追偿权的雏形。“三审稿”第 85 条第 1 款延续了“二审稿”的规定模式，第 2 款将所有人或者管理人“承担责任”改为“赔偿”，明确了追偿的范围仅限于损害赔偿责任：“所有人或者管理人赔偿后，有其他责任人的，有权向其他责任人追偿。”从这三稿草案的对应条文来看，立法者始终延续着《民法通则》第 126 条的统一起草模式，将不动产设施倒塌、脱落和坠落致害侵权责任统一规定在一个条文中，并一直保持过错推定责任原则的统一适用。

与此同时，最高人民法院 2003 年颁布的《人身损害赔偿司法解释》第 16 条第 1 款第 1 项规定：“下列情形，适用民法通则第一百二十六条的规定，由所有人或者管理人承担赔偿责任，但能够证明自己没有过错的除外：（一）道路、桥梁、隧道等人工建造的构筑物因维护、管理瑕疵致人损害的……”该项规定填补了当时《国家赔偿法》和民事侵权法均缺乏对人工构筑物致害侵权责任的规定这一空白，但这种补充仅限于人工构筑物保管缺陷导致的人身损害赔偿，并不适用于整个民事侵权领域。该条第 2 款规定的“前款第（一）项情形，因设计、施工缺陷造成损害的，由所有人、管理人与设计、施工者承担连带责任”。这可以视为《侵权责任法》第 86 条第 1 款第 1 句后段所谓[①]“连带责任”的雏形。

（三）《侵权责任法》第 85 条与第 86 条的分别立法模式

2008 年 5 月 12 日，四川省汶川县发生里氏 8.0 级强烈地震，伤亡惨重，无数房屋垮塌。其中暴露出不少“豆腐渣”工程，尤其是一些校舍存在明显的质量问题，引起社会和法律界人士的高度关注，这直接促成了《侵权责任法》对建筑物倒塌致害作出单独规定[②]，并具有一定的加重责任的倾向。这种立法意旨在立法模式上体现为最终通过的《侵权责任法》背离了不动产设施致害责任的统一起草过程，对不动产设施倒塌、脱落和坠落致害侵权责任采取了分别立法模式。

一方面，《侵权责任法》在第 85 条中对不动产设施及其附属物脱落、坠落致害过错推定责任进行了规定。从上述立法过程的回顾来看，该规定有三个来源：第一，继受了《民法通则》第 126 条规定的不动产设施脱落和坠落致害侵权责任；第二，吸收了《人身损害赔偿司法解释》第 16 条第 1 款第 1 项规定的构筑物的适用范围；第三，坚持了“三审稿”中的追偿权规定。可见，第 85 条的实际意义在于将原来《人身损害赔偿司法解释》第 16 条第 1 款第 1 项未涵盖的人工构筑物管理缺陷导致非人身损害的部分和因设置缺陷导致的人工构筑物脱落、坠落致害侵权责

① 使用“所谓”的用语，是因为《侵权责任法》第 86 条第 1 款第 1 句虽然使用了“连带责任”的用语，但实际上是不真正连带责任形态，详见后文分析。参见王竹：《〈侵权责任法〉侵权责任分担立法体例与规则评析》，载《法学杂志》，2010（3）。

② 参见梁慧星：《对侵权责任法草案（第二次审议稿）的修改意见》，见 http：//www. iolaw. org. cn/showarticle. asp？id＝2403，访问时间：2013－07－10；梁慧星：《对侵权责任法草案（2009 年 8 月 20 日修改稿）的评论及修改建议》，见 http：//www. iolaw. org. cn/showarticle. asp？id＝2520，访问时间：2013－07－10。

任纳入了法律的规定，并规定了相应的追偿权。这种过错推定责任的追偿权规定，为被推定过错，但囿于证据制度无法作出反证，因而承担了侵权责任的民事主体，在事后查找到了最终责任人进行追偿，提供了实体法依据，意义重大。[①] 另外，第85条还将占有人进一步细化为管理人或者使用人，进而形成了“所有人、管理人或者使用人”的完整保有人谱系，更便于实务运用。

另一方面，《民法通则》第126条规定的“建筑物或者其他设施以及建筑物上的搁置物、悬挂物发生倒塌”“造成他人损害”的侵权责任，与《人身损害赔偿司法解释》第16条第1款第1项结合，扩展到了人工构筑物领域。再与该条司法解释第2款结合，形成了《侵权责任法》第86条第1款第1句的规定：“建筑物、构筑物或者其他设施倒塌造成他人损害的，由建设单位与施工单位承担连带责任。”“三审稿”第85条第2款顺理成章地比照《侵权责任法》第85条的模式，成为该法第86条第1款第2句关于追偿权的规定：“建设单位、施工单位赔偿后，有其他责任人的，有权向其他责任人追偿。”与这种突出不动产倒塌致害侵权责任立法主旨的模式相对应的，第86条第2款的措辞显得过于附属性：“因其他责任人的原因，建筑物、构筑物或者其他设施倒塌造成他人损害的，由其他责任人承担侵权责任。”即形成了在不动产倒塌致害侵权责任中，是以建设单位和施工单位的设置人责任为原则，“其他责任人”的责任为例外的态势。应该指出，该条第2款在文字表述和规则设置上具有一定的晦涩性，尤其是“其他责任人”的概念与第1款第2句使用的“其他责任人”是否为同一所指，抑或另有所指，这是解释论必须解决的问题。因此，必须对第85条和第86条的应然内容和关系作进一步的还原，以探求立法本旨。

（四）《侵权责任法》第85条与第86条的应然关系与内容

这种不动产设施致害侵权责任的分别立法模式从表面上看，仅仅是“脱落、坠落”责任与“倒塌”责任的分离，但仔细比较《侵权责任法》第86条第1款和《侵权责任法》第85条的责任主体，很明显地可以看出第86条第1款规定的责任主体是“建设单位、施工单位”，即不动产设置人；而第85条规定的责任主体是建筑物的“所有人、管理人或者使用人”，即不动产保有人。即第85条实质上继受了《民法通则》第126条关于不动产保有人责任的规定，而第86条“阴差阳错”地成为一条全新的设置人责任规则。质言之，《民法通则》第126条的“倒塌”责任部分，实际上被规定在了具有较强附属性措辞的第86条第2款。亦即如果对第86条第2款进行全面表述，应该表述为：“建筑物、构筑物或者其他设施发生倒塌造成他人损害，所有人、管理人或者使用人不能证明自己没有过错的，应当承担侵权责任。”而且还应该比照第85条增设规定：“所有人、管理人或者使用人赔偿后，有其他责任人的，有权向其他责任人追偿。”即第86条第2款规定的“其他责任人”，

① 限于本部分研究的主旨，笔者在此不再展开讨论，而将另行撰文予以说明。

应该理解为与第 85 条规定的保有人范围相同，即为“所有人、管理人或者使用人”。而第 86 条第 1 款第 2 句规定的“其他责任人”，则是建设单位和施工单位之外的其他设置缺陷的责任人，后文将作详细分析。

进而，从精简立法的立法技术要求出发，第 85 条与上述经过第一轮还原的“第 86 条第 2 款”应该合并还原为一个类似于《民法通则》第 126 条的条文：“建筑物、构筑物或者其他设施（及其搁置物、悬挂物）[①] 发生倒塌、脱落、坠落造成他人损害，所有人、管理人或者使用人不能证明自己没有过错的，应当承担侵权责任。所有人、管理人或者使用人赔偿后，有其他责任人的，有权向其他责任人追偿。”即回到“三审稿”的思路。这也从另一个角度佐证了分别立法模式是《侵权责任法》为应对实务需求作出的嬗变和对原立法过程的背离。

如果按照这种思路还原立法者的本意，并考虑到第 86 条的立法本旨，更为精确地表达立法者的意图，应当是在第 85 条中全面规定因保管缺陷致不动产设施及其搁置物、悬挂物倒塌、脱落、坠落致害过错推定责任的规定：“建筑物、构筑物或者其他设施及其搁置物、悬挂物因保管缺陷发生倒塌、脱落、坠落造成他人损害，所有人、管理人或者使用人不能证明自己没有过错的，应当承担侵权责任。所有人、管理人或者使用人赔偿后，有其他责任人的，有权向其他责任人追偿。”而在第 86 条中规定因设置缺陷致不动产设施倒塌、脱落、坠落致害侵权责任：“建筑物、构筑物或者其他设施因设置缺陷倒塌、脱落、坠落造成他人损害的，由建设单位与施工单位承担连带责任。建设单位、施工单位赔偿后，有其他责任人的，有权向其他责任人追偿。”这样才能将不动产设施及其搁置物、悬挂物致害的保有人保管缺陷责任和不动产设施的设置人设置缺陷责任区分开来，即学者所区分的前者是物件致害责任，后者是行为责任。[②]

（五）《侵权责任法》第 86 条第 1 款的适用范围

鉴于我国《侵权责任法》一方面实质采纳了大陆法系民法典区分保管缺陷和设置缺陷的立法传统，另一方面又应对实务需求分别规定脱落、坠落致害和倒塌致害。综上所述，我国现行法律体系中的不动产设施致害侵权责任按照这两种维度进行区分，在不考虑搁置物、悬挂物致害的情况下，其法律规则的适用情况如下表。

不动产设施致害侵权责任法律规则适用表

致害行为/缺陷类型	保管缺陷	设置缺陷
脱落、坠落	《侵权责任法》第 85 条	《民法通则》第 126 条
倒塌	《侵权责任法》第 86 条第 2 款	《侵权责任法》第 86 条第 1 款

从上表可以清晰地看出，《侵权责任法》第 86 条第 1 款的适用范围是不动产设施因设置缺陷而发生倒塌的侵权责任。

① 之所以加括号，是因为第 86 条第 2 款的适用范围不包括“搁置物、悬挂物”致害。

② 参见张新宝：《侵权责任法》，2 版，337 页，北京，中国人民大学出版社，2010。

需要特别说明的是，除了典型的民事侵权责任之外，《侵权责任法》第 86 条第 1 款与未纳入《国家赔偿法》的国有公共设施致害责任的关系，也应该予以说明。我国 2010 年修改前的《国家赔偿法》未将公有公共设施致害赔偿纳入国家赔偿范围，《人身损害赔偿司法解释》第 16 条第 1 款第 1 项将其规定为民事侵权责任。修改后的《国家赔偿法》仍然没有将该类侵权行为纳入国家赔偿的范围，而《侵权责任法》在起草时已经对这种立法形式有了清醒的认识，因此特别将该类侵权行为纳入《侵权责任法》予以规范，这也被学者认为是《侵权责任法》第 86 条应从第 85 条中分离出来的重要意义之一。① 这样规定的好处是：一方面，将国有建筑物、构筑物或者其他设施特别是不属于建筑物的构筑物等纳入一并解决②，实质上是由国家对其所有的不动产倒塌致害承担民事责任，这也符合传统民法“纯为私经济关系”的定位。③ 另一方面，从实际救济的效果来看，可以为受害人提供比适用《国家赔偿法》限制的赔偿责任更为充分的救济。④

三、《侵权责任法》第 86 条第 1 款的立法遗漏与立法扩展

需要指出的是，尽管《侵权责任法》第 86 条第 1 款的适用范围应该是不动产设施因设置缺陷而发生倒塌的侵权责任，但由于《侵权责任法》第 86 条属于立法最后阶段的新设条款，并未通过全民征求意见稿的方式给予学者充分的论证机会，因而不但出现了较为晦涩的立法表述，还出现了部分立法遗漏，只能期待未来最高人民法院颁布司法解释对《侵权责任法》第 85 条和第 86 条两款的关系予以厘清，并补充立法规则的缺失。更为重要的是，该条规定实质上还涉及立法目的之外的立法扩展，也需要作特别的说明。

(一)《侵权责任法》第 86 条第 1 款涉及的立法遗漏

对比《侵权责任法》第 86 条第 1 款与《民法通则》第 126 条，可以清晰地看到该款规定存在以下几个方面的立法遗漏：

第一，在适用范围上，遗漏了建筑物、构筑物或者其他设施上的搁置物、悬挂物倒塌致害责任。《民法通则》第 126 条的规定适用于“建筑物或者其他设施以及建筑物上的搁置物、悬挂物发生倒塌、脱落、坠落造成他人损害的”全部情形，而《侵权责任法》第 86 条第 1 款仅适用于“建筑物、构筑物或者其他设施”。这固然是因为搁置物和悬挂物不属于设置人的设置范围而是属于保有人的设置范围，但由于《侵权责任法》第 85 条不适用于倒塌的情况，因而在实务中只能适用《民法通则》第 126 条，适用保有人的过错推定责任。

① 参见杨立新：《侵权责任法》，573～574 页，北京，法律出版社，2010。

② 参见杨立新：《侵权责任法》，574 页，北京，法律出版社，2010。

③ 参见史尚宽：《债法总论》，205 页，北京，中国政法大学出版社，2000。

④ 参见王利明、周友军、高圣平：《中国侵权法教程》，735～736 页，北京，人民法院出版社，2010。

第二，在侵权责任类型上，遗漏了设置缺陷不动产发生部分脱落或者坠落致害的侵权责任。基于前述的《侵权责任法》第 85 条和第 86 条之应然关系，以及《侵权责任法》第 86 条第 1 款的表述，该条文实质上只能适用于设置缺陷不动产倒塌致害的情形，而不能适用于设置缺陷不动产发生部分脱落或者坠落致害，如瓷砖、挑窗等脱落致害的情形。如果按照《民法通则》第 126 条的规定，该类侵权行为应该适用过错推定责任，但从《侵权责任法》第 86 条第 1 款加重设置人责任的立法倾向考虑，笔者更倾向于适用无过错责任，建议未来司法解释明确此种情形的侵权责任参考适用《侵权责任法》第 86 条第 1 款规定。

第三，在责任人范围上，遗漏了设置缺陷的不动产保有人责任。《侵权责任法》第 86 条第 1 款规定的是设置缺陷的设置人责任，而《民法通则》第 126 条规定的是设置缺陷的不动产保有人的过错推定责任。由于《侵权责任法》实质上没有涉及设置缺陷的不动产保有人责任，因而在实务中设置缺陷的不动产保有人责任，仍然适用《民法通则》第 126 条规定的过错推定责任，并应该通过司法解释明确《侵权责任法》第 86 条第 1 款第 1 句规定的对建设单位和施工单位的追偿权。

（二）《侵权责任法》第 86 条第 1 款涉及的立法扩展

笔者所谓《侵权责任法》第 86 条第 1 款涉及的立法扩展，主要是针对该条第 1 句“建筑物、构筑物或者其他设施倒塌造成他人损害的，由建设单位与施工单位承担连带责任”中的“他人”的理解上。《民法通则》第 126 条规定也是造成“他人”损害，但这个“他人”所对应的“本人”，是指不动产保有人，因此“他人”的范围是指保有人之外的第三人。而《侵权责任法》第 86 条第 1 款的“他人”所对应的“本人”，是不动产设置人。因此，基于不动产设置人作为“本人”再解释出的“他人”，既包括通常所理解的与该不动产无关的第三人，也包括建筑物的保有人。

质言之，在《侵权责任法》颁布之前，由于《民法通则》第 126 条规定的是保有人责任，所以因建筑物倒塌造成的保有人损害，与产品责任中产品自身损害类似，可以由建筑物的保有人基于《合同法》或者《侵权责任法》提出，并可以基于《合同法》第 122 条选择请求权基础。而由于《侵权责任法》第 86 条第 1 款规定的是不动产设置人责任，使得因建筑物倒塌造成损害的建筑物保有人也可以依据该条规定，要求建设单位和施工单位承担赔偿责任。这种扩展适用实质上超越了该法起草机关的权威解读，但却为该条文的应有之义。

四、《侵权责任法》第 86 条第 1 款涉及的责任人及其适用的归责原则

事实上，设置缺陷不动产致害的侵权责任，在我国 1997 年《建筑法》、1999 年《合同法》、2000 年的《建设工程质量管理条例》以及《最高人民法院关于审理建设工程施工合同纠纷案件适用法律问题的解释》（法释〔2004〕14 号）中已经作出了相关规定，因此，《侵权责任法》第 86 条第 1 款实际上是一个侵权特别法法典化

为侵权一般法的过程，同时也是部门法上不规范的侵权责任规范化的过程。但根据《侵权责任法》第5条的规定（“其他法律对侵权责任另有特别规定的，依照其规定”），对《侵权责任法》第86条第1款涉及的责任人及其适用的归责原则的理解，也必须与这些特别法保持一致。

（一）《侵权责任法》第86条第1款涉及的责任人范围及其分类

《建设工程质量管理条例》第2条对建设工程采广义范畴，该条第1款认定的建设工程既包括新建行为，也包括扩建、改建等类似行为。第2款规定的建设工程包括土木工程、建筑工程，线路管道和设备安装工程及装修工程。在实务中，建设单位出售的房屋大致可以分为清水房和精装房两类，因此装修工程可能由建设单位组织完成，也可能由保有人完成，要区别对待。

《侵权责任法》第86条第1款涉及的直接责任人和其他责任人，实际上包括所有的最终责任人，而最终责任的确定是追偿权行使的前提。①《建筑法》第80条是对设置缺陷不动产致害最终责任的规定：“在建筑物的合理使用寿命内，因建筑工程质量不合格受到损害的，有权向责任者要求赔偿。”这些最终责任人在《建设工程质量管理条例》第3条中被规定为建设单位、勘察单位、设计单位、施工单位、工程监理单位。这与《合同法》第269条和第276条的规定是一致的。

对比《人身损害赔偿司法解释》第16条第1款第1项和第2款的规定可知，《侵权责任法》第86条第1款在直接责任人范围上有以下特点：第一，《人身损害赔偿司法解释》第16条第2款规定的设置缺陷的直接责任人包括保有人和设计者、施工者，而《侵权责任法》只规定了施工单位，并增设了建设单位，相当于免除了设计者的直接责任。② 第二，由于我国《民法通则》区分公民（自然人）和单位，而司法实务中对第125条中“施工人”的解释包括自然人和法人③，所以《侵权责任法》和建筑法领域的法律、行政法规和司法解释所说的建设单位和施工单位，应该不包括个人建造者和个人施工者④，而仅包括法人和合伙企业。但在“其他责任人”范围上，就可能包括自然人，即自然人可能成为追偿的对象。由于勘察、设计和监理行为均必须由具有一定资质的单位实施，因而对自然人的追偿权主要限于建设单位和施工单位对其雇用或者外包的自然人的追偿权，前者适用关于雇主对雇员的追偿规定⑤，后者适用对独立承揽人的追偿规定。⑥

由于《侵权责任法》第86条第1款规定的设置缺陷不动产设施致害侵权责任

① 参见王竹：《侵权责任分担论》，209～210页，北京，中国人民大学出版社，2009。

② 参见张新宝：《侵权责任法》，2版，341页，北京，中国人民大学出版社，2010。

③ 参见马原主编：《中国民法教程》，322页，北京，人民法院出版社，1989。

④ 参见王利明、周友军、高圣平：《中国侵权法教程》，756页，北京，人民法院出版社，2010。

⑤ 对此问题，《侵权责任法》第34条没有明确，需要司法解释作进一步的说明。

⑥ 对此问题，《侵权责任法》没有涉及，《人身损害赔偿司法解释》第10条也没有明确，需要司法解释作进一步的说明。

为设置人责任，因而在立法过程中关于直接责任人范围的争议主要集中于：建设单位、施工单位、设计单位、勘察单位以及监理单位是均应被纳入直接责任人中，还是仅将部分设置人规定为直接责任人，并可以在其承担侵权责任后，向其他责任人追偿。草案起草机关经过调查后认为，通常情况下，建设单位依法取得土地使用权，在该土地上建造建筑物、构筑物或者其他设施，是建设工程合同的总发包人。实践中，房地产开发企业、机关和工厂是比较常见的建设单位。① 施工单位与建设单位或者其他发包人签订建设工程合同，对建设工程进行施工。实践中，建筑公司是比较常见的施工单位。② 由于这两类责任主体的行为与设置缺陷的产生及其预防更为直接，最终被《侵权责任法》确定为直接责任人，勘察单位、设计单位和工程监理单位被确定为其他责任人。③

（二）直接责任人的无过错责任

1. 建设单位和施工单位的法定责任

《建设工程质量管理条例》第 58 条列举了三类建设单位的法定责任：（1）未组织竣工验收，擅自交付使用的；（2）验收不合格，擅自交付使用的；（3）对不合格的建设工程按照合格工程验收的。

《建筑法》和《建设工程质量管理条例》列举了以下四类施工单位的法定责任：

第一，偷工减料造成设置缺陷责任。《建筑法》第 74 条规定："建筑施工企业在施工中偷工减料的，使用不合格的建筑材料、建筑构配件和设备的，或者有其他不按照工程设计图纸或者施工技术标准施工的行为的……造成建筑工程质量不符合规定的质量标准的，负责返工、修理，并赔偿因此造成的损失……"《建设工程质量管理条例》第 64 条对该类法定直接责任予以具体化。

第二，违反资质管理制度造成设置缺陷责任。《建筑法》第 66 条规定："建筑施工企业转让、出借资质证书或者以其他方式允许他人以本企业的名义承揽工程的……对因该项承揽工程不符合规定的质量标准造成的损失，建筑施工企业与使用本企业名义的单位或者个人承担连带赔偿责任。""承包单位有前款规定的违法行为的，对因转包工程或者违法分包的工程不符合规定的质量标准造成的损失，与接受转包或者分包的单位承担连带赔偿责任。"

第三，违反保修义务造成设置缺陷责任。《建筑法》和《建设工程质量管理条例》将施工单位确定为保修人。《建筑法》第 75 条规定："建筑施工企业违反本法规定，不履行保修义务或者拖延履行保修义务的，责令改正，可以处以罚款，并对在保修期内因屋顶、墙面渗漏、开裂等质量缺陷造成的损失，承担赔偿责任。"《建设工程质量管理条例》第 40 条对在正常使用条件下，建设工程的最低保修期限作出了规定。

---

① 参见王胜明主编：《中华人民共和国侵权责任法解读》，420 页，北京，中国法制出版社，2010。

② 参见王胜明主编：《中华人民共和国侵权责任法解读》，421 页，北京，中国法制出版社，2010。

③ 草案起草机关的权威解读认为还可能包括有过错的行政部门。参见王胜明主编：《中华人民共和国侵权责任法解读》，423 页，北京，中国法制出版社，2010。对此笔者有不同意见，详见后文。

第四，违反建筑材料、构配件瑕疵担保义务导致设置缺陷责任。《建设工程质量管理条例》第65条规定：“违反本条例规定，施工单位未对建筑材料、建筑构配件、设备和商品混凝土进行检验，或者未对涉及结构安全的试块、试件以及有关材料取样检测的……造成损失的，依法承担赔偿责任。”

2. 建设单位和施工单位的无过错责任

关于建设单位和施工单位责任的归责原则，学者对《侵权责任法》第86条第1款的解读存在一定的争议。有学者认为，对建设单位与施工单位应该适用过错责任，即因自己的过错，例如，建造单位未按照规定依法组织验收，擅自交付使用，或者施工单位层层转包，偷工减料，最终造成建筑物等质量不合格而发生倒塌事故，则建筑单位与施工单位要承担责任。① 也有学者特别提出，施工单位的责任是过错推定责任，主要理由在于：第一，施工人责任制度有点“激情立法”的味道，解释为无过错，难免矫枉过正。第二，从施工人距离证据较近考虑，要求其证明自己没有过错是合理的。②

在笔者看来，由受害人证明上述过错的存在，几无可能，因此从立法政策来看，不宜解释为过错责任原则。而过错推定责任原则的观点，则可能是未能认识到《民法通则》第126条并不能涵盖《侵权责任法》第86条第1款，而仅能涵盖该条第2款。从《人身损害赔偿司法解释》第16条第1款第1项和第2款的规定来看，该司法解释已经明确将过错推定责任限定于该条第1款，第2款增设的因设计、施工缺陷承担连带责任的设计者、施工者，并未设定过错或者过错推定的构成要件，故对建设单位和施工单位应该适用无过错责任。从《侵权责任法》第86条第1款的措辞来看，也没有过错或者过错推定要件的规定。因此，笔者认为，建设单位和施工单位对外的直接责任，应该适用无过错责任原则。

应该指出，过错责任原则虽然是建设单位和施工单位法定责任的归责原则，但却是二者对内的最终责任的归责原则，而不是对受害人承担的直接责任的归责原则，这涉及后文探讨的不真正连带责任的结构问题，详见后文。

（三）其他责任人的过错责任

法定的不动产设置缺陷责任的“其他责任人”，即非直接责任人，包括勘察单位、设计单位和监理单位。勘察单位和设计单位的行为属于事前预防性质，监理单位的行为属于事中预防性质。

我国《建筑法》第73条规定了勘察单位、设计单位的过错责任：“建筑设计单位不按照建筑工程质量、安全标准进行设计的……造成损失的，承担赔偿责任……”《建设工程质量管理条例》第63条列举了四类因工程质量事故造成损失的，依法承担赔偿责任的情形：“（一）勘察单位未按照工程建设强制性标准进行勘

① 参见张新宝：《侵权责任法》，2版，341页，北京，中国人民大学出版社，2010。

② 参见王利明、周友军、高圣平：《中国侵权法教程》，758页，北京，人民法院出版社，2010。

察的；（二）设计单位未根据勘察成果文件进行工程设计的；（三）设计单位指定建筑材料、建筑构配件的生产厂、供应商的；（四）设计单位未按照工程建设强制性标准进行设计的。”

按照《建设工程质量管理条例》第 12 条第 1 款的规定，我国建筑工程的监理单位包括两类：第一，具有相应资质等级的工程监理单位；第二，具有工程监理相应资质等级并与被监理工程的施工承包单位没有隶属关系或者其他利害关系的该工程的设计单位。由于没有特别法规定，监理单位的最终责任也适用过错责任。

（四）两类特殊责任人

此外，还有两类特殊责任人值得探讨。第一类特殊责任人是相关行政部门。《建筑法》第 79 条规定："负责颁发建筑工程施工许可证的部门及其工作人员对不符合施工条件的建筑工程颁发施工许可证的，负责工程质量监督检查或者竣工验收的部门及其工作人员对不合格的建筑工程出具质量合格文件或者按合格工程验收的……造成损失的，由该部门承担相应的赔偿责任。”该条规定属于《国家赔偿法》第 4 条第 4 项规定的情形，即“行政机关及其工作人员在行使行政职权时有下列侵犯财产权情形之一的，受害人有取得赔偿的权利……（四）造成财产损害的其他违法行为”。由于《侵权责任法》第 86 条第 1 款和前述相关法律、法规已经对最终责任人作出了规定，这里的“相应的赔偿责任”实质上具有补充责任的性质。①

第二类特殊责任人是装修单位。因装修单位的行为导致建筑物倒塌致害，要区分是精装房还是清水房。如果是精装房，则装修单位的地位类似施工单位，属于直接责任人，适用《侵权责任法》第 86 条第 1 款的规定；如果是清水房，则属于承揽房屋保有人的装修工程，适用《侵权责任法》第 86 条第 2 款的规定。在最终责任的确定上，《建筑法》第 70 条规定："违反本法规定，涉及建筑主体或者承重结构变动的装修工程擅自施工的……造成损失的，承担赔偿责任……”《建设工程质量管理条例》第 69 条有类似的民事责任的规定。

五、《侵权责任法》第 86 条第 1 款中的侵权责任分担规则

《侵权责任法》第 86 条第 1 款中的侵权责任分担规则是另一个值得关注的问题，如前所述，该问题还涉及对直接责任人对外赔偿责任的归责原则确认。尽管第 86 条第 1 款第 1 句规定建筑物、构筑物或者其他设施倒塌造成他人损害的，由建设单位与施工单位“承担连带责任”，但笔者认为，该条实质上是不真正连带责任。②该条第 1 款未能采用《侵权责任法》第 43 条第 1 款所采纳的不真正连带责任形态

① 但国家赔偿是否可以作为民事侵权责任的补充责任，是否适用民事侵权责任的补充责任形态规则，还值得进一步斟酌。

② 参见王竹：《论法定型不真正连带责任及其在严格责任领域的扩展适用》，载《人大法律评论》，2009 年卷，北京，法律出版社，2009。

的通行表述方式，属于立法上的技术瑕疵，这与该条文系最后审议阶段新增条文有关，笔者建议未来司法解释予以明确。[①] 借此机会，笔者详细阐述连带责任与不真正连带责任在立法技术上的差异。

（一）侵权责任分担规则的立法技术

笔者曾经提出，在连带责任、按份责任、不真正连带责任和补充责任这四种数人侵权责任形态的类型化上，应该特别考虑数人侵权责任分担制度呈以连带责任与按份责任的区分为原则，不真正连带责任与补充责任为补充的基本态势。应该从法律适用规则、内部责任份额和立法技术规则角度将四种数人侵权责任分担形态区分为一般数人侵权责任分担形态和特殊数人侵权责任分担形态两类。连带责任与按份责任是一般数人侵权责任分担形态，适用于所有的侵权行为类型，其适用规则是法律规定承担连带责任之外的情形，责任人都承担按份责任。在内部份额上，每个责任人都承担一定份额的最终责任，连带责任人承担超过自己责任份额后，可以向其他连带责任人寻求分摊。在立法技术上，只对适用连带责任的侵权行为形态进行一般性的规定，在特殊侵权行为领域除非存在法律适用疑难，一般不予列举。而补充责任和不真正连带责任是特殊数人侵权责任分担形态，仅适用于法律明文规定的侵权行为类型，其中补充责任形态适用于过错责任或者过错推定责任领域，而不真正连带责任形态适用于严格责任领域。在内部份额上，只有最终责任人承担最终责任，其他责任人在承担责任后，可以向其追偿。在立法技术上，不但在特殊侵权行为类型中大量存在特殊数人侵权责任分担规则，在过错责任领域如果存在特殊数人侵权责任分担规则，也需要单独列举规定。法律无明文规定的，只能适用一般数人侵权责任分担形态，法官不得随意创设。[②]

我国《侵权责任法》除了在第 8～11 条分别规定了共同实施侵权行为，教唆、帮助侵权行为，共同危险行为和数个充足原因偶然竞合侵权行为四种承担连带责任的数人侵权行为形态之外，在特殊侵权行为类型中有四处特别列举的连带责任形态适用情形，即第 36 条第 2 款和第 3 款分别规定了两种网络服务提供者明知网络用户利用其网络服务实施侵权行为而未采取必要措施的不作为侵权行为，第 50 条规定的拼装或者已达到报废标准的机动车交通事故，第 74 条后段规定的所有人有过错的高度危险物他人管理责任，以及第 75 条后段规定的所有人、管理人违反防止他人非法占有高度危险物义务的连带责任。笔者曾经提出，这四种侵权行为类型中对连带责任的适用予以明文列举的目的，在于方便法律适用并确保适用上的统一性。[③]

在此，笔者进一步认为，与《民法通则》第 130 条规定的“二人以上共同侵权

---

① 参见王竹：《〈侵权责任法〉侵权责任分担立法体例与规则评析》，载《法学杂志》，2010（3）。

② 参见王竹：《我国侵权法上特殊数人侵权责任分担制度立法体例与规则研究》，载《政法论丛》，2009（4）。

③ 参见王竹：《〈侵权责任法〉侵权责任分担立法体例与规则评析》，载《法学杂志》，2010（3）。

造成他人损害的，应当承担连带责任”相比，《侵权责任法》作为民事侵权制度的基本法，第8～11条规定的四种数人侵权行为形态，是立法者对于数人侵权行为承担连带责任的全部情形的概括，是对《民法通则》第130条的具体化和类型化。在这四种情形之外，不存在其他的法定侵权连带责任基础类型。这样的解释有利于限制连带责任的滥用，同时通过“关联共同说”解释《侵权责任法》第8条，也可以较好地满足司法实践的需要。[①] 该结论的推论是，不论是《侵权责任法》上特别列举的适用连带责任的数人侵权行为形态，还是其他部门法上的侵权连带责任的规定，在立法考量时都需要在《侵权责任法》第8～11条中选择1条作为其规定为连带责任的基础，以确保侵权连带责任体系的统一。[②]

（二）对设置缺陷不动产倒塌致害连带责任的审视

我国《建筑法》第69条第1款规定：“工程监理单位与建设单位或者建筑施工企业串通，弄虚作假、降低工程质量……造成损失的，承担连带赔偿责任……”《建设工程质量管理条例》第67条列举了两种工程监理承担连带赔偿责任的情形：(1)与建设单位或者施工单位串通，弄虚作假、降低工程质量的；(2)将不合格的建设工程、建筑材料、建筑构配件和设备按照合格签字的。由此可以清晰地看出，《建筑法》明文规定的连带责任，是以工程监理单位、建设单位和施工单位三方为规范主体的，且在适用上以主观上的恶意串通为前提，符合《侵权责任法》第8条关于共同实施侵权行为的规定，因而该三方应承担连带责任。

而《侵权责任法》第86条第1款第1句所规范的并非以监理单位与建设单位或者施工单位为规范主体，而是以建设单位与施工单位为共同规范对象。而建设单位和施工单位属于建设工程合同的发包方与承包方，双方存在利害关系。如果双方恶意串通，则应直接适用《侵权责任法》第8条的规定使之承担连带责任。实践中更多的情况是由于建设单位对施工单位的指示过失或者施工单位偷工减料造成的不动产设置缺陷，二者不存在《侵权责任法》第8～11条规定的任何一种连带责任基础。而且在内部关系上，二者只可能是由一方承担最终责任，或者是由第三人承担最终责任，而这二者均不承担任何份额意义上的最终责任。可见，这其实是一种法定的对外连带责任，符合不真正连带责任的特征。而产品责任和缺陷建筑物责任，其实都是典型的法定型不真正连带责任结构。[③]

（三）设置缺陷不动产责任与缺陷产品责任在结构上的一致性

我国民法严格区分建筑物和产品，《产品质量法》第2条第2款规定：“本法所

① 参见王竹：《论客观关联共同侵权行为理论在中国侵权法上的确立》，载《南京大学法律评论》，2010年春季卷，北京，法律出版社，2010。

② 参见王竹：《〈侵权责任法〉第86条第1款的理解与适用》，载《月旦民商法》第31期，台北，元照出版公司，2011。

③ 参见王竹：《论法定型不真正连带责任及其在严格责任领域的扩展适用》，载《人大法律评论》，2009年卷，北京，法律出版社，2009。

称产品是指经过加工、制作，用于销售的产品。”第 3 款规定：“建设工程不适用本法规定；但是，建设工程使用的建筑材料、建筑构配件和设备，属于前款规定的产品范围的，适用本法规定。”这种区分在《侵权责任法》上体现为第五章“产品责任”和第 86 条第 1 款的区分。但不可否认的是，二者在侵权责任构成和侵权责任分担规则上具有高度一致性。这种一致性在《合同法》上体现为第十六章“建设工程合同”第 287 条规定：“本章没有规定的，适用承揽合同的有关规定。”在《侵权责任法》上就体现为第 41～44 条与第 86 条第 1 款在结构上的实质一致性，具体表现为：《侵权责任法》第 86 条第 1 款第 1 句的结构与《侵权责任法》第 43 条规定的缺陷产品致害生产者、销售者不真正连带责任结构类似。而第 86 条第 1 款第 2 句规定的“建设单位、施工单位赔偿后，有其他责任人的，有权向其他责任人追偿”与该法第 44 条规定的“因运输者、仓储者等第三人的过错使产品存在缺陷，造成他人损害的，产品的生产者、销售者赔偿后，有权向第三人追偿”有异曲同工之妙。质言之，施工单位的地位，类似“生产者”；建设单位的地位，类似“销售者”；勘察单位、设计单位和监理单位的地位，类似“第三人”。

对此结构，杨立新教授曾经以《人身损害赔偿司法解释》第 16 条第 2 款为例进行分析并指出，该款司法解释规定的人工构筑致害物责任，因设置缺陷造成损害的，所有人、管理人与设计人、施工人“承担连带责任”是不准确的。这种责任形态，实际上是不真正连带责任。[①] 笔者认为，《侵权责任法》第 86 条第 1 款第 1 句实际上规定的是建设单位与施工单位的不真正连带责任，最终责任由实际造成建筑物缺陷的责任人承担，非最终责任人享有向最终责任人追偿的权利。如果还原为不真正连带责任的结构，该款规定应当具体表述为下述 4 款：

第 1 款　因建筑物、构筑物或者其他设施存在设置缺陷而倒塌造成损害的，被侵权人可以向建设单位请求赔偿，也可以向施工单位请求赔偿。

第 2 款　设置缺陷因施工单位的过错造成的，建设单位赔偿后，有权向施工单位追偿。

第 3 款　设置缺陷因建设单位的过错造成的，施工单位赔偿后，有权向建设单位追偿。

第 4 款　因勘察单位、设计单位或监理单位等第三人的过错使建筑物、构筑物或者其他设施存在设置缺陷而倒塌，造成他人损害的，建设单位、施工单位赔偿后，有权向第三人追偿。

（四）第 86 条第 1 款第 2 句规定的追偿权的行使

按照上文的分析，《侵权责任法》第 86 条第 1 款第 2 句规定的“建设单位、施工单位赔偿后，有其他责任人的，有权向其他责任人追偿”，实质上包括建设单位

① 参见杨立新：《应当维护侵权连带责任的纯洁性——〈关于审理人身损害赔偿案件适用法律若干问题的解释〉规定的侵权连带责任研究》，载《判解研究》，2004 年第 6 辑，北京，人民法院出版社，2004。

和施工单位之间的对内追偿权和二者向“其他责任人”进行追偿的对外追偿权。

1. 建设单位与施工单位的对内追偿

《合同法》第 287 条规定：“本章没有规定的，适用承揽合同的有关规定。”由于建设单位与施工单位各为独立法人，因而两者的法律关系实质上为定作人与承揽人的关系。那么，鉴于二者的合同关系，对内的追偿权行使，首先取决于二者的建设工程合同约定。合同没有约定的，按照前文分析的法律、行政法规和司法解释的规定确定最终责任人。

另外，《最高人民法院关于审理建设工程施工合同纠纷案件适用法律问题的解释》（法释〔2004〕14 号）对一些较为常见的情形，作出了明文规定。第 12 条规定：“发包人具有下列情形之一，造成建设工程质量缺陷，应当承担过错责任：（一）提供的设计有缺陷；（二）提供或者指定购买的建筑材料、建筑构配件、设备不符合强制性标准；（三）直接指定分包人分包专业工程。”“承包人有过错的，也应当承担相应的过错责任。”该司法解释第 13 条规定：“建设工程未经竣工验收，发包人擅自使用后，又以使用部分质量不符合约定为由主张权利的，不予支持；但是承包人应当在建设工程的合理使用寿命内对地基基础工程和主体结构质量承担民事责任。”

2. 建设单位与施工单位的对外追偿

建设单位与施工单位对外追偿的对象是“其他责任人”，既包括前述侵权责任中的法定责任人，即勘察单位、设计单位和监理单位，也包括与建设单位、施工单位有合同关系的原材料提供商、运输者和仓储者以及其他外包、分包的民事主体。因此，只有对于侵权责任中的法定责任人的追偿权，才需要适用《侵权责任法》第 86 条第 1 款第 2 句，对于其他“其他责任人”，则仅限于有直接合同关系的责任主体。需要特别说明的是，由于《建筑法》第 79 条规定“负责颁发建筑工程施工许可证的部门及其工作人员对不符合施工条件的建筑工程颁发施工许可证，负责工程质量监督检查或者竣工验收的部门及其工作人员对不合格的建筑工程出具质量合格文件或者按合格工程验收，造成损失的，由该部门承担相应的赔偿责任”，因而草案起草机关的权威解读认为，相关部门可以作为追偿对象。① 但笔者此前已经对此进行了分析，认为相关部门的赔偿责任实质上为国家赔偿责任，因此，相关部门不宜作为追偿对象。

① 参见王胜明主编：《中华人民共和国侵权责任法解读》，423 页，北京，中国法制出版社，2010。

专题十一

赔礼道歉民事责任方式的源流、承担与执行研究

从1979年《刑法》第32条，到1986年的《民法通则》第120条和第134条，再到1997年新《刑法》第37条，以及2009年通过的《侵权责任法》第15条，在刑事之外①、民事之内，赔礼道歉作为一种“主要”的民事责任方式已经被法律规定并在实务中适用了三十多年。但是，在20世纪我国民法学研究中，几乎没有对赔礼道歉进行过真正的展开研究，也鲜见理论上的质疑。我国民法学界在《侵权责任法》的起草过程中，才逐渐认识到这一民事责任方式的另类性。随着民众人权意识的高涨和民法学者宪法意识的提高②，比较法上，尤其是我们的近邻日本、韩国的宪法法院作出关于道歉民事责任方式是否违宪的判决③，赔礼道歉这一民事责任方式才逐渐引起了学术界的关注，成为人们研究的热点。鉴于学界相关研究成果已经形成了较为完整的比较法图景和多样化的解决建议，笔者希望通过探究中国法上赔礼道歉民事责任方式的源流，并结合学界已有的研究成果，对赔礼道歉的承担和执行问题提出自己的见解，供学界和司法实务部门参考。

一、赔礼道歉作为法律责任方式的源头是1957年社会主义爱国公约运动

参与制定《民法通则》的学者指出，赔礼道歉作为一种民事责任形式，是总结了我们（包括老区）的经验而制定的。④ 也有学者认为，赔礼道歉责任方式具有极

① 1979年《刑法》第32条和1997年新《刑法》第37条对赔礼道歉的规定都是以“对于犯罪情节轻微不需要判处刑罚的，可以免予刑事处分（罚）”处理的，这与刑法理论认为的刑事责任方式不包括赔礼道歉是一致的。

② 参见王竹：《〈侵权责任法〉立法程序的合宪性解释——兼论“民法典”起草过程中的宪法意识》，载《法学》，2010（5）。

③ 相关比较法的详细分析，参见王泽鉴：《人格权法——法释义学、比较法、案例研究》，506～513页，台北，自版，2012。

④ 参见顾昂然、王家福、江平等：《中华人民共和国民法通则讲座》，245页，北京，中国法制出版社，2000。

强的中国特色，是我国特定历史时代的产物。[①] 那么，这个“历史时代”到底是什么时候呢？

（一）新中国成立前和新中国成立初期司法实践中的赔礼道歉不是法律责任方式

有学者认为，赔礼道歉早在新中国成立之前，在解放区司法调解中即是行之有效的方法。[②] 尽管这种描绘并无不当，但无形中会误导读者乃至其他学者的研究起点，认为赔礼道歉在新中国成立前就是一种民事责任方式，并在新中国成立之初得到了延续和坚持。

但在学者以陕甘宁边区 1943—1948 年的相关文献为基础，对陕甘宁边区调解工作基本经验的总结中，并未将“赔礼道歉”这种责任形式作为经验总结。仅仅是在少数案例中，当事人经过调解，主动地赔礼道歉。[③] 而 1959 年《人民司法》杂志专辟“司法工作十年总结”征文选载栏目，在所有刊载的征文中，笔者仅检索到一篇征文涉及赔礼道歉。而且情形与陕甘宁边区的类似，结案方式为调解，有过错的一方主动作了检讨，并向受害人一方道歉。[④] 这种在司法工作总结中的轻描淡写使笔者产生了怀疑，即在新中国成立前和新中国成立初期的司法实践中尽管存在赔礼道歉的适用，但可能并非作为法律责任方式，而是当事人主动或者经过调解后实施的自愿行为。

（二）第一次民法典起草及当时的学说并未将赔礼道歉作为民事责任方式

1958 年出版的《中华人民共和国民法基本问题》是 20 世纪 50 年代我国唯一出版的民法教科书。该书一方面认为侵权行为是债的发生根据，另一方面又认为侵权行为人对受害人所负的是赔偿义务，这种义务又被认为是法律制裁，因而叫作侵权行为的民事责任。[⑤] 可见，当时我国民法学界所认为的侵权责任方式应该仅限于损害赔偿一种。而在第一次民法典起草的相关草案中，侵权责任采纳的是传统民法的恢复原状与损害赔偿责任方式，对于人格权的保护仅限于物质性人格权，在民事责任上也仅限于损害赔偿[⑥]，自然就没有将赔礼道歉规定为民事责任方式。这种理论和立法上将赔礼道歉作为民事责任方式的缺失，印证了笔者关于司法上赔礼道歉不是作为民事责任方式被适用的这一猜测。

① 参见姚辉：《论人格权法与侵权责任法的关系》，载《华东政法大学学报》，2011（1）。

② 参见魏振瀛：《论请求权的性质与体系——未来我国民法典中的请求权》，载《中外法学》，2003（4）。

③ 参见杨永华、方克勤：《陕甘宁边区调解工作的基本经验》，载《法律科学》，1984（2）。

④ 参见营口市人民法院：《一只小母鸡》，载《人民司法》，1959（6）。

⑤ 参见中央政法干部学校民法教研室编著：《中华人民共和国民法基本问题》，179、332 页，北京，法律出版社，1958。

⑥ “债篇通则第一次草稿”第 34 条，“债权篇通则草稿”第 11 条，“债的通则第二次稿（另案）”第 69 条、第 76 条，“损害赔偿（或改为：因侵权行为所产生的债）[第三次草稿]”第 1 条、第 11 条。参见何勤华、李秀清、陈颐编：《新中国民法典草案总览》（上），180、201～202、225～227、243～245 页，北京，法律出版社，2003。

（三）赔礼道歉作为法律责任的源头是 1957 年社会主义爱国公约运动

1957 年，在开展全党第三次整风运动之后，就开始对工人、农民等进行社会主义教育，即全民整风运动。在各地积累的经验中，当时被认为最好的方式，便是发动人民群众开展群众性自我教育和自我约束的社会主义爱国公约运动。① 在中国共产党第八届中央委员会第三次扩大会议上，邓小平同志在《关于整风运动的报告》中指出：各地农村中都有一些“大法不犯、小法常犯”的不良分子。对于这些人，如果由地方法院处理就不胜其烦，但是不加处理，对于生产秩序和社会秩序又有很大妨害。可以考虑由社员代表大会或者乡人民代表大会制定出切实可行的公约，由上一级政府批准，加以约束，并建立调处委员会负责公约的执行。违反这些公约的，可以授权合作社或者乡政府，给以适当处罚。② 根据这一精神，社会主义爱国公约运动在全国普遍开展起来，而人民法院在该运动中起到了重要的指导作用。③

社会主义爱国公约是人民群众进行自我教育、自我监督和自我约束所共同订立和遵守的行为准则，基本内容包括服从中国共产党和人民政府的领导、走社会主义道路、遵纪守法、发扬共产主义道德风尚等。爱国公约由人民调处委员会来监督执行。人民调处委员会是人民自我教育、自我监督和自我约束的群众性组织，是各地在发动群众、依靠群众制定社会主义爱国公约的同时，根据各地的具体情况建立起来的。人民调处委员会通过说服教育、群众辩论和辅之一定处罚的方法，调解人民内部纠纷，处理违法违约的不良行为。处罚方法，各地并不一致，一般说来，大致有：赔礼道歉、警告、家庭管教、具结悔过、退赃、赔偿损失、罚劳动日等。④ 可见，赔礼道歉最早是作为违反社会主义爱国公约的处罚方法进行明文化规定的。⑤ 因此，1957 年开始普遍推行的社会主义爱国公约运动，才是赔礼道歉作为法律责任方式的源头。

（四）赔礼道歉从自愿行为转变为法律责任的过程意义

从新中国成立前和新中国成立初期的自愿道歉到 1957 年社会主义爱国公约运动中作为法律责任的赔礼道歉，这一转变过程说明赔礼道歉在新中国成立之初的司

① 这次社会主义爱国公约运动在形式上可以视为对新中国成立初期作为抗美援朝运动产物的爱国公约运动的延续，后者为前者的广泛制定奠定了社会运动基础。参见王永华：《建国初期的爱国公约运动》，载《党史博览》，2007（4）。

② 参见邓小平：《关于整风运动的报告》，15 页，北京，人民日报出版社，1957。

③ 这一时期最高司法机关和地方各级人民法院出版和编纂了大量的指导性书籍，例如：中华人民共和国司法部办公厅编：《推行社会主义爱国公约和开展调处委员会的工作》，北京，法律出版社，1958；福建省高级人民法院编：《爱国公约和人民调处工作》，福州，福建人民出版社，1959；山东省高级人民法院编：《做好人民调处工作》，济南，山东人民出版社，1959；安徽省高级人民法院编：《跃进中的安徽人民调处工作》，合肥，安徽人民出版社，1959；安徽省高级人民法院编：《推行社会主义爱国公约》，北京，法律出版社，1960。

④ 参见 张富文：《新中国初期社会主义爱国公约运动初探》，载《北京社会科学》，2009（6）。

⑤ 参见赵德魁、孙承基、阎为群：《对有关调处工作的几个问题的意见》，载《法学》，1958（7）。

法实践中取得了良好的社会效果，是社会主义法制体系与中国传统美德的完美结合。这一转变过程也为“文化大革命”之后赔礼道歉的成文化以及后续在我国法律体系中的不断发展，奠定了较好的群众基础和社会基础。

二、赔礼道歉作为民事责任方式在《民法通则》上的确立过程

（一）谁是赔礼道歉的“近亲”？——赔礼道歉相关民事责任方式探寻

笔者希望通过同时展示赔礼道歉在承担方式和适用范围两个方面的“近亲”在《民法通则》上的确立过程，以更好地展示赔礼道歉作为民事责任方式在《民法通则》上的确立过程。

1. 赔礼道歉在承担方式上的“近亲”——具结悔过与训诫

查《民法通则》通过之前的《现代汉语词典》，“赔礼”，是指向人施礼认错。“道歉”，是指表示歉意，特指认错。① 赔礼道歉是并列短语，合并到一起连用，应该理解为向人施礼，表示歉意，并认错。笔者认为，赔礼道歉作为一种习惯用语，已经融合为一体。不能只赔礼，不道歉；而道歉，也不以施礼为必要。

纵观《民法通则》第134条的内容，与赔礼道歉最为接近的责任承担方式是责令具结悔过。“具结”这个词，并非现代日常用语，是指旧时对官署提出表示负责的文件。② 在法律意义上，是指对自己的行为愿意承担法律责任的表示。③ “悔过”，是指承认并追悔自己的错误。④ 两个词联结起来，就是“具结悔过”，应该理解为“悔过”基础上的“具结”，即承认自己的行为，追悔自己的错误，并向权力机关出具保证性的文件，一旦违反自己的承诺，愿意承担法律责任。作为一种民事制裁措施，“责令具结悔过”是法院强制侵权行为人承认自己在进行民事活动中的错误，并认识到这种错误的违法性和危害性，表示愿意悔改并不再犯。多适用于故意侵害他人人格权的行为，也可适用于某些故意或重大过失侵害他人财产权的行为。⑤ 责令具结悔过可以使行为人吸取教训，警诫今后不再重犯。⑥

对比赔礼道歉和具结悔过可以看出，二者的共同点是当事人都承认错误，差别是赔礼道歉是向对方表示认错，而具结悔过是向权力机关出具保证书表示不再犯。按照《民法通则》第134条的规定，赔礼道歉是民事责任方式，责令具结悔过则是民事制裁方式，民事责任的不承担将导致法院的强制执行，而民事制裁方式的不执

① 参见《现代汉语词典》，860、221页，北京，商务印书馆，1983。

② 参见《现代汉语词典》，615页，北京，商务印书馆，1983。

③ 参见沈玮玮：《从甘结到具结悔过：传统民事司法信任的转变》，载《安徽大学学报（哲学社会科学版）》，2010（3）。

④ 参见《现代汉语词典》，503页，北京，商务印书馆，1983。

⑤ 参见张新宝：《中国侵权行为法》，2版，196页，北京，中国社会科学出版社，1998。

⑥ 参见杨立新：《侵权法论》，4版，225页，北京，人民法院出版社，2011。

行将导致行政责任，但二者的强制性是一致的。

根据1964年《最高人民法院关于训诫问题的批复》的规定，训诫应当由人民法院用口头的方式进行，根据案件的具体情况，一方面严肃地指出被告人的违法犯罪行为，分析其危害性，并责令他努力改正，今后不再重犯；另一方面也要讲明被告人的犯罪情节尚属轻微，可不给予刑事处分。尽管训诫并非与赔礼道歉在承担方式上类似的责任方式，但因其是由人民法院对其进行的口头教育，与责令具结悔过往往同时适用，同时训诫也可以有力地促使侵权人认识到自己的错误，主动赔礼道歉，所以也与赔礼道歉具有间接的关联性。

2. 赔礼道歉在适用范围上的“近亲”——消除影响、恢复名誉与停止侵害

赔礼道歉一般是与其他责任形式合并适用的。① 从适用范围来看，消除影响、恢复名誉与赔礼道歉均主要适用于精神性人格权，三者对于受害人都能够提供精神上的抚慰。公开的赔礼道歉能够在一定程度上消除影响、恢复名誉，因此在解释论的立场上，赔礼道歉是消除影响、恢复名誉的手段或方式之一，通过赔礼道歉达到消除影响、恢复名誉的效果。② 但是，诸如刊载澄清声明或将判决书予以登报公布实则属于消除影响、恢复名誉的另一种手段，其与赔礼道歉存在本质的区别，不可将二者简单等同。③

停止侵害与赔礼道歉并非直接相关的两种民事责任方式，之所以在立法中与赔礼道歉并列规定而常被同时适用，是因为作为一种立法习惯，停止侵害常常与消除影响、恢复名誉一并规定，这造成了停止侵害与赔礼道歉间接的相关性。

（二）赔礼道歉在《刑法》起草过程中作为非刑事责任的成文化过程

根据上文的分析，笔者选取具结悔过和训诫作为赔礼道歉在《刑法》起草过程中的参照标记，来探寻赔礼道歉作为一种非刑事责任的成文化过程。

1. “文化大革命”之前

1950年7月20日原政务院公布的《人民法庭组织通则》第7条第1款规定：县（市）人民法庭及其分庭有权逮捕、拘禁并判决被告死刑、徒刑、没收财产、劳役、当众悔过或宣告无罪。这是我国刑事立法中第一次规定“悔过”，但未规定赔礼道歉。

5天后中央人民政府法制委员会公布的《刑法大纲草案》（1950年7月25日）第三章“刑罚”第17条规定了11种刑罚的种类，包括死刑、监禁、劳役、没收、罚金、褫夺政治权、褫夺亲权、禁止从事一定业务或职务、公开批评教育、赔偿损失和认错道歉。④ 可见，我国最早的《刑法》（草案）是将训诫（即“公开批评教

① 参见佟柔主编：《中国民法》，49页，北京，法律出版社，1990。

② 参见姚辉：《赔礼道歉与“最后的手段”》，载《法制日报》，2010-08-11，11版。

③ 参见姚辉：《论人格权法与侵权责任法的关系》，载《华东政法大学学报》，2011（1）。

④ 参见高铭暄、赵秉志编：《新中国刑法立法文献资料总览》，141页，北京，中国人民公安大学出版社，1998。

育”)、赔偿损失和认错道歉作为刑罚进行规定的，而该草案没有规定具结悔过。

1954 年 9 月 30 日《刑法指导原则草案》（初稿）第二章“刑罚”第 9 条“刑罚的种类”第 3 款规定：“对于不必要判处刑罚的轻微的犯罪，可以适用训诫、责令悔过道歉或者一个月以下拘役的行政处罚。”[①] 该条草案第一次将训诫、悔过和道歉定位为非刑罚方式。

这一体例在随后的草稿中被修改，1956 年 11 月 12 日《刑法草案》（第 13 次稿）第三章“刑罚”重新将训诫作为刑罚，专设第二节“训诫”，仅有第 34 条 1 个条文，分为两款，第 1 款规定：“训诫是对犯罪分子的公开谴责。”第 2 款规定：“对于被判处训诫的犯罪分子，人民法院应当把判决在他的居住地或者犯罪地向群众公布。”[②] 这种对于训诫的执行方式与后来学术界的理解差异较大。一般认为，训诫由人民法院在法庭上对不法行为人进行公开批评和谴责，当庭以口头形式进行。[③] 而公布判决的方式，更类似于对消除影响、恢复名誉的执行。[④]

此后的 1957 年 6 月 27 日《刑法草案》（第 21 稿）改变了这种体例，重新将训诫从刑罚中剔除，在第一节“刑罚的种类”第 33 条中规定：“对于情节轻微的犯罪分子，不需要判处刑罚的，可以予以训诫。”[⑤]1957 年 6 月 28 日《刑法草案》（第 22 稿）第 32 条保持了这种规定的体例和内容。[⑥] 此后的历次草案也将非刑罚方式规定在第三章“刑罚”第一节“刑罚的种类”中。以下对于体例不再赘述，重点关注条文的变化。

1962 年 12 月《刑法草案》（第 27 次稿）第 30 条规定：“对于情节轻微的犯罪分子，不需要判处刑罚的，可以根据案件的不同情况，予以训诫或者责令具结悔过、取保、赔礼道歉、赔偿损失。”[⑦] 该条文将非刑罚的种类恢复到了《刑法指导原则草案》（初稿）规定的种类，还增加了“取保”这一新类型。1963 年 2 月 27 日《刑法草案》（第 30 次稿）第 31 条延续了第 27 稿的内容和体例。[⑧] 随后的“文化大革命”中断了《刑法》起草工作长达 15 年。

① 高铭暄、赵秉志编：《新中国刑法立法文献资料总览》，171～172 页，北京，中国人民公安大学出版社，1998。

② 高铭暄、赵秉志编：《新中国刑法立法文献资料总览》，195 页，北京，中国人民公安大学出版社，1998。

③ 参见杨立新：《侵权法论》，4 版，225 页，北京，人民法院出版社，2011。

④ 参见《最高人民法院关于审理名誉权案件若干问题的解答》（1993）第 11 条。

⑤ 高铭暄、赵秉志编：《新中国刑法立法文献资料总览》，230 页，北京，中国人民公安大学出版社，1998。

⑥ 参见高铭暄、赵秉志编：《新中国刑法立法文献资料总览》，258 页，北京，中国人民公安大学出版社，1998。

⑦ 高铭暄、赵秉志编：《新中国刑法立法文献资料总览》，287 页，北京，中国人民公安大学出版社，1998。

⑧ 参见高铭暄、赵秉志编：《新中国刑法立法文献资料总览》，315 页，北京，中国人民公安大学出版社，1998。

2. “文化大革命”之后

“文化大革命”后恢复起草的1978年12月《刑法草案》(第34次稿)第26条规定:“对于情节轻微的犯罪分子,不需要判处刑罚的,可以根据不同情况,责令具结悔过、取保、赔礼道歉、赔偿损失。”① 该条文除了文字上的调整外,取消了“训诫”,但也未重新将训诫规定为刑事责任。《刑法草案》修订组1979年2月“第35次稿”第27条在文字上略作修订,但规定的非刑罚种类不变。②

1979年3月31日《刑法草案》(第36次稿)第30条规定:“对于犯罪情节轻微不需要判处刑罚的,可以根据案件的不同情况,予以训诫或者责令具结悔过、赔礼道歉、赔偿损失,或者由主管部门予以行政处分。”③ 这一稿的新变化是,恢复了“训诫”这种非刑罚方式,并增加了主管部门的行政处分方式。《刑法草案》(第37次稿)第31条于文字上略有调整,保持了第36稿的主要内容和体例。④《刑法草案》(第38次稿)第32条再次作出个别文字修订⑤,并提交第五届全国人民代表大会第二次会议表决通过,该条文最终确定为1979年《刑法》第三章“刑罚”第一节“刑罚的种类”第32条:“对于犯罪情节轻微不需要判处刑罚的,可以免予刑事处分,但可以根据案件的不同情况,予以训诫或者责令具结悔过、赔礼道歉、赔偿损失,或者由主管部门予以行政处分。”由此在《刑法》上实现了赔礼道歉法律责任的成文化。

3. 规律总结

从对上述具有代表性的12稿《刑法》(草案)相关条款变化的分析中可以看出,几乎所有重要《刑法》(草案)都对非刑罚种类条款进行了修订,其中在种类上进行修订就多达7次。可见,非刑事责任始终是草案起草者的关注点,训诫、责令具结悔过和赔礼道歉作为非刑罚种类被最终规定在1979年《刑法》中,并非偶然或者随意之举,而是经过了长期思考和反复修改的。相比之下,“文化大革命”之前的《刑法》草案中,训诫的地位更为突出,赔礼道歉和具结悔过则“三进三出”,这和当时国家公权力的全面主导是相关的。“文化大革命”之后的《刑法》草案中,训诫起初被取消,后来才被加入进来,而赔礼道歉和具结悔过的地位则较为稳定,显示出非刑罚方式在市民社会中作为矛盾自我解决方式的地位不断提升。

① 高铭暄、赵秉志编:《新中国刑法立法文献资料总览》,371页,北京,中国人民公安大学出版社,1998。

② 参见高铭暄、赵秉志编:《新中国刑法立法文献资料总览》,406页,北京,中国人民公安大学出版社,1998。

③ 高铭暄、赵秉志编:《新中国刑法立法文献资料总览》,441页,北京,中国人民公安大学出版社,1998。

④ 参见高铭暄、赵秉志编:《新中国刑法立法文献资料总览》,469页,北京,中国人民公安大学出版社,1998。

⑤ 参见高铭暄、赵秉志编:《新中国刑法立法文献资料总览》,502页,北京,中国人民公安大学出版社,1998。

（三）赔礼道歉作为民事责任方式确立于第三次民法典起草过程中

20世纪60年代新中国第二次民法典起草过程中，没有涉及侵权法的内容。1980年开始的第三次民法典起草，反思“文化大革命”时期的经验教训，不但对人身权（主要是人格权）进行了详细列举，在侵权责任部分也对各种侵害人身权的行为规定了多种民事责任。《民法通则》第134条列举的停止侵害、排除妨碍、消除危险、消除影响和恢复名誉、赔礼道歉这五项民事责任方式，均始于1980年8月15日《民法草案（征求意见稿）》（以下简称“第一稿”）。从第三次民法典起草的四次草案的侵权责任部分的条文来看，停止侵害民事责任方式仅在侵害姓名权、肖像权、名誉权的情形中进行列举，消除影响和恢复名誉、赔礼道歉这两项民事责任主要是针对侵害人格权设计的，而排除妨碍和消除危险则主要是针对侵害财产权设计的。下文将以第三次民法典起草的四次草案以及《民法通则》中的侵权责任部分和著作权部分的草案为蓝本，以赔礼道歉为中心，同时分析赔礼道歉、停止侵害、消除影响和恢复名誉这三项民事责任方式的确立过程，以期探求赔礼道歉民事责任的源流（见下表）。

1. 赔礼道歉、停止侵害、消除影响、恢复名誉立法过程考察

赔礼道歉、停止侵害、消除影响、恢复名誉立法模式变化表

规定位置	侵害姓名权、肖像权、名誉权（荣誉权）				侵害宗教信仰、民族习惯				民事责任方式（民事制裁方式）列举			
责任方式	赔礼道歉	停止侵害	消除影响	恢复名誉	赔礼道歉	停止侵害	消除影响	恢复名誉	赔礼道歉	停止侵害	消除影响	恢复名誉
第一稿		√	√		√	√	√		√			
第二稿		√	√			√[1]	√		√			
第三稿		√	√			√	√		√	√	√	√
第四稿		√	√		未规定				√	√	√	√
民法通则	√	√	√	√	未规定				√	√	√	√

通过上表可以发现，赔礼道歉仅仅在“第一稿”中曾经被用来作为侵害宗教信仰、民族习惯侵权行为的民事责任方式，随后一直被冠以“责令”的民事制裁用语，作为民事制裁方法加以规定[2]，这与我国民法理论对侵权民事责任的制裁性和补救性的双重定性有关。[3]

恢复名誉作为民事责任方式的出现颇有些蹊跷，在第三次民法典起草的四次草案中，民事责任部分一直没有关于恢复名誉的规定，但在著作权部分规定的侵害著作权的

① 原文是“排除侵害”。参见何勤华、李秀清、陈颐编：《新中国民法典草案总览》（下），483页，北京，法律出版社，2003。

② “第三稿”之后为“民事责任方法”，参见后文。

③ 关于我国《民法通则》第六章“民事责任”对“惩罚说”和“担保说”这两种学说混合继受的考察，请参见王竹：《侵权责任分担论》，91～93页，北京，中国人民大学出版社，2009。

民事责任为排除侵害、恢复名誉和赔偿损失三种。① 恢复名誉作为一种民事责任方式被列举则始于1981年7月31日的《民法草案（第三稿）》（以下简称“第三稿”）。

容易被忽略的是，不论消除影响和恢复名誉这两种民事责任方式的适用如何变换，停止侵害却几乎始终与赔礼道歉同时规定。也就是说，我国侵权法上对于侵害人身权（包括著作人身权）的民事责任方式组合是“停止侵害、恢复名誉、消除影响、赔礼道歉”，其中“恢复名誉”和“消除影响”可能因为具体侵权行为类型的特点而有所保留，但停止侵害和赔礼道歉始终是我国侵权法上侵害人身权（包括著作人身权）的民事责任方式的骨架。

2. 赔礼道歉在《民法通则》第134条中的确立过程

在“第一稿”中，赔礼道歉被规定在第一编“总则”第七章“民事制裁”第68条：“人民法院、仲裁机关或其他国家机关在当事人的权利受到侵害的事实查明后，可以根据违法行为的性质和后果，采取下列的民事制裁方法：一、罚款；二、收缴非法所得；三、赔偿损失；四、具结悔过；五、责令赔礼道歉；六、通报批评。”第69条紧接着规定：“前条规定的民事制裁方法，可以单独适用，也可以合并适用。”② 从这两个条文我们已经可以看到：第一，该条文明显受到当时新通过的1979年《刑法》第32条的影响。通过上表的分析可以看出，对于侵害姓名权、肖像权、名誉权和荣誉权等人格权，在《民法通则》通过之前，我国民事立法传统上最为稳定的民事责任方式是停止侵害和消除影响，而不包括赔礼道歉和恢复名誉。③ 而“第一稿”第68条将责令赔礼道歉与罚款、收缴非法所得、赔偿损失、具结悔过和通报批评一起规定为了民事制裁方式，且不包括停止侵害、消除影响和恢复名誉这两项民事责任方式，这充分说明了第68条一方面延续了第一次民法典起草将损害赔偿作为民事责任方式的传统，另一方面也说明该条的主要内容是从1979年《刑法》第32条规定的非刑罚种类中借鉴过来的。即当时的民事制裁，可以理解为非刑罚种类。可以作为佐证的是，1979年2月2日颁布的《最高人民法院关于贯彻执行民事政策法律的意见》（已失效）二、关于财产权益纠纷问题（四）赔偿问题第一段规定：“赔偿纠纷，一般应由当事人所在单位或有关部门处理。需要法院处理时，人民法院应本着有利安定团结的精神，根据党和国家的政策法律，分清是非责任。对有错误的要进行严肃的批评教育，责令其检查，赔礼道歉。造成经济损失的，应负责赔偿……”该条文是民事司法解释中第一次如此规定具结悔过、赔

① “第一稿”第417条第2款，“第二稿”第380条第2款，“第三稿”第392条第2款、第372条。参见何勤华、李秀清、陈颐编：《新中国民法典草案总览》（下），425、486～487、545、610页，北京，法律出版社，2003。

② 何勤华、李秀清、陈颐编：《新中国民法典草案总览》（下），380页，北京，法律出版社，2003。

③ 这和部分学者认为赔礼道歉和恢复名誉这两种责任方式主要是针对侵害名誉权侵权行为设计的看法有所不同，但或许正是由于这样的原因，《民法通则》的起草者在第120条中增加了这两种民事责任方式。

礼道歉和赔偿损失。第二，《民法通则》第 134 条的结构已经基本形成。① 但在内容上，除了赔偿损失和赔礼道歉之外，罚款、收缴违法所得、具结悔过和训诫（即“通报批评”），后来都作为非民事责任规定在《民法通则》第 134 条第 3 款中。第三，将具结悔过和赔礼道歉两种责任方式相邻作出规定，显示出二者内容上的相关性。这种体例后来也一直被沿用，直到《民法通则》第 134 条区分民事责任方式和民事制裁方式。

1981 年 4 月 10 日《民法草案（征求意见二稿）》（以下简称“第二稿”）第一编“总则”第八章“民事制裁”第 62 条列举了 12 种民事制裁方法，包括：“一、责令排除妨碍；二、责令返还原物、恢复原状；三、责令赔偿损失；四、收缴非法所得；五、罚款；六、责令赔礼道歉；七、责令具结悔过；八、训诫；九、剥夺某项民事权利；十、责令停业或搬迁；十一、查封或撤销登记；十二、民事拘留。”② 该条文的特点是：第一，在“第一稿”的基础上，增加了传统民法上作为物权请求权的排除妨碍、返还原物、恢复原状，民事责任方式的内容更加丰富。第二，增加了剥夺某项民事权利、责令停业或搬迁、查封或撤销登记、民事拘留等民事制裁措施，为《民法通则》第 134 条第 3 款的规定打下了结构基础。第三，“具结悔过”改为“责令具结悔过”，并与“责令赔礼道歉”交换位置。这次换位为未来《民法通则》第 134 条第 1 款和第 3 款以赔礼道歉为界埋下了伏笔。第四，在本次民事责任方式的大增补中，没有规定消除影响、恢复名誉。尽管消除影响和停止侵害一起，在“第一稿”第 453 条和第 454 条中，就已经作为侵害人格权和侵害宗教信仰、民族习惯的侵权责任方式被特别规定③，并为“第二稿”所延续④，但二者均未作为民事制裁方式被列举，可见当时的草案起草者应该是对民事制裁方式和民事责任方式有所区分。

1981 年 7 月 31 日“第三稿”在立法体例上出现重大变化。“第一稿”和“第二稿”设第一编总则、第二编财产所有权、第三编合同、第四编侵权损害的责任、第五编智力成果权和第六编财产继承。其中第一编总则包括第一章任务和基本原则、第二章公民、第三章法人、第四章法律行为、第五章代理、第六章期限和计算、第七章诉讼时效、第八章民事制裁和第九章适用范围，内容较为庞杂。“第三稿”设第一编任务和基本原则，第二编民事主体（实际上包括民事主体和代理，按照“第二稿”讨论中的建议取消了法律行为），第三编财产所有权，第四编合同，第五编智力成果，第六编亲属、继承，第七编民事责任和第八编其他规定（包括期限、诉

① 考虑到《民法通则》第 134 条第 2 款“以上承担民事责任的方式，可以单独适用，也可以合并适用”的规定，并非本部分探讨的重点，下文将略去对该款条文的历史回顾。

② 何勤华、李秀清、陈颐编：《新中国民法典草案总览》（下），445 页，北京，法律出版社，2003。

③ 参见何勤华、李秀清、陈颐编：《新中国民法典草案总览》（下），429 页，北京，法律出版社，2003。

④ “第二稿”第 350 条、第 351 条。参见何勤华、李秀清、陈颐编：《新中国民法典草案总览》（下），483 页，北京，法律出版社，2003。

讼时效和适用范围)。对比可知,“第三稿”第七编民事责任是“第二稿”第一编总则第八章民事制裁与第四编侵权损害的责任合并的结果,这种结合在第三章“承担责任的范围和方法”中体现得尤为明显。

“第三稿”第486条规定了12种民事责任方式:“一、责令排除妨碍、停止侵害、消除危险;二、责令返还原物;三、责令恢复原状;四、责令赔偿损失;五、收缴进行非法活动的财物和非法所得;六、罚款;七、支付违约金;八、责令修理、更换、重作;九、责令赔礼道歉、消除影响、恢复名誉;十、责令具结悔过;十一、告诫;十二、责令停业、停产或者搬迁。”[①] 该条文的特点是:第一,在定性上,将民事制裁改为民事责任,因而在编章体例上移动到第七编的最后一章,这确立了《民法通则》第六章“民事责任”第四节“承担民事责任的方式”这一结构。第二,增加停止侵害、消除危险和消除影响、恢复名誉四种民事责任方式,这印证了上文对“第二稿”区分民事责任和民事制裁的判断。第三,区分返还原物和恢复原状,并予以分别规定,确定了这两种民事责任未来在《民法通则》第134条第1款中的相对位置和体系位置。第四,增加违约责任方式,即支付违约金和修理、更换、重作。需要指出的是,“第三稿”第七编“民事责任”第一章“通则”第456条规定:“公民、法人侵害社会主义公共财产,或者侵害他人的人身、财产,以及违反合同造成损害的,都应当承担民事责任。”[②] 在内容和体例上已经相当于《民法通则》第六章“民事责任”第一节“一般规定”第106条。而第二章“确定责任的规定”[③] 在内容上相当于《民法通则》第六章“民事责任”第三节“侵权的民事责任”。可见新增加的违约责任方式,预示着《民法通则》第六章“民事责任”第二节“违反合同的民事责任”的酝酿。第五,将“训诫”改为“告诫”,“责令停业或搬迁”改为“责令停业、停产或者搬迁”,删除了查封或撤销登记和民事拘留两种制裁方式。1982年5月1日《民法草案(第四稿)》(以下简称“第四稿”)第442条[④]保持了“第三稿”的体例和内容。

从上文回顾的第三次民法典起草的四次草案来看,尽管《民法通则》是以“第四稿”为蓝本制定的,但第134条最终的变化还是较大的,主要体现在:第一,将训诫、责令具结悔过、收缴进行非法活动的财物和非法所得、罚款、拘留作为民事制裁规定在第134条第3款。这里最大的变化是将责令具结悔过归入民事制裁方式,而将赔礼道歉作为民事责任方式,使得二者成为民事责任与民事制裁的分界线。质言之,责令具结悔过的重点在于“具结”而不在“悔过”,通俗地说,就是“对公”,而赔礼道歉则是“对私”。第二,将排除妨碍、停止侵害、消除危险分为三种独立的民事责任方式,排列顺序也调整为停止侵害、排除妨碍、消除危险。这

① 何勤华、李秀清、陈颐编:《新中国民法典草案总览》(下),556～557页,北京,法律出版社,2003。
② 何勤华、李秀清、陈颐编:《新中国民法典草案总览》(下),553页,北京,法律出版社,2003。
③ 何勤华、李秀清、陈颐编:《新中国民法典草案总览》(下),553～556页,北京,法律出版社,2003。
④ 参见何勤华、李秀清、陈颐编:《新中国民法典草案总览》(下),619页,北京,法律出版社,2003。

种排列顺序与《民法通则》第 83 条规定的相邻关系民事责任方式的顺序保持一致，印证了立法者作出调整的意图性。第三，将赔偿损失插入到修理、重作、更换和支付违约金之间，应该理解为草案起草人认为修理、重作、更换与恢复原状更为接近，而赔偿损失和支付违约金则分别为侵权责任和违约责任的金钱填补民事责任方式。第四，将赔礼道歉和消除影响、恢复名誉分为两项，并调整了二者的顺序。① 一方面赔礼道歉重新获得了独立的民事责任方式的地位，另一方面消除影响和恢复名誉被确立为同一种民事责任方式。②

3. 赔礼道歉在《民法通则》第 120 条中的确立过程

在“第一稿”中，赔礼道歉还作为侵害宗教信仰、民族习惯民事责任方式被特别列举，但从“第二稿”开始该种民事责任方式就被删除了，此后随着“第四稿”这种侵权行为类型的删除③，《民法通则》中也就没有规定这种具体的侵权行为类型。就此问题，笔者认为，一方面是立法者逐渐认识到不宜在《民法通则》中对侵害宗教信仰、民族习惯的侵权责任作出规定，另一方面也应该是认为“赔礼道歉”不宜用于处理此类侵权行为。非常值得关注的是，从“第一稿”到“第四稿”，侵害自然人姓名权、名誉权、肖像权和法人的名称、名誉、信用等权利的民事责任方式中，赔礼道歉和恢复名誉竟然长期缺失，而仅仅主要规定停止侵害和消除影响，并附带性地规定可以赔偿损失。④ 赔礼道歉和恢复名誉进入此类侵权行为类型的侵权责任方式行列，是在《民法通则》第 120 条中。

1985 年 8 月 15 日《民法通则（征求意见稿）》第 96 条第 1 款规定：“侵害公民人身权利、智力成果权利的，应当停止侵害，消除影响，恢复名誉。造成经济损失的，应当赔偿损失；虽然没有造成经济损失，情节严重的，应当给以适当的经济补偿。”由于恢复名誉在第三次民法典起草过程中是作为对侵害著作权的救济，所以正是该条对侵害人格权和知识产权条文的合并，才使得恢复名誉率先被纳入对人格权的保护方式中。

《民法通则（草案）》（1985 年 11 月 13 日稿）中，侵害人格权和侵害智力成果权的侵权行为一分为二，值得关注的是，该稿第 103 条用“消除影响”替换了“第一稿”到“第四稿”中的“恢复名誉”：“侵害公民、法人的著作权、专利权、商标权、发现权以及不属于专利权范围的科技成果权、发明权的，应当停止侵害，消除

① 从这次顺序的调整来看，《侵权责任法》第 15 条再次将二者的顺序调整为赔礼道歉在前，也可以视为一种立法传统的恢复。

② 从此后的立法实践和司法实践来看，消除影响和恢复名誉的捆绑模式并非完美，《侵权责任法》未能将二者再次区分开，是一种立法技术上的遗憾。

③ “第一稿”第 454 条、“第二稿”第 351 条、“第三稿”第 471 条。参见何勤华、李秀清、陈颐编：《新中国民法典草案总览》（下），429、483、554 页，北京，法律出版社，2003。

④ “第一稿”第 453 条、“第二稿”第 350 条、“第三稿”第 470 条、“第四稿”第 431 条。参见何勤华、李秀清、陈颐编：《新中国民法典草案总览》（下），429、483、554、617 页，北京，法律出版社，2003。

影响，赔偿损失。”可见，立法者认识到，侵害知识产权一般不涉及名誉侵害。而恢复名誉则继续保留在了该稿第102条第1款中：“侵害公民的肖像权、名誉权的，应当停止侵害，赔礼道歉，消除影响，恢复名誉。造成经济损失的，应当赔偿损失；虽然没有造成经济损失但情节严重的，应当给以适当的经济补偿。”该稿还在此基础上增加了赔礼道歉的民事责任方式。由于这一变化并无明确的理论准备，因而具有一定的偶然性。①

1986年2月《民法通则草案修改稿》第117条第1款坚持了这一规定体例：“公民的姓名权、肖像权、名誉权、荣誉权受到侵害的，受害人有权要求停止侵害，赔礼道歉，消除影响，恢复名誉，并可以要求赔偿损失。”最后提交审议的《民法通则（草案）》保持了这种体例和内容。②

（四）对赔礼道歉民事责任方式在《民法通则》上确立前后的学说考察

1. 与《民法通则》确立赔礼道歉作为民事责任之相关学说发展过程

通过对比佟柔教授在《民法通则》颁布前后主编的两本民法教材相关内容，能够较好地佐证上文的立法史考察。1987年6月出版的佟柔先生主编的《民法原理》（修订本），定稿于“《民法通则》正在制订”而尚未通过之时的1985年10月③，较好地保留了当时学者依据“第四稿”规定的民事责任方法而作的诠释。首先，在体例上，第三章“民事法律关系”新增了第七节“民事责任”，这与“第三稿”和“第四稿”设立民事责任编是相吻合的。其次，从理论上将民事责任分为财产责任和非财产责任，后者列举的类型是“具结悔过、赔礼道歉等”，这与“第四稿”将二者均作为民事责任方式且邻近规定是相关的。④ 再次，将民事责任区分为合同责任与侵权责任，并将“具结悔过和赔礼道歉等责任形式”限定于侵权责任之中，这与“第四稿”民事责任编尚未将违约责任纳入有关。⑤ 最后，在该节第四部分“民事责任的形式”中，按照如下顺序较为详细地阐述了8种民事责任形式：“（一）损害赔偿；（二）违约金；（三）慰藉金，或称为抚慰金；（四）排除妨害、恢复原状、消除危险、返还原物；（五）罚款；（六）具结悔过；（七）恢复名誉、消除影响、赔礼道歉；（八）停止侵害。”“（七）恢复名誉、消除影响、赔礼道歉”的用语，是从“第三稿”开始的。在“第三稿”和“第四稿”中，罚款和具结悔过均作为民事责任方法加以列举。⑥

---

① 参见后文对当时学说部分的考察。

② 参见张谷：《作为救济法的侵权法，也是自由保障法》，载《暨南学报（哲学社会科学版）》，2009(2)，脚注31。

③ 参见佟柔主编：《民法原理》（修订本），“修订说明”，北京，法律出版社，1987。

④ 参见佟柔主编：《民法原理》（修订本），43页，北京，法律出版社，1987。

⑤ 参见佟柔主编：《民法原理》（修订本），47页，北京，法律出版社，1987。

⑥ 参见佟柔主编：《民法原理》（修订本），47～49页，北京，法律出版社，1987。

1990 年出版的佟柔先生主编的《中国民法》，对《民法通则》第 134 条第 1 款规定的 10 种民事责任与传统民法的差别，作出了权威说明："实际上，我国《民法通则》第一百三十四条关于承担民事责任的方式的规定，已经使侵权行为的法律后果远远超出了'债'的范畴。这些规定所体现的基本指导思想，就是要采取各种切实可行的措施，以加强对合法权利的保护和对不法行为以及其它致害原因的控制。这种指导思想的一个基本理论依据，就是对民事责任的制裁性和补救性的双重性质的认识。"① 在关于法律补救性质的论述中，将赔偿损失和返还财产作为财产给付义务，将赔礼道歉和消除影响作为精神上的填补方式，以使得受到侵害的权利回复到法律上的完好状态。②

2. 当时关于《民法通则》上规定赔礼道歉民事责任方式的学说争议

应该指出，在《民法通则》第 120 条和第 134 条规定赔礼道歉民事责任之前，理论上并未对赔礼道歉这种民事责任作过详细的立法论探讨，这种情况与公平责任的横空出世具有类似性。③ 从现有的文献和笔者对参加了《民法通则》起草的学者的访谈中可以间接地看出当时存在"肯定说"和"否定说"两种不同的看法。

金平教授持肯定说。据他介绍，决定将赔礼道歉纳入《民法通则》主要是基于对我国国情和彻底化解民事纠纷这两点考虑。而且，理论和实务界大都认为赔礼道歉在保护公民、法人的合法权益，教育不法行为人，缓解矛盾，促进安定团结等方面起着积极的作用。④

持反对说的学者也不在少数。据"民法通则（草案）座谈会"会议秘书处 1985 年 12 月 10 日的第九号会议简报（主题是"对第六章民事责任的意见"）记载，在赔礼道歉被写入《民法通则》草案之后，佟柔教授和杨荣新教授提出："赔礼道歉"只有当事人主动才有意义，作为承担民事责任的方式不当。⑤ 魏振瀛教授也指出："（赔礼道歉）能否采取判决的形式，我认为一般不采取为好。"⑥

可见，学者对于赔礼道歉写入《民法通则》，从一开始就不是没有保留的。但或许是由于赔礼道歉从新中国成立前的解放区到新中国成立后长期在调解过程中被适用，并发挥了较好的效果，具有一定的社会基础，而当时单位和政法机关对个人的控制力也较强，很少出现执行难的问题，因此就被保留下来，最终规定在了《民法通则》当中。

① 佟柔主编：《中国民法》，562 页，北京，法律出版社，1990。

② 参见佟柔主编：《中国民法》，563 页，北京，法律出版社，1990。

③ 参见王竹：《我国侵权法上的"公平责任"源流考》，载《甘肃政法学院学报》，2008（2）。

④ 参见黄忠：《认真对待"赔礼道歉"》，载《法律科学》，2008（5），脚注 3。笔者于 2011 年 11 月 24 日拜访金平教授时，向金平教授确认了上述观点。

⑤ 参见张谷：《作为救济法的侵权法，也是自由保障法》，载《暨南学报（哲学社会科学版）》，2009（2），脚注 13。

⑥ 顾昂然、王家福、江平等：《中华人民共和国民法通则讲座》，245 页，北京，中国法制出版社，2000。

三、未来民法典应该坚持将赔礼道歉作为民事责任方式进行规定

对赔礼道歉进行正本清源式的研究，是为了更好地厘清头绪，并探讨未来民法典是否应该继续坚持将赔礼道歉作为民事责任方式进行规定。当然只有肯定的答案，才是对赔礼道歉民事责任的承担和执行展开研究的逻辑前提。

（一）赔礼道歉作为民事责任方式在《民法通则》上确立的历史意义

王泽鉴教授认为，新中国经历了各种社会动荡和政治变故，这种时代背景不可避免地将特定历史时期的若干社会职能或政治上的价值取向加于《民法通则》之上，赔礼道歉这种责任承担方式或多或少也受到意识形态上“拨乱反正”的影响，尤其在纠正各种错误的政治运动、“平反昭雪”、调和人民内部关系的过程中，将赔礼道歉这种原本属于道德范畴的责任上升为法律责任，以法律的强制力作为其实现的最终保障。① 笔者对此表示赞同，并认为赔礼道歉作为民事责任方式在《民法通则》上的确立，具有如下三个方面的历史意义：

第一，政治意义：解决人民内部矛盾，促进社会团结。从《民法通则》制定当时的社会认识来看，赔礼道歉主要适用于人民内部矛盾。按照当时的认识，人民内部问题，一般说来都属于思想认识问题和是非问题。对这种性质的问题，只能采取民主的方法、讨论的方法和说服教育的方法加以解决。调解人员在查清双方当事人争议的事实和焦点后，摆事实，讲道理，论利害，对当事人晓之以理，打通其思想，在自愿的基础上进行调解。对需要赔礼道歉、退还原物、赔偿损失的错误一方，也要通过批评与自我批评的方法、劝导的方法，促使其提高觉悟，进行自我检讨，从思想深处真正认识到自己的过错。只有这样，才能既坚持了原则，又不伤感情；既解决了争端，又加强了团结。② 可见，赔礼道歉作为一种人民内部矛盾的解决方式，应该尽量坚持双方自愿的原则。

第二，社会意义：提高人民群众道德水准，推动社会主义精神文明建设。在社会主义爱国公约运动中设立人民调解委员会的目的之一，是推动社会主义精神文明建设。各地人民调解委员会在调解民间纠纷中，一般都根据不同情况，做耐心细致的思想工作，动之以情，晓之以理，使当事人在提高思想认识的基础上，作出自我批评和检讨，主动向对方赔礼道歉，或者返还原物、赔偿损失等，最后达到相互谅解。正因为如此，调解纠纷的过程往往也就是进行具体的政治思想教育的过程，非常有利于提高当事人和广大群众的道德意识。③ 可见，赔礼道歉民事责任方式承载了提高人民群众道德水准，推动社会主义精神文明建设的目的。

①　参见王泽鉴：《人格权法——法释义学、比较法、案例研究》，512页，台北，自版，2012。

②　参见薛林：《论人民调解委员会》，载《新疆社会科学》，1983（4）。

③　参见柴发邦、李春霖：《改革与完善人民调解制度》，载《政法论坛》，1986（1）。

第三，法律意义：辅助精神损害赔偿制度，对侵害人格权的情形进行全面救济。在《民法通则》制定过程中，关于精神损害赔偿制度的争议较大。① 例如佟柔教授便主张："在我国社会主义条件下，人和人格尊严不可侵犯，更不能用金钱进行赔偿；如果人身权利遭受侵害并未造成财产损失，就应该通过其它方法对致害人进行处理，如刑事、行政等手段。在少数情况下，可以采取物质抚慰的办法，但不能用金钱赔偿。这是社会主义社会制度的反映。"② 《民法通则》第 120 条采用了"赔偿损失"，而非明文规定精神损害赔偿，实际上是回避了这种争议，但这种规定因为明显不同于第 119 条的经济损失赔偿，所以应该被理解为是精神损害赔偿。赔礼道歉民事责任作为一种精神抚慰的辅助手段，能够更好地对侵害人格权的情形进行全面的救济。

（二）赔礼道歉民事责任在《民法通则》中确立之后的立法发展与特点

1. 赔礼道歉民事责任在《民法通则》中确立之后的立法发展

在《民法通则》通过之后，赔礼道歉作为法律责任方式，在刑法、民法、知识产权法和行政法领域均有规定。

刑法领域，1997 年新《刑法》第 37 条保留了对非刑事责任的规定："对于犯罪情节轻微不需要判处刑罚的，可以免予刑事处罚，但是可以根据案件的不同情况，予以训诫或者责令具结悔过、赔礼道歉、赔偿损失，或者由主管部门予以行政处罚或者行政处分。"

民法领域，立法上一般按照《民法通则》第 120 条的体例，同时规定停止侵害、恢复名誉、消除影响、赔礼道歉和赔偿损失五种民事责任的一体保护模式。1993 年的《消费者权益保护法》第 43 条将这种一体保护模式扩展到了消费者的人格尊严和人身自由领域。2009 年年底通过的《侵权责任法》第 15 条，沿袭了《民法通则》第 134 条的规定模式，在顺序上将"赔礼道歉"提前到了"消除影响、恢复名誉"之前。③ 尽管并未作出任何官方解释，但可以推断出这一顺序上的改变，至少意味着起草机关并不认为赔礼道歉是一种无关紧要的补充性的民事责任方式，其在《侵权责任法》中的作用不会有所降低。在司法解释中，1993 年《最高人民法院关于审理名誉权案件若干问题的解答》第十点回答部分规定："人民法院依照《中华人民共和国民法通则》第一百二十条和第一百三十四条的规定，可以责令侵权人停止侵害、恢复名誉、消除影响、赔礼道歉、赔偿损失。" 2001 年《精神损害赔偿司法解释》第 8 条第 1 款规定："因侵权致人精神损害，但未造成严重后果，受害人请求赔偿精神损害的，一般不予支持，人民法院可以根据情形判令侵权人停

① 参见顾昂然、王家福、江平等：《中华人民共和国民法通则讲座》，236 页，北京，中国法制出版社，2000。

② 佟柔主编：《民法原理》，221 页，北京，法律出版社，1983。

③ 这一变化是在"公开征求意见稿"中出现的。参见《中华人民共和国侵权责任法（公开征求意见稿）》，见中国人大网（www.npc.gov.cn），公布日期 2009 年 11 月 6 日。

止侵害、恢复名誉、消除影响、赔礼道歉。”第2款规定：“因侵权致人精神损害，造成严重后果的，人民法院除判令侵权人承担停止侵害、恢复名誉、消除影响、赔礼道歉等民事责任外，可以根据受害人一方的请求判令其赔偿相应的精神损害抚慰金。”

知识产权法领域，立法上一般只规定停止侵害、消除影响、赔礼道歉和赔偿损失四种民事责任，其原因在于恢复名誉一般不适用于知识产权法领域。1989年颁布的原《技术合同法实施条例》第28条第1款最早适用了这种四种民事责任一体保护模式。1990年《著作权法》第45条则从保护著作人身权角度，在《民法通则》第118条规定停止侵害、消除影响和赔偿损失三种民事责任基础上，增加了“公开赔礼道歉”的民事责任方式。2001年《著作权法》修正时，将“公开”二字删除；2010年修正时，未涉及该条规定。1991年原《计算机软件保护条例》、2001年《计算机软件保护条例》和2006年《信息网络传播权保护条例》也有类似规定。①

行政法领域，1994年《国家赔偿法》第30条将消除影响、恢复名誉和赔礼道歉这三种民事责任方式对名誉权、荣誉权的保护扩展到了国家赔偿领域，其没有规定停止侵害的原因在于该法是事后救济法，不具有积极预防功能。2010年修正的《国家赔偿法》一方面将三种民事责任的适用范围扩展到了所有致人精神损害的适用国家赔偿的侵权行为类型，另一方面增加了“造成严重后果的，应当支付相应的精神损害抚慰金”的规定。1986年《治安管理处罚条例》（已失效）第42条规定：“公安机关对公民给予的治安管理处罚错误的，应当向受处罚人承认错误，退回罚款及没收的财物；对受处罚人的合法权益造成损害的，应当赔偿损失。”这些责任方式相当于赔礼道歉（即承认错误）、返还财产和赔偿损失。该条例1994年修正时未涉及该条规定。2005年颁布的《治安管理处罚法》第117条将这一条文规范化为：“公安机关及其人民警察违法行使职权，侵犯公民、法人和其他组织合法权益的，应当赔礼道歉；造成损害的，应当依法承担赔偿责任。”1997年《行政监察法》第23条第3项规定：“监察机关根据检查、调查结果，遇有下列情形之一的，可以提出监察建议：……（三）给国家利益、集体利益和公民合法权益造成损害，需要采取补救措施的……”2004年《行政监察法实施条例》第22条规定：“行政监察法第二十三条第（三）项所称‘补救措施’，是指消除影响、恢复名誉、赔礼道歉、给予赔偿等补救措施。”2010年该法修正时，保留了该规定。行政法中的内部管理领域，1993年《国家公务员暂行条例》（已失效）第84条规定：“国家行政机关对国家公务员处理错误的，应当及时予以纠正；造成名誉损害的，应当负责恢复名誉、消除影响、赔礼道歉；造成经济损失的，应当负赔偿责任。”《法官法》第45条、《检察官法》第48条和2005年《公务员法》第103条均规定了造成名誉损害的，应当赔礼道歉、恢复名誉、消除影响；造成经济损失的，应当给予赔偿。2001

① Trips协议并无赔礼道歉的要求，可以将其视为一种较高层次的保护。

年修正的《法官法》和《检察官法》保留了这一规定。

2. 赔礼道歉民事责任在《民法通则》中确立之后的立法特点

综上所述，赔礼道歉民事责任方式在《民法通则》上确立之后的立法发展中，具有以下立法特点：

第一，立法的成长性。从上述立法过程的回顾可以看出，我国现行法上凡是对“赔礼道歉”作出了规定的，此后就没有删除该规定的先例。甚至在法律没有规定的情况下，对应的法律实施条例还将赔礼道歉解释到立法本意之中，典型的如《行政监察法实施条例》第22条。

第二，适用的广泛性。赔礼道歉不但适用于平等民事主体之间的侵权行为，还适用于不平等的法律关系类型，如公务员、法官和检察官系统内部管理错误处理侵权行为、国家侵权和违法治安管理处罚侵权行为类型等。

第三，民事责任性。《刑法》第37条规定的予以训诫或者责令具结悔过、赔礼道歉，既不是行政处分，也不是刑事处分，而是人民法院对其采取的一种教育措施。① 按照《民法通则》第134条的区分，赔礼道歉是民事责任方式，而训诫和具结悔过则是民事制裁方式。行政法领域的相关规定，实质上是行政法中的民事责任规定。可见尽管刑法、行政法和民法领域都有规定，但在整个法律体系中，“赔礼道歉”均是作为民事责任方式规定的。

因此，作为一种民事责任方式，赔礼道歉已经成为我国整个法律体系和法律责任体系中的重要组成部分，并具有一定的立法成长性，这促使我们进一步思考赔礼道歉作为民事责任的正当性。

（三）未来民法典将赔礼道歉作为民事责任方式的正当性

根据学者的总结，赔礼道歉不应当作为侵权责任形式的主要理由包括：第一，它违背了保障良心自由的宪法原则。第二，它超出了现代社会中可以施加司法强制的事项的范围，试图对于人的内心世界进行强制。第三，它违背了道德主观主义。即强调每个人是其自己的道德立法者。第四，它是法治万能主义的一种表现，即认为各种社会问题一遇到法治便会迎刃而解，法治似乎成为一帖解决各种社会问题的灵丹妙药。② 笔者认为，否定赔礼道歉民事责任方式的理由中，最为核心的仍然是赔礼道歉的合宪性问题。

尽管不断有学者介绍和引用近邻法域如日本、韩国宪法法院作出的涉及道歉合宪性的判决和司法解释，但在笔者看来，这种比较法上的质疑之所以能够引起学者的注意，更多的还是这些判决和司法解释超过了我们对具有文化接近性的临近相关法域内心自由程度的预期。笔者认为，赔礼道歉责任方式的合宪性不容置疑。这一

① 参见沈玮玮：《从甘结到具结悔过：传统民事司法信任的转变》，载《安徽大学学报（哲学社会科学版）》，2010（3）。

② 参见周友军：《我国侵权责任形式的反思》，载《法学杂志》，2009（3）。

方面是因为我国《宪法》并未对良心自由作出明文规定，较为接近的言论自由作为一种表达的自由也无法涵盖这一内容；另一方面是因为如前所述，赔礼道歉作为民事责任方式已经被立法规定并在司法实践中适用了30余年，形成了稳定的合宪性信赖。不仅如此，赔礼道歉还符合我国的民事立法传统，并为多部现行法律所明文规定，在司法实践中也取得了良好的效果。更为重要的是，赔礼道歉这种责任形式也符合《侵权责任法》第1条规定的“促进社会和谐稳定”的立法目的，而该立法目的也应该成为未来民法典的立法目的之一。这是其他民事责任方式难以完全替代的。

正如王泽鉴教授所言，将赔礼道歉作为一种承担民事责任的方式明文规定，乃是基于传统观念和当前社会需要。① 鉴于未来民法典中赔礼道歉民事责任主要适用于侵权责任领域，笔者在此仅从实现《侵权责任法》立法目的的角度，提出几点补充性意见。

第一，赔礼道歉作为民事责任方式，能够更好地保护民事主体的合法权益。一方面，对精神性人格权的救济难以仅仅依靠精神损害赔偿来实现；另一方面，赔礼道歉在一定程度上能够缓和因新型人格利益的出现所带来的人格权范围扩张问题。实务中出现的不少所谓新型人格权案例，如悼念权、亲吻权等，大多数都要求赔礼道歉。在这样的案例中，通过赔礼道歉来保护一般人格利益，能够较好地缓和因这些新型人格利益的扩张所带来的立法需求张力，满足实务需求。

第二，赔礼道歉作为民事责任方式，能够在一定程度上化解保险制度给侵权法带来的冲击，保持侵权责任的道德调整效力，预防侵权行为的发生。商业保险制度和社会保障制度对侵权法的影响主要集中于损害赔偿制度领域。② 为了实现《侵权责任法》预防和制裁侵权行为的目的，有必要保留非损害赔偿责任方式，而赔礼道歉在预防和制裁侵权行为，尤其是侵害人格权领域作用不容忽视。

第三，赔礼道歉作为民事责任方式，能够较好地实现“促进社会和谐稳定”的立法目的。将赔礼道歉作为民事责任，能够缓和矛盾，促进当事人之间的和睦团结③，谋求和谐的目的需要鼓励赔礼道歉的运作。④ 尤其是在农村熟人社会，这更为重要。例如，有的农村出现用广播和贴大字报的方式侵害他人名誉权的情况，如不适用赔礼道歉，要么引发受害人心里憋气甚至选择自杀的悲剧，要么就引起争斗。适用赔礼道歉，实有必要，赔礼道歉具有不可替代性。

综上所述，笔者认为，至少在如下几类案件中，赔礼道歉民事责任方式的适用，将比单独适用精神损害赔偿起到更好的彰显社会正义、促进社会和谐的效果：（1）涉及侵害死者人格利益的案件；（2）侵害未成年人或者精神病人的案件；

① 参见王泽鉴：《人格权法——法释义学、比较法、案例研究》，528页，台北，自版，2012。

② 参见黄忠：《认真对待“赔礼道歉”》，载《法律科学》，2008（5）。

③ 参见王利明：《人格权法研究》，685页，北京，中国人民大学出版社，2005。

④ 参见黄忠：《认真对待“赔礼道歉”》，载《法律科学》，2008（5）。

（3）故意侵害生命健康权的案件；（4）轻微人身伤害案件；（5）熟人社会（如农村、大型国企家属区）中发生的侵害人格权的案件；（6）受害人一方看重赔礼道歉的案件。

（四）应该区分作为民事责任的赔礼道歉与作为道德义务的赔礼道歉

民事责任意义上的赔礼道歉是以道德为基础的，但其在本质上不是道德责任，仍然是一种法律责任。① 对此有学者认为，赔礼道歉作为一种责任承担方式的合理性值得怀疑，建议将其从法律责任还原为道德责任。② 这说明有必要区分作为民事责任的赔礼道歉与作为道德义务的赔礼道歉。《民通意见》第 162 条第 2 款规定："当事人在诉讼中用赔礼道歉方式承担了民事责任的，应当在判决中叙明。"可能由于当时解释技术的原因，该款司法解释在表述上欠精确。既然尚未判决，就不能认为赔礼道歉是对民事责任的承担，实质上这是一种道德义务意义上的赔礼道歉。对此，《最高人民法院关于广西高院请示黄仕冠、黄德信与广西法制报社、范宝忠名誉侵权一案请示的复函》（〔2000〕民他字第 8 号）处理得更为妥当："……故请告知范宝忠和广西法制报社，依照法律规定，其应当承担侵权的民事责任。希望范宝忠和广西法制报社通过赔礼道歉、消除影响以及给黄仕冠、黄德信一定经济补偿等方式争取达成和解，使黄仕冠、黄德信主动撤诉。"区分作为民事责任的赔礼道歉与作为道德义务的赔礼道歉的目的在于，就赔礼道歉民事责任的承担和执行，仅在判决被告承担作为民事责任的赔礼道歉情形下，才有讨论的意义。

四、赔礼道歉民事责任的承担

学界已有研究更多的是关注赔礼道歉的强制执行。笔者认为，应该仔细研究赔礼道歉民事责任的承担问题，并以此作为探讨赔礼道歉民事责任执行的基础。

（一）赔礼道歉作为民事责任方式的适用前提

笔者认为，赔礼道歉民事责任方式的适用存在如下三个方面的前提：

第一，赔礼道歉的适用以造成精神损害为前提，但不以造成严重精神损害为限。应该指出，《民法通则》严格区分了侵害生命健康权（即第 119 条）和侵害姓名权、肖像权等（即第 120 条）的侵权责任③，因此第 120 条规定的精神损害赔偿制度无法适用于第 119 条规定的侵害物质性人格权的侵权行为类型，更难以扩展到第 117 条对侵害财产权和第 118 条对侵害知识产权的规定。后来学者通过对第 120

① 参见王利明：《人格权法研究》，685 页，北京，中国人民大学出版社，2005。

② 参见姚辉、段睿：《"赔礼道歉"的异化与回归》，载《中国人民大学学报》，2012（2）。

③ 参见梁慧星：《中国人身权制度》，载《中国法学》，1989（5）；佟柔主编：《中国民法》，493 页，北京，法律出版社，1990。

条进行扩大解释①，将精神损害赔偿扩展到了侵害身体权的情形，进而扩展到整个物质性人格权领域。②《精神损害赔偿司法解释》第8条第1款和第2款分别规定了精神损害赔偿的适用标准，进一步扩展了其适用范围，并且规定了无论是否适用精神损害赔偿，都可以适用赔礼道歉的责任形式。鉴于《侵权责任法》第22条规定："侵害他人人身权益，造成他人严重精神损害的，被侵权人可以请求精神损害赔偿"，笔者认为，对于赔礼道歉的适用，以造成精神损害为前提，但不以造成严重精神损害为限，这种观点也与《人身损害赔偿司法解释》第8条保持一致。

第二，赔礼道歉的适用以原告请求为限，实行严格的当事人主义。要特别注意的是，《侵权责任法》第3条对当事人主义作出明确规定："被侵权人有权请求侵权人承担侵权责任。"因此，赔礼道歉必须要由原告提出，法院不宜主动要求被告赔礼道歉。③ 但被告主动提出愿意赔礼道歉或者当庭赔礼道歉的，法院可以在征求原告意见的基础上，根据案件的实际情况，在精神损害赔偿数额的确定上予以考虑。

第三，赔礼道歉的适用以被告自愿为前提。鉴于赔礼道歉在执行中的种种困难，以及赔礼道歉在我国司法实践中适用的社会文化基础主要是在调解过程中，笔者建议法院更宜在调解中以道德义务的方式实现赔礼道歉。被告在案件审判过程中，已经表示不愿意赔礼道歉的，应该增加精神损害赔偿数额，而不宜判决赔礼道歉，以避免不必要的执行困难。因此，后文探讨的赔礼道歉的执行问题，将仅限于被告承诺赔礼道歉，但事后反悔的情形。其他类似情况还包括：侵权人在法庭上道歉，事后公开反悔；或者在法院主持下书写了道歉书，但在判决生效后反悔；等等。

（二）赔礼道歉作为民事责任方式的适用范围

通过上述考察可以看出，《民法通则》的立法者对赔礼道歉侵权责任的适用范围是有明确限制的，主要是侵害精神性人格权造成精神损害的情形，除具有人格象征意义的特定纪念物品，一般的财产损害情形不宜适用赔礼道歉责任方式。

有学者提出，赔礼道歉责任只能适用于法律规定的情况④，笔者认为还可以通过司法解释对适用范围进行扩展。但在既无法律规定，也无司法解释规定的情形下，不宜判决赔礼道歉，只能在案件审理或者调解过程中引导被告进行道德义务意义上的赔礼道歉。就立法或者司法解释进行扩展的范围，笔者认为，不宜包括专利法、商标法等纯粹的财产性的知识产权，而应该包括如下类型：

第一，侵害宗教信仰、民族习惯等宪法上基本权利的侵权行为。需要特别指出的是，由于《民法通则》最终没有坚持对侵害宗教信仰、民族习惯的侵权行为类型作出规定，但这种侵权行为类型正是我国民事立法上列举赔礼道歉作为具体侵权行为侵权责任方式的源头。修改之前的1993年《消费者权益保护法》第50条又对"侵害消费者的人格尊严或者侵犯消费者人身自由的，应当……赔礼道歉，并赔偿

① 参见杨立新：《论公民身体权及其民法保护》，载《法律科学》，1996（6）。
② 参见王竹、方延：《身体权学理独立过程考》，载《广州大学学报》，2012（5）。
③ 参见王利明：《人格权法研究》，686页，北京，中国人民大学出版社，2005。
④ 参见丁建军：《浅谈民事责任中的赔礼道歉》，载《法律适用》，1997（2）。

损失”的规定附加了“经营者违反本法第二十五条规定”的限制，而当时的《消费者权益保护法》第25条规定的“经营者不得对消费者进行侮辱、诽谤，不得搜查消费者的身体及其携带的物品，不得侵犯消费者的人身自由”，也不包含对侵害宗教信仰、民族习惯的情形，这使得在立法上长期缺乏对这种特别需要适用赔礼道歉责任方式的侵权行为类型的规定。2013年修改之后的《消费者权益保护法》第50条对此问题进行了修正，不再附加类似“经营者违反本法第二十五条规定”的限制：“经营者侵害消费者的人格尊严、侵犯消费者人身自由或者侵害消费者个人信息依法得到保护的权利的，应当停止侵害、恢复名誉、消除影响，赔礼道歉，并赔偿损失。”无论未来《人格权法》是否将其纳入规定，司法解释都应该将赔礼道歉的适用范围扩展到包含该类侵权行为。类似的，对于宪法上的基本权利的侵害，也可以适用赔礼道歉的责任方式。

第二，赔礼道歉在适用过错推定责任和无过错责任侵权行为类型中的适用。有学者认为，赔礼道歉在侵权法上的适用，一般适用于过错责任领域。在贯彻无过错责任原则和适用公平责任的领域，不会有赔礼道歉的适用。① 笔者认为，过错推定责任领域赔礼道歉能否适用的关键，主要是侵害物质性人格权是否可以要求赔礼道歉的问题。从精神损害救济的全面性出发，笔者倾向于认为过错责任与过错推定责任在该问题上并无实质性差别。在无过错责任领域，赔礼道歉则仅可与惩罚性赔偿责任一并适用②，因为后者实际上仍然是故意侵权行为类型。而在公平责任领域，则更应该通过适用赔礼道歉来达到促进社会和谐的目的。

第三，赔礼道歉在合同法上的适用。在合同法上适用精神性损害赔偿本存在较大争议，最高人民法院更是在《旅游纠纷司法解释》（法释〔2010〕13号）第21条中明文规定：“旅游者提起违约之诉，主张精神损害赔偿的，人民法院应告知其变更为侵权之诉；旅游者仍坚持提起违约之诉的，对于其精神损害赔偿的主张，人民法院不予支持。”但笔者认为，在各类服务合同中，如果因违约或者缔约过失造成精神损害，即使基于学理上论证的困难不能请求精神损害赔偿，也可以要求赔礼道歉③，对权利人进行最基本的精神抚慰。

（三）赔礼道歉民事责任的当事人

1. 请求赔礼道歉的权利人

笔者认为，请求赔礼道歉的权利人应该仅限于自然人而不包括各类机构主体④，这与机构主体不能请求精神损害赔偿的理由是类似的。⑤ 因此，《民法通则》

① 参见崔建远：《论归责原则与侵权责任方式的关系》，载《中国法学》，2010（2）。

② 如《侵权责任法》第47条规定的情形。

③ 事实上，原《旅游投诉暂行规定》（1991年）、《电信条例》（2000年）和新旧《中国旅游饭店行业规范》（2002年/2009年）都有关于赔礼道歉的规定。

④ 参见葛云松：《赔礼道歉民事责任的适用》，载《法学》，2013（5）。

⑤ 这一点在《民法通则》起草时就十分明确。参见顾昂然、王家福、江平等：《中华人民共和国民法通则讲座》，235页，北京，中国法制出版社，2000。

第 120 条第 2 款规定的“法人的名称权、名誉权、荣誉权受到侵害的，适用前款规定”，应该排除对赔礼道歉的适用。事实上，机构主体可以要求侵权行为人消除影响、恢复名誉来实现其目的。

《侵权责任法》第 18 条第 1 款第 1 句规定：“被侵权人死亡的，其近亲属有权请求侵权人承担侵权责任。”因此，请求赔礼道歉的权利人除了被侵权人，在被侵权人死亡的情况下，还包括死者的近亲属。参考《人身损害赔偿司法解释》第 3 条第 3 项的规定，对死者遗骨、遗骸的侵害，赔礼道歉的对象为死者的近亲属。①

对非完全民事行为能力人的侵害，应该由其法定代理人提出赔礼道歉的要求，但赔礼道歉应该对被侵权人直接作出。被侵权人不能理解道歉意思的，则应该对其法定代理人或者近亲属作出。

2. 赔礼道歉的义务人

赔礼道歉的义务人，既可以是机构主体，也可以是自然人。机构主体作为义务人的，应由其法定代表人或负责人作出。自然人是完全民事行为能力人的，道歉应该由本人作出，这是因为赔礼道歉的道德性决定了其个人性，由他人代为赔礼道歉并非设置该民事责任的本意。如果自然人是非完全民事行为能力人的，道歉应该由其法定代理人代为作出。该非完全民事行为能力人能够认识其错误的，应该与其法定代理人一并道歉，但其不道歉并不影响赔礼道歉的法律效果。

（四）判决赔礼道歉时应该确定的具体事项

1. 赔礼道歉的形式

一般认为，赔礼道歉是指侵权行为人向受害人承认错误，表示歉意，以求得受害人的原谅。赔礼道歉主要采用口头道歉和书面道歉的形式。口头道歉由加害人直接向受害人表示。书面道歉以文字形式为之，可以登载在报刊上，张贴于有关场所，或者以信件的方式转交受害人。② 笔者认为，在互联网上侵害人格权案件日益频繁的今天，应该加强通过互联网对赔礼道歉进行执行的制度设计，互联网同时也是当今社会大众获取信息的最主要渠道之一。③ 另外，为了及时抚慰受害人，判决赔礼道歉的，以在判决书生效后 15 日到 30 日内执行为宜。

2. 赔礼道歉的内容

有学者认为，赔礼道歉的内容应该明确包括六项要素，即承认损害事实的发生，向受害人承认自己的行为构成违法，承认应该承担损害赔偿责任，对于自己的行为表示后悔，对于给受害人造成的损害表示悔恨，向受害人保证将来不再作出类似行为。④ 笔者认为该观点具有较强的启发性，但应该做一定的调整：第一，违法

① 参见葛云松：《赔礼道歉民事责任的适用》，载《法学》，2013（5）。

② 参见杨立新：《侵权法论》，4 版，222 页，北京，人民法院出版社，2011。

③ 事实上，如果法院判决能够全面公开并上网，就不存在通过互联网公开判决书的问题了。

④ 参见王立峰：《民事赔礼道歉的哲学分析》，载《判解研究》，2005 年第 2 辑，北京，人民法院出版社，2005。

性的判断本身并非赔礼道歉的重点，以改为承认自己存在过错为宜。第二，是否承担赔偿责任与赔礼道歉本身并无直接联系，也可能出现只赔礼道歉，不赔偿损失的情形。第三，根据前文对具结悔过与赔礼道歉的区分，“保证将来不再作出类似行为”更应该归入具结悔过。因此，笔者认为，赔礼道歉的基本内容为：承认是自己的侵权行为造成了被侵权人的损害事实，承认自己主观上的过错（是故意的，不能说成过失），对于发生的侵权行为表示后悔，对于造成受害人的损失表示遗憾。在基本内容的基础上，应原告的要求，或者法院认为有必要，或者被告愿意，可以增加保证不再作出类似行为及其他内容。另外，应该借鉴我国台湾地区“司法院”释字第656号解释，由法院确保道歉内容不得损及道歉人的人格尊严。①

3. 公开道歉中公开范围的确定

由于公开道歉同时具有消除影响和恢复名誉的作用，如果被侵权人要求公开道歉，法院也认为公开道歉不违背公序良俗，则应该先由被侵权人主张公开的范围，侵权人如果认可该范围，则按照双方达成一致的范围确定。侵权人主动扩展道歉范围，也需要由被侵权人同意，以避免道歉的同时扩大影响，对被侵权人造成二次伤害。当事人双方对于道歉的公开范围无法达成一致的，应该由法院根据造成影响的范围确定公开的范围，但也应考虑被侵权人的意见，不能依职权扩大公开的范围。

（五）履行赔礼道歉的判断标准

一般认为，赔礼道歉要取得原告的谅解。② 因此，对于赔礼道歉民事责任是否履行的判断标准在被侵权人一方，应以其主观标准为主。在被侵权人一方的主观标准过高或者无理取闹的例外情况下，法院应该适用客观标准，主要考虑以下两个方面：

第一，作出道歉的诚恳性。赔礼道歉必须是自愿且无条件的，不能部分道歉，或者有条件或者有保留地道歉。道歉的内容和形式都应该符合公序良俗与诚实信用的要求。

第二，接受道歉的个人性。道歉原则上应该是对单个主体作出，在多个被侵权人的情形，可能因为主观标准不同而作出不同判断，被侵权人可以要求更为诚恳或者特别形式的道歉，不能仅仅因为其他被侵权人的接受而认为不接受道歉的被侵权人要求过高。

五、赔礼道歉民事责任的执行

在司法实践中，出现了“判前不敢，判后不愿”的疑难问题。所谓“判前不敢”，即行为人因为害怕在诉讼过程中赔礼道歉而被认定为对侵权事实和主观过错

① 参见王泽鉴：《人格权法——法释义学、比较法、案例研究》，526页，台北，自版，2012。

② 参见张新宝：《侵权责任法》，373页，北京，中国人民大学出版社，2006。

的自认而不愿道歉。所谓“判后不愿”，即行为人在判决生效后，主观上不愿意赔礼道歉，比较常见的是基于面子的考虑，有的则是对判决本身不认可。尽管在比较法上证据问题是研究的热点和立法的重点，但就笔者的观察，在中国法实务上，特别是近年来“大调解”的推动，在调解程序中经过法院的沟通进行赔礼道歉的案例不在少数。鉴于学者已经对相关证据问题进行了探讨，提出了在诉讼外的赔礼道歉不构成自认，在诉讼中的赔礼道歉可以作为减轻侵权人责任的考虑因素的观点①，同时考虑到这些实质上是对道德义务意义上赔礼道歉的探讨，笔者遂不作赘述。下文的重点放在对“判后不愿”，即赔礼道歉民事责任执行问题的解决上。

(一)“发表谴责声明”并非合适的替代执行方式②

葛云松教授近期提出了以“发表谴责声明”方式替代执行赔礼道歉的思路，颇具有创造性。但笔者认为，这种执行方式欠妥，故在此予以简要回应。

1. 葛云松教授对现有主要执行方式的总结

葛云松教授将学者提出的赔礼道歉强制执行方式分为三大类、共五种可能，总结如下：第一大类：间接执行，即执行法院可以处以罚款、拘留甚至判处刑罚。第二大类：替代执行，由侵权人承担相应的费用，包括三种，即第一种，由执行法院以一定的方式将判决书的主要内容公布；第二种，执行法院以侵权人的名义草拟道歉声明（或者由受害人草拟、经法院审定），并公布于特定场合或者媒体；第三种是葛云松教授的“独创”，即执行法院通知受害人草拟一份谴责声明，经法院审定后，公布于特定场合或者媒体。第三大类：赔偿执行，即执行法院可以要求侵权人支付一定的赔偿金给受害人，以代替赔礼道歉。鉴于葛云松教授已经对其他四种方式进行了评析，并重点论证其“独创”的“发表谴责声明”方式的合理性，其他学者也已经对其他四种方式进行了论证，笔者在此主要对“发表谴责声明”方式的合理性进行评述。

2. 葛云松教授提出的“发表谴责声明”替代执行方式

葛云松教授提出的“发表谴责声明”方式是一种替代执行方式，认为替代行为是否可以达到与被执行人亲自履行相当的效果，对此应以社会的一般观念为判断标准。一个人受到他人的冒犯或者侵害后，如果获得对方的真诚道歉，自然可以减轻甚至消除精神上的不快。如果受害人可以义正词严地把对方责备一番，而对方只能洗耳恭听，受害人的不快情绪通常可以得到一定的发泄，从而舒缓心情，这一点是社会一般观念所认可的。所以，在侵权人拒绝道歉时，赋予受害人以公布谴责声明的方式来达到相当的弥补精神损害的效果，并由侵权人负担费用，应认为是一种合理的替代执行方式。

① 参见黄忠：《赔礼道歉的法律化：何以可能及如何实践》，载《法制与社会发展》，2009（2）。

② 以下葛云松教授的观点，参见葛云松：《民法上的赔礼道歉责任及其强制执行》，载《法学研究》，2011（2）。

3.“发表谴责声明”无法达到替代执行赔礼道歉的目的

笔者认为，“发表谴责声明”无法达到替代执行的目的，具体理由如下：

第一，对侵权人进行谴责本身就是被侵权人的权利，将其作为一种赔礼道歉的替代执行方式，相当于就不执行赔礼道歉了。事实上，即使立法不规定，法院也没判决被侵权人对侵权人发表谴责，从言论自由角度看，只要被侵权人在谴责声明中发表的言论是真实的，在不涉及侵害对方隐私和不违背公序良俗的情况下，就不构成侵害对方的名誉权，自然可以为之。如果将其作为赔礼道歉的替代执行方式，无异于容忍了赔礼道歉的不执行。

第二，谴责的尺度与达到的效果难以把握，本身也缺乏公信力。对此，葛云松教授也提出：“这种替代执行方案需要谨慎为之。受害人的谴责声明应当经过法院审定，以避免其采用过激的言辞。法院审查时，应注意谴责声明的内容与侵权的情节、过错程度等相适应。”笔者认为，如果谴责的内容是谴责对方没有进行赔礼道歉，那么实际上仍然没有起到赔礼道歉的效果。如果谴责的内容是对方的侵权行为，那么和公布判决书或者道歉书的内容类似。而且相比这两种情形，谴责声明毕竟是受害人的一面之词，更缺乏公信力。

第三，谴责本身只是使受害人一方“出了口气”，而无法实现赔礼道歉民事责任的本意。葛云松教授也认识到，这种谴责声明会包含道德上的负面评价，包含了羞辱的因素，但是至少侵权人无须言不由衷，法律只是要求其忍受而已，因此并不构成对其人格尊严的过度侵害。但无论被侵权人怎么谴责，侵权人一方就是坚持不赔礼道歉。如果侵权人一方委婉地作出不接受谴责“以正视听”的反向声明，不但无法实现赔礼道歉的目的，反而会使问题变得愈加复杂，更偏离了设计赔礼道歉民事责任的本意。

因此，“发表谴责声明”的建议尽管颇具创造性和启发性，但的确并非合适的替代执行方式。

（二）赔礼道歉的不可强制执行性

葛云松教授对其他四种赔礼道歉执行方式的评估，笔者基本上是认同的。那么，如果“发表谴责声明”这种创新性的执行方式也不能解决赔礼道歉的强制执行问题，我们是否应该重新审视赔礼道歉本身是否就可以被强制执行呢？

1.“赔礼道歉”可以被强制但却无法被强制执行

从履行赔礼道歉民事责任的诚恳性要求来看，各种所谓的赔礼道歉的强制执行，只能是替代性地进行了“强制”，但根本无法“执行”达到该民事责任本身的意图效果。这是因为，赔礼道歉本身就包括自愿的要求，这种自愿可以扩展到包括经过劝导和受到其他因素（如制裁或者面临承担更高额精神损害赔偿等）影响后的愿意，但不包括被“强摁头”的情形。

2.“赔礼道歉”的替代执行不是赔礼道歉本身的执行

除了葛云松教授提出的“发表谴责声明”的替代执行，另外两种替代执行方式俱为由侵权人承担费用的方式：第一，法院可以决定将含有责令侵权人赔礼道歉内容的判决书登报。① 第二，行为人在判决前已经表示同意赔礼道歉，并由其写出道歉书，法院作出判决后其反悔，可以通过刊载道歉书的方式实现赔礼道歉。② 这两种替代执行方式，更多的是起到了消除影响和恢复名誉的作用，实质上也不能满足诚恳性的要求。而且，有的涉及隐私或者商业秘密的侵权行为，也不宜通过这种方式来执行。

3. 民事责任并非均可实现强制执行

笔者认为，对赔礼道歉能否强制执行的讨论建立在一个预设的前提之下，即所有的民事责任均可以强制执行。而这个前提本身可能是存在问题的。以赔偿损失和承担违约金责任方式为例，如侵权人没有责任财产可供执行，这两种责任方式就无法执行。停止侵害、排除妨碍和消除危险也存在事实上不可能或者费用过高而不能强制执行的情形。返还财产以原物的存在为前提，恢复原状和修理、重作、更换均以事实上可能和费用可接受为前提，消除影响、恢复名誉则以事实上可能为前提。既然实务中能够容忍《民法通则》第 134 条第 1 款列举的另外九项民事责任方式客观上不能强制执行的情形，也就应该容忍赔礼道歉无法强制执行，即责任人经过劝导仍然不愿意赔礼道歉的情形。因此，应该将这种责任人事先承诺后又反悔，内心不愿意赔礼道歉的情形，作为一种赔礼道歉不能被强制执行的客观障碍对待。

（三）违背承诺不赔礼道歉应该承担违约责任

1. 赔礼道歉与精神损害赔偿的同质性

在《民法通则》通过之时，就有学者将第 134 条第 1 款规定的 10 项民事责任方式按其性质分为三类，即停止侵害、排除妨碍、消除危险属于排除障碍一类；返还财产、恢复原状、修理、重作、更换、消除影响、恢复名誉属于恢复原状一类，赔偿损失、支付违约金、赔礼道歉属于损害赔偿一类。③ 在后续的研究中，学者也建议，如果被告拒绝道歉，则应当增加损害赔偿的数额。如果赔礼道歉不与精神损害赔偿的数额发生一定的联系，则很难促使被告作出道歉。④ 可见，赔礼道歉所修补的，并非受到侵害的人格权本身，而是人格权人的精神创伤。赔礼道歉与精神损害赔偿的目的相同，性质上也具有相似性，并且具有紧密的关联性。⑤ 鉴于其类似于精神损害赔偿的作用，可以把赔礼道歉视为精神损害赔偿的变态。⑥ 因此，赔礼道歉其实与精神损害赔偿具有同质性，其推论是，在赔礼道歉无法被强制执行时，可以通过精神损害赔偿予以救济。

① 参见魏振瀛：《论请求权的性质与体系——未来我国民法典中的请求权》，载《中外法学》，2003（4）。
② 参见王利明：《人格权法研究》，686 页，北京，中国人民大学出版社，2005。
③ 参见徐开墅：《论民事活动中的法律责任》，载《政法论坛》，1987（5）。
④ 参见王利明：《人格权法研究》，687 页，北京，中国人民大学出版社，2005。
⑤ 参见葛云松：《赔礼道歉民事责任的适用》，载《法学》，2013（5）。
⑥ 参见崔建远：《债法总则与中国民法典的制定》，载《清华大学学报（哲学社会科学版）》，2003（4）。

2. 违背承诺不赔礼道歉应该承担违约责任

如前所述，赔礼道歉的执行，将仅限于被告承诺赔礼道歉，但事后反悔的情形。而侵权人在判决作出后，拒不履行赔礼道歉的民事责任，应当被视为该民事责任客观上无法执行。这种情况下，笔者建议，应该将被告承诺愿意赔礼道歉的行为视为与原告自愿订立了以赔礼道歉为内容的合同。将事后未按约定赔礼道歉的行为认定为违约行为，由责任人承担违约责任。

尽管我国现行法律和司法实务对违约精神损害赔偿持一定的否定态度，但笔者认为，以赔礼道歉作为主要内容的合同，其目的在于抚慰精神痛苦，较之以获取精神享受的旅游合同等因未能获得精神享受并遭受精神痛苦，更应该例外承认允许精神损害赔偿。而且，该精神损害赔偿的数额，可以在被告承诺事后赔礼道歉的情况下，由法院根据案件情况，确定如果不依照约定进行赔礼道歉，承担的额外精神损害赔偿的数额。

3. 在判决书上的具体行文方式

为了避免违约精神损害赔偿的争议，同时为了避免另行提起违约诉讼而陷入新一轮的诉讼负担，在具体的操作上，笔者建议可以参考《最高人民法院关于审理名誉权案件若干问题的解答》第 11 点回答部分的规定，在判决书中写明："被告××在本判决发生法律效力之日起××日内，向原告××进行赔礼道歉。逾期不进行赔礼道歉的，向原告支付精神损害赔偿××元。"这种判决行文方式与"人民法院可以采取公告、登报等方式，将判决的主要内容及有关情况公布于众，费用由被执行人负担"的替代执行方式是类似的，因此，既不突破人民法院的现有司法实务操作，也能够较为简捷地解决赔礼道歉的执行问题。

侵权责任分担论

21 世纪法学研究生参考书系列

在我国传统的侵权法理论中，受害人过错制度是作为抗辩事由处理，而数人侵权责任制度则作为特殊的责任构成制度来规定，这从《侵权责任法》的立法中也可见一斑。需要指出的是，受害人过错与数人侵权责任这两项制度之间在理论结构上具有相似性，均采用比较过错和原因力等因素的理论结构，这与以构成要件体系作为基本理论框架的侵权责任构成制度是截然不同的思维方式。因此笔者特别提出，这两项制度均属于不同于侵权责任构成制度的侵权损害赔偿责任数人分担制度，并在《侵权责任法》颁布之前出版了《侵权责任分担论》① 一书。

侵权责任分担论的核心思想，是以分配正义的视角重新审视和整合受害人过错制度和数人侵权责任制度，并对受害人有过错的数人侵权责任分担问题作出理论上的回答。② 鉴于《侵权责任法》未采纳"侵权责任分担论"的理论框架，仍然按照传统大陆法系的思维方式规定受害人过错制度和数人侵权责任制度，笔者从解释论出发，以《侵权责任法》条文为中心，从"侵权责任分担论"的角度，首先提出数人侵权责任分担原则，然后对受害人过错制度、教唆行为与帮助行为、共同危险行为和数人侵权责任分担中最终责任份额的确定方式，以及连带责任分摊请求权这些传统大陆法系理论体系中的疑难问题进行探讨。另外，笔者特别对学说上存在重大争议，作为中国侵权法特色的补充责任和不真正连带责任也进行了专题探讨。

① 参见王竹：《侵权责任分担论》，北京，中国人民大学出版社，2009。

② 详见王竹：《论受害人有过错的数人侵权责任分担》，载《清华法学》，2010（2）。鉴于本书的解释论立场，笔者没有将该文的内容纳入。

专题十二

数人侵权责任分担原则研究

《侵权责任法》在第9条第2款（教唆帮助非完全民事行为能力人情形的监护人责任）、第12条（按份责任的最终责任分担规则）、第14条第1款（连带责任的最终责任分担规则）、第34条第2款（劳务派遣单位的“补充责任”①）、第37条第2款（未尽安全保障义务的补充责任）、第40条（教育机构未尽管理职责的补充责任）和第49条（机动车所有人与使用人不是同一人时的所有人过错责任）等7处，明文规定了“相应的”数人侵权责任。② 这些“相应的”数人侵权责任分担规则体现的是《民法通则》颁布以来③，逐渐通过司法解释探索和发展，最终在《侵权责任法》上新确立的数人侵权责任分担立法技术，其实质是立法者对于裁判者在数人侵权责任分担中行使裁量权的立法指引。本专题将首先通过类型化的方法对适用规则明确的“相应的”数人侵权责任分担规则进行整理，初步归纳出作为适用基础的数人侵权责任分担原则体系，以此作为解读部分适用规则不清晰的数人侵权责任的依据，并对未来完善《侵权责任法》和起草相关司法解释提出相关建议。

一、《侵权责任法》上的“相应的”数人侵权责任分担规则类型化

仔细研究条文的表述能够发现，前文列举的《侵权责任法》中7处“相应的”数人侵权责任，只是以“相应的”表达方式明确表达出来的数人侵权责任分担规

① 笔者此处用引号的原因是该补充责任实际上是“不真正补充责任”，详见下文。

② 《侵权责任法》第35条第2句规定的“提供劳务一方因劳务自己受到损害的，根据双方各自的过错承担相应的责任”，是劳动法上对劳动者人身保护责任中的减轻事由；第60条第2款规定的“前款第一项情形中，医疗机构及其医务人员也有过错的，应当承担相应的赔偿责任”，是关于被侵权人过错的规定，都不属于侵权法上“相应的”数人侵权责任分担规则。

③ 《民法通则》直接涉及“相应的”责任的规定是第61条第1款第2句对缔约过失中的混合过错规定：“有过错的一方应当赔偿对方因此所受的损失，双方都有过错的，应当各自承担相应的责任。”间接涉及“相应的”责任的规定是第132条对公平责任的规定：“当事人对造成损害都没有过错的，可以根据实际情况，由当事人分担民事责任。”对比《侵权责任法》的条文表述方式可以看出，《民法通则》在侵权责任乃至整个民事责任领域，都还没有自觉地使用“相应的”这一责任分担立法技术。

则。还有一些条文，从追求立法表述一致性出发，也应该或者也可以用“相应的”方式来表达，只是基于立法表达习惯而未能以“相应的”方式来表达。尤其是现行立法主要关注“最终责任”的分担规则，而忽略了对“受偿不能风险”和“程序负担”的分担规则。这也从一个侧面说明作为数人侵权责任分担立法技术的“相应的”责任仍然处于发展过程中，还有待进一步确立其独立和重要的立法技术地位。笔者将这些未明文采用“相应的”立法技术的数人侵权责任分担规则与上面提到的明文规定的“相应的”数人侵权责任分担规则中适用规则明确的条文，一并按照其适用范围进行类型化。①

（一）一般数人侵权责任分担中“相应的”数人侵权责任分担规则

《侵权责任法》第 12 条前段规定：“二人以上分别实施侵权行为造成同一损害，能够确定责任大小的，各自承担相应的责任”；第 14 条第 1 款前段规定：“连带责任人根据各自责任大小确定相应的赔偿数额”。这两个条文中的“相应的”都是对数人侵权行为中最终责任分担规则的明确规定。② 这种“相应的”最终责任分担立法技术最早见于原《最高人民法院关于审理触电人身损害赔偿案件若干问题的解释》（法释〔2001〕3 号，已失效）第 2 条第 2 款：“但对因高压电引起的人身损害是由多个原因造成的，按照致害人的行为与损害结果之间的原因力确定各自的责任。致害人的行为是损害后果发生的主要原因，应当承担主要责任；致害人的行为是损害后果发生的非主要原因，则承担相应的责任。”从该款司法解释的措辞来看，当时使用“相应的”责任应该是属于用语习惯而非有意的表达。到《人身损害赔偿司法解释》（法释〔2003〕20 号）第 3 条第 2 款起草之时这种“相应的”责任使用就变得普遍和规范了：“二人以上没有共同故意或者共同过失，但其分别实施的数个行为间接结合发生同一损害后果的，应当根据过失大小或者原因力比例各自承担相应的赔偿责任。”

《侵权责任法》第 67 条规定的“两个以上污染者污染环境，污染者承担责任的大小，根据污染物的种类、排放量等因素确定”，应该理解为是在污染环境领域对第 12 条和第 14 条第 1 款的具体化。如果按照“相应的”方式，该条文应该表述为：“两个以上污染者污染环境，污染者应当根据污染物的种类、排放量等因素承担相应的责任。”可见，这只是立法表达的习惯问题。③

在受偿不能风险分担和程序负担分担领域，一般数人侵权责任分担规则主要是

① 关于一般数人侵权责任分担与特殊数人侵权责任分担的区分，详见王竹：《我国侵权法上特殊数人侵权责任分担制度立法体例与规则研究》，载《政法论丛》，2009（4）。

② 详见王竹：《论数人侵权责任分担中最终责任份额的确定方式》，载《法商研究》，2010（6）。

③ 实际上，《侵权责任法》的“一审稿”，即《中华人民共和国民法（草案）》第八编“侵权责任法”（2002 年 12 月 23 日）就使用了“相应的”立法技术。该草案第 34 条规定：“因污染环境对他人造成损害，不能确定具体的加害人的，由与损害后果具有联系的排污单位或者个人根据其排放量的比例承担相应的侵权责任。”

通过适用连带责任将受偿不能风险和程序负担分配给侵权人一方。《侵权责任法》第 13 条规定："法律规定承担连带责任的，被侵权人有权请求部分或者全部连带责任人承担责任。"因此，一般数人侵权责任分担的适用规则是，如果符合"法律规定承担连带责任的"情形，即第 8 条"共同实施侵权行为"、第 9 条第 1 款"教唆、帮助他人实施侵权行为"、第 10 条"共同危险行为"和第 11 条"数个充分原因偶然竞合造成同一损害"规定的情形，就应该适用连带责任；否则，就应该适用按份责任。按照这一规定，在特殊侵权行为部分，立法者根本没有必要再重复规定任何适用连带责任的情形。那么，如果在特殊侵权行为部分明文规定了"连带责任"，且符合一般侵权行为部分"法律规定承担连带责任的"情形，也只能认为立法者的目的是在具体情形中统一连带责任的法律适用。例如，第 51 条规定的"以买卖等方式转让拼装或者已达到报废标准的机动车，发生交通事故造成损害的，由转让人和受让人承担连带责任"和第 74 条第 2 句规定的"所有人将高度危险物交由他人管理的，由管理人承担侵权责任；所有人有过错的，与管理人承担连带责任"①，应该被理解为是对第 8 条"共同实施侵权行为"的具体化。而在第 67 条规定的"两个以上污染者污染环境"的情形，暗含了三种未明文列出的情形：情形Ⅰ，数个污染源分别致害的情形，适用第 12 条承担按份责任；情形Ⅱ，数个污染源共同致害的情形，适用第 8 条承担连带责任；情形Ⅲ，数个污染源分别致害但每个污染源都是充分原因的情形，适用第 11 条承担连带责任。

（二）特殊数人侵权责任分担中"相应的"数人侵权责任分担规则

特殊数人侵权责任分担包括补充责任和不真正连带责任，二者均由最终责任人承担全部最终责任，不涉及最终责任分担，只涉及受偿不能风险和程序负担的分担问题。

《侵权责任法》第 37 条第 2 款第 2 段规定的"……管理人或者组织者未尽到安全保障义务的，承担相应的补充责任"和第 40 条第 2 段规定的"……幼儿园、学校或者其他教育机构未尽到管理职责的，承担相应的补充责任"，是对《人身损害赔偿司法解释》第 6 条第 2 款和第 7 条第 2 款规定的"相应的补充赔偿责任"的继受。随后的《最高人民法院关于审理铁路运输人身损害赔偿纠纷案件适用法律若干问题的解释》，以下简称《铁路运输人身损害赔偿司法解释》（法释〔2010〕5 号）第 13 条第 1 款规定："铁路旅客运送期间因第三人侵权造成旅客人身损害的，由实施侵权行为的第三人承担赔偿责任。铁路运输企业有过错的，应当在能够防止或者制止损害的范围内承担相应的补充赔偿责任。铁路运输企业承担赔偿责任后，有权向第三人追偿。"《旅游纠纷司法解释》（法释〔2010〕13 号）第 7 条第 2 款第 2 段

① 在管理人"遗失、抛弃高度危险物造成他人损害的"情形中，所有人的过错主要体现为两种情形：第一，违反法律规定将不能交由他人管理的高度危险物交由他人管理；第二，违反法律规定将高度危险物交由没有法定资质的他人管理。这两种情形与《侵权责任法》第 51 条规定的情形一样，都属于违反法律强制性规定的"共同实施侵权行为"。

规定的“……旅游经营者、旅游辅助服务者未尽安全保障义务，旅游者请求其承担相应补充责任的，人民法院应予支持”和第14条第2款规定的“旅游经营者对旅游辅助服务者未尽谨慎选择义务，旅游者请求旅游经营者承担相应补充责任的，人民法院应予支持”，也可以被视为安全保障义务扩展适用于铁路运输企业和旅游经营者。这些“相应的”补充责任，也是对“相应的”受偿不能风险和程序负担的分担。

不真正连带责任的典型规定是《侵权责任法》第43条第1款：“因产品存在缺陷造成损害的，被侵权人可以向产品的生产者请求赔偿，也可以向产品的销售者请求赔偿。”第59条第1句规定的“因药品、消毒药剂、医疗器械的缺陷，或者输入不合格的血液造成患者损害的，患者可以向生产者或者血液提供机构请求赔偿，也可以向医疗机构请求赔偿”，应该被理解为是医疗机构在主体意义上和不合格血液致害在致害物意义上分别准用了缺陷产品责任规则。① 而第86条第1款第1句规定的“建筑物、构筑物或者其他设施倒塌造成他人损害的，由建设单位与施工单位承担连带责任”，也应该被理解为是表述方式上有瑕疵的缺陷不动产设置人不真正连带责任。② 这三项规定实质上是通过适用不真正连带责任，将受偿不能风险和程序负担都分配给了侵权人一方，是一种对受偿不能风险和程序负担的全额“相应的”分担。

《侵权责任法》第28条规定：“损害是因第三人造成的，第三人应当承担侵权责任。”从《侵权责任法》第三章所处的一般规则体系位置来看，第28条作为免责事由仅适用于过错责任和过错推定责任的情形。因此，在无过错责任领域，因第三人过错造成的损害，并不免除无过错责任人的责任。这样就会出现第三人的过错责任和无过错责任人的责任并存的情况③，笔者将其称为“单向不真正连带责任”，主要体现在第68条规定（“因第三人的过错污染环境造成损害的，被侵权人可以向污染者请求赔偿，也可以向第三人请求赔偿。污染者赔偿后，有权向第三人追偿。”）和第83条规定（“因第三人的过错致使动物造成他人损害的，被侵权人可以向动物饲养人或者管理人请求赔偿，也可以向第三人请求赔偿。动物饲养人或者管理人赔偿后，有权向第三人追偿。”）中。《铁路运输人身损害赔偿司法解释》第13条第2款规定的“车外第三人投掷石块等击打列车造成车内旅客人身损害，赔偿权利人要求铁路运输企业先予赔偿的，人民法院应当予以支持。铁路运输企业赔付后，有权向第三人追偿”，也属于这种情形。

① 参见王竹：《论医疗产品责任规则及其准用——以〈中华人民共和国侵权责任法〉第59条为中心》，载《法商研究》，2013（3）。

② 参见王竹：《〈侵权责任法〉第86条第1款的理解与适用》，载《月旦民商法》第31期，台北，元照出版公司，2011。

③ 参见王竹：《论法定型不真正连带责任及其在严格责任领域的扩展适用》，载《人大法律评论》，2009年卷，北京，法律出版社，2009。

二、《侵权责任法》上适用规则不清晰的数人侵权责任分担规则

除了上述适用规则明确的条文，还有一些数人侵权责任分担的适用规则在《侵权责任法》上规定得并不清晰的条文，主要包括：

第一，第 9 条第 2 款规定："教唆、帮助无民事行为能力人、限制民事行为能力人实施侵权行为的，应当承担侵权责任；该无民事行为能力人、限制民事行为能力人的监护人未尽到监护责任的，应当承担相应的责任。"就该款后段规定的"相应的责任"，应该如何理解？监护人是否应该承担连带责任？这些是较为疑难的问题。①

第二，第 34 条第 2 款规定："劳务派遣期间，被派遣的工作人员因执行工作任务造成他人损害的，由接受劳务派遣的用工单位承担侵权责任；劳务派遣单位有过错的，承担相应的补充责任。"该款后段规定的"相应的补充责任"与第 37 条第 2 款、第 40 条规定的补充责任有明显的不同②，其具体适用规则还需要进一步明确。

第三，第 49 条规定："因租赁、借用等情形机动车所有人与使用人不是同一人时……由机动车使用人承担赔偿责任；机动车所有人对损害的发生有过错的，承担相应的赔偿责任。"对此"相应的赔偿责任"，学者也有不同的意见。③

第四，第 89 条规定："在公共道路上堆放、倾倒、遗撒妨碍通行的物品造成他人损害的，有关单位或者个人应当承担侵权责任。"该条文以《最高人民法院公报》刊载案例为原型设计④，但规定缺乏实质性内容。按照《侵权责任法》上更为普遍的表达方式，最后一个分句应该表述为："有关单位或者个人应当承担相应的侵权责任。"对于该还原后的"相应的"侵权责任如何理解，需要予以明确。

第五，《侵权责任法》特殊侵权行为部分多处规定的"连带责任"不符合一般侵权行为"法律规定承担连带责任的"情形，包括第 36 条第 2 款第 2 句规定的"网络服务提供者接到通知后未及时采取必要措施的，对损害的扩大部分与该网络用户承担连带责任"，第 36 条第 3 款规定的"网络服务提供者知道网络用户利用其网络服务侵害他人民事权益，未采取必要措施的，与该网络用户承担连带责任"，以及第 75 条第 2 句规定的"所有人、管理人不能证明对防止他人非法占有尽到高度注意义务的，与非法占有人承担连带责任"。对于这些"连带责任"应该如何理解？是否存在最终责任的分担？需要作出明确的回答。

① 参见杨立新：《教唆人、帮助人责任与监护人责任》，载《法学论坛》，2012（3）。

② 参见李中原：《论民法上的补充债务》，载《法学》，2010（3）。

③ 参见李中原：《论机动车所有人与使用人的责任承担机制》，载《苏州大学学报（哲学社会科学版）》，2011（6）。

④ 参见《江宁县东山镇副业公司与江苏省南京机场高速公路管理处损害赔偿纠纷上诉案》，载《最高人民法院公报》，2000（1）。

第六，《侵权责任法》第 44 条规定的“因运输者、仓储者等第三人的过错使产品存在缺陷，造成他人损害的，产品的生产者、销售者赔偿后，有权向第三人追偿”和第 86 条第 1 款第 2 句规定的“建设单位、施工单位赔偿后，有其他责任人的，有权向其他责任人追偿”，实际上将有过错的法定第三人排除在了直接责任人之外，由法定的直接责任人先行赔付，然后再向其追偿，这种特殊的规则学说上称为“先付责任”①，其适用规则也需要予以明确。

第七，《侵权责任法》第 85 条规定：“建筑物、构筑物或者其他设施及其搁置物、悬挂物发生脱落、坠落造成他人损害，所有人、管理人或者使用人不能证明自己没有过错的，应当承担侵权责任。所有人、管理人或者使用人赔偿后，有其他责任人的，有权向其他责任人追偿。”有学者认为第 85 条的侵权责任分担规则与第 44 条、第 86 条的规定一样，同属“先付责任”②。但第 85 条适用的过错推定责任原则不同于第 44 条和第 86 条适用的无过错责任原则，是否适用相同的解释规则，需要作进一步的探讨。

三、数人侵权责任分担规则对分配正义的实现方式

笔者认为，数人侵权责任分担规则在本质上是对分配正义的实现，“相应的”数人侵权责任立法技术对裁判者和立法者都提出了实现分配正义的作为义务。对裁判者提出的裁判作为义务，是在裁判过程中按照数人侵权责任分担规则的适用规律规定的数人侵权责任分担规则，在裁判结果上实现分配正义。对立法者提出的立法作为义务，是通过规定连带责任适用的四种法定情形构建起一般数人侵权责任分担规则体系后，还应当在特别情形下对一般数人侵权责任分担规则进行微调，并在特殊侵权行为领域对特殊数人侵权责任分担规则进行规定，否则，裁判者就不得不“蹩脚”地适用一般数人侵权责任分担规则体系，尤其是不得不对最终责任进行强制性的分担，从而无法实现分配正义。

分配正义的基本结构包括三个要素：第一，参与分配的主体；第二，被分配的对象；第三，分配的标准。③ 具体运用到数人侵权责任分担体系中，参与分配的主体就是数个“侵权人”。下文分别探讨数人侵权责任分担体系中分配正义运作的对象要素和分配标准。

（一）数人侵权责任分担规则中被分配的三种“责任”

数人侵权责任分担过程中的分配对象要素既不是财富，也不是权益，即“利

① 杨立新：《论不真正连带责任类型体系及规则》，载《当代法学》，2012（3）。

② 杨立新：《论不真正连带责任类型体系及规则》，载《当代法学》，2012（3）。

③ See Tsachi Keren-Paz, *Torts, Egalitarianism, and Distributive Justice*, Ashgate Publishing Company, 2007, p. 5. 另参见［加］欧内斯特·J. 温里布：《私法的理念》，徐爱国译，64 页，北京，北京大学出版社，2007。

益”，而主要是损害赔偿义务、受偿不能风险和程序负担，即“不利益”。学说上普遍将赔偿义务人应该向赔偿权利人承担的与最终赔偿责任相等的责任部分称为“最终责任”。笔者曾经提出，将超过最终责任部分而实质上是承担了受偿不能风险的赔偿责任部分，称为“风险责任”①。之所以称为“风险责任”，主要有两个方面的考虑：第一，该部分赔偿责任的性质仍然是责任。责任是债务的担保，责任人以其责任财产对超过最终责任份额的赔偿责任所负的担保义务与最终责任部分并无差别，赔偿权利人仍然可以在超过部分债务的范围内对责任人的财产进行强制执行，因此该部分责任仍然是“责任”而非纯粹的“风险”。第二，该部分赔偿责任与最终责任的差别在于，通过分摊请求权或者追偿请求权的配置，责任人实际上只是承担了一定的分摊不能或者追偿不能的风险，并非实际的最终责任。②

笔者近年来通过进一步的研究，发现侵权责任分担体系不但是对上述“最终责任”和“风险责任”的分配，同时还对“程序负担”进行了分配，这往往容易被忽略。在数人侵权责任分担中，程序负担主要包括①“查明全部责任人的负担”、②“提起追偿或者分摊诉讼的负担”和③“顺位利益”三个方面，其中前两种负担是积极的程序负担，顺位利益是消极的程序负担。

查明全部责任人的负担分担主要体现在一般侵权责任分担制度与特殊数人侵权责任分担制度的区分上。作为特殊数人侵权责任分担制度，不真正连带责任制度和补充责任制度由于不涉及最终责任分担问题，不要求原告查明全部的责任人，即可以依据法律的规定要求法定的责任人承担风险责任。而作为一般数人侵权责任分担制度的按份责任和连带责任，由于涉及最终责任分担，则必须查明全部的责任人。③ 提起追偿或者分摊诉讼的负担的分担主要体现在如果立法者将风险责任分配给了侵权人一方，承担了风险责任的责任人就需要提起追偿或者分摊诉讼来实现其风险责任。对这两种积极程序负担的分配一般与受偿不能风险的分配是一致的，如在按份责任形态中，程序负担与受偿不能风险一起被分配给了原告一方；在连带责任形态和不真正连带责任形态中，程序负担与受偿不能风险一起被分配给了被告一方。

消极的程序负担，即顺位利益，是对程序负担的特别调整。如在补充责任形态中，被侵权人一方没有承担受偿不能的风险，但承担了程序负担。可见，在典型的四种数人侵权责任分担形态基础上进行程序负担分担的调整方式，主要是对顺位利益的调整。这种顺位利益的调整前提，是风险责任被部分地分配给了责任人一方，

① 我国民法学界一般将“vicarious liability”译为“替代责任”，但替代责任在我国侵权法上有不同于英美法的特定含义，主要适用于使用人责任领域。如果译为“垫付责任”，又会与我国侵权法上特有的“垫付责任”相混淆。英美法上的“vicarious liability”与笔者所称“风险责任”系同义语，但描绘角度有所不同，笔者更希望突出其本质是受偿不能风险的一面。

② 参见王竹：《论风险责任概念的确立》，载《北方法学》，2011（2）。

③ 参见王竹：《我国侵权法上特殊数人侵权责任分担制度立法体例与规则研究》，载《政法论丛》，2009（4）。

因此，按份责任形态不存在程序负担调整的可能性。

典型的四种数人侵权责任分担形态对最终责任、风险责任和程序负担的分配差别见表1：

表1

责任形态/分配对象	损害赔偿义务	受偿不能风险	程序负担
按份责任形态	被告分担	原告承担	原告承担①
连带责任形态	被告分担	被告承担	原告承担①被告承担②
不真正连带责任形态	最终责任人	被告承担	被告承担①②
补充责任形态	最终责任人	补充责任人	补充责任人承担①②补充责任人享受③

一个法律规范对分配对象的影响可能有以下三个方面的特点：第一，除了显性的还包括隐性的对象；第二，可能同时分配多个对象；第三，有的分配对象更明显，而有的则是派生分配对象。[①] 如果说对“最终责任”的分配是侵权责任分担体系的“显性”分配对象的话，那么对“风险责任”的分配就是“隐性”的分配对象。如果相对来说，对“最终责任”和“风险责任”进行得相对“更明显”的话，那么对“程序负担”的分配就是相对地具有“派生性”而不那么明显。但笔者认为，尽管在大多数情况下对“程序负担”的分配具有派生性，但这并不否认其独立性。

笔者认为，应当将“程序负担”视为侵权责任分担体系分担的第三种“责任”，并将其称为“程序责任”。基本考虑是：第一，尽管程序负担本身不是赔偿责任，但要理解实体法，就必须联系实体法的运用过程。[②] 实务中，程序负担本身对诉讼各方的影响可能并不亚于受偿不能风险，而受偿不能风险所包含的无法确定责任人和责任人没有完全赔偿能力这类法律事实本身，也可以通过确定责任人和确定责任人的赔偿能力这样的程序性事务来改变，二者的重要性相当。因此，有必要基于程序负担的“不利益”的属性，认可其具有“责任”的属性。第二，程序负担对当事人来说是一种“不真正的”负担，当事人可以放弃程序负担所赋予的诉讼权利，相应地也会丧失潜在的利益。所以，作为一种“责任”，“程序责任”是一种“不真正的责任”，但仍然不失其“责任”属性。第三，我们将与损害赔偿义务、受偿不能风险对应的责任命名为“最终责任”和“风险责任”，将“程序负担”对应的“责任”命名为“程序责任”，有利于构建更为清晰的理论体系，并进行推导和演绎。

质言之，每一种“相应的”数人侵权责任分担规则，都可以被分解为相应的“最终责任”、相应的“风险责任”和相应的“程序责任”三个方面。定型化的侵权责任分担形态，都是立法者为实现分配正义而妥当分配“最终责任”“风险责任”

① See Tsachi Keren-Paz, *Torts, Egalitarianism, and Distributive Justice*, Ashgate Publishing Company, 2007, p. 6.

② 参见［美］小詹姆斯·A. 亨德森、理查德·N. 皮尔森、道格拉斯 A. 凯萨、约翰·A. 西里西艾诺：《美国侵权法：实体与程序》，7版，王竹、丁海俊、董春华、周玉辉译，王竹校，1页，北京，北京大学出版社，2014。

和“程序责任”的立法安排。反之，学说上认为某一条款规定的侵权责任分担形态不妥，也可以通过逐步检索“最终责任”“风险责任”和“程序责任”的分配是否符合其对应的分担原则而找到问题所在。

（二）数人侵权责任分担规则中的二元分配标准

亚里士多德尽管构建了分配正义的框架，却没有提出明确的分配标准，而标准决定每个特定分配之下当事人的相对价值[①]，这恰恰是大多数关于分配正义理论的争议所在。具体到数人侵权责任分担领域，学说一般认为适用过错和原因力两大标准。原因力是指在构成损害结果的共同原因中，每一个原因对于损害结果发生或扩大所发挥的作用力。[②] 现代侵权法的一个重要发展就是危险责任[③]，因此应该考虑进一步抽象出主观过错与客观危险的共性，以“可责难性”作为与原因力相对应的概念，建立可责难性标准和原因力标准的二元分配标准体系。

可责难性可以分为以过错为中心的主观可责难性和以危险为中心的客观可责难性。这两种可责难性源于侵权责任构成领域，分别产生于过错责任和危险责任。统一的可责难性标准使得在同一案件中比较过错和危险成为可能，也可以对同一当事人同时考虑危险性和过错。如在德国交通事故的数人侵权责任分担中，在考虑过错的情况下，还可以同时考虑危险责任的运营危险[④]，包括汽车大小、重量、速度或其他机动车的特殊危险性质等。[⑤]《道路交通事故司法解释》（法释〔2012〕19 号）第 9 条第 2 款规定：“依法不得进入高速公路的车辆、行人，进入高速公路发生交通事故造成自身损害，当事人请求高速公路管理者承担赔偿责任的，适用侵权责任法第七十六条的规定。”第 12 条规定：“机动车存在产品缺陷导致交通事故造成损害，当事人请求生产者或者销售者依照侵权责任法第五章的规定承担赔偿责任的，人民法院应予支持。”这两条司法解释可以视为中国侵权法在这一领域的司法突破，但尚未明示高度危险责任、产品责任与过错责任是否在同一案件中可以进行统一的责任分担，对此有必要作进一步的理论探讨。[⑥]

关于可责难性标准与原因力标准在数人侵权责任分担中的作用，学说上一直存在争议。以杨立新教授观点为代表的“过错为主说”认为，过错程度的轻重对于共

① 参见［加］欧内斯特·J. 温里布：《私法的理念》，徐爱国译，64 页，北京，北京大学出版社，2007。

② 参见杨立新：《侵权法论》，5 版，247 页，北京，人民法院出版社，2012。

③ 参见朱岩：《风险社会与现代侵权责任法体系》，载《法学研究》，2009（5）。

④ 参见［德］迪特尔·梅迪库斯：《德国债法总论》，杜景林、卢谌译，521 页，北京，法律出版社，2003。

⑤ See W. V. H. Rogers (ed.), *Unification of Tort Law: Multiple Tortfeasors*, Kluwer Law International, 2004, p. 96.

⑥ 产品责任中“缺陷”概念所体现出的“不合理危险”与高度危险责任中的“高度危险”明显不同，参见［奥地利］海尔穆特·库齐奥著，王竹、张晶译：《比较法视角下的产品责任法基础问题》，载《求是学刊》，2014（2）。鉴于这种情况，笔者倾向于认为应该将客观可责难性进一步区分为以“高度危险”概念为中心的绝对客观可责难性和以“缺陷”概念为中心的相对客观可责难性。就这一思路，涉及侵权责任构成论的体系变化，笔者将另行撰文予以说明。

同责任的分担起主要作用。[①] 其理由在于：第一，以过错为主能够更好地实现侵权法的预防功能。第二，过错的类型化使得法官对过错的判断和比较更具可操作性。第三，在一些特殊情况下，如精神损害赔偿领域，原因力的判断、比较极为模糊，过错程度比较明显，这时运用过错比较来确定责任范围非常必要。[②] 而以张新宝教授观点为代表的"原因力为主说"则认为，应该以原因力作为主要标准，适当考虑第三人与被告的过错类别与过程程度。[③] 理由在于：第一，在过错推定和严格责任中，无法确定各行为人之间的过错程度；第二，存在无法比较过错的情形，包括过错程度的判断标准的抽象性、过错比例确定者的差异性和证据的缺乏等因素；第三，在特定情况下，如主观故意但原因力很小的情况下，仅仅比较过错可能造成不公平的结果。[④] 王利明教授的观点相对折中，认为应当根据共同侵权行为人的过错程度和原因力程度确定分担比例。[⑤]

责任份额的确定是法官自由裁量权的范围，清晰说明侵权责任份额决定的运算法则是不可能的[⑥]，也不存在详细或者严格的规则[⑦]，但这并不意味着无章可循。笔者认为，关键是区分最终责任分担与风险责任分担，这样就可以化解学说上关于可责难性标准和原因力标准的作用争议。最终责任所对应的是责任人本应该承担的赔偿责任份额，因此应该以客观作用，即原因力标准为主确定最终责任份额。风险责任所对应的是责任人本不应该承担的赔偿责任份额，本质上是一种受偿不能风险，对人的自由限制更大，因此，应该以可责难性标准为主确定风险责任份额。

四、构建三元化的数人侵权责任分担原则体系

在侵权责任构成论上，为实现矫正正义，侵权责任构成规则体系依据侵权责任归责原则构建。相应的，侵权责任分担必须依据一定的原则进行，以在数个侵权责任人之间进行的责任分配能够最终实现分配正义。笔者将这种对应于侵权责任归责原则的侵权责任分配原则称为"侵权责任分担原则"。侵权责任构成论与侵权责任分担论的理论结构对比与关系图示如下：

（法律事实）—侵权行为类型— 归责原则—侵权责任构成—（矫正正义的实现）

（类型限定）—（要素限定）—（总额限定）—（侵权责任承担）—（正义的实现）

（并存事实）—侵权行为形态— 分担原则—侵权责任分担—（分配正义的实现）

① 参见杨立新：《侵权法论》，5 版，267 页，北京，人民法院出版社，2012。

② 参见杨立新、梁清：《原因力的因果关系理论基础及其具体应用》，载《法学家》，2006（6）。

③ 参见张新宝：《侵权责任法原理》，142 页，北京，中国人民大学出版社，2005。

④ 参见张新宝：《侵权责任构成要件研究》，378～380 页，北京，法律出版社，2007。

⑤ 参见王利明：《侵权责任法研究》（上卷），586 页，北京，中国人民大学出版社，2010。

⑥ See ALI, *Restatement of the Law, Third, Torts: Apportionment of Liability*, 2000. § 8. Reporters Notes: Comment c.

⑦ See European Group on Tort Law, *Principles of European Tort Law: Text and Commentary*, Springer, 2005, p. 145.

与侵权责任构成论中按照归责的基础区分为过错责任原则和危险责任原则类似，在侵权责任分担论中也可以根据分配的不同对象，分为最终责任分担原则、风险责任分担原则和程序责任分担原则。

（一）最终责任分担原则

最终责任分担，是以填补被侵权人损害为目的，对与损害总额相等的赔偿责任在数个侵权人之间进行分配，以实现分配正义的过程。最终责任分担体现责任自负的原则，因此最终责任分担原则的核心内容是“以原因力比例为主、可责难性比例为辅”。侵权责任人只对自己所造成的损害负最终赔偿责任，其分配的基本规则就是使最终责任份额与其造成的损害比例相等。最终责任分担的基本效果是对一般数人侵权责任分担形态和特殊数人侵权责任分担形态作出基本区分，前者需要进行最终责任分担，而后者则不需要。

确立最终责任分担原则的意义在于：第一，通过分配正义确保矫正正义的实现。即按照责任自负的原则分配最终责任份额，以实现侵权法由致害人填补被侵权人损害的矫正正义功能。第二，预防被侵权人的多重受偿，实现权利义务的平衡。否则，由数个侵权责任人分别承担全部的损害赔偿责任，则可能造成被侵权人多重受偿的结果。第三，作为风险责任分担和分摊请求权与追偿请求权产生的基础。在最终责任分担的基础上，适用数人侵权责任分担形态分配风险责任，在责任人承担了风险责任后，通过分摊请求权和追偿请求权实现受偿不能的风险。

（二）风险责任分担原则

风险责任分担，是以确保被侵权人受偿为目的，对超过最终责任份额的赔偿责任在侵权人一方与被侵权人之间进行分配，以实现分配正义的过程。风险责任分担是对本质上是受偿不能风险的风险责任进行分担，因此风险责任分担原则的核心内容是“以可责难性标准为主，以原因力标准为辅”。由于风险责任分担本身不涉及最终责任分担，所以其作用效果不会改变一般数人侵权责任分担形态和特殊数人侵权责任分担形态的基本区分，而只是产生新的子类型形态。

确定风险责任分担原则的意义在于：第一，揭示出是比较可责难性决定了风险分担的结果，何种数人侵权行为形态应该适用何种数人侵权责任分担形态是比较可责难性的被决定项，而非决定项，以此来指导立法者履行立法义务。第二，统一的比较可责难性理论不但可以解释传统民法上各种数人侵权责任分担形态适用的正当性，也为新型数人侵权责任分担形态的设计和适用提供了理论依据，以便能够更好地实现分配正义。第三，可责难性标准能够作为价值取向导入的理论通道，将立法者对于不同社会行为的不同可责难性评价转化为对风险责任的分担。①

① 例如后文将谈到的教唆、帮助非完全民事行为能力人实施侵权行为而监护人未尽监护职责的情形，立法者对于教唆人、帮助人与监护人就持有不同的可责难性评价。

（三）程序责任分担原则

程序责任分担，是在不改变最终责任分担和风险责任分担的基础上，对程序责任在所有当事人之间进行分配，主要是对《侵权责任法》第1条规定的“预防并制裁侵权行为”立法目的的体现，同时也包括其他特别立法政策考虑，如通过避免某些责任人破产以避免更大规模的社会影响。可见，程序责任分担是对微观个别侵权行为类型的分配正义进行的调整，是为了实现宏观社会的分配正义。相较于由原因力和可责难性两项标准根据不同的侧重组合成的“最终责任分担原则”和“风险责任分担原则”，“程序责任分担原则”的作用方式是着眼于侵权人一方，通过赋予或者除去“顺位利益”调整程序负担，对数人侵权责任分担形态进行微调，以实现立法政策考量。由于程序责任分担本身不涉及最终责任和风险责任的分担，所以其作用效果不会改变基本的侵权责任分担形态，而仅仅是产生一种规则上的变形。

应该指出，通过“顺位利益”的调整对“预防和制裁侵权行为”立法目的的体现方式是消极的。具体来说，在赋予部分责任人“顺位利益”时，这些责任人可以在直接责任人能够承担全部赔偿责任的情况下不直接暴露于承担民事责任的风险中，看起来程序责任分担并没有体现“预防并制裁侵权行为”的立法目的。但如果除去了这种“顺位利益”，责任人将直接暴露于承担民事责任的风险之中，可能因此面临承担责任乃至破产的风险，所以具有一定的惩罚意味，并具有预防的功能。

程序责任分担原则的适用是理解《侵权责任法》中部分适用规则不清晰的“相应的”数人侵权责任分担规则的关键。笔者在此先以共同危险行为承担连带责任的程序责任分担为例，作一分析。《侵权责任法》第10条规定：“二人以上实施危及他人人身、财产安全的行为，其中一人或者数人的行为造成他人损害，能够确定具体侵权人的，由侵权人承担责任；不能确定具体侵权人的，行为人承担连带责任。”按照该规定，共同危险行为参与人即使能够证明自己没有实际造成损害，但“不能确定具体侵权人的”，仍然要承担连带责任，这体现的是“制裁”行为人参与共同危险行为而达到“预防”共同危险行为的立法目的。但从程序责任分担的角度看，这一规则还有进一步优化的可能。笔者认为，出于分摊程序行使方便和效率的考虑，应该赋予能够证明自己没有实际造成损害而不承担最终责任的共同危险行为参与人顺位利益，由其他不能证明自己没有造成损害的责任人先行承担连带责任，受害人无法完全受偿时，才由其承担补充责任。①

五、对《侵权责任法》上适用规则不清晰的数人侵权责任分担规则的理解

（一）教唆、帮助非完全民事行为能力人中“相应的”单向连带责任

对于《侵权责任法》第9条第2款后段规定的“该无民事行为能力人、限制民

① 参见王竹：《再论共同危险行为》，载《福建师范大学学报（哲学社会科学版）》，2010（4）。

事行为能力人的监护人未尽到监护责任的，应当承担相应的责任”的理解，需要从监护人和教唆帮助人两个方面来考虑。从监护人的角度看，由监护人对教唆人或者帮助人的最终责任部分承担连带责任的做法是难以理解的，这相当于认为监护人的监护对象还包括教唆人和帮助人。但从教唆人或帮助人的角度看，由其对分配给被教唆或者被帮助的无民事行为能力人或者限制民事行为能力人一方的最终责任部分承担连带责任则具有合理性，即其主观上能够预见到该部分责任的存在。鉴于这种不平衡的结构，笔者认为，应该打破连带责任“双向连带”的传统思维模式，认可这是一种全新的“单向连带”责任分担形态①，即未尽监护责任的监护人仅仅就被监护人的最终责任（即“相应的责任”）承担按份责任，而由教唆人或帮助人对所有的损害承担连带责任。②

具体来说，“单向连带”责任的设计，是对“双向连带”责任在不改变最终责任分担的前提下，对风险责任分担进行了改变，并相应地带动了程序责任分担的改变。立法者首先在侵权人一方分配最终责任，然后将风险责任分配给了侵权人一方；随后考虑到监护人未尽监护职责过错的可责难性小于教唆、帮助非完全民事行为能力人的可责难性，根据风险责任分担原则，免去了其以连带责任人身份承担的风险责任。从被侵权人的角度看，被免去的监护人风险责任，实质上又被分配给了被侵权人，由被侵权人自行承担向连带责任人求偿不能的风险。相应的，分摊请求权的程序负担也就由教唆人、帮助人来承担。

从程序责任分担的角度看，如果立法者希望进一步保护监护人，还可以赋予其“顺位利益”，由教唆人或者帮助人承担直接责任，不足部分，再由监护人承担相应的补充责任，即适用后文即将谈到的“不真正补充责任”。立法者没有作出这一立法选择，说明仍然是希望通过不赋予监护人这种“顺位利益”来鼓励监护人尽到监护职责，预防损害的发生。

（二）劳务派遣关系中“相应的”不真正补充责任

笔者认为，《侵权责任法》第 34 条第 2 款后段规定的“……劳务派遣单位有过错的，承担相应的补充责任”，与第 37 条第 2 款、第 40 条规定的补充责任存在本质上的区别，它是一种新的“不真正补充责任”。这两种“补充责任”的差别主要体现在以下方面：第一，直接责任人与“补充”责任人之间的关系不同。典型的补充责任人违反的是损害预防义务，与直接责任人之间是预防与被预防的对立关系，对损害的发生产生的是对抗力；而在劳务派遣关系中，作为补充责任人的用人单位与作为直接责任人的用工单位之间是劳务派遣合同基础上的合作关系，对损害的发生产生的是合力。第二，最终责任分担结果不同。典型的补充责任人，其过错行为仅为损害的发生提供了条件，不是损害发生的原因，不承担最终责任；而在劳务派

① 参见杨立新：《教唆人、帮助人责任与监护人责任》，载《法学论坛》，2012（3）。

② 参见王竹：《论教唆行为与帮助行为的侵权责任》，载《法学论坛》，2011（5）。

遣关系中，用人单位的过错是侵权损害发生的原因之一，需要承担与其过错相应的最终责任。第三，追偿或者分摊的权利人不同。典型的补充责任人在承担补充责任之后，是由补充责任人向直接责任人追偿；而在劳务派遣关系中，如果用工单位承担了全部的直接责任，或者承担的直接责任超过了其最终责任份额，则是由作为直接责任人的用工单位向作为补充责任人的用人单位要求进行分摊。质言之，该请求权的顺序不但与典型的补充责任相反，且性质上应该认定为分摊请求权而非追偿请求权。第四，制度设计的实际责任承担者预设不同。典型的补充责任，其制度设计的目的在于让赔偿责任能力一般较强的补充责任人承担补充责任，并获得向赔偿责任能力一般较弱的直接责任人进行追偿的权利，以达到两个责任人与被侵权人之间的受偿风险平衡；而在劳务派遣关系不真正补充责任中，作为补充责任人的用人单位一般责任能力较弱，其制度设计的目的在于优先让责任能力可能较强的用工单位承担，例外才由用人单位承担补充责任。第五，直接责任人确定的程序负担不同。典型的补充责任，其适用条件既包括直接责任人逃逸、无力承担或者不能全部承担赔偿责任，也包括直接责任人不能查明的情形；而在劳务派遣关系不真正补充责任中，用工单位的确定是整个责任规范适用的前提。①

在侵权责任分担设计上，不真正补充责任首先是在侵权人一方先进行最终责任分担，然后在直接责任人和被侵权人之间进行风险责任分担，相比于连带责任，由被侵权人自行承担向直接责任人求偿不能的风险。这种立法安排的考虑是劳务派遣机构的过错主要是聘用和选任过失，其可责难性小于用工单位管理和监督过失所体现的可责难性。

不真正补充责任中直接责任人承担的是全部责任，这与单向连带责任中连带责任人承担的全部责任是相同的。不真正补充责任中的补充责任人是补充性地承担“相应的”最终责任，这与单向连带责任中按份责任人承担的“相应的”最终责任是一致的。可见，不真正补充责任与单向连带责任在最终责任分担和风险责任分担上并无差别。在最终责任分担比例相同的情况下，二者的风险责任分担形态均介于按份责任与连带责任之间。二者的差别主要体现在程序责任分担上，被侵权人可以直接向单向连带中的按份责任人直接请求赔偿，立法者并未赋予其“顺位利益”；而被侵权人不能直接向不真正补充责任人请求赔偿，立法者是基于避免责任人（如“劳务派遣机构”）破产等特别考虑②，才赋予了其“顺位利益”。

（三）对机动车所有人与使用人不是同一人时“相应的”责任的理解

《侵权责任法》第49条规定：“因租赁、借用等情形机动车所有人与使用人不是同一人时，发生交通事故后属于该机动车一方责任的……由机动车使用人承担赔

① 详见王竹、张恒：《劳务派遣工作人员的侵权责任——兼论“不真正补充责任”的确立与扩展适用》，载《法学》，2013（2）。

② 参见王竹、张恒：《劳务派遣工作人员的侵权责任——兼论“不真正补充责任”的确立与扩展适用》，载《法学》，2013（2）。

偿责任；机动车所有人对损害的发生有过错的，承担相应的赔偿责任。”《道路交通事故司法解释》第1条以《侵权责任法》第49条列举的“租赁、借用”等“经过许可驾驶”情形为原型，规定了四种机动车所有人或者管理人对损害的发生有过错的情形：“（一）知道或者应当知道机动车存在缺陷，且该缺陷是交通事故发生原因之一的；（二）知道或者应当知道驾驶人无驾驶资格或者未取得相应驾驶资格的；（三）知道或者应当知道驾驶人因饮酒、服用国家管制的精神药品或者麻醉药品，或者患有妨碍安全驾驶机动车的疾病等依法不能驾驶机动车的；（四）其它应当认定机动车所有人或者管理人有过错的。”笔者认为，如果所有人或者管理人主观上表现为“知道”，“相应的”责任应该按照《侵权责任法》第9条第1款规定的“帮助”，认定所有人或者管理人与驾驶人承担连带责任（情形Ⅰ）。

如果所有人或者管理人主观上是“应当知道”，考虑到出租、出借的机动车在损害发生中的作用与被派遣的劳动者的作用有类似性，建议比照劳务派遣关系的规定，认定驾驶人承担直接责任，所有人或者管理人承担不真正补充责任（情形Ⅱ）。具体来说，在最终责任分担上，由机动车所有人或者管理人与驾驶人按照各自的原因力进行分担；在风险责任的分担上，机动车所有人或者管理人“应当知道”的可责难性小于“知道”的可责难性，因此不宜由所有人或者管理人承担风险责任；在程序责任分担上，为了更好地促进机动车驾驶人提高注意义务水平，减少损害的发生和降低损害的程度，并避免被侵权人直接起诉机动车商事出租人导致其破产带来的社会影响，促进机动车商事出租行业的发展，赋予机动车所有人或者管理人以“顺位利益”，由机动车驾驶人和被侵权人分担程序责任。①

《道路交通事故司法解释》第2条规定的是“未经允许驾驶他人机动车发生交通事故造成损害”，但不属于《侵权责任法》第52条规定的“盗抢”的情形，符合该司法解释第1条规定的四种情形的，也应当认定为“机动车所有人或者管理人有过错”。但因为这些情形中所有人或者管理人违反的是预防未经许可驾驶发生交通事故的义务，应该比照《侵权责任法》第37条第2款和第40条，承担的“相应的赔偿责任”应该是“相应的补充责任”（情形Ⅲ）。② 具体来说，在最终责任分担上，由未经许可的驾驶人承担全部的最终责任；在风险责任分担上，由所有人或者管理人承担与过错“相应的”风险责任；在程序责任分担上，赋予所有人或者管理人以“顺位利益”③。

① 参见王竹、张恒：《劳务派遣工作人员的侵权责任——兼论“不真正补充责任”的确立与扩展适用》，载《法学》，2013（2）。

② 参见王竹、周旭：《机动车所有人与使用人不是同一人时的机动车一方交通事故责任分担规则》，载《望江法学》，2013年卷，北京，法律出版社，2013。

③ 如前所述，程序分担原则对“预防和制裁侵权行为”立法目的的体现方式是消极的，需要和后文补充责任被强化为不真正连带责任的情形进行对比才能看出来。

（四）违反道路清理、防护、警示义务的“相应的”补充责任

《道路交通事故司法解释》第 10 条规定：“因在道路上堆放、倾倒、遗撒物品等妨碍通行的行为，导致交通事故造成损害，当事人请求行为人承担赔偿责任的，人民法院应予支持。道路管理者不能证明已按照法律、法规、规章、国家标准、行业标准或者地方标准尽到清理、防护、警示等义务的，应当承担相应的赔偿责任。”对比《侵权责任法》第 37 条和第 40 条的结构可知，该条司法解释第 2 句规定的“相应的赔偿责任”，在《侵权责任法》第 89 条规定的第三人“在公共道路上堆放、倾倒、遗撒妨碍通行的物品造成他人损害的”情形下，道路管理者承担的应当是“相应的补充责任”。

具体来说，在最终责任分担上，由在公共道路上堆放、倾倒、遗撒妨碍通行物品的人承担全部的最终责任；在风险责任分担上，由道路管理者承担与过错“相应的”风险责任；在程序责任分担上，赋予道路管理者以“顺位利益”。

（五）不符合“法律规定承担连带责任的”情形的“连带责任”

按照《侵权责任法》第 36 条第 2 款的规定，实施侵权行为的是网络用户，在被侵权人依法“通知网络服务提供者采取删除、屏蔽、断开链接等必要措施”，且“网络服务提供者接到通知后未及时采取必要措施的”情形下，“对损害的扩大部分”网络服务提供者“与该网络用户承担连带责任”。应该指出，如果网络服务提供者与该网络用户没有共同实施侵权行为，也不构成教唆或者帮助，由于不可能构成共同危险行为或者数个充分原因偶然竞合造成同一损害，其本不应该承担连带责任。网络服务提供者违反的是防止该网络用户继续侵权导致损害扩大的义务，这种消极的预防损害义务对应的应该是基于过错的补充责任。

《侵权责任法》第 36 条第 3 款规定“网络服务提供者知道网络用户利用其网络服务侵害他人民事权益”，网络服务提供者“未采取必要措施的，与该网络用户承担连带责任”的情形，与该条第 2 款的情形类似，也不属于第 13 条“法律规定承担连带责任的”情形。网络服务提供者违反的也是防止网络用户继续侵权导致损害扩大的义务，对应的也应该是基于过错的补充责任。

《侵权责任法》第 75 条第 1 句规定：“非法占有高度危险物造成他人损害的，由非法占有人承担侵权责任。”第 2 句规定：“所有人、管理人不能证明对防止他人非法占有尽到高度注意义务的，与非法占有人承担连带责任。”与第 36 条的情形类似，所有人或者管理人的行为不属于第 13 条“法律规定承担连带责任的”情形，其违反的是防止他人非法占有高度危险物的义务。尽管立法者将这种责任强化为过错推定责任，但仍然不改变其应该承担补充责任的本质。

笔者认为，以上三种法律规定为“连带责任”的情形，实质上都是“不真正连带责任”，而且应该理解为是基于法律政策的考虑，将原本应该规定为“相应的补充责任”的情形，强化为了“不真正连带责任”。这实质上是除去了补充责任人的“顺位利益”，将程序责任分配给了补充责任人，是一种责任的加强，以达到预防和制裁侵权行为的目的。这一强化的另一改变效果是将“相应的”补充责任承担的风

险责任份额扩大到了“全部的”不真正连带责任。

应该指出由于第75条第1句规定的非法占有人承担的是无过错责任，而第2句规定的所有人、管理人承担的是过错推定责任，出于对非法占有行为的预防和制裁考虑，第75条规定的“不真正连带责任”还可以优化为由非法占有人承担全部赔偿责任，不足部分，由不能证明自己没有过错的所有人、管理人承担剩余的赔偿责任。所有人、管理人承担赔偿责任之后，可以全额向非法占有人追偿。这种责任形态看起来与“补充责任”有些类似，不同之处在于这种责任形态的直接责任人承担的是无过错责任，后顺位责任人承担的是过错推定责任，这是对“不真正连带责任”的程序责任的调整。从整个术语体系的区别化出发，笔者建议将其命名为“后付责任”以示区别。这种“后付责任”可以考虑在非法占有危险动物致害责任中适用。

（六）对“先付责任”的理解

对比《侵权责任法》第68条“因第三人的过错污染环境造成损害的不真正连带责任”和第83条“因第三人的过错致使动物造成他人损害的不真正连带责任”的单向不真正连带责任结构，第44条规定的“因运输者、仓储者等第三人的过错使产品存在缺陷，造成他人损害的，产品的生产者、销售者赔偿后，有权向第三人追偿”，改变了单向不真正连带责任的结构，由生产者、销售者先行承担赔偿责任，而排除了被侵权人直接向运输者、仓储者等第三人请求赔偿的权利，实质上是赋予了第三人“顺位利益”。第86条第1款第2句规定的“建设单位、施工单位赔偿后，有其他责任人的，有权向其他责任人追偿”，调整了《人身损害赔偿司法解释》第16条第2款对设计单位适用不真正连带责任的规定①，将其改为先由建设单位、施工单位先行承担赔偿责任，而排除了被侵权人直接向设计单位、勘察单位和监理单位请求赔偿的权利②，实质上也是赋予了其“顺位利益”。

笔者认为，立法者规定的这两种“先付责任”，是在单向不真正连带责任的基础上，考虑到法定第三人（产品责任中的运输者、仓储者和不动产责任中的设计单位、勘察单位和监理单位）所发挥的特定社会不可或缺功能，基于避免这些法定责任人破产而引起更大社会影响的考虑，特别赋予了这些法定责任人以“顺位利益”，调整了程序负担的分担。

这一结论的推论是，法定第三人之外的其他人不应该享受这一“顺位利益”，这样就对《侵权责任法》第44条规定的“等第三人”和第86条第1款规定的“其他责任人”的范围进行了限定。其他第三人过错导致缺陷产品责任或者不动产设施设置缺陷责任的，适用单向不真正连带责任。

有学者提出，在“先付责任”结构中，如果先付责任人无法完全赔偿被侵权

① 参见杨立新：《应当维护侵权连带责任的纯洁性——〈关于审理人身损害赔偿案件适用法律若干问题的解释〉规定的侵权连带责任研究》，载《判解研究》，2004年第6辑，北京，人民法院出版社，2004。

② 参见王竹：《〈侵权责任法〉第86条第1款的理解与适用》，载《月旦民商法》第31期，台北，元照出版公司，2011。

人，应该赋予被侵权人起诉非直接责任人的权利，以破解这种“索赔僵局”①。笔者赞成这种考虑，因为作为“顺位利益”的赋予，其本身并不是免除了非直接责任人的责任，而仅仅是对程序责任分担的调整。

（七）过错推定责任中的第三人原因

过错推定责任除了将被侵权人置于较为优越的诉讼地位，同时也将被推定有过错的行为人规定为在不能证明自己没有过错的情形下，承担全部赔偿责任的直接责任人。《侵权责任法》第 85 条第 2 句规定：“所有人、管理人或者使用人赔偿后，有其他责任人的，有权向其他责任人追偿。”该句条文在我国侵权法上第一次明确规定了过错推定责任人在承担了赔偿责任后对最终责任人的追偿权，揭示出过错推定责任人与第三人之间可能存在的侵权责任分担规则，具有重大的立法技术进步意义。从物件管理人责任相关规则的一致性考虑，没有任何理由否认该句可以准用于其他物件管理人责任类型。

这一规定包含了在诉讼中不能查明“其他责任人”（情形Ⅰ）和能够查明“其他责任人”（情形Ⅱ）两种情形，其法律适用的效果有所不同。在诉讼中不能查明“其他责任人”的，诉讼完成后可以另行提起诉讼进行追偿。在诉讼中能够查明“其他责任人”的，又分为两种子情形：第一种子情形（情形Ⅱ-1），如果第三人是造成损害的全部原因，则应该适用《侵权责任法》第 28 条的规定，由第三人承担侵权责任，而免除直接责任人的责任，也就不存在追偿的问题。第二种子情形（情形Ⅱ-2），直接责任人不能证明自己没有过错，但能够证明“其他责任人”是造成损害的部分原因，按照该条规定，被侵权人仍然可以向直接责任人请求全部赔偿，同时也不排除第三人的部分责任，这实际上形成了一种新的单向连带责任。②

六、侵权责任分担原则与侵权责任分担形态的对应关系

将上文对《侵权责任法》上所有侵权责任分担规则的分析，按照三种侵权责任分担原则所起的不同作用，纳入表 2，可以更为清晰地看到侵权责任分担原则与侵权责任分担形态的对应关系。

① 杨立新：《论不真正连带责任类型体系及规则》，载《当代法学》，2012（3）。

② 笔者曾经提出，可以将这种侵权责任分担规则解释为不真正补充责任，主要考虑是能够继续促进被推定为有过错的直接责任人提高注意义务水平，预防损害的发生。参见王竹、张恒：《劳务派遣工作人员的侵权责任——兼论“不真正补充责任”的确立与扩展适用》，载《法学》，2013（2）。对此问题，张家勇教授提出了批评，认为应该承担单向的连带责任。参见张家勇：《不当的方法产生不当的结论——评〈劳务派遣工作人员的侵权责任〉》，载《民商法争鸣》，第 7 辑，北京，法律出版社，2014。考虑到尽管与单向连带责任的风险责任分担相同，但在第 85 条第 2 句情形Ⅱ-2 下适用不真正补充责任，将程序责任分配给了被侵权人一方似乎没有正当性，笔者认为张家勇教授提出的单向连带责任结构可能更为合适。

表 2

最终责任分担原则	风险责任分担原则	程序责任分担原则
一般数人侵权责任分担（第 13 条、第 14 条）	按份责任（第 12 条、第 67 条情形Ⅰ）	（不存在调整空间）
	单向连带责任（第 9 条第 2 款、第 85 条第 2 句情形Ⅱ-2）	不真正补充责任（第 34 条第 2 款、第 49 条情形Ⅱ）
	连带责任（第 8 条、第 9 条第 1 款、第 10 条、第 11 条、第 49 条情形Ⅰ、第 51 条、第 67 条情形Ⅱ、第 67 条情形Ⅲ、第 74 条）	（按份责任强化为连带责任）①
特殊数人侵权责任分担	不真正连带责任（第 43 条第 1 款、第 59 条、第 86 条第 1 款第 1 句）	（第 75 条可以调整为“后付责任”）
	单向不真正连带责任（第 68 条、第 83 条）	先付责任（第 44 条、第 86 条第 1 款第 2 句）
	补充责任（第 37 条第 2 款、第 40 条、第 49 条情形Ⅲ、第 89 条）	补充责任强化为不真正连带责任（第 36 条第 2 款、第 3 款，第 75 条）

具体到每种侵权责任分担形态的三种责任分担，详见表 3。

表 3

责任形态/分担对象	最终责任	风险责任	程序责任
按份责任	被告分担	原告	原告承担①
不真正补充	被告分担	原告/直接责任人	原告承担①直接责任人承担②不真正补充责任人享有③
单向连带	被告分担	原告/教唆帮助人	原告承担①教唆帮助人承担②
连带责任	被告分担	连带责任人	原告承担①被告承担②
补充责任	最终责任人	补充责任人	补充责任人承担①②补充责任人享受③
不真正连带	最终责任人	被告	被告承担①②
后付责任	最终责任人	被告	被告承担①②后付责任人享受③
单向不真正连带	过错第三人	被告	原告承担①，被告承担②
先付责任	最终责任人	先付责任人	被告承担①②，最终责任人享受③

① 《侵权责任法》没有规定这种类型。《人身损害赔偿司法解释》第 3 条第 1 款规定：“二人以上……虽无共同故意、共同过失，但其侵害行为直接结合发生同一损害后果的，构成共同侵权，应当依照民法通则第一百三十条规定承担连带责任。”这种分别实施侵权行为“直接结合发生同一损害后果”的情形，按照《侵权责任法》的规定本应该属于第 12 条规定的按份责任情形。只能是在侵权人一方有过错而被侵权人一方没有过错的情形下基于可责难性标准调整风险责任的分担，再基于对人身损害的特别保护考虑调整程序责任的分担，才能够共同地将这种按份责任强化为连带责任。这一分析的推论是，该类型的连带责任仅适用于被侵权人没有过错的人身损害赔偿。参见王竹：《论客观关联共同侵权行为理论在中国侵权法上的确立》，载《南京大学法律评论》，2010 年春季卷，北京，法律出版社，2010。

专题十三

受害人过错制度研究

一、《侵权责任法》受害人过错制度的立法体例与术语体系

(一)《侵权责任法》受害人过错制度的立法体例

侵权法上的受害人过错制度包括对基于受害人一方的过错而减轻或者免除加害人责任的相关规则，包括作为侵权责任构成抗辩事由的受害人责任、作为责任分担双方责任形态的与有过失和作为损害赔偿规则的过失相抵等。[①] 在立法体例上，《侵权责任法》延续了《民法通则》采纳的大陆法系20世纪中叶以来借鉴美国法学会《侵权法重述·第二次》的体例发展出的受害人过错制度"总则＋特别列举式"立法方式，即在一般侵权行为类型部分对受害人责任形态和过失相抵责任形态进行一般性规定；在特殊侵权行为类型部分，尤其是在无过错责任领域中对受害人过错制度进行特殊规定的方式。[②] 具体来说，《侵权责任法》在第26条和第27条对受害人过错制度作出了一般性的规定，在第七章"医疗损害责任"、第九章"高度危险责任"和第十章"饲养动物损害责任"中对受害人过错制度作出了特别规定[③]，第五章"产品责任"遗漏了对产品误用的规定[④]，第六章"机动车交通事故责任"和第八章"环境污染责任"的受害人过错制度分别适用特别法，而第十一章"物件损害责任"由于没有对此问题作特别规定，故应该适用第26条和第27条的一般规定。

(二)《侵权责任法》受害人过错制度的术语体系

在术语体系上，《侵权责任法》上的"被侵权人"主要被用于指称享有侵权请

---

① 参见杨立新:《侵权法论》，3版，264～266、564～577、673页，北京，人民法院出版社，2005。

② 参见杨立新、王竹:《论侵权法上的受害人过错制度》，载《私法研究》，第7卷，北京，法律出版社，2009。

③ 《侵权责任法》第35条后段规定的"提供劳务一方因劳务自己受到损害的，根据双方各自的过错承担相应的责任"。这是一种特殊的个人劳务关系中的受害人过错制度，不同于侵权法上的过失相抵责任形态。对此问题，笔者将另行撰文进行说明。

④ 对此问题，笔者将另行撰文说明。

求权的民事权益被侵害的民事主体。在一般侵权行为类型中，与“被侵权人”相对应的，指称侵权行为实施者的术语是“侵权人”，这对术语主要是用于确定侵权责任双方当事人，如《侵权责任法》第3、13、18、20～23条的规定；也用于对过失相抵形态双方的规定，如第26条的规定。而在特殊侵权行为类型中，与之对应的是各种具体的“侵权人”，有的用于确定侵权责任双方当事人，如网络用户和网络服务提供者（第36条）①、产品生产者和销售者（第43、45、47条）、机动车驾驶人（第53条）、污染者和第三人（第58条）、动物饲养人、管理人和第三人（第78、83条）；有的也用于表述受害人过错制度的当事人，如高度危险物的占有人和使用人（第72条）、高度危险活动的经营者（第73条）。可见，“被侵权人—侵权人”这一对术语在《侵权责任法》上，主要是对侵权责任构成和适用受害人过错制度的当事人双方的指称。

而“受害人—行为人”这一对术语则主要用于两类情况：第一类是以不构成侵权责任为适用前提的公平责任②，典型的如第24条规定的公平责任一般条款和第33条第1款后段规定的特殊公平责任类型。第二类是以第27条为统领的受害人责任形态制度，除了该条文外，集中体现在第九章“高度危险责任”中，如第70条规定的“民用核设施致害责任”、第71条规定的“民用航空器致害责任”、第72条规定的“高度危险物致害责任”和第73条规定的“高度危险活动致害责任”等。

可见，立法者对“被侵权人—侵权人”和“受害人—行为人”这两对术语的运用，基本做到了以是否构成侵权责任作为区分的标准。尤其值得指出的是，在同时规定受害人责任形态和过失相抵责任形态的第72条和第73条中，立法者分别在这两个条文的前段使用“受害人”，后段使用“被侵权人”的术语，十分准确。

二、《侵权责任法》上受害人过错制度的一般规则

（一）《侵权责任法》上受害人过错制度一般规则的类型

《侵权责任法》颁布之前，我国侵权法上的受害人过错制度存在普遍性的用语混乱，主要原因在于学理上混合继受了大陆法系德国法上的“共同过错”制度、日本法上的“过失相杀”制度和英美法上的“比较过失”制度，以及苏联民法上的“混合过错”制度。由于比较法上对受害人过错制度存在不同的立法例和学说，且两大法系也呈现出相互借鉴的态势，而我国学者在对这些立法例和学说进行翻译的过程中，用语也不尽统一，如混合过失、过失相抵、过失相杀、与有过失、比较过错等，较容易造成混乱。有学者便指出，对相关问题的争论存在翻译和理解两个方

① 第36条第2款“提示规则”中规定的“被侵权人”可能存在例外。

② 参见本书专题二十：我国侵权法上公平责任一般条款的体系定位研究。

面的原因。例如，我国学界常以“过失相抵”来指称英美法的“比较过错”这一概念，这是来源于沿用日语对德国法相应概念的译文“过失相杀”①。

《侵权责任法》的颁布为规范受害人过错制度的用语体系提供了机会。受害人过错制度主要是解决损害赔偿责任的有无和责任范围问题②，因此受害人过错制度用语体系本身作为一个受害人过错侵权责任形态的类型化问题，主要应该着眼于受害人过错在不同情形下对侵权责任分担制度的影响。笔者认为，应该以法律规范的实际效果作为区分标准，将受害人过错制度分为三类③：第一类是将受害人的行为是损害发生的唯一的、排他的法律上原因的侵权行为形态称为受害人自损形态，其对应的侵权责任形态即加害人责任的免除，称为“受害人责任形态”，规定在《侵权责任法》第 27 条。第二类是将因受害人的过错导致的加害人责任减轻的侵权行为形态称为受害人过失形态，其对应的侵权责任形态即减轻加害人的责任，称为“过失相抵责任形态”④，规定在《侵权责任法》第 26 条。第三类是将法定的特殊侵权行为类型中，因双方或者多方过错导致责任分担的侵权责任形态称为“比较责任形态”，其法理与过失相抵责任形态类似，但应直接适用法律规定的比例分担损害。⑤《侵权责任法》第 48 条规定：“机动车发生交通事故造成损害的，依照道路交通安全法的有关规定承担赔偿责任。”因此，“比较责任形态”实质上应适用《道路交通安全法》第 76 条的规定。

(二)《侵权责任法》上受害人责任形态制度的一般规定

应该指出，《侵权责任法》第 27 条采纳了“受害人故意免责说”，与受害人责任形态制度有一定的差别。法谚有云：“volenti non fit injuria”，即对自己造成的损害不被看作损害，因此不产生他人的侵权责任。笔者认为，以“受害人故意”替代“受害人责任”作为免责事由的做法并不合理，理由在于：一方面，受害人在主观上往往表现为故意，无论加害人是否有过错，一般应适用受害人责任形态制度⑥；但在加害人没有过错的情形下，受害人主观表现为过失也可以构成受害人责任形态。另一方面，即使受害人主观上是故意，仍然可能因为加害人也是故意侵权而参与侵权责任分担，最典型的是两人互殴，导致其中一人受伤的情形。对于这两种情形，建议未来司法解释予以补充规定。⑦

① 许传玺：《中国侵权法现状：考察与评论》，载《政法论坛》，2002 (1)。

② 参见张新宝：《侵权责任法原理》，139 页，北京，中国人民大学出版社，2005。

③ 参见杨立新、王竹：《论侵权法上的受害人过错制度》，载《私法研究》，第 7 卷，北京，法律出版社，2009。

④ 杨立新：《侵权法论》，3 版，570～572 页，北京，人民法院出版社，2005。

⑤ 参见郑玉波：《民法债编总论》，修订 2 版，陈荣隆修订，237 页，北京，中国政法大学出版社，2004。

⑥ 比较法上有学说认为特殊类型的受害人故意，主要是监狱和医院中的自杀、自伤行为除外。See Magnus/M. Martín-Casals (eds.), *Unification of Tort Law: Contributory Negligence*, Kluwer Law International, 2004, p. 275.

⑦ 参见王竹：《〈侵权责任法〉侵权责任分担立法体例与规则评析》，载《法学杂志》，2010 (3)。

（三）《侵权责任法》上过失相抵责任制度的一般规定

1. 过失相抵责任制度概述

《侵权责任法》第26条是过失相抵形态的一般规定："被侵权人对损害的发生也有过错的，可以减轻侵权人的责任。"该条文与《民法通则》第131条的规定没有本质差别，也就延续了该规则的缺陷，主要体现在以下方面：第一，前段的"也"字，表明该条仅适用于加害人有过错的过错责任和过错推定责任，进而由于双方均有过错，因而其法律效果仅为减轻责任而未包括免除责任。[①] 第二，仅规定了对"损害的发生"有过错的情况，没有明确涉及对损害扩大的适用，对于被侵权人的过错发生在损害扩大阶段的情形，只能类推适用该规定。第三，没有明确规定受害人过错规则的适用是职权主义抑或当事人主义。有学者认为，受害人过错的规定是职权主义规定。[②] 但也有学者认为，因为受害人过错不能实行过错推定，所以应该由加害人承担举证责任。[③] 笔者认为，受害人过错是对加害人一方有利的主张，应该由加害人一方举证，建议未来司法解释予以明确。

2. 受害人过失的判断标准

在受害人过失注意义务的判断标准上，美国法近30年来经历了较大的变化，值得特别注意。20世纪六七十年代出版的美国法学会《侵权法重述·第二次》第463条"助成过失"规定："助成过失，是指原告的行为低于为保护自己应当遵守的标准，且该行为是与被告的过失共同导致原告遭受伤害的协助原因。"第464条"行为标准的定义"规定："(1) 除非行为人是未成年人或精神丧失的人，为保护自己所应当遵守的行为标准，合理人在同样情况下所应当遵守的标准。(2) 合理人在同样年龄、智慧及经验于同样情况下所应当遵守的标准是未成年人为保护自己所应当遵守的行为标准。"而第282条"过失的定义"规定："在本重述中，过失是指行为没有达到法律为保护他人免受不合理伤害的标准。过失不包括不计后果地对他人利益弃置不顾的行为。"第283条"标准：合理人的行为"规定："行为人的行为免于过失的标准为，合理人在同样的情况下应当遵守的标准。但行为人为未成年人的除外。"可见，《侵权法重述·第二次》规定的过失侵权中的过失和助成过失中的受害人过失不同，前者以"合理人行为"为标准，高于后者的"保护自己应当遵守的标准"。而2000年新颁布的《侵权法重述·第三次·责任分担编》第3条"定义原告过失的各种严格学说均已被废止"规定："原告的过失应依据适用于被告过失的标准来定义。特别适用于定义原告过失的各种严格学说均已被废止。"第4条"对原告过失和法律原因的证明"规定："被告负有证明原告过失的举证责任，并可采用原告为证明被告过失可以采用的任何方法。除本重述第五题另有规定外，被告亦

① 参见杨立新：《侵权法论》，3版，574页，北京，人民法院出版社，2005。
② 参见杨立新：《侵权法论》，3版，573页，北京，人民法院出版社，2005。
③ 参见王利明：《侵权行为法研究》（上卷），584页，北京，中国人民大学出版社，2004。

负有举证责任证明原告过失——如果原告存在任何过失——构成原告所受损害的一项法律原因。”可见，《侵权法重述·第三次·责任分担编》实际上废除了过失侵权和比较有责性[①]中过失判断标准的差异。

美国法上的这一做法也在一定程度上影响到了《欧洲侵权法原则》的起草。该法第8：101条第1款规定：“如果假设受害人是侵权人，则其助成过失或者其他影响因素会免除或者减轻其责任，那么也在同样范围内减轻或者免除加害人的责任。”采纳了所谓的“镜中映像”（mirror-image）规则，其实质是在受害人过错的判断上，除了根据受害人过错本质上不同于加害人过错并进行细节上的必要变更（*mutatis mutandis*）外，准用加害人过错的相关规则。[②] 相应的，采用了“受害人的助成举动或行为”（contributory conduct or activity）这一较为复杂的术语，涵盖两类不同的受害人过错情形：所谓举动（conduct）相当于仅对责任能力（tortious capacity）有要求的受害人动作；而行为（activity）则是具有实际（actual）或者在经济上控制（economical control）的行为，即相当于一般的民事行为。[③]

我国民法学说一般认为，受害人过失是指受害人没有采取合理的注意或者可以获得的预防措施来保护其身体、财产以及其他权益免受损害，以致遭受了他人的损害或者在遭受他人损害后进一步导致了损害结果的扩大。这种受害人过失，不同于作为侵权责任构成要件的固有意义的“真正过失”，而是“不真正过失”[④]。笔者认为，二者的主要差别，是真正过失以他人的利益为注意范围，而不真正过失以自己的利益为注意范围，是“对自己的过失”，这种注意义务是一种“不真正义务”[⑤]。其违反的法律效果不是导致损害赔偿，只是导致受害人责任的减轻，不具有可请求履行性，同时也不具有违法性。[⑥] 德国和西班牙学者甚至用负担（burden）来表示这种义务不是真正的义务（duty），以色列学者则强调义务只能是对其他主体的义务而非对自己的义务。[⑦] 学说上，真正过失的注意义务判断标准一般是善良家父（*bonus pater familias*）标准，而不真正过失的注意义务判断标准则是较低的对自己事务注意（*diligentia quam in suis rebus*）标准，以受害人有辨识能力（即责任

① 参见《侵权法重述·第三次·责任分担编》中不再使用“助成过失”的概念，而使用“比较有责性”。

② See European Group on Tort Law, *Principles of European Tort Law: Text and Commentary*, Springer, 2005, pp. 130 - 133.

③ See European Group on Tort Law, *Principles of European Tort Law: Text and Commentary*, Springer, 2005, pp. 131 - 132.

④ 王泽鉴：《债法原理》，第1册，28页，北京，中国政法大学出版社，2001；王利明：《侵权行为法研究》（上卷），583页，北京，中国人民大学出版社，2004。

⑤ ［德］迪特尔·梅迪库斯：《德国债法总论》，杜景林、卢谌译，516页，北京，法律出版社，2003。

⑥ 参见王利明：《侵权行为法研究》（上卷），588页，北京，中国人民大学出版社，2004。

⑦ See Magnus/M. Martín-Casals (eds.), *Unification of Tort Law: Contributory Negligence*, Kluwer Law International, 2004, p. 268.

能力）为限①，因此没有完全民事行为能力的民事主体如未成年人，也可能因为有侵权责任能力（tortious capacity）而有受害人过失。在受害人过失领域，应该适用判断不真正过失的较低的对自己事务注意标准。美国法学会《侵权法重述・第三次・责任分担编》所持的适用同等判断标准的观点，在受害人过失领域抹杀了真正过失和不真正过失之间差别，这或许是英美法上的"negligence"概念本身就不区分真正过失和不真正过失的缘故②，但其合理性有待进一步斟酌。而《欧洲侵权法原则》采用的"镜中映像"规则，则考虑到了受害人过失与加害人过失上的差别，相对折中，值得借鉴。

另外，有时法律会规定受害人有对自己权益进行保护的较高注意义务。这种注意义务的提高，同样是对自由的限制，因此必须有法律的明文规定，如道路交通事故中的乘车人系安全带或者摩托车驾驶员佩戴安全帽的义务，并且符合该法律的保护目的，才能认为是受害人因未尽自我保护义务而存在过失。例如，在过街时应该看清路况的义务，只是为了防止被来往车辆撞伤而非为了预防来自路边楼上阳台掉下的花盆砸伤③，因此在后者情形中不应该认为受害人有过失。

三、《侵权责任法》上受害人过错制度的特殊规则

（一）机动车交通事故责任中受害人过错制度的适用

1.《侵权责任法》第 27 条对《道路交通安全法》第 76 条第 2 款的影响

《道路交通安全法》第 76 条第 2 款在 2003 年通过时，原条文为："交通事故的损失是由非机动车驾驶人、行人故意造成的，机动车一方不承担责任。"2007 年修正的《道路交通安全法》该款被修正为："交通事故的损失是由非机动车驾驶人、行人故意碰撞机动车造成的，机动车一方不承担赔偿责任。"即增加了"碰撞机动车"的界定，进一步将这种受害人故意限定为"碰瓷"。对此立法限缩，学者大多持有异议④，并不得不将第 1 款第 2 项中规定的过失解释为过失及故意碰撞之外的

① 参见孙森焱：《民法债编总论》（上册），375 页，北京，法律出版社，2006。此学说应是源于对日本民法学说的继受，参见［日］圆谷峻：《判例形成的日本新侵权行为法》，赵莉译，216～218 页，北京，法律出版社，2008。由此也可看出，责任能力制度并非仅与侵权责任构成相关，我国民法学说应以承认该制度为宜。

② 参见［德］克雷斯蒂安・冯・巴尔：《欧洲比较侵权行为法》（下卷），焦美华译，张新宝校，620 页，北京，法律出版社，2005。

③ See Magnus/M. Martín-Casals（eds.），*Unification of Tort Law：Contributory Negligence*，Kluwer Law International，2004，p. 273.

④ 参见王竹：《论实质意义上侵权法的确定与立法展望》，载《四川大学学报（哲学社会科学版）》，2011（3）。

故意，因而产生了如何判断“故意碰撞”及其扩张解释的问题。[①]《侵权责任法》第 27 条规定：“损害是因受害人故意造成的，行为人不承担责任。”按照该规定，受害人故意是免责事由，这样就出现了《侵权责任法》第 27 条与《道路交通安全法》第 76 条第 1 款第 2 项的效力冲突问题。这进一步涉及对《侵权责任法》第 48 条规定的“机动车发生交通事故造成损害的，依照道路交通安全法的有关规定承担赔偿责任”中“承担赔偿责任”是否包括免责事由适用的理解问题。笔者认为，“承担赔偿责任”仅仅是指侵权责任构成，而不包括抗辩事由，主要理由是：第一，《侵权责任法》第 27 条规定的受害人故意免责事由，作为一般规则属于我国侵权法上的新增规则，特别法非有足够正当的理由，不应与之发生冲突。至于《道路交通安全法》第 76 条第 1 款规定的比较责任制度，正是由于《侵权责任法》没有对比较责任制度作出一般性的规定，因而才继续适用。第二，《侵权责任法》第二章的题目为“责任构成和责任方式”，第三章的题目为“不承担责任和减轻责任的情形”，整部《侵权责任法》对于侵权责任构成制度和抗辩事由制度都有清晰的区分。第三，在引致条款中也区分对侵权责任构成规则的引致和对抗辩事由的引致，前者如《侵权责任法》第 7 条对无过错责任原则的规定：“行为人损害他人民事权益，不论行为人有无过错，法律规定应当承担侵权责任的，依照其规定。”后者如第 66 条对污染者抗辩事由举证责任的规定：“因污染环境发生纠纷，污染者应当就法律规定的不承担责任或者减轻责任的情形及其行为与损害之间不存在因果关系承担举证责任。”[②] 因此，第 48 条的引致对象，应该仅限于《道路交通安全法》第 76 条规定的侵权责任构成制度。第四，从机动车交通事故中侵权法规则与机动车交通事故强制责任保险规则的协调来看，《机动车交通事故责任强制保险条例》第 21 条第 2 款规定：“道路交通事故的损失是由受害人故意造成的，保险公司不予赔偿。”该条规定与《道路交通安全法》第 76 条第 2 款规定的“故意碰撞机动车”之间，存在所谓的“故意碰撞之外的故意”，不能适用该条第 1 款导语部分“由保险公司在机动车第三者责任强制保险责任限额范围内予以赔偿”的规定，这将给法律的适用带来不必要的疑难问题。基于上述理由，笔者认为，《道路交通安全法》第 76 条第 2 款的规定与《侵权责任法》第 27 条规定存在效力冲突，应该适用《侵权责任法》第 27 条的规定，建议未来《道路交通安全法》修改时将该款规定中的“碰撞机动车”字样删除，恢复到该法 2003 年通过时的原样。

2. 拼装或者已达到报废标准的机动车发生交通事故中受害人过错制度的适用

《侵权责任法》第 51 条规定：“以买卖等方式转让拼装或者已达到报废标准的机动车，发生交通事故造成损害的，由转让人和受让人承担连带责任。”草案起草机关特别说明：“转让拼装的或者已达到报废标准的机动车，本身即具有违法性，上路行驶又具有更大的危险性，因此，本条……适用无过错责任原则且没有法定免

① 参见姚宝华、王竹：《新修改〈道路交通安全法〉第 76 条第 1 款第 2 项的解读与适用》，载《人民司法》，2008（15）。

② 王竹：《论实质意义上侵权法的确定与立法展望》，载《四川大学学报（哲学社会科学版）》，2011（3）。

责事由，并由买卖、赠与等转让人和受让人、赠与人和受赠人承担连带责任。”①可见，立法者特别将第 51 条规定为无过错连带责任以加大这种违法行为的责任成本。按照无过错责任原则的受害人责任抗辩事由以法律明文规定为限，与有过失制度适用特别法规定的基本规则②，考虑到起草机关的本意以及驾驶拼装或者报废汽车的高度危险性，笔者认为第 51 条规定的转让拼装或者已达到报废标准的机动车发生交通事故情形中，《侵权责任法》第 26 条和第 27 条的规定，以及《道路交通安全法》第 76 条第 1 款的规定均不适用。③

3. 醉酒驾驶发生交通事故中受害人过错制度的适用

近年来，醉酒驾驶成为社会公害，2011 年《刑法修正案（八）》新增第 133 条之一将醉酒驾驶机动车入罪，随后《道路交通安全法》再次修改，重点对第 91 条醉酒驾驶的行政处罚予以加强。笔者认为，应该在侵权法上加重醉酒驾驶机动车发生交通事故的侵权责任，将其视为《侵权责任法》第 69 条规定的高度危险作业行为，比照第 72 条规定的极度危险责任，仅仅在被侵权人对损害的发生有重大过失的情形，才能减轻醉酒驾驶人的责任。④

4. 道路交通事故特殊证据规则中受害人过错制度的适用

《道路交通安全法实施条例》第 92 条是对道路交通事故特殊证据规则的规定，该条第 1 款规定：“发生交通事故后当事人逃逸的，逃逸的当事人承担全部责任。但是，有证据证明对方当事人也有过错的，可以减轻责任。”第 2 款规定：“当事人故意破坏、伪造现场、毁灭证据的，承担全部责任。”对比这两款规定可知，发生交通事故后当事人逃逸的情形，可以适用《侵权责任法》第 26 条和《道路交通安全法》第 76 条第 1 款的规定，但不能适用《侵权责任法》第 27 条和《道路交通安全法》第 76 条第 2 款的规定。当事人故意破坏、伪造现场、毁灭证据的情形，上述规定均不适用。

（二）医疗损害责任中的受害人过错制度

1. 医疗损害责任中受害人过错制度适用的一般规则

《侵权责任法》第 60 条第 1 款第 1 项规定的“患者有损害，因下列情形之一的，医疗机构不承担赔偿责任：（一）患者或者其近亲属不配合医疗机构进行符合诊疗规范的诊疗”，相当于《医疗事故处理条例》第 33 条第 5 项规定的“因患方原因延误诊疗导致不良后果的”，不属于医疗事故的情形。但《侵权责任法》第 60 条第 2 款是较之“三审稿”新增的规定：“前款第一项情形中，医疗机构及其医务人员也有过错的，

① 王胜明主编：《中华人民共和国侵权责任法解读》，260 页，北京，中国法制出版社，2010。

② 参见杨立新、王竹：《论侵权法上的受害人过错制度》，载《私法研究》，第 7 卷，北京，法律出版社，2009。

③ 某种意义上，第 51 条规定的转让拼装或者已达到报废标准的机动车发生交通事故的侵权责任，是《侵权责任法》上最为严格的绝对责任，因而不能比照下文第九章“高度危险责任”对危险责任类型的分类而适用对应的抗辩事由。

④ 参见《侵权责任法》第九章“高度危险责任”对危险责任类型的分类而适用对应的抗辩事由。笔者之所以比照第 72 条而非第 73 条的考虑是，醉酒驾驶的机动车比高速轨道运输工具更为危险。

应当承担相应的赔偿责任。”这两个款、项的规定结合到一起，形成了医疗损害责任领域的受害人过错制度。与其他侵权行为类型的受害人过错制度先规定侵权责任构成，再规定因受害人过错减轻或者免除侵权责任的体例不同，该条文采用了先免除责任再规定“相应的赔偿责任”的体例。第 60 条第 2 款和第 26 条一样，使用了“也”字，这样的用语使得二者尽管“也”字前后规则的相对位置相反，但实质上具有了相同的效果，即过失相抵。这种特殊体例的形成，源于 2002 年的《民法典（草案）》第八编“侵权责任法”未规定医疗损害责任，2008 年年底的“二审稿”新增了该章，但未规定免责事由，直到“三审稿”才借鉴《医疗事故处理条例》第 33 条的规定在第 60 条中列举了三种免责事由。由于在列举的这三种情形下，完全不考虑“医疗机构及其医务人员”的过错，一概免除其侵权责任一直是《医疗事故处理条例》第 33 条的弊病，因而在《侵权责任法》第 60 条中，增设了第 2 款的规定。①

2. 医疗机构过错推定中受害人过错制度的适用②

《侵权责任法》第 58 条规定：“患者有损害，因下列情形之一的，推定医疗机构有过错：（一）违反法律、行政法规、规章以及其他有关诊疗规范的规定；（二）隐匿或者拒绝提供与纠纷有关的病历资料；（三）伪造、篡改或者销毁病历资料。”应该指出，该条规定名为“推定”，实为“认定”，但三项情形中过错的认定方式及其对应的受害人过错制度的适用规则各有不同。

该条第 1 项的实质是对违反各类诊疗规范情形的规定，可以直接认定为有过错，而无须进行推定，相当于第 60 条第 2 款规定的情形，可以适用第 60 条第 1 款第 1 项规定的受害人过错制度一般规则。

该条第 2 项和第 3 项分别规定的是消极地拒绝提供和积极地修改、销毁作为证据的病例资料，在内在精神上与上文提到的《道路交通安全法实施条例》第 92 条第 1 款规定的当事人逃逸和第 2 款规定的当事人故意破坏、伪造现场、毁灭证据的情形是一致的，因此过错推定的特殊证据规则也不可被推翻。相应的，在第 2 项规定情形下，允许医院举证证明第 60 条第 1 款第 1 项规定情形，减轻医疗机构的赔偿责任；而第 3 项规定的情形则不能减轻。

（三）高度危险责任中的受害人过错制度

对第九章“高度危险责任”领域受害人过错制度的分析，首先要厘清第 70～73 条的结构及其受害人过错制度的适用，才能进而分析第 69 条高度危险作业致害责任中的受害人过错制度，并以此为基础探讨第 74 条和第 75 条中的受害人过错制度。而第 76 条的规定则是较为独特的自甘风险规则。

1. 第 70～73 条列举的四种高度危险责任中的受害人过错制度

《侵权责任法》第 70 条“民用核设施致害责任”和第 71 条“民用航空器致害

① 参见全国人民代表大会法律委员会关于《中华人民共和国侵权责任法（草案）》审议结果的报告（2009 年 12 月 22 日十一届全国人大常委会第十二次会议）。

② 以下观点受到了在 2011 年中国法学会民法学研究会年会上与杨立新教授进行探讨的启发，在此特别致谢。

责任”，明文将“受害人故意”作为免责事由，第72条“高度危险物致害责任”严格地区分了受害人故意和重大过失，并将责任减轻限于受害人有重大过失。但第73条“高度危险活动致害责任”却将责任减轻扩大到了受害人有过失，这只能理解为立法者有意地在《民法通则》第123条的基础上，在高度危险责任领域区分这两种无过错责任侵权行为类型的危险程度，明确受害人的一般过失和轻过失是“高度危险活动致害责任”的减责事由。

结合上述分析可以确定，第70～73条的规定，实际上是将四种高度危险责任分为三个不同的危险责任等级，即第70条规定的“民用核设施致害”和第71条规定的“民用航空器致害责任”为极端危险责任①，第72条规定的“高度危险物致害责任”为极度危险责任，第73条规定的“高度危险活动致害责任”为高度危险责任。因此，在受害人过错制度的适用上，也是从最为严格的仅适用受害人故意免责事由，逐渐过渡到还可以适用于被侵权人过失减责事由。

2. 高度危险活动责任中的受害人过错制度与特别法的协调

高度危险责任中的受害人过错制度还涉及与特别法的协调问题。笔者认为，按照《侵权责任法》第5条的规定，特别法上另有特别规定，适用特别法的规定，但有悖于《侵权责任法》规定的除外。我国现行侵权特别法上需要与《侵权责任法》上高度危险责任协调的主要涉及第71条和第73条。

第71条将民用航空器致害的受害人过错制度适用限于受害人故意，而《民用航空法》第161条第1款第1句后段规定：“应当承担责任的人证明损害是部分由于受害人或者其受雇人、代理人的过错造成的，相应减轻其赔偿责任。”我国作为缔约国的《华沙公约》第21条规定：“如果承运人证明损失的发生是由于受害人的过失所引起或助成，法院可以按照它的法律规定，免除或减轻承运人的责任。”可见，《华沙条约》并非强制性要求受害人过错作为民用航空器致害的减责事由，因此《民用航空法》第161条第1款第1句后段因有悖于《侵权责任法》第71条的规定而不应再适用。

第73条规定的高度危险活动中受害人过错制度与特别法的协调问题，主要涉及高速轨道运输工具致害和高压致害两种侵权行为类型。《铁路法》第58条第1款规定：“因铁路行车事故及其他铁路运营事故造成人身伤亡的，铁路运输企业应当承担赔偿责任；如果人身伤亡是因不可抗力或者由于受害人自身的原因造成的，铁路运输企业不承担赔偿责任。”对比可知，该规定一方面是特别法规定，另一方面

① 有学者认为，第70～73条为按照危险程度递减的四种高度危险责任类型。但对比第70条和第71条的抗辩事由可知，第70条规定的“民用核设施致害责任”可以适用战争及其类似的不可抗力作为抗辩事由，而第71条规定的“民用航空器致害责任”则不适用任何不可抗力作为抗辩事由。因此，从抗辩事由范围判断危险程度的逻辑中，无法得出“民用核设施致害责任”较之“民用航空器致害责任”危险程度更高的结论，尽管从可能的致害范围和程度来看，民用核设施致害的危险性可能会更大。笔者将二者均归入极端危险责任，就受害人过错制度的适用，二者并无差别。

又部分有悖于《侵权责任法》第 73 条第 2 句规定的“被侵权人对损害的发生有过失的，可以减轻经营者的责任”，即将被侵权人过失规定为免除责任。

对此问题，笔者认为应该区分铁路行车事故中的一般侵权行为和高度危险活动。按照草案起草机关的权威解读，铁路时速 200～400 公里称为高速，时速 400 公里以上称为特高速。另外，尽管地铁的速度并不快，但因为地铁列车本身重量大、体积大，产生的动能也非常大，所以运营速度较低的地铁、轻轨列车等也属于高速轨道运输工具。① 在这些情况下，应该适用《侵权责任法》第 73 条第 2 句的规定，被侵权人的过失仅具有减轻责任的效果；而时速低于 200 公里的铁路，就应该适用《铁路法》第 58 条第 1 款的规定，如果人身伤亡是由于受害人自身的原因造成的，铁路运输企业就不承担赔偿责任。

高压活动致害的情形较为复杂。根据原电力工业部 1996 年发布的《居民用户家用电器损坏处理办法》第 3 条的规定，电力运行事故，是指在供电企业负责运行维护的 220/380 伏供电线路或设备上因供电企业的责任发生的事故。因此，《电力法》第 60 条第 2 款规定的“电力运行事故由下列原因之一造成的，电力企业不承担赔偿责任：（一）不可抗力；（二）用户自身的过错”本来就只适用于一千伏以下，实务中主要表现为 220/380 伏的供电线路或设备致害的情形。而《最高人民法院关于审理触电人身损害赔偿案件若干问题的解释》（法释〔2001〕3 号，已失效）将高压电界定为一千伏以上的电压，因此，在一千伏以下电压致害的情形，则应该适用《电力法》第 60 条第 2 款的规定，用户自身的过错可以免除电力企业的责任；在一千伏以上电压致害的情形，应该适用《侵权责任法》第 73 条第 2 句的规定，被侵权人的过失仅具有减轻责任的效果。需要特别指出的是，《最高人民法院关于审理触电人身损害赔偿案件若干问题的解释》（已失效）第 3 条第 3 项和第 4 项规定：“因高压电造成他人人身损害有下列情形之一的，电力设施产权人不承担民事责任：……（三）受害人盗窃电能，盗窃、破坏电力设施或者因其他犯罪行为而引起触电事故；（四）受害人在电力设施保护区从事法律、行政法规所禁止的行为。”因此，在高压电致害领域，受害人的违法行为也被视为受害人故意的表现形式，可以免除电力企业的侵权责任。②

3. 高度危险作业致害责任一般条款中的受害人过错制度

按照《侵权责任法》一般规则与特殊规则的立法体例③，特别规则中的高度危险作业致害责任的抗辩事由本应以法律明文规定为限。但第 69 条作为高度危险作业致害责任的一般条款，并未规定抗辩事由，那么这是否意味着第 70～73 条列举之外的其他高度危险作业致害责任，如果没有特别法上的抗辩事由规定，就一概不

① 参见王胜明主编：《中华人民共和国侵权责任法解读》，367～368 页，北京，中国法制出版社，2010。

② 参见杨立新、王竹：《论侵权法上的受害人过错制度》，载《私法研究》，第 7 卷，北京，法律出版社，2009。

③ 参见王竹：《〈侵权责任法〉侵权责任分担立法体例与规则评析》，载《法学杂志》，2010（3）。

能适用《侵权责任法》第三章的规定，也即不能适用受害人过错制度呢？这显然不符合立法者的基本思维，因为其他高度危险作业不可能全部都比民用核设施和民用航空器更加危险，否则不会不适用受害人故意制度。从“合理性推定”的取向出发，笔者倾向于认为，立法者是有意不在第69条规定包括受害人过错制度在内的抗辩事由，而交由法官比照第70～73条规定的危险程度的三个等级适用。例如，未来民用航天器可以比照民用航空器适用第71条，传染性微生物研究可以比照高度危险物适用第72条，高压水、高压气作业①可以比照高度危险活动适用第73条。

4. 第74条和第75条中的受害人过错制度的适用方式

第74条规定的“遗失、抛弃高度危险物致害责任”和第75条规定的“非法占有高度危险物致害”尽管是对高度危险物致害责任的延伸规定，但因其侵权行为类型的特殊性，不能直接套用第72条关于受害人过错制度的规定。笔者认为，鉴于国家对高度危险物品的生产和储存实行统一规划、合理布局和严格控制，并对高度危险物生产、储存和处理制定了严格的规范，遗失、抛弃或者被非法占有状态下的高度危险物的社会危害性就更大。因此，立法者不但规定了遗失、抛弃高度危险物的所有人和非法占有者承担侵权责任，还规定了所有人、管理人在有过错情况下的连带责任，这代表了立法者加重侵权人责任的意图。因此，第74条和第75条不应该比照第72条适用受害人过错制度，而应该比照更高一级的极端危险责任，即第70条和第71条的受害人过错制度，仅限于受害人故意作为免责事由。即使被侵权人对损害的发生有重大过失的，也不能减轻侵权人责任，这也可以理解为对第72条规定的“可以”的限制性适用。

5. 高度危险作业人对侵入者的自甘风险抗辩事由

应该指出，第76条规定的“未经许可进入高度危险活动区域或者高度危险物存放区域受到损害，管理人已经采取安全措施并尽到警示义务的，可以减轻或者不承担责任”，未对受害人的主观状态作出描述，而是采纳了类似英美法上“侵入者”(trespasser)的立法模式。在适用范围上，不应包括第70条和第71条的规定及其类似的极端危险责任，否则，将架空该程度高度危险责任的受害人过错制度的适用限制。因此，第76条应该仅适用于第72条和第73条及其类似的极度危险责任和高度危险责任，更不能将其扩张解释为适用于所有的侵权责任类型。②

对于第76条的立法意图，草案起草机关的权威解读认为此类高度危险作业“并非积极、主动实施对周围环境造成高度危险的活动，而是因其管理控制的场所、区域具有高度危险性，如果未经许可擅自进入该区域，则易导致损害的发生……这

① 应该指出，《侵权责任法》第73条规定的“高压”和《民法通则》第123条规定的“高压”一样，应该仅指高电压。对此问题的分析，参见王竹、刘雨林：《“High pressure”抑或“high voltage”——对〈侵权责任法〉第73条“高压”的本意解读》，载杨遂全主编：《民商法争鸣》，第2辑，北京，法律出版社，2010。

② 参见王利明：《侵权责任法研究》(下卷)，606页，北京，中国人民大学出版社，2011。

一类高度危险活动是静态的，不像高度危险作业活动一样对周围环境实施了积极、主动的危险”①。这实际上是对自甘风险的描绘。② 笔者认为，自甘风险是从受害人过错的表现形式上对部分受害人过错情节的描绘，即受害人的过错，有时通过自甘风险的方式表现出来。与自甘风险在同一层次的话题，是受害人“自我疏忽”未能预防损害发生。即自甘风险是对积极性的受害人过错的描绘，而自我疏忽是对消极性的受害人过错的描绘。也就是说，“自甘风险”与“自我疏忽”是对受害人过错表现方式的分类。③ 因此，第 76 条规定的自甘风险制度应该视为第 72 条和第 73 条规定的受害人过错的特殊表现形式，仍然需要区分侵入者主观上的故意或者过失状态，仅仅在故意的情形下免除侵权人的责任，在重大过失情形下减轻侵权人的责任；对于一般过失或者轻过失，则应该区分侵权行为类型，仅在“高度危险活动致害责任”中，才能减轻侵权人的责任。

（四）环境污染责任中的受害人过错制度

在起草《侵权责任法》过程中始终未能统一环境污染责任领域的抗辩事由体系，尤其是《环境保护法》未涉及的受害人过错制度，不能不说是缺憾。纵观环保诸法，仅有 1984 年颁布的《水污染防治法》第 41 条第 4 款关注了受害人过错制度，该法 2008 年修订后的第 85 条第 3 款规定：“水污染损害是由受害人故意造成的，排污方不承担赔偿责任。水污染损害是由受害人重大过失造成的，可以减轻排污方的赔偿责任。”这种规定模式与《侵权责任法》第 72 条对高度危险物致害责任的受害人过错制度的规定是类似的，可以将二者视为同一危险程度的高度危险物致害。建议参照《侵权责任法》高度危险作业责任对危险程度的 3 个层次划分，未来通过司法解释明确不同类型环境污染责任领域的受害人过错制度适用规则，具体建议为：放射性污染参照极端危险作业，大气污染、水污染和固体废弃物污染参照极度危险作业，环境噪声污染参照高度危险作业，分别适用受害人过错制度。

（五）饲养动物致害责任中的受害人过错制度

1. 第 78 条中受害人过错制度法律效果的具体认定

《侵权责任法》第 78 条规定：“饲养的动物造成他人损害的，动物饲养人或者管理人应当承担侵权责任，但能够证明损害是因被侵权人故意或者重大过失造成的，可以不承担或者减轻责任。”该条文脱胎于《民法通则》第 127 条前段和中段，并对受害人过错的抗辩效果进行了细化。由于该条文混合规定了受害人责任形态和过失相抵形态，所以立法者仅选用了“被侵权人”的用语，也无可厚非。只是在司法适用中，结合前文对“被侵权人”的术语分析，应该明确该条文只有在受害人故

① 王胜明主编：《中华人民共和国侵权责任法解读》，376 页，北京，中国法制出版社，2010。

② 参见王利明：《侵权责任法研究》（下卷），605 页，北京，中国人民大学出版社，2011。

③ 参见王竹：《侵权责任分担论》，308 页，北京，中国人民大学出版社，2009。

意的情形下，才能够免除动物饲养人或者管理人的侵权责任。被侵权人的重大过失，只具有减轻责任的效果，而一般过失和轻过失则不是减责事由。

2. 第79条和第80条对受害人过错制度的排除①

值得注意的是，《侵权责任法》在第78条之后，又连续规定了两种特殊的饲养动物致害无过错责任，与第78条一道形成了十分独特的3个并行的无过错责任条款。第79条规定："违反管理规定，未对动物采取安全措施造成他人损害的，动物饲养人或者管理人应当承担侵权责任。"第80条规定："禁止饲养的烈性犬等危险动物造成他人损害的，动物饲养人或者管理人应当承担侵权责任。"有意思的是，第79条和第80条均未规定受害人过错抗辩事由，对此应作详细分析，以探求立法本意。

回顾《侵权责任法》的起草过程，第80条的规定是在"二审稿"中增加的，2008年12月22日《全国人民代表大会法律委员会关于〈中华人民共和国侵权责任法（草案）〉主要问题的汇报》中说明的理由是："近年来，各地动物致人损害增多，对人身安全的危害加大。为了更好地规范饲养动物的行为，进一步明确饲养人的责任。"而第79条的规定是在"三审稿"中增加的，2009年10月27日《全国人民代表大会法律委员会关于〈中华人民共和国侵权责任法（草案）〉修改情况的汇报》中说明的理由是："不少地方和专家提出，近年来动物致人损害的纠纷日益增多，应对侵权责任作出更加明确的规定。"从上述两个全国人大法律委员会的官方说明中可以看出，草案起草机关连续增加两个饲养动物损害无过错责任条款的目的，是为了"明确"动物饲养人或者管理人的侵权责任。但这种增加并行条款的方式却带来了适用上的选择问题，即是否意味着被侵权人可以任意选择这三个条款之一作为起诉的依据，以及不同选择可能带来的差异。在草案起草机关的权威解读中，并未对这三个饲养动物损害责任条款的适用规则作出说明，因此只能按照侵权法的基本理论进行学理解读。

从侵权责任构成论的角度看，第78条、第79条和第80条的规定，都是饲养动物损害无过错责任。因此，被侵权人可以选择这三个条文中的任何一个，按照无过错责任原则提起诉讼。但比较三个条文可以发现，如果依据第79条提起诉讼，被侵权人除了要履行无过错责任的一般证明责任之外，还要证明动物饲养人或者管理人"违反管理规定"，且"未对动物采取安全措施"。这种证明责任的履行，是以存在相关的管理规定为前提的，而且必须对"未对动物采取安全措施"进行证明，实为不易。如果被侵权人依据第80条提起诉讼，也会遇到类似的问题。即不但要履行无过错责任的一般证明责任，还要证明动物饲养人或者管理人饲养的动物为"禁止饲养的烈性犬等危险动物"，这其中涉及以下证明细节：第一，何为"禁止饲

① 参见王竹：《比较法孤例：饲养动物致害的三个无过错责任条款》，载《中国社会科学报》，2010-06-22。

养”？对禁止饲养的规范效力级别是否有要求？例如，建筑物区分所有的小区的管理规约可能会对禁止饲养的动物作出规定，是否属于“禁止饲养”之列？第二，何谓“烈性犬”？“烈性犬”的认定是以禁止性规定列举为限，还是等同于“大型犬”？各地规定不同，如何处理？第三，如果不是犬类，而是其他动物，如猫类，是否属于“等危险动物”，又该如何认定？是由行政法规规定，还是由法官自由裁量？且不论上述三个问题如何解决，该规定必然使被侵权人一方无故增加证明负担。

按照上文的分析，既然被侵权人依据第 79 条和第 80 条起诉动物饲养人或者管理人如此麻烦，而第 78 条和这两个条文一样，也规定的是无过错责任，且损害赔偿的数额并无差异，那么理性的原告是不会选择第 79 条和第 80 条提起饲养动物损害责任的，他应该选择构成要件更为简单的第 78 条提起诉讼。也就是说，尽管第 79 条和第 80 条承载着草案起草机关明确动物饲养人或者管理人侵权责任的美好立法目的，但很有可能因为构成要件上的限制而成为具文。

笔者认为，从“合理性推定”角度出发，如果我们推定《侵权责任法》第 79 条和第 80 条不是具文，那么就应该认为，这两个条文在增设过程中，除了承载明确动物饲养人或者管理人侵权责任的立法目的之外，还具有侵权法上的规范意义。那么，我们可以尝试性地作出如下解释：立法机关在起草第 79 条和第 80 条的过程中，一方面增加了限制性的无过错责任构成要件，另一方面有意地删除了相关的受害人过错抗辩事由条款。这种规定的实际法律效果是，如果被侵权人选择依据第 78 条提起诉讼，那么动物饲养人或者管理人可以以“损害是因被侵权人故意或者重大过失造成的”为抗辩事由，请求法院免除或者减轻侵权责任。而如果被侵权人选择第 79 条起诉，在尽到了饲养动物致害无过错责任一般性的证明责任的基础上，再证明动物饲养人或者管理人“违反管理规定”，“未对动物采取安全措施”，造成被侵权人损害的，动物饲养人或者管理人不得依据第 78 条后段规定的“损害是因被侵权人故意或者重大过失造成的”，请求法院免除或者减轻侵权人的侵权责任。同理，如果被侵权人选择依据第 80 条起诉，在尽到了饲养动物致害无过错责任一般性的证明责任的基础上，再证明动物饲养人或者管理人饲养的是“禁止饲养的烈性犬等危险动物”，造成被侵权人损害的，动物饲养人或者管理人不得依据第 78 条后段规定的“损害是因被侵权人故意或者重大过失造成的”，请求法院免除或者减轻侵权人侵权责任。

3. 第 81 条中受害人过错制度的适用规则

学者一般将第 81 条规定的“动物园的动物造成他人损害的，动物园应当承担侵权责任，但能够证明尽到管理职责的，不承担责任”认定为过错推定责任，因此在学说上会出现拥有专业场地、专业人员的动物园承担了比普通大众饲养动物责任更轻的责任，这不符合社会的基本理念和大众的普遍期待。按照草案起草机关的权威解读，所谓“尽到管理职责”是指“动物园能够证明兽舍设施、设备没有瑕疵、有明显的警示牌，管理人员对游客挑逗、投打动物或者擅自翻越栏杆靠近动物等行为进行了劝阻”等。[①] 可见，动物园不能通过证明自己没有一般意义上的过错而免责，而必须证明自己在设施和人员这两个具体方面尽到管理职责才能免责。因此，笔者倾向于认为，第 81 条规定的仍然是无过错责任[②]，只是增设了将动物园“尽到管理职责”作为免责事由。按照上文对第 79 条和第 80 条进行分析的逻辑，如果被侵权人存在故意或者重大过失，只要动物园没有尽到管理职责，仍然不能免除或者减轻其侵权责任。

4. 第 82 条和第 83 条中受害人过错制度的适用规则

在第十章“饲养动物损害责任”的条文结构上，第 78～81 条是对饲养动物损害责任的一般性规定，第 82 条规定的遗弃、逃逸动物致害责任和第 83 条规定的第三人过错导致饲养动物致害的不真正连带责任，既适用于普通大众饲养动物，也适用于动物园饲养动物的情形。因此，上文关于第 78～81 条规定的受害人过错制度的适用规则，也同样适用于第 82 条和第 83 条。

四、损害扩大阶段受害人过错制度的适用

根据受害人过错所处的不同阶段，学说上一般将受害人过错区分为两种情况，即受害人对损害的发生或扩大具有过错。[③] 如前所述，包括《侵权责任法》在内的大多数法律和司法解释都只针对损害发生阶段进行了规定，也有少数特别规定是针对损害扩大阶段，例如《人身损害赔偿司法解释》第 2 条第 1 款涉及损害扩大的规定和《民通意见》第 143 条第 2 款后段关于“受害人应当采取措施防止损失扩大”的规定。鉴于《侵权责任法》没有对损害扩大阶段的受害人过错制度进行明文规定，下文将对此问题进行探讨。

（一）受害人过错制度在时间轴上的两个阶段

导致损害扩大的原因包括自然原因和人为原因两大类。在没有人为因素干预的情况下，损害会扩大，这就是所谓的因自然原因发生的损害扩大。例如，受到严重人身伤害的受害人和受到重伤的动物，如果不及时医治，可能造成更加严重的后果乃至死亡；部分财产损害影响了防锈、防老化的涂层，如果不及时修补，将因为自然原因而产生更大的损害；有的机械在受损后，不及时修补而继续使用，会产生不必要的磨损。这些都是损害发生后，由于受害人不作为过错而导致的损害扩大。损害发生后，损害结果还可能因为人为原因而继续扩大。这里的人为原因仅指因为人的作为行为导致的损害扩大，而不包括因属于防止自然原因扩大损害的不作为行为。因人为原因导致的损害扩大应该视为新的损害而非损害的扩大，在受害人过错

① 参见王胜明主编：《中华人民共和国侵权责任法解读》，403 页，北京，中国法制出版社，2010。

② 参见《谢叶阳诉上海动物园饲养动物致人损害纠纷案》，载《最高人民法院公报》，2013（8）。

③ 参见王利明：《侵权行为法研究》（上卷），595 页，北京，中国人民大学出版社，2004。

领域讨论的损害扩大原因，仅包括自然原因情况下的不作为过错。需要指出的是，损害发生后，受害人不及时采取措施也不一定会导致损害的扩大，例如，轻微的人身伤害和动物受伤，可能自然愈合，财产损害或许不影响使用，也不会因自然原因而扩大损害，这样的情形就不存在损害发生后的受害人过错适用可能。因此，笔者倾向于使用“损害扩大阶段”来描绘这种客观存在的因疏于防止自然原因导致损害扩大的受害人过错阶段，以区别于受害人对损害发生有过错的“损害发生阶段”。

（二）损害扩大阶段受害人过错制度的法律适用

有学者认为，在损害发生阶段不仅需要通过比较加害人与受害人的过错、原因力而对损害进行分割，而且要考虑其他因素如不可抗力、第三人行为对损害的影响；而在损害扩大阶段只需要从因果关系上加以判断即可。[①] 笔者认为，损害扩大阶段仅考虑因果关系的理由并不充分，自然原因仍然应该被纳入考虑范围。损害扩大阶段法律适用应该准用发生阶段的基本规则[②]，并适用以下特殊规则：

第一，相对于损害发生阶段，损害扩大阶段的受害人注意义务较高。损害发生后，如果受害人能够通过自己的行为减轻损害的发生，负有及时减轻损害的义务，这是一种不真正义务（imperfect obligation）。在损害发生阶段，在法律没有明文规定的情形，权利人有较低的注意义务，除非是极不合理地将自己暴露于风险之中，均不应该认为有对自己权益的保护义务。而在损害发生之后，受害人知道或者应该知道损害的发生，对于损害扩大的预防义务就被提出，并较之损害发生阶段更高。[③]

第二，受害人过错只能导致损害扩大阶段的责任减轻，不能全部免除。从欧洲各国的比较法考察来看，少数国家如英国和奥地利，损害扩大阶段的受害人过错将导致加害人对扩大部分的责任免除；其他大部分国家则对扩大部分在加害人与受害人之间进行分配。[④] 美国法上，扩大损害（enhanced damages）被视为不可分损害（indivisible harm），原损害责任人需要承担责任。[⑤] 笔者认为，如果所谓扩大阶段的损害完全是由受害人自己造成的，该损害并不是原有损害的延续，只是在时间上与原有损害具有连续性而已，则属于单独损害，不属于真正意义上的损害扩大阶段的受害人过错问题。损害的扩大仅指那些已经造成的损害与自然原因结合的情形，

① 参见程啸：《论侵权行为法上的过失相抵制度》，载许章润主编：《清华法学》，第 6 辑，北京，清华大学出版社，2005。

② See European Group on Tort Law，*Principles of European Tort Law：Text and Commentary*，Springer，2005，p. 132.

③ 参见杨立新、王竹：《论侵权法上的受害人过错制度》，载《私法研究》，第 7 卷，北京，法律出版社，2009。

④ See Magnus/M. Martín-Casals（eds.），*Unification of Tort Law：Contributory Negligence*，Kluwer Law International，2004，p. 263.

⑤ See ALI，*Restatement of the Law，Third，Torts：Apportionment of Liability*，2000. § 26 Apportionment of Liability When Damages Can Be Divided by Causation. Reporters Notes：Comment a. Scope.

因此受害人即使及时履行了该减轻损害义务，也可能无法完全避免损害的进一步发生。而且，受害人放任损害扩大的不作为，是与侵权人此前的损害行为共同形成的原因，因此即使该不真正义务不履行构成受害人过错，也只能减轻部分损害赔偿，而不能全部免除。

第三，损害减轻行为的求偿权和数额限制。受害人实施损害减轻行为的费用，应该向侵权人求偿。其理由在于，是侵权人首先导致了损害，才迫使受害人实施该减损行为，这与合同法上的减损规则是类似的。我国《合同法》第 119 条规定："当事人一方违约后，对方应当采取适当措施防止损失的扩大；没有采取适当措施致使损失扩大的，不得就扩大的损失要求赔偿。当事人因防止损失扩大而支出的合理费用，由违约方承担。"但如果初始的损害就是由受害人和侵权人共同造成的，那么应该按照初始损害的责任比例分担该损害减轻费用。确定损害减轻行为的费用，应该区别损害的类型。对于财产损害，除非该财产具有特别的重大意义，如具有重大人格意义（如尸体）或者社会价值（如文物），一般不应该超过受损财产的剩余价值，超过部分侵权人不予赔偿，由受害人承担；对于人身伤害，没有损害赔偿的数额限制。需要特别指出的是，随着世界各国对动物保护程度的不断提高，应该借鉴《德国民法典》第 251 条第 2 款第 2 句的规定："因救治动物而产生的费用，并不因其大大超过动物本身的价值视为是不相当的"，即不以其市场价格作为责任的限额。①

① 参见杨立新、王竹：《论侵权法上的受害人过错制度》，载《私法研究》，第 7 卷，北京，法律出版社，2009。

专题十四

教唆行为与帮助行为研究

《侵权责任法》第9条将教唆、帮助行为作为单独的数人侵权行为形态进行规定，无须依附于《侵权责任法》第8条关于共同实施侵权行为的规定进行适用，填补了《民法通则》未规定教唆人、帮助人侵权责任的空白，意义重大。下文试图通过对教唆行为与帮助行为侵权责任的系统梳理，为《侵权责任法》第9条未来司法适用中可能的疑难点提出参考意见，并以此作为对最高人民法院起草“侵权责任法司法解释”的建议。

一、教唆行为与帮助行为的概念

（一）教唆与帮助的相关术语辨析

教唆与帮助是刑法和民法都使用的概念，但从英文文献上看，刑法上更多地使用“abet”和“aid”，民法上更多地使用“instigate”和“assist”，有时也使用“encourage”和“aid”，但较少使用“abet”。美国法学会《侵权法重述·第二次》认为该重述第45A条关于教唆非法拘禁的规定适用于所有侵权行为。① 根据该条官方评论第b条的说明，教唆（instigation）行为包括通过语言和行为进行指示（direct）、要求（request）、请求（invite）或者鼓动（encourage）。② 因此，教唆应该是较之鼓动更宽泛的概念，这与欧洲各国侵权法的认识是相似的。③ 另外，文献中有时会用“induce”表示和“procure”一样的引诱意思，但后者更多地用于指称被引诱行为的违法性。总的来说，所谓帮助（assistance），主要是物质上的（physical），而鼓励（encouragement）主要是精神上的支持（moral support）。④

① See ALI, *Restatement of the Law*, *Second*, *Torts*, §45A Instigating or Participating in False Imprisonment, Comment a.

② See ALI, *Restatement of the Law*, *Second*, *Torts*, §45A Instigating or Participating in False Imprisonment, Comment c. Instigation.

③ See W. V. H. Rogers (ed.), *Unification of Tort Law*: *Multiple Tortfeasors*, Kluwer Law International, 2004, p. 276.

④ See ALI, *Restatement of the Law*, *Second*, *Torts*, §876 Persons Acting in Concert, Comment on Clause (b).

（二）教唆行为与帮助行为的概念

教唆行为与帮助行为是主观关联共同侵权行为的两种特殊表现形态。教唆人，传统民法上称为“造意人”以区别于刑法上的教唆犯，是指教唆他人使生为侵权行为决意之人。[①] 我国民法上也有学者认为教唆行为人是造意者，是共同侵权行为的造意人，在共同侵权行为的共同故意中，起策划、主使、教唆的作用。在他的主观意志支配下，实行行为人具体实施侵权行为，实现教唆行为人的造意。[②] 可见，教唆人与造意人或者造意者本是同义词，笔者倾向于使用教唆人更符合现代中文用语习惯。所谓教唆行为，是以劝说、利诱、授意、怂恿以及其他方法，将自己的侵害他人合法权益的意图灌输给本来没有侵权意图或者虽有侵权意图、但正在犹豫不决、侵权意图不坚定的人，使其决意实施自己所劝说、授意的侵权行为。应该强调的是，没有教唆人的教唆，被教唆人就不会实施侵权行为。[③] 只有这样，教唆行为才是损害发生的必要原因。

所谓帮助行为人，是对实行行为人予以帮助，使侵权行为得以实施的人，如提供损害工具，帮助创造侵权条件，等等。[④] 传统民法一般将帮助限定在物质上的帮助，通常是指为加害人实施加害行为提供必要条件。例如帮助窃贼提供作案工具、为其把风等，都无疑属于帮助实施加害行为。盗窃完成之后帮助销赃也可以认定为帮助实施加害行为，因为销赃是侵害受害人所有权行为的有机组成部分。

（三）“精神上的帮助”不是教唆行为或者帮助行为

“精神上的帮助”的性质，是理论上的争议点。德国联邦最高法院在20世纪七八十年代作出了两个关于精神上支持属于帮助行为的判决：一个判决认为，通过予以心理上的支持，协助和教唆空中交通控制人员的行为足以构成空中交通控制人员协会的连带责任。另一个判决认为，未扔石头但是为攻击警察的骚乱学生呐喊助阵的支持者应该承担连带责任。[⑤] 王泽鉴教授认为，帮助包括物质及精神在内。[⑥] 王利明教授也认为，帮助是指通过提供工具、指示目标或者以言语激励等方式，从物质上和精神上帮助实施加害行为。[⑦] 对此，笔者认为所谓精神上的帮助，主要表现为精神上的支持，即直接加害人已经起意但尚未下定决心，或者加害行为已经开始但缺乏继续加害的动力。从词语的内涵上看，“精神上的帮助”实质上更类似于“教唆”，而与“帮助”差别较大。

① 参见王泽鉴：《侵权行为法》，第2册，41页，台北，自版，2006。

② 参见杨立新：《侵权法论》，3版，601页，北京，人民法院出版社，2005。

③ 参见王利明：《侵权行为法研究》（上卷），710～711页，北京，中国人民大学出版社，2004。

④ 参见杨立新：《侵权法论》，3版，601页，北京，人民法院出版社，2005。

⑤ 参见［德］克雷斯蒂安·冯·巴尔：《欧洲比较侵权行为法》（上卷），张新宝译，82页，北京，法律出版社，2001。

⑥ 参见王泽鉴：《侵权行为法》，第2册，39页，台北，自版，2006。

⑦ 参见王利明：《侵权行为法研究》（上卷），712页，北京，中国人民大学出版社，2004。

是否将这种精神上的支持视为教唆，则需要进一步考虑。第一，相对于教唆行为，精神上的支持在直接加害人的决策上并不起主要作用，相当于常说的“敲边鼓”。没有精神上的支持行为，该侵权行为仍然可能发生，因此，精神上的支持并不是损害法上的必要条件。第二，德国法上的两个判例均属于社会政策影响较深、具有公共安全性质的特殊领域，判决的社会政策考量较多，作为个案的合理性不能随意普遍推广。第三，如果将精神上的支持视为教唆，进而使之承担连带责任，那么将在一定程度上限制人们的表达自由，使得人们因为惧怕为尚未发生但可能发生的损害承担连带责任而不敢表达自己的意见。综上考虑，笔者倾向于认为，精神上的支持不构成直接加害行为的共同行为，不是教唆行为，也不是帮助行为。

二、教唆行为与帮助行为在侵权法上的定位与规定方式

（一）罗马法上的教唆行为与帮助行为

教唆行为与帮助行为的历史可以追溯到罗马法。罗马法上民刑不分，数人侵权行为尚未形成理论体系，而教唆、帮助行为则依附于各种关于非法行为的规定中，散见于不同的篇章。如《法学阶梯》第四卷在不同的三篇中对此作出了详细规定，第一篇“侵权行为所发生的债务”第11条的规定最为详细：“有时自己虽未实行盗窃，但仍可对之提起盗窃之诉，例如对于盗窃行为提供帮助和计谋的人。属于这一类的人有：使你扔下手里的钱币，以便他人攫取；或把你拦住，以便他人取去你的东西；或驱散牛羊，以便他人窃取，如古时法学家所描写的，用红布哄散牛群。但若他出于嬉戏并无意帮助进行盗窃，则应该对他提起事实之诉。但如果梅维帮助铁提盗窃，可对他们两人提起盗窃之诉。此外，以梯子置于窗下或打开门窗，以便他人实行盗窃，或以打开门窗的工具、爬窗的梯子，明知用于盗窃而借给他人使用，都视为对于盗窃提供帮助和计谋。但若对于盗窃未进行帮助，而仅代出主张怂恿他人盗窃的，不能对之提起盗窃之诉。”第12条规定：“如盗窃是在他人提供帮助和计谋下实行的，既然发生了盗窃，即可对该他人提起盗窃之诉，因为事实上的确由于他的帮助和计谋而发生盗窃。”① 第四篇“侵害行为”第11条规定：“不仅可以对实施侵害行为的人，例如殴打者提起侵害之诉，而且可对恶意怂恿或唆使打人嘴巴的人提起侵害之诉。”② 第十八篇“公诉”第9条规定：“甚至帮助他犯罪或知情而从他接受赃物赃款的人亦同。”③

（二）比较法上教唆行为与帮助行为的定位与规定方式

《法国民法典》继受了罗马法的体例，由于没有规定协助者的连带责任，法国

① ［古罗马］查士丁尼：《法学总论——法学阶梯》，张企泰译，192～193页，北京，商务印书馆，1989。
② ［古罗马］查士丁尼：《法学总论——法学阶梯》，张企泰译，203页，北京，商务印书馆，1989。
③ ［古罗马］查士丁尼：《法学总论——法学阶梯》，张企泰译，242页，北京，商务印书馆，1989。

法司法实务上通过适用《法国刑法典》第 55 条来弥补。① 现代各国（地区）侵权法上对于教唆行为和帮助行为承担连带责任均无异议②，但对于这两种行为的定位及其相应的规定方式有三种不同的模式。

第一种是“视为共同侵权行为人”。大陆法系民法典对教唆人和帮助人的明文规定始于《德国民法典》第 830 条第 2 款，该条文开创了将教唆人和帮助人“视为共同行为人”的立法体例，并得到了《日本民法典》第 719 条第 2 款、我国台湾地区“民法典”第 185 条第 2 款和《韩国民法典》第 760 条第 3 款的继受。

第二种是作为一种共同侵权行为加以规定。《瑞士债务法》第 50 条第 1 款最早确立了教唆人和帮助人的共同侵权行为人地位：“如果数人共同造成损害，则不管是教唆者、主要侵权行为人或者辅助侵权行为人，均应当对受害人承担连带责任。”采此体例的民法典还有《阿根廷民法典》第 1081 条和《澳门民法典》第 483 条。《埃塞俄比亚民法典》第 2155 条第 2 款甚至明文规定：“不得区分教唆犯、主犯和共犯。”值得注意的是，受到德国法影响较大的《欧洲法原则·侵权法》第 4：102 条采用了“协作”（collaboration）作为上位概念，规定：“一方参与、教唆或实质上帮助另一方引起了法律上的相关损害视为引起了该损害。”取消了参与行为与教唆、帮助行为之间的差别。

第三种是作为共同侵权行为不再明文规定。值得关注的是，20 世纪 90 年代以来新颁布或者生效的民法典，都没有对教唆行为和帮助行为作出直接规定，例如，新《荷兰民法典》《俄罗斯联邦民法典》和新《魁北克民法典》《蒙古民法典》《越南民法典》等。这一方面可能是由于各国民法学说均逐渐认识到教唆行为与帮助行为同参与行为承担连带责任的基础并无本质区别，只需统一规定共同侵权行为承担连带责任即可；另一方面也可能是受到了美国侵权法的侵权责任分担理论的影响。美国法学会《侵权法重述·第三次·责任分担编》第 15 条“共同行为人”规定：“当多人因共同行为而承担责任时，所有各方应对分配给参与该共同行为的每一方的比较有责性份额承担连带责任。”该条“共同行为人”的概念系采《侵权法重述·第二次》第 876 条的规定。③ 该条将“共同行为的人”（Persons Acting in Concert）分为三类：“就他人的侵权行为导致第三人受伤害，行为人应当承担责任如果他：(a) 行为人与该他人共同或与其追求实现共同计划而从事侵权行为；或 (b) 知悉该他人行为构成违反义务，并给予其实质帮助或鼓动，相当于他自己去做；或 (c) 对该他人达到侵权结果给予了实质帮助，其行为被单独考虑时，构成对第三人义务

① 参见［德］克雷斯蒂安·冯·巴尔：《欧洲比较侵权行为法》（上卷），张新宝译，74 页，北京，法律出版社，2001。

② See Bénédict Winiger, Helmut Koziol, Bernhard A. Koch, Reinhard Zimmermann eds., *Essential Cases on Natural Causation*, Springer Wien New York, 2007, p. 346.

③ See ALI, *Restatement of the Law*, *Third*, *Torts*: Apportionment of Liability, 2000. § 15 Persons Acting in Concert. Comment a. Scope.

的违反。”这三类行为中，第一类相当于大陆法系的主观关联共同侵权行为，第二类大致相当于教唆行为和帮助行为，第三类则类似客观关联共同行为。美国法上的帮助行为或鼓动行为如果要构成共同行为，必须满足以下条件：第一，帮助或鼓动必须是实质性的（substantial），被鼓动行为的性质、帮助的大小、侵权行为发生时是否在场、帮助人或鼓动人与行为人的关系以及其主观状态都是考量因素，如果帮助人或者鼓动人的行为非常轻微，则不构成共同行为。第二，必须知道他人的行为是侵权行为。第三，损害必须是在其可预见范围内。第四，帮助行为或者鼓动行为必须是损害法律上的原因。① 受到美国侵权法影响较大的《欧洲侵权法原则》第 9：101 条第 1 款第 a 项仅列举了参与和教唆、怂恿行为，而没有帮助行为：“有意参与，或教唆、怂恿他人实施不法行为，致使受害人遭受损害者……”该条官方说明认为，帮助行为更应该承担连带责任，即使他没有直接参与致害行为②，实际上这是将帮助行为认定为一种间接参与行为。另外学说上认为引诱、怂恿和鼓动都是参与共同侵权行为的方式③，体现出较强的制度融合趋势。

（三）我国侵权法上教唆行为与帮助行为侵权责任的确立过程

我国传统民法学说对于教唆行为与帮助行为的定位有不同意见。史尚宽先生认为，违法行为之共同，无须为实行行为，苟对于结果可认为与以相当之条件或原因者，纵仅教唆、帮助，亦为共同侵权行为。④ 而郑玉波教授则认为，二者皆非共同加害人，本无责任可言，但此两种人对于侵权行为之促成，均有莫大之影响，而教人作恶或助人为虐，皆为正义所不容，故法律均视为共同行为人，是指负连带损害赔偿责任。⑤

立法方面，20 世纪 50 年代第一次新中国民法典起草的历次草案较多地借鉴了 1922 年《苏俄民法典》的体例，没有对教唆行为和帮助行为进行规定。60 年代第二次民法典起草没有涉及侵权法的相关内容。80 年代第三次民法典起草时，尽管 1964 年《苏俄民法典》仍然没有规定教唆行为和帮助行为，但三次草案均以“教唆或者帮助造成损害的人，都是共同致害人”的用语，对教唆行为、帮助行为属于共同侵权行为予以确认⑥，显示出立法在比较法上参考的广泛性。

① See ALI, *Restatement of the Law*, *Second*, *Torts*, §876 Persons Acting in Concert, Comment on Clause (b).

② See European Group on Tort Law, *Principles of European Tort Law: Text and Commentary*, Springer, 2005. p. 143.

③ See W. V. H. Rogers (ed.), *Unification of Tort Law: Multiple Tortfeasors*, Kluwer Law International, 2004, p. 276.

④ 参见史尚宽：《债法总论》，172～173 页，北京，中国政法大学出版社，2000。

⑤ 参见郑玉波：《民法债编总论》，修订 2 版，陈荣隆修订，145 页，北京，中国政法大学出版社，2004。

⑥ 1980 年 8 月 15 日“第一稿”第 443 条第 2 款、1981 年 4 月 10 日“第二稿”第 340 条、1981 年 7 月 31 日“第三稿”第 465 条和 1982 年 5 月 1 日“第四稿”第 422 条第 1 款，以上条文参见何勤华、李秀清、陈颐编：《新中国民法典草案总览》（下），北京，法律出版社，2003。

司法机关对于处理教唆行为和帮助行为的需求是显而易见的，在《民法通则》颁布之前，1984 年《最高人民法院关于贯彻执行民事政策法律若干问题的意见》第 73 条第 2 句就规定："教唆或者帮助造成损害的人，应以共同致害人对待，由其承担相应的赔偿责任。"由于《民法通则》第 130 条没有对教唆、帮助行为作出规定，1988 年《民通意见》第 148 条又"主动"进行了补充："教唆、帮助他人实施侵权行为的人，为共同侵权人，应当承担连带民事责任。教唆、帮助无民事行为能力人实施侵权行为的人，为侵权人，应当承担民事责任。教唆、帮助限制民事行为能力人实施侵权行为的人，为共同侵权人，应当承担主要民事责任。"

而民法理论研究方面，似乎对此问题重视不够，这与刑法领域对教唆犯和帮助犯的大量研究成果形成鲜明对比。《民法通则》颁布之后、《民通意见》颁布之前，我国侵权法上关于共同侵权行为的理论争议，主要在于"客观说"① 与"主观说"②之争。即使是在《民通意见》颁布之后，关于教唆行为和帮助行为的民事责任也没有引起人们足够的重视。20 世纪 80 年代末 90 年代初的主流民法教科书均未在共同过错③或者共同侵权行为④部分对教唆和帮助行为作出论述。直到 1991 年，房绍坤教授率先对教唆行为的侵权责任进行了分析⑤，1992 年王利明教授出版的《侵权行为法归责原则研究》第一次对教唆行为和帮助行为进行了全面探讨。⑥ 此后也鲜有更加详细的论述。

之后随着《侵权责任法》起草工作的展开，开始有学者关注我国侵权法上教唆行为与帮助行为的定位问题。有学者认为，教唆与帮助他人实施侵权行为的人仅有侵害他人的意思，但并未参与加害行为，只能"视为"共同侵权行为人⑦，即不是真正意义上的共同侵权行为人。也有学者提出，在复杂的共同侵权行为中，可能存在实行行为人、教唆行为人和帮助行为人。教唆行为人与帮助行为人均须未直接参与实施具体的侵害行为，只是由于他们与实行行为人之间的共同意思联络，因而他们的行为是共同侵权行为。教唆行为人与帮助行为人如果直接参与实施侵权行为，也是实行行为人⑧，不必再将其分为一种单独的共同侵权行为类型。⑨

可见，从新中国第三次民法典起草的四部草案和两个司法解释的措辞来看，它们均认为教唆行为和帮助行为是共同侵权行为的特殊类型而非独立的侵权行为形

① 邓大榜：《共同侵权行为的民事责任初探》，载《现代法学》，1982（3）。
② 伍再阳：《意思联络是共同侵权行为的必备要件》，载《现代法学》，1984（2）。
③ 参见马原主编：《中国民法教程》，311 页，北京，人民法院出版社，1989。
④ 参见佟柔主编：《中国民法》，561 页，北京，法律出版社，1990。
⑤ 参见房绍坤：《略论教唆侵权的民事责任》，载《法学论坛》，1991（3）。
⑥ 参见王利明：《侵权行为法归责原则研究》，296～299 页，北京，中国政法大学出版社，1992。
⑦ 参见程啸：《侵权行为法总论》，406 页，北京，中国人民大学出版社，2007。
⑧ 参见杨立新：《侵权法论》，3 版，601 页，北京，人民法院出版社，2005。
⑨ 参见杨立新：《共同侵权行为及其责任的侵权责任法立法抉择》，载《河南省政法管理干部学院学报》，2006（5）。

态。而且从比较法上来看，这也符合大的发展趋势。但鉴于我国民事立法已经形成了明文规定教唆行为和帮助行为侵权责任的立法惯例，最终《侵权责任法》上对教唆行为和帮助行为的侵权责任予以明确规定，应该视为对立法惯例的坚持。

三、《侵权责任法》第9条理解与适用的疑难点

（一）教唆行为与帮助行为的主观共同性应该坚持以主观共同故意为限

作为共同侵权行为，教唆、帮助者与其他直接实施者一样，都存在着主观上的共同过错。① 一般认为，支持（即协助）他人实施加害人行为的人必须是故意。② 但也有学者认为，民法上的教唆与帮助与刑法中的不同，不以故意为必要，亦得有过失之教唆与帮助。③ 王泽鉴教授采取折中说，认为教唆和帮助都必须出于故意，过失教唆或者帮助，如果满足客观关联共同侵权行为的构成要件，则承担连带责任。④ 这种观点实际上是认为作为主观关联共同侵权行为的教唆和帮助只能存在于以共同故意作为共同过错的共同侵权行为之中，其在主观上必须与实行行为人有共同的意思联络，至于客观关联共同侵权行为人承担连带责任，其基础已经不是主观上的共同了。有学者区分教唆行为与帮助行为，认为教唆行为均出于故意，教唆人不仅认识到自己的教唆行为会使被教唆人产生侵权的意图并实施侵权行为，而且认识到被教唆人的行为所导致的后果，且希望或放任此种结果发生。教唆人虽为故意教唆，而被教唆人出于过失而实施侵权行为，亦可构成共同侵权。而帮助人一般均出于故意，他和行为人都具有共同致人损害的意思联络，但在特殊情况下，不知他人的行为为侵权行为而提供帮助，若客观上对加害行为起到辅助作用，亦构成共同侵权。⑤ 也有学者提出，在主观共同的证明上，教唆行为中教唆人与实行行为人的主观故意容易判断，双方有一致的意思表示，即可确认，其表示形式，明示、默示均可。在帮助行为中，实行行为人与帮助行为人的共同故意应须证明。⑥

笔者认为，尽管在一定意义上，教唆与帮助性质有所不同，但在主观共同性判断上，考虑到承担连带责任的较重后果，应该坚持以主观共同故意为限。至于是否存在所谓的过失教唆或者帮助以构成客观关联共同侵权行为，例如，有学者举例说如因过失而未发现他人正在实施侵权行为而予以教唆或者帮助⑦，或者有学者认

① 参见王利明：《侵权行为法研究》（上卷），713页，北京，中国人民大学出版社，2004。
② 参见［德］克雷斯蒂安·冯·巴尔：《欧洲比较侵权行为法》（上卷），张新宝译，81页，北京，法律出版社，2001。
③ 参见史尚宽：《债法总论》，175页，北京，中国政法大学出版社，2000。
④ 参见王泽鉴：《侵权行为法》，第2册，41页，台北，自版，2006。
⑤ 参见王利明：《侵权行为法研究》（上卷），710～712页，北京，中国人民大学出版社，2004。
⑥ 参见杨立新：《侵权法论》，3版，601页，北京，人民法院出版社，2005。
⑦ 参见程啸：《侵权行为法总论》，407页，北京，中国人民大学出版社，2007。

为，帮助人出于故意为加害人提供帮助，加害人虽不知帮助人提供的帮助，双方即使没有相互沟通，也不妨碍共同侵权的构成[①]，笔者对此持谨慎怀疑态度，认为即使成立连带责任，也应直接归入客观关联共同侵权行为，而不能纳入教唆或者帮助的范畴，引起不必要的混淆。

（二）教唆行为与帮助行为最终责任份额的确定不应考虑从属性

《侵权责任法》第 9 条规定了教唆、帮助他人实施侵权行为的后果是与实行行为人承担连带责任，但未对教唆行为人或帮助行为人与实行行为人的对内最终责任份额的确定方式作出特别规定。而《侵权责任法》第 10 条也过于原则化，无助于最终责任份额的确定。相较于数个实行行为的典型共同侵权行为，教唆行为与帮助行为最终责任份额的确定具有一定争议性，主要体现在是否应将教唆行为和帮助行为的从属性纳入考量。

所谓教唆行为和帮助行为承担责任具有从属性，是指教唆人和帮助人的侵权责任成立以被教唆人和被帮助人侵权损害赔偿之债的成立为前提。[②] 其原因在于教唆犯系侧重其抽象危险，造意人则侧重其具体实害，无实害发生，当不成立侵权行为，自亦无连带损害赔偿责任可言。[③] 基于教唆行为和帮助行为的从属性，德国法上认为致害人在损害赔偿中的份额比例相当于自己对致害行为的参与和自己对致害行为的过错。据此，行为人承受的比例份额可能会高于单纯的帮助人的。[④] 我国也有学者认为，在内部责任的分担上，由于帮助人的过错程度低于直接行为人以及教唆人的过错程度，因而承担的是较轻的责任。[⑤] 但也有立法例，如《瑞士债务法》第 50 条第 2 款则赋予了法官较大的裁量权："法院有权自由裁决责任人是否以及在多大程度上分担责任。"第 3 款特别对教唆人的责任作出了规定："教唆者的责任限于其获得的利益和由于其参与造成的损失的范围。"

在笔者看来，教唆行为和帮助行为的责任份额大小与其责任成立上的从属性并无直接关系。并且，教唆行为、帮助行为和实行行为，都是共同侵权行为，分工不同并不代表所起的作用必然有大小之分。因此，笔者倾向于不将侵权责任构成的从属性纳入侵权责任分担比例大小的考量因素。

（三）教唆、帮助特殊民事主体的侵权责任分担规则

《侵权责任法》第 9 条第 2 款规定的教唆、帮助特殊民事主体的侵权责任分担规则较为创新，同时也带来了新的争议点，主要包括以下三个方面：

第一，该条第 2 款前段未区分教唆、帮助对象是无民事行为能力人或限制民事

---

① 参见王利明：《侵权行为法研究》（上卷），710 页，北京，中国人民大学出版社，2004。

② 参见王泽鉴：《侵权行为法》，第 2 册，39 页，台北，自版，2006。

③ 参见邱聪智：《新订民法债编通则》（上），124 页，北京，中国人民大学出版社，2003。

④ 参见［德］迪特尔·梅迪库斯：《德国债法分论》，杜景林、卢谌译，613 页，北京，法律出版社，2007。

⑤ 参见王利明：《侵权行为法研究》（上卷），710 页，北京，中国人民大学出版社，2004。

行为能力人的不同法律后果，仅仅是规定了“承担侵权责任”，因此存在适用上的疑义。笔者认为，应该坚持结合《民通意见》第148条第2款、第3款进行区分适用。未来“侵权责任法司法解释”应该根据教唆行为、帮助行为新的独立定位，将相关规则修正为：“教唆、帮助无民事行为能力人实施侵权行为的人，应当承担侵权责任。”“教唆、帮助限制民事行为能力人实施侵权行为的人，应当承担主要侵权责任，由限制民事行为能力人的监护人承担次要侵权责任。”

第二，该条第2款后段的规定涉及与《侵权责任法》第32条第1款前段规定的监护人责任的侵权责任分担问题，打通了这两组法律规范的天然联系，值得肯定，但对于该条第2款与第32条第1款后段规定的适用关系尚不明确。即监护人尽到监护责任的情形，到底是监护人责任减轻的部分由教唆人或者帮助人承担，还是就免除监护人的替代责任。笔者认为，在此问题上仍然应该区分教唆、帮助的对象到底是无民事行为能力人还是限制民事行为能力人，并保持与该款前段的协调。对于教唆、帮助无民事行为能力人实施侵权行为的情形，如果监护人尽到了监护责任，则应该免除其替代责任；对于教唆、帮助限制民事行为能力人实施侵权行为的情形，如果监护人尽到了监护责任，只能减轻其替代责任，减轻部分由教唆人或者帮助人承担。

第三，第9条第2款规定的教唆人责任或者帮助人责任与监护人替代责任之间是否参照第9条第1款的规定属于连带责任关系，对此也存在疑问。对这一问题，需要从监护人和教唆人、帮助人两个方面来考虑。从监护人的角度看，由监护人对教唆人或者帮助人的最终责任部分承担连带责任的做法难以理解，这相当于认为监护人的监护对象还包括教唆人和帮助人。但从教唆人或帮助人的角度看，由其对分配给被教唆或者被帮助的无民事行为能力人或者限制民事行为能力人一方的最终责任部分承担连带责任则具有一定的合理性，即其主观上能够预见到该部分责任的存在。鉴于这种双方可预见性的不平衡性，笔者建议未来“侵权责任法司法解释”能够打破连带责任“双向连带”的传统思维模式，创造性地规定未尽监护责任的监护人仅仅就被监护人的最终责任部分承担按份责任，而由教唆人或帮助人对所有的损害承担连带责任，即一种“单向连带”的新设计。这样便通过协调适用第9条第1款和第2款的规定，较好地实现了教唆人或者帮助人、监护人和受害人三方的利益平衡。①

① 参见王竹：《论教唆行为与帮助行为的侵权责任》，载《法学论坛》，2011（5）。

专 题 十 五

共同危险行为研究

《侵权责任法》第10条规定："二人以上实施危及他人人身、财产安全的行为，其中一人或者数人的行为造成他人损害，能够确定具体侵权人的，由侵权人承担责任；不能确定具体侵权人的，行为人承担连带责任。"该条文对共同危险行为侵权责任的规定，补充了《民法通则》没有明确规定该类型数人侵权行为的遗漏，意义重大。"共同危险行为"这一术语源于日本民法判例学说，在德国法上被称为"参与危险行为"①。我国民法学说上的共同危险行为，是指二人或二人以上共同实施有侵害他人权利的危险的行为，对造成的损害结果不能判明谁是加害人的情况。② 从实务角度看，共同危险行为案例的绝对数量是较少的，但从研究的角度则颇具理论价值，是《侵权责任法》实施中的疑难问题。下文特别从客观关联共同侵权行为新定位的角度，对共同危险行为的若干理论问题进行重点探讨。

一、客观关联共同侵权行为理论对共同危险行为体系定位的影响

(一) 共同侵权行为"主观说"理论框架下的共同危险行为体系定位

在共同侵权行为"主观说"理论框架下，共同危险行为因为欠缺意思联络③，而不同于共同侵权行为，但也因各危险制造人缺乏主观共谋而面临受害人无法求偿的风险。立法者从保护受害人的法律政策出发，拟制所谓"共同过失"和"选择性因果关系"，由共同危险行为人承担连带责任。以致害性行为关系与致害人是否明确为分类标准，可以将"主观说"下数人侵权行为交互分类，见表1。

表1　　"主观说"数人侵权行为体系表

行为关系/致害人是否明确	致害人明确	致害人不明
共同故意	(1) 共同侵权行为	(2) 共同侵权行为

① 王泽鉴：《侵权行为法》，第2册，43页，台北，自版，2006。

② 参见杨立新：《试论共同危险行为》，载《法学研究》，1987 (5)。

③ 参见林诚二：《民法债编总论——体系化解说》，166页，北京，中国人民大学出版社，2003。

续前表

<table>
<tr><td colspan="2">行为关系/致害人是否明确</td><td>致害人明确</td><td>致害人不明</td></tr>
<tr><td colspan="2">共同过失</td><td>（3）共同侵权行为</td><td>（4）共同危险行为</td></tr>
<tr><td rowspan="2">无主观共同</td><td>数个独立行为</td><td rowspan="2">数个独立侵权行为</td><td rowspan="2">致害人不明
单独侵权行为</td></tr>
<tr><td>客观共同行为</td></tr>
</table>

从上表可以看出，“主观说”强调侵权人承担连带责任必须有共同过错：（1）表明典型的共同侵权行为承担连带责任的基础是共同故意；（2）表明致害人不明的共同故意数人侵权也是共同侵权行为；（3）表示部分学者认为的共同过失可以构成共同侵权行为，前提是致害人明确，经典的案例如郑玉波先生所举的“负重登高案”①；（4）表明对共同危险行为承担连带责任基础的解释则依托于共同过失，认为“参与这种具有危险行为的本身，就表明他们具有疏于注意的过失”②。传统民法基于过错责任原则对共同危险行为采“共同过失说”，这只能够解释主观上具有共同过失的危险活动致害问题，但无法对主观上无共同过失的适用严格责任原则的共同危险行为进行界定。

（二）共同侵权行为“关联共同说”理论框架下共同危险行为体系定位的变化

《侵权责任法》第 8 条规定：“二人以上共同实施侵权行为，造成他人损害的，应当承担连带责任。”由于没有规定主观共同过错要件，实际上采纳的是“关联共同说”。所谓“关联共同”，包括“主观关联共同”与“客观关联共同”两类，将原本无法由共同过失解释的适用严格责任的共同侵权行为，纳入下表中（5）客观关联共同的解释范围内。值得指出的是，在共同侵权行为理论从“主观说”扩展到“关联共同说”的过程中，学说上并未显示出对共同危险行为体系定位的考虑。③因采纳“关联共同说”的实际体系效果是，由于主观关联共同侵权行为范围扩张到了全部的共同过失领域，使得上表（4）所示依托于共同过失的传统意义上的共同危险行为被实质性地纳入了主观关联共同侵权行为的领域；同时，共同危险行为范围实质上扩展到了下表中（6）不具有主观关联共同而具有客观关联共同的致害人不明数人侵权行为中，其体系变化的结果如表 2。

表 2　　“关联共同说”数人侵权行为体系表

<table>
<tr><td colspan="2">致害性行为关系/致害人是否明确</td><td>致害人明确</td><td>数人中具体致害人不明</td></tr>
<tr><td rowspan="2">主观关联
共同关系</td><td>主观故意关联共同</td><td>（1）共同侵权行为</td><td>（2）共同侵权行为</td></tr>
<tr><td>主观过失关联共同</td><td>（3）共同侵权行为</td><td>（4）共同侵权行为</td></tr>
<tr><td colspan="2">客观关联共同关系</td><td>（5）共同侵权行为</td><td>（6）共同危险行为</td></tr>
<tr><td colspan="2">无关联共同关系</td><td>数个单独侵权行为</td><td>致害人不明单独侵权行为</td></tr>
</table>

① 郑玉波：《民法债编总论》，修订 2 版，陈荣隆修订，143 页，北京，中国政法大学出版社，2004。
② 杨立新：《试论共同危险行为》，载《法学研究》，1987（5）。
③ 对此问题，笔者详细检索了大陆和我国台湾地区几乎所有的侵权法和债法总论专著，均未谈到该问题。

从上表可知，共同危险行为的理论基础已经由共同过失理论转化为客观关联共同，在体系上随着共同侵权行为的扩大而产生了“位移”。即无主观关联共同的数人共同参与实施了具有致害他人危险的行为且已造成实际损害，而具体的加害人不明时，由于该数人并不存在主观关联共同，无法将他们的行为加以一体化处理，从而将之认定为共同侵权行为，如果存在客观关联共同，则以共同危险行为制度加以处理。《人身损害赔偿司法解释》第 4 条将其表述为“二人以上共同实施危及他人人身安全的行为并造成损害后果，不能确定实际侵害行为人的”，这里使用了“共同”的字样，是较为准确的。

（三）共同危险行为在数人侵权行为理论体系中定位变化的理论基础

这种定位上的变化，实际上是理论体系发展的必然结果。史尚宽先生在分析共同危险行为时，认为行驶于同一道路的汽车，其中一车伤人，不能认定为共同危险行为，但如果两车是超速竞赛就是共同危险行为，“盖两车俱已关与竞赛之危险行为也”①。梅仲协先生认为，“数人共同发生侵害他人之事实，而不能知其孰为加害之人者，亦应负连带责任（危险责任主义）”②。邱聪智先生也认为，共同危险行为人并非确为加害人，其负损害赔偿责任，系法律拟制所致，无意思联络的情形也可能适用共同危险行为规则。③ 孙森焱先生更是明确指出，数人所谓的行为，虽未能具体地辨明孰为侵害他人权利的行为，但具有侵害权利的危险性，故共同危险行为的共同关联性即为数人共同不法的行为。④

我国民法学界也有学说认为，“有共同违法行为或者共同危险行为，即具有客观上的关联共同”⑤。《人身损害赔偿司法解释》第 4 条的规定更加突出“危险”概念，即“危及他人人身安全的行为”，这也印证了笔者所持的责任基础是危险而非主观过错的观点。

从某种意义上说，在主观说下的共同危险行为，尽管以保护受害人受偿为目的，苛加危险行为人连带责任，在客观关联共同说被承认之前，相对于共同侵权行为的主观共同要求，过于向受害人一方倾斜。在承认了客观关联共同侵权行为之后，共同侵权行为与共同危险行为在连带责任的适用范围上保持了一致，反而显得更加公平了。

（四）共同危险行为的侵权责任构成基础是客观危险的可责难性

实施了共同危险行为，行为人直接根据法律规定承担连带责任，似乎存在没有规定侵权责任构成，直接规定侵权责任分担的假象。事实上，这正揭示了共同危险

① 史尚宽：《债法总论》，176 页，北京，中国政法大学出版社，2000。
② 梅仲协：《民法要义》，198 页，北京，中国政法大学出版社，1998。
③ 参见邱聪智：《新订民法债编通则》（上），123 页，北京，中国人民大学出版社，2003。
④ 参见孙森焱：《民法债编总论》（上册），233 页，北京，法律出版社，2006。
⑤ 张俊浩主编：《民法学原理》（下），修订 3 版，923 页，北京，中国政法大学出版社，2000。

行为理论本身，也必须对侵权责任构成进行说明。笔者认为，共同危险行为中的“危险”不但具有客观的危险性，而且是一种应该而且可以避免的危险，因此具有较强的可责难性。根据形成危险就应当承担危险的规则，每个共同危险行为人已经形成了一种危险，故共同危险行为人应当对其危险行为负责。① 无论是实际致害人，还是其他未造成损害的共同危险参与人，均是在为其参与共同危险行为，而非为其实际造成损害承担责任。② 这是基于危险行为本身的可责难性而承担的民事责任，即“行为的危险性是致人损害的原因”③。在共同危险行为中，不是因为实际致害，而是因为参与危险行为具有较强的可责难性，而承担连带责任。

二、客观关联共同说下的共同危险行为侵权责任构成的因果关系结构

（一）关于共同危险行为的两种因果关系理论

关于共同危险行为的因果关系，德国法有所谓的“选择性因果关系”理论④，传统美国法上也有类似的“选择责任”（alternative liability）理论。⑤ 王泽鉴教授持该学说⑥，我国学者也大多赞成，并认为共同危险行为本身是一种因果关系的推定⑦，适用举证责任倒置。⑧《最高人民法院关于民事诉讼证据的若干规定》第 4 条第 1 款第 7 项也规定：“因共同危险行为致人损害的侵权诉讼，由实施危险行为的人就其行为与损害结果之间不存在因果关系承担举证责任。”

不过，因为“共同危险行为人中，不能知其中孰为加害人，严格言之其中有行为对损害并无相当因果关系”⑨，所以对“选择性因果关系”理论也不乏反对意见。如孙森焱教授指出，因为其责任之成立要件应系每一可能之肇因者，其行为被视为是损害之原因，因之须为侵权行为或危险负责。假如结果只能由加害人之一引起，却去推定每个人均系肇事者，本非合理。⑩ 黄立教授也指出，这一认定无论视为举证责任转换或以危险责任观点来看，均非合理，除非参与人间有共同行为之意识，

① 参见王利明：《侵权行为法研究》（上卷），750 页，北京，中国人民大学出版社，2004。

② See Ariel Porat and Alex Stein，*Tort Liability Under Uncertainty*，Oxford University Press，2001，pp. 103 - 110.

③ 王利明主编：《民法典·侵权责任法研究》，340 页，北京，人民法院出版社，2003。

④ 参见［德］迪特尔·梅迪库斯：《德国债法总论》，杜景林、卢谌译，449 页，北京，法律出版社，2003。

⑤ See James A. Henderson，Jr.，Richard N. Pearson Douglas A. Kysar and John A. Siliciano，*The Torts Process*（7th），Aspen Publishers，2007，pp. 119 - 124.

⑥ 参见王泽鉴：《侵权行为法》，第 2 册，44 页，台北，自版，2006。

⑦ 参见王利明：《侵权行为法研究》（上卷），742 页，北京，中国人民大学出版社，2004。

⑧ 参见王利明：《侵权行为法研究》（上卷），744 页，北京，中国人民大学出版社，2004。

⑨ 史尚宽：《债法总论》，173 页，北京，中国政法大学出版社，2000。

⑩ 参见孙森焱：《民法债编总论》（上册），233 页，北京，法律出版社，2006。

才有承担连带责任之合理根据。因此，德国学说对此规定颇有批评。①

应该认识到，“选择性因果关系”理论的问题，主要是基于其主观说的定位而导致的。除了上述反对理由，笔者还有两点反对意见：第一，如果按照选择性因果关系推定共同危险行为人的行为与损害之间的因果关系，那么共同危险行为人应该承担的就不是连带责任，而应该是不真正连带责任，但这显然不是选择性因果关系理论试图得出的结论。第二，具有危险性的共同行为与损害事实之间具有客观的因果关系②，因此共同危险活动与损害的因果关系无须推定。关键不是因果关系是否存在的问题，而是因果关系的证明问题。③

比较法上，除了德国法的“选择性因果关系”理论之外，法国法发展出了“群体危险行为”理论。由于《法国民法典》未对致害人不明数人侵权行为的责任规则作出明文规定，20 世纪 50 年代法国法院在面临“打猎案”时，为了避免受害人无法获得救济的情况出现，提出了将责任基础从行为直接导致损害（the conduct which immediately led to the injury）移转到某个行为可以被归咎于（imputed）实际致害人必然是其中一人的群体上。是整个群体（the whole group）通过其（its）过失行为产生了危险，原告的损害是危险的现实化（realization）。作为这种理论的必然推论，该群体中的每个人都被认为是有责任的，因此承担连带责任。该理论还被适用于一群小孩参加危险活动和年轻人参加暴力活动的案件中。④ 如 1968 年，法国最高法院要求袭击了一童子军营地的“青年帮”的成员证明他没有扔石头造成损害。此后，“每一个参与危险活动的人对危险活动可能造成的全部损害承担赔偿责任”的观点，很快成为在不能判断谁实际上造成了损害之情形的责任确定标准。⑤ 尽管该理论仍然是一种因果关系的推定，但在因果关系的结构上，通过“群体危险行为”的构造，将因果关系的推定限制在参加该危险行为的程度，避免了直接推定每个共同危险行为人直接导致损害的理论困境，似乎更为合理。

值得关注的是，美国法学会《侵权法重述·第三次·财产和精神损害责任编》第 28 条第 b 款规定：“当原告起诉数个行为人并证明每个行为人都参与了导致原告面临人身损害或财产损失危险的侵权性活动，以及一个或者多个行为人的侵权性活动导致了原告的损害，但原告无法合理地被期待那个证明实际导致损害的行为人，包括举证责任和说明责任在内的对于事实因果关系的证明负担被移转给了被告。”该条文官方评论第 g 条特别说明：“所有导致原告面临损害危险的被告的侵权性行

① 参见黄立：《民法债编总论》，修正 3 版，302 页，台北，自版，2006。

② 参见杨立新：《侵权法论》，3 版，602 页，北京，人民法院出版社，2005。

③ 参见王泽鉴：《侵权行为法》，第 2 册，43～44 页，台北，自版，2006。

④ See W. van Gerven，P. Larouche，J. Lever，*Cases，Materials and Text on National，Supranational and International Tort Law*，Hart Publishing，2000，p. 443. 值得注意的是，原文使用了“its”来指称“the whole group”，可见归责的对象是整个群体而并非个体。

⑤ 参见［德］克雷斯蒂安·冯·巴尔：《欧洲比较侵权行为法》（上卷），张新宝译，85～86 页，注释 357～359 页，北京，法律出版社，2001。

为被连结成了选择责任的前提”①，这实际上改变了美国侵权法上选择责任因果关系理论类似德国法“选择性因果关系”的传统模式，而更接近法国法的“群体危险行为”因果关系。

(二) 客观关联共同说定位下共同危险行为应采“群体危险行为”因果关系

笔者认为，法国法的“群体危险行为”理论与“客观关联共同说”的理论框架更为契合。共同危险行为人是一个整体，不可分离。② 只有这样认识，才能解释共同危险行为的责任也只有一个责任，不是由若干分责任组成，而是不可分割的完整责任这一法律现象。③ 共同危险行为无须再借助所谓拟制的“选择性因果关系”，也不存在因果关系的推定问题，而应该适用“关联共同因果关系”，即将符合客观关联共同的共同危险行为人视为整体，其行为结合成危险活动，其关联共同性表现为参与危险活动，因果关系存在于作为整体的危险活动与损害之间，是危险活动而非单个的危险行为造成了损害。最高人民法院《人身损害赔偿司法解释》尽管没有明确采关联共同说，但在官方说明中也认为，是“整个共同危险行为与损害结果之间具有关联性”④。“群体危险行为”主要由行为的危险性与群体性两方面构成。

行为的危险性表现在以下三个方面：

第一，行为具有致害的可能。Markesinis 教授指出，共同危险行为自身并非不法，但必须有对他人的潜在危险性。⑤ 数人实施的行为有致人损害的现实可能性，这种致害他人的可能性可以从行为本身、周围环境以及行为人对致害可能性的控制条件上加以判断；此外，这一行为没有人为的侵害方向，共同危险性不针对任何特定的人。⑥ 行为致害的可能表现在时间和空间两个维度，以“打水漂案”⑦ 为例，所谓时间维度，即行为致害的结果必须在行为之后，如在受害人已经被击中之后，才参与打水漂；所谓空间维度，即行为致害的范围在空间上具有有限性，某一行为人为 6 岁小孩，力气太小不可能击中行为人。

第二，行为的同类致害性。危险行为并非必须是同类行为，但必须具有同类致害性，这种危险的性质和指向是相同的。⑧ 危险行为的同类性还表现在均具有违法

① ALI, *Restatement of the Law, Third, Torts: Liability for Physical and Emotional Harm*, § 28 Burden of Proof, Comment on Subsection (b): g. Joinder of all defendants.

② 参见杨立新：《侵权法论》，3 版，603 页，北京，人民法院出版社，2005。

③ 参见杨立新：《侵权法论》，3 版，607 页，北京，人民法院出版社，2005。

④ 黄松有主编：《最高人民法院人身损害赔偿司法解释的理解与适用》，72 页，北京，人民法院出版社，2004。

⑤ See Basil S. Markesinis and Hannes Unberath, *The German Law of Torts: A Comparative Treatise* (4ed), Hart Publishing, 2002, p. 900.

⑥ 参见杨立新：《侵权法论》，3 版，602 页，北京，人民法院出版社，2005。

⑦ 数个小孩在河边打水漂，河对岸一行人眼睛被打瞎，但无法确定是谁打的水漂导致。

⑧ 参见黄松有主编：《最高人民法院人身损害赔偿司法解释的理解与适用》，71 页，北京，人民法院出版社，2004。

性上，在德国法上，如果其中一个参与人的行为是合法的（例如，有权使用武器），则不但排除了他个人的责任，同时受害人也不能根据第 830 条第 1 款第 2 句对其他参与人行使请求权。[①]

第三，危险的不合理性。共同危险行为中的“危险行为”的含义与高度危险行为致害中的“危险行为”的含义显然是不同的。高度危险行为致害的“危险”是即使尽到高度注意义务，采取安全保障措施，防止造成损害，但由于科学技术和其他方面的限制，不可能完全预防可能发生的危险[②]；而共同危险行为中的“危险”，是只要尽到足够的注意义务就可以预防危害发生的一般危险，只是由于行为人的过失或者行为不当，导致这种本不应该面临的社会危险出现并造成损害，这种危险性是不正当、不合理的。[③] 同时危险性受到较强的法律政策因素影响，如在闹市区高楼上向下扔玻璃瓶，即具有对社会的极大危险性，尽管玻璃瓶在一般情况下并不是特别危险物，但人人皆知上述扔瓶行为可能会造成严重后果，应该认为有较强的危险性和可责难性。

判断行为是否具有群体性，即危险行为之间是否具有客观关联共同性而构成危险活动，应该考虑以下两个方面：

第一，危险行为之间具有时空一致性。一般认为，共同危险行为不以主观上彼此知悉和从事集体行为为必要[④]，但致害性行为应有“一定空间与时间上关联”[⑤]，尽管并非严格意义上的同时、同地，但此仅为必要条件而非充分条件。史尚宽先生认为：“数人需关与有为侵权行为之危险之行为（因其发展可导入直接引起损害之行为）”[⑥]，并举例，同宿舍二人，其中一人因过失酿成火灾，另一人虽“同宿一室，不能谓其已关与危险行为”[⑦]。王泽鉴教授也认为，“此应就造成危害的时空关联加以判断”，同时也举例认为“森林因有人丢弃烟蒂引起火灾，不能认定当日登山的人，都是共同危险行为人”[⑧]。

第二，危险行为人具有参与人的性质。主张共同危险行为者，应积极证明被告有所行为，始得请求连带赔偿损害。若无加害行为，则不得主张共同危险行为。[⑨] 在危险行为具有群体性的判断标准上，则具体化为危险行为人是否具有“参与人”的性质。所谓“参与人”，即如果只需设想某人的行为确实导致了损害的发生，他

① 参见［德］马克西米利安·福克斯：《侵权行为法》，齐晓琨译，238～239 页，北京，法律出版社，2006。

② 参见杨立新：《侵权法论》，3 版，485～486 页，北京，人民法院出版社，2005。

③ 参见魏振瀛主编：《民法》，708 页，北京，北京大学出版社，2000。

④ 参见王泽鉴：《侵权行为法》，第 2 册，46～48 页，台北，自版，2006。

⑤ 黄立：《民法债编总论》，修正 3 版，300 页，台北，自版，2006。

⑥ 史尚宽：《债法总论》，175 页，北京，中国政法大学出版社，2000。

⑦ 史尚宽：《债法总论》，176 页，北京，中国政法大学出版社，2000。

⑧ 王泽鉴：《民法概要》，216 页，北京，中国政法大学出版社，2003。

⑨ 参见孙森焱：《民法债编总论》（上册），233 页，北京，法律出版社，2006。

就能满足包括过错在内的、侵权行为的全部构成要件，那么他就具有了参与人的性质。也就是说，对于实现侵权的构成要件来说，只有对加害人是否造成了损害这一问题，允许存在情况不明的状态。受害人对损害的存在、侵权行为参与人的过错、违法性，原则上仍然要承担举证责任，只是对于每个参与者的行为与损害结果之间的因果关系，无须负举证责任。①

三、共同危险行为的数人侵权责任分担形态选择与最终责任分担

（一）比较法上的多数意见是连带责任——以“打猎案”为例

比较法上对于共同危险行为的共同关注源于早期各国普遍出现的“打猎案”，案情大致相似：多位猎人对第三人方向开枪，其中一位猎人的子弹击中受害人，但不知具体是谁的子弹击中。德国最高法院早在 1909 年就作出了使之承担连带责任的判决。② 法国法上确立连带责任的案例是 1957 年的 Litzinger v. Kintzler③ 一案，并将这一做法延续下来，多次作出相同或类似判决。④ 1970 年《西班牙狩猎法》规定：如果一个人在狩猎中被击中又不能认定是谁击中的，所有的狩猎参与者被认为负有连带责任。该规定于 1983 年通过判决类推适用到一起普通民事案件中：一群儿童在公共道路上玩耍并扔小金属片，受伤的人未能指认谁扔的金属片扎伤了他，最高法院判决所有扔金属片的儿童的父母承担连带责任。⑤ 奥地利、希腊、荷兰和意大利等国尽管没有类似案件发生，但对此也持类似的态度。⑥ 日本未见“打猎案”，但有类似的“抛石案”：“各人行为均有致他人的伤害的危险，为保护受害人，理应由抛石人共同负责。”⑦

英国法院没有作出过关于“打猎案”的判决⑧，英联邦法院在这方面的案例是加拿大最高法院 1951 年判决的 Cook v. Lewis⑨ 一案。对于类似案件如果在英国法

① 参见［德］马克西米利安·福克斯：《侵权行为法》，齐晓琨译，235 页及译者注，北京，法律出版社，2006。

② JW1909 年，136 页，转引自张新宝、李玲：《共同侵权的法理探讨》，载《人民法院报》，2001-11-09。

③ D1957. Jur. 493.

④ See Bénédict Winiger，Helmut Koziol，Bernhard A. Koch，Reinhard Zimmermann eds.，*Essential Cases on Natural Causation*，Springer Wien New York，2007，p. 364.

⑤ 参见［德］克雷斯蒂安·冯·巴尔：《欧洲比较侵权行为法》（上卷），张新宝译，84 页，北京，法律出版社，2001。

⑥ See Bénédict Winiger，Helmut Koziol，Bernhard A. Koch，Reinhard Zimmermann eds.，*Essential Cases on Natural Causation*，Springer Wien New York，2007，p. 388.

⑦ 邓曾甲：《日本民法概论》，112 页，北京，法律出版社，1995。

⑧ See W van Gerven，P Larouche，J Lever，*Cases*，*Materials and Text on National*，*Supranational and International Tort Law*，Hart Publishing，2000，p. 444.

⑨ ［1951］SCR 830，（1952）1 DLR 1，SCC.

院进行判决的可能结果，尽管有少数英国学者认为可能面临和因果关系基本原则的冲突①，更为主流的意见则持肯定的态度。② 早期美国法上法院对“打猎案”根据一般证据法上的“更可能有”（more likely than not）规则来确定责任，如果 D_1 打出了两颗子弹而 D_2 只打出了一颗，那么 D_1 承担全部责任，而 D_2 不承担责任。在 Summers v. Tice③ 一案中，加州最高法院面临了新的困难，由于两个加害人都只打出了一颗子弹，因而各自仅有的 50%加害可能无法达到“优势证据规则”（preponderance evidence）的 50%以上的要求，受害人可能因此无法向任何人请求损害赔偿，因此法院创造性地判决二人承担连带责任。④ 可见，作为典型的共同危险行为案型的“打猎案”，在比较法上均适用连带责任。

（二）新近出现的按份责任形态理论及其理论困境

一般认为，在具体的加害人不能确定的时候，侵权法面临是所有的参与者都要承担连带责任，抑或如果原告不能证明因果关系他们可以逃脱责任两种选择。⑤ 不过近年来也出现了新的按份责任形态理论，笔者仅对两种具有代表性的理论进行评论。

1. Spier 教授的“自己责任论”

在《欧洲侵权法原则》中，因果关系部分起草者 Spier 教授特别强调其基本观点是责任人仅对其造成的损害负责，即不对他人造成或者可能造成的损害部分负责，不论该部分是他人、受害人还是自然原因造成的。⑥ 因此由其起草的第 3：103 条“选择性原因”第 1 款规定：“在存在多个行为，其中每一行为单独地都足以引起损害，但不能清楚地确定事实上是哪一个引起了损害时，可根据每个行为引起受害人损害的相应范围的可能性认定其为受害人损害的原因。”上述原则更规定实际上是按照风险大小比例适用按份责任⑦，并且明确排除第 9：101 条第 1 款第 b 项“一人独立的行为或活动引起受害人的损害，而同一损害也可归因于另一人”的连带责任适用。⑧ 他甚至还认为第 3：103 条第 1 款应在可能由人为原因或者自然原因造成的损害案件中适用，如在登山者可能被其他登山者导致的或者自然滚下的落石击

① See W. V. H. Rogers, *Winfield and Jolowicz on Tort* (16*ed*), London: Sweet & Maxwell, 2002, p. 223.

② See Simon Deakin, Angus Johnston, and Basil Markesinis, *Markesinis and Deakin's Tort Law*, Oxford University Press, 2008, p. 252.

③ 199P. 2d1 (Cal. 1948).

④ See Richard A. Epstein, *Torts*, Aspen Publishers, 1999, pp. 226－227.

⑤ 参见［德］克雷斯蒂安·冯·巴尔：《欧洲比较侵权行为法》（上卷），张新宝译，81 页，北京，法律出版社，2001。

⑥ See European Group on Tort Law, *Principles of European Tort Law: Text and Commentary*, Springer, 2005, p. 46.

⑦ Ibid., p. 48.

⑧ Ibid., p. 144.

中的案件中，认为受害人可以向他人请求一半的损害赔偿。[①] 作出这种按份责任规定的理由是，一方面没有强制性的理由让责任人对他可能并未造成的全部损害负责，另一方面也不能让受害人不能得到赔偿。[②]

在笔者看来，Spier 教授的“自己责任论”至少存在以下两个方面的问题而不可取：(1) 在逻辑方法上，Spier 教授选择按份责任的理由，简而言之，就是侵权人不能承担连带责任，也不能不承担责任，因此只能承担按份责任。但在笔者看来，依照其不能为他人承担责任的一贯逻辑，即使按份责任也不应该承担。因为承担按份责任的基础，应该是加害人造成了该部分损害，现在受害人无法证明谁是加害人，并不等于加害人按照其致害比例造成了部分损害，因而也不能使之承担按份责任。可见，通过仅探讨不能承担连带责任和不承担责任的排除法来论证承担按份责任的正当性，也是不合理的。(2) 在逻辑论证上，存在理论上的自身矛盾。Spier 教授自己也承认，可能出现部分共同危险行为人无法查明的情况，因此无法按照其设计的按份责任进行分担的问题，并提出由法院忽略无法查明的共同危险行为人，针对能够查明的被告进行按份分担的思路。[③] 这种选择显然与其自身理论矛盾，体现在三个方面：第一，既然按份责任的基础是不能为他人承担责任，而这种妥协方案实际上仍旧使不能查明的共同危险行为人承担责任。第二，如果只有一个共同危险行为人能够查明，实际上其承担的仍然是连带责任，这恰恰是该理论试图否认的。第三，如果承认可能的加害人为可能的自然原因负责，如“登山案”，则在很大程度上撼动了因果关系的基本理论，也与其自己责任理论矛盾。

2. Epstein 教授的“受偿风险概率论”

美国的 Epstein 教授则另辟蹊径，从受害人完全受偿的概率和受偿程度的角度对按份责任的思路进行了论证：假设 D_1 和 D_2 为两个共同危险行为人，D_1 没有赔偿能力，D_2 有赔偿能力，二人造成损害的概率各为 50%。如果最终查明损害是由 D_1 造成的，则受害人 P 无法受偿，因为 D_1 没有赔偿能力；如果是由 D_2 造成的，则 P 可以完全受偿。因此按照案件可能的情况，P 有 50% 的可能性全部受偿，这种结果与苛加 D_1 和 D_2 各自 50% 的按份责任的效果是相同的。[④] Epstein 教授的论证看似合理，其实却存在逻辑上的错误。在查明加害人的案例中，P 要么受偿，要么不受偿；但在共同危险行为中，正是由于无法查明加害人，这好比天气预报的降雨概率，如果说明日降雨概率 50%，同时也是在说，明日的不降雨概率是 50%，但明日是否降雨只有一种情况，即降雨或者不降雨。概率统计不能直接决定单独事件的发生，这是概率论与决定论的根本

① See European Group on Tort Law, *Principles of European Tort Law: Text and Commentary*, Springer, 2005, p. 57.

② Ibid., p. 48.

③ Ibid., p. 49.

④ See Richard A. Epstein, *Torts*, Aspen Publishers, 1999, p. 227.

差别。因此，这种论证方式只能用于较大数量的同类侵权行为，如后文将要提到的市场份额理论，但不能用于共同危险行为的个案。

（三）我国《侵权责任法》上共同危险行为承担连带责任的正当性

关于共同危险行为侵权责任形态的选择，主要考虑以下三个方面的问题：

第一，“保护受害人”不应成为连带责任选择的唯一理由。《德国民法典》第830条第1款第2句的立法目的在于使受害人摆脱举证难的困境，即在多人参与的侵权行为案件中，当无法完全准确地确定真正的加害人本人时，受害人的请求权不能因此无法实现。[①] 我国台湾地区民法学说继受了德国法的“保护受害人”学说，认为“其规范目的在于处理因果关系难以认定的困境”[②]，其意旨无非为保护受害人而设。[③] 我国侵权法学说和司法实务[④]也大多持“受害人保护说”，认为免除受害人的举证责任，而对其提供优厚保护。[⑤] 笔者认为，侵权责任构成与侵权责任分担，不应该受到致害人不明这一案情的影响。因此“保护受害人”的立法目的，既不能使本不应承担侵权责任的行为人承担责任，也不应该使本不应该承担连带责任的责任人承担连带责任，只是促使我们通过法律技术，绕开致害人不明这一证据障碍，根据其他案情认定侵权责任构成和确定侵权责任分担的标准。

第二，共同危险行为是数人侵权行为形态问题，而不是侵权行为类型问题，因此需要作出选择的是连带责任还是按份责任，故不存在不真正连带或者补充责任的适用问题。在其他基于共同的危险责任的特殊侵权行为类型，如产品责任、数人环境侵权责任和数个雇主共同导致的雇员因接触石棉而导致间皮瘤的案件中，可以使数人根据法律规定承担不真正连带责任。共同危险行为可能存在于同类或者不同类的各种侵权行为类型中，是关于数个侵权行为之间的关系描绘，因此应该适用侵权责任分担论中关于一般数人侵权责任分担形态，即连带责任与按份责任的选择理论。[⑥]

第三，共同危险行为的致害人的不明特征，使得按份责任的适用其实是不可能的。其理由在于，可能的致害人要么导致了损害，要么没有导致损害，不存在可能导致损害的问题，按份责任的承担，是在为“虚无”的“可能责任”负责。而连带责任的制度价值之一就在于，由于受害人可以向数个连带责任人中的一人或者数人请求全部的损害赔偿，因而实际上免除了受害人确定被告之外的其他加害人的负担。如果共同危险行为人的数个被告本来就构成了连带责任，那么就可以通过连带

① 参见［德］马克西米利安·福克斯：《侵权行为法》，齐晓琨译，234页，北京，法律出版社，2006。

② 王泽鉴：《民法概要》，216页，北京，中国政法大学出版社，2003。

③ 参见邱聪智：《新订民法债编通则》（上），123页，北京，中国人民大学出版社，2003。

④ 参见黄松有主编：《最高人民法院人身损害赔偿司法解释的理解与适用》，71页，北京，人民法院出版社，2004。

⑤ 参见张俊浩主编：《民法学原理》（下），修订3版，923页，北京，中国政法大学出版社，2000。

⑥ 参见王竹：《我国侵权法上特殊数人侵权责任分担制度立法体例与规则研究》，载《政法论丛》，2009（4）。

责任制度本身的特点绕开致害人不明的问题。因此，起诉共同危险行为人的请求权基础在于，共同危险行为人本来就应该承担连带责任，其是否就是实际致害人，则是共同危险行为人内部的问题。

综上所述，客观关联共同说定位下共同危险行为的侵权责任形态问题，需要与共同危险行为侵权责任的成立同时判断。其承担连带责任的基础不是主观的共同过失，而是客观共同危险群体行为具有较强的可责难性。共同危险行为成立，则数个危险人承担连带责任；共同危险行为不成立，则其不承担责任，因此不存在按份责任的适用可能。所以，《侵权责任法》第10条坚持规定共同危险行为人承担连带责任的立法选择是十分明智的。

（四）共同危险行为人之间的最终责任分担规则

《侵权责任法》第14条第1款规定："连带责任人根据各自责任大小确定相应的赔偿数额；难以确定责任大小的，平均承担赔偿责任。"但我国民法学者一般认为，共同危险行为人的责任份额，原则上应该平均分配。① 主要理由是，共同危险行为人在实施共同危险行为中，致人损害的概率相等、过失相当，各人以相等份额对损害结果负责，是公正合理的。② 但在例外情况下，也可允许斟酌具体案情，参照危险行为的可能性的大小按其比例分担。③ 在笔者看来，"原则"与"通常"代表了法律的不同态度。尽管"通常"情况下，共同危险行为人的责任划分一般是平均分担的④，但从"原则"上看，共同危险行为人分担最终责任的基础应该是客观危险。如果行为人造成他人损害的概率并不相同，则应当依据概率的大小确定原因力的大小，进而在共同危险行为人内部分配赔偿责任的份额。⑤ 因此，《侵权责任法》第14条第1款的规定也应该适用于共同危险行为。如A、B、C三人为某品种烈犬爱好者，A有两只，B、C各一只，大小类似，因爱好相同而聚在一起放逐相互攀比。D因有急事奔跑而过，4只狗一同追逐并有其中一只狗将D咬伤，从伤口上无法确认是哪只狗咬伤，则应由A、B、C三人承担连带责任，并按照2∶1∶1的比例进行内部分担。

四、共同危险行为人免责事由的"补充说"

关于共同危险行为人能够证明自己没有实际造成损害，是否能够作为免责事由，学说上一直存在"肯定说"和"否定说"的争议。

① 参见王利明、杨立新：《侵权行为法》，198页，北京，法律出版社，1996。
② 参见杨立新：《侵权法论》，3版，620页，北京，人民法院出版社，2005。
③ 参见王利明：《侵权行为法研究》（上卷），751页，北京，中国人民大学出版社，2004。
④ 参见杨立新：《侵权法论》，3版，606页，北京，人民法院出版社，2005。
⑤ 参见程啸：《侵权行为法总论》，404页，北京，中国人民大学出版社，2007。笔者赞成程啸博士优先按照风险概率进行分配的观点，但对此处使用"原因力"的概念存有异议。

所谓“肯定说”，即认为法律规定共同危险行为制度的目的，使在无法查证情形下，消除受害人的举证困难，而不在为其找寻更多的债务人。其他参与人可以通过证据证明，其行为或者协力，绝无可能导致损害之发生，而免除责任。① 比较法上，美国法认为应作为一种举证责任倒置规则②，持肯定说。③ 法国法上认为这种因果关系是推定的，可以由被告证明其未造成损害。④ 德国法则认为，被告与损害之间必须具有最低限度的潜在因果关系，因此可以通过证明其不可能造成损害而免除责任。⑤ 我国传统民法学说上，梅仲协先生持肯定说。⑥ 史尚宽先生则认为，共同危险行为人不独证明其未加损害，而且须证明其未为损害之条件或原因，始得免其责任⑦，该说是对肯定说的进一步发展和精细化。张新宝教授指出，与肯定说相应的，是不能免责的其他共同危险行为人之间，继续承担连带责任的结论。⑧《人身损害赔偿司法解释》第 4 条和《最高人民法院关于民事诉讼证据的若干规定》第 4 条第 1 款第 7 项均采肯定说。⑨

“否定说”认为，若仅证明自己无加害行为，而不能证明孰为加害人者，既无法确定责任之归属，自仍应负连带损害赔偿责任。⑩ 郑玉波教授在我国台湾地区“民法典”第 185 条第 1 款后段规定的“不能知其中孰为加害人者，亦同”立法语境下，精辟地指出：“盖法文明定‘不知’孰为加害人即应连带负责，因而虽能证明其非加害人，但仍不能因之即‘知’孰为加害人，故仍不能免责。”⑪ 我国法学界，以王利明教授为代表的部分学者持否定说，认为共同危险行为人不因证明自己的行为未造成实际损害而免除连带补充责任，还必须要证明谁是真正的行为人。⑫

《侵权责任法》第 10 条改变了传统民法的立法思路，先规定“能够确定具体侵权人的，由侵权人承担责任”，再规定“不能确定具体侵权人的，行为人承担连带责任”。这种立法模式实质上回避了对“肯定说”和“否定说”的选择问题，但在《侵权责任法》未来实施中这一问题必须得到回答，尤其是部分危险行为实施人可以证明

① 参见黄立：《民法债编总论》，修正 3 版，301 页，台北，自版，2006。

② See ALI, *Restatement of the Law, Third, Torts: Apportionment of Liability*, 2000. § 4 Proof of Plaintiff's Negligence and Legal Causation. Reporters Notes: Comment e. Special rules with respect to the burden of proving causation.

③ See ALI, *Restatement of the Law, Second, Torts*, § 433B Burden of Proof, Comment f. & Illustration 9.

④ See W van Gerven, P Larouche, J Lever, *Cases, Materials and Text on National, Supranational and International Tort Law*, Hart Publishing, 2000, p. 443.

⑤ Ibid., p. 445.

⑥ 参见梅仲协：《民法要义》，198 页，北京，中国政法大学出版社，1998。

⑦ 参见史尚宽：《债法总论》，176 页，北京，中国政法大学出版社，2000。

⑧ 参见张新宝：《侵权责任法原理》，88 页，北京，中国人民大学出版社，2005。

⑨ 参见程啸：《侵权行为法总论》，405 页，北京，中国人民大学出版社，2007。

⑩ 参见曾隆兴：《详解损害赔偿法》，61 页，北京，中国政法大学出版社，2004。

⑪ 郑玉波：《民法债编总论》，修订 2 版，陈荣隆修订，144 页，北京，中国政法大学出版社，2004。

⑫ 参见王利明：《共同危险行为若干问题研究》，载《法学杂志》，2004 (4)。

自己不是实际致害人的情形。由于共同危险行为的要件不是很严格，因而其法律效果也是缓和的。[①] 对于共同危险行为人能够证明自己未实际致害是否能够作为免责事由，应该从追偿权的行使角度来考量。共同危险行为的最终责任应该由实际加害人来承担，如果能够证明自己不是实际加害人，即能够排除最终责任的适用。如无特别理由，对于不承担最终责任的危险行为人，出于追偿程序行使方便和效率的考虑，应该赋予其顺位利益，即由其他不能证明自己没有造成损害的责任人先行承担侵权责任，受害人无法完全受偿时，才由其承担补充责任。鉴于此，笔者建议未来最高人民法院“侵权责任法司法解释”采纳“补充说”，借鉴我国侵权法上的补充责任制度[②]，共同危险行为人能够证明自己不是实际加害人的，免除其承担连带责任，但若受害人无法从其他连带责任人处完全受偿的，由免除连带责任的加害人承担补充责任。这种制度设计相对于受害人并无改变，但免除了非实际致害人的连带责任，进一步缩小了连带责任的适用范围，更有利于在一定程度上确保行为人的自由。

① 参见［德］迪特尔·梅迪库斯：《德国债法分论》，杜景林、卢谌译，763页，北京，法律出版社，2007。

② 参见王竹：《论补充责任在〈侵权责任法〉上的确立与扩展适用》，载《法学》，2009（9）。

专题十六

数人侵权责任分担中最终责任份额的确定方式研究

《侵权责任法》第12条规定："二人以上分别实施侵权行为造成同一损害，能够确定责任大小的，各自承担相应的责任；难以确定责任大小的，平均承担赔偿责任。"第14条第1款规定："连带责任人根据各自责任大小确定相应的赔偿数额；难以确定责任大小的，平均承担赔偿责任。"这是我国法律中第一次明确规定数人侵权责任分担中的最终责任确定规则。从两个条文的相似性可以看出，尽管按份责任形态和连带责任形态的主要差别在于，数个侵权责任人是否对外连带地承担责任，但均适用类似的规则确定对内的最终责任份额。这一点依据《侵权责任法》第67条没有区别规定按份责任和连带责任可以得到印证："两个以上污染者污染环境，污染者承担责任的大小，根据污染物的种类、排放量等因素确定。"不过，《侵权责任法》使用的"相应的责任"和"责任的大小"用语，对于司法实践中最终责任份额的确定并无任何实质性的指导意义，笔者将尝试对该问题进行探讨。

一、最终责任分担的基本原理

数人侵权责任分担中的最终责任份额分担问题，实质上就是最终责任的确定问题。数个责任人之间对内进行侵权责任分担的意义在于以下三点：第一，确保矫正正义的实现。即按照责任自负的原则分配最终责任份额，以实现侵权法由致害人填补受害人的矫正正义功能。第二，预防受害人的多重受偿，实现权利义务的平衡。如果不进行最终责任的分担而由数个侵权责任人分别承担全部的损害赔偿责任，则可能造成受害人多重受偿的后果。第三，作为受偿不能风险分担和分摊请求权与追偿请求权产生的基础。在最终责任分担的基础上，适用数人侵权责任分担形态分配受偿不能风险规则；在责任人承担了赔偿责任后，通过分摊请求权和追偿请求权来化解受偿不能的风险。

（一）最终责任份额的可确定性

在最终责任份额的确定问题上，存在一种“责任比例”难以“科学确定”的质疑。① 不过更多的学者认为，不能将责任的不可分性与科学上或者医学上的不可分性等同。② 将责任比例分配中考虑“法律原因”的原因力等同于考虑“物理原因”的大小，侵权法上的责任比例确定考虑的不是物理上的原因大小，而是对可责难性的考虑与衡量。③ 在笔者看来，最终责任比例可确定性这一命题的前提是侵权损害赔偿责任的财产性。在罗马法及日耳曼法上，债务人系以其人身负责，债务人不履行其债务时，债权人得径为直接强制，拘束其人身，贩卖为奴。随着社会进步，基督教教义的传播及公权力日臻发达，人身责任的意义逐渐消退，而给付当为的伦理因素逐渐增强，经过长期的发展，终于演变成为纯粹的财产责任。④ 尽管不同的裁判者对于同一案件中各方当事人的责任比例会作出不同的判断，但这种看似责任比例无法“精确”确定的现象，并不代表不应该作出这种确定的努力。可以明确的是，按照确定的过错比例分配责任是一种能够更接近正义的分配方式⑤，而且如果实在无法确定分配比例，还可以适用平均分配的方式作为补充性的规则。总之，最终责任分担的比例是可以确定的。

（二）最终责任分担的基本原则：“比例分担原则”

对法院来说，最公平的做法莫过于达到“责任与过错相等”的状态⑥，即实现分配正义意义上的“应得”。分配正义实现的方式是按照分配标准进行分配，因为“正义以数学的术语将财产的函数界定为平等的函数。在数学上，通过平等的标记将一个人与其他人联系起来”⑦。分配正义按照“几何比例”的原则去实现，被后世学者形象地描述为如果 A∶B=C∶D，那么 A∶C=B∶D，因而（A+C）∶（B+D）=A∶B，也就是说，如果把 C 给 A，把 D 给 B，双方的相对地位就与分配前相同，这样做就是正义的。⑧ 这里的“:”“+”都是借用数学符号进行的比喻，具体到最终责任分担上，A∶B 就是双方的可责难性⑨和原因力比例，C∶D 就是分配

① See American Motorcycle Association v. Superior Court，20 Cal. 3d 578，146 Cal. Rptr. 182，206－207 (1978)（Clark，J.，dissenting）.

② See European Group on Tort Law，*Principles of European Tort Law*：*Text and Commentary*，Springer，2005，p. 145.

③ See Victor E. Schwartz with Evelyn F. Rowe，*Comparative Negligence*，LexisNexis Matthew Bender，4th ed. 2002 with 2007 Cumulative Supplement，p. 357.

④ 参见郑玉波：《民法债编总论》，修订 2 版，陈荣隆修订，9 页，北京，中国政法大学出版社，2004；王泽鉴：《债法原理》，第 1 册，29 页，北京，中国政法大学出版社，2001。

⑤ See Victor E. Schwartz with Evelyn F. Rowe，*Comparative Negligence*，LexisNexis Matthew Bender，4th ed. 2002 with 2007 Cumulative Supplement，p. 443.

⑥ See Hoffman v. Jones，280 So. 2d 431，436（Fla. 1973）.

⑦ ［加］欧内斯特·J. 温里布：《私法的理念》，徐爱国译，64 页，北京，北京大学出版社，2007。

⑧ 参见［美］罗斯：《亚里士多德》，王路译，张家龙校，231 页，北京，商务印书馆，1997。

⑨ 在过错责任侵权行为中体现为主观过错，在无过错责任侵权行为中体现为客观危险。

给双方的最终责任分担比例，A+C 和 B+D 就是将最终责任分配给双方，最终的理想效果是分配后仍然与 A∶B 相等，即实现了比例分配。这种按照比例分配的原则就是“比例分担原则”。

（三）最终责任分担的标准

对于数人侵权责任分担中可责难性和原因力的考量权重，学界长期存在争议。以过错责任为例，以杨立新教授为代表的“过错为主说”认为，过错程度的轻重对于共同责任的分担起主要作用①，主要理由是：第一，以过错为主能够更好地实现侵权法的预防功能。第二，过错的类型化使得法官对过错的判断和比较更具可操作性。第三，在一些特殊情况下，如精神损害赔偿领域，原因力的判断、比较极为模糊，过错程度比较明显，这时运用过错比较来确定责任范围非常必要。② 而以张新宝教授为代表的“原因力为主说”则认为，应该以原因力作为主要标准，适当考虑第三人与被告的过错类别与过程程度③，主要理由是：第一，在过错推定和严格责任中，无法确定各行为人之间的过错程度。第二，存在无法比较过错的情形，包括过错程度的判断标准的抽象性、过错比例确定者的差异性和证据的缺乏等因素。第三，在特定情况下，如主观故意但原因力很小的情况下，仅仅比较过错可能造成不公平的结果。④ 王利明教授的观点相对折中，认为应当根据共同侵权行为人的过错程度和原因力程度确定分担比例。⑤

比较法上普遍认为，最终责任份额的确定是法官自由裁量权的范围，清晰地说明侵权责任份额决定的运算法则是不可能的⑥，也不存在详细或者严格的规则。⑦ 但这并不意味着无章可循。笔者认为，应该区分最终责任分担与受偿不能风险的分担。最终责任分担所体现的是侵权法的补偿价值，因此应该以客观作用，即原因力标准为主；而受偿不能风险的分担体现的是侵权法的预防价值，因此在过错责任领域，应该以过错程度为主，在无过错责任领域，则应该以客观危险程度为主。最终责任分担理论是与侵权责任构成理论直接对应的侵权责任分担理论，体现责任自负的原则，因此其分担标准是“以原因力比例为主、可责难性比例为辅”。相应的，受偿不能风险分担的标准就应该是“以可责难性比例为主，原因力比例为辅”。侵权责任人只对自己所造成的损害负最终赔偿责任，其责任范围与因其侵权行为而产生的损害赔偿之债范围相同，其分配的基本规则就是使得最终责任份额与其造成的

① 参见杨立新：《侵权法论》，3 版，200 页，北京，人民法院出版社，2005。

② 参见杨立新、梁清：《原因力的因果关系理论基础及其具体应用》，载《法学家》，2006（6）。

③ 参见张新宝：《侵权责任法原理》，142 页，北京，中国人民大学出版社，2005。

④ 参见张新宝：《侵权责任构成要件研究》，378～380 页，北京，法律出版社，2007。

⑤ 参见王利明：《侵权行为法研究》（上卷），735 页，北京，中国人民大学出版社，2004。

⑥ See ALI, *Restatement of the Law*, *Third*, *Torts*: *Apportionment of Liability*, 2000. § 8. Reporters Notes: Comment c.

⑦ See European Group on Tort Law, *Principles of European Tort Law*: *Text and Commentary*, Springer, 2005, p. 145.

损害比例相等。

二、最终责任份额的确定程序

在证据足以确定最终份额的情形下，我国司法实践中的普遍做法是首先确定数个连带责任人的整体责任，然后在连带责任人之间确定各自的责任份额。① 但也有学者提出反对意见，认为加害人之间的追偿在程序上不能与共同加害人对受害人承担连带责任相混淆。共同加害人对受害人承担连带责任不以共同加害人之间进行追偿是否有困难作为考虑的前提。法院判决数个加害人承担连带责任时，原则上不得在判决书中分割各加害人的赔偿份额。在后来的追偿过程中发生纠纷，追偿权人再行诉诸法院，法院再作出判决。② 这种观点考虑到了实践中可能出现的因证据不足无法在诉讼中一次性确认最终责任份额的情形，具有一定的合理性。值得注意的是，根据笔者统计，《最高人民法院公报》从 1985 年创刊到 2010 年年底，共公布了 200 个侵权类案例③，其中判决承担连带责任的 22 份判决书中，仅有“厦门市粉末冶金厂诉厦门市开元区横竹金属制品厂、陈昆西、陈孟宗商业秘密侵权纠纷上诉案”④ 一份判决书对连带责任人的内部份额进行了明确，这在一定程度上说明司法实践中能够实际在判决连带责任的同时对连带责任人最终责任份额进行确定的案件并不占多数。尽管存在司法实践和学说上的不同认识，但可以确定的是，法院在确定分摊的数额时，应该首先确定每一个共同侵权行为人应该分担的部分⑤，否则分摊请求权的行使便无从谈起。

比较法上，欧洲大陆法系国家在实践中的一般做法是将其作为受害人提起的主要诉讼的附带问题解决。⑥ 英美法系国家的最终责任份额确定程序一般由可能享有追偿权的人决定。英格兰 1935 年《法律改革（已婚妇女和侵权行为人）法令》最早对分摊请求权进行了规定，现在除苏格兰仍然适用 1940 年《法律改革（杂项规定）法》第 3 条规定外，英格兰、威尔士和北爱尔兰均适用 1978 年《民事责任（分摊）法令》第 2 条对数个加害人之间的责任分配规定。美国法上，1979 年《统一比较过错法案》第 4 条第 a 款第 2 句规定：“该分摊请求权可以通过原诉讼或者为此目的单独提起诉讼来强制执行。”2003 年《统一侵

---

① 参见杨立新：《侵权法论》，3 版，618～619 页，北京，人民法院出版社，2005。

② 参见张新宝：《侵权责任法原理》，84～85 页，北京，中国人民大学出版社，2005。

③ 张新宝教授在《最高人民法院公布的典型侵权百案类评》一文中对 1985—2001 年的 97 个公报案例进行了整理，笔者按照同样标准对 2002 年起到 2010 年第 12 期的公报案例进行了初步整理，共计 103 个侵权案例，合计 200 个。

④ 载《最高人民法院公报》，1995（1）。

⑤ 参见王利明：《侵权行为法研究》（上卷），734 页，北京，中国人民大学出版社，2004。

⑥ See European Group on Tort Law，*Principles of European Tort Law：Text and Commentary*，Springer，2005，p. 139.

权责任分担法案》第 7 条第 d 款也有类似规定："分摊或者追偿的请求可以在原诉讼或者独立诉讼中主张。"但如果选择单独提起诉讼，则限制在较短的时间内。如 1979 年《统一比较过错法案》第 5 条第 c 款将其限制在"判决作出并成为终局判决一年之内"。不过总体来说，美国法院更倾向于采用所谓的全部争议原则，将所有责任人的份额一次性确定下来，更为合理。其理由在于，如果重新提起诉讼，有可能作出与第一次诉讼不同的份额比例判决。① 因此，美国法院一般会在判决中说明每一方的比例责任份额。②

值得关注的是，《侵权责任法》（草案·公开征求意见稿）第 14 条第 1 款规定："连带责任人承担连带责任后，根据责任大小确定相应的赔偿数额；难以确定的，平均承担赔偿责任。"而最后通过的《侵权责任法》第 14 条第 1 款最大的变化就是删除了"连带责任人承担连带责任后"的用语。根据草案起草机关的权威解读，删除该部分条文的目的是："侵权之诉和连带责任人之间的责任分担之诉就可以合并解决，既解决了连带责任人的责任分担，也不妨碍对被侵权人利益的保护，同时还达到简化程序，减少诉讼成本，提高效率的目的。"③ 在笔者看来，最终责任份额的确定，是分摊请求权成立和行使的前提。因此，法院如果能够在一次判决中同时解决连带责任形态的适用和最终责任份额的确定，何乐而不为？但如果的确存在无法确定最终责任人的情况，也没有必要一定强求。所以，既没有必要要求原则上不能在判决书中分割加害人的份额，也没有必要强调必须在一份判决书中对其进行分割，但一定要在程序法上允许被告通过第三人诉讼将其他连带责任人纳入诉讼并确定最终责任份额。④

三、最终责任份额的确定方法

最终责任份额的确定方法，大体上可以分为比例分担和平均分担两类。所谓比例分担，则是根据"比例分担原则"，按照一定的比例基础对总的责任数额进行分担，在《侵权责任法》上体现为第 12 条前段规定的"能够确定责任大小的，各自承担相应的责任"和第 14 条第 1 款前段规定的"连带责任人根据各自责任大小确定相应的赔偿数额"。所谓平均分担，即按照责任人的数量，平均分配总的责任数额，在《侵权责任法》上体现为第 12 条后段和第 14 条第 1 款后段规定的"难以确定责任大小的，平均承担赔偿责任"。比较法上对于这两种最终责任份额确定方法

① See ALI, *Restatement of the Law*, *Third*, *Torts*: *Apportionment of Liability*, 2000. § 10 Effect of Joint and Several Liability. Reporters Notes: Comment f. Joinder of defendants.

② See ALI, *Restatement of the Law*, *Third*, *Torts*: *Apportionment of Liability*, 2000. § A19 Assignment of Responsibility: Jointly and Severally Liable Defendants. Comment i. Form of judgment.

③ 王胜明主编：《中华人民共和国侵权责任法解读》，64 页，北京，中国法制出版社，2010。

④ See European Group on Tort Law, *Principles of European Tort Law*: *Text and Commentary*, Springer, 2005, p. 146.

的运用，有以下几种典型的做法：

第一种做法是纯粹的平均分担。早期美国法院要求原告证明每个共同侵权人所造成的责任份额，这大大增加了原告的负担，并导致许多案件因为原告无法证明而败诉。法院基于公平的考虑改由被告负担该证明责任，如果不能证明则认为损害不可分，而适用连带责任。这种举证责任转化的正当性被认为是基于被告的可责难性而承担举证不能的风险。① 由于这种证据规则极大地扩张了美国侵权法上的连带责任的适用范围，引起了新的不公平，法院又不得不考虑减轻被告一方的负担，而平均分担就是选择之一。② 1955 年《统一侵权责任分担法案》第 1 条第 c 款明确规定："因故意（蓄意或放任）导致或者助成损害或者不当致死的任何共同侵权人不享有分摊请求权"。通过在该款区分故意和过失，为在第 2 条确定责任比例时特别强调不考虑过失之间的大小，为适用平均分配为原则的"按份份额"提供一定的正当性。③ 而具有开创性的案例则是 1968 年的 Loui v. Oakley④ 一案，不过由于这种规则产生基础的过渡性，尽管在 30 年中学说上不乏支持者，也没有法院明确拒绝，但直到 1997 年的 Campione v. Soden⑤ 一案，该规则才被美国法院重新正式采纳。⑥ 现在美国部分直接采纳 1939 年《统一侵权责任分摊法案》的州仍然适用纯粹的平均分担规则，不过这种做法随着比较过错制度的采纳而正在被逐渐废弃。

第二种做法是大部分大陆法系国家民法典采用"除法律另有规定外适用平均分担"的规定方式，这一立法模式源于《德国民法典》第 426 条第 1 款的规定："除另有其他规定外，连带债务人在相互关系中负相等的义务。"但实际上只有当所有其他分摊标准都不存在时，才适用这一原则。⑦ 冯·巴尔教授主持起草的《致另一方损害引起的非合同责任》第 6：105 条第 2 款采纳了德国法的模式："连带债务人之间的责任份额是均等的，除非考虑案件所有情况，尤其是过错或第三章规定的危险来源作用于损害的发生或扩大，连带债务人之间的责任份额不均等更为适合。"

① See ALI, *Restatement of the Law*, *Third*, *Torts*: *Apportionment of Liability*, 2000. § 26 Apportionment of Liability When Damages Can Be Divided by Causation. Comment h. Burden of proof and sufficiency of evidence to permit damages to be divided by causation.

② See ALI, *Restatement of the Law*, *Third*, *Torts*: *Apportionment of Liability*, 2000. § 26 Apportionment of Liability When Damages Can Be Divided by Causation. Reporters Notes: Comment h. Burden of proof and sufficiency of evidence to permit damages to be divided by causation.

③ See NCCUSL, *Uniform Contribution Among Tortfeasors Act* (1955 *Revised Act*), § 2. [Pro Rata Shares]. Comment.

④ 438P. 2d393 (Haw. 1968).

⑤ 695A. 2d1364 (N. J. 1997).

⑥ See ALI, *Restatement of the Law*, *Third*, *Torts*: *Apportionment of Liability*, 2000. § 26 Apportionment of Liability When Damages Can Be Divided by Causation. Reporters Notes: Comment h. Burden of proof and sufficiency of evidence to permit damages to be divided by causation.

⑦ 参见［德］马克西米利安·福克斯：《侵权行为法》，齐晓琨译，240 页，北京，法律出版社，2006。

第三种做法是《意大利民法典》第2055条确立的“比例分担为原则，平均分担为补充”的规则。该条第2款规定了最终责任份额的确定方式：“赔偿了损害之人得按照其他责任人各自的过错和造成损害后果的严重程度确定的价值，向其他每一个责任者行使追偿权。”第3款则直接规定了补充性的平均分摊规则：“在有疑问的情况下，推定所有人的责任相同（参阅第1298条）。”这种模式最早可以追溯到1811年的《奥地利民法典》第896条，1966年《葡萄牙民法典》第497条也采纳了这种模式。[①] 较新的民法典也多采纳这种做法，如《俄罗斯联邦民法典》第1081条“对致害人的追偿权”第2款规定：“对共同致害负担了赔偿责任的致害人，有权请求其他致害人依每人的过错程度给付其应向受害人给付的相应份额。当过错程度不能确定时，份额应均等。”《欧洲侵权法原则》第9：102条第2款采纳了这种模式：“在不违反本条第（3）的条件下，分摊额应根据各责任人的过错程度和其他与确立或减轻其责任有关的情事公平决定各自的赔偿相对责任。求偿额可以是全额补偿。如果不能确定责任人的相对责任，就由他们平均承担责任。”另外，西班牙学说[②]和以色列判例[③]也采这种做法。

《侵权责任法》第12条和第14条第1款均采纳了“比例分担为原则，平均分担为补充”的规则，这样兼顾了最终责任份额在确定程序可能后置的情形下，在独立的分摊请求权诉讼中，如果仍然无法确定最终份额，则适用平均分担作为最终解决方案，更为合适。需要强调的是，如果连带责任人之间能够对最终责任份额事先或者事后达成协议的，应该尊重其约定。[④]

四、最终责任比例分担论——对“相应的”责任的理解与适用

《侵权责任法》第12条前段规定的“承担相应的责任”和第14条第1款前段规定的“相应的赔偿数额”，实质上就是最终责任的比例分担问题。

（一）比较法上最终责任份额的确定方式

欧洲各国侵权法上数个侵权人之间的侵权责任分担制度都与受害人过错制度紧密相关[⑤]，一般由法官综合相关考量因素决定。1945年颁布《法律改革（助成过失）法令》后，英国法院对于在数个侵权人之间分担损害赔偿责任采纳与比较过失

① See W. V. H. Rogers (ed.), *Unification of Tort Law: Multiple Tortfeasors*, Kluwer Law International, 2004, p. 171.

② Ibid., p. 205.

③ Ibid., p. 111.

④ See European Group on Tort Law, *Principles of European Tort Law: Text and Commentary*, Springer, 2005, p. 145.

⑤ See W. V. H. Rogers (ed.), *Unification of Tort Law: Multiple Tortfeasors*, Kluwer Law International, 2004, p. 299.

制度类似的规则，考虑原因力和可责难性。[①] 德国法上法官通过类推适用第254条关于“共同过错”的规定[②]，根据各个加害人的行为对发生损害所起的作用和过错的程度来确定。[③] 法国法上也由法官依自由裁量权决定。[④]《瑞士债务法》第50条第2款则赋予了法官较大的裁量权：“法院有权自由裁决责任人是否以及在多大程度上分担责任。”

美国法上的最终责任份额问题属于事实问题，一般由陪审团作为事实发现人确定。陪审团将通过法庭提供的裁决表格对原告可获得的总赔偿数额和包括和解当事人在内的每一方当事人的责任进行确定。[⑤] 20世纪70年代之前美国法院大多采纳平均分担原则，之后由于不同时期对比较过失理论的采纳程度不同，根据考量的要素和决定比例的不同，可以将美国侵权法上最终责任份额的确定方式分为两个不同的阶段。

第一阶段是20世纪70年代以来的过错比例阶段。根据1979年美国法学会《侵权法重述·第二次》第886A条的官方注释，当时已经采纳比较过错制度的州在最终责任分担上，主要考虑双方的过错大小。[⑥] 而1979年《统一比较过错法案》第2条“损害赔偿分担”第b款规定则倡导同时考虑过错和原因力：“在决定过错的百分比时，事实审理者应该同时考虑有过错各方的行为性质和行为与主张的损害之间的因果关系范围。”根据该款官方注释，在过错程度的判断标准上，主要考虑：(1) 行为仅仅是疏忽大意还是对危险有所认知；(2) 行为造成风险的大小，包括受到威胁的人数和潜在的损害严重程度；(3) 行为人通过行为所追求结果的重要性；(4) 行为人较强或者较弱的能力；(5) 特殊的环境，例如在紧急情况下行为人不得不仓促决策等。另外，如果法律对行为人的注意义务有较高（如公共运输）或者较低规定的（如好意同乘），则以该规定为标准。在原因力的判断上，主要考虑过错行为与损害结果的相对距离。该款官方注释特别强调过错程度与原因力是混合不可分的。[⑦]

第二阶段是2000年以后明确为有责性比例阶段，主要考虑行为性质与原因力。2000年美国法学会《侵权法重述·第三次·责任分担编》第8条“分配责任份额时

---

① See W. V. H. Rogers, *Winfield and Jolowicz on Tort* (16ed), London: Sweet & Maxwell, 2002, p. 742.

② See W. V. H. Rogers (ed.), *Unification of Tort Law: Multiple Tortfeasors*, Kluwer Law International, 2004, p. 96.

③ 参见［德］马克西米利安·福克斯：《侵权行为法》，齐晓琨译，240页，北京，法律出版社，2006。

④ 参见张民安：《过错侵权责任制度研究》，760页，北京，中国政法大学出版社，2002。

⑤ See ALI, *Restatement of the Law, Third, Torts: Apportionment of Liability*, 2000. § A19 Assignment of Responsibility: Jointly and Severally Liable Defendants. Comment h. Verdict form.

⑥ See ALI, *Restatement of the Law, Second, Tort.* § 884A Contribution Among Tortfeasors, Comment: h. Method of apportionment.

⑦ See NCCUSL, *Uniform Comparative Fault Act*, Section 2. [Apportionment of Damages]. Commissioners' Comment.

应考虑的因素”规定：“向法律责任已被确定的各方分配责任百分比时应考虑的因素包括：(a) 该方造成风险之行为的性质，包括任何对该行为所造成风险的认识或漠视，以及任何对该行为所造成伤害的意图；及 (b) 该方造成风险之行为与该伤害之间因果关系的强度。”其中第 b 款相当于大陆法系的原因力，而第 a 款所谓的行为性质，相当于大陆法系的客观过错标准，主要考量因素包括以下几个方面：(1) 每个行为人引发风险的行为在当时情况下的不合理程度；(2) 行为没有达到所适用法律标准的程度；(3) 行为当时周围的环境；(4) 每个人的能力和缺陷；(5) 每个人对危险的认知、故意和不关心程度等。① 2003 年《统一侵权责任分担法案》第 4 条第 b 款也有类似规定：“在决定责任比例时，事实调查者应该考虑：(1) 各方和被确定应该负责的免责人的行为性质；和 (2) 行为和请求的赔偿金之间的因果关系范围。”应该明确，该款规定实际上阐明了侵权法的公理：过错的程度，无论基于过失还是严格责任，因果关系的接近性都应不可避免地被同时考虑。②

（二）我国司法实践中最终责任份额的确定方式

我国司法实践中最终责任份额一般由法官综合考量确定。1984 年《最高人民法院关于贯彻执行民事政策法律若干问题的意见》第 73 条第 1 句规定：“两个以上致害人共同造成损害的，应根据各个致害人的过错和责任的大小，分别承担各自相应的赔偿责任。”前一个“责任”，应当理解为原因力。可见，在《民法通则》颁布之前，我国司法实践中就已经综合考虑过错和原因力进行侵权责任分担。20 世纪 90 年代的主流侵权法学说将过错和原因力在侵权责任分担中的作用表述为“平均加权法”：首先，确定整体的责任是 100%。其次，确定各行为人主观过错在整体过错中的百分比，按照故意重于重大过失，重大过失重于一般过失的标准，分别确定各行为人各自所占的百分比；也可以依据各行为人的行为对损害发生的原因力来确定，对原因力亦可用百分比表示，即全体行为人的行为总和为 100%，各行为人可以根据其原因力的不同占不同的比例。最后，某一行为人的过错百分比与行为人原因力百分比相加除以 2，即为该行为人的责任份额。③ 这种做法看似机械，但在一定程度上给予了过错和原因力同等考量地位，具有很强的指导意义。未来司法实践中，应该坚持这种做法，由法官根据原因力和过错大小，综合确定最终的责任份额。

（三）最终责任份额的表示方式

最终责任份额的表示方式也是饶有兴趣的话题，体现出各国文化对于定量话题

① See ALI, *Restatement of the Law, Third, Torts: Apportionment of Liability*, 2000. § 8 Factors for Assigning Shares of Responsibility Comment: c. Factors in assigning shares of responsibility. 原文并未分为 5 点，这里是笔者根据原文总结的。

② See NCCUSL, *Uniform Apportionment of Tort Responsibility Act* (2003), Section 4. Finding damages; Attribution of Responsibility, Comments.

③ 参见王利明、杨立新：《侵权行为法》，198 页，北京，法律出版社，1996。

的不同决定方式。欧美各国的责任分级一般使用百分比，美国法院部分判决为了达到保证受害人受偿的目的，甚至能够细微到 1%，如著名的 Kaeo v. Davis① 案和 Walt Disney World Co. v. Wood② 案等。从欧洲各国的司法实践来看，受害人过错的责任降低区间最多的是在 25%～75%，其次是在 10%～90%，小于 5%或者 10%的份额很少被使用。③ 法国法院较为特别，通常使用分数。④

我国司法实践中长期采用过错分级制度大致确定责任，一般分为故意、重大过失、轻过失和一般过失 4 个等级。根据过错等级的不同，再加上原因力大小的因素，综合评断共同责任的分担。⑤ 不过近年来受到欧美各国学说的影响，司法实践中也较多使用百分比的表述。

笔者认为，原因力是对导致损害发生的原因大小的一种量化，而过错大小是对主观过错相对比例的量化，两者都是在为最终份额的确定创造量化的指标，因此并不表明原因大小程度与主观过错程度实际可以用数字表示。精确地衡量责任的份额是不可能的，从理性的角度来看，是不能够摆脱只是大致分级的比例额的（如 10%、20%和 30%等）。⑥ 但另一种情形是，可能按照参与人的数量进行分担，则可能出现 1/2、1/3、1/4 这样的份额。这两种不同的表达方式与计算方法有关，最终责任分担比例往往是前一种分级和后一种比例的单一或者混合计算结果，并根据公平理念予以适当求整。

（四）比例不明情况下的合理基础标准

所谓比例不明，即致害人明确，但对于损害之程度或内容则欠明确之情形⑦，因此不同于致害人不明的情形。主要的表现是通常作为考量要素的原因力和可责难性比例难以估算。这种情况广泛存在于数人造成的河流污染、水害、烟尘、噪声诉讼中。损害份额不明并非损害不可分⑧，仍然可能通过合理的标准进行侵权责任分担而避免适用平均分配规则。美国法学会《侵权法重述·第二次》第 433A 条第 1 款第 b 项提出了合理基础标准，值得借鉴。一般情况下，先确定某一造成损害程度大致相同的基本标准，如认为同一数量的污染物造成的损害大致相同，两条狗或者

---

① 719P. 2d387（Haw. 1986）.

② 515So. 2d198（Fla. 1987）.

③ Magnus/M. Martín-Casals（eds.），*Unification of Tort Law*：*Contributory Negligence*，Kluwer Law International，2004，p. 283.

④ 参见［德］克雷斯蒂安·冯·巴尔：《欧洲比较侵权行为法》（下卷），焦美华译，张新宝校，612 页，注释 270，北京，法律出版社，2005。

⑤ 参见杨立新：《侵权法论》，3 版，202～203 页，北京，人民法院出版社，2005。

⑥ 参见［德］迪特尔·梅迪库斯：《德国债法总论》，杜景林、卢谌译，522 页，北京，法律出版社，2003。

⑦ 参见孙森焱：《民法债编总论》（上册），234 页，北京，法律出版社，2006。

⑧ See ALI，*Restatement of the Law*，*Third*，*Torts*：*Apportionment of Liability*，2000. §26 Apportionment of Liability When Damages Can Be Divided by Causation. Comment f. Divisible damages.

两头牛可能造成的损害大致相同；然后对于数个工厂造成的同种污染，按照排污量分担损害赔偿，对于数条狗咬伤他人羊群的案件，按照狗的数量分担损害赔偿，数头牛吃掉了他人庄稼，不同的主人按照牛的数量分配赔偿责任，因数人过失防水导致他人土地水害，按照放水量分担赔偿责任等。① 《侵权责任法》第 67 条规定的“污染物的种类、排放量等因素”就属于确定最终责任份额的合理基础。在法律没有明文规定合理基础标准的情况下，可以根据实际情况确定合理基础标准。

另外，学说上所说的广义比例不明，还包括每个加害人都可能无须其他行为而单独造成整个损害后果的情形。② 这种情形在我国侵权法上，应该适用《侵权责任法》第 11 条的规定：“二人以上分别实施侵权行为造成同一损害，每个人的侵权行为都足以造成全部损害的，行为人承担连带责任。”

五、最终责任平均分担论——对“平均承担赔偿责任”的理解与适用

《侵权责任法》第 12 条后段和第 14 条第 1 款后段均规定：“难以确定责任大小的，平均承担赔偿责任。”这采纳了最高人民法院《人身损害赔偿司法解释》第 5 条第 1 款第 3 句确立的最终责任平均分担规则：“责任范围难以确定的，推定各共同侵权人承担同等责任。”衡平法谚有云：“平等即衡平。”在侵权法的早期，存在按照侵权人的数量对损害赔偿的最终责任进行平均分担的做法，但现代侵权法均一般不再平均分配，除非没有任何其他的分配方案。③ 我国民法学说也认为，如果确实不能依据过错程度和原因力确定责任，则可以由共同侵权行为人平均分担责任。④ 不过，作为一种在没有任何合适的分配基础的情况下最后的选择⑤，较之比例分担，其公平性欠佳。因此，对于责任份额不明的数人侵权责任分担采用平均分担是补充性的规则，是在更加公平的比例分担无法实现的情况下，以人数作为基本比例关系，退而求其次的比例分担原则实现方式。对于比例分担与平均分担之间关系的协调适用，应该注意以下四点：

第一，平均分担是一种暂时的责任分担方式，其适用本身就隐含着背离事实和存在更加公平分担方案的可能。因此，如果有新的证据能够表明，有较之平均分担更公平的侵权责任分担方案，则应该采纳更为接近比例分担的分担方式，并赋予承担了超过其责任份额的责任人以追偿请求权。

第二，平均分担的本质是一种等额推定，因此，在综合考虑原因力和过错的侵

① See ALI, *Restatement of the Law*, *Second*, *Tort*. §433A Apportionment of Harm to Causes. Comment on Subsection (1): d. Divisible Harm & Illustrations 3 - 5.

② 参见［德］马克西米利安·福克斯：《侵权行为法》，齐晓琨译，235 页，北京，法律出版社，2006。

③ See W. V. H. Rogers (ed.), *Unification of Tort Law*: *Multiple Tortfeasors*, Kluwer Law International, 2004, p. 297.

④ 参见王利明：《侵权行为法研究》（上卷），736 页，北京，中国人民大学出版社，2004。

⑤ See W. Page Keeton, et al., *Prosser and Keeton on Torts*, 5th ed., West Group, 1984, p. 350.

权责任分担机制中，应当尽量适用原因力和过错的单独等额推定。如果过错比例可以确定而原因力比例不明时，仅推定原因力相等，因而在责任比例确定中主要考虑过错；同理，在原因力比例可以确定而过错比例不明时，仅推定过错程度相等，而主要考虑原因力比例。在过错推定责任和严格责任中，也主要适用后一种规则。

第三，如果能够有证据说明数个责任人之间的大致责任比例区间，如 A 的责任至少是 B 的两倍，则应该按照更接近比例分担的方式，即按照 2∶1 的比例进行分担。不过因为并非最终确定了责任比例分担基础，这仍然是一种平均分担的变型。

第四，对于部分责任份额比例能够大致确定分担比例的情形，应该对该部分适用比例分担，对剩余部分适用平均分担。《欧洲侵权法原则》第 3：105 条“不确定部分的因果关系”规定：“在有多个行为的情形，能够确定其中没有任一行为引起全部或任何可确定部分损害的情况下，则那些（至少）可能引起损害的行为应被推定为引起了相同比例的损害。”其官方说明体现出比例分担与平均分担的协调思路：如果有 4 个加害人 D_1、D_2、D_3和 D_4，能够确定 D_1至少造成了 60％的损害，其余部分不明，则 D_1、D_2、D_3和 D_4均参与剩余 40％责任的均分，即 D_1承担 70％(60％＋10％)，D_2、D_3和 D_4各承担 10％。[①] 这种思路值得借鉴，即可以综合适用《侵权责任法》第 12 条和第 14 条第 1 款的前段和后段规则。能够确定责任比例的部分，适用前段“各自承担相应的责任”，不能确定责任的部分，适用后段“平均承担赔偿责任。”

① See European Group on Tort Law, *Principles of European Tort Law: Text and Commentary*, Springer, 2005, p. 55.

专题十七

连带责任分摊请求权研究

在《侵权责任法》颁布之前，我国民法上并无严格意义上的连带责任分摊请求权的规定，实务中准用《民法通则》第 87 条后段关于连带债务的规定："负有连带义务的每个债务人，都负有清偿全部债务的义务，履行了义务的人，有权要求其他负有连带义务的人偿付他应当承担的份额。"《侵权责任法》第 14 条第 2 款第一次在连带责任领域对分摊请求权进行了规定："支付超出自己赔偿数额的连带责任人，有权向其他连带责任人追偿。"《民法总则》第 178 条第 2 款第 2 句确认了这一规则："实际承担责任超过自己责任份额的连带责任人，有权向其他连带责任人追偿。"鉴于该款规定并未限定于侵权损害赔偿领域，因此可以准用于整个民事责任领域，意义重大。

一、分摊请求权与追偿请求权的区分

传统大陆法系债法学说和立法上并未明确区分分摊请求权和追偿请求权，只是笼统地称为追偿权①，但在立法体例上，分摊请求权一般规定在连带债务规则中，属于一般债法规则，而追偿请求权则主要是在动物致害、危险责任或者产品责任中作出特别规定。学说上，法国法区分连带责任人之间根据过错程度对责任进行分摊和全额的责任追偿②，但在理论上并不清晰。新近立法也有例外，如《欧共体产品责任指令》第 5 条和第 8 条对追偿请求权和分摊请求权作出了明确区分。③《俄罗斯联邦民法典》第 1081 条第 1 款和第 2 款实际上也对追偿请求权和分摊请求权作出了区分。

① 本书在引文中为忠于原作者的表达一般使用原文，因此部分引文中的"追偿权"实际上指的是"分摊请求权"。

② See George A. Bermann, Etienne Picard ed., *Introduction to French Law*, Kluwer Law International, 2008, p. 259.

③ See 85/374/EEC, Official Journal L 210, 07/08/1985 pp. 29 - 33.《欧共体产品责任指令》第 5 条和第 8 条都是用"recourse"表达追偿请求权。

其实二者有本质上的差异，在英美法上一直使用“contribution”和“indemnity”两个不同的术语进行表达。[①] 在欧洲统一侵权法起草过程中，欧洲学者也注意到了英美法上这一用语体系的合理性，并认为“contribution”较之“recourse”用于表达连带责任人之间“传递”超过其责任份额的部分更为精确[②]，同时也采用了“indemnification”这一术语用于表示全额的追偿。[③]

我国《民法通则》第 87 条后段规定：“负有连带义务的每个债务人，都负有清偿全部债务的义务，履行了义务的人，有权要求其他负有连带义务的人偿付他应当承担的份额”因而明确地将分摊请求权限于连带责任的范围；《产品质量法》第 43 条第 2、3 句规定：“属于产品的生产者的责任，产品的销售者赔偿的，产品的销售者有权向产品的生产者追偿。属于产品的销售者的责任，产品的生产者赔偿的，产品的生产者有权向产品的销售者追偿。”《人身损害赔偿司法解释》第 6 条第 2 款第 3 句规定：“安全保障义务人承担责任后，可以向第三人追偿。”可见，在《侵权责任法》颁布之前，尽管我国侵权法理论上并未对分摊请求权和追偿请求权作出过深入的理论研究，但由于二者在本质上存在差别，立法者在用语选择上也大致遵守了这种区分。

《侵权责任法》对分摊请求权和追偿请求权则未能在立法用语上作出区分，较为遗憾，本应规定为分摊请求权的第 14 条第 2 款规定为了“追偿”，未能与第 43 条第 2 款和第 3 款、第 44 条、第 52 条、第 53 条、第 59 条、第 68 条、第 83 条、第 85 条和第 86 条第 1 款规定的追偿权在用语上作出区分。笔者认为，这对我国侵权法理论上明确二者的差异，并建立各自相应的规则提出了更紧迫的要求。分摊请求权是与连带责任相对应的制度，是指在连带责任人内部，承担超过自己最终责任份额而使得其他连带责任人部分或者全部免责的责任人，向其他连带责任人请求分摊相应份额责任的民事请求权。[④] 而追偿请求权则是与不真正连带或者补充责任相对应的制度，是根据法律规定承担了侵权责任的非最终责任人，向最终责任人请求支付全部损害赔偿金额的权利。本书主要研究分摊请求权，对于追偿请求权笔者将另行撰文说明。[⑤]

① 美国法上对这一区分的权威论述，参见 W. Page Keeton, et al., *Prosser and Keeton on Torts*, 5th ed., West Group, 1984, p. 341。

② See European Group on Tort Law, *Principles of European Tort Law: Text and Commentary*, Springer, 2005, p. 139.

③ See European Group on Tort Law, *Principles of European Tort Law*, Art. 9: 102 para. 2.

④ 杨立新教授尽管仍然使用了“追偿之诉”的概念，但清晰地指出了“发生在共同侵权行为和共同危险行为的共同行为人之间”，将其与不真正连带责任和补充责任中的追偿区分开来，参见杨立新：《侵权法论》，3 版，621 页，北京，人民法院出版社，2005。

⑤ 对追偿请求权笔者已经在数篇文章中予以简要说明，参见王竹：《我国侵权法上特殊数人侵权责任分担制度立法体例与规则研究》，载《政法论丛》，2009（4）；王竹：《论法定型不真正连带责任及其在严格责任领域的扩展适用》，载《人大法律评论》，2009 年卷，北京，法律出版社，2009；王竹：《论补充责任在〈侵权责任法〉上的确立与扩展适用》，载《法学》，2009（9）。

二、大陆法系分摊请求权的发展过程

（一）罗马法上“追索权”的产生

罗马法早期债法上不存在分摊请求权。由于罗马法的多数人之债主要是在契约之债中[①]，为了区别非契约之债中的多数人连带之债，罗马法上的连带之债分为“共同连带债”和“单纯连带债”。由当事人的意思而成立的为“共同连带债”，为完全的连带，既有连带债权，又有连带债务。由法律规定而产生的为“单纯连带债”，私犯、准私犯产生的是单纯连带，如共同侵害他人的财产，法律规定共犯对损害赔偿须负连带责任。法律之所以这样规定，是具有惩罚债务人的意思，仅有连带债务而无连带债权。[②]

对于“单纯连带债”，在古时对共犯处罚极严，受害人可对各犯分别起诉，获得数次的受偿。由于每个加害人都承担全部的赔偿责任，因而根本没有分摊请求权适用的空间。帝政之初，法学家认为此制失之过苛，且其时早已实行程式诉讼。萨比努斯主张各犯虽有赔偿全部损失的义务，但一经完全赔偿，其他共犯即可免责，若债权人重复诉追，被控者即可以欺诈抗辩相驳回。[③] 具体的做法是认为私犯的受害者提起的是损失诉，而损失诉的性质是赔偿损失，所以只要有一个致害人作了全额赔偿，就可以免除其他致害人的责任。[④] 不过由于积习难改，单纯连带之债不能重复受偿的制度未能推行于共同连带之债，故共同之债与连带之债在重复受偿上的区别，直到优帝一世开始消灭，然而关于免除、更改的效力，仍然未发生变化，所以二者的差异在罗马法上始终未能完全泯除。[⑤]

古典的连带之债排除追索权，因为它要求相互担保。债务人在进行全额清偿时是在履行一项自己的义务。[⑥] 只有在各个共债人之间形成另一种关系，如合伙、共同继承人、委托之诉等，实行了清偿的债务人才能要求其他人给予补偿或者只要求该债的受益人给予补充。[⑦] 因私犯和准私犯发生的连带债务，数个连带债务人不能主张“分担利益”，即共同债务的债务人被起诉分摊，但他可以请求将其他债务人加列为被告而分割其给付。[⑧] 对那些主体间不存在其他关系的情况，补救措施只能产生于个别法的原则或者法律照顾。古典法学家承认这样的一些原则和照顾，比如

① 参见［意］桑德罗·斯奇巴尼选编：《民法大全选译：债 契约之债》，丁玫译，105～111页，北京，中国政法大学出版社，1992。

②③ 参见周枏：《罗马法原论》（下册），878页，北京，商务印书馆，1996。

④ 参见周枏：《罗马法原论》（下册），845～846页，北京，商务印书馆，1996。

⑤ 参见周枏：《罗马法原论》（下册），878页，北京，商务印书馆，1996。

⑥ 参见［意］彼德罗·彭梵得：《罗马法教科书》，黄风译，296页，北京，中国政法大学出版社，1992。

⑦ 参见［意］彼德罗·彭梵得：《罗马法教科书》，黄风译，296～297页，北京，中国政法大学出版社，1992。

⑧ 参见周枏：《罗马法原论》（下册），880～881页，北京，商务印书馆，1996。

“诉权转让照顾”，根据这种照顾，实行了清偿的债务人在使债消灭之前，如果此债不是基于故意，可以要求债权人转让诉权。哈德良为担保人设立了“诉权划分照顾”，以便能够在各个在场的、有清偿能力的担保人之间划分诉权。在优士丁尼法中，追索照顾似乎也普遍得到承认，随着《新律》的颁布，这与连带债的新结构相吻合了。[①] 被告于清偿前可要求债权人转让其对其他债务人的诉权，以便日后可向他们要求偿还或分担其应承担的部分，也就是“代位利益”[②]。

（二）大陆法系民法典上分摊请求权的发展过程及其基本特点

大陆法系国家（地区）民法典一般都在连带债务领域明文确认最终责任分担基础上的分摊请求权。《法国民法典》第 1214 条开创了这一模式：“连带债务人中的一人清偿连带债务的全部时，只得向其他债务人请求偿还各自的分担额或部分。如其他债务人中的一人不能偿还其分担额或部分时，因其不能偿还所生的损害由其他有偿还能力的债务人及为清偿的债务人按照比例分担之。”该条后段是对不具有分摊能力连带责任人份额的再分配方案的规定，是在分摊不能这一事实发生之后进行的再分配，较之后文将要谈到的美国侵权法上的预先分配制度，笔者将其简称为“事后二次分担规则”。

《德国民法典》第 426 条延续了这一规定方式，并对分摊的基础进行了规定：“（1）除另有其他规定外，连带债务人在相互关系中负相等的义务。连带债务人中一人不能偿还其所分担的款项时，其不能偿还部分由其他负有分担义务的债务人负担。（2）如果连带债务人中一人对债权人清偿，并且可以从其他债务人处要求分担时，债权人对其他债务人的债权即移转于该债务人。上述转让不利于债权人的，不得主张。”

《瑞士债务法》第 148 条进一步明确了分摊请求权行使的前提：“除非连带债务人另有约定，债务人应当平均承担对债权人的债务。一个连带债务人履行的债务超出其应当履行的份额的，就超过部分有权向其他连带债务人追偿。一连带债务人不能承担的份额，应当由其他债务人按比例承担。”

《日本民法典》第 424 条增加了对相关费用的确认：“（1）连带债务人之一人清偿了债务，或以其他形式的个人出捐，使得共同免责时，对其他债务人，就其各自负担部分，有求偿权。（2）前款的求偿，包含清偿或其他免责日以后的法定利息、不可免的费用及其他损害赔偿。”第 444 条则增加了求偿权人过失的例外规定：“连带债务人中，有无偿还资力者时，其不能偿还部分，由求偿人及其他有资力者，按其各自负担部分分割。但是，求偿人有过失时，不得请求其他债务人分担。”

我国台湾地区“民法典”则采各国民法典之所长，所作规定实为合理、精细。第 281 条规定：“连带债务人中之一人，因清偿、代物清偿、提存、抵销或混同，致他债务人同免责任者，得向他债务人请求偿还各自分担之部分，并自免责时起之

① 参见［意］彼德罗·彭梵得：《罗马法教科书》，黄风译，297 页，北京，中国政法大学出版社，1992。

② 周枏：《罗马法原论》（下册），880 页，北京，商务印书馆，1996。

利息。前项情形，求偿权人于求偿范围内，承受债权人之权利。但不得有害于债权人之利益。”第 282 条规定：“连带债务人中之一人，不能偿还其分担额者，其不能偿还之部分，由求偿权人与他债务人按照比例分担之。但其不能偿还，系由求偿权人之过失所致者，不得对于他债务人请求其分担。前项情形，他债务人中之一人应分担之部分已免责者，仍应依前项比例分担之规定，负其责任。”

可以看出，大陆法系分摊请求权制度具有较强的统一性，主要包括以下特点：第一，大陆法系的连带责任主要依托于债法总则的多数人之债理论体系，因此建立在连带责任基础上的分摊请求权也规定在债法总则之中，这些规则也适用于侵权法领域。第二，均清晰地规定在确定最终责任比例的前提下，按照该比例进行追偿。尽管部分民法典在条文规定上，适用平均分配的原则，但实际上是作为倡导性条款，在现代司法实践中也大多通过综合考虑过错大小和原因力来确定最终责任份额。第三，分摊请求权的基础是通过责任的承担免除了其他连带债务人的债务，比较法上都大致列举了通过和解、清偿、代物清偿、提存、抵销或混同等方式，这是分摊请求权行使的前提。第四，大多考虑到了分摊请求权行使的程序性费用和其他合理费用，以避免由被债权人求偿的债务人单独承受共益性的费用而有失公平。第五，大都考虑到了向不具有赔偿能力连带责任人分摊不能的风险问题，也都采纳了由《法国民法典》确立的“事后二次分担规则”。

三、英美法上分摊请求权的发展过程

（一）英联邦侵权法上分摊请求权的确立过程

与大陆法系自《法国民法典》以来长期就存在较为系统的分摊请求权规则不同，早期英国普通法不承认连带责任人之间的分摊请求权，该规则确立于 1799 年的 Merryweather v. Nixan① 一案。英国高等法院根据衡平法上的“洁手原则”确立了该项规则。② 这种限制在普通法上一直持续到 1894 年才有所松动③，后来逐步将这种限制范围缩小到故意侵权领域。④ 而成文法的尝试则最早可以追溯到 1888 年的《诽谤法修正案法》第 5 条⑤，不过到 1911 年的《海事公约法令》第 3 条才明确了这一做法。英联邦领域最早确认分摊请求权的成文法是 1930 年加拿大 Ontario 省的《过失法案》。到了 1935 年，根据《法律改革（已婚妇女和侵权行为人）法令》

① See Merryweather v. Nixan，8 Term. Rep. 186，101 Eng. Rep. 1337（1799）.

② “洁手原则”强调一方若要得到衡平法上的救济，本人须无过错。See Richard A. Epstein，*Torts*，Aspen Publishers，1999，p. 230.

③ See W. Page Keeton，et al.，*Prosser and Keeton on Torts*，5th ed. 1984，p. 337.

④ See ALI，*Restatement of the Law*，*Third*，*Torts*：*Apportionment of Liability*，2000. § 12 Intentional Tortfeasors. Reporters Notes：Comment b. Intent.

⑤ See Glanville L. Williams，*Joint Torts and Contributory Negligence*：*A Study of Concurrent Fault in Great Britain*，Ireland and the Common-Law Dominions，Stevens，1951，p. 85.

第 6 条第 2 款的规定，在法院认为公正与衡平的范围内承认分摊请求权，并将这一做法扩展到了英格兰，北爱尔兰①在 1937 年、苏格兰②在 1940 年、加拿大各省也相继在 1955 年之前③、新西兰在 1936 年④、澳大利亚的部分州在 20 世纪 40 年代也通过了类似法律。⑤ 1978 年的《民事责任（分摊）法令》系统地确立了英国法上的分摊请求权体系。

（二）美国侵权法上分摊请求权的发展过程

美国侵权法长期遵循着一句法谚："In pari delicto potior est conditio defendentis."即双方当事人过失相当时，被告人的地位更强。由于侵权法上的分摊请求权当事人之间均有过错，而导致分摊请求权在美国法上长期不能得到确认。⑥ 否定分摊请求权的做法显然缺乏正当性⑦，Prosser 教授特别指出，一种制度允许两个承担相同责任的被告，一个承担了全部责任，另一个却因为受害人的选择而免除了责任，是显然缺乏公正性的。⑧ 一方面是为了寻求公平的判决结果，另一方面也是因为美国法院开始逐渐采纳比较过失制度，既然受害人的过失可以突破衡平法上的"洁手原则"⑨而不再是受偿的阻碍，基于类似的理由，被告之间的分摊请求权也就被承认了。⑩

尽管美国法学会《侵权法重述・第一次》规定了连带责任，但并未确立分摊请求权。而美国法学会和美国统一州法委员会两大机构共同起草的 1939 年《统一侵权责任分担法案》第 2 条第 1 款规定的"分摊请求权在共同侵权人之间存在"，在美国法上最早明确提出了连带责任人之间的分摊请求权，具有里程碑意义。该法案还提出了按份（prorata）分担的理论，以平均分摊为原则，仅在各州选择采纳的第 2 款第 4 项规定："当共同侵权人通过平均分担共同责任显得与他们的过错非常不成比例时，他们的相对过错应该在决定比例时被考虑。"但由于该法案第 5 条不允许和解人免除被寻求分摊的责任，被认为阻碍和解的进行而未能得到各州立法的广泛采纳，因而直至美国统一州法委员会 1955 年重新修订《统一侵权责任分担法案》后，该法案才逐渐被各州直接或者修订采纳，分摊请求权制度才在美国各州逐步确

① See Law Reform（Miscellaneous Provisions）Act（North Ireland），1937（c. 9）.

② See Law Reform（Miscellaneous Provisions）（Scotland）Act，1940（c. 42），s. 3.

③ See *Table of pre-2000 Uniform Statutes enacted*，*listed by statute*，http：//www. ulcc. ca/.

④ See Law Reform Act，1936，No. 31，Pt. V.

⑤ See Glanville L. Williams，*Joint Torts and Contributory Negligence*：*A Study of Concurrent Fault in Great Britain*，Ireland and the Common-Law Dominions，Stevens，1951，p. 86.

⑥ See ALI，*Restatement of the Law*，*Second*，*Tort*. §886B Indemnity Between Tortfeasors，Comments：a. History.

⑦ See NCCUSL，*Uniform Apportionment of Tort Responsibility Act*（2003），Preface，The Legislative Response and the Uniform Acts.

⑧ See W. Page Keeton，et al.，*Prosser and Keeton on Torts*，5th ed. 1984，pp. 337－338.

⑨ Richard A. Epstein，*Torts*，Aspen Publishers，1999，p. 230；参见林诚二：《民法债编总论——体系化解说》，279 页，北京，中国人民大学出版社，2003。

⑩ See Richard A. Epstein，*Torts*，Aspen Publishers，1999，p. 231.

立。由于当时美国各州仍然大多采纳助成过失理论，新的统一法在第 1 条第 c 款规定："因故意（蓄意或放任）导致或者助成损害或者不当致死的任何共同侵权人不享有分摊请求权。"在区分故意侵权与过错责任的基础上①，仍然采纳按份（prorata）分担，第 2 条规定了"在确定各侵权人在整个责任中的按份份额时（a）他们之间的过错相对程度不应该被考虑"。但当时采纳该法案的各州大多修改了这一规定，如 Arizona②、Colorado③、Florida④ 和 Oklahoma⑤ 均特别作出了相反的规定，将过错程度作为决定份额的基础。另外，该条第 b 款还规定，"如果衡平法要求其中数人作为团体集体归责构成单一份额"，从而确立了数个被告被分配单一份额的雏形，是此后雇主责任、产品责任参与侵权责任分担的基础。而该条第 c 款的规定"可适用于分摊请求权的衡平规则应该基本被适用"，则明确了分摊请求权的基础是衡平法，因而最终责任份额有时也被称为衡平份额。

1979 年《统一比较过错法案》第 4 条第 a 款对分摊请求权的产生作出了详细规定："在两个或者两个以上为同一不可分的人身伤害、死亡或者财产损害承担连带的当事人之间，无论判决是否已经针对他们中的全部或者部分得到执行，均产生分摊请求权。该分摊请求权可以通过原诉讼或者为此目的单独提起诉讼来强制执行。分摊请求权的基础是各方当事人，包括有过错的原告根据本法第 2 条决定的衡平债务份额。"根据该款官方说明，该条规定意在改变 1955 年《统一侵权责任分担法案》确定的最终份额平均分摊基础，而适用过错比例基础⑥，体现了其在比较过失理论下统一各州的分摊请求权制度的意图，但因其自身被采纳的州较少而未能实现其统一目的。正式颁布于 1979 年的美国法学会《侵权法重述·第二次》第 886A 条第 1 款的规定主导了美国普通法上分摊请求权的形成："除本条第 2 款、第 3 款及第 4 款规定外，两人或数人就同一伤害对同一人承担侵权行为责任的，即便判决尚未就所有或任何其中一位执行得到满足，侵权行为人有（请求）分担赔偿金额的权利。"

美国法学会 2000 年颁布的《侵权法重述·第三次·责任分担编》第 23 条第 a 款和第 b 款对美国法的主流规则进行了肯定："（a）当两人或多人对或可能对同一伤害承担责任而其中一人已通过和解或履行裁决承担他人责任时，承担他人责任的该人有权向该他人追偿责任分摊，除非该他人此前已与原告达成有效的和解，得到原告的免除。（b）有权追偿责任分摊的人可以获得不多于该人支付给原告的数额中超出该人比较有责性份额的部分。"美国统一州法委员会 2002 年颁布的《统一侵权

① See NCCUSL, *Uniform Contribution Among Tortfeasors Act* (1955 *Revised Act*), §1. [Right to Contribution]. Comment: Subsection (c). Intentional, wilful and wanton.

② A. R. S. §12-2501.

③ C. R. S. A. §13-50.5-101.

④ F. S. A. §768.31.

⑤ 12Okl. St. Ann. §832.

⑥ See NCCUSL, *Uniform Comparative Fault Act*, Section 4. [Right of Contribution]. Commissioners' Comment.

责任分担法案》第 7 条第 a、b 两款则对共同侵权和预防第三人故意侵权连带责任的分摊请求权作出了规定：“（a）除非本条（b）款另有规定，根据本法对一方或者多方承担连带责任的一方，有权从另一连带责任方获得超过该方本应该负责的单独责任数额之外的超额分摊。被寻求分摊的一方并不对超过基于本法第 5 条决定的该方应该单独承担的金钱数量负责。（b）一方基于本法第 6 条（a）款第（3）项因他方的作为或者不作为被判决有责的，有向该方寻求追偿的权利。”

截至 2011 年年底，分摊请求权已经在包括部分废弃了连带责任的州①在内的 43 个州得到承认，但各州采纳的方式有所不同②：7 个州直接采纳了 1939 年或 1955 年《统一侵权责任分担法案》的做法③，11 个州对《统一侵权责任分担法案》进行了部分修正④，2 个州采纳了 1979 年《统一比较过错法案》⑤，有 2 个州通过判例采纳⑥，9 个州通过不同于任何统一法案的其他立法采纳⑦，6 个州将分摊请求权限制在判决确定的债务人之间⑧，6 个州仅概括性地规定了分摊请求权，交由法院确定具体规则。⑨

（三）美国侵权法上故意侵权行为人分摊请求权限制的突破

与分摊请求权在过失侵权领域较为容易被普通法承认不同，美国侵权法上对故意侵权行为人分摊请求权的限制，直至最近才有所突破。⑩ 美国法学会《侵权法重述·第一次》和 1939 年《统一侵权责任分担法案》并未涉及这一话题，1955 年重

① 美国已经有 18 个州废除了连带责任而采纳按份责任，但即使在废除连带责任的州，也对故意侵权行为和共同侵权行为苛加连带责任，因此在这些州如果适用连带责任，而法律承认分摊请求权仍然适用。See ALI, *Restatement of the Law*, *Third*, *Torts*: *Apportionment of Liability*, 2000. § 17 Joint and Several or Several Liability for Independent Tortfeasors. Reporters Notes comment a. See also F. Patrick Hubbard, *The Nature and Impact of the "Tort Reform" Movement*, 35 Hofstra L. Rev. 490 (2006).

② 以下各州资料整理自：ALI, *Restatement of the Law*, *Third*, *Torts*: *Apportionment of Liability*, 2000. § 23 Contribution. Reporters Notes: Comment a. History，并根据以下资料校对：Victor E. Schwartz with Evelyn F. Rowe, *Comparative Negligence*, LexisNexis Matthew Bender, 4th ed. 2002 with 2007 Cumulative Supplement, p. 331。

③ 这 7 个州是：Arkansas、Delaware、Hawaii、New Mexico、Pennsylvania、Rhode Island、South Dakota。

④ 这 11 个州是：Arizona 、Colorado、Florida、Massachusetts、Nevada、North Carolina、North Dakota、Ohio、Oklahoma、South Carolina、Tennessee。

⑤ 这两个州是 Iowa 和 Washington。

⑥ Maine 确立的判例是 Roberts v. American Chain & Cable Co., 259 A. 2d 43 (Me. 1969)，Nebraska 州确立的判例是 Royal Indem. Co. v. Aetna Cas. & Sur. Co., 229 N. W. 2d 183 (Neb. 1975)。

⑦ 这 9 个州是：Connecticut、Idaho、Illinois、Michigan、Mississippi、Montana、New Hampshire、New Jersey、Oregon。

⑧ 这 6 个州是：California、Kansas、Minnesota、Missouri、Texas、West Virginia。

⑨ 这 6 个州是：Georgia、Kentucky、Louisiana、New York、Virginia、Wisconsin。

⑩ See ALI, *Restatement of the Law*, *Third*, *Torts*: *Apportionment of Liability*, 2000. § 23 Contribution. Reporters Notes: Comment l. Intentional torts.

新修订的《统一侵权责任分担法案》第 1 条第 c 款明确规定："因故意（蓄意或放任）[①] 导致或者助成损害或者不当致死的任何共同侵权人不享有分摊请求权。"其目的一方面在于强调故意行为是违反公共道德的行为（moralturpitude），法院不应该帮助故意侵权人向他人移转损失，体现出强烈的道德性和衡平性[②]；另一方面通过在该款区分故意和过失，为在第 2 条确定责任比例时不考虑过失之间的大小，适用以平均分配为原则的"按份份额"（prorata）提供一定的正当性。[③] 1979 年《统一比较过错法案》考虑到当时各州对于比较过失制度仍然限于过失制度领域而未涉及故意侵权领域，未涉及该话题。[④] 而 1979 年美国法学会颁布的《侵权法重述·第二次》第 886A 条第 3 款则明确否定了故意侵权行为人的分摊请求权："故意导致伤害的侵权行为人无请求分摊赔偿金额的权利。"与早期英国法否定连带责任人之间的分摊请求权的理由相同，衡平法上的"洁手原则"是美国法上始终难以允许故意侵权人之间寻求分摊的主要原因。[⑤] 直至 2000 年《侵权法重述·第三次·责任分担编》才改变了这一做法，在其第 23 条官方评论中特别强调："分摊请求权并不因责任人是基于故意侵权行为而承担连带责任而被排除。"[⑥]

（四）美国侵权法最近发展出的"事前二次分担规则"

与大陆法系确立于《法国民法典》的对不具有分摊能力的连带责任人份额的"事后二次分担规则"不同，美国 2000 年《侵权法重述·第三次·责任分担编》规定了一种特殊的"事前二次分担规则"。

由于被承认的时间较晚，早期美国侵权法上的分摊请求权规则显得较为简略，没有考虑到部分责任人分摊不能的情况。从美国统一州法委员会的历次侵权责任分担统一法案来看，1939 年《统一侵权责任分担法案》第 2 条第 2 款规定："某一共同侵权人不享有分摊请求权，除非他通过清偿免除了共同责任或者赔偿了超过他自己的按份份额。"这一规定只是确认了分摊请求权的成立条件。1955 年《统一侵权责任分担法案》第 1 条第 b 款除了规定成立条件是"分摊请求权仅因某一共同侵权

① 根据本款官方注释，将"wilfully or wantonly"放在括号中，是为了协调在部分州由于对这两个术语表示的范围较小，如果包括这两个术语则限制范围过宽的情形。See NCCUSL，*Uniform Contribution Among Tortfeasors Act*（1955 *Revised Act*），§1. [Right to Contribution]. Comment：Subsection (c). Intentional，wilful and wanton.

② See NCCUSL，*Uniform Contribution Among Tortfeasors Act*（1955 *Revised Act*），§1. [Right to Contribution]. Comment：Subsection (c). Intentional，wilful and wanton.

③ See NCCUSL，*Uniform Contribution Among Tortfeasors Act*（1955 *Revised Act*），§2. [Pro Rata Shares]. Comment.

④ See NCCUSL，*Uniform Comparative Fault Act*，Section 1. [Effect of Contributory Fault]. Commissioners' Comment，Conduct Covered. (a) Defendant's Conduct.

⑤ See Richard A. Epstein，*Torts*，Aspen Publishers，1999，p. 230.

⑥ 原文是："A person who can otherwise recover contribution is not precluded from receiving contribution by the fact that he is liable for an intentional tort"。See ALI，*Restatement of the Law*，*Third*，*Torts*：*Apportionment of Liability*，2000. §23 Contribution. Comment l. Intentional torts.

行为人支付了超过其在共同责任中的按份份额时而产生”之外，还规定了“任何共同侵权人都不能够被强迫分摊超过其所占全部责任的按份份额”。1979 年《统一比较过错法案》第 4 条“分摊请求权”及其官方评论都没有涉及这一问题，而 2003 年修订后的《统一侵权责任分担法案》由于其立法主旨在于试图通过推荐按份责任基础上的“再分配”模式来统一各州侵权责任分担领域的法律，第 7 条 a 款第 2 句也仅仅是延续了 1979 年《统一比较过错法案》的规定，以便在部分保留连带责任的州适用①，因而仍然较为保守地延续了此前的规定模式：“被寻求分摊的一方并不对超过基于本法第 5 条规定的该方应该单独承担的金钱数量负责。”

从美国法学会的侵权法重述系列来看，颁布于 1979 年的《侵权法重述·第二次》第 886A 条第 2 款也确认了类似的两条限制：“主张分摊赔偿金额的侵权行为人，仅限于支付超过其应当支付的衡平金额的部分而使就该伤害的全部赔偿请求因而消灭的人；且其请求分摊赔偿金额的部分仅限于超过其应当支付的金额的部分。任何侵权行为人无须就其应当支付金额以外的其他金额承担分摊的责任。”该限制实际上否认了发展出类似大陆法系“事后二次分担规则”制度的可能，因此不能较好地应对被分摊人没有分摊能力的情形。

直到 2000 年《侵权法重述·第三次·责任分担编》第 23 条第 b 款才建立了解决部分连带责任人没有分摊能力的制度：“有权追偿责任分摊的人可以获得不多于该人支付给原告的数额中超出该人比较有责性份额的部分。”根据该条官方评论第 g 条及其范例 12 的说明，该款规定改变了此前 1955 年《统一侵权责任分担法案》和《侵权法重述·第二次》的观点，在三个或者三个以上连带责任人的情形②，要求被寻求分摊的责任人支付超过其责任比例的分摊数额，即在其被分配的责任比例基础上加上按照其责任比例分配其他尚未被寻求分摊的责任人的责任比例。③ 相对于大陆法系的“事后二次分担规则”，笔者将这种设计称为“事前二次分担规则”。

该规则通过该条官方范例 12 的展示而变得更为清晰：A 诉 B、C、D 三人，A 的全部损害是 10 万美元，陪审团分配了 10%的责任比例给原告 A，50%给 B，25%给 C，15%给 D。B 承担了全部赔偿责任，支付了 9 万美元给 A，按照“事前二次分担规则”，B 可以向 C 请求的分摊数额不但包括 C 的责任份额即 2.5 万美元，还包括 C 应该承担的向 D 追偿的 5 000 美元。即 B 和 C 按照其责任比例 50%∶25%，即

① See NCCUSL, *Uniform Apportionment of Tort Responsibility Act* (2003), Section 7. Right of Contribution and Indemnity; Third-party Action. Comments.

② See ALI, *Restatement of the Law, Third, Torts: Apportionment of Liability*, 2000. § 23 Contribution. Reporters Notes: Comment g. Contribution for more than the percentage share of the person against whom contribution is sought.

③ See ALI, *Restatement of the Law, Third, Torts: Apportionment of Liability*, 2000. § 23 Contribution. Comment g. Contribution for more than the percentage share of the person against whom contribution is sought.

2∶1，分担向D追偿1.5万美元受偿不能的风险，因此B可以向C多追偿1.5万美元×（1/3）=5 000美元。① 这种分配方案更全面地体现了《侵权法重述·第三次·责任分担编》所贯彻的比较有责性原则。②

之所以特别强调在三个或者三个以上连带责任人中适用这种“事前二次分担规则”，是因为这种情形中会出现两个连带责任人之间进行追偿所不存在的新问题。在三个或者三个以上连带责任人中存在不具有赔偿能力的责任人的情形，如果仍然仅允许承担全部赔偿责任的责任人向其他责任人逐个按照其责任比例进行求偿，则可能由其承担那个不具有赔偿能力的责任人的责任比例，这与按照责任比例进行分担的目的是不符合的。更重要的是，这将导致连带责任人恶意逃避承担责任或者与原告通谋损害其他连带责任人的利益。③

还是以上文案例的责任比例为例，如果B没有赔偿能力而C和D均有承担连带责任的能力，那么A可以选择使C或者D承担连带责任。如果不采纳“事前二次分担规则”，C或者D都会尽量避免被A求偿。例如，C如果被A求偿，则即使其能够向D求偿1.5万美元，C仍然要承担向B求偿5万美元不能的损失，如果B被A求偿，也要承担这一5万美元的损失。这时C和D要么可能恶意逃避A的求偿，要么和A通谋。如果C和A通谋，由于可以避免5万美元的额外损失，即使私下向A支付4万美元也是值得的，同样的情况出现在D和A之间。甚至可能出现A分别收取C和D各4万美元，然后分别向二人求偿2.5万美元和1.5万美元，实际受偿12万美元的超额受偿结果。但如果采纳了“事前二次分担规则”，就不会出现这样的问题。因为无论A向B和C中的任何一人请求全部赔偿，承担责任的人都可以按照他们二人之间的责任比例求偿扩张部分，所以他们与A通谋就没有任何好处，同时也没有必要逃避赔偿，A也没有可能超额受偿，这对于维护连带责任制度本身的制度目的是非常有实践意义的。

四、我国侵权法上的分摊请求权制度及其主要缺陷

根据《民法总则》第178条第2款第2句和《侵权责任法》第14条第2款的规定，我国侵权法上分摊请求权的基本制度是：第一，承担了全部侵权赔偿责任或超过自己应承担的份额的责任人，可以向未实际承担应承担份额的其他连带责任人寻求分

① See ALI, *Restatement of the Law*, *Third*, *Torts*: *Apportionment of Liability*, 2000. § 23 Contribution. Illustration12.

② See ALI, *Restatement of the Law*, *Third*, *Torts*: *Apportionment of Liability*, 2000. § 23 Contribution. Reporters Notes: Comment g. Contribution for more than the percentage share of the person against whom contribution is sought.

③ See ALI, *Restatement of the Law*, *Third*, *Torts*: *Apportionment of Liability*, 2000. § 23 Contribution. Reporters Notes: Comment g. Contribution for more than the percentage share of the person against whom contribution is sought.

摊。第二，分摊请求权存在于新的独立的分摊债权债务关系中①，不以连带债务全部消灭为前提，也可能是部分清偿但超过了自己部分的情形。第三，尽管分摊请求权存在于连带债务人之间，但分摊之债是按份之债，这是学者的共识。② 承担了连带责任的人承担了向其他连带责任人寻求分摊而受偿不能的风险，这种风险之所以存在就在于分摊之债是按份之债，这也是确保分摊请求权制度公平性的关键。第四，和大陆法系其他国家的侵权法一样，我国侵权法对于故意侵权与过失侵权并未作出如美国法那样的区分，因此在分摊请求权领域也不禁止故意共同侵权行为人之间的分摊。③

该规则相较于大陆法系民法典的一般做法，具有两方面明显的制度遗漏：第一，缺乏对于分摊请求权的理论基础的规定，因此也不能基于该理论基础推导出求偿范围，特别是没有考虑其他合理费用的支付问题，造成了实践中的困难。第二，与大陆法系其他国家民法典相比，最大的问题是遗漏了对不具有分摊能力的连带责任人份额的再分配方案规定，这一点与早期美国法的问题类似。下文将特别对这两个问题进行探讨。

五、分摊请求权的理论基础与求偿范围

（一）关于分摊请求权产生基础的各种学说

比较法上均承认数个连带责任人之间的分摊请求权，但其理论基础却各不相同。从早期英国法根据衡平法的“洁手原则”否认分摊请求权，到在过失领域逐渐承认分摊请求权，而长期在故意侵权领域否认分摊请求权，直至最近才予以承认这一过程可以看出，普通法上的分摊请求权源于衡平法。④ 美国 1955 年《统一侵权责任分担法案》第 1 条第 c 款规定，“可适用于分摊请求权的衡平规则应该基本被适用”，也明确了分摊请求权的基础是衡平法。法国法和瑞士法通过代位权来解释分摊请求权，奥地利、德国和荷兰是基于连带债务人关系，德国法上认为债权人对其他债务人的债权应当移转于使债权人受清偿的人⑤，荷兰法除了通过代位权，还通过不当得利来解释。⑥

① 参见杨立新：《侵权法论》，3 版，621 页，北京，人民法院出版社，2005。

② 参见王利明：《侵权行为法研究》（上卷），730 页，北京，中国人民大学出版社，2004；邱聪智：《新订民法债编通则》（下），401 页，北京，中国人民大学出版社，2003；黄立：《民法债编总论》，修正 3 版，613 页，台北，自版，2006。

③ 参见王利明：《侵权行为法研究》（上卷），736 页，北京，中国人民大学出版社，2004。

④ See ALI, *Restatement of the Law, Second, Torts*, §886A Contribution Among Tortfeasors, Comment: c. Equitable nature of contribution.

⑤ 参见［德］迪特尔·梅迪库斯：《德国债法总论》，杜景林、卢谌译，614 页，北京，法律出版社，2003。

⑥ See W. V. H. Rogers (ed.), *Unification of Tort Law: Multiple Tortfeasors*, Kluwer Law International, 2004, p. 292.

我国传统民法学者，如梅仲协教授持“法定让与说”，即认为连带债务人中之一人，因清偿致他债务人同免责者，可以求偿，其求偿权与求偿范围内，系承受债权人债权。质言之，受偿人于受偿后，依法应将其对他债务人所得行使之权利，让与于为清偿债务人，是谓之法定之让与。[①]“法定让与说”解决了分摊请求权在制度层面的规则问题，但并未说明其存在的基础。而日本民法上共同侵权行为理论的繁荣[②]，同时也促成了分摊请求权基础学说的多样化，并且在一定程度上影响了我国台湾地区民法学说。根据孙森焱教授的总结[③]，主要有以下几种观点：（1）“当然存在说”，该说认为连带债务为对外关系，对内关系则依其分担部分各自负责，因此，就超过自己分担部分之给付，系属履行他债务人之债务，因此发生求偿权，乃连带债务性质上当然之结果。（2）“实质不当得利说”，该说认为其他债务人因债务人中的一人为清偿或者其他免责行为而同免责任，实质上即属获得不当得利，基于公平之原则，法律乃赋予其求偿权。（3）“主观共同关系说”，该说认为民法上的连带债务，原即以连带债务人之间有分担部分为其内容。换言之，连带债务之本质即多数债务人共同分担连带债务，此项共同关系，即为连带债务之基础，求偿权亦基此主观的共同关系而发生。（4）“相互保证说”，认为连带债务人所负全部给付之责任系属担保义务，债务人间各自分担之部分是为固有义务，每一债务人就其他债务人负担之固有义务则利于保证人地位，与债务人之间相互为保证，因而发生求偿权。

我国其他传统民法学者，如史尚宽先生认为求偿权存于连带债务关系之本身[④]，接近“当然存在说”。郑玉波教授所持学说大致也是“当然存在说”：一债务人之给付如超过其应分担之部分，致他债务人同免其责任时，法律上自应使该债务人对他债务人，依其各自应分担之部分，请求偿还，以期公平。[⑤]芮沐教授认为求偿权实为不当得利之原则之应用，接近“实质不当得利说”[⑥]。孙森焱教授则认为，“当然存在说”不具有说服力；求偿权有法律上之原因，并非不当得利，而基于公平原则拟制不当得利仍然无从明了；“相互保证说”无非出于学说之拟制，似逾越债务人之本意，究嫌唐突。因而持“主观共同关系说”，认为该说从连带债务之性质立论，更符合立法趣旨。[⑦]林诚二教授持类似观点。[⑧]王利明教授所持观点大致相当于“实质不当得利说”，认为追偿权作为法定之债产生的根本原因在于，被追偿人因追偿权人代其承担责任而获得不当得利，因此，应当向追偿权人返还此种不

① 参见梅仲协：《民法要义》，281页，北京，中国政法大学出版社，1998。

② 参见于敏：《日本侵权行为法》，258页，北京，法律出版社，1998。

③ 参见孙森焱：《民法债编总论》（下册），732～733页，北京，法律出版社，2006。

④ 参见史尚宽：《债法总论》，664页，北京，中国政法大学出版社，2000。

⑤ 参见郑玉波：《民法债编总论》，修订2版，陈荣隆修订，401页，北京，中国政法大学出版社，2004。

⑥ 芮沐：《民法法律行为理论之全部》，449页，北京，中国政法大学出版社，2003。

⑦ 参见孙森焱：《民法债编总论》（下册），733页，北京，法律出版社，2006。

⑧ 参见林诚二：《民法债编总论——体系化解说》，482页，北京，中国人民大学出版社，2003。

当得利。[①]

（二）分摊请求权的产生基础是矫正正义

笔者认为，“当然存在说”和“主观共同关系说”具有一定类似性，即认为连带债务制度本身就包含了分摊请求权。从对英美法系分摊请求权的艰难承认过程的考察来看，这两种学说未免有结论先行之嫌。而“相互保证说”和“实质不当得利说”则意在解释分摊请求权与责任人超过自己最终责任份额部分之间的关系。但如孙森焱教授所指出，均为法律之拟制，而拟制本身仍然需要正当性的解释。

尽管学说上关于分摊请求权的规定或者解释有所不同，但可以确定的是，对其基础的解释均非源于侵权法本身。[②] 对于分摊请求权基础的解释不应该局限于侵权法理论本身，而应该从更高层次予以抽象。在笔者看来，连带债务作为一种特殊的债务设计，其主要功能就是将部分债务人无赔偿能力的风险，用债务人连带赔偿的方式，分配给了债务人一方，以最大限度确保债权人的全部受偿。分摊请求权乃是在此前提下，考虑各债务人之间按照最终份额比例承担债务的公平性，作出的制度性设计，其基础就在于矫正正义。即最终债务份额的承担为应当承担部分，超过的部分则为“所失”；应该承担部分债务但未承担或者未完全承担的部分，即为“所得”。矫正正义之实现，就是用“所得”矫正“所失”[③]。如果存在不具有承担其债务部分能力的情况，则应该确保最为公平的“所得”矫正“所失”的方案，这就是两大法系连带责任制度都存在对不具有赔偿能力的连带责任人份额的特殊处理方案的原因。

（三）分摊请求权的行使前提与时效期间

对于分摊请求权的行使是否以债务人清偿超过其自己份额为前提，学说有“积极说”和“消极说”，两种学说指导下的分摊请求权构成要件差异也主要在此。“积极说”认为，未超过自己应分担部分，对他人无求偿权，此说为德国法、瑞士法所采纳。德国法上的通说认为，被迫或者自愿向债权人给付，并且给付数量超出自己份额的债务人，才可以向自己的共同债务人请求赔偿超出部分。[④] 我国台湾学者史尚宽先生也持“积极说”，认为这是因为在清偿效力上，债务人虽然负全部清偿义务，但在对其他债务人关系上，是各自就其部分负担债务。超过自己部分而为清

① 参见王利明：《侵权行为法研究》（上卷），731页，北京，中国人民大学出版社，2004。

② See W. V. H. Rogers (ed.), *Unification of Tort Law: Multiple Tortfeasors*, Kluwer Law International, 2004, p. 292.

③ 关于矫正正义基本理论中“所得”与“所失”的关系，参见［古希腊］亚里士多德：《尼各马可伦理学》，廖申白译注，137页，北京，商务印书馆，2005。

④ 参见［德］迪特尔·梅迪库斯：《德国债法总论》，杜景林、卢谌译，613页，北京，法律出版社，2003。

偿，是对他人债务之清偿，从而发生求偿权。[①] “消极说”认为，即使未超过自己应分担部分，清偿人也有求偿权，该说为日本民法采纳。[②] 其理由在于，日本民法学说认为在清偿效力上，债务人一面是在为自己责任之履行，同时也在为他债务人之债务履行，故对于其他债务人就其负担部分，有追偿权。[③] 对于二者的优劣，郑玉波教授认为，“积极说”能够避免法律关系趋于复杂化，但他认为“消极说”在学理上更优[④]，因为“消极说”的目的在于避免嗣后其他债务人变得无资力。[⑤] 但也有学者指出，求偿权人也可能变得无资力，因此认为“消极说”并无优势。[⑥] 我国大陆民事立法和学说均认为，任何一个分摊请求权人只要承担超过了自己应当承担的份额部分的责任，就有权追偿，采纳的是“积极说”[⑦]。

笔者认为，“消极说”之目的在于平衡债务人之间的受偿不能风险，但缺乏学理上的正当性，尤其与分摊请求权的矫正正义学说矛盾，因此赞成“积极说”。同理，其时效期间的起算点也是原有债权清偿超过该清偿人份额之时，原债权时效期间过期后并不阻碍分摊请求权行使。[⑧] 作为一项新债权，其时效期间应该根据《民法通则》第 135 条的规定为 2 年。

（四）分摊请求权的求偿范围

根据上文确定的分摊请求权矫正正义基础和清偿前提，分摊请求权的求偿范围应是分摊权利人承担的超过自己最终责任份额部分的“所失”，也是分摊义务人因未承担自己应有责任份额的“所得”，应该包括：第一，分摊请求权人清偿的超过其自身份额的部分，这是最基本的“所失”部分。第二，由于从分摊请求权人向债权人清偿到寻求分摊之间有一定的时间差，因而还应该包括该期间的利息，这是分摊义务人的“所得”。第三，其他非因该债务人应单独负责事由所支付的费用，如向债权人支付的汇款手续费等[⑨]，这部分属于合理的“所失”。不过一般认为，强制执行费用等则不应计入[⑩]，这符合损害赔偿法的通例。至于因被迫清偿而不得已低价变卖财产所受之损失，学说上则存在“肯定说”[⑪] 和“否定说”[⑫] 的争议。

① 参见史尚宽：《债法总论》，664 页，北京，中国政法大学出版社，2000。
② 参见邱聪智：《新订民法债编通则》（下），401 页，北京，中国人民大学出版社，2003。
③ 参见史尚宽：《债法总论》，666 页，北京，中国政法大学出版社，2000。
④ 参见郑玉波：《民法债编总论》，修订 2 版，陈荣隆修订，403 页，北京，中国政法大学出版社，2004。
⑤ 参见孙森焱：《民法债编总论》（下册），736 页，北京，法律出版社，2006。
⑥ 参见黄立：《民法债编总论》，修正 3 版，614 页，台北，自版，2006。
⑦ 王利明：《侵权行为法研究》（上卷），732 页，北京，中国人民大学出版社，2004。
⑧ See W. Page Keeton, et al., *Prosser and Keeton on Torts*, 5th ed., West Group, 1984, p. 340.
⑨ 参见郑玉波：《民法债编总论》，修订 2 版，陈荣隆修订，403 页，北京，中国政法大学出版社，2004。
⑩ 参见黄立：《民法债编总论》，修正 3 版，615 页，台北，自版，2006。
⑪ 郑玉波：《民法债编总论》，修订 2 版，陈荣隆修订，403 页，北京，中国政法大学出版社，2004。
⑫ 孙森焱：《民法债编总论》（下册），735 页，北京，法律出版社，2006。

六、对不具有分摊能力连带责任人份额的再分配方案

（一）对不具有赔偿能力连带责任人份额处理方案的设计原则

笔者认为，对不具有赔偿能力连带责任人份额处理方案的设计应该遵循以下原则：

第一，尽量简化原则。分摊请求权的行使，尤其是多个分摊请求权同时行使的情形，必须尽量简化制度，既包括诉讼次数的减少，又包括计算方法的简化。即使某种制度设计在理论上更为公平，但如果存在难以为立法语言表达和过度增加实际操作难度的问题，仍不可取。

第二，原债权人请求权优先原则。我国台湾地区“民法典”第 281 条第 2 款规定：“前项情形，求偿权人于求偿范围内，承受债权人之权利。但不得有害于债权人之利益。”梅仲协教授认为这是对“原债权人优先原则”的体现：甲乙二人共同对丙负连带责任，甲清偿 3/4 后，丙向乙追偿的1/4的权利优先于甲向乙追偿的 1/4 的权利。盖非如此，往往因未为清偿之债务人之财产，不敷抵偿其全部之债务时，致原债权人蒙受损失也。①

第三，连带债务人分摊请求权平等原则。如果出现了两个或者两个以上的连带债务人均通过向债权人支付了超过自己份额而获得分摊请求权时，其分摊请求权之间平等。

第四，不同请求与分摊顺序结果相同原则。分摊请求权的制度设计，必须确保在同样的财产状况下，无论赔偿权利人的请求顺序和数额如何，以及基于赔偿权利人的请求方式而产生的分摊请求权，均不应改变最后的责任承担格局。

第五，及时行使分摊请求权原则。这是与不同请求与分摊顺序结果相同原则相配合的原则，否则所谓的“结果相同”就失去了计算的前提。求偿权人怠于向某一债务人行使求偿权，致其日后变为无资力而不能偿还时，即不得复对于他债务人请求其分担，盖咎由自取，不得牵累他人也。②

第六，按份债务原则。被寻求分摊的其他责任人承担的是按份债务，尽管传统大陆法系民法典对此鲜有明文规定，但最新的《欧洲侵权法原则》已经注意到了这一问题，第 9：102 条“连带责任人之间的关系”第 4 款前段规定：“分摊债务是按份债务，即被寻求分摊的责任人按照本条规定仅对损害中其应被分担的分摊债务是按份债务份额负责。”该段规定实际上与后段规定的“事后二次分担规则”一起形成了补充性质的规则：“但是，在无法对责任人中的一人执行判决所认定分摊义务

① 参见梅仲协：《民法要义》，281 页，北京，中国政法大学出版社，1998。

② 参见史尚宽：《债法总论》，670 页，北京，中国政法大学出版社，2000；郑玉波：《民法债编总论》，修订 2 版，陈荣隆修订，405 页，北京，中国政法大学出版社，2004。

时，其分担份额应在其他责任人之间按他们的有责性比例进行再分配。”在逻辑转折上，这一规定较之传统规范模式在连带债务规则后直接规定“事后二次分担规则”显得更为平缓。

（二）我国侵权法应该采纳大陆法系“事后二次分担规则”及其理由

尽管“事前二次分担规则”向我们展示了《侵权法重述·第三次·责任分担编》对于比较有责性规则深入而一致的贯彻，体现出较强的公平性，但该制度的合理性仅存在于理想状态。由于该制度的特点在于防患于未然，提前行使了部分分摊请求权，使得其在特定情况下会变得极为复杂，因而产生新的问题，以前文的案例为例：（1）当第一被寻求分摊的责任人没有完全分摊能力时，如B全额履行9万美元，但C没有3万美元而仅有2.75万美元，D也仅有1万美元，则B向C追偿2.75万美元后，B、C二人对D的1万美元的分配方案因面临多种选择而极为复杂。（2）在数个分摊权利人面前会变得极为复杂，如B履行了6.25万美元，C也履行了2.75万美元，均超过其自身份额，B是否可以向C寻求部分分摊？数额如何确定？另外，责任人数量越多，责任人之间的分摊规则就越复杂，诉讼的次数和管理的成本也是呈几何级数增加的。而大陆法系的“事后二次分担规则”尽管看似简略而不具有创新的激情，却与“事前二次分担规则”能够得出相同的结果，而且无论责任人的数量有多少，均是在出现了无赔偿能力的债务人之后所作的补救措施，可以通过一次诉讼而完成，更为简化。

应该看到，我国《民法通则》第87条后段的规定尽管遗漏了对不具有分摊能力的连带责任人份额的处理方案，但并不代表《民法通则》的起草者反对这种做法。由于20世纪80年代《中华人民共和国民法草案》从“第一稿”到“第四稿”均无“债法总则”的内容，60年代第二次民法典起草由于众所周知的原因未涉及相关内容，《民法通则》第87条的规定实际上源于50年代民法典的起草。而早在1957年1月9日《债的通则第二次稿（另案）》第17条第3款后段便规定了“如果有不能偿还的部分，由其余债务人按比例负担”。1957年2月5日《债篇通则第三次草稿》第21条第1款不但规定了“如果有不能偿还的部分，由其余债务人按比例负担”，还有与会专家手写旁注：“苏115条、国280条、捷240、241条、保127条、法1205条、德426条”；另外还注明：“另有意见改为平均负担。”1957年3月30日《有关民法债篇通则的几个主要问题》第6点也提道：“如果连带债务人中一人清偿债务后，向其他连带债务人求偿而有不能偿还的部分，其余债务人还是按比例负担抑按平均负担？”[①] 可见新中国民法学者对于该制度是了解的并有意在“民法典”中进行规定。至于后来《民法通则》未作规定，则可能是篇幅压缩所致。而《民法总则》第178条第2款第2句则是延续了《侵权责任法》第14条第2款的

① 上述文献摘自何勤华、李秀清、陈颐编：《新中国民法典草案总览》（上），北京，法律出版社，2003。与会专家批注参见232页。

规定。

值得参考的是，尽管《侵权法重述·第三次·责任分担编》的报告人之一Green教授也是欧洲侵权法小组的成员，《欧洲侵权法原则》的起草在面临同样选择时，最终也是采用了更符合大陆法系传统的“事后二次分担规则”。第9：102条第4款后段规定：“但是，在无法对责任人中的一人执行判决所认定分摊义务时，其分担份额应在其他责任人之间按他们的责任比例进行再分配。”

综合上述考虑，笔者尽管对于美国侵权法上的“事前二次分担规则”制度的“未雨绸缪”精神赞赏有加，但因其略有“杞人忧天”之意味，同时考虑到大陆法系民法典和我国民法理论一贯的思维方式，我国侵权法应采纳大陆法系“事后二次分担规则”。如不作规定，也应通过司法解释予以确认，或者至少在学理上予以明确，待在未来“民法典”债法总则中予以规定。

（三）“事后二次分担规则”的具体设计

建议未来最高人民法院通过司法解释明确我国侵权法上的“事后二次分担规则”，具体要点如下：第一，各个连带债务人之间的分摊只有在任何一个债务人都能够负担自己的份额时，才能够顺利地进行。① 因此，该规则的适用前提是分摊请求权行使过程中，出现了部分债务人不能承担其应有份额的情形。第二，不能负担的事由，包括无偿还资力、债务人死亡而继承人为限定继承、债务人行踪不明等。② 第三，对于原债务人不能负担的份额，其他债务人应该按照原有债务比例进行分担。③ 第四，再分配后的分摊请求权性质与再分配之前相同，其时效期间的起算点也是再分配判决作出之时，时效期间也为2年。第五，不能偿还分担额之债务人并非被免除责任。苟已具备偿还之资力，或被发现行踪，除其请求权已罹于时效而消灭之外，仍应向各债务人分别偿还其分担额。④ 如果原本无给付能力的债务人重又获得金钱，则应进行新的补偿。⑤

① 参见［德］迪特尔·梅迪库斯：《德国债法总论》，杜景林、卢谌译，612～613页，北京，法律出版社，2003。

② 参见郑玉波：《民法债编总论》，修订2版，陈荣隆修订，404页，北京，中国政法大学出版社，2004。

③ 参见孙森焱：《民法债编总论》（上册），40页，北京，法律出版社，2006。

④ 参见孙森焱：《民法债编总论》（下册），740页，北京，法律出版社，2006。

⑤ 参见［德］迪特尔·梅迪库斯：《德国债法总论》，杜景林、卢谌译，613页，北京，法律出版社，2003。

专题十八

补充责任研究

一、补充责任形态的概念与特点

较之其他数人侵权责任分担形态，补充责任形态的定义方式与其规则一样，总是显得较为烦琐。张新宝教授在对经营者违反安全保障义务承担责任形态的研究过程中提出，补充责任，是指在能够确定加害人时，由加害人或其他负有责任的人承担责任，安全保障义务人不承担责任；只有在加害人无法确定时，由安全保障义务人承担全部责任；如果能够确认加害人，但是加害人或者对损害负有赔偿责任的人的资力不足以承担全部责任时，则先由加害人或者对损害负有赔偿责任的人尽力承担责任，剩余部分由负有安全保障义务的人承担。① 杨立新教授认为，侵权法上的补充责任，是指两个以上的行为人违反法定义务，对一个受害人实施了加害行为，或者不同的行为人基于不同的行为而致使受害人的权利受到同一损害，各个行为人产生同一内容的侵权责任，受害人享有的数个请求权有顺序的区别，首先行使顺序在先的请求权，不能实现或者不能完全实现时再行使另外的请求权的侵权责任形态。②

笔者认为，对于补充责任的定义方式，应该抛开适用这种侵权责任分担形态的侵权行为类型，否则便成为某种侵权行为类型的特殊规则而失去推广的可能。补充责任形态，是指数个损害赔偿责任人对赔偿权利人负有同一赔偿义务，但法律规定赔偿权利人只能按照一定的顺序请求损害赔偿的责任形态。典型的补充责任形态是两个责任人之间的责任顺序问题，处于第一顺位上的责任人被称为直接责任人，相应的，处于第二顺位上的责任人被称为补充责任人。但这并不排除立法可以设计多重补充责任的可能，其规则可以分解为数个两重的补充责任类推适用，因此下文也以两重责任人的补充责任作为研究对象。补

① 参见张新宝、唐青林：《经营者对服务场所的安全保障义务》，载《法学研究》，2003（3）。

② 参见杨立新：《侵权法论》，3版，643页，北京，人民法院出版社，2005。

充责任具有以下主要特点：

第一，有两个以上的法定责任人，但责任顺序法定。以宾馆经营者违反安全保障义务承担补充责任为例，直接责任人是导致损害的第三人，而补充责任人是宾馆经营者。即使是由于宾馆建筑物所有人的过失，如未告知宾馆经营者存在地下通道可以进入建筑物，并最终导致了损害的发生，也不能由宾馆建筑物所有人承担补充责任。受害人只能先向直接责任人求偿，求偿不能，才能向补充责任人请求承担补充责任。这是补充责任不同于不真正连带责任的重大区别。

第二，补充责任人对于损害的发生没有积极原因力，因而不承担最终责任，这是补充责任与连带责任的主要区别。补充责任人只是为损害的发生提供了消极的条件，直接侵害行为具有全部的原因力，直接责任人承担全部的最终责任，补充责任人不承担最终责任，因此享有全额的追偿请求权。①

第三，赔偿权利人负有向赔偿义务人的全额请求义务，包括对直接责任人的全额请求义务和向补充责任人的剩余全额请求义务。赔偿权利人如果只就部分赔偿数额向直接责任人求偿，则不得就剩余部分向补充责任人求偿。赔偿权利人只能在全额求偿的基础上，证明全部或者部分不能获得赔偿，才能在全部或者剩余部分的范围内，向补充责任人全额请求赔偿。补充责任人根据赔偿权利人的请求范围进行赔偿，如果赔偿权利人仅就未获得直接责任人赔偿数额的部分请求赔偿，则补充责任人不负有全部赔偿义务。

第四，在补充责任结构中，直接责任具有主导性，补充责任具有从属性。这种从属性表现在：（1）责任构成上的从属性。补充责任在构成上依赖于直接责任的构成，无直接责任，即无补充责任。（2）责任范围上的从属性。补充责任范围等于或者小于直接责任范围，且随着直接责任人承担范围的扩大而相应地缩小。不能动辄就对安全保障义务人课以全部的补偿赔偿责任，必须考虑其能够防止或者制止损害的范围。②（3）存在上的从属性。补充责任的存在以直接责任人不履行或者不完全履行赔偿义务为前提，如果直接责任人完全履行了赔偿义务，则在直接责任消灭的同时，补充责任也消灭。

二、《侵权责任法》上补充责任形态的发展和确立过程

（一）《侵权责任法》起草之前与补充责任相关的立法实践

往往被忽略的是，在我国侵权法上设立补充性质的侵权责任具有一定的法律传

① 这里所说的“全额”，是补充责任人实际承担赔偿责任的全额，而非直接责任人赔偿责任的全额。如果立法规定了“相应的”补充责任，则补充责任的范围取决于补充责任人过错的大小。

② 参见黄松有主编：《最高人民法院人身损害赔偿司法解释的理解与适用》，110页，北京，人民法院出版社，2004。

统。早在新中国第一次民法典起草过程中，就已经提出了在侵权法领域适用补充性质责任的思想。如在 1957 年 1 月 9 日《债的通则第二次稿》（另案）第 73 条的讨论中，有学者主张“建筑物、动物和其他物造成损害，责任应首先由直接负责的人负，在他不能负或有困难时才找所有人”。这种试图对危险物致害不真正连带责任的顺位改造可以说是最早的补充责任雏形。而在 1957 年 2 月 10 日《损害赔偿法》（第三次草稿）讨论会上，也有学者提出该草案第 3 条规定，即“损害的发生如果是由于第三人的故意或者过失所造成，应由第三人负赔偿责任”。那么，“第三人找不到时，责任应由谁负?”① 上述立法资料表明，当时的立法者对于最终责任人不明或者不具有赔偿能力的情形，已经考虑到了受害人求偿不能的风险问题，并试图对此问题作出先后顺序性的安排。

1988 年颁布的《民通意见》第 161 条第 2 款规定：“行为人致人损害时年满十八周岁的，应当由本人承担民事责任；没有经济收入的，由抚养人垫付，垫付有困难的，也可以判决或者调解延期给付。”该规则针对当时我国司法实践中存在大量青年致害人无赔偿能力的案件的情况，根据我国社会的民事习惯，创造了具有补充性质的抚养人垫付责任，进一步体现出审判机关在私人财产和责任保险均不足的情形下，在受害人求偿不能风险与依靠抚养人生活且无经济收入的青年加害人及其家人的生活利益之间寻求平衡的意图。

1993 年颁布的《产品质量法》第 30 条第 2 款规定的“销售者不能指明缺陷产品的生产者也不能指明缺陷产品的供货者的，销售者应当承担赔偿责任”，实质上隐含了补充责任形态的雏形。如果销售者事后能够查明生产者或者供货者，应该参照适用该法第 28 条第 2 款后段的规定：“属于生产者的责任或者属于向销售者提供产品的其他销售者（以下简称供货者）的责任的，销售者有权向生产者、供货者追偿。”这是我国法律层面第一次出现的补充责任雏形。同年稍晚颁布的《消费者权益保护法》第 38 条中段规定的“展销会结束或者柜台租赁期满后，也可以向展销会的举办者、柜台的出租者要求赔偿”，实际上具有补充责任的性质。即受害人向展销会举办者、柜台的出租者要求赔偿的权利，是在“展销会结束或者柜台租赁期满后”。其暗含的意思是，可能销售者或者服务者难以查找，或者向其求偿困难，因此候补性地增加了新的不真正连带责任人。需要指出的是，该条后段规定的“展销会的举办者、柜台的出租者赔偿后，有权向销售者或者服务者追偿”说明，当时的立法者已经认识到，补充责任人也享有追偿请求权。该法第 39 条后段也对补充责任形态进行了有益尝试：“广告的经营者不能提供经营者的真实名称、地址的，应当承担赔偿责任。”1994 年颁布的《广告法》第 38 条第 2 款进一步明确：“广告经营者、广告发布者不能提供广告主的真实名称、地址的，应当承担全部民事责任。”这应该理解为全额的补充责任。广告经营者、发布者承担责任后，应该可以

① 何勤华、李秀清、陈颐编：《新中国民法典草案总览》（上），226、243 页，北京，法律出版社，2003。

向作为最终责任人的广告主追偿。

可见，在20世纪90年代初期，尽管当时的理论文献并未对补充责任展开讨论，立法者在《产品质量法》《消费者权益保护法》和《广告法》中已经不自觉地发展出了补充责任的雏形，甚至对于补充责任人追偿请求权也作出了部分规定。遗憾的是，这些补充责任的雏形在当时甚至至今都未得到充分的研究和重视。不但2000年《产品质量法》修订时未能将补充责任形态明晰化，展销会的举办者、柜台的出租者责任被2006年《农产品质量安全法》第54条规定为不真正连带责任结构，而2009年颁布的《食品安全法》第52条则将其错误地规定为连带责任。

（二）《侵权责任法》起草第一次高潮中补充责任的出现

2002年是《侵权责任法》起草的第一次高潮。王利明教授主持的中国人民大学民商事法律科学研究中心团队和梁慧星教授主持的中国社会科学院法学所民法室团队，分别在年初通过中国民商法律网和《法学研究》发布了学者拟订的侵权法草案。当年12月23日全国人大常委会审议的《中华人民共和国民法（草案）》第八编即是“侵权责任法”（即“一审稿”）。

王利明教授主持的“《中国民法典·侵权行为法编》草案建议稿”[①] 与梁慧星教授主持的“中国民法典·侵权行为编草案建议稿”[②] 分别在第88条与第170条、第13条与第37条，不谋而合地对未尽安全保障义务侵权行为和盗用商业信息进行交易侵权行为，第一次正式提出“补充责任”的概念。

司法实务方面，尽管在“江宁县东山镇副业公司与江苏省南京机场高速公路管理处损害赔偿纠纷上诉案”这一收录于2000年《最高人民法院公报》的案例中，法院已经提到了“高速公路管理处在收取费用后不能及时清除路上障碍物，致使副业公司的车辆在通过时发生事故，既是不作为的侵权行为，也是不履行保障公路安全畅通义务的违约行为……至于第三人对失落防雨布造成的交通事故损失应当承担的民事责任，只有在高速公路管理处追查出第三人以后才有条件解决……高速公路管理处先行赔偿后，有向第三人追偿的权利”。但该案例在当时甚至至今都并未得到学术界的足够重视。

2003年《人身损害赔偿司法解释》中的补充责任，实际上是学者在对随后发生的“银河宾馆案”[③] 的讨论过程中，参考保证合同中的先诉抗辩权和追偿请求权的构造安排，为寻求直接责任人和补充责任人之间的利益平衡而设计的。[④] 而在

① 该建议稿最早于2002年4月5日公布在中国民商法律网，见 http：//www. civillaw. com. cn/article/default. asp? id=10714。

② 中国民法典立法研究课题组：《中国民法典·侵权行为编草案建议稿》，载《法学研究》，2002（2）。该建议稿同样于2002年4月5日公布在中国民商法律网，见 http：//www. civillaw. com. cn/article/default. asp? id=10897。

③ 《王利毅、张丽霞诉上海银河宾馆赔偿纠纷案》，载《最高人民法院公报》，2001（2）。

④ 参见张新宝、唐青林：《共同侵权责任十论——以责任承担为中心重塑共同侵权理论》，载黄松有主编：《民事审判指导与参考》，总第18集，北京，法律出版社，2004。

《人身损害赔偿司法解释》颁布之后、实施之前发生的“官渡建行案”[①] 中，法院参考了该司法解释第6条第2款关于补充责任的规定精神，判决官渡建行未在合理限度内尽到安全保障义务，承担与其过错相适应的赔偿责任，体现出法院系统对于该制度的肯定态度。

综上所述，我国当前主流侵权法学者延续了上一代民法学者对于受害人求偿不能风险的强化保护倾向，对违反预防他人侵权义务的不作为侵权行为与直接侵害他人民事权益的侵权行为作出了轻重不同的价值判断，作出了“受害人—补充责任人—直接责任人”的利益排序，并借此协助最高人民法院创造性地设计了补充责任制度。可以说，从1957年新中国第一次民法典起草开始，在四十余年的理论和立法实践中，尽管从相关主流文献的叙述和引用上，并未体现出对此前立法和司法经验的连续积累性，但我国民法学说始终存在上述利益排序的潜意识，这是成就《人身损害赔偿司法解释》规定补充责任的法律传统。

（三）补充责任在《侵权责任法》上的确立过程与适用范围

由于“一审稿”的起草早于《人身损害赔偿司法解释》的起草和颁布，且立法机关的起草活动未能全面地参考当时已有的重要学者建议稿，因而一方面“一审稿”在两处规定了补充责任，另一方面没有对学者建议稿和《人身损害赔偿司法解释》中涉及的补充责任进行规定。“一审稿”第28条规定：“盗窃的机动车在运行中造成他人损害的，盗窃人应承担侵权责任，但机动车的所有人对机动车的管理有过失的，应当承担补充赔偿责任。”“二审稿”之后直到《侵权责任法》通过，立法者考虑到《机动车交通事故责任强制保险条例》第22条第1款第2项的规定，即“有下列情形之一的，保险公司在机动车交通事故责任强制保险责任限额范围内垫付抢救费用，并有权向致害人追偿……（二）被保险机动车被盗抢期间肇事的……”，将“盗窃”扩张到“盗窃、抢劫或者抢夺”，同时采纳了最高人民法院《关于被盗机动车辆肇事后由谁承担损害赔偿责任问题的批复》（法释〔1999〕13号）中“使用盗窃的机动车辆肇事，造成被害人物质损失的，肇事人应当依法承担损害赔偿责任，被盗机动车辆的所有人不承担损害赔偿责任”的意见，一方面增加了强制责任保险的规定，另一方面没有对有过错的被盗窃机动车保有人苛加相应的补充责任。笔者认为，立法者采用了简化立法的方式，没有区分盗窃和“两抢”，进而采用这种立法模式是可以理解的，但如果司法解释能够单独对有过错的被盗窃机动车保有人，如忘记拔钥匙的情形，苛加相应的补充责任，可能更为合理。“一审稿”的另一处补充责任是第51条：“非法占有的高度危险物造成他人损害的，由非法占有人承担侵权责任。该物的所有人不能证明自己对防止他人非法占有高度危险物尽到高度注意义务的，应当承担补充赔偿责任。”笔者认为，此情形规定为不

① 《吴成礼等五人诉官渡建行、五华保安公司人身损害赔偿纠纷案》，载《最高人民法院公报》，2004（12）。

真正连带责任可能更为合理。①

“二审稿”第 14 条是对第三人造成损害的侵权责任分担规则的一般规定：“损害是由第三人造成的，第三人应当承担侵权责任。法律规定有关单位或者个人承担补充责任或者相应责任的，依照其规定。”该条在立法上明确了补充责任这种比较法上较为新颖，同时具有极强理论和实用价值的侵权责任分担形态，为在我国侵权法上推广适用补充责任创造了条件，具有重大意义。有意思的是，除了第 14 条，整个“二审稿”没有再规定任何“补充责任”的条文，而在主流学说和《人身损害赔偿司法解释》中应该适用补充责任的第 35 条第 2 款第 2 句后段规定的“公共场所管理人未尽安全保障义务”情形和第 38 条第 2 句规定的“教育机构未尽到管理职责”情形，都使用了“承担相应的赔偿责任”的用语，显示出立法者对采纳补充责任制度的迟疑。但使用“相应”责任用语只能解决赔偿责任范围问题，并不能解决两个责任人的赔偿责任之间的侵权责任分担关系，也无法借此规定补充责任领域的追偿请求权。笔者在当时曾经提出，应该采纳《人身损害赔偿司法解释》的做法，明确使用“补充责任”概念并对追偿请求权作出规定。②

“三审稿”采纳了学者的意见，借鉴了《人身损害赔偿司法解释》的规定，对公共场所管理人或者活动组织者未尽安全保障义务的情形和教育机构未尽管理职责的情形规定了补充责任。另外，在劳务派遣领域也规定了劳务派遣单位未尽选任义务的补充责任。

《侵权责任法》最终采纳了“三审稿”的模式，第 34 条第 2 款规定：“劳务派遣期间，被派遣的工作人员因执行工作任务造成他人损害的，由接受劳务派遣的用工单位承担侵权责任；劳务派遣单位有过错的，承担相应的补充责任。”③ 第 37 条第 2 款规定：“因第三人的行为造成他人损害的，由第三人承担侵权责任；管理人或者组织者未尽到安全保障义务的，承担相应的补充责任。”第 40 条规定：“无民事行为能力人或者限制民事行为能力人在幼儿园、学校或者其他教育机构学习、生活期间，受到幼儿园、学校或者其他教育机构以外的人员人身损害的，由侵权人承担侵权责任；幼儿园、学校或者其他教育机构未尽到管理职责的，承担相应的补充责任。”但遗憾的是《侵权责任法》未对追偿请求权作出明确规定，导致学说上对追偿请求权是否存在仍无定论。

《侵权责任法》上的补充责任形态是否仅限于上述条文，学界对此有不同意见，特别是使用了“不足部分”的条文。有不少学者主张《侵权责任法》第 32 条第 2 款规定也是补充责任：“有财产的无民事行为能力人、限制民事行为能力人造成他

① 详见本书专题十九：不真正连带责任研究。

② 参见王竹：《论补充责任在〈侵权责任法〉上的确立与扩展适用》，载《法学》，2009（9）。

③ 对此“补充责任”是否与违反安全保障义务的补充责任具有同质性，笔者持怀疑态度，详见后文分析。

人损害的，从本人财产中支付赔偿费用。不足部分，由监护人赔偿。”笔者认为，该款规定系在《民法通则》第133条第2款的基础上，删除了容易造成误解的“但单位担任监护人的除外”部分而形成的条文。该条文结构尽管具有一定的“补充”性质，但并不是侵权责任分担意义上的补充责任，而是在公平责任框架下的特殊制度安排。① 其结构是在第1款规定的由监护人承担替代责任的基础上，例外规定以无民事行为能力人、限制民事行为能力人的自有财产先行承担责任。另外，也有学者主张第49条规定的“不足部分，由机动车使用人承担赔偿责任”和第50条规定的“不足部分，由受让人承担赔偿责任”也属于补充责任。笔者认为，这两个条文与其说是对所谓“补充责任”的规定，不如说是对强制责任保险赔偿范围的特殊规定。质言之，这三个条文使用的“不足部分”的规定，都是为了突出特殊的损害赔偿来源，而并非形成侵权责任分担意义上的补充责任。②

三、我国侵权法上安全保障义务的设定与补充责任形态的制度优势

（一）我国侵权法上安全保障义务的设定

罗马法上依据“阿奎利亚之诉”，只有致害的积极行为才会导致责任的产生，对于不作为原则上不允许请求赔偿，只有违反了作为义务才能产生赔偿责任。罗马法的不作为请求理论对德国法影响至深，所以在《德国民法典》制定之初，德国学界通说站在维护人的行动自由的立场，普遍倾向于认为，应当对不作为侵权责任适当限制，只有当行为人依法律规定、合同约定、先前危险行为的要求负有作为义务时，他才承担不作为侵权责任。随着社会的发展，传统的不作为侵权理论已经不能满足现实生活的需要了。正是现实的需要才导致了交往安全义务的产生，通过扩张原来很受到限制的不作为侵权责任，从而突破了罗马法。不过罗马法上的作为侵权责任理论根深蒂固，人们不愿意引入一个全新的、范围广泛的新制度，而只是承认了一种新类型的例外。这些例外实际上是各种难以解释的特殊案型的混合，名之“安全交往义务”③。

我国于侵权法上构建安全保障义务，在一定程度上借鉴了德国法的做法，可以在法无规定或者合同没有约定的情况下为当事人提供请求权的基础，也可以在法有规定或者合同约定的时候为当事人提供另外一种请求权的选择空间。正是出于这种体系位置的安排，安全保障义务对义务人而言是其应当承担的最基本的义务，是其应当达到的最低要求。当事人可以作出高于其标准的约定，但不得通过约定免除该

① 鉴于自《民法通则》颁布以来该条文适用上的模糊性和条文本身的重要性，笔者将另行撰文探讨。

② 就我国现行法律体系中的“不足部分”的规定，还包括《物权法》和《担保法》上对于担保物拍卖、变卖后不足清偿部分由债务人承担的规定，但却没有学者认为这是补充责任，这可以从补充责任的原型——《担保法》第17条对一般担保责任的规定中得到印证。

③ 周友军：《交往安全义务理论研究》，8～10页，北京，中国人民大学出版社，2008。

义务或者降低其标准。[①] 但安全保障义务的确立，带来了理论和实践上的新问题，即对于同一受害人，出现了直接加害人和违反安全保障义务人承担的侵权责任相互重合的现象，需要规定一种数人侵权责任分担形态来理顺二者的关系。

（二）适用按份责任形态或者连带责任形态的最终份额之困境

传统民法的数人侵权责任分担制度，主要局限于按份责任形态和连带责任形态之间的选择问题。有学者提出适用按份责任形态，安全保障义务人与实施侵权行为的第三人按各自过失大小或原因力的比例承担相应的赔偿责任。[②] 笔者认为，违反安全保障义务的行为与直接侵害行为在时间与空间上都高度重合，如果一定要在按份责任与连带责任之间作出选择，更宜认定为两者直接结合成共同侵权行为，承担连带责任。由于安全保障义务人一般都有赔偿能力，因而受害人能够全额受偿。问题在于，如果适用连带责任，则会分配给安全保障义务人一定的最终责任份额。如前所述，直接加害人对损害的发生具有全部的原因力，不能因为损害发生的地点有所改变而减轻这种原因力，进而减轻其赔偿责任，使其在某种意义上获益。这种分担最终责任份额的困境在按份责任中也是同样存在的，这就是违反安全保障义务侵权责任的数人侵权责任分担形态选择疑难之所在。

（三）比较法上类似补充责任形态法律制度的启示

1. 美国法上故意侵权预防义务制度面临的最终责任份额的困境

与德国法上的交往安全义务对不作为侵权的扩张类似，美国法上也认为过失违反侵权预防义务将增加被他人故意侵权的风险[③]，并逐渐发展出了故意侵权预防义务制度。20 世纪 90 年代之前，美国法院对于过失违反故意侵权预防义务的案件普遍适用按份责任。但由于实务当中直接致害人一般都缺乏赔偿能力，而安全保障义务人相对更有经济实力，也可以通过保险分散风险，所以陪审团往往不依据实际的过错大小而是一味地追求保障受害人受偿的结果，分配更多的份额给有赔偿能力的预防人，而仅仅分配较少的份额给直接侵害人，使案件的判决显得有违公平。[④] 因此，美国法院逐渐开始对该类案件适用连带责任来缓和这种实际过错大小与责任份额大小之间的张力。美国法学会《侵权法重述·第三次·责任分担编》第 14 条规定："因未就某一故意侵权行为的具体风险对他人提供保护而承担责任的一方，应在分配给他的比较责任份额之外，对分配给故意侵权行为人的比较责任份额承担连

① 参见黄松有主编：《最高人民法院人身损害赔偿司法解释的理解与适用》，102～103 页，北京，人民法院出版社，2004。

② 参见杨垠红：《侵权法上的作为义务——安全保障义务之研究》，244 页，北京，法律出版社，2008。

③ See Dan B. Dobbs，Paul T. Hayden，*The Law of Torts* 2008 *Supplement*，Volume 2，Thomson West，2008，p. 189.

④ See ALI，*Restatement of the Law*，*Third*，*Torts*：*Apportionment of Liability*，2000. § 1 Issues and Causes of Action Addressed by This Restatement，Reporters Notes：Comment c. Special issues involving intentional torts.

带责任。”美国统一州法委员会《统一侵权责任分担法案》第 6 条第 2 款也作出了类似的规定。但连带责任方案也同样面临最终责任分担的困境。很难理解故意侵权人承担了全部赔偿责任后，还可以向违反预防义务的人请求分摊，而后者也会认为应该由故意侵权人承担全部的赔偿责任。[①] 可见，美国法上这种在按份责任与连带责任之间进行选择的传统思路，是无法解决最终责任份额困境的。

2. 瑞士法上的责任顺位制度带来的启示

瑞士法上，基于共同侵权行为承担连带责任适用《瑞士债务法》第 50 条的规定，被称为真正连带责任；根据不同法律原因且非因共同行为造成同一损害的，承担不真正的连带责任[②]，适用《瑞士债务法》第 51 条第 1 款的规定：“数人基于不同的法律原因（如侵权、合同、法律规定）对同一损害承担责任的，适用有关连带责任人之间责任分摊的规定。”而第 51 条第 2 款规定：“原则上，首先由因其非法行为造成损害的一方当事人赔偿，最后由无过错或者无合同债务而仅依据法律承担责任的当事人赔偿。”按照瑞士学者的解释，第一顺位由承担过错责任的人承担，第二顺位是合同责任人，第三顺位的是其他法定责任人。第三顺位责任人承担责任后，可以向前两位顺位责任人进行追偿，第二顺位责任人可以向第一顺位责任人追偿。[③] 瑞士法上对于真正连带责任和不真正的连带责任的区分，以及对于不真正的连带责任适用按照顺位进行赔偿和追偿的做法，对我国侵权法补充责任的设计具有启示作用。

四、第三人侵权预防义务的设定与适用补充责任形态的制度优势

（一）第三人侵权预防义务的设定与对应补充责任的设定义务

笔者认为，不但应该借鉴德国法上的交往安全义务理论，将我国侵权法上的安全保障义务进一步发展为适用范围更广的第三人侵权预防义务，还应该在侵权责任分担形态的选择上，吸取美国法上故意侵权预防义务制度在按份责任形态和连带责任形态选择上因最终责任份额分担困境进退两难的教训，采用《瑞士债务法》第 51 条顺位责任制度的立法技术，将违反第三人侵权预防义务的责任明确为补充责任。通过补充责任形态的设计，在不改变侵权法填补性损害赔偿基本原则的基础上，扩展侵权法的预防功能，实际地减少损害发生的次数，降低损害的严重程度，同时也降低受害人的受偿不能风险，以适应社会发展对作为义务的新需要。

① See ALI, *Restatement of the Law*, *Third*, *Torts*: *Apportionment of Liability*, 2000. § 23 Contribution. Comment l. Intentional torts.

② See F. Dessemontet and T. Ansay. ed. *Introduction to Swiss Law* (*3rd*), Kluwer Law International, 2004, p. 161.

③ See W. V. H. Rogers (ed.), *Unification of Tort Law*: *Multiple Tortfeasors*, Kluwer Law International, 2004, p. 249.

第三人侵权预防义务的设定，主要应考虑以下几个方面的因素：

第一，对第三人合理安全信赖的保证责任及其归责原则。在现代生活中，一个人可以在通常范围内依赖他人的行为，尤其是在该他人有法定义务的情况下更是如此。① 这种法定义务主要是通过在一定范围和程度内对安全的预防义务，在该范围内的他人能够产生并依赖于这种合理信赖。因此，对于信赖范围内造成的损害，负有第三人侵权预防义务的人，也应该承担类似于保证责任的赔偿责任。对这种信赖利益违反应该承担过错责任，但也可能适用过错推定责任，后者主要适用于那些受害人难于证明违反侵权预防义务人过错的情形。

第二，第三人侵权预防义务的设定必须与单纯的不作为侵权进行协调。在解释《人身损害赔偿司法解释》第 6 条第 2 款规定补充责任的正当性时，必须确保能够同时解释该条第 1 款，即单纯的安全保障义务违反行为人为何承担全部的赔偿责任。笔者设计了一个例子来说明这个问题：受害人在经营场所被窜入的狗咬伤，经营者显然违反了安全保障义务。若狗为流浪狗，则适用该条第 1 款；若狗为他人所有，则适用该条第 2 款。需要特别说明的是，狗是否为流浪狗，并不改变经营者赔偿责任的大小，差别只在于赔偿责任的性质是否是补充责任。若一开始认为是流浪狗，由违反安全保障义务人承担了赔偿责任，后来发现该狗并非流浪狗，而属于某人，则可由安全保障义务人向该狗的主人提起追偿之诉。

第三，第三人侵权预防义务的责任承担，仅限于法定预防范围之内。预防的范围可能是作为也可能是不作为，可能是对故意行为的预防也可能是对过失行为的预防，甚至包括对严格责任的预防。仍以上文狗咬人的案例为例，如果受害人被咬后感染狂犬病致死，而该狗的主人此前已经按照相关法律规定将狗送至动物医院注射疫苗，但该动物医院利欲熏心，竟然注射假疫苗。由于安全保障义务人对于医院使用假疫苗并无预防义务，所以，他对于受害人的死亡无须承担补充责任。

如果在侵权法上设定了第三人侵权预防义务，而没有相应地规定补充责任，那么第三人侵权预防义务人与直接责任人，则可能根据直接结合共同侵权行为理论成立连带责任，又将面临最终份额确定的困境。因此，第三人侵权预防义务的设定，苛加了立法者设定补充责任的义务。

（二）适用补充责任形态的制度优势

在违反安全保障义务侵权责任领域，适用补充责任形态具有以下制度优势：

第一，实现了对侵权责任扩张的限制与当事人利益的平衡。传统民法意义上不承担责任的不作为行为人，随着现代民法作为义务的扩展而承担责任。为了限制这种侵权责任的扩张与平衡直接责任人、补充责任人和受害人的利益，设计不承担最终责任的补充责任，并赋予补充责任人追偿请求权，是最佳选择。

① See ALI, *Restatement of the Law*, *Second*, *Tort*. § 388 Chattel Known to Be Dangerous for Intended Use. Comment n. Warnings given to third person.

第二，合理限制赔偿权利人的求偿选择权。补充责任不但在顺序上限制赔偿权利人必须先向直接责任人请求赔偿，而且必须请求全部损害赔偿，而不能像连带责任人那样，可以随意选择责任人和任意确定每个责任人的赔偿数额。

第三，符合我国司法现状。尽管制度设计上是由加害人承担直接责任，补充责任人只是承担第二顺位的责任，且其享有追偿请求权，但实际适用的案例，大多是加害人不具有赔偿能力或者无法查找的情形，由补充责任人承担了赔偿责任，且其追偿请求权往往不能实现。而补充责任人一般是具有一定的赔偿能力的机构，它可以通过商业保险分散风险，因此该制度实际上较好地适应了当前的司法现状，起到了意外损害社会分担的作用。

五、我国侵权法上补充责任的适用范围

（一）《侵权责任法》上新规定补充责任规则的理解与适用

鉴于《侵权责任法》第 37 条第 2 款和第 40 条规定的补充责任是对《人身损害赔偿司法解释》的延续，笔者在此主要对新规定的第 34 条第 2 款规定“相应的补充责任”、第 49 条规定的“相应的赔偿责任”和第 89 条规定的“有关单位或者个人应当承担侵权责任”作简要分析。

《侵权责任法》第 34 条第 2 款规定：“劳务派遣期间，被派遣的工作人员因执行工作任务造成他人损害的，由接受劳务派遣的用工单位承担侵权责任；劳务派遣单位有过错的，承担相应的补充责任。”劳务派遣单位的过错，是指选任过失。① 笔者认为，劳务派遣单位的选任过失实为违反劳务派遣合同的完全给付义务，应该视为违约。因此，劳务派遣方本身就是最终责任人，这与管理人或组织者违反安全保障义务和教育机构违反管理职责承担的补充责任中，直接责任人是第三人的情形完全相反。劳务派遣单位尽管在责任顺位上承担的是补充责任，但实际上补充责任的本质是最终责任而非风险责任。② 此处规定的“相应的”，是因为在对内的最终份额确定上，要比较接受劳务派遣的用工单位的监督过失与劳务派遣单位的选任过失。即在对内责任份额上，“相应的”补充责任份额应与劳务派遣方的选任过失相当。在对外的责任承担上，接受劳务派遣的用工单位按照该款前段的规定，对外承担全部的替代责任。如果无法全部承担的，劳务派遣方只在“相应的”责任份额内承担所谓的“补充责任”。因此，在对内追偿上，接受劳务派遣方在劳务派遣方应承担的责任份额与实际承担的补充责任的差额内享有追偿权。笔者认为，尽管第 34 条第 2 款使用了“补充责任”的用语，但在实质上是首先对接受劳务单位替代责任作为“法定责任”进行了规定，再考虑到接受劳务单位可能无法全部赔偿，因此例

① 参见王胜明主编：《中华人民共和国侵权责任法解读》，164 页，北京，中国法制出版社，2010。

② 参见王竹：《论风险责任概念的确立》，载《北方法学》，2011（2）。

外地将劳务派遣单位的对内责任规定为补充性的对外责任，这与第 37 条第 2 款和第 40 条规定的“补充责任”中，补充责任人不承担最终责任的情形有本质区别。因此，学说上对补充责任形态的概括，不应该包括第 34 条第 2 款。

《侵权责任法》第 49 条规定：“因租赁、借用等情形机动车所有人与使用人不是同一人时，发生交通事故后属于该机动车一方责任的，由保险公司在机动车强制保险责任限额范围内予以赔偿。不足部分，由机动车使用人承担赔偿责任；机动车所有人对损害的发生有过错的，承担相应的赔偿责任。”该条第 2 句后段规定的“机动车所有人对损害的发生有过错的”，包括三种情形，即提供的机动车存在故障或者对承租人、借用人有选任过失（如无驾驶资质或者不具备驾驶能力）[①]，以及所有人明知承租人、借用人无驾驶资质或者不具备驾驶能力的情形。其中，机动车存在故障的情形属于机动车保有人违反事故预防义务，“承担相应的赔偿责任”应该明确为类似前述《侵权责任法》第 34 条第 2 款的“法定责任”结构，是在对内的与其过错“相应的”责任范围内，对外承担补充性的责任。在对内追偿上，使用人在所有人应承担的责任份额与实际承担的补充责任的差额内享有追偿权。《道路交通安全法》第 21 条规定：“驾驶人驾驶机动车上道路行驶前，应当对机动车的安全技术性能进行认真检查；不得驾驶安全设施不全或者机件不符合技术标准等具有安全隐患的机动车。”因此，使用人因自身的过错也要分担一定的责任。使用人承担了法定“先付责任”后，在超过其应当承担的责任范围之外向所有人追偿。如果是所有人对使用人存在选任过失，则应理解为按份责任。如果所有人明知使用人无驾驶资质或者不具备驾驶能力，则应该比照第 51 条使所有人与使用人承担连带责任。后两种情形中，双方另有合同约定对内责任份额的，不影响其对外责任的承担。

《侵权责任法》第 89 条规定：“在公共道路上堆放、倾倒、遗撒妨碍通行的物品造成他人损害的，有关单位或者个人应当承担侵权责任。”就该条“有关单位或者个人应当承担侵权责任”的规定，在司法适用上不具有操作性。笔者认为，第 89 条是以“江宁县东山镇副业公司与江苏省南京机场高速公路管理处损害赔偿纠纷上诉案”为条文设计的典型案例原型，本来就包含了两种不同的侵权行为类型，其结构与第 37 条违反安全保障义务的侵权责任具有类似性，建议未来司法解释分为两款予以确定。第 1 款是对公共道路维护人未尽道路安全维护义务的直接过错责任的规定：“公共道路的维护人未尽到安全维护义务，造成他人损害的，应当承担侵权责任。”第 2 款是对第三人行为造成他人损害情形中，公共道路维护人未尽道路安全维护义务的补充责任的规定：“在公共道路上堆放、倾倒、遗撒妨碍通行的物品造成他人损害的，物品的所有人或者占有人不能证明自己无过错的，应当承担侵权责任；公共道路的维护人未尽到安全维护义务的，承担相应的补充责任。”在归责

① 参见王胜明主编：《中华人民共和国侵权责任法解读》，254 页，北京，中国法制出版社，2010。

原则上，从公共道路的公共性和安全性角度出发，物品所有人、占有人承担过错推定的直接责任，公路管理人承担过错推定的补充责任。

（二）司法解释上的补充责任规则的理解与适用

在《人身损害赔偿司法解释》创造性地使用了“补充责任”概念后，最高人民法院先后在《关于审理涉及会计师事务所在审计业务活动中民事侵权赔偿案件的若干规定》(法释〔2007〕12号)、《铁路运输人身损害赔偿司法解释》(法释〔2010〕5号)、《旅游纠纷司法解释》（法释〔2010〕13号）和《最高人民法院关于适用〈中华人民共和国公司法〉若干问题的规定（三）》（以下简称《公司法司法解释（三）》，法释〔2011〕3号，2014年修正）中规定了“补充赔偿责任”或者“补充责任”。鉴于“法释〔2007〕12号”中的补充责任实际上是《公司法司法解释（三）》中关于补充出资赔偿义务的规定，在此仅对铁路运输人身损害赔偿和旅游纠纷中的补充责任进行分析。

《铁路运输人身损害赔偿司法解释》第13条的两款分别规定了两种补充责任。第1款规定：“铁路旅客运送期间因第三人侵权造成旅客人身损害的，由实施侵权行为的第三人承担赔偿责任。铁路运输企业有过错的，应当在能够防止或者制止损害的范围内承担相应的补充赔偿责任。铁路运输企业承担赔偿责任后，有权向第三人追偿。”该款规定结构类似于《侵权责任法》第37条第2款，且明文规定了追偿权。该条第2款规定：“车外第三人投掷石块等击打列车造成车内旅客人身损害，赔偿权利人要求铁路运输企业先予赔偿的，人民法院应当予以支持。铁路运输企业赔付后，有权向第三人追偿。”这一规定容易让人误认为是不真正连带责任，其实应该理解为“车外第三人投掷石块等击打列车”被视为一般无法找到行为人，所以由铁路运输企业承担补充责任，因此规定了相应的追偿权。应该指出，该司法解释第13条规定的两种补充责任，是对《铁路法》第58条第1款前段规定的“因铁路行车事故及其他铁路运营事故造成人身伤亡的，铁路运输企业应当承担赔偿责任”的扩张解释，实际上苛加了铁路运输企业在车内维护秩序和车体保障乘客安全的双重第三人侵权预防义务。

《旅游纠纷司法解释》在第7条和第14条规定了两种补充责任，较好地展示了安全保障义务和谨慎选择义务这两种典型的第三人侵权预防义务及其对应的补充责任。第7条第1款规定：“旅游经营者、旅游辅助服务者未尽到安全保障义务，造成旅游者人身损害、财产损失，旅游者请求旅游经营者、旅游辅助服务者承担责任的，人民法院应予支持。”第7条第2款规定：“因第三人的行为造成旅游者人身损害、财产损失，由第三人承担责任；旅游经营者、旅游辅助服务者未尽安全保障义务，旅游者请求其承担相应补充责任的，人民法院应予支持。”这两款的结构与《侵权责任法》第37条类似，可以认为是“群众性活动的组织者”在旅游行业中的具体化。该条较为特殊的是列出了“旅游经营者”和“旅游辅助服务者”两类责任人。笔者认为，二者之间不是不真正连带责任关系，而是根据该条规定的过错责任，由有过错的责任人承担责任。如果二者均违反了安全保障义务，则依据是否符合《侵权责任法》第 8 条的规定，共同对直接责任或者补充责任承担按份责任或者连带责任。

《旅游纠纷司法解释》第 14 条第 1 款规定："因旅游辅助服务者的原因造成旅游者人身损害、财产损失，旅游者选择请求旅游辅助服务者承担侵权责任的，人民法院应予支持。"这是对旅游辅助服务者直接责任的规定。第 2 款规定："旅游经营者对旅游辅助服务者未尽谨慎选择义务，旅游者请求旅游经营者承担相应补充责任的，人民法院应予支持。"这是对旅游经营者未尽谨慎选择义务的规定，即选任过失，其承担补充责任的范围以其过错范围为限，并可向旅游辅助服务者追偿。

（三）建议未来司法解释增设的补充责任类型

除上述《侵权责任法》以及相关司法解释规定的补充责任，总结立法经验、学说观点和司法实务，建议未来通过司法解释至少增设以下类型补充责任规则：

第一，第三人违反醉酒、滥用麻醉品等预防义务的补充责任。建议在《侵权责任法》第 33 条第 2 款基础上，规定："因第三人导致侵权人醉酒、滥用麻醉品等而暂时丧失辨别能力致人损害的，由含酒饮品、麻醉品提供人在过错范围内承担补充责任"。

第二，机动车保有人违反盗窃预防义务的补充责任。在《侵权责任法》第 52 条基础上，规定："机动车保有人对盗窃的发生有重大过失的，在过错范围内承担补充责任"①。

第三，雇主违反职场性骚扰预防义务的补充责任。建议规定："雇员在职场范围内遭受第三人性骚扰造成损害，雇主未尽保护注意义务的，应该承担补充责任"②。

第四，发包人、分包人违反资质审查义务的补充责任。《人身损害赔偿司法解释》第 11 条第 2 款规定的"雇员在从事雇佣活动中因安全生产事故遭受人身损害，发包人、分包人知道或者应当知道接受发包或者分包业务的雇主没有相应资质或者安全生产条件的"情形，发包人或者分包人应当承担补充责任。

第五，展销会的举办者、柜台的出租者或者市场开办者违反产品侵权预防义务的补充责任。《消费者权益保护法》第 38 条、《农产品质量安全法》第 54 条第 2 款和《食品安全法》第 52 条第 2 款规定展销会的举办者或者柜台的出租者、市场开办者承担连带责任的情形，笔者倾向于认为责任人应该承担补充责任。

第六，网络服务提供者违反网络侵权预防义务的补充责任。在《侵权责任法》第 36 条的基础上，规定："提供内容服务的网络服务提供者，对权利人要求其提供侵权行为人的注册资料以追究他人的侵权责任，无正当理由拒绝或者无法提供的，应当承担补充责任"。

① 张新宝、解娜娜：《"机动车一方"：道路交通事故赔偿义务人解析》，载《法学家》，2008 (6)。

② 杨立新、马桦：《性骚扰行为的侵权责任形态分析》，载《法学杂志》，2005 (6)。

第七，商业交易平台违反信息安全保护义务的情形。建议增设规定：“对交易安全负有保护义务的交易平台，对第三人盗用姓名、账号、密码、执照等进行交易，造成他人损害的，应当对受害人承担补充责任，但是能够证明自己没有过错的除外。”①

第八，专家违反咨询意见风险预防义务的情形。建议增设规定：“负有信赖义务的专家提供不实信息或不当咨询意见，使得第三人有机可乘，使受害人遭受损害的，专家承担补充责任，但能够证明自己无过错的除外。”

第九，质量检验和认证等鉴定机构违反产品缺陷侵权预防义务的情形。《产品质量法》第 57 条第 2 款前段规定：“产品质量检验机构、认证机构出具的检验结果或者证明不实，造成损失的，应当承担相应的赔偿责任……”第 3 款前段规定“产品质量认证机构违反本法第二十一条第二款的规定，对不符合认证标准而使用认证标志的产品，未依法要求其改正或者取消其使用认证标志资格的，对因产品不符合认证标准给消费者造成的损失，与产品的生产者、销售者承担连带责任”。笔者认为，质量检验和认证等鉴定机构的责任与产品的生产者、销售者责任之间的侵权责任分担规则没有本质差别，均应统一规定为补充责任。

六、补充责任的追偿权

（一）《侵权责任法》通过之后主流学说对补充责任追偿权的否定

由于《侵权责任法》上三处明文规定的“相应的补充责任”均未明文规定追偿权，在该法通过之后，主流学说意外地对补充责任追偿权持否定态度。较为明确表达该观点的是杨立新教授和郭明瑞教授。杨立新教授认为，《侵权责任法》第 37 条和第 40 条规定的“相应的补充责任”是与补充责任人过错程度和原因力相适应的赔偿责任，因此均取消了《人身损害赔偿司法解释》第 6 条和第 7 条规定的追偿权。② 郭明瑞教授认为，责任人是否有追偿权，关键在于其承担的责任是否是其应承担的或者说是否是为他人承担的责任。如果责任人承担的责任本就是其应当承担的，那么也就不发生向他人追偿的问题。正是因为补充责任人是对自己的过错和原因力造成的损害负责，故本质上补充责任是一种自负责任，补充责任人在承担责任后不能再向实际加害人追偿。③ 王利明教授持一定保留态度，认为原则上安全保障义务人不能向第三人追偿，理由在于其承担的是与自己的过错和原因力相一致的责任，责任范围已经受到限制，就没有必要赋予安全保障义务人以追偿权。另外，在例外情况下，补充责任人可以行使追偿权，如第三人具有故意或者恶意，或者安全

① 中国人民大学民商事法律科学研究中心：《〈中国民法典·侵权行为法编〉草案建议稿》，见 http：//www.civillaw.com.cn/article/default.asp? id=10714。

② 参见杨立新：《侵权责任法》，283、295 页，北京，法律出版社，2010。

③ 参见郭明瑞：《补充责任、相应的补充责任与责任人的追偿权》，载《烟台大学学报》，2011 (1)。

保障义务人承担责任后在时效期限内发现第三人有财产的情形。① 而张新宝教授则仅仅是在对安全保障义务人的“相应的补充责任”的说明中提道：“《侵权责任法》并未明确规定安全保障义务人的追偿权问题。”② 因而张新宝教授未作明确表达，也未正面支持。

（二）补充责任形态应该适用追偿权

笔者认为，补充责任是否能够适用追偿权，涉及补充责任作为一种特殊数人侵权责任分担形态的独立价值。如果补充责任不能适用追偿权，则将出现逻辑上的矛盾与循环。如果直接责任人能够承担赔偿责任，就无须补充责任人承担责任。如果直接责任人不能全部承担赔偿责任，则由补充责任人在与其过错和原因力相应范围内承担赔偿责任，且不能追偿。那么，该部分责任自始就应该由补充责任人承担，因此是否意味着直接责任人本来就不应该承担该部分责任。沿着这种逻辑，则不是补充责任人是否享有向直接责任人追偿的问题，而是直接责任人承担了超过自己责任份额，是否有权向补充责任人追偿的问题。如果按照这种逻辑，就成为一种直接责任人与补充责任人之间的单向连带责任。即补充责任人承担的是按份责任，而直接责任人承担的是连带责任。而在补充责任的设计中，特别考虑的是补充责任人往往有较强的赔偿能力，因此才作此设计，避免受害人无法从直接责任人处得到全部赔偿。可见，无追偿权配置的补充责任，已经违背了其自身的立法主旨。与其作出这样逻辑怪异的设计，不如直接设定按份责任，在逻辑上回到补充责任产生之前，似乎更为妥当。

笔者注意到，学者在论述中大多提到“相应的补充责任”中的“相应的”是与其过错和原因力相应的责任，且不论及补充责任是否有原因力，就《人身损害赔偿司法解释》第 6 条第 2 款和第 7 条第 2 款均使用了“相应的补充赔偿责任”用语来看，并无差别。更为一贯的逻辑应该是适用该司法解释规定的追偿权，而不是否定这种追偿权的存在，这样更符合司法实践的一贯做法。

① 参见王利明：《侵权责任法研究》（下卷），194～195 页，北京，中国人民大学出版社，2011。

② 张新宝：《侵权责任法》，2 版，235～237 页，北京，中国人民大学出版社，2010。

专 题 十 九

不真正连带责任研究

一、客观关联共同侵权行为学说对不真正连带责任适用范围的影响

（一）传统民法上不真正连带责任适用范围的类型化

传统民法上的不真正连带责任，一般是指多数行为人违反法定义务，对一个受害人实施加害行为，或者不同的行为人基于不同的行为而致使受害人的权利受到损害，各个行为人产生的同一内容的侵权责任，各负全部赔偿责任，并因行为人之一的履行而使全体责任人的责任归于消灭的侵权责任形态。① 笔者在此特别研究根据法律规定产生的数个侵权责任之间的不真正连带关系，不包括因雇主责任或保险责任而形成的特殊不真正连带关系。数个侵权责任之间的不真正连带关系，根据其产生的不同方式，可以分为法定型不真正连带关系和偶然型不真正连带关系。所谓法定型不真正连带关系，是指数个责任人根据法律的规定，均对受害人的全部损害负责，但其中一人清偿即免除其他人责任的情形，最典型的就是产品责任领域缺陷产品制造者与销售者之间的关系。所谓偶然型不真正连带关系，即不真正连带责任的发生，系因相关之法律关系偶然竞合所致②，在因果关系上主要包括三类情况。

第一类是“竞合因果关系”，这是一种“并发因果关系”，即多个独立的侵权行为偶然同时发生并造成同一损害，而且每个侵权行为都足以造成全部损害。③ 典型案例是“污染案”：A、B 两个工厂同时排污，造成某一河流中养殖的鱼全部死亡，A、B 两家单独的排污量就足以造成全部损害。④ 一般认为，两个侵权行为无须严

① 参见杨立新：《侵权法论》，3 版，638 页，北京，人民法院出版社，2005。

② 参见孙森焱：《民法债编总论》（下册），743 页，北京，法律出版社，2006。

③ See Bénédict Winiger，Helmut Koziol，Bernhard A. Koch，Reinhard Zimmermann eds.，*Essential Cases on Natural Causation*，Springer Wien NewYork，2007，p. 5.

④ See J. Spier（ed.），*Unification of Tort Law*：*Causation*，Kluwer Law International，2000，p. 6，Case 18.

格意义上的同时发生，但必须均在损害发生之前完成。[①]

第二类是“并存因果关系”，这是一种“继发因果关系”[②]，即一个原因发生后，另一个原因再发生导致损害。传统民法学者常举的例子是两种作为行为的竞合，如B偷盗A的物品而C将该物品损坏，B、C二人对A承担不真正连带责任；也可能是两种不作为的结合，如A是公寓的管理者，在检查完C的房间后忘记锁门，而B是保安公司的工作人员，有义务检查所有的房门但却漏过了C的房门，最终因D进入C的房间而造成C的财产损失。[③]

第三类是“虚假因果关系”[④]，即两个原因相继发生，第一个原因导致了损害，若无第一个原因，损害仍然会因为第二个原因而发生。这是一种“先发因果关系”[⑤]，其实质是单独致害。有的是两个同类侵权行为，如A、B二人分别过失纵火，两起大火均可能烧毁C的房屋，但在B所纵大火延烧到C房屋之前，A所纵大火已经将该房屋烧毁。[⑥] 有的是两个非同类侵权行为，如有人给狗下毒，狗三天后必死无疑，另一人直接将狗杀死的情形[⑦]；或者有人给马下毒，另一方放火烧毁马厩将马烧死[⑧]；或者一人被人从高楼上扔下，另一人在其落下过程中枪击致其死亡。[⑨]

（二）偶然型不真正连带责任制度存在的弊端

应该指出的是，偶然型不真正连带责任类型，是在连带责任采纳“主观说”的理论框架下构建的。学者多从“目的”意义上强调主观连带责任与偶然型不真正连带责任的差别，例如，史尚宽先生认为，连带责任，有目的之共同，而不真正连带债务有偶然标的之同一。[⑩] 孙森焱教授将该学说发展为不真正连带客观之单一目的与连带责任主观的共同目的的差别。[⑪] 黄立教授是从这一角度对连带债务与不真正连带债务进行区分的：“连带债务，系指数债务人以共同目的，负同一给付之债务，

① See Bénédict Winiger, Helmut Koziol, Bernhard A. Koch, Reinhard Zimmermann eds., *Essential Cases on Natural Causation*, Springer Wien NewYork, 2007, p. 476.

② Richard A. Epstein, *Torts*, Aspen Publishers, 1999, pp. 223-224.

③ See Dan B. Dobbs, *The Law of Torts*, West Group, 2001, p. 414.

④ J. Spier (ed.), *Unification of Tort Law: Causation*, Kluwer Law International, 2000, p. 142.

⑤ Bénédict Winiger, Helmut Koziol, Bernhard A. Koch, Reinhard Zimmermann eds., *Essential Cases on Natural Causation*, Springer Wien New York, 2007, p. 5. 该书使用的是“successive events”的用语，本书是从先发原因已经造成损害的角度进行描述的，所指内容相同，角度不同而已。

⑥ See Dan B. Dobbs, *The Law of Torts*, West Group, 2001, p. 416.

⑦ 参见王利明：《侵权行为法研究》（上卷），721页，北京，中国人民大学出版社，2004。

⑧ See J. Spier (ed.), *Unification of Tort Law: Causation*, Kluwer Law International, 2000, pp. 3-4, 128-130.

⑨ 参见［英］H. L. A. 哈特、托尼·奥诺尔：《法律中的因果关系》，张绍谦、孙战国译，187页，北京，中国政法大学出版社，2005。

⑩ 参见史尚宽：《债法总论》，673页，北京，中国政法大学出版社，2000。

⑪ 参见孙森焱：《民法债编总论》（下册），743页，北京，法律出版社，2006。

而其各债务人对债权人，均各负为全部给付义务者而言。而不真正连带债务，系指数债务人，以单一目的，本于各别之发生原因，负其债务，并因其中一债务之履行，而他债务人亦同归消灭者而言，两者并不相同。”①

偶然型不真正连带责任在适用上，由于各个请求权单独发生，受害人享有不同的损害赔偿请求权，只能“择一”行使。受害人选择的一个请求权全部实现之后，其他请求权消灭。② 这样带来两个问题：第一，让受害人选择其中一个请求权行使，而被选择的不真正连带责任人可能因为没有赔偿能力而导致受害人不能完全受偿，其后果是让受害人承担受偿不能的风险。在较为特殊的情形，如两个不真正连带责任人承担1万元的赔偿责任，而各自有5 000元的赔偿能力，无辜受害人因为制度上的设计，竟然不能分别请求二人分别赔偿，凸显出这种所谓不真正连带的不合理之处。第二，可能造成部分加害人不承担任何赔偿责任的情形。早期民法学说，如郑玉波教授便认为，不真正连带债务无分担部分，因而自然无求偿关系，否则将面临求偿循环的困境。③ 王利明教授也认为，不真正连带责任的主要特点在于不存在追偿权，其目的在于不得使受害人获得双倍赔偿，而放纵不法行为。④ 这种结果导致的是加害人之间的不公平，因此，新近也有学者为求公平起见，认为不真正连带之债的债务人之间也应该承认相互之间的求偿权。⑤ 但这进一步带来了理论上的新困境，即如何在数个毫不相关、偶然竞合的侵权行为人之间确定最终责任份额。

（三）客观关联共同侵权行为对偶然型不真正连带责任适用范围的吸收

比较法上，大陆法系的共同侵权行为理论已经逐渐由“主观说”过渡到“关联共同说”，共同侵权行为的成立以“关联共同性”为标准，即数人的行为共同构成违法行为的原因或条件，因而发生同一损害。⑥ 该说在我国台湾地区已经被司法正式采纳，我国大陆也有权威学者建议在界定共同侵权行为本质特征时应予以借鉴。⑦ 主观关联共同侵权行为，是对传统民法“主观说”的发展，而客观关联共同侵权行为，乃数人所为不法侵害他人权利之行为，在客观上为被害人因此所生损害之共同原因。通说认为，共同原因数人的行为结合而发生同一损害者，固属此范

① 黄立：《民法债编总论》，修正3版，601页，台北，自版，2006。

② 参见杨立新：《侵权法论》，3版，642页，北京，人民法院出版社，2005。

③ 参见郑玉波：《民法债编总论》，修订2版，陈荣隆修订，425～427页，北京，中国政法大学出版社，2004。

④ 参见王利明：《侵权行为法研究》（上卷），722页，北京，中国人民大学出版社，2004。

⑤ 参见曾隆兴：《详解损害赔偿法》，63页，北京，中国政法大学出版社，2004。

⑥ 参见孙森焱：《民法债编总论》（上册），231页，北京，法律出版社，2006。

⑦ 参见杨立新：《共同侵权行为及其责任的侵权责任法立法抉择》，载《河南省政法管理干部学院学报》，2006（5）。就《侵权责任法》第8条是否采纳了客观关联共同侵权行为理论，学说上还存在较大争议。

围；即共同行为人各人之行为亦可能发生相同损害之情形，亦包括在内。[①] 客观关联共同侵权行为理论发展的直接效果是连带责任的适用范围扩大到原本由其他法律制度规范的案件类型中，这实质上是数人侵权责任领域的重新划界问题。[②]

偶然型不真正连带责任的出现，是基于避免受害人获得双重请求权的目的，只允许受害人“择一”行使其请求权，这种维护民法理论体系完整性的出发点是可以理解的。但当大量的客观关联共同侵权行为已经被苛加了连带责任之后，这种固守反而显得不必要，对于受害人也缺乏必要的公平保护，在加害人之间也缺乏公平的对待。事实上，无论是现代欧洲各国侵权法[③]还是美国侵权法[④]，比较法上相当于我国民法上的偶然型不真正连带责任案件几乎无一例外地适用连带责任。笔者认为，应该正视和顺应客观关联共同侵权行为扩张连带责任适用范围的趋势，不再保留公平性欠佳的偶然型不真正连带责任，而将其纳入客观关联共同侵权行为的范围。这样带来的制度体系变化是，不真正连带责任仅适用于法定类型，下文也仅在这样的意义上使用“不真正连带责任”一词。

二、不真正连带责任的法定性特点和特殊制度价值

（一）不真正连带责任的法定性特点

不真正连带责任根据法律规定而成立，法定性是其主要特点，体现在以下方面：

第一，责任构成的法定性。不真正连带责任的产生并非基于责任人对法定义务的违反，而是法律规定在一定情形下发生了损害，则由一定范围内的加害人负责。如在典型的产品缺陷责任中，受害人无须证明产品缺陷是由产品生产者或者销售者造成的，只要是因为产品缺陷造成的损害，产品生产者和销售者就对其承担不真正连带责任。

第二，责任主体范围的法定性，即不真正连带责任的责任主体以法律规定为限。例如，根据《侵权责任法》第 43 条第 1 款规定：“因产品存在缺陷造成损害的，被侵权人可以向产品的生产者请求赔偿，也可以向产品的销售者请求赔偿。”承担不真正连带责任的就只有产品生产者和销售者。即使《侵权责任法》第 44 条规定“因运输者、仓储者等第三人的过错使产品存在缺陷，造成他人损害的，产品的生产者、销售者赔偿后，有权向第三人追偿”，实际上确认了运输者和仓储者可能是最终责任人，但受害人也不能直接请求缺陷产品的运输者和仓储者进行赔偿。

① 参见孙森焱：《民法债编总论》（上册），232 页，北京，法律出版社，2006。

② 参见王竹：《论客观关联共同侵权行为理论在中国侵权法上的确立》，载《南京大学法律评论》，2010 年春季卷，北京，法律出版社，2010。

③ See J. Spier (ed.), *Unification of Tort Law: Causation*, Kluwer Law International, 2000, p. 146.

④ See W. Page Keeton, et al., *Prosser and Keeton on Torts*, 5th ed. 1984, p. 354.

有学者将这种现象称为“直接责任主体”和“间接责任主体”，即使可以根据《民通意见》第153条第2款规定并案处理，也不影响其责任关系结构。①

第三，存在法定的最终责任人。最终责任人，有学者称之为“终局责任人”，就是指对于不真正连带责任的发生应最终负责的人。② 例如，产品责任中的缺陷制造者，就是最终责任人。如果生产者是最终责任人，销售者在承担了损害赔偿责任之后，有权向最终责任人即生产者追偿；反之，如果销售者是最终责任人，则生产者也可以向销售者追偿。

（二）不真正连带责任的特殊制度价值

尽管不真正连带责任在对内关系上具有一定的特点，在发生原因上也是基于法定的侵权行为类型而非数人侵权行为形态，但这些特点还不足以说明不真正连带责任就具有完全不同于连带责任的独立性，或许这就是美国法上不区分连带责任与不真正连带责任，大陆法系民法典也鲜有明文规定不真正连带责任的原因。作为一种特殊侵权责任形态，不真正连带责任具有以下特殊制度价值：

第一，赔偿权利人起诉时无须确定最终责任人，程序负担较小。不真正连带责任的成立要件与最终责任人的确定无关，主要适用于一些适用严格责任的意外事件，最典型的是产品缺陷责任。受害人无须证明或者查找产品缺陷的制造人，而仅需要证明损害是由产品缺陷造成的即可。这与连带责任至少需要证明数个加害人共同造成损害的证明负担相比，程序负担更小。

第二，可以适用于最终责任人不明的情形。不但赔偿请求人在起诉时无须证明最终责任人，事实上即使无法确定最终责任人也可以根据法律规定适用不真正连带责任。共同侵权行为如果无法确定最终责任人，则往往需要借助共同危险行为制度，相比之下规则更为复杂。

第三，一般存在对于受害人来说起诉较为便利的责任人。立法者对于不真正连带责任的设计，往往考虑到了赔偿请求人起诉的便利性，规定了在地理空间上离受害人较近的责任人，如产品缺陷责任中的销售者。③ 在制度设计预期上，是希望受害人能够以最为便捷的方式获得全部赔偿，同时也可以考虑在程序上规定受害人应该向不真正连带责任人尽量一次性请求全部赔偿。

第四，责任人之间一般具有一定的合作关系。不真正连带责任人往往是对于某一特殊损害风险的共同预防者或者制造者，在成熟的商业链条中大多存在相互之间用以分担市场风险和确定责任的合同。因此，苛加他们承担不真正连带责任主要是从外部关系上保护受害人，对他们的内部关系只是作出倡导性的规定。

第五，不真正连带责任人一般都可能通过商业保险来规避风险。不真正连带责

① 参见张新宝：《侵权责任法原理》，388页，北京，中国人民大学出版社，2005。

② 参见杨立新：《侵权法论》，3版，641页，北京，人民法院出版社，2005。

③ 参见张新宝：《侵权责任法原理》，389页，北京，中国人民大学出版社，2005。

任人一般都是机构责任人，承担责任的基础一般都是严格责任，相关领域的商业责任保险制度比较发达，责任人完全可以通过商业保险分担损害并控制其经营成本，这有利于损害的社会化分散。

三、我国《侵权责任法》第41～44条的不真正连带责任结构①

我国《侵权责任法》第41～44条是最为典型的不真正连带责任形态，笔者以这4个条文为例，详细分析不真正连带责任的结构。我国《侵权责任法》第41条规定生产者责任，适用无过错责任原则："因产品存在缺陷造成他人损害的，生产者应当承担侵权责任。"第42条第1款规定销售者责任，适用过错责任原则："因销售者的过错使产品存在缺陷，造成他人损害的，销售者应当承担侵权责任。"第43条分3款，第1款规定生产者和销售者对被侵权人承担的无过错责任："因产品存在缺陷造成损害的，被侵权人可以向产品的生产者请求赔偿，也可以向产品的销售者请求赔偿。"第2款规定销售者的追偿权："产品缺陷由生产者造成的，销售者赔偿后，有权向生产者追偿。"第3款规定生产者的追偿权："因销售者的过错使产品存在缺陷的，生产者赔偿后，有权向销售者追偿。"第44条是关于生产者、销售者对使产品存在缺陷有过错的第三人的追偿权的规定："因运输者、仓储者等第三人的过错使产品存在缺陷，造成他人损害的，产品的生产者、销售者赔偿后，有权向第三人追偿。"

从文义上看，第42条第1款规定的销售者过错责任与第43条第1款规定的销售者无过错责任是相互冲突的，因此必须从"合理性推定"出发，采用不真正连带责任的对内和对外结构进行解释，才能化解这一矛盾。具体方案是：第43条第1款是生产者和销售者缺陷产品责任共同的请求权基础；第41条和第42条第1款应该被理解为生产者和销售者的对内最终责任确定条款，即生产者或者销售者根据第43条第2款和第3款规定进行追偿的请求权基础条款，而非受害人向生产者或者消费者请求赔偿的请求权基础条款。具体条文适用规则如下：

受害人可以依据第43条第1款要求生产者或者销售者承担侵权责任。如果受害人选择起诉的是销售者，则销售者不能依据第42条第1款规定的是过错责任，以自己无过错对抗受害人的请求，而应该依据第43条第1款的规定承担严格责任。销售者承担责任后，可以向生产者进行追偿。该追偿权行使的前提是第43条第2款前段规定的"产品缺陷由生产者造成的"，而该段条文所指，就是第41条规定的生产者对缺陷产品承担的严格责任。类似的，如果受害人选择起诉的是生产者，生产者依据第43条第1款的规定承担严格责任。生产者承担责任后，可以向销售者

① 关于这一不真正连带责任结构的详细分析，参见王竹：《缺陷产品不真正连带责任制度的确立与完善》，载《中国社会科学报》，2009-12-08。

进行追偿，该追偿权行使的前提是第 43 条第 3 款规定的“因销售者的过错使产品存在缺陷的”，而该段条文所指的，就是第 42 条第 1 款规定的销售者对缺陷产品承担的过错责任。

以上是对生产者、销售者之间的追偿权结构的分析。如果缺陷是由生产者、销售者之外的第三人造成的，那么承担了直接赔偿责任或者被追偿的生产者或者销售者，可以再依据第 44 条对有过错的运输者、仓储者等第三人进行追偿。

确定《侵权责任法》上产品责任的不真正责任形态，就明确了《农业机械化促进法》第 14 条、《种子法》第 41 条、《农产品质量安全法》第 54 条第 1 款和《食品安全法》第 96 条第 1 款的适用方式，并可以作为《农业法》第 76 条和《畜牧法》第 32 条遗漏的生产者责任及其追偿请求权的补充规则进行适用，意义重大。①

四、不真正连带责任在严格责任领域的扩展适用

（一）比较法上严格责任领域的不真正连带责任

一般认为，不真正连带责任的适用领域仅限于产品缺陷责任，这是不真正连带责任理论不清晰和不成熟的表现。事实上，比较法上适用不真正连带责任的情形广泛存在于严格责任领域。除产品责任之外，不真正连带责任还存在于动物致害、高度危险作业和危险物致害等领域。以比较法上广泛规定的动物致害为例：《法国民法典》第 1385 条规定（“动物的所有人或者使用人在使用牲畜的时间内，对动物或牲畜造成的损害应负赔偿之责任”）中的所有人和使用人之间，实际上是不真正连带责任关系。《德国民法典》第 833 条承担责任的动物所有人与第 834 条承担责任的动物看管人之间的连带责任②，由于有全额追偿权存在，实际上是不真正连带责任。《日本民法典》第 718 条第 1 款规定的动物占有人和第 2 款规定的代替占有人管理动物的人之间，实质上也是不真正连带责任关系。《瑞士债务法》第 56 条第 2 款规定的“动物管理人可以向挑逗动物的人或者动物的所有人进行追偿”，也表明这是一种不真正连带责任，类似的还有我国台湾地区“民法典”第 190 条第 2 款规定的第三人导致动物致害和第 191 条第 2 款规定的第三人导致地上工作物致害两种特殊情形，都规定了向第三人的“求偿权”。另外，《意大利民法典》第 2052 条、《埃塞俄比亚民法典》第 2071～2073 条、《智利民法典》第 2326 条、《阿根廷民法

① 值得斟酌的是，《产品质量法》第 2 条第 2 款规定：“本法所称产品是指经过加工、制作，用于销售的产品。”因而将初级农产品限制在产品之外。而我国现行法律体系中，特别列举的产品责任主要集中在与初级农产品高度相关的领域，这也从一个方面说明，应该在《侵权责任法》中重新定义产品缺陷责任意义上的产品，全面规定产品缺陷责任。对此问题，笔者将另行撰文予以说明。

② See Basil S. Markesinis and Hannes Unberath, *The German Law of Torts A Comparative Treatise* (4ed), Hart Publishing, 2002, p. 900.

典》第1125、1126条、《阿尔及利亚民法典》第139条、《韩国民法典》第759条、新《魁北克民法典》第1466条等，都有类似的不真正连带责任规定。这些比较法上的立法例揭示了在严格责任领域，存在大量可能适用不真正连带责任的情形。

（二）我国侵权法上严格责任领域不真正连带责任的设计思路①

鉴于不真正连带责任的法定性特点和特殊制度价值，立法上可以在以下三类严格责任案件中考虑不真正连带责任的适用：第一类是由数个严格责任人承担责任，如缺陷产品责任和缺陷建筑物责任；第二类是适用严格责任的物件致害所有人与管理人之间的不真正连带责任，如动物致害和高度危险物致害；第三类是法定的严格责任人只有一个，但实践中大量存在过错第三人引起的适用严格责任的侵权行为类型致害情形，如第三人导致的环境污染、动物致害等。

在每一适用严格责任的侵权行为类型中是否规定不真正连带责任，主要有以下三方面考虑：第一，保护受害人的考虑。不真正连带责任的适用范围，应该是针对同一危险存在不同的社会安全预防机制，而且各种不同的预防机制之间是相互配合、多重保护关系。正是出于这种制度设计考虑，侵权法领域的不真正连带责任就应该适用于具有高度社会合作机制的严格责任侵权行为类型中。通过在严格责任中适用不真正连带责任分配受偿不能风险，以保护受害人。第二，保护无最终责任份额责任人的考虑。连带责任与不真正连带责任的最大差别，是每个连带责任人都要承担部分最终责任份额。如果在严格责任中不规定为不真正连带责任，为了保护受害人，则将适用客观关联共同侵权行为连带责任的规定，那么就会分配给实际上没有造成损害的部分加害人以最终责任份额，这也与制度选用的目的不相符。第三，确保追偿权实现的考虑。在严格责任领域适用不真正连带责任，可以由法律明确规定最终责任人的确定方式，因此，承担严格责任的非最终责任人可以在清偿范围内向最终责任人全额追偿。

五、《侵权责任法》上的不真正连带责任形态

按照责任人之间关系的不同，《侵权责任法》上严格责任领域的不真正连带责任形态可以分为以下三个类型：

（一）数个严格责任人之间的不真正连带责任形态

数个严格责任人之间的不真正连带责任，是指根据法律规定，无须查明最终责任人，由数个严格责任人承担不真正连带责任。承担了不真正连带责任的责任人，如果不是最终责任人，则可以向最终责任人追偿，最典型的是缺陷产品责任和缺陷

① 参见王竹：《论法定型不真正连带责任及其在严格责任领域的扩展适用》，载《人大法律评论》，2008年卷，北京，法律出版社，2008。

建筑物责任。前文已经对缺陷产品责任和缺陷建筑物责任①进行了详细分析，在此笔者侧重分析《侵权责任法》第59条规定的缺陷药品、消毒药剂、医疗器械和血液（以下简称“缺陷医疗产品”）的不真正连带责任。

《侵权责任法》第59条规定：“因药品、消毒药剂、医疗器械的缺陷，或者输入不合格的血液造成患者损害的，患者可以向生产者或者血液提供机构请求赔偿，也可以向医疗机构请求赔偿。患者向医疗机构请求赔偿的，医疗机构赔偿后，有权向负有责任的生产者或者血液提供机构追偿。”该规定将产品责任的规范准用于血液，医疗机构对输入不合格血液造成损害承担严格责任，不再适用《医疗事故处理条例》第33条第4项规定的“无过错输血感染造成不良后果的”抗辩事由②，意义重大。

值得探讨的是，第59条仅规定了医疗机构赔偿后，有权向负有责任的生产者或者血液提供机构追偿，而没有对应的规定医疗产品的生产者或者血液提供机构可以向有过错的医疗机构追偿。对此问题，有学者认为，医疗机构在第59条的规定中实质上是作为销售者在承担责任，因此缺陷医疗产品责任也可以适用《侵权责任法》关于产品责任的规定③，即应该理解为可以双向地追偿。也有学者将医疗机构作为不同于医疗产品销售者的责任人类型④，主张不能直接适用《侵权责任法》第43条第2款的规定。笔者认为，从“合理性推定”的角度，应该认为立法者在此是有意规定的单向不真正连带责任，即表明医疗机构是不同于销售者的责任人。⑤作为医疗损害责任中的特殊产品责任，第59条对《侵权责任法》上产品责任一般规则的适用，不是体现在这种向医疗机构的追偿权上，而是体现在生产者与销售者之间的双向追偿权上。当然，这样的解释并不妨碍生产者或者血液提供机构向有过错的医疗机构进行追偿。这种情形中，医疗机构的过错往往体现为类似于仓储者的第三人地位，如未能按照要求保管好医疗产品或血液，因而导致医疗产品致害。而医疗产品生产者或者血液提供机构也可以通过证明是医疗机构的过错导致了医疗产品出现缺陷或者血液变质，来对抗医疗机构的追偿。

（二）危险物品或者物件致害的所有人与管理人之间的不真正连带责任形态

适用严格责任的物件致害所有人与管理人之间，应该根据法律承担不真正连带责任。如果存在根据合同承担管理义务的人，则最终责任人一般应该是管理人。所有人与管理人之间对于追偿有约定的，根据约定处理。这种类型的不真正连带责任主要适用于高度危险物致害责任和动物致人损害责任。

在高度危险物致害责任领域，《侵权责任法》第72条将责任人规定为占有人或

① 详见本书专题十：不动产设施设置缺陷责任研究。

② 参见王利明：《侵权责任法研究》（下卷），411页，北京，中国人民大学出版社，2011。

③ 参见王利明：《侵权责任法研究》（下卷），412、420～421页，北京，中国人民大学出版社，2011。

④ 参见杨立新：《侵权责任法》，453页，北京，法律出版社，2010。

⑤ 本观点受到了杨立新教授的启发，特此致谢。

者使用人，二者之间是择一关系。第74条和第75条将所有人和管理人规定为责任人，对比可知，管理人实际上相当于占有人或者使用人，可见《侵权责任法》在某种意义上免除了非实际使用或者占有的高度危险物所有人在存在管理人情形下的无过错责任，这澄清了《民法通则》第123条规定的责任人不明可能导致所有人和管理人承担不真正连带责任的疑虑。所有人仅在第75条第2句规定的“所有人、管理人不能证明对防止他人非法占有尽到高度注意义务的”情形下，与管理人承担不真正连带责任。①

在饲养动物损害责任领域，第78～80条以及第82条均规定“动物饲养人或者管理人”承担侵权责任，应该理解为动物饲养人与管理人之间承担不真正连带责任。②

应该指出的是，所有人与管理人的不真正连带责任规则，仅适用于严格责任，而不适用于过错推定责任。第85条规定：“建筑物、构筑物或者其他设施及其搁置物、悬挂物发生脱落、坠落造成他人损害，所有人、管理人或者使用人不能证明自己没有过错的，应当承担侵权责任。所有人、管理人或者使用人赔偿后，有其他责任人的，有权向其他责任人追偿。”因此，如果所有人不是管理人或者使用人，就不承担侵权责任，而由管理人或者使用人承担。第90条规定：“因林木折断造成他人损害，林木的所有人或者管理人不能证明自己没有过错的，应当承担侵权责任”，也适用同样的规则。

（三）严格责任人与过错第三人之间的不真正连带责任形态

因过错第三人导致适用严格责任的侵权行为致害类型，严格责任人与其承担不真正连带责任，最终责任应由该第三人承担，严格责任人在承担责任后可以向该第三人追偿。《侵权责任法》规定了以下两种类型：

第一，第三人过错导致环境污染的不真正连带责任。《民法通则》第124条没有对第三人引起污染的责任分担作出规定，同样的情况存在于《固体废物污染环境防治法》《放射性污染防治法》和《环境噪声污染防治法》之中。③《水污染防治法》第96条第4款规定：“水污染损害是由第三人造成的，排污方承担赔偿责任后，有权向第三人追偿”，采纳了不真正连带责任的模式。而《海洋环境保护法》第89条第1款后段规定：“完全由于第三者的故意或者过失，造成海洋环境污染损害的，由第三者排除危害，并承担赔偿责任”，这相当于免除了排污方的责任。相比之下，《水污染防治法》的规定更为合理，《侵权责任法》第68条规定：“因第三

① 第75条第2句第2分句规定的“与非法占有人承担连带责任”也应该理解为不真正连带责任，但不属于本类别，详见后文分析。

② 参见王竹：《我国侵权法上特殊数人侵权责任分担制度立法体例与规则研究》，载《政法论丛》，2009（4）。

③ 修改后的《环境保护法》和《大气污染防治法》适用《侵权责任法》第八章“环境污染责任”的规定。

人的过错污染环境造成损害的，被侵权人可以向污染者请求赔偿，也可以向第三人请求赔偿。污染者赔偿后，有权向第三人追偿。”该条文完善和统一了我国第三人导致环境污染责任规则，意义重大。

第二，第三人导致动物致人损害责任。比较法上对第三人引起动物致害领域，有两种不同的做法：一是不免除动物所有人和管理人的责任，实际形成不真正连带之债的责任格局。这种做法以《瑞士债务法》第56条第2款为代表：“动物管理人可以向挑逗动物的人或者动物的所有人进行追偿。”我国台湾地区“民法典”第190条第2款系采瑞士立法例，规定：“动物系由第三人或他动物之挑动，致加损害于他人者，其占有人对于该第三人或该他动物之占有人，有求偿权。”二是免除动物所有人或者管理人的责任，由第三人负责，如《阿根廷民法典》第1125条规定：“如果造成损害的动物系由第三人刺激，则由第三人承担责任，主人不负其责。”我国《民法通则》第127条由于使用了两个分号而变得十分模糊，本条规定：“饲养的动物造成他人损害的，动物饲养人或者管理人应当承担民事责任；由于受害人的过错造成损害的，动物饲养人或者管理人不承担民事责任；由于第三人的过错造成损害的，第三人应当承担民事责任。”在《侵权责任法》通过之前，多数学者认为第三人过错可以免除饲养人和管理人的责任。笔者作为少数派，坚持认为如果第3段的本意是免除责任，则应该和第2段合并，无须专门作出规定，并建议第三人与动物饲养人、管理人之间应负不真正连带责任。① 最终立法采纳了少数意见，在《侵权责任法》第83条中规定：“因第三人的过错致使动物造成他人损害的，被侵权人可以向动物饲养人或者管理人请求赔偿，也可以向第三人请求赔偿。动物饲养人或者管理人赔偿后，有权向第三人追偿”，由此澄清了《民法通则》第127条的本意。

“一审稿”第49条曾经对“第三人导致高度危险作业致害不真正连带责任”作出规定：“由于第三人的过错导致高度危险作业对他人造成损害的，高度危险的作业人赔偿后，有权向第三人追偿。”“二审稿”之后未对该问题作出一般性规定，《侵权责任法》上也无类似规定，属于立法遗漏。与高度危险作业致害责任相关的部分特别法上对第三人原因导致的损害作出了规定，如《民用航空法》第159条规定：“未经对民用航空器有航行控制权的人同意而使用民用航空器，对地面第三人造成损害的，有航行控制权的人除证明本人已经适当注意防止此种使用外，应当与该非法使用人承担连带责任。”《电力法》第60条第3款规定：“因用户或者第三人的过错给电力企业或者其他用户造成损害的，该用户或者第三人应当依法承担赔偿责任。”笔者认为，第三人原因导致民用航空器致害或者高压危险活动致害，均应适用不真正连带责任。《最高人民法院关于审理铁路运输损害赔偿案件若干问题的

① 参见王竹：《我国侵权法上特殊数人侵权责任分担制度立法体例与规则研究》，载《政法论丛》，2009(4)。

解释》(法发〔1994〕25号）第14条将第三人原因导致铁路旅客伤亡的情形规定为不真正连带责任：“在铁路旅客运送期间因第三者责任造成旅客伤亡，旅客或其继承人要求铁路运输企业先予赔偿的，应予支持。铁路运输企业赔付后，有权向有责任的第三者追偿。”[①] 以此规定作为参考，建议未来最高人民法院在《侵权责任法》第69条规定的基础上，通过司法解释明确“因第三人过错高度危险作业造成他人损害的，被侵权人可以向高度危险作业人请求赔偿，也可以向第三人请求赔偿。高度危险作业人赔偿后，有权向第三人追偿”。

六、《侵权责任法》上补充责任被加重为不真正连带责任的情形

《侵权责任法》上有四处对第三人侵权预防义务的规定被立法者苛加了“连带责任”，分别是：第36条第2款规定的“网络服务提供者接到通知后未及时采取必要措施的，对损害的扩大部分与该网络用户承担连带责任”；第3款规定的“网络服务提供者知道网络用户利用其网络服务侵害他人民事权益，未采取必要措施的，与该网络用户承担连带责任”；第74条第2句规定的“所有人将高度危险物交由他人管理的，由管理人承担侵权责任；所有人有过错的，与管理人承担连带责任”；第75条第2句规定的“所有人、管理人不能证明对防止他人非法占有尽到高度注意义务的，与非法占有人承担连带责任”。

上述“连带责任”的规定已经引起了学者的异议，如杨立新教授和吴汉东教授均倾向于将第36条规定的两种连带责任解读为不真正连带责任。[②] 如前所述，《侵权责任法》第72条没有苛加非实际使用或者占有的高度危险物所有人以无过错责任，因此第74条和第75条中所有人承担的是过错责任，在第75条中，管理人承担的也是过错责任。笔者认为，第74条和第75条在侵权责任分担规则上与第36条第2款和第3款的规定并无实质差别，均是对第三人侵权预防义务的规定，因此，笔者更倾向于认为其性质为补充责任。但鉴于立法者已经作出了这样的立法选择，从“合理性推定”的角度，笔者只能理解为是一种责任的加重，即通过改变侵权责任分担形态的适用，取消了补充责任人的顺位利益，因而这四种情形实质上被

① 《最高人民法院关于审理铁路运输人身损害赔偿纠纷案件适用法律若干问题的解释》(法释〔2010〕5号）第13条第1款规定：“铁路旅客运送期间因第三人侵权造成旅客人身损害的，由实施侵权行为的第三人承担赔偿责任。铁路运输企业有过错的，应当在能够防止或者制止损害的范围内承担相应的补充赔偿责任。铁路运输企业承担赔偿责任后，有权向第三人追偿。”第2款规定：“车外第三人投掷石块等击打列车造成车内旅客人身损害，赔偿权利人要求铁路运输企业先予赔偿的，人民法院应当予以支持。铁路运输企业赔付后，有权向第三人追偿。”该条第2款规定与《最高人民法院关于审理铁路运输损害赔偿案件若干问题的解释》(法发〔1994〕25号）第14条并无本质区别。为方便读者理解不真正连带责任的结构，在此引用“法发〔1994〕25号”。对于“法释〔2010〕5号”第13条，笔者将另行撰文评述。

② 参见杨立新：《〈侵权责任法〉规定的网络侵权责任的理解与解释》，载《国家检察官学院学报》，2010(2)；吴汉东：《试论网络服务提供者的著作权侵权责任》，载《中国法学》，2011(2)。

规定为不真正连带责任。这是因为，如果认为是连带责任，那么法院将会遇到在上述责任人之间分配最终责任份额的困境，这也印证了笔者关于一般数人侵权责任分担形态和特殊数人侵权责任分担形态之间基本区分的看法，即一般数人侵权责任分担形态必须对数个责任人之间的最终责任份额进行分配，而特殊数人侵权责任分担形态则只有一个最终责任人。①

① 参见王竹：《我国侵权法上特殊数人侵权责任分担制度立法体例与规则研究》，载《政法论丛》，2009(4)。

侵权公平责任论

21 世纪法学研究生参考书系列

公平责任，可谓中国侵权法上富有争议性的诸多话题中最具中国特色的理论问题。不但学者难以就公平责任的概念、理论和取舍达成基本共识，在实务中也存在适用标准和范围不明确的问题。“侵权公平责任论”是对损害赔偿的公平调整和我国侵权法上公平责任的理论空间和适用规则进行分析的理论，其基本框架是在“侵权责任构成论”和“侵权责任分担论”考量要素之外对其他要素进行综合考量，其内在的伦理基础是独立于矫正正义和分配正义的公平。

笔者认为，当前“侵权公平责任论”的疑难问题在于《侵权责任法》对以《民法通则》为中心的原有公平责任体系的影响和由此产生的新的公平责任类型。因此，笔者特别设置了我国侵权法上公平责任一般条款的体系定位研究和公平责任的类型化研究两个专题对该问题进行探讨。在公平责任的具体类型中，本编先对来源不明抛掷、坠落物品致害建筑物区分使用人道义补偿责任进行了研究。容易被忽略的是，动物园饲养动物损害责任中也存在类似监护人公平责任的适用，本编也将该部分纳入讨论范围。

专题二十

我国侵权法上公平责任一般条款的体系定位研究

《侵权责任法》第 24 条延续了我国的立法传统，继续规定了公平责任一般条款："受害人和行为人对损害的发生都没有过错的，可以根据实际情况，由双方分担损失。"对比《民法通则》第 132 条可知，该条规定在两个位置对文字进行了微调：第一，将"当事人"具体化为"受害人和行为人"，这一方面确认了公平责任不是侵权责任①，另一方面也规定了公平责任的因果关系要件。第二，将"由当事人分担民事责任"改为"由双方分担损失"，避免了与侵权责任分担问题的混淆。②在《侵权责任法》通过之前，不仅学者难以就公平责任的概念、理论和取舍达成基本共识，实务中也存在适用标准和范围不明确的问题。③ 而《侵权责任法》即便作出了这两个方面文字上的调整，公平责任一般条款牵涉的侵权责任归责原则、责任构成、责任形态和赔偿数额等争议问题，仍然没有得到任何意义上的解决。我国《民法通则》第 132 条的规定本身就是比较法上的孤例，在立法史上类似的立法例也不多见，而《侵权责任法》第 24 条对公平责任一般条款的延续规定在立法过程中并未得到充分的论证。那么，公平责任到底是如何成为我国侵权法上独具特色的规定，其本身就值得认真考证和反思，这也是从立法解释层面探究该条适用范围的基础。笔者试图首先厘清《民法通则》第 132 条规定公平责任一般条款的历史源流，再对比《侵权责任法》第 24 条的体系定位，试图在《侵权责任法》中对公平责任一般条款进行体系定位。

一、公平责任的源流与类型

公平责任的源流可溯及到 1794 年《普鲁士普通邦法》第 41～44 条关于儿童和

① 参见王竹：《〈侵权责任法〉侵权责任分担立法体例与规则评析》，载《法学杂志》，2010（3）。

② 参见王竹：《侵权责任分担论》，84 页，北京，中国人民大学出版社，2009。

③ 参见《李萍、龚念诉五月花公司人身伤害赔偿纠纷案》，载《最高人民法院公报》，2002（2）；《李彬诉陆仙芹、陆选凤、朱海泉人身损害赔偿纠纷案》，载《最高人民法院公报》，2002（4）。前案适用了公平责任，而后案却没有。对比同年公布的这两个最高人民法院公报案情，并无实质差异影响公平责任的适用。

精神病人的侵权行为的规定，基于公平或衡平的特别考虑可以构成责任的充足理由。这种受自然法观点所影响的理论认为，某个穷人不能承受由某个万贯家财的精神病人对其造成的严重的人身伤害的损失，稍晚的1811年《奥地利民法典》第1310条作出了类似的规定。① 从比较法上体现公平原则的立法例来看，根据实际的作用，广义的公平责任条款可以分为以下三种类型：

首先是特殊侵权责任类型，即在特殊侵权行为类型中依据公平原则减轻赔偿责任，适用范围受到法律明文规定的列举性限制。这是主流类型，比较法上主要适用于在受害人不能从对无责任能力人负有监护责任的人那里获得损害赔偿的情形。如源于1881年《瑞士债法典》第58条的，现行1911年《瑞士债务法》第54条“无行为能力人的责任”第1款规定：“法院可以依公平原则判决无民事行为能力人承担部分或者全部因其造成的损害赔偿责任。”②《德国民法典》第829条“出于合理理由的赔偿义务”规定：“具有第823条至第826条所列举的情形之一，而根据第827条、第828条的规定对所引起的损害可以不负责任的人，在不能向有监督义务的第三人要求赔偿损害时，仍应当赔偿损害，但可以根据情况，特别是根据当事人之间的法律关系，合理要求损害赔偿；而以不剥夺其为维持适当生计或者履行其法定抚养义务所必需的资金为限。”1942年《意大利民法典》第2047条“无行为能力人导致的损害”第2款规定：“在负有监护义务之人不能赔偿损害的情况下，法官得根据双方当事人的经济条件判定致害人给予公平的赔偿（参阅第2045条）。”我国台湾地区“民法典”第187条第3、4款规定：“如不能依前二项规定受损害赔偿时，法院因被害人之声请，得斟酌行为人及其法定代理人与被害人之经济状况，令行为人或其法定代理人为全部或一部之损害赔偿。”“前项规定，于其他之人，在无意识或精神错乱中所为之行为致第三人受损害时，准用之。”

其次是减轻赔偿责任类型。本类公平责任的实质，是依据公平原则，在特定情况下对侵权损害赔偿责任的减轻，如《埃塞俄比亚民法典》第2099条（衡平的权力—1. 不知过犯）规定：“（1）如果导致责任的过犯是处在不知其行为的过错性质状态的人实施的，在衡平需要时，法院可减少授予的赔偿额。（2）在这一问题上，必须考虑当事人各自的财务状况和过犯的行为人的赔偿损害责任的后果。”《俄罗斯民法典》第1083条第3款规定：“法院可斟酌致害公民的财产状况，减少其赔偿损失的金额，但损害由其故意行为所致时除外。”《蒙古民法典》第394条第1款规定：“除故意致人损害的情况外，法院在确定损害赔偿时，可参酌加害人的财产状况减轻其承担的责任。”

最后一类是一般民事责任基础类型。该类公平责任的主要特点是规定了具有普

① 参见严治译：《损害赔偿的减轻和公平责任》，载中国人民大学法律系民法教研室编：《外国民法论文选》（校内用书），328页，1984。原文载《国际比较法百科全书·侵权行为·责任的后果（补偿）》，1972。

② 《瑞士债务法》，吴兆祥、石佳友、孙淑妍译，北京，法律出版社，2002。

遍适用性的公平责任一般条款，该条款自身就可以单独作为承担侵权责任的依据，我国《民法通则》第132条就属于这种类型。

二、比较法上公平责任一般条款的立法尝试

1900年《德国民法典》草案第二稿第752条曾规定，对侵权行为造成损害，不是故意或者过失的，法官可以考虑到具体情况，责令赔偿一定的数额。① 该条文受到了广泛的批评，主要是因为该条文在法律上的含糊性达到了使人不能忍受的程度。1900年《德国民法典》的起草人认为，如果仅仅基于公平考虑而要求行为无过失的侵权行为人作出赔偿是极不明确的，最终没有采纳该一般性规定。现行《德国民法典》第829条的规定只适用于第827条和第828条的范围，即免除和减少处于无意识状态中的人、处于因精神错乱的人、未成年人和聋哑人的责任。当然，在学理上仍然有学者，如德国著名法学家海德曼（J. W. Hedemann）认为，公平责任是并列于过失责任和无过失责任的第三种独立责任。②

唯一实际进行了公平责任一般条款立法尝试的民法典是1922年《苏俄民法典》第406条。该条规定："依本法第403条至第405条所规定之情形，加害人不应负赔偿责任时，法院得酌量加害人及受害人之财产状况，令其赔偿。"第403条是侵权行为一般条款，第404条是对高度危险来源所致损害的规定，第405条是对未成年人监护责任的规定。对比《德国民法典》第823～829条的内容可知，1922年《苏俄民法典》在公平责任的规定上，显然借鉴了《德国民法典》的体例。不同的是，《苏俄民法典》是将其适用范围扩展到了更大的范围，不但包括第405条的监护人责任，还包括第403条规定的一般侵权行为和第404条规定的危险责任。③ 这样一来，使得第403～405条的规定处于一种极不确定状态。④ 原苏俄最高法院认为，如果提起损害赔偿诉讼的是公民，而被告是国家机关时，不适用《苏俄民法典》第406条，其理由是："国家已经通过专门的社会保险机关来保障劳动人民，所以不应当使它的其他机关来担负这种职能。"如果适用，"就意味着国家对这些损失应当全部负责，因为国家的财产永远比个别劳动人民的财产要多"⑤。根据苏联

① 参见［日］小口彦太：《不法行为二题》，丁相顺译，载张新宝主编：《侵权法评论》，2004年第1辑，北京，人民法院出版社，2004。

② 参见严治译：《损害赔偿的减轻和公平责任》，载中国人民大学法律系民法教研室编：《外国民法论文选》（校内用书），328页，1984。原文载《国际比较法百科全书·侵权行为·责任的后果（补偿）》，1972。

③ 参见［苏］坚金·布拉图斯主编：《苏维埃民法》，第3册，中国人民大学法律系民法教研室译，372～373页，北京，法律出版社，1957。

④ 参见王卫国：《过错侵权责任：第三次勃兴》，294～295页，北京，中国法制出版社，2000。

⑤ 1926年《前苏俄最高法院民事上诉庭的工作报告》，转引自［苏］坚金·布拉图斯主编：《苏维埃民法》，第3册，中国人民大学法律系民法教研室译，372页，北京，法律出版社，1957。

权威民法学家坚金的进一步解释，按照这样的理由，该条文也不适用于公民与其他社会主义组织之间、社会主义组织之间，只适用于公民之间的损害赔偿诉讼。“但随着物质福利的不断增长，公民之财产状况的显著差别也在消释”，因此该条文“在法院的实践中，差不多没有适用”①。1964年的《苏俄民法典》没有沿用这一规定。② 值得一提的是，1922年《苏俄民法典》在损害赔偿部分的第411条单独规定了决定损害赔偿数额的条款：“法院于一切情形决定赔偿损害之数额时，应注意受害人及加害人之财产状况。”这实际上是一个不太典型的减轻赔偿责任类型的公平责任条款，体现出损害赔偿数额的确定与第406条公平责任的区分。

事实上，的确存在司法实践中曾经得到实际运用的公平责任一般条款，即1928年《匈牙利民法典》草案第1737条。该条规定：“加害人虽有不法行为但没有作出赔偿，如果缺乏其他任何赔偿来源，加害人应赔偿其行为造成的经济损失，只要这种损害赔偿依案件的情节，特别是就双方当事人的经济情况来看是公平的。”该条款在第二次世界大战之前就在匈牙利的司法实践中得到了运用，在战后得到了完全采用。对案件作出判决仅仅根据公平考虑的原则，在两个国家企事业单位之间的损害赔偿的诉讼中也经常采用。1959年《匈牙利民法典》改变了这一规定，第352条第2款将公平责任的适用范围仅仅限制在侵权行为人的判断力减弱或不存在的情况下。③

三、《民法通则》第131～133条内容和体例上的疑点

《民法通则》第132条及其前后的第131和第133条，在内容和体例上存在诸多疑点。《民法通则》第131条作为对过失相抵的规定，属于损害赔偿数额确定的内容，与其相邻的应该是损益相抵条款或者是减轻赔偿责任类型的公平责任条款，而绝不应该是现在的第132条的内容。

有学者认为，《民法通则》第132条确立的公平责任是一种补充性的归责原则。④ 笔者认为，这样的结论值得商榷。单看《民法通则》第132条的内容，的确可以将之单独作为责任基础，但其位置并非归责原则，《民法通则》第106条第1款规定的是合同责任的归责原则，第2款规定的是侵权责任的过错责任原则，第3款规定的是无过错责任原则。从立法目的上解释，第132条规定不具有归责原则的

① ［苏］坚金·布拉图斯主编：《苏维埃民法》，第3册，中国人民大学法律系民法教研室译，372～373页，北京，法律出版社，1957。

② 参见［日］小口彦太：《日本、中国、香港侵权行为法比较》，载《法学家》，1997（5）。

③ 参见严治译：《损害赔偿的减轻和公平责任》，载中国人民大学法律系民法教研室编：《外国民法论文选》（校内用书），329页，1984。原文载《国际比较法百科全书·侵权行为·责任的后果（补偿）》，1972。

④ 参见王利明主编：《民法·侵权行为法》，105页，北京，中国人民大学出版社，1993；王利明：《侵权行为法研究》（上卷），290～291页，北京，中国人民大学出版社，2004。

地位。这样的体例安排说明，《民法通则》并非将其作为一个归责原则予以确立。①因此，在这样一个独特的位置上，规定这样的一条看似独立责任基础的条文，其本身的合理性便值得怀疑。

在我国的侵权法理论中，《民法通则》第133条规定的监护人替代责任，是一种特殊侵权行为。从侵权责任立法的体系性出发，显然不应该是现在的位置。按照我国侵权法理论的通常体例，应该将其安排在特殊侵权行为的第1条，即第121条。可见，《民法通则》第133条的位置和内容，有悖于我国侵权法的基本理论体系。而《民法通则》第133条第1款、第2款体现出的以财产状况作为适用标准的立法体例，也具有极强的独特性。从立法技术上讲，第1款关于"监护人尽了监护责任的，可以适当减轻他的民事责任"的规定，与第2款关于"由监护人适当赔偿"的规定，具有相似性，应该统一规定，且应该与"但单位担任监护人的除外"的规定进行协调。现在的立法模式显然是对某种立法模式的借鉴与实践中按照财产状况标准区分适用的司法经验的混合，这些也需要找到其立法源流。

对于上述《民法通则》第131～133条体现出的疑点，只能理解为立法者具有整体考虑，否则便无法进行合理解释。因此，下文将一并回顾新中国民法典起草的历次草案中，与第132条（下称"公平责任条款"）前后相邻的第131条（下称"过失相抵条款"）、第133条（下称"监护责任条款"）相应条款的内容和位置，便于我们深入理解公平责任的来龙去脉。

四、《民法通则》之前民法典起草中的相关条文考察

新中国成立以来，我国曾三次起草民法典。从1954年开始，由全国人大常委会组织民法起草，确立了我国民法对苏联民事立法和理论的继受模式。1962年开始第二次民法起草，在特殊的社会背景下，该次民法草案仅包括总则、财产的所有、财产的流转三编，将侵权行为、继承、亲属排除在外，直至1979年11月成立新的民法起草小组，才开始了第三次民法典的起草工作。②下文将对20世纪50年代和80年代两次民法典起草中涉及公平责任的相关条文分别进行考察。

（一）我国20世纪50年代民法典起草中的相关条文考察③

20世纪50年代我国民法典起草是分编进行的，其中有关债编与侵权责任的草案共有四次。

1955年10月24日的《债编通则第一次草稿》第37条是"监护责任条款"，第44条是"过失相抵条款"，第45条是"公平责任条款"，第45条规定："人民法院

① 参见杨立新：《侵权法论》，3版，125～126页，北京，人民法院出版社，2005。

② 参见梁慧星：《制定民法典的设想》，载《现代法学》，2001（2）。

③ 本小节的立法资料参见何勤华、李秀清、陈颐编：《新中国民法典草案总览》（上），北京，法律出版社，2003。

在决定损害赔偿数额的时候，应该根据双方的经济情况作适当处理。”在位置上，“过失相抵条款”与“公平责任条款”相邻，“监护责任条款”前置。

1957 年 1 月 7 日《债编通则草稿》第三节“因造成他人损害所生的债”部分，第 14 条是“监护责任条款”，第 21 条是“过失相抵条款”，第 22 条是“公平责任条款”，第 22 条规定：“损害赔偿的数额，除根据加害人的故意或过失的情节轻重及受害人的受害程度之外，并应参照双方的经济情况作斟酌确定。”相对位置和内容与《债编通则第一次草稿》相似。

1957 年 1 月 9 日的《债的通则第二次稿（另案）》“（一）侵权行为所生的债”部分，第 72 条是“监护责任条款”，第 79 条是“过失相抵条款”，第 80 条是“公平责任条款”，第 80 条规定：“人民法院在决定损害赔偿数额的时候，应该根据双方的经济情况作适当处理。”相对位置和内容也与《债编通则第一次草稿》相似。对比可知，两份草案在体例的安排上是基本一致的，差别在于“公平责任条款”的内容。《债的通则第二次稿（另案）》延续了《债编通则第一次草稿》的规定，只考虑“双方的经济情况”，而《债编通则草稿》还考虑“加害人的故意或过失的情节轻重”和“受害人的受害程度”。

1957 年 2 月 10 日有关“损害赔偿”（第三次草稿）的规定发生了一些变化。第 4 条是“过失相抵条款”，第 5 条是“监护责任条款”，第 13 条是“公平责任条款”。值得注意的是在相对位置上，“过失相抵条款”前置，“监护责任条款”居中成为特殊侵权行为的第一个条文，“公平责任条款”在位置上靠后，内容上延续了《债的通则第二次稿（另案）》的规定。

从上述四次债编草案的内容和体例来看，当时的“公平责任条款”规定的并非是一般责任基础类型，而是对人民法院“决定损害赔偿数额”时考虑因素的规定，是减轻赔偿责任类型。在考虑“双方的经济情况”问题上较为一致，在是否考虑“加害人的故意或过失的情节轻重”和“受害人的受害程度”问题上显得摇摆不定。在体例上，经过四次草案的起草，最终形成了有关“损害赔偿”（第三次草稿）的“过失相抵条款”前置，“监护责任条款”居中，“公平责任条款”后置的相对位置。按照这种体例，“过失相抵条款”应理解为损害赔偿范围的确定条款，“监护责任条款”应理解为特殊侵权行为条款，“公平责任条款”应理解为损害赔偿数额的确定条款。

（二）我国 20 世纪 80 年代民法典起草中的相关条文考察①

20 世纪 80 年代前期，民法典的起草又进入了新高潮，从 1980 年到 1982 年连续起草了四稿《中华人民共和国民法草案》，其中均涉及对公平责任的规定。

1980 年 8 月 15 日《中华人民共和国民法草案（征求意见稿）》第五编损害责

① 本小节的立法资料参见何勤华、李秀清、陈颐编：《新中国民法典草案总览》（下），北京，法律出版社，2003。

任，分损害的预防、损害责任的一般规定、损害责任的特殊规定与赔偿的范围和方法四章。其中第444条是“过失相抵条款”，位置在第二章“损害责任的一般规定”；第448条是“监护责任条款”，位置在第三章“损害责任的特殊规定”的第一条；第472条是“公平责任条款”，位置在第四章“赔偿的范围和方法”的最后一条，内容是：“对于致害人的赔偿责任，人民法院可以根据损害发生的原因、给社会造成不良影响的程度、致害人的经济状况以及对待过错的态度等，适当减免。”在体例上，延续了1957年2月10日的有关“损害赔偿”（第三次草稿），但内容上，改变较大，除“致害人的经济状况”外，还包括“损害发生的原因”“给社会造成不良影响的程度”和“对待过错的态度”，显示出较强的管理色彩，这可能与“文化大革命”刚刚结束不久，整个思维方式还较为政治化有关。

1981年4月10日《中华人民共和国民法草案（征求意见二稿）》第四编侵权损害的责任，分为一般规定、特殊规定与赔偿的范围和方法三章。其中第341条是“过失相抵条款”，位置在第一章“一般规定”中；第345条是“监护责任条款”，位置在第二章“特殊规定”的第1条；第366条是“公平责任条款”，位置在第三章“赔偿的范围和方法”的最后一条，内容是：“对于致害人的赔偿责任，人民法院可以根据损害发生的原因、给社会造成不良影响的程度、致害人的经济状况以及对待过错的态度等，适当减免。”体例上，“第二稿”将“第一稿”的“损害的预防”和“损害责任的一般规定”两章合并为一章，在内容和位置安排上，几乎没有变化。

1981年7月31日《中华人民共和国民法草案（第三稿）》第七编民事责任，分通则、确定责任的规定与承担责任的范围和方法三章，其中第二章确定责任的规定分为“一般规定”和“特殊规定”两个子标题。其中第466条是“过失相抵条款”，位置在第二章确定责任的规定“一般规定”子标题下；第469条是“监护责任条款”，位置在第二章确定责任的规定“特殊规定”子标题下的第一条；第492条是“公平责任条款”，位置在第三章“承担责任的范围和方法”，内容是：“对于致害人的赔偿责任，人民法院可以根据损害发生的原因、给社会造成不良影响的程度、致害人的经济状况等，适当减免。”相较于“第一稿”“第二稿”，内容上删除了“以及对待过错的态度”的规定，体现出一定的私法回顾意识；体例上，重新规定了“通则”章，“一般规定”与“特殊规定”合并规定在第二章“确定责任的规定”中，相关条文的相对位置不变，只是“公平责任条款”不再是所属章最后一条。

1982年5月1日的《中华人民共和国民法草案（第四稿）》第七编民事责任体例、条文位置安排，以及第423条“过失相抵条款”、第448条“公平责任条款”的内容与“第三稿”的基本一致。值得关注的是，“第四稿”第426条“监护责任条款”删除了在前三稿中相应条款的第1款后段，即“但是，未成年人能够辨认自己行为的后果并且已有独立经济收入的，应当对自己造成的损害承担连带责任”。剩余条文的第1款是“无行为能力人和行为能力受限制的人造成的损害，由他们的父母、监护人或者有义务对他们进行监护的组织承担责任”。第 2 款是“父母、监护人或实行监护的组织如果能够证明已经尽到了监护职责，可以酌情减轻或者免除他们的责任”。这两款内容的合并，便是后来《民法通则》第 133 条的第 1 款。

此后还有一次民法总则的起草，即 1985 年 7 月 10 日的《中华人民共和国民法总则（讨论稿）》，此后并未进行新的民事责任编起草。随后立法计划发生变化，立法机关决定改采先分别制定民事单行法，待条件具备再制定民法典的立法方针。①1986 年 4 月 12 日，第六届全国人民代表大会第四次会议通过了《民法通则》。

20 世纪 80 年代的四稿民法草案的民事责任编的体例和相关规定，体现出侵权责任立法在体例上逐渐固定为一般规定、特殊侵权行为和损害赔偿三部分，“过失相抵条款”属于一般规定，“监护责任条款”一般安排在特殊侵权行为的第一条，而“公平责任条款”则属于损害赔偿部分，是减轻赔偿责任类型的公平责任条款。可以确定，在《民法通则》起草之前，这一体系是较为清晰的。

五、《民法通则》起草时的文献考察

通过上文对 20 世纪 50 年代和 80 年代两次民法典起草工作的回顾和分析，我们还可以得出一个非常重要的结论，即在我国的民法典起草过程中，公平责任从未作为过承担侵权责任的基础，不存在一般条款意义上的公平责任。减轻赔偿责任类型的“公平责任条款”的实质，是考虑双方经济条件和其他因素，斟酌决定损害赔偿的数额。可以确定，从 1955 年新中国开始起草民法典，到 1982 年 5 月 1 日的《中华人民共和国民法草案（第四稿）》，均无任何类似《民法通则》第 132 条的草案条文。那么，在前 8 次侵权责任编起草过程中，逐渐清晰化的立法体例，是如何在《民法通则》中体现为现在的第 131～133 条的体例与内容的呢？在这样的立法准备和理论背景缺失的情况下，《民法通则》却将公平责任上升为责任的一般条款②，的确有耐人寻味之处。要解释这种现象，就需要对当时立法者可能参考的文献进行分析。

（一）公平责任条文体例的确定——对我国 20 世纪 80 年代中期《民法通则》起草时的文献考察

笔者对当时几乎所有的立法参考文献进行了全面的考察，发现与公平责任相关的文献非常稀少，仅有两份 20 世纪 80 年代初期出版的翻译文献与公平责任高度相关。

第一份材料是 1980 年出版的 1964 年《苏俄民法典》中译本。③ 其第 458 条规定：“如果受害人自己的重大过失促成了损害的发生或扩大，在苏联立法没有其他规定的情况下，应当根据受害人过错的程度（在造成损害的人有过错时，也应该根

① 参见梁慧星：《制定民法典的设想》，载《现代法学》，2001（2）。

② 参见孔祥俊：《论侵权行为的归责原则》，载《中国法学》，1992（6）。

③ 参见《苏俄民法典》，马骧聪、吴云琪译，王家福、程远行校，北京，中国社会科学出版社，1980。

据他的过错程度），减少赔偿的数额或者免除赔偿损害的责任。”“法院可以根据造成损害的公民的财产状况，减少其赔偿损失的数额。（苏俄最高苏维埃 1973 年 12 月 12 日法令的条文，见《最高苏维埃公报》，1973 年第 51 期，第 1114 号。）”该条文的特别之处是，明确地将“受害人的过错”和“造成损害的人的财产状况”并列地作为减少或者免除损害赔偿的考量因素，这有利于帮助我们理解《民法通则》第 131 条“过失相抵条款”与第 132 条“公平责任条款”的相邻现象。

第二份材料是一篇介绍原南斯拉夫新债法改革的文章——《南斯拉夫新债法的概念及其基本制度》[①]，于 1980 年被翻译成中文，发表在《法学译丛》1980 年第 2 期。该文后被法律出版社 1983 年 6 月出版，法学教材编辑部《民法原理》资料组选编的《外国民法资料选编》将其作为唯一的债法文章选入转载。该书首次印数即达到了二万余册，可以想象在资料匮乏的当时，该书的影响力之大，且该书的编写者实际上就是《民法通则》的起草者。该书提到“现代技术文明社会中的生活条件，已经并且仍然要求不以过错作为责任的根据，而要求责任的成立不联系过错来考虑，责任的产生是由于发生了损害（客观责任），因此，在任何情况下，造成损害者不得以证明对于发生损害并无过错为理由而免除责任……以及在其他生活的需要和社会主义的公平而要求对受害人予以更大的保护的特殊情况，采取客观责任的观念”。“关于债法的概念及其指导思想，有必要着重指出‘社会主义的公平’原则，作为对其他法规在实施中引起不公平的结果时的一种矫正。”“社会主义的公平及团结的观念，在有正当的社会理由时，有时要求不适用只能对应负责任者判决赔偿的规定。”该书特别举例：“例如法律规定当损害是由一个不能对之负责的人所造成（例如该人没有推理能力）、而又不能从其监护人那里得到赔偿时，法院可以‘根据公平的要求，特别是考虑造成损害者及受害人双方的财产状况，判决造成损害者赔偿全部或部分损失’（第 169 条）。”该示例和引用的条文与《民法通则》第 132 条、第 133 条第 1 款的规定，在内容上具有高度的吻合性，可以帮助我们理解这两个条文的相邻关系。

尽管笔者无法、也不可能证明，《民法通则》的起草者就是看到了这两份材料而起草的第 131～133 条，但可以肯定的是，这两份材料能够对于这样的条文设计起到理论上至关重要的支撑作用。反之，如果当时的《民法通则》起草者对这两份材料视而不见，那么则需要对此作出较为详细的说明。而根据笔者的考察，我国民法学界在《民法通则》颁布之前，无任何关于所谓“公平责任”的探讨，而该法颁布之后，学界才迅速对此展开了争议。[②] 因此，正面地推断，在当时参考资料较为

① 参见［南］佛·克鲁尔杰：《南斯拉夫新债法的概念及其基本制度》，王名扬译，盛愉校，载《法学译丛》，1980（2）。原载《南斯拉夫法律》（法文版），1978（2）。

② 较早的重要文献包括蓝承烈：《论公平责任原则》，载《学习与探索》，1987（3）；石柱华：《试论公平责任原则》，载《中南政法学院学报》，1987（3）；房绍坤、武利中：《公平责任原则质疑》，载《法律科学》，1988（1）；刘士国：《论侵权损害的公平责任原则》，载《法律科学》，1989（2）；蒋颂平：《“公平责任”原则应是独立的归责原则》，载《人民司法》，1989（7）；等等。

稀缺的情况下，这两份材料对于上述三个条文的起草产生了较大的影响，应该更为合理。

（二）公平责任条文内容的确定——民法典起草过程中监护人责任条文变化的佐证

从上文对《民法通则》体例的考察可以得知，“公平责任条款”在《民法通则》起草时是和“监护责任条款”一并考虑的。1922 年《苏俄民法典》第 405 条规定：“无行为能力人对于其所致损害之损害不负责任。负有监督义务之人应代为负责。未成年人于本法第 9 条所规定之情形所致之损害，其父母或监护人亦应与未成年人共同负责。（1935 年 11 月 25 日《法令汇编 1936 年第一号法令第一号》）”而第 9 条规定：“未成年人之满十四岁者，得经法定代理人（父母、养父母、监护人、保佐人）之同意，为法律行为。有权独立支配其所得之工资，并对于因其行为所致他人之损害负赔偿之责任。”

值得关注的是，20 世纪 50 年代四次债编通则（损害赔偿）草案的监护人责任，均提到“在不能或者赔偿不足的时候，由法定代理人负赔偿责任”的内容，而 20 世纪 80 年代四稿《中华人民共和国民法草案》均无相关内容。可见《民法通则》第 132 条和第 133 条对公平责任和监护人责任的规定，是受到了 1922 年《苏俄民法典》第 405 条和第 406 条的适用关系影响。这样就更让我们理解了为什么《民法通则》第 133 条第 2 款会规定“有财产的无民事行为能力人、限制民事行为能力人造成他人损害的，从本人财产中支付赔偿费用”；也更加容易理解“不足部分，由监护人适当赔偿，但单位担任监护人的除外”的立法原意，是单位不承担赔偿责任①，即苏联民法上列举的都是作为自然人的法定代理人。

1922 年《苏俄民法典》第 405 条和第 406 条的相邻关系，以及《南斯拉夫新债法的概念及其基本制度》的举例，与《民法通则》第 132 条、第 133 条的内容和体例高度吻合，因此可以认为，《民法通则》的“监护责任条款”就是最典型的“公平责任条款”的适用情形。如此才更容易理解，《民法通则》为何抛弃了四稿《中华人民共和国民法草案》确立的“监护责任条款”的特殊侵权行为地位，而将之置于“公平责任条款”之后。结合《民通意见》第 157 条的规定（“当事人对造成损害均无过错，但一方是在为对方的利益或者共同的利益进行活动的过程中受到损害的，可以责令对方或者受益人给予一定的经济补偿。”）和《民通意见》第 157、158～161 条的内容，可以认为第 157 条是对《民法通则》第 132 条的直接解释，第 158～161 条是对《民法通则》第 133 条的直接解释，可更进一步确定《民法通则》第 132 条与第 133 条之间的责任基础与适用范围的关系。因此在内容上，《民法通则》第 132 条实际上源于 1922 年《苏俄民法典》第 406 条的规定。

① 参见《最高人民法院民事审判庭关于单位担任监护人是否承担赔偿责任的电话答复》（1989 年 8 月 30 日［89］法民字第 23 号）。

六、对《民法通则》第132条公平责任考察的结论

综合上述分析，笔者认为，《民法通则》第132条，是20世纪80年代中期我国民事立法由起草“民法典”向起草《民法通则》转轨的特殊时期，在较短的时间内，总结20世纪50年代和80年代两次民法典起草经验，引进原南斯拉夫债法修订所贯彻的社会主义公平原则，内容和体例上综合借鉴1922年和1964年《苏俄民法典》的产物。由于未经过较长的理论酝酿和讨论，又没有立法理由书，无怪乎有学者感叹，由于《民法通则》第132条的规定，加上概念规范与思维逻辑不严格，故使得“公平责任”原则之说在民法学界至今甚为流行。①

从上述考察还可以看出，《民法通则》第132条的规定应该结合第133条理解，其适用范围较之1922年《苏俄民法典》更小，应仅限定适用于《民法通则》第133条，具体适用上结合《民通意见》第158～161条的规定。因此，《民法通则》第132条的适用，不能够抛开第133条的限定，该条文不但不是归责原则，而且不能单独作为责任基础适用。这样的适用范围与世界主流立法模式应该说是一致的，即由于年幼或智力不全而缺乏判断力的人所负公平责任的情况。② 但在立法技术上，由于《民法通则》第133条的独立规定，且没有立法理由书进行说明，遂导致适用时范围的扩大化。

七、《侵权责任法》第24条公平责任一般条款的体系定位

《侵权责任法》第二章“责任构成和责任方式”的规定大体上可以分为以下六个部分：第6条和第7条是对归责原则的规定，第8～14条是对一般数人侵权责任分担规则的规定，第15条是对侵权责任承担方式的规定，第16～22条是对损害赔偿制度和民事保全请求权（第21条）的规定，第23条对紧急救助受损的规定（以下简称“紧急救助受损条款”）和第24条对公平责任的一般规定都具有公平责任的性质③，第25条是对损害赔偿金支付方式的规定（以下简称“损害赔偿支付条款”）。因此，对于《侵权责任法》上公平责任的体系定位，应该通过对立法过程中，“紧急救助受损条款”和“损害赔偿支付条款”与公平责任一般条款的相对位置以及与“监护人责任条款”的关系来确定。

“一审稿”将公平责任一般条款规定在第二章“损害赔偿”的最后一条第20

① 参见米健：《关于“公平”归责原则的思考》，载《中外法学》，1997（1）。

② 参见《损害赔偿的减轻和公平责任》，严治译，载中国人民大学法律系民法教研室编：《外国民法论文选》（校内用书），329页，1984。原文载《国际比较法百科全书·侵权行为·责任的后果（补偿）》，1972。

③ 参见本书专题二十一：我国侵权法上公平责任的类型化研究。

条："当事人对造成的损害都没有过错的，可以根据实际情况，由当事人分担损失。"较之《民法通则》第132条初步修正了"分担责任"的混淆问题。在体系位置上，第19条是对损益相抵的规定，第18条是"损害赔偿支付条款"。第16条和第17条是对精神损害赔偿的规定。"紧急救助受损条款"在该章第二个条文第9条，前一个条文第8条为损害赔偿一般条款："侵害他人人身、财产造成损害的，侵权人应当赔偿损失。"相当于《侵权责任法》第2条第1款。而"监护人责任条款"被安排在第十章"有关侵权责任主体的特殊规定"的第一个条文即第61条。可见，"一审稿"对这三项制度的处理有以下特点：第一，公平责任一般条款仍然被坚定地保留，但与"监护人责任条款"的限制性适用关系荡然无存，应该理解为立法者有意否定了这种限制性适用关系。第二，公平责任一般条款与"损害赔偿支付条款"一道被作为较为次要的条文安排在"损害赔偿"章的最后位置，即排在精神损害赔偿制度之后。第三，"紧急救助受损条款"被提前到损害赔偿的一般规则中，赋予其一定意义的重要性。

"二审稿"第二章"责任构成和责任方式"将这三个条款统一规定到了该章的最后部分。第21条是"紧急救助受损条款"，第22条是对公平责任一般条款的规定："受害人和行为人对损害的发生都没有过错的，可以根据实际情况，由双方分担赔偿责任。"该规定一方面将当事人明确为"受害人和行为人"，另一方面又将"一审稿"的"由当事人分担损失"改为"由双方分担赔偿责任"。从用语上看，笔者更倾向于认为，该条文是直接从《民法通则》第132条修改而来的，即应该认为是"受害人和行为人"导致了将"当事人"改为"双方"，同时将"民事责任"改为"赔偿责任"①。第23条和第24条是对精神损害赔偿的规定。第25条是"损害赔偿支付条款"。监护人责任随着"关于责任主体的特殊规定"全章调整到第四章而被调整到第31条。可见，"二审稿"对这三项制度的处理有以下特点：第一，继续坚持规定公平责任一般条款，并继续割裂"监护人责任条款"与其之间的限制性适用关系。第二，将"紧急救助受损条款"与公平责任一般条款视为类似制度，相邻规定在该章的较靠后位置，但将同时适用于侵权损害赔偿责任和公平补偿责任的"损害赔偿支付条款"规定到了该章的最后一条，体系位置更为合理。第三，未能坚持"一审稿"连续规定人身损害、财产损害和精神损害的体例，将精神损害赔偿责任插入到公平责任一般条款与"损害赔偿支付条款"之间，不尽合理。

"三审稿"对这三项制度的规定体例与《侵权责任法》几乎完全相同，结合对上述立法过程的考察，可以得出以下结论：第一，公平责任不是侵权责任归责原则，从《民法通则》到《侵权责任法》的起草过程中，公平责任一般条款从未与归责原则条文相邻规定。第二，公平责任一般条款是立法者坚持规定的法律规则，并

① 某种意义上，"一审稿"并非"二审稿"起草的全部基础，这可能与两部草案时间间隔太长，而"一审稿"起草过于仓促有关。

有意使其不再受到监护人责任及其类似侵权责任类型的适用限制。第三，“紧急救助受损条款”与公平责任一般条款均同属公平责任，且二者互不隶属。质言之，公平责任一般条款是一项具体的一般性的法律规则，与“监护人责任条款”“紧急救助受损条款”之间为并列关系。

笔者认为，从第24条公平责任一般条款所处的《侵权责任法》一般规则部分的体系定位来看①，公平责任具有类似于侵权责任的一般规则与特殊规则体系。第24条公平责任一般条款对应特殊公平责任，较为典型的如第33条第1款后段规定的“完全民事行为能力人对自己的行为暂时没有意识或者失去控制……没有过错的，根据行为人的经济状况对受害人适当补偿”。也可能在特别法上存在特殊公平责任，如《道路交通安全法》第76条第1款第2项第三段的规定：“机动车与非机动车驾驶人、行人之间发生交通事故……机动车一方没有过错的，承担不超过百分之十的赔偿责任。”

① 参见王竹：《〈侵权责任法〉侵权责任分担立法体例与规则评析》，载《法学杂志》，2010（3）。

专题二十一

我国侵权法上公平责任的类型化研究

对我国侵权法上公平责任的研究，应该从类型化展开。在《侵权责任法》通过之前，狭义的公平责任学说认为《民法通则》第132条规定了公平责任原则的适用，《民通意见》第142、155、156、157条都是对公平责任的具体化。[①] 广义的公平责任则涉及诸多条文，包括《民法通则》第109、128、129、133条；《民通意见》第126，142，148条第2、3款，155，156，157，158，160条；《精神损害赔偿司法解释》第10条第1款和《人身损害赔偿司法解释》第14、15条等。而《侵权责任法》第23条规定的紧急救助受损补偿责任、第24条规定的公平责任一般条款、第30条规定的防卫过当补偿责任、第31条规定的紧急避险补偿责任和避险过当补偿责任、第32条第1款关于监护人责任减轻事由的规定，以及第33条第1款规定的无过错无意识致害补偿责任，都被认为具有一定的公平责任的性质。需要指出的是，第87条从建筑物中抛掷的或者从建筑物上坠落的物品致害补偿责任具有道义补偿性质，不宜纳入广义的公平责任进行探讨。[②] 下文将对上述广义公平责任条款进行类型化研究，以勾勒出我国侵权法上公平责任的理论框架。

一、公平责任的理论争议回顾与类型化研究思路

（一）《侵权责任法》通过之前关于公平责任的理论争议回顾

关于公平责任的理论争议，首先是是否应该确立公平责任的争议。早在《民法通则》颁布不久，就有许多学者担心适用公平责任原则，很可能导致审判实践中的“和稀泥”现象。[③] 日本学者对《民法通则》第132条大多持反对意见，如小口彦太教授便反对在侵权法中规定公平责任原则，认为该原则没有限定特殊条件，公平本身没有具体的内容，将公平责任原则规定为一般原则，容易导致法官的滥用，损害

① 参见杨立新：《新中国侵权法司法解释的现状及思考》，载《法学家》，1994（2）。

② 参见本书专题二十二：来源不明抛掷、坠落物品致害建筑物区分使用人道义补偿责任研究。

③ 参见《法学研究》编辑部编：《新中国民法学研究综述》，211页，北京，中国社会科学出版社，1990。

法律的权威。[1] 王泽鉴教授也认为，该条规定将可能导致财产之有无、多寡由此变成了一项民事责任的归责原则，且实务上难免造成法院基于方便、人情或者其他原因从宽适用此项公平责任条款，软化侵权行为归责原则的体系构成。[2] 尽管部分国内学者对公平责任持怀疑态度，主流学说对公平责任的确立仍持肯定意见，分歧主要在于公平责任在侵权法上的定位问题。在司法实务中，确实有不少案例，包括部分最高人民法院司法解释涉及的案例和公报案例，都是通过适用“公平责任”判决的，因此具有一定的司法实践基础，仅仅因为上述理由就简单地从理论上进行全部否定，恐有不妥。

关于公平责任在侵权法理论中的定位，主要有以下学说：（1）“无过错责任说”[3]。该说为早期学说，认为当事人对损害的发生都没有过错，但又不属于法律规定的无过错责任情形，故由当事人分担民事责任。[4]（2）“补充性独立归责原则说”。该说最早由蓝承烈教授对公平责任的独立性进行正面论证[5]，刘士国教授对当时否认其独立性的理由进行了逐一反驳[6]，蒋颂平先生论证其具有补充性质。[7] 现以王利明教授为代表，认为公平责任原则是一种归责原则，但地位不能和过错责任原则等同。[8] 近年来有学者将二者关系比喻为“过错原则是侵权法中的世贵，而公平原则是侵权法中的新贵”，以示基本赞同。[9]（3）“公平原则体现说”。该说以张新宝教授为代表，否定《民法通则》直接或间接规定了“公平责任原则”，并认为也不需要确认“公平责任原则”，但承认侵权法体现了“公平原则”的社会功能。[10]（4）“双方责任形态说”。该说以杨立新教授为代表，认为公平责任是一种以公平考虑作为标准，根据实际情况和可能，由双方当事人公平地分担损失的侵权责任形态。[11]

后三种学说现均有学者支持，其中“双方责任形态说”和“公平原则体现说”，实际上都是对“补充性独立归责原则说”的否定，二者分歧在于侵权法上是否应当承认《民法通则》第132条规定的这种“公平责任”。公平责任并非适用于《民法

① 参见［日］小口彦太：《不法行为二题》，丁相顺译，载张新宝主编：《侵权法评论》，2004年第1辑，北京，人民法院出版社，2004。

② 参见王泽鉴：《民法学说与判解研究》，第6册，281页，北京，中国政法大学出版社，2005。

③ 房绍坤、武利中：《公平责任原则质疑》，载《法律科学》，1988（1）；崔建远：《关于“公平责任原则”的考察与评论》，载《当代法学》，1990（3）。

④ 参见王利明、郭明瑞、方流芳：《民法新论》（上册），536页，北京，中国政法大学出版社，1987。

⑤ 参见蓝承烈：《论公平责任原则》，载《学习与探索》，1987（3）。

⑥ 参见刘士国：《论侵权损害的公平责任原则》，载《法律科学》，1989（2）。

⑦ 参见蒋颂平：《“公平责任”原则应是独立的归责原则》，载《人民司法》，1989（7）。

⑧ 参见王利明主编：《民法·侵权行为法》，105页，北京，中国人民大学出版社，1993；王利明：《侵权行为法研究》（上册），290～291页，北京，中国人民大学出版社，2004。

⑨ 参见徐爱国：《重新解释侵权行为法中的公平责任原则》，载《政治与法律》，2003（6）。

⑩ 参见张新宝：《中国侵权行为法》，66页以下，北京，中国社会科学出版社，1998；张新宝：《侵权责任法原理》，45页，北京，中国人民大学出版社，2005。

⑪ 参见杨立新：《侵权法论》，3版，578页，北京，人民法院出版社，2005。

通则》第134条规定的所有责任类型，实际上仅适用于损害赔偿责任，因此对“公平责任”实际适用范围的考察，是对公平责任如何影响损害赔偿数额的考察。从典型的适用公平责任处理的案例来看，该条的实际作用是由不负侵权责任的致害人承担了一定数额的赔偿责任，从数量意义上可以认为是改变了受害人可获得的赔偿数额，所起作用与《民法通则》第131条规定的减少赔偿数额的“过失相抵”责任类似。可见，公平责任的意义不是解决归责的问题，而是要解决赔偿数额的问题。①也有学者因此把公平责任称为“赔偿原则”②，不无道理。从这个意义上，有学者将公平责任纳入责任分担的“双方责任形态”③ 进行统一考虑。

（二）《侵权责任法》通过之后公平责任的类型化研究思路

受1922年《苏俄民法典》的影响，我国《民法通则》也将公平责任上升为一般条款。④ 考察新中国民法典起草的历次草案可以发现，从1955年新中国开始起草民法典，到1982年5月1日的“中华人民共和国民法草案（第四稿）”，均无任何类似《民法通则》第132条的草案条文，相应位置也并无其他规定。⑤ 而我国民法学界在《民法通则》颁布之前，无任何关于所谓“公平责任”的探讨，而该法颁布之后，学界迅速对此展开了争鸣。⑥ 因此有学者感叹，由于《民法通则》第132条的规定的出现，加上概念规范与思维逻辑不严格，故使得“公平责任”原则之说在民法学界至今甚为流行。⑦ 根据对立法史的考察可知，《民法通则》第132条是20世纪80年代中期，我国民事立法由起草“民法典”向起草《民法通则》转轨的特殊时期，在未经过长时间特别酝酿的情形下，借鉴早期苏联民法的产物。⑧

公平是法律的最高原则，诚无疑问，但必须加以具体化，始能作为可适用的法律规范。⑨因此，笔者希望通过参考20世纪80年代苏联民法理论、我国《民法通则》颁布以来的权威文献和比较法上涉及公平原则的类似立法例，关注最高人民法院的相关司法解释和公报案例，结合《侵权责任法》，采用类型化的方式，逐一分析学者提到的“公平责任”相关条文，以展示我国侵权法上公平责任的实际法律规范状态。

① 参见王卫国：《过错侵权责任：第三次勃兴》，296页，北京，中国法制出版社，2000。

② 米健：《再论现代侵权行为法的归责原则——兼答张佩霖先生》，载《政法论坛》，1991（2）。

③ 杨立新：《侵权法论》，3版，520～521页，北京，人民法院出版社，2005。

④ 参见孔祥俊：《论侵权行为的归责原则》，载《中国法学》，1992（6）。

⑤ 参见何勤华、李秀清、陈颐编：《新中国民法典草案总览》（上）、（下），北京，法律出版社，2003。

⑥ 较早的重要文献包括石柱华：《试论公平责任原则》，载《中南政法学院学报》，1987（3）；蓝承烈：《论公平责任原则》，载《学习与探索》，1987（3）；房绍坤、武利中：《公平责任原则质疑》，载《法律科学》，1988（1）；刘士国：《论侵权损害的公平责任原则》，载《法律科学》，1989（2）；蒋颂平：《“公平责任”原则应是独立的归责原则》，载《人民司法》，1989（7）。

⑦ 参见米健：《关于“公平”归责原则的思考》，载《中外法学》，1997（1）。

⑧ 参见本书专题二十：我国侵权法上公平责任一般条款的体系定位研究。

⑨ 参见王泽鉴：《民法学说与判解研究》，第6册，281页，北京，中国政法大学出版社，2005。

二、“公平责任”适用效果的类型化分析

按照相关条文和司法实践中具体情节的实际适用和考量效果，“公平责任”可以分为以下 4 大类 11 小类。

（一）减轻侵权责任类

本类的共同特点是，行为人均应依法承担侵权责任，但应根据实际情况适当减轻赔偿数额。所谓“实际情况”，包括特殊主体、特殊事件和双方经济条件差异及其他特殊情况。

1. 特殊主体责任减轻小类

该小类主要适用于法律明文规定的监护责任。《侵权责任法》第 32 条第 1 款规定：“无民事行为能力人、限制民事行为能力人造成他人损害的，由监护人承担侵权责任。监护人尽到监护责任的，可以减轻其侵权责任。”就文字而言，较之《民法通则》有实质意义上的改动，是将“可以适当减轻”的“适当”两字删除，这样的修改应该理解为对减轻额度的进一步放宽，而没有改变其基本规则。第 32 条第 1 款的规定由于立法者通过体系位置的调整有意使其不再限制第 24 条的适用范围，因而成为独立的特殊主体责任减轻规则。此责任减轻规则为比较法上的立法通例，如《德国民法典》第 829 条、《意大利民法典》第 2047 条、我国台湾地区“民法”第 187 条等均有类似规定。鉴于《侵权责任法》没有实质改变《民法通则》第 133 条的规则，《民通意见》对此特殊主体责任减轻类规则规定的三种情形仍然适用：其一，特殊单位过失未尽监护义务。[①]《民通意见》第 160 条规定：“在幼儿园、学校生活、学习的无民事行为能力人或者在精神病院治疗的精神病人，受到伤害或者给他人造成损害，单位有过错的，可以责令这些单位适当给予赔偿。”该条司法解释的本旨是由于这些单位对这些无民事行为能力人负有一定的监护性质的职责，所以，可视情况决定这些单位适当地承担赔偿责任。[②] 笔者认为，对于敬老院的高龄监护问题，也可以类推适用。其二，特殊主体被教唆、帮助致害。《民通意见》第 148 条第 2 款规定：“教唆、帮助无民事行为能力人实施侵权行为的人，为侵权人，应当承担民事责任。”第 3 款规定：“教唆、帮助限制民事行为能力人实施侵权行为的人，为共同侵权人，应当承担主要民事责任。”这种分类设计体现出区别保护无民事行为能力人和限制民事行为能力人的立法意图，但未区别教唆和帮助行为的不同性质及其后果，对帮助人分配了过多的责任，需要进一步细化。[③] 其三，监护人离异后未成年子女致害。《民通意见》第 158 条规定：“夫妻离婚后，未成年子女侵

① 根据教育部《学生伤害事故处理办法》的规定，学校对学生是“教育、管理和保护义务”而非“监护义务”，但制定《民法通则》时，学界通说采“监护义务说”。

② 参见马原主编：《中国民法教程》，324～325 页，北京，人民法院出版社，1989。

③ 参见杨立新：《类型侵权行为法研究》，620 页，北京，人民法院出版社，2006。

害他人权益的，同该子女共同生活的一方应当承担民事责任；如果独立承担民事责任确有困难的，可以责令未与该子女共同生活的一方共同承担民事责任。”通过引入未与子女共同生活的一方来减轻同子女共同生活一方的责任，而同时让前者承担一定责任，实际上仍然是公平原则的适用。另外，《最高人民法院民事审判庭关于监护责任两个问题的电话答复》（1990 年 5 月 4 日）中规定：“监护人确实不知被监护人患有精神病的，可根据具体情况，参照《民法通则》第 133 条规定精神，适当减轻民事责任。”这也属于特殊主体责任减轻类公平责任。

2. 特殊事件责任减轻小类

《民法总则》第 181 条第 2 款规定的防卫过当责任与《侵权责任法》第 30 条第 2 句、《民法通则》第 128 条第 2 句的规定没有本质区别：“正当防卫超过必要的限度，造成不应有的损害的，正当防卫人应当承担适当的民事责任。”《民法总则》第 182 条第 3 款规定的避险过当责任与《侵权责任法》第 31 条第 3 句、《民法通则》第 129 条第 3 句具有实质等同性：“紧急避险采取措施不当或者超过必要的限度，造成不应有的损害的，紧急避险人应当承担适当的民事责任。”该类型适用范围明确，为比较法上的立法通例，无须赘述。

3. 酌定减轻责任小类

在我国司法实践中，酌定减轻责任主要适用于双方经济条件差异较大的情形，一般是致害人经济贫困而受害人经济条件优越的情形。这是在寻求一种侵权法立法目的实现和公共政策贯彻的平衡，既符合朴素的公平意识，也显然受到了苏联民法思想的影响。1964 年《苏俄民法典》第 458 条第 2 款规定，法院可以根据造成损害的公民的财产状况，减少其赔偿损失的数额。苏联民法理论上主要考虑的因素包括：公民的工资和其他劳动收入、拥有的财产、家庭成员的多寡和扶养的人数等。在确定损害赔偿数额的时候，特别强调不应该考虑受害人的财产状况，不准许把致害人的财产状况与受害人的财产状况加以比较①，这些都值得我们借鉴。

除考虑双方经济条件之外，在一些案件中，按照具体条文规定的构成要件，加害人或对损害负有赔偿义务的人应当完全赔偿受害人的损失，但是这样的结果可能是不公平或者违反公序良俗的。在这样的情况下，应当考虑通过公平原则和公序良俗原则的适用来减少赔偿数额。② 例如，在好意同乘发生交通事故的情形，如果免费乘车人以侵权责任请求赔偿，可以根据实际情况适当减轻机动车保有人的赔偿责任。③

（二）加重侵权责任类

本类与第一大类的共同特点是行为人应当承担侵权责任，但根据实际情况是加

① 参见［苏］B. II. 格里巴诺夫、C. M. 科尔涅耶夫主编：《苏联民法》（下册），中国社会科学院法学研究所民法经济法研究室译，412～413 页，北京，法律出版社，1986。

② 参见张新宝：《〈中国民法典·侵权行为法编草案建议稿〉理由概说》，载张新宝：《法路心语》，北京，法律出版社，2003。

③ 参见王利明：《侵权行为法归责原则研究》，120 页，北京，中国政法大学出版社，2003。

重而非减轻赔偿责任，包括以下两小类：

1. 以借用之名侵占他人财物小类

《民通意见》第 126 条规定：“借用实物的，出借人要求归还原物或者同等数量、质量的实物，应当予以支持；如果确实无法归还实物的，可以按照或者适当高于归还时市场零售价格折价给付。”从适用该规定的《最高人民法院公报》案例“胡震波诉叶润忠返还财物（邮票）纠纷案”① 和当时另一类似案例“苏维埃旗球图面值三分邮票案”②，以及当时学者的评论③中可以看出，该条并非惩罚性赔偿条款，而是考虑被侵占财物可能有升值空间，为避免侵占人不当得利，维护公平而特殊之规定。这一规定在苏联民法上亦有类似理论，如盗窃集体农庄和国营农场所属的牛、猪、绵羊、山羊而有过错的人，应当赔偿被盗窃的牲畜价值一倍半的损失；对林业经济造成损失的赔偿责任十倍于对齐根砍伐的木材现行费率。④

2. 精神损害赔偿小类

《精神损害赔偿司法解释》第 10 条第 1 款规定：“精神损害的赔偿数额根据以下因素确定：（1）侵权人的过错程度，法律另有规定的除外；（2）侵害的手段、场合、行为方式等具体情节；（3）侵权行为所造成的后果；（4）侵权人的获利情况；（5）侵权人承担责任的经济能力；（6）受诉法院所在地平均生活水平。”精神损害赔偿本来就带有一定的惩罚性，而该条文仅考虑侵权人方面的具体情况，而不比较考虑侵权人和致害人双方的经济状况，显示出一种适当加重侵权人责任的立法意图。不过《侵权责任法》第 22 条规定：“侵害他人人身权益，造成他人严重精神损害的，被侵权人可以请求精神损害赔偿。”这一规定较之《精神损害赔偿司法解释》增加了对精神损害“严重”的规定，也应被纳入该类加重责任的考量。

（三）受益人补偿类

本大类包括 4 小类，均是法律明文规定的伤害事故第三方受益人对受害人的补偿。需要特别强调的是，此类受益乃是因受害人的特殊行为使得受益人获益或者避免损失，与因同一侵权行为在造成损失的同时，又使受害人受有利益的损益相抵法理不同，不能混淆。

1. 因紧急救助受损小类

《民法通则》第 109 条规定：“因防止、制止国家的、集体的财产或者他人的财产、人身遭受侵害而使自己受到损害的，由侵害人承担赔偿责任，受益人也可以给

① 《最高人民法院关于胡震波诉叶润忠返还财物（邮票）纠纷应如何处理的函复》，1992 年 4 月 8 日〔1992〕民他字第 12 号。

② 邓海鹰：《这起邮票纠纷案该如何处理》，载《法律适用》，1994（12）。

③ 参见刘邦琰、郭斌：《如何确定该枚邮票的赔偿价额》，载《人民司法》，1993（1）；尹鲁先、褚兢：《国家名片索赔记：全国首例珍稀邮票赔偿案审判纪实》，载《人民司法》，1993（4）。

④ 参见［苏］B. И. 格里巴诺夫、C. M. 科尔涅耶夫主编：《苏联民法》（下册），中国社会科学院法学研究所民法经济法研究室译，412 页，北京，法律出版社，1986。

予适当的补偿。"《民通意见》第142条进一步解释："为了维护国家、集体或者他人合法权益而使自己受到损害，在侵害人无力赔偿或者没有侵害人的情况下，如果受害人提出请求的，人民法院可以根据受益人受益的多少及其经济状况，责令受益人给予适当补偿。"《人身损害赔偿司法解释》第15条继续确认："为维护国家、集体或者他人的合法权益而使自己受到人身损害，因没有侵权人、不能确定侵权人或者侵权人没有赔偿能力，赔偿权利人请求受益人在受益范围内予以适当补偿的，人民法院应予支持。"这些规定均来源于1964年《苏俄民法典》第四十一章规定的"抢救社会主义财产而发生的债"。《侵权责任法》综合上述条文，在第23条规定了完整的紧急救助受损条款："因防止、制止他人民事权益被侵害而使自己受到损害的，由侵权人承担责任。侵权人逃逸或者无力承担责任，被侵权人请求补偿的，受益人应当给予适当补偿。"从第23条与第24条公平责任一般条款的相对位置和体系定位看，二者应被视为并列的公平责任类型。① 《民法总则》第183条进一步完善了该规则："因保护他人民事权益使自己受到损害的，由侵权人承担民事责任，受益人可以给予适当补偿。没有侵权人、侵权人逃逸或者无力承担民事责任，受害人请求补偿的，受益人应当给予适当补偿。"

2. 为对方利益或共同利益进行活动受损小类

《民通意见》第157条规定："当事人对造成损害均无过错，但一方是在为对方的利益或者共同的利益进行活动的过程中受到损害的，可以责令对方或者受益人给予一定的经济补偿。"一般认为，该条司法解释是对公平责任原则的一种具体情况的解释，指的是帮工、换工等一方在为对方的利益或共同的利益进行活动时受到损害的，如何适用公平责任进行处理。② 但《最高人民法院公报》案例"李萍、龚念诉五月花公司人身伤害赔偿纠纷案"③ 没有引用《民法通则》第132条，而直接适用了《民通意见》第157条，使得我们不得不重新审视，这是否可以单独作为一个公平责任类型，并在未来侵权法中予以确认。不过在同年的另一《最高人民法院公报》案例"李彬诉陆仙芹、陆选凤、朱海泉人身损害赔偿纠纷案"④ 中，法院并未适用《民通意见》第157条。对比两案案情，并无实质差异影响该条的适用。因此，该类型公平责任的适用范围，仍有待澄清。

3. 义务帮工受损小类

《人身损害赔偿司法解释》第14条第1款规定："帮工人因帮工活动遭受人身损害的，被帮工人应当承担赔偿责任。被帮工人明确拒绝帮工的，不承担赔偿责任；但可以在受益范围内予以适当补偿。"第2款规定："帮工人因第三人侵权遭受人身损害的，由第三人承担赔偿责任。第三人不能确定或者没有赔偿能力的，可以

① 参见本书专题二十：我国侵权法上公平责任一般条款的体系定位研究。

② 参见杨立新：《侵权法论》，3版，583页，北京，人民法院出版社，2005。

③ (2000) 粤高法民终字第265号判决，载《最高人民法院公报》，2002 (2)。

④ 详见《最高人民法院公报》，2002 (4)。

由被帮工人予以适当补偿。”这是一种实践中出现的新型受益人补偿公平责任类型，有助于平衡义务帮工人与被帮工人之间在分担意外伤害事故损害中的权益，可以弥补因不适用雇主责任带来的帮工人人身保护不足的问题。

4. 特别事由受损小类

《民法总则》第 182 条第 2 款规定与《侵权责任法》第 31 条第 2 句、《民法通则》第 129 条第 2 句并无本质区别：“危险由自然原因引起的，紧急避险人不承担民事责任，可以给予适当补偿。”因此，《民通意见》第 156 条对避险过当补偿责任的规定继续适用：“因紧急避险造成他人损失的，如果险情是由自然原因引起，行为人采取的措施又无不当，则行为人不承担民事责任。受害人要求补偿的，可以责令受益人适当补偿。”在紧急避险造成损害，危险是由自然原因引起的情形中，避险人不赔偿是原则，但如果受害人要求补偿，可以根据受益人因该避险行为而避免的损失，即获益，进行一定的补偿。借此能够在客观上不损害受益人利益的情形下，部分补偿受害人的损害，更大限度地实现公平。另外，有学者曾建议：“正当防卫往往会受到一定损害，加害人对此损害固然要承担责任，但有时加害人无力承担民事赔偿责任，那么，因正当防卫受益的他人可以给予一定的补偿。”[①] 笔者也曾提出类似建议[②]，但《侵权责任法》未能采纳，建议未来司法解释予以补充。

（四）双方无过错补偿类

本大类不同于前三大类的特点在于，行为人依法不应当承担侵权责任，且不以存在受益人为前提，在双方均无过错的情况下，却可能根据法律规定进行补偿。学者的批评实际上主要针对本大类，具体包括以下两小类：

1. 双方均无过错小类

该类即《民法通则》第 132 条和《侵权责任法》第 24 条的规定。对于《民法通则》第 132 条的适用范围，有三种理解：其一，适用于除了列举性无过错责任之外，仍然存在的双方无过错而致害的情况。理由是对于这种损害，由受害人承担全部责任，与民法的本质和社会公平的目标不相符。[③] 其二，适用范围应当限制在当事人双方均无过错，并且不属于过错责任原则、过错推定原则和无过错责任原则调整的那一部分侵权损害赔偿法律关系。[④] 其三，有学者认为，只适用于过错责任的案件而不适用于无过错责任的案件。因为在无过错责任案件中，如果符合其他构成要件的要求，根本不考虑加害人是否有过错，均应使之承担相应的责任。[⑤] 上述理

① 刘春茂主编：《民法学》，670 页，北京，中国人民公安大学出版社，1992。

② 参见王竹、郑小敏：《我国侵权法上公平责任的类型化研究》，载最高人民法院民一庭编：《民事审判指导与参考》，2007 年第 4 辑，北京，法律出版社，2008。

③ 参见王利明主编：《民法·侵权行为法》，579 页，北京，中国人民大学出版社，1993。

④ 参见杨立新：《新类型侵权行为的责任形态及其规则——对最高人民法院有关人身损害赔偿的司法解释的解读》，载《政法学刊》，2005（3）。

⑤ 参见梁慧星主编：《中国民法典草案建议稿附理由·侵权行为编、继承编》，128 页，北京，法律出版社，2004。

解有一定分歧，但均可以认为，应对《民法通则》第132条的适用范围予以限制。

如前所述，《民法通则》第132条源于苏联民法。从文字上看，《民法通则》第132条比1922年《苏俄民法典》第406条的规定更为广泛，一方面没有限定任何适用的范围，另一方面它将后者的“财产状况”扩大为“实际状况”，以致后者原来作为特殊情况予以规定的，在此成了非常一般的规定，这一发展可谓质的变化。①通说对“根据实际情况”的解释是，主要考虑受害人的损害程度和当事人的经济状况，其他需要综合考虑的因素还有社会的舆论和同情等，在处理案件时应注意调解。② 实质上，不应当承担侵权责任的伤害事故当事人之间的人道主义补偿，如被法院适用的话，该条即上升为法律赔偿义务。这是用道德上的要求取代法律上的请求，混淆了法律义务和道德义务间的重要区别。③ 该条的适用标准极不明确，即使近年来有学者试图提出“公平责任原则适用中的三次基本判断”④，实际上也难以保证公平责任的广泛适用不会威胁到过错责任原则和危险责任原则的安全价值⑤，仍然面临当年《德国民法典》和《苏俄民法典》起草者同样的疑虑。《最高人民法院公报》案例“李萍、龚念诉五月花公司人身伤害赔偿纠纷案”和“李彬诉陆仙芹、陆选凤、朱海泉人身损害赔偿纠纷案”所引发的争议，正体现了这种困惑。从实际效果看，公平责任承担的是保险和社会保障制度的任务。⑥

笔者认为，《侵权责任法》第24条具有公平责任一般条款性质，对应特殊公平责任，较为典型的是《侵权责任法》第33条第1款后段规定的无过错无意识致害补偿责任，以及《道路交通安全法》第76条第1款第2项第3段规定的机动车一方没有过错的，承担不超过百分之十的赔偿责任。

2. 堆放物品倒塌致损小类

《民通意见》第155条规定：“因堆放物品倒塌造成他人损害的，如果当事人均无过错，应当根据公平原则酌情处理。”该条适用的是《民法通则》第4条规定的“公平原则”而非第132条规定的“公平责任”，因此不能够认为是后者的具体化，应为单独类型。由于《民通意见》第155条规定本身的理由就不清晰，堆放物品倒塌致害也无任何不同于《人身损害赔偿司法解释》第16条规定适用《民法通则》第126条规定的其他情形⑦，《侵权责任法》第88条将其修正为过错推定责任：“堆放物倒塌造成他人损害，堆放人不能证明自己没有过错的，应当承担侵权责任。”

① 参见米健：《关于“公平”归责原则的思考》，载《中外法学》，1997（1）。

② 参见杨立新：《侵权法论》，3版，582～584页，北京，人民法院出版社，2005。

③ 参见陈龙江：《对我国民法上的“公平责任”的质疑》，载《海南大学学报（人文社会科学版）》，2005（4）。

④ 王毓莹、向国慧：《论公平责任原则的限制适用——公平责任原则的公平危机及其防范》，载《法律适用》，2004（9）。

⑤ 参见孔祥俊：《论侵权行为的归责原则》，载《中国法学》，1992（6）。

⑥ 参见翟羽艳、吕秀军：《公平责任三论》，载《求是学刊》，2000（2）。

⑦ 参见马原主编：《中国民法教程》，321页，北京，人民法院出版社，1989。

有意思的是，由于《民通意见》第155条仍然有效，如果堆放人能够证明自己没有过错，而受害人也没有过错，则仍然存在其适用的空间，这显然不符合《侵权责任法》第88条修正这一规则的本旨。建议未来最高人民法院明文废止《民通意见》第155条。

三、我国侵权法上公平责任的二分法思路

通说认为，公平责任以《民法通则》第4条和《民法总则》第6条规定为原则性规定，因此在逻辑上并不先天地内生于侵权责任。上文的分析恰恰说明，部分“公平责任”条款的适用以不成立侵权责任为前提。① 上文第一大类“减轻侵权责任类”与第二大类“加重侵权责任类”，共同构成了侵权责任内的公平责任，前者是减轻责任，后者是加重责任。我国侵权法以全部赔偿为基本原则，一般侵权行为不因过错程度而增加赔偿数额，实质上是等额填补损害。公平责任在侵权法上的适用，恰恰就是以责任成立全部赔偿为原则，再考虑案件的特殊情节，对赔偿数额进行微调，这不同于《民法通则》第131条所规定的过失相抵的情形。比较法上对公平责任的适用均有严格限制，主要适用于未成年人监护责任。如前所述，我国司法实践中已经发展出了几种类似未成年人监护责任的侵权行为类型，如夫妻离婚后的监护责任，精神病院、敬老院等其他机构的监护责任，这些好的司法经验都应该在《侵权责任法》实施之后予以坚持。

而上文第三大类“受益人补偿类”和第四大类“双方无过错补偿类”实际上是侵权责任外的民事责任类型。这些所谓“公平责任”的适用，本来就不是侵权责任的承担问题，因为既然并不存在侵权行为或者准侵权行为，也就没有侵权责任的承担②，只是根据法律的明文规定，使当事人承担一定的民事补偿责任，参与损害的分担而已。这一结论也可以从《侵权责任法》第24条使用的是“受害人”而不是“被侵权人”得到印证。③ 另外，根据《民通意见》第158条的规定，未与子女共同生活的一方承担的也是侵权责任外的民事责任。

四、对受益人补偿类公平责任的完善

鉴于《侵权责任法》已经对侵权责任内的公平责任进行了较为全面的规定，又对“双方无过错补偿类”公平责任进行了完善，而“受益人补偿类”公平责任还缺乏统一的立法，笔者在此对该类公平责任的完善提出意见，供制定司法解释时参考。

① 参见刘春茂主编：《民法学》，664～670页，北京，中国人民公安大学出版社，1992。

② 参见张新宝：《侵权责任法原理》，42页，北京，中国人民大学出版社，2005。

③ 参见王竹：《〈侵权责任法〉侵权责任分担立法体例与规则评析》，载《法学杂志》，2010（3）。

考虑到侵权法外受益人补偿类型与公平原则本旨的契合，笔者建议，可以将受害人无过错作为“受益人补偿类”公平责任的限制性条件，在无侵权责任人或侵权责任人无法查明、逃逸、无完全赔偿能力，且受害人无过错的情形下，根据受害人的请求，依公平原则由受益人给予适当补偿。主要包括以下类型：（1）一方是在为对方或者共同利益的行为中受到损害的；（2）因防止、制止国家的、集体的财产或者他人的财产、人身遭受侵害而使自己受到损害的；（3）因紧急避险、正当防卫造成他人损失，行为人采取的措施又无不当的；（4）被帮工人明确拒绝帮工的，帮工人因帮工活动遭受人身损害的，或在此期间因第三人侵权遭受人身损害的；（5）其他意外事件。

所谓“无侵权责任人”，主要是指“自然原因”等其他无侵权责任人的情形。第一类主要适用于承揽关系，定作人不对承揽人劳动过程中的人身损害承担赔偿责任，但是得依据公平原则予以适当补偿。① 在“周开凤等人诉宜昌县建设局人身损害赔偿纠纷案”② 中，法院适用《民法通则》第 132 条的理由便是“何涛是在为建设局提供服务过程中遭受损害，建设局可依公平原则给予一定补偿”。关于第二类情形，在“李萍、龚念诉五月花公司人身伤害赔偿纠纷案”中，法院所持“李萍、龚念一家是在实施有利于五月花公司获利的就餐行为时使自己的生存权益受损”的理由过于牵强。为避免《民通意见》第 157 条的措辞可能带来的适用范围不明确的问题，应明确为“一方是在为对方或者共同利益的行为中受到损害的”情形。第五类“其他意外事件”为兜底性质条款，在意外事件中由受害人承担损失显失公平，而在客观上存在受益人的情形下，由受益人补偿较为合理。③

① 参见张新宝：《最高人民法院公布的典型侵权百案类评》（上），载张新宝主编：《侵权法评论》，2003 年第 1 辑，67 页，北京，人民法院出版社，2003。

② （1999）宜民初字第 793 号，载《最高人民法院公报》，2001（4）。

③ 参见王竹、郑小敏：《我国侵权法上公平责任的类型化研究》，载最高人民法院民一庭编：《民事审判指导与参考》，2007 年第 4 辑，北京，法律出版社，2008。

专题二十二

来源不明抛掷、坠落物品致害
建筑物区分使用人道义补偿责任研究

"成都锦阳商厦案"案情概要：2011 年 8 月 15 日，成都市民陈先生骑电瓶车到提督街锦阳商厦楼下时，一个坠落的杯子正中陈先生的头部。虽被及时抢救治疗，陈先生仍留下了创伤性癫痫等严重后遗症，整个治疗花费了 171 748.78 元。陈先生以锦阳商厦 124 户商家和相邻银行大厦的使用人工商银行作为被告提起诉讼，其中包括一楼及地下三层库房的商户，以及在大楼另一侧的商户。成都市锦江区人民法院审理了该案，并于 2014 年 6 月 17 日作出"（2013）锦江民初字第 190 号"判决书，仅认可移动四川分公司虽在锦阳商厦内设有基站和安放设备但并无工作人员在此办公的抗辩事由，判决其余 123 户锦阳商厦的商家和银行大厦的使用人工商银行每户承担补偿责任 1 230 元。该案宣判后，原被告双方均未上诉，一审判决书生效。①

与此前发生的高空抛物系列案件相比，"成都锦阳商厦案"带来了三大挑战：第一，锦阳商厦系成都市"手机一条街"太升南路的商业写字楼之一，每日人流量巨大，不同于人员相对固定的住宅楼，具体侵权人更加难以确定。第二，被列为被告的，除了发生损害一侧二楼以上有窗户的商家，还包括一楼及地下三层的商户，以及在大楼另一侧的商户，这对"可能加害的建筑物使用人"范围的确定提出了挑战。第三，原告起诉的被告多达 125 户，创下了高空抛物案件的被告人数之最，这对补偿责任的分担规则和裁判执行提出了挑战。

《侵权责任法》第 87 条规定："从建筑物中抛掷物品或者从建筑物上坠落的物品造成他人损害，难以确定具体侵权人的，除能够证明自己不是侵权人的外，由可能加害的建筑物使用人给予补偿。"对此条文，在《侵权责任法》通过之前，笔者从立法论的角度持否定态度，曾建言删除该草案条文。②《侵权责任法》通过之后，笔者从解释论出发，将该条规定的补偿责任性质排除在侵权责任和公平责任之外，认定为道义补偿责任。③ 为应对"成都锦阳商厦案"带来的三大挑战，本专题将沿

① 参见四川省成都市锦江区人民法院：原告陈涛诉王平等 125 名被告不明抛掷物、坠落物损害责任纠纷案一审民事判决书。

② 参见王竹：《建筑物抛掷物致害的"不赔"与"赔"》，载《燕山大学学报（哲学社会科学版）》2008 (3)。

③ 参见王竹、赵尧：《论建筑物抛掷物、坠落物致害道义补偿责任》，载《政法论丛》，2010 (5)。

着道义补偿责任的思路，对《侵权责任法》第 87 条规定的“来源不明抛掷、坠落物品致害建筑物区分使用人道义补偿责任”的理解与适用作进一步的阐述，并对不符合第 87 条适用前提的特殊情形下来源不明抛掷、坠落物品致害的责任承担进行分析，供司法实践参考。

一、第 87 条中的“建筑物”是三层以上区分所有的高层建筑物

（一）《侵权责任法》第 87 条是适用于“高层建筑物”的特别规定

早在罗马法上，就有抛掷或倒泼之诉，并被认为是来源不明抛掷、坠落物品致害责任的源流。① 罗马法以降，比较法上对于类似我国《侵权责任法》第 87 条试图调整的侵权责任类型，有三种不同处理方式。

第一种是抽象地对未查明具体侵权人的责任承担作出规定，典型的如《埃塞俄比亚民法典》第 2142 条的规定：“（1）如果损害是由数人中的某个人造成的，并且不能查明所涉及的哪个人是加害人，法院在衡平需要时，可命令由可能造成损害，并且在其中确定可找到加害人的那一群人共同赔偿损害。（2）在此等情形，法院可命令依法无疑要对损害的不确定加害人承担责任的人赔偿损害。”② 如该条的条题所示，这个条文是对更为抽象的“未查明加害人”的规定。

第二种是纳入建筑物所有人责任，典型的如《西班牙民法典》第 1907 条的规定：“建筑物的所有人对建筑物因保管或建筑不善而全部或部分损毁时所致的损害，应负赔偿责任。”第 1910 条规定：“因物的抛掷或倒塌造成上述损害的，物的所有者户主是前述事故的责任人。”③ 从条文对比来看，《西班牙民法典》一方面将户主作为建筑物保有人责任、设置人责任和抛掷物责任的责任人，另一方面并未明确列出我国侵权法较为细致的搁置物坠落、悬挂物脱落责任。采用类似规范模式的还有《奥地利普通民法典》第 1318 条：“如果以危险的方式悬挂或放置的物坠落，或者物被自住宅抛出或泼出，从而导致他人损害，则物从其中被抛出、泼出或坠落的住宅的所有人应当对损害承担赔偿责任。”④

第三种是专门就“高层建筑物”产生的坠落物、抛掷物危险作出规定，典型的如《智利共和国民法典》第 2328 条的规定。该条第 1 款规定：“自建筑物的高层部分坠落或投掷的物件引起的损害，应归责于一切居住于建筑物的该部分的人，赔偿金在所有这些人中分摊，但损害事实经证明仅可归因于某人的过失或恶意时，该人

① 详见齐云：《论罗马法上的抛掷或倒泼之诉——以对 D. 9，3 和 I. 4，5 的分析为中心》，载何勤华主编：《外国法制史研究》，第 16 卷，北京，法律出版社，2014。

② 《埃塞俄比亚民法典》，薛军译，392 页，北京，中国法制出版社，2002。

③ 《西班牙民法典》，潘灯、马琴译，465～466 页，北京，中国政法大学出版社，2013。

④ 《奥地利普通民法典》，周友军、杨垠红译，周友军校，217 页，北京，清华大学出版社，2013。

应单独承担责任。”第2款规定：“处于建筑物高处或其他高地的某物有坠落和损害之虞时，建筑物或该地的所有人、承租人，或该物的所有人、使用人都有义务搬掉该物；民众中的任何人都有权请求搬掉该物。”① 该规定的重点在于坠落物而非抛掷物，但适用与我国《侵权责任法》类似的规则，并单独设有消除危险请求权的规定。采用类似规范模式的还有《阿根廷共和国民法典》和《巴西民法典》，后者第938条规定：“居住在一栋楼或该楼的一部分里的人，对于从此楼掉落的或在不该掷出物品的地方被掷下来的物造成的损害承担责任。”②

对比可知，我国《侵权责任法》第87条采用的是类似《智利民法典》和《巴西民法典》的做法，是对“高层建筑物”产生的坠落物、抛掷物危险作出的特别规定；在条文的设置上，比《阿根廷共和国民法典》简略但结构类似，该法典第1118条是类似于《侵权责任法》第85条的规定：“旅店、公寓以及所有种类的公共机构的所有权人，在其代理人或雇员对居住于该场所之人的物造成损害时，或在此等物失踪时，即使证明自己不可能阻止损害的发生，亦负其责。”第1119条第3款是类似于《侵权责任法》第87条的规定：“房屋的主人、全部或部分租赁房屋的承租人，在将物投掷于街道、他人土地或设有通行役权的自己的土地上，或者以可能坠落的危险方式悬挂或放置某物，从而对路经者造成损害时，亦适用前条规定。两人或两人以上居住于该房屋时，如不知该行为来自哪一房间，所有居住之人均对造成的损害负责。如果知晓何人投掷该物，仅由该人承担责任。”第1121条特别对责任分担进行了规定：“旅店或公寓属于两个或更多所有权人时，或者存在两个或两个以上船长或船主时，或者房屋的主人、承租人为两人或两人以上时，不对损害赔偿承担连带责任；此等人应按其享有的份额按比例负责，但证明该行为仅由其中之一引起时，应由有过失者对损害者负责。”③

（二）第87条中的“建筑物”应该限于区分所有的高层建筑物

《侵权责任法》第85条和第86条使用了“建筑物、构筑物或者其他设施”的概念，而第87条的适用范围仅限于“建筑物”，这说明立法者有意要区分第87条与前两条的适用范围，即第87条不适用于“构筑物”和其他不动产设施。关于“构筑物”，《人身损害赔偿司法解释》第16条第1款第1项有列举性规定：“（一）道路、桥梁、隧道等人工建造的构筑物因维护、管理瑕疵致人损害的”。对比可知，《侵权责任法》第87条所称“建筑物”，主要是指那些可供人日常办公、生活使用的不动产，而非道路、桥梁、隧道等供人们通行的不动产。从“可能的建筑物使用人”不明的情形来看，第87条规定的“建筑物”应该理解为区

① 《智利共和国民法典》，徐涤宇译，433页，香港，金桥文化出版（香港）有限公司，2002。

② 《巴西新民法典》，齐云译，130页，北京，中国法制出版社，2009。

③ 《最新阿根廷共和国民法典》，徐涤宇译，275～276页，北京，法律出版社，2007。

分所有的建筑物。

（三）第87条中的“建筑物”应该是三层以及以上的高层建筑物

尽管学说上常用“高空”抛物或者坠物这样的表达方式，但“高空”在《侵权责任法》第73条上已经有确定的含义，即对从事“高空”活动的经营者责任进行适用范围上的限制。对于“高空”，应该参考《高处作业分级》中对高处作业的定义，理解为超出坠落高度基准面正常的高度。考虑到只有一层的建筑物一般不会出现建筑物区分使用人不明的情形，同时也不符合《侵权责任法》第87条所预设的坠落情形，而两层的建筑物在坠落情形中也不会出现第二层建筑物区分使用人不明的情况，因此，“从建筑物中”抛掷或坠落的物品应该理解为从三层以及以上的区分高层建筑物中抛掷或者坠落的物品。

二、第87条的适用范围是来源不明的建筑物抛掷、坠落物品致害

（一）《侵权责任法》第85条与第87条的适用关系

《侵权责任法》第85条是对“搁置物、悬挂物发生脱落、坠落”致害的规定，而第87条是对“抛掷物品或者从建筑物上坠落的物品”致害的规定，对比可知：第一，不动产上的搁置物、悬挂物“脱落”责任和构筑物等不动产上的搁置物、悬挂物“坠落”责任，由不动产的所有人、管理人或者使用人承担保有人责任。第二，建筑物上的搁置物、悬挂物“坠落”责任，不存在区分所有的情形，或者区分所有情况下保有人能够查明的，由保有人承担责任；保有人不能查明的，适用第87条的规定。第三，抛掷物品能够查明具体侵权人的，由行为人依据《侵权责任法》第6条第1款承担过错责任①；不能查明具体侵权人的，适用第87条的规定。为了避免当事人规避第85条的适用，法院应当对第87条采相对严格的证明标准，并限缩其适用范围。②

（二）“具体侵权人”是致害人不明侵权责任的专用术语

在起草《侵权责任法》之前，我国侵权法上对于致害人不明侵权责任并无统一的术语。《人身损害赔偿司法解释》第4条在对共同危险行为的表达中，使用的是“实际侵害行为人”的概念。《侵权责任法（草案）》“一审稿”第67条开始对共同危险行为使用“具体侵权人”概念，第56条对抛掷、坠落物品责任也开始使用“具体的侵权人”概念。《侵权责任法（草案）》“二审稿”第11条和第83条相应地将术语统一为“具体加害人”，《侵权责任法（草案）》“三审稿”第10条和第86条

① 有学者提出苛加惩罚性赔偿责任以达到预防效果的思路，有一定的合理性。参见刘廷华：《高楼抛掷物致害的法律规制——以〈侵权责任法〉第87条的经济分析为中心》，载《北方法学》，2012（1）。

② 参见周翠：《〈侵权责任法〉体系下的证明责任倒置与减轻规范——与德国法的比较》，载《中外法学》，2010（5）。

延续了“二审稿”的术语体系，《侵权责任法》最终采纳了“一审稿”的“具体侵权人”术语。可见，“具体侵权人”是对共同危险行为和建筑物中抛掷、坠落物品致害中不能查明行为人情形的统一表述，是《侵权责任法》确立的专门用于表达致害人不明侵权责任的新术语。

（三）难以确定“具体侵权人”的类型

难以确定“具体侵权人”的情形，包括如下三个类型：

第一，不能确定致害行为的类型。只能确定致害物品源于建筑物中，但不能确定是抛掷的物品还是坠落的物品，这种情况下严格按照《侵权责任法》第 87 条的规定，由于没有使用“等”的表达，是不应该适用该条文规定的。从现实可能性出发，至少该物品还可能是“脱落物”致害，本应该适用第 85 条的规定，由建筑物保有人承担责任。在区分所有的情形下，该脱落物来源的区分所有单元仍然不明，从第 87 条救济被侵权人的立法目的来看，建议将此种情形纳入第 87 条的适用范围，以补救这一立法瑕疵。

第二，能够确定是抛掷物品，但难以确定抛掷行为人。可能的抛掷物品来源区分所有单元范围，应该从抛掷行为可能导致损害的角度和距离倒推。完全不可能通过抛掷的方式导致损害的建筑物区分所有单元，不应纳入考虑。

第三，能够确定是坠落物品，但难以确定坠落物品来源区分所有单元的保有人。如前所述，坠落物致害的责任人是建筑物保有人，如果能够确定致害方式为坠落物，则保有人的范围应该仅限于被侵害人所在位置垂直向上的区分所有单元。如果建筑物有斜向导流槽之类可能改变坠落物方向的情形，则应该结合坠落物品来源方向综合确定。

（四）解读第 87 条适用范围的新思路

笔者认为，尽管《侵权责任法》第 87 条与第 10 条规定的共同危险行为同为致害人不明的侵权责任，且在具体侵权人可以查明情形下由其承担责任，这容易让人试图从二者的共性角度来确定第 87 条的适用范围，但二者在责任人的配置上有明显的不同。第 10 条的具体侵权人是全部共同危险行为人中的一人或者数人，具体侵权人与其他共同危险行为人属于同一潜在责任人群体。而第 87 条规定的“可能加害的建筑物使用人”并非“具体侵权人”，属于两个完全不同的潜在责任人群体。质言之，“可能加害的建筑物使用人”承担的补偿责任并非因为其具体的侵权行为，而是由于某种可责难性，为具体侵权行为人的行为承担补偿责任。这种配置双重责任人群体的情形，与《侵权责任法》上规定的另外两种侵权责任规则更具有类似性。

第一，安全保障义务人未尽安全保障义务情形下第三人侵权的补充责任，规定在《侵权责任法》第 37 条第 2 款：“因第三人的行为造成他人损害的，由第三人承担侵权责任；管理人或者组织者未尽到安全保障义务的，承担相应的补充责任。”该款是否可以用于解释第 87 条的争议点在于，“可能加害的建筑物使用人”对于“从建筑物中抛掷物品或者从建筑物上坠落的物品”导致损害这一安全风险是否负有安全保障义务。如果认为“可能加害的建筑物使用人”负有该义务，则无须规定第 87 条，直接适用第 37 条第 2 款承担相应的补充责任即可。既然立法者选择了单独规定第 87 条，并明确为不同于赔偿责任的“补偿”责任，就应该认为“可能加害的建筑物使用人”不负有安全保障义务，但这种责任承担的双重结构仍然值得借鉴。

第二，“来源不明缺陷产品”的销售者责任，规定在《侵权责任法》第 42 条第 2 款：“销售者不能指明缺陷产品的生产者也不能指明缺陷产品的供货者的，销售者应当承担侵权责任。”该款规定系源于原 1994 年《产品质量法》第 30 条第 2 款，是对《欧共体产品责任指令》(DIRECTIVE 85/374/EEC) 第 3 条第 3 款第 1 句的简化翻译。[①]《侵权责任法》第 42 条第 1 款规定了销售者的过错责任：“因销售者的过错使产品存在缺陷，造成他人损害的，销售者应当承担侵权责任。”对于“来源不明缺陷产品”致害的情况，第 42 条第 2 款的规定是为了应对有的销售者出于客观或者主观的原因，无法或者拒不提供生产者和供货者信息的情况。销售者主观上拒不提供生产者和供货者信息的情况，可能是销售者自己就是生产者，但由于生产资质或者专利侵权等方面原因不愿意承认该事实；或者是销售者与生产者、供货者串通，企图以销售者公司的有限责任来逃避赔偿责任等情况。立法者实质上将其作为“生产者”对待，一方面是对其妨碍产品质量监管的行为进行惩罚，另一方面也是督促其披露进货来源。[②] 该款仅适用于产品责任领域，该责任结构是否可以准用于第 87 条，值得探讨。

笔者认为，从《侵权责任法》第 87 条规定的双重责任人群体结构来看，该条的责任构成规则结构应该更类似于第 42 条第 2 款规定的“来源不明缺陷产品”的销售者责任；而责任分担规则结构，更类似于第 37 条第 2 款规定的“补充责任”结构。质言之，第 87 条情形下承担补充责任的正当性低于违反安全保障义务的情形，因此承担的是类似于“来源不明缺陷产品”的销售者责任的补充性的“补偿责任”，而非补充性的“赔偿责任”(即补充责任)。

三、“可能加害的建筑物使用人”的确定

(一)“侵权人”是“建筑物使用人”

在第 87 条规定的“难以确定‘具体侵权人’的，除能够证明自己不是‘侵权

① 原文为：“3. Where the producer of the product cannot be identified, each supplier of the product shall be treated as its producer unless he informs the injured person, within a reasonable time, of the identity of the producer or of the person who supplied him with the product.”应该翻译为：“3. 如果产品的生产者无法被识别，每一该产品的供货商将被作为其生产者对待，除非他能在合理的期限内告知被侵权人生产者的身份或者向他提供产品的人。”

② 《产品质量法》第 55 条规定：“销售者销售本法第四十九条至第五十三条规定禁止销售的产品，有充分证据证明其不知道该产品为禁止销售的产品并如实说明其进货来源的，可以从轻或者减轻处罚。”

人’的外，由可能加害的‘建筑物使用人’给予补偿”三类侵权行为人的表述中，对于“除能够证明自己不是‘侵权人’的外”中的“侵权人”的理解，是责任人范围的关键。笔者认为，“除能够证明自己不是‘侵权人’的外”中的“侵权人”是指“可能加害的建筑物使用人”而非“具体侵权人”，理由在于：如果“除能够证明自己不是‘侵权人的外’中的”“侵权人”是指“具体侵权人”，那么第 87 条的适用范围应该理解为在“具体侵权人”无法确定的情况下，由可能实施抛掷行为的人或者是坠落物品的保有人证明自己不是具体侵权人，这种逻辑推导出来的责任人范围应该是其他的不能证明自己不是具体侵权人的有可能实施抛掷行为的人或者是坠落物品的保有人，而不应该是第 87 条规定的“可能加害的建筑物使用人”。按照“可能加害的建筑物使用人”的表述反推，“侵权人”应该理解为“可能加害的建筑物使用人”，而非具体侵权人，即“侵权人”是指能够证明抛掷或者坠落物品不可能来源于自己使用的建筑物区分所有单元的那些建筑物区分使用人。

（二）“建筑物使用人”是指建筑物区分使用人

《最高人民法院关于审理建筑物区分所有权纠纷案件具体应用法律若干问题的解释》（法释〔2009〕7 号）第 1 条第 1 款规定：“依法登记取得或者根据物权法第二章第三节规定取得建筑物专有部分所有权的人，应当认定为物权法第六章所称的业主。”第 2 款规定：“基于与建设单位之间的商品房买卖民事法律行为，已经合法占有建筑物专有部分，但尚未依法办理所有权登记的人，可以认定为物权法第六章所称的业主。”第 16 条第 1 款规定：“建筑物区分所有权纠纷涉及专有部分的承租人、借用人等物业使用人的，参照本解释处理。”可见，第 87 条规定的“建筑物使用人”应该理解为建筑物区分所有单元的使用人，即建筑物区分使用人，包括如下情形：第一，区分所有的建筑物单元所有人自己使用区分所有单元的情形，此时建筑物区分使用人就是业主。第二，区分所有的建筑物单元所有人将区分所有单元出租、出借给其他人使用，此时的建筑物区分使用人是承租人、借用人。

（三）“能够证明自己不是侵权人”的情形

笔者认为，建筑物区分使用人能够证明自己不是侵权人的情形包括如下两种：

第一种情形：无抛掷物品、坠落物品的可能。如在损害发生的方向，该建筑物区分使用人使用的区分所有单元没有窗户，或者窗户设有空隙狭小的护栏，造成损害的抛掷物或者坠落物无法通过。

第二种情形：有物品从该区分所有单元坠落，但对损害的发生没有因果关系。① 例如，坠落物品为该栋区分所有建筑物在多个区分所有单元中配备的特殊标准物件，而且某一区分所有单元的该物件的确发生了坠落，但能够证明坠落的物品并未导致被侵权人的损害，如导致了其他损害，或者下坠过程中被阻拦，仍然悬挂

① 此种情形不适用于“抛掷物品”的原因是，抛掷物品的来源并不固定于区分所有单元。

在半空中等情形。

（四）“可能加害”的建筑物区分所有单元范围

按照第 87 条“可能加害的建筑物”的表述，不管是抛掷物还是坠落物致害，都是以“可能加害”为准，所以只能起诉建筑物向着损害事件发生一侧有窗户且在二楼及其以上的建筑物区分使用人。一楼、地下、建筑物向着损害事件发生一侧没有窗户的和建筑物非向着损害事件发生一侧的建筑物区分使用人都不是适格当事人。“可能加害”的建筑物区分所有单元范围确定方式具体如下：

第一，如果能够确定为坠落物致害，则仅仅是建筑物该侧发生损害地点以上垂直区域的建筑物区分使用人承担责任。如果通过鉴定该损害，可以确定坠落物来源高度超过一定楼层，则该楼层以下建筑物区分使用人也可以免除责任。

第二，如果不能确定为坠落物，则应该是由可能抛掷物品的窗户所在建筑物区分使用人承担责任，这主要是因为抛掷物品来源的范围比坠落物的大。如果有证据证明抛掷物来自一定楼层或者一定方向，即可以确定一定范围内的“可能加害的建筑物使用人”，则应该尽量缩小责任人的范围，可以免除其他建筑物区分使用人的补偿责任。

四、道德义务的违反与补充性道义补偿责任的承担

（一）高层建筑物社会风险预防义务的分配思路

应该承认，频发的高空抛物案件的确表明，在我国快速的城市化进程中，三层以上的高层建筑物已经带来了一定的社会风险。这种社会风险是由高层建筑物上的物品本身具有的势能和不良的抛掷物、坠落物习惯叠加而成的。因此，有必要对这种新出现的社会风险预防义务在社会生活参与者之间进行分配。《侵权责任法》第 87 条体现的风险预防义务分配思路包括两个层级。

第一层级：行为人的抛掷物品禁止义务和坠落物品管理义务，反映在条文上是由“具体侵权人”承担过错责任。

第二层级：对“可能加害的建筑物使用人”苛加一定的义务，以达到预防该类事件发生的目的。在第二层级，有两种不同的选择：第一种是苛加建筑物区分使用人以“抛掷、坠落物品致害预防义务”，其制度设计类似《侵权责任法》第 37 条第 2 款的补充责任；第二种是苛加建筑物区分使用人以“抛掷、坠落物品来源消极说明义务”，其制度设计类似《侵权责任法》第 42 条第 2 款规定的“来源不明缺陷产品”销售者责任。

（二）建筑物区分使用人负有作为道德义务的“抛掷、坠落物品来源消极说明义务”

如前所述，从《侵权责任法》第 87 条与第 37 条的区分来看，建筑物区分使用人不负有类似安全保障义务的抛掷、坠落物品致害预防义务。笔者认为，立法者实

质上选择了苛加建筑物区分使用人以“抛掷、坠落物品来源消极说明义务”，且这种义务并非用以判断过错的注意义务，而是一种道德义务。作为一种道德义务，可能的立法选择包括如下两种情形：

选择之一：建筑物区分使用人知道抛掷、坠落物品来源的情形下的披露义务。《侵权责任法》第 87 条设置的目的之一是促使知情人“报料”，有利于查明事实。① 严格地说，除非涉及刑事犯罪，知情人并无披露义务。对于这种披露义务的违反，也不构成侵权法上的过错。而且，知情人并非仅限于建筑物区分使用人，其他进入建筑物的人也可能是知情人。可见，“抛掷、坠落物品来源消极说明义务”并不是指建筑物区分使用人作为知情人的披露义务。

选择之二：应当知道抛掷、坠落物品来源因疏忽而未能知道的情形。尽管法律并未苛加建筑物区分使用人监控其使用的区分所有单元的义务，但未能知晓其使用的区分所有单元是否为抛掷、坠落物品来源的情形，仍然可能通过提高注意义务或者安装相关监控设备而避免。作为道德义务的“抛掷、坠落物品来源消极说明义务”，就是在这种情形下，尽管法律没有将其上升为法定披露义务和查明义务，但对于被侵权人遭受的潜在损害如此巨大，而建筑物区分使用人为履行此种道德义务付出的成本并非巨大，通过“风险—收益”分析而产生的一种促使建筑物区分使用人履行此种义务的道德驱动力。②

之所以称之为“消极”说明义务，是因为“除能够证明自己不是侵权人的外”中的“侵权人”，即“建筑物使用人”，是通过证明抛掷、坠落物品不可能源于其使用的区分所有单元来尽到作为道德义务的“抛掷、坠落物品来源消极说明义务”，进而免除补偿责任的。所以，作为道德义务的“抛掷、坠落物品来源消极说明义务”所需要说明的，并不是抛掷、坠落物品的确切来源，即积极的说明义务，而是建筑物区分使用人所使用的区分所有单元并非抛掷、坠落物品来源的消极说明义务。

（三）第 87 条中的“建筑物”内各个区分所有单元具有一定的开放性

有学者认为，《侵权责任法》第 87 条的规定，应该仅适用于非供不特定人或多数人进出使用的高层建筑。③ 笔者认为，核心问题不是建筑物是否可供公众进入，而主要是指建筑物内各个区分所有单元的开放性。如果区分所有单元都是封闭的，那么区分所有单元的使用人都不需要负有“抛掷、坠落物品来源消极说明义务”，因为不存在区分所有单元使用人之外的具体侵权人。而如果仅仅是限制建筑物是否

① 参见王成、鲁智勇：《高空抛物侵权行为探究》，载《法学评论》，2007（2）。

② 笔者所谓的“说明抛掷、坠落物品来源”的道德义务，不同于“协助查找义务”。关于故意违反查找义务，详见后文的分析。参见李霞：《高空抛物致人损害的法律救济——以〈侵权责任法〉第 87 条为中心》，载《山东大学学报（哲学社会科学版）》，2011（1）。

③ 参见谢哲胜：《高层建筑坠落物致人损害的责任》，载《月旦民商法》第 9 期，台北，元照出版公司，2005。

可供公众出入，仍然不能避免区分所有单元使用人之间相互进入，所以区分所有单元使用人仍然负有“抛掷、坠落物品来源消极说明义务”。就此问题，笔者将在后文中以酒店为例进行说明。

（四）“给予补偿”的性质是道义补偿责任

《侵权责任法》第 23 条规定：“因防止、制止他人民事权益被侵害而使自己受到损害的，由侵权人承担责任。侵权人逃逸或者无力承担责任，被侵权人请求补偿的，受益人应当给予适当补偿。”从这一规定来看，受益人补偿责任是以补偿人受有利益为前提。而第 87 条规定的情形，并不要求被侵权人的行为为建筑物区分使用人带来利益，所以该条的规定不具有受益人补偿责任的属性。

《侵权责任法》第 24 条规定：“受害人和行为人对损害的发生都没有过错的，可以根据实际情况，由双方分担损失。”从这一规定来看，公平责任仅仅调整“受害人”与“行为人”之间的单重责任人关系，不调整第 87 条规定的双重责任人关系。

鉴于无法查明具体侵权人的情形是由建筑物区分使用人未能履行作为道德义务的“抛掷、坠落物品来源消极说明义务”造成的，笔者将这种补偿责任命名为“道义补偿责任”。

（五）补充性道义补偿责任与补充责任的差别

由于这种道义补偿责任以无法查明具体侵权人为前提，其实质是一种在求偿顺序上具有补充性的道义补偿责任。需要指出的是，尽管补充性道义补偿责任与补充责任均为补充性的责任承担，但二者具有本质性的重大区别。

第一，适用的前提不同。补充性道义补偿责任仅仅适用于具体侵权人无法查明的情形。而补充责任的适用范围，既包括具体侵权人无法查明的情形，也包括具体侵权人可以查明，但无力承担或者无力承担全部赔偿责任的情形。

第二，涵盖的损害类型不同。补充责任涵盖的损害类型，包括人身损害、财产损害和精神损害。而补充性道义补偿责任涵盖的损害类型，需要考虑《侵权责任法》第 87 条所承载的“促进社会和谐稳定”的立法目的[①]，尽可能地减少道义补偿责任对人数较多的责任人的影响，建议区别不同情况处理：(1) 如果仅仅是造成较小财产损害或者轻微人身损害的，原则上不宜补偿；(2) 如果造成了严重财产损害的，可以适当补充；(3) 如果是造成了严重人身损害的，补偿应该仅限于人身损害的医疗费用；(4) 如果是造成了死亡的，补偿范围应该限于抢救过程中的医疗费、丧葬费和一定的死者近亲属精神损害补偿。

第三，补充性责任的范围确定考量要素不同。补充责任的范围以补充责任人过错的“相应”范围为限。而补充性道义补偿责任的考量要素，则包括建筑物区分使用人的经济状况、人数和商业保险购买的情况，以及被侵权人一方的经济状况、社

① 参见王胜明主编：《中华人民共和国侵权责任法解读》，427 页，北京，中国法制出版社，2010。

会保险覆盖和商业保险购买情况，尽量在不影响各方经济状况的情况下，适当进行补偿。在“可能的建筑物使用人”人数较多的情况下，还应该考虑执行的可能性问题，以调解为宜。

第四，是否享有追偿权不同。补充责任人承担补充责任后，可以在承担的补充责任范围内对最终责任人进行追偿。[①] 补充性道义补偿责任，并未排除被侵权人请求具体侵权人承担侵权责任，因此即使事后具体侵权人被查明，承担了补充性道义补偿责任的建筑物区分使用人也不能提起追偿诉讼，而仅允许被侵权人提起损害赔偿诉讼。

五、建筑物区分使用人道义补偿责任的分担规则与社会保险救济

（一）建筑物区分使用人的类型化

从《侵权责任法》的立法过程来看，第 87 条的规定源于“重庆烟灰缸案”。因此，该条文的设计原型为相对较为封闭的住宅楼，而非相对开放的写字楼或者商业楼宇。笔者认为，对于发生在相对开放的写字楼或者商业楼宇中的抛掷、坠落物品致害事件，应该作出区别处理。具体来说，对于以住宅楼为典型的非营利性、相对封闭的建筑物的区分使用人，不宜苛加过重的“抛掷、坠落物品来源消极说明义务”，只要说明住宅使用人、受邀请或者许可进入该区分所有单元的人不是具体侵权人即可，而不需要说明侵入者不是具体侵权人。其补偿能力也相对较弱，道义补偿责任应该尽量从轻。现行《物业管理条例》仅仅在第 46 条第 1 款第 1 句规定：“物业服务企业应当协助做好物业管理区域内的安全防范工作。”该条例并未明确苛加住宅楼物业管理者以“抛掷、坠落物品来源消极说明义务”，因而不宜由其参与道义补偿责任的分担。[②]

而以写字楼和商业楼宇为典型的营利性、开放性建筑物的区分使用人，考虑到安装摄像头涉及的隐私权保护争议相对较小，可以苛加相对较重的“抛掷、坠落物品来源消极说明义务”，要求其对进入该区分所有单元的人均不是具体侵权人承担说明义务。其补偿能力更强，可以综合考虑建筑物区分使用人和被侵权人的经济状况、保险情况以及区分使用人的人数，确定道义补偿责任。而此类建筑物的物业管理人，应该明确由其承担建筑物公共区域的管理职责，除非能够证明抛掷、坠落物品的来源不是公共区域，应当由其参与道义补偿责任的分担。

（二）建筑物区分使用人的分担规则

按照《侵权责任法》第 13 条的规定，只有“法律规定承担连带责任的”，侵权

① 对此问题仍存在争议。参见郭明瑞：《补充责任、相应的补充责任与责任人的追偿权》，载《烟台大学学报》，2011（1）。

② 当然，从避免抛掷、坠落物品来源不明的“收益—风险”分析考虑，建议未来《物业管理条例》明确物业管理人的监控义务，以协助查明抛掷、坠落物品来源。当然，要注意保护业主的隐私权。

人才承担连带责任。因此，建筑物区分使用人的“给予补偿”应当是“平均分担”而不是“连带责任”，自不待言。①

多个建筑物区分使用人就补充性道义补偿责任的分担问题，尽管第 87 条没有明确责任分担的具体规则，但从“可能加害”的措辞进行严格解释，既然“不可能加害”的不赔偿，那么就应该按照“可能加害”的概率进行分配。原则上，如果每个建筑物区分使用人使用的区分所有单元大小、窗户数量差别不大，应该平均分配。但如果出现某一建筑物区分使用人使用的建筑物区分所有单元明显大于其他使用人的，例如一层、占到了整个建筑物的三分之一甚至更多，一般来讲，其补偿能力也更强一些。由其按照使用的区分所有单元面积相应地多承担一些，也是可以的。确定补偿数额时要注意考虑经济负担能力较弱的建筑物区分使用人的利益。

（三）来源不明抛掷、坠落物品致害的社会保险救济

我国的《社会保险法》于 2010 年 10 月 28 日通过，晚于《侵权责任法》的起草，在制度衔接上未能引起足够的重视。《社会保险法》第 30 条第 1 款第 1、2 项规定：“下列医疗费用不纳入基本医疗保险基金支付范围：（一）应当从工伤保险基金中支付的；（二）应当由第三人负担的……”第 2 款规定：“医疗费用依法应当由第三人负担，第三人不支付或者无法确定第三人的，由基本医疗保险基金先行支付。基本医疗保险基金先行支付后，有权向第三人追偿。”第 42 条规定：“由于第三人的原因造成工伤，第三人不支付工伤医疗费用或者无法确定第三人的，由工伤保险基金先行支付。工伤保险基金先行支付后，有权向第三人追偿。”可见，如果来源不明抛掷、坠落物品致害的被侵权人符合工伤保险待遇或者医疗保险待遇的，可以向工伤保险基金和医疗保险基金申请先行支付。工伤保险基金和医疗保险基金先行支付后，享有向具体侵权人追偿的权利。鉴于工伤保险基金和医疗保险基金享有追偿权，其先行支付具有垫付性质，因此与来源不明抛掷、坠落物品致害建筑物区分使用人道义补偿责任并不冲突。如果出现工伤保险基金和医疗保险基金先行支付部分不足以救济被侵权人死亡、严重人身和财产损害，且建筑物区分使用人有足够救济能力的情形，可以适当要求建筑物区分使用人承担一定的道义补偿责任。

六、特殊情形来源不明抛掷、坠落物品致害的责任承担

《侵权责任法》第 87 条的适用范围具有限制性。② 根据前文的分析，该条的适用条件有四项：第一，抛掷、坠落物品源于已经正常投入使用的建筑物，因此构筑物、建设工程中的高空作业和违章建筑物中抛掷、坠落物品致害责任都不直接适用；第二，多个区分使用人同时使用建筑物，因此建筑物仅有一个使用人或没有使

① 参见梁慧星：《中国侵权责任法解说》，载《北方法学》，2011（1）。

② 参见韩强：《论抛掷物、坠落物致损责任的限制适用》，载《法律科学》，2014（2）。

用人的情形，均不能直接适用；第三，建筑物区分所有单元具有开放性，因此建筑物区分使用人封闭使用区分所有单元的情形，不能直接适用；第四，没有人故意掩盖抛掷、坠落物品来源，因此存在妨碍查明来源的情形，不能直接适用。笔者认为，尽管在这些特殊情形下，来源不明建筑物抛掷、坠落物品致害不能直接适用第87条，但仍然应该参照该条文的立法精神进行处理，以体现该条文的立法目的。

（一）建筑物仅有一个使用人的情形

无论建筑物是否为区分所有的状态，只要该建筑物仅有一个使用人而发生来源不明抛掷、坠落物品致害的情形，就无法直接适用第87条的规定。此时应该区分可能的具体侵权人与建筑物唯一使用人之间的关系进行处理。

第一，如果建筑物本身管理较为严格，具体侵权人只可能是建筑物区分使用人自己（自然人）、其家人或者其工作人员、与使用人形成劳务关系的自然人等特殊人员，则无论实际情形如何，均应当由建筑物区分使用人承担赔偿责任。

第二，如果具体侵权人能够确定并非上述与使用人存在特殊关系的自然人，则首先应当认定建筑物区分使用人没有义务预防具体使用人的侵权行为，再参照第87条的规定，由建筑物区分使用人承担一定的补充性道义补偿责任。

第三，如果具体侵权人既可能是与建筑物区分使用人有特殊关系的自然人，也可能是这些特殊关系自然人之外的人，则考虑在全额的赔偿责任与本来应该参照第二种情形承担的补充性道义补偿责任之间，参考两种当事人作为具体侵权人的可能性，确定相对合理的赔偿和补偿混合标准。①

（二）建筑物没有使用人的情形

在建筑物因为特殊原因没有使用人的情形下，要区分没有使用人的原因。

第一，如果建筑物仍然处于建造过程中，或者已经建造完毕但是还没有售出，此时发生致害人不明的建筑物抛掷物致害，有学者认为，可以由施工单位或者开发商承担责任。② 对此笔者表示赞成，理由在于未经交付的建筑物，应该由施工单位或者开发商承担管理责任，未尽该管理责任的，它们应该承担补充责任。

第二，如果建筑物本来已经使用，但因为特殊原因停止使用，如建筑物需要检修或者整体装修，或者仅仅是建筑物所有人因特殊原因停止使用，这种情形的“不使用”在管理义务上相当于所有人为唯一的使用人，参见上文建筑物仅有一个使用人的情形。

（三）建筑物区分使用人封闭使用区分所有单元的情形

建筑物为酒店等特殊情形，出于隐私保护、社会习俗或其他原因，建筑物区分使用人一般各自使用区分所有单元，每个区分所有单元都是封闭的。在这种情形下

① 有学者称之为“因果型比例责任理论”。参见杨垠红：《高空不明抛掷物致害责任之比较研究》，载《福建师范大学学报（哲学社会科学版）》，2014（6）。

② 参见王利明：《抛掷物致人损害的责任》，载《政法论坛》，2006（6）。

发生来源不明的抛掷、坠落物品致害的，要区分具体行为的确定性程度，分别适用不同的规则。

第一，完全无法确定具体行为人的情形。如在 Larson v. St. Francis Hotel 案①中，由于整个社会完全处于第二次世界大战胜利的狂欢中，根本无法确定具体行为人，也不可能要求酒店管理人在这种情形下在每个房间安排一位服务人员进行监督，因而酒店管理人不承担责任。而每个房间的顾客由于不是负有“抛掷、坠落物品来源消极说明义务”的“建筑物使用人”，也不需要承担补充性道义补偿责任。

第二，具体行为人大体可确定在一定范围之内的情形。如在 Holly v. Meyers Hotel and Tavern，Inc 案②中，导致原告损害的可乐瓶可以确定是住在被告酒店一个套房中的五个人中的一人所扔出的。在类似案情中，如果酒店管理人没有明显的过失，应该将该范围内的建筑物区分使用人确定为“抛掷、坠落物品来源消极说明义务”意义上的“可能加害的建筑物使用人”，适用第 87 条的规定。

（四）来源不明构筑物抛掷、坠落物品致害的情形

主要供人们通行的道路、桥梁、隧道等构筑物，不属于第 87 条的适用范围。构筑物一般为单独所有而非区分所有，同时一般也不存在区分使用的情形。从公共安全的角度出发，尤其是构筑物下方存在其他公共通行通道的情形，应该根据相关建设标准确定是否需要加装防护网等设施。未按照相关建设标准加装防护网或者防护网不符合相关建设标准，因而导致处于下方的公共通道上的行人由于来源不明的抛掷、坠落物品致害的，该构筑物的设置人应当比照《侵权责任法》第 86 条的规定承担设置缺陷责任。③

（五）高空作业高度危险责任与被侵权人过错

在涉及高空作业的建设工程中，可能会出现一种特殊的来源不明抛掷、坠落物品致害情形。例如，在同一建设工程工地有多个高空作业人，均在同时从事使用相同工具（如扳手）或者建筑材料（如砖块④）的高空作业，而发生了扳手或者砖块坠落的情形。此时应该综合适用《侵权责任法》第 73 条第 1 句规定的（“从事高空……活动造成他人损害的，经营者应当承担侵权责任。”）和第 10 条规定的共同危险行为（“二人以上实施危及他人人身、财产安全的行为，其中一人或者数人的行为造成他人损害，能够确定具体侵权人的，由侵权人承担责任；不能确定具体侵权人的，行为人承担连带责任。”），将同时进行的多个高空作业作为“共同高度危险行为”处理，由数个高空作业人的使用人承担连带责任。如果被侵权人系未经许

① Larson v. St. Francis Hotel，83 Cal. App. 2d 210，188 P. 2d 513.

② Holly v. Meyers Hotel and Tavern，Inc，9 N. J. 493；89 A. 2d 6.

③ 参见王竹：《〈侵权责任法〉第 86 条第 1 款的理解与适用》，载《月旦民商法》第 31 期，台北，元照出版公司，2011。

④ 美国法上对此有不同看法，参见 Wolf v. The American Tract Society，2 Bedell 30，164 N. Y. 30，58 N. E. 31。

可进入建设工程场地的，则适用第76条的规定（“未经许可进入高度危险活动区域或者高度危险物存放区域受到损害，管理人已经采取安全措施并尽到警示义务的，可以减轻或者不承担责任。”），并适用第73条第1句后段和第2句的规定（“但能够证明损害是因受害人故意或者不可抗力造成的，不承担责任。被侵权人对损害的发生有过失的，可以减轻经营者的责任。”）。

（六）违章建筑物中抛掷、坠落物品致害责任

如果作为抛掷、坠落物品来源的建筑物为违章建筑，则不应视为“来源不明”，而可以将该违章建筑物视为明确的来源。这主要是为了提高违章建筑的法律风险，因为如果未出现该违章建筑，就可以避免具体侵权人不明的建筑物抛掷、坠落物品致害的发生。在具体侵权人不明时，应该由违章建筑设置人承担补充责任。① 违章建筑设置人承担责任后，可以向具体侵权人追偿。此外，作为违章建筑物的区分使用人，也应该比照《侵权责任法》第87条承担补充性道义补偿责任。被侵权人向这两类责任人的赔偿请求权，由于性质不同，可以并行不悖。

（七）抛掷、坠落物品来源证明妨碍责任

《侵权责任法》第58条第1款第2项和第3项是对“抛掷、坠落物品来源证明妨碍责任”的规定：“患者有损害，因下列情形之一的，推定医疗机构有过错：……（二）隐匿或者拒绝提供与纠纷有关的病历资料；（三）伪造、篡改或者销毁病历资料。”笔者认为，这两项规定应该参照《道路交通安全法实施条例》第92条的“道路交通事故特殊证据规则”理解。

《道路交通安全法实施条例》第92条第1款规定：“发生交通事故后当事人逃逸的，逃逸的当事人承担全部责任。但是，有证据证明对方当事人也有过错的，可以减轻责任。”第2款规定：“当事人故意破坏、伪造现场、毁灭证据的，承担全部责任。”对比这两款规定可知，发生交通事故后当事人逃逸的情形，可以适用《侵权责任法》第26条和《道路交通安全法》第76条第1款的规定，但不能适用《侵权责任法》第27条和《道路交通安全法》第76条第2款的规定。在当事人故意破坏、伪造现场、毁灭证据的情形下，上述规定均不适用。对比可知，《侵权责任法》第58条第2项和第3项分别规定的是消极的拒绝提供和积极的修改、销毁作为证据的病历资料，在内在精神上与上文提到的《道路交通安全法实施条例》第92条第1款规定的当事人逃逸和第2款规定的当事人故意破坏、伪造现场、毁灭证据的情形是一致的。因此，笔者认为，过错推定的特殊证据规则，也不可被推翻。相应的，在第2项规定情形下，允许医院举证证明第60条第1款第1项规定情形，减轻医疗机构的赔偿责任，而第3项规定的情形则不能减轻。②

---

① 参见王竹：《建筑物抛掷物致害的“不赔”与“赔”》，载《燕山大学学报（哲学社会科学版）》，2008（3）。

② 参见王竹、舒栎宇：《医疗机构过错推定规则的理解与适用》，载《医学与法学》，2012（2）。

与《侵权责任法》第58条第1款第2项和第3项的结构类似，不仅没有尽到作为道德义务的“抛掷、坠落物品来源消极说明义务”，还故意妨碍真相的查明，应该区别两种情形，承担抛掷、坠落物品来源证明妨碍责任：第一，隐匿或者拒绝提供与来源不明抛掷、坠落物品致害纠纷有关的证据资料的，应当视为具体侵权人，由其承担侵权责任，但允许其主张被侵权人有过错而减轻其责任。第二，伪造、篡改或者销毁与来源不明抛掷、坠落物品致害纠纷有关资料的，视为具体侵权人，由其承担侵权责任。即使是被侵权人有过错的，也不能减轻其责任。这里所说的被侵权人有过错，主要是指前文分析的被侵权人未经允许进入建设工程场地等已经警示可能发生抛掷、坠落物品致害区域的情形。

专题二十三

动物园饲养动物损害责任的类型化研究

《侵权责任法》第81条规定："动物园的动物造成他人损害的，动物园应当承担侵权责任，但能够证明尽到管理职责的，不承担责任。"作为未来民法典的组成部分，这种对动物园饲养动物损害责任的一般性规定方式，在比较法上较为罕见。① 近年来发生的"北京八达岭野生动物园老虎伤人事件"（以下简称"北京老虎案"）和"宁波雅戈尔动物园老虎伤人事件"（以下简称"宁波老虎案"）等动物园饲养动物损害热点事件，为我们检验这一规则的妥当性和未来《民法典·侵权责任编》完善动物园饲养动物损害责任规则，提供了鲜活的案例素材。②

纵观《侵权责任法》实施以来的动物园饲养动物损害责任案例，大多同时存在动物园未尽管理职责和被侵权人过错两类事实。从法理上，应当将动物园的侵权责任作为责任构成规则和被侵权人过错作为抗辩事由规则予以区分。下文将先讨论不同类型动物园饲养动物损害责任的责任构成问题，再针对不同类型的责任构成规则讨论对应的被侵权人过错抗辩事由规则。

一、动物园饲养动物损害责任的类型化思路

（一）动物园饲养动物损害责任的典型案例

为了进一步明确动物园饲养动物损害责任的事实类型，笔者选取了五个典型案例，简要回顾其案件事实。

1. 杭州骆驼案③

2010年4月5日，原告王某到杭州动物园游玩并在摄影处骑骆驼拍照留念。因

① 根据笔者掌握的比较法资料，尚未见到在民法典中规定动物园饲养动物损害侵权责任的立法例。

② 动物园饲养动物损害责任，学理上认为既可以基于侵权责任，也可以基于违约责任请求赔偿。但从"中国裁判文书网"公布的裁判文书来看，竟然没有一例是以违约责任作为请求权基础的，这可能与我国司法实务中违约责任一般不支持精神损害赔偿相关。

③ 参见杭州市西湖区人民法院：《王少芝与杭州动物园生命权、健康权、身体权纠纷一审民事判决书》，(2010)杭西民初字第2077号。

骆驼回头、挪动，王某受惊从骆驼上摔落受伤。后杭州动物园管理人员立即拨打120急救。本案发生时，《侵权责任法》已经通过但尚未生效，法院依据《民法通则》第106条第2款（过错责任）而非第127条（饲养动物损害责任）作出了判决。

2. 上海猴子案①

2011年4月10日，原告谢叶阳与其父母至被告上海动物园游玩。原告穿过笼舍外设置的防护栏给猴子喂食食物时，右手中指被猴子咬伤。事发时，上海动物园无工作人员在场，原告父亲向动物园相关部门投诉后，自行带原告至上海市儿童医院医治并报警。经查：笼舍是铁制网状，在笼舍2米处悬挂“禁止跨越栏杆”“禁止敲打”“禁止嬉弄”等图文并茂的警示牌，距笼舍外1.50米处建有高1.12米的金属防护栏，金属防护栏栏杆间距15厘米左右。经现场试验，原告谢叶阳及10周岁以下（偏瘦小）儿童可以通过栏杆间隙钻入。

3. 阜阳猴子案②

2014年6月19日，马某到颍州西湖开发公司经营管理的公园游玩，在距离猴子笼有四五十米的公园亭子旁休息，站着吃烧饼。一猴子发现马某吃东西，便扑向马某，马某被扑倒摔伤。经查：该公园在引进猴子时采取圈养方式饲养，后由于管理不善，猴子逃出圈养的笼子，近几年猴子一直处于散养状态。在猴子逃出笼子后，公园开始设置铁丝阻挡游客靠近，并在亭子旁悬挂了提示牌，提示牌上面书写“因猴子外逃，为防止伤人，此段暂时封闭，敬请谅解”的字样。2013年，铁丝被其他游客弄掉，之后公园再没有采取其他切实有效确保游客安全的措施，凉亭旁的提示牌由于风吹日晒字迹已不清晰。

4. 北京老虎案③

2016年7月23日，驾车进入北京八达岭野生动物世界的赵某中途下车，被老虎拖走，其母周某下车去救助遭老虎撕咬。该事件造成周某死亡，赵某受伤。8月24日，北京市延庆区通报调查结果，认定游客未遵守规定，对警示未予理会，擅自下车，不属于生产安全责任事故。赵某不认同该调查报告，于2016年11月22日正式起诉园方。

5. 宁波老虎案④

2017年1月29日，张某及妻子和两个孩子、李某某夫妇一行6人到雅戈尔动物园北门，张某妻子和两个孩子以及李某某妻子购票入园后，张某、李某某未买

① 参见《谢叶阳诉上海动物园饲养动物致人损害纠纷案》，载《最高人民法院公报》，2013（8）。

② 参见安徽省阜阳市中级人民法院：《阜阳市颍州西湖综合开发总公司与马新亭等健康权纠纷二审民事判决书》，（2015）阜民一终字第00928号。

③ 参见曾金秋：《八达岭老虎伤人事件当事人起诉动物园 将申请提级管辖》，见新京报网：http：//www.bjnews.com.cn/news/2016/11/22/424473.html。

④ 参见宁波东钱湖旅游度假区管委会官方微博“宁波东钱湖旅游度假区管委会”2017年1月29日发布，见http：//weibo.com/u/2588129760。

票，从动物园北门西侧翻越 3 米高的动物园外围墙，又无视警示标识钻过铁丝网，再爬上老虎散放区 3 米高的围墙（围墙外侧有明显的警示标识，顶部装有 70 厘米宽网格状铁栅栏）。张某进入老虎散放区。李某某未进入，爬下围墙。随后，张某被老虎伤害致死。

（二）动物园饲养动物损害案件事实的类型化维度

笔者认为，动物园饲养动物与普通饲养动物的最大差别在于，以特定方式将动物的活动范围限制在隔离区内并设置了一定的隔离设施以确保参观者的安全。因此，动物园饲养动物损害案件在事实层面可以用“隔离设施的设置”和“被侵权人受损位置”两个维度进行区分。所谓隔离措施的设置，区分为设置了隔离设施和隔离措施缺失两种情况。动物园饲养的野生动物或高或低地具有一定的危险性，设置隔离措施的目的是保证参观者安全。隔离措施是否与动物危险性相当是判断动物园是否尽到管理职责的重要依据，但如果隔离措施失去功能（如“阜阳猴子案”中的动物逃逸）或者动物园主动去除隔离措施（如“杭州骆驼案”中安排参观者与动物照相），则应该认定为隔离措施缺失。

所谓的被侵权人受损位置，要区分在隔离区之外还是隔离区之内。动物园的通常参观模式为参观者在动物隔离区之外①进行参观，典型的动物园饲养动物损害案件大多是动物将肢体伸出隔离措施②或者参观者将肢体伸入隔离措施③导致损害。动物园的管理职责在于避免这种动物和参观者肢体的接触，共同的特点是被侵权人的身体主体部分在隔离区之外。

值得讨论的是被侵权人受损在隔离区之内的情形。两起老虎伤人案件在事实层面的差别是，动物园是否尽到了预防参观者违规进入隔离区之内的义务和参观者违规进入隔离区的主观过错程度。因此，不论是“北京老虎案”中受害人在猛兽区中途下车，还是“宁波老虎案”中受害人翻入老虎散放区，都应该认定为被侵权人受损在隔离区之内的情形，并在认定这一事实的基础上探讨应该适用的法律规则。

我们将上文列出的典型案例纳入“隔离措施的设置”和“被侵权人受损位置”两个维度的区分（见表 1）。

① 在野生动物园通常采用的人在车上、动物在车外的参观模式中，车内相当于是隔离区之外，详见后文分析。

② 参见本溪市平山区人民法院：《原告欧阳某某诉被告本溪市动植物园管理办公室饲养动物损害责任纠纷案一审民事判决书》，（2015）平民初字第 00020 号；辽宁省本溪市中级人民法院：《本溪市动植物园管理办公室与欧某甲饲养动物损害赔偿纠纷二审民事判决书》，（2015）本民三终字第 00230 号。

③ 参见新疆维吾尔自治区喀什市人民法院：《原告穆斯塔·帕艾尔肯诉喀什市住房与城乡建设局、喀什市市容环境卫生管理局、喀什市动物园生命权、健康权、身体权纠纷一案判决书》，（2015）喀民初字第 1637 号；新疆维吾尔自治区喀什地区中级人民法院：《穆斯塔帕·艾尔肯与喀什市动物园健康权纠纷二审民事判决书》，（2016）新 31 民终 408 号。

表 1　　　　动物园饲养动物损害案件事实类型化表

隔离措施/受损位置	隔离区之外	隔离区之内
设置隔离措施	①上海猴子案	②北京老虎案、宁波老虎案
缺失隔离措施	③阜阳猴子案	④杭州骆驼案

（三）动物园饲养动物损害案件的法律规则需求

按照上述两个维度将动物园饲养动物损害案件在事实层面划分为四种不同的类型，那么在法律规则的设计和适用上，应该是分别适用不同的规则或者合并某些事实类别并适用同一规则，而合并适用同一规则的前提是两种情形的事实差别在价值判断层面无区分价值或者区分价值不大。如果按照分别适用不同规则的思路，应该有如下四种规则需求（见表 2）：

表 2　　　　动物园饲养动物损害案件规则适用表

隔离措施/受损位置	隔离区之外	隔离区之内
设置隔离措施	①动物园未尽管理职责侵权责任	②动物园未尽防止进入隔离区义务侵权责任
缺失隔离措施	③逃逸动物损害责任	④饲养动物损害责任

1. 动物园未尽管理职责侵权责任

《侵权责任法》第 81 条的规定，应当认定为动物园未尽管理职责侵权责任的规定，争议的焦点在于该规则的归责原则到底是无过错责任还是过错推定责任。

2. 动物园未尽防止进入隔离区义务侵权责任

以“北京老虎案”和“宁波老虎案”为代表，在动物园的侵权责任构成上，应该界定为动物园未尽防止进入隔离区义务侵权责任，并需要对参观者未经许可进入隔离区的主观过错是否构成抗辩事由进行探讨。《侵权责任法》未区分动物园对身处隔离区内外的被侵权人的不同情形，因此该类案件在现行法下也应该适用《侵权责任法》第 81 条，这也是这两起案件的争议焦点所在。

3. 逃逸动物损害责任

值得思考的是，由于隔离措施的缺失，动物逃逸到隔离区之外导致被侵权人损害的，到底应该适用《侵权责任法》第 81 条关于动物园饲养动物损害责任的规定，还是应该适用第 82 条逃逸动物损害责任的规定，即“遗弃、逃逸的动物在遗弃、逃逸期间造成他人损害的，由原动物饲养人或者管理人承担侵权责任”。从《侵权责任法》第十章“饲养动物损害责任”的体例安排来看，第 78～80 条是对饲养动物致害不同严格程度的无过错责任①的规定，第 81 条是对动物园这一特殊饲养主体的特殊规定，这两组规则是一般与特殊意义上的并列关系。而第 82 条则是针对“遗弃、逃逸”这两种动物脱离管理特殊情形的规定，应该认定为是与第 78～81 条

① 参见程啸：《侵权责任法》，2 版，622 页，北京，法律出版社，2015。

这四条动物在饲养人管理下的规范再构成一般与特殊意义上的并列关系。因此，这类特殊的动物园饲养动物损害责任，首要的特殊性在于“逃逸”而非“动物园”，应该适用第 82 条关于逃逸动物损害责任的规定，确定由其“原饲养人”动物园承担无过错责任。①

4. 饲养动物损害责任

在隔离措施缺失的情形下，无论是动物园组织参观者进入隔离区之内，还是参观者违规自行进入隔离区之内与动物接触或者拍照，在责任构成的结构上并无实质差别，差别只是在于动物园的管理职责内容和参观者的被侵权人过错。当动物园的隔离措施缺失，而参观者已经进入到隔离区之内时，动物园与普通动物饲养人在管理模式上的核心差别已经不复存在，适用《侵权责任法》第 81 条的前提已经“名存实亡”，应该直接适用《侵权责任法》第 78～80 条关于饲养动物损害责任的一般规定。

（四）设置了隔离措施的动物园饲养动物损害责任规则设计

从上文的分析可以看出，如果隔离措施缺失，无论被侵权人是在隔离区之外还是之内被动物侵害，都无须适用动物园饲养动物损害责任的特殊规则。因此，动物园饲养动物损害责任的特殊规则，实际上仅适用于设置了隔离措施的情形，在事实层面分为被侵权人是在隔离区之外还是之内被动物侵害，理论框架上需要解决两个层面的问题：第一，被侵权人是在隔离区之外还是之内被动物侵害，是否应该适用同样的规则？第二，如果适用不同的规则，两种情形的规则应该如何设计？

对于第一个问题，可以通过《侵权责任法》草案起草机关撰写的权威解读中的举例来观察：案例 1 是被侵权人与老虎近距离拍照时受损的案件，案例 2 是大象在围栏内用鼻子扔石头致损的案件，案例 3 是参观者在上海野生动物园内违规下车被老虎袭击致死的案件，案例 4 是被侵权人在海洋馆潜水被鲨鱼咬伤的案件，案例 5 是猩猩从铁栅栏中伸出手臂导致小孩手臂受伤的案件。② 其中，案例 1、3、4 是被侵权人在隔离区内，案例 2 和 5 是被侵权人在隔离区外。可见，草案起草机关或者是未注意到这一事实层面的区分，或者是认为这两种情形应该适用相同的规则，并设计了《侵权责任法》第 81 条的统一规则。

笔者认为，被侵权人是在隔离区之外还是之内被动物侵害在事实层面的差别是具有决定性的，由于动物园的隔离区设置是安全措施的核心，因而隔离区内外的危

① 《侵权责任法》第 82 条规定的遗弃、逃逸动物损害责任规则，到底仅仅是责任人的确定规则（责任人确定说），还是同时包括无过错责任的归责原则（无过错责任说），从文义上看并不清楚，笔者持无过错责任说。按照下文的观点，动物园饲养动物损害责任也应该和普通人饲养动物损害责任一样，适用无过错责任，那么这两种观点的实际效果将差别不大。但如果动物园饲养动物损害责任仍然适用过错推定责任，那么责任人确定说就会进一步缓和动物园饲养动物损害责任。对《侵权责任法》第 82 条的理解，笔者将另行撰文予以说明。

② 参见王胜明主编：《中华人民共和国侵权责任法解读》，401～402 条，北京，中国法制出版社，2010。

险程度完全不同。因此，二者分别对应的动物园未尽管理职责侵权责任与未尽防止进入隔离区义务侵权责任在侵权责任构成上也有较大的差别。动物园未尽管理职责侵权责任，是一种特殊的饲养动物损害责任，是一种作为侵权①，其特殊性在于动物的饲养人是动物园，其职责核心在于避免隔离区内的动物与隔离区外的参观者发生接触进而导致损害。而动物园未尽防止进入隔离区义务侵权责任，是一种不作为侵权，其职责核心在于预防参观者进入隔离区进而与动物发生接触。

质言之，动物园预防参观者进入隔离区的义务，实质上更类似于其他预防他人进入危险区域的义务，如《侵权责任法》第 76 条规定的“未经许可进入高度危险活动区域或者高度危险物存放区域受到损害”的情形中，管理人应该采取的“安全措施”和尽到的“警示义务”。在这种情形下，动物园隔离区内的危险是抽象的危险，制度设计的核心已经不是危险的具体类型，而是如何预防他人进入该危险区域。可见，对动物园饲养动物损害两种不同事实类型的案例适用同一规则，这是导致理论和实务出现争议的制度根源。

二、设计动物园饲养动物损害责任的考量因素

（一）动物园的概念和特征

原建设部 2002 年颁布的《园林基本术语标准》（CJJ－T91—2002）在第 3.1 条“城市绿地”下，第 3.1.4 条“动物园 zoo”规定：“在人工饲养条件下，移地保护野生动物，供观赏、普及科学知识、进行科学研究和动物繁育，并具有良好设施的绿地。”借鉴这一术语标准，笔者认为，《侵权责任法》第 81 条意义上的动物园，是指在人工饲养条件下，移地保护野生动物，供观赏、普及科学知识、进行科学研究和动物繁育的公共场所。这一定义具有以下特征：

1. 公益性

动物园通过移地保护饲养野生动物，其目的在于观赏、普及科学知识、进行科学研究和动物繁育。这明显不同于个人饲养的宠物、看家犬，也不同于畜牧场饲养的肉用动物或者农用动物，具有明显的、不可替代的公益性。② 实务中已经有判例明确认定动物园饲养的护院犬致害不适用动物园饲养动物损害责任，而适用普通饲养动物损害责任。③

2. 开放性

作为公共场所，动物园必须具有开放性。非开放性的私人动物收藏，尽管仍然

① 严格地说，动物园违反事前的隔离与警示措施是作为侵权，而违反事中的监控与救助措施和事后的抢救与送医措施是基于在先行为的不作为侵权，详见后文分析。

② 参见王利明：《侵权责任法研究》（下卷），648～649 页，北京，中国人民大学出版社，2011。

③ 参见四川省大英县人民法院：《李珍琼与四川省向东方投资集团有限公司饲养动物损害责任纠纷一审民事判决书》，（2016）川 0923 民初 908 号。

可以承担“观赏、进行科学研究和动物繁育”的功能，但不能承担“普及科学知识”这一重要职能。因此，私人动物收藏的公益性也明显低于开放性动物园的公益性，不宜认定为动物园。需要强调的是，动物园的开放性与是否收费或者具有营利性并无直接关系，后者更多地取决于举办者的性质和经费来源，并与注意义务的程度具有一定关系。

3. 实质性

《园林基本术语标准（CJJ/T 91—2002）条文说明》第 3.1.4 条“动物园”项下说明指出，“指独立的动物园。附属于公园中的‘动物角’不属于动物园。普通的动物饲养场、马戏团所属的动物活动用地不属于动物园。动物园包括城市动物园和野生动物园等。”笔者认为，这一限定主要是从行政管理的角度进行考虑的，而《侵权责任法》上的动物园则应该适用实质性标准。因此，“普通的动物饲养场、马戏团所属的动物活动用地不属于动物园”，但附属于公园中的“动物角”应该属于动物园，包括公园中的动物园区①和特定动物展示区。② 另外，除了城市动物园和野生动物园，举办目的包括动物园各类公园，如动植物园③，也应该认定为《侵权责任法》意义上的动物园。④

（二）设计动物园饲养动物损害责任规则的考量因素

设计动物园饲养动物损害责任规则，首先需要体现其公益性。过于严苛的动物园饲养动物损害责任，尽管在个案中可能让被侵权人有机会获得更加充分的救济，但并不利于动物园的建设和发展，对动物园的展示方式也会产生过多的限制。例如，可能导致动物园不得不使用更密的栅栏和全封闭的玻璃，或者设置过宽的隔离带等，不利于参观者观赏和普及科学知识。这也会进一步导致动物园的运营成本上升，不利于从事科学研究和动物繁育，最终降低动物园的公益性。

其次，还需要考虑保持动物园的开放性。极端情况下，承担了较重责任的动物园，为了避免过重的侵权责任，只能选择关闭动物园或者转而不再对公众开放，使其失去开放性而降低其公益性。关闭动物园后动物的处置也会带来新的社会问题。

鉴于动物园饲养动物的公益性和开放性，应该在损害预防和社会公益之间寻求平衡。在规则设计上，既要求动物园充分尽到管理职责，又不能苛加过重的责任以阻吓动物园的开设和正常运营。

① 参见四川省大英县人民法院：《李珍琼与四川省向东方投资集团有限公司饲养动物损害责任纠纷一审民事判决书》，（2016）川 0923 民初 908 号。

② 参见安徽省颍上县人民法院：《刘乐平与安徽省颍上县迪沟旅游发展有限公司生命权、健康权、身体权纠纷一审民事判决书》，（2013）颍民一初字第 01789 号。

③ 参见本溪市平山区人民法院：《原告欧阳某某诉被告本溪市动植物园管理办公室饲养动物损害责任纠纷案一审民事判决书》，（2015）平民初字第 00020 号。

④ 参见程啸：《侵权责任法》，2 版，625～626 页，北京，法律出版社，2015。

三、动物园未尽管理职责侵权责任的规则设计

（一）从文义上看《侵权责任法》第81条规定的是过错推定责任

就《侵权责任法》第81条适用的归责原则，学说上存在“过错推定责任说”和“无过错责任说”两种观点，在《侵权责任法》起草过程中也存在争议。① 持过错推定责任说的学者认为，该条后段规定的“但能够证明尽到管理职责的，不承担责任”是典型的过错推定责任。② 持“无过错责任说”的学者认为，“动物园饲养的动物是满足人民物质和文化生活提高的需求”并不足以成为适用过错推定责任的理由，因此，应该适用饲养动物致害的一般性规则即无过错责任。③

《最高人民法院公报》刊载的“上海猴子案”的裁判摘要第一句就明确指出：“《侵权责任法》第八十一条就动物园无过错责任作出了明确规定”，采纳了无过错责任说。④ 按照这样的了解，“能够证明尽到管理职责”是无过错责任的法定免责事由。

笔者认为，严格从文义解释出发，《侵权责任法》第81条规定的是过错推定责任。与该条结构最为类似的条文是《侵权责任法》第38条：“无民事行为能力人在幼儿园、学校或者其他教育机构学习、生活期间受到人身损害的，幼儿园、学校或者其他教育机构应当承担责任，但能够证明尽到教育、管理职责的，不承担责任。”对比与该条相邻的第39条，即“限制民事行为能力人在学校或者其他教育机构学习、生活期间受到人身损害，学校或者其他教育机构未尽到教育、管理职责的，应当承担责任”，可以清晰地看到，第39条规定的是过错责任，而第38条规定的是过错推定责任。⑤

那么我们应该认为，与第38条具有同一结构的第81条，从立法条文看，适用的是过错推定责任。动物园可以通过“证明尽到管理职责”来反证自己没有过错。另外，尽管“上海猴子案”的裁判摘要采纳了无过错责任，但从该案两审法院的裁判说理中却无法直接得出这一结论。相反，上海市长宁区人民法院一审认为：“动物园……根据其专业能力应能预见此危险发生的可能性，而未采取必要补救措施，动物园有过错，未尽到其管理职责。”上海市第一中级人民法院二审尽管在说理部分回避了“过错”的提法，仅指出“基于以上原因，原审法院认为上海动物园未尽

① 参见全国人大常委会法制工作委员会民法室编：《侵权责任法立法背景与观点全集》，145～146页，北京，法律出版社，2010。

② 参见王利明：《侵权责任法研究》（下卷），646～647页，北京，中国人民大学出版社，2011。

③ 参见程啸：《侵权责任法》，2版，623页，北京，法律出版社，2015。

④ 参见《谢叶阳诉上海动物园饲养动物致人损害纠纷案》，载《最高人民法院公报》，2013（8）。

⑤ 这种解读也符合草案起草机关的本意。参见王胜明主编：《中华人民共和国侵权责任法解读》，第200条，北京，中国法制出版社，2010。

到管理职责，并无不当”，但仍然认定：“综合本案双方过错情况，原审法院酌定谢叶阳的法定代理人对谢叶阳的受伤承担60%的责任，上海动物园承担40%的责任，尚属合理，法院予以维持。”可见，该案两审法官仍然是依据比较过错的思维方式进行责任分担的。①

（二）动物园未尽管理职责侵权责任适用过错推定责任的不合理性

笔者认为，将动物园饲养动物损害规定为过错推定责任，具有明显的不合理性。

1. 饲养动物损害的严格责任本质与责任保险分担

动物园未尽管理职责侵权责任和普通人饲养动物损害在本质上都是饲养动物损害，属于严格责任。② 至于饲养人，不论是我国《侵权责任法》上作出区分的动物园和普通人，还是未明确区分的畜牧场等特殊主体，饲养主体上的差别在法律制度上的投影应该体现为管理职责的界定不同，而非责任构成意义上的归责原则差别。承担严格责任的动物饲养人，可以根据其主体类型不同，购买不同类型的责任保险，实现损害赔偿责任的社会分担。③

2. “非营利性”难以界定和认定

主张缓和动物园未尽管理职责侵权责任的另一理由，是动物园的“非营利性”④。有学者认为，动物园大多是国家设立的，具有一定的公益性质，且其饲养动物也要遵循严格的管理规范。⑤ 从该条制定的目的看，其是为了减轻为公众提供服务的国家动物园的责任，所以，对于该条应当进行目的性限缩，将其限于国家的动物园。⑥ 不过至少从“宁波老虎案”来看，作为上市公司资产，这一前提性假设也是站不住脚的。动物园的确因为经费来源不同存在营利性与否的区分，但这只能在是否尽到管理职责的维度上进行判断，这是“量”的问题，不是“质”的问题。所以，即使是“非营利性”的动物园，也不应该因此而适用过错推定责任。

3. 缓和动物园饲养动物损害责任将导致评价矛盾

《侵权责任法》第78条对普通人饲养动物损害适用无过错责任，对动物园饲养动物损害却适用过错推定责任，存在明显的评价矛盾：第一，相比于普通人饲养的

① 参见《谢叶阳诉上海动物园饲养动物致人损害纠纷案》，载《最高人民法院公报》2013（8）。

② See ALI, *Restatement of the Law*, *Second*, *Torts*, Division 3-Strict Liability, Chapter 20- Liability of Possessors and Harborers of Animals, Topic 2- Harm Caused by Animals Otherwise Than by Trespass by Livestock.

③ 我国动物园购买责任保险的积极性并不高，这与保险公司承保范围较窄、保障程度不高和理赔程序烦琐有关。详见全国人大常委会法制工作委员会民法室编：《侵权责任法立法背景与观点全集》，972～973页，北京，法律出版社，2010。

④ 美国法上，对公共动物园适用过错责任，参见Kennedy v. City and County of Denver, 506 P. 2d 764 (Colo. Ct. App. 1972)；对营利性动物园适用严格责任，参见Isaacs v. Powell, 267 So. 2d 864 (Fla. Dist. Ct. App. 1972)。

⑤ 参见王利明：《侵权责任法研究》（下卷），646页，北京，中国人民大学出版社，2011。

⑥ 参见周友军：《侵权法学》，414页，北京，中国人民大学出版社，2011。

动物，动物园饲养的动物可能更加危险，而动物园却承担更加缓和的责任，不尽合理。第二，《城市动物园管理规定》第16条规定："动物园管理机构应当严格执行建设部颁发的《动物园动物管理技术规程》标准。"而《侵权责任法》第79条规定："违反管理规定，未对动物采取安全措施造成他人损害的，动物饲养人或者管理人应当承担侵权责任。"动物园拥有专业的设施和人员，却因为第78条的规定，绕开第79条违反管理规定饲养动物承担无过错责任的规定，相对于普通动物饲养人来说，存在明显的评价矛盾。第三，《侵权责任法》第82条规定："遗弃、逃逸的动物在遗弃、逃逸期间造成他人损害的，由原动物饲养人或者管理人承担侵权责任。"如果动物园的动物被遗弃或者逃逸，因为"由原饲养人或者管理人"即动物园承担责任，继续适用过错推定责任原则，这种评价矛盾将进一步被放大。

（三）对《侵权责任法》第81条的无过错责任改造与缓和

综上所述，《侵权责任法》第81条将动物园饲养动物损害规定为过错推定责任，并无足够正当性，应该回归到无过错责任，以此作为制度设计的基线。

同时应该看到，动物园的公益性与监护人所履行的监护职责的公益性具有类似性。监护人履行监护职责，其公益性明显强于私益性。尤其对于非亲权的监护人来讲，公益性更为明显。正是由于监护职责的公益性，《侵权责任法》第32条第1款才会规定："无民事行为能力人、限制民事行为能力人造成他人损害的，由监护人承担侵权责任。监护人尽到监护责任的，可以减轻其侵权责任。"这样在对监护人替代责任适用无过错责任的同时，通过尽到监护职责可以减轻责任的方式，一定程度上实现了"无过错责任的衡平化"，能够鼓励监护人履行其监护职责①，也体现了监护职责的公益性。

未来《民法典·侵权责任编》中的动物园未尽管理职责侵权责任，应该参考监护人责任的结构，在适用无过错责任的同时，动物园能够证明尽到管理职责的情形，可以作为法定减轻事由。笔者建议，将第81条修改为："动物园的动物造成他人损害的，动物园应当承担侵权责任。动物园能够证明尽到管理职责的，可以减轻其侵权责任。"

因为动物园未尽管理职责侵权责任与普通饲养动物致害责任的差别，仅仅是是否将尽到管理职责作为法定减责事由，所以无须就被侵权人过错的抗辩事由作不同设计，即适用《侵权责任法》第78条后段规定的："但能够证明损害是因被侵权人故意或者重大过失造成的，可以不承担或者减轻责任。"②

（四）动物园应尽的管理职责类别

草案起草机关撰写的权威解读指出："如果动物园能够证明兽舍设施、设备没有瑕疵、有明显的警示牌，管理人员对游客挑逗、投打动物或者擅自翻越栏杆靠近

① 参见王利明：《侵权责任法研究》（下卷），54页，北京，中国人民大学出版社，2011。

② 这一抗辩事由并不清晰，参见王竹：《特殊侵权行为中受害人过错制度的适用研究》，载《河南财经政法大学学报》，2012（1）。

动物等行为进行了劝阻，可以说该尽的管理职责已经做得很好了，那么动物园就可以不承担侵权责任。”① 从司法实务反映的情况来看，这一解读仅涉及动物园在损害发生之前的预防性义务，没有考虑到损害发生之时和之后还负有积极的避免损害进一步扩大的义务。笔者认为，动物园应尽的管理职责，按照时间维度应该分为事前的隔离与警示措施、事中的监控与救助措施和事后的抢救与送医措施。考虑到相关规则过于细致不宜在未来《民法典·侵权责任编》中予以规定，笔者在此提出具体建议，供未来最高人民法院于制定“侵权责任法司法解释”时参考。

1. 事前管理职责——隔离与警示措施

动物园应该使用足够安全的隔离措施将参观者和动物进行物理隔离，既要防止动物逃脱，也要防止参观者进入，尤其要避免动物和参观者的肢体接触，并安排定期巡查，排查安全隐患，制止游客违规参观行为。对于成年人，应该在设置足够安全的物理性措施的同时辅之以警示标识，对于未成年人则应该进行特殊的预防。例如在“上海猴子案”中，经现场试验，原告谢叶阳及10周岁以下（偏瘦小）儿童可以通过栏杆间隙钻入。② 未尽事前隔离与警示措施在因果关系上主要是可能导致损害发生。

2. 事中管理职责——监控与救助措施

动物园应该通过现场巡查、视频监控等方式，及时发现并立即处理动物伤人事件。在动物园饲养动物损害事件发生时，动物园应该采取紧急救助措施，帮助被侵权人及时脱离险境。未尽事中监控与救助措施在因果关系上主要是可能导致损害的扩大。例如在“杭州骆驼案”中，杭州动物园管理人员立即拨打120急救，而在“上海猴子案”中则无人在现场，被侵权人只能自行就医。③

3. 事后管理职责——抢救与送医措施

被侵权人脱离险境后，动物园应该于第一时间进行抢救，尤其是对特定野生动物造成的损害或者注入的毒物，动物园比普通医院更具备专业知识。在提供必要抢救的同时，动物园还应该及时送医，并根据专业知识告知近亲属或者医务人员必要的疫苗措施。如有必要，动物园还应该指派专业人员为医院提供特定动物知识的专业协助。未尽事后抢救与送医措施在因果关系上主要是可能导致损害的进一步扩大。

四、动物园未尽防止进入隔离区义务侵权责任的规则设计

（一）违反防止进入高度危险区域义务的侵权责任

有的学者主张，类似“北京老虎案”的情形，应该认定为违反安全保障义务的

① 王胜明主编：《中华人民共和国侵权责任法解读》，403页，北京，中国法制出版社，2010。

② 参见《谢叶阳诉上海动物园饲养动物致人损害纠纷案》，载《最高人民法院公报》，2013（8）。

③ 参见杭州市西湖区人民法院：《王少芝与杭州动物园生命权、健康权、身体权纠纷一审民事判决书》，（2010）杭西民初字第2077号。

侵权责任。[①] 这种观点混淆了安全保障义务与防止进入高度危险区域义务。《侵权责任法》上对违反防止进入高度危险区域义务的侵权责任的典型规定是第76条："未经许可进入高度危险活动区域或者高度危险物存放区域受到损害，管理人已经采取安全措施并尽到警示义务的，可以减轻或者不承担责任。"鉴于该条规则与动物园未尽防止进入隔离区义务侵权责任同为违反防止进入高度危险区域义务的侵权责任的子类型，笔者在此一并作说明。

1. 防止进入高度危险区域义务与安全保障义务的差别

所谓安全保障义务，又称交往安全义务，是指安全保障义务人对进入其管理范围后负有的使他人免受人身、财产损害的合理限度义务。违反交往安全义务的责任的核心功能在于避免和防止危险，那么个人都应该在自己掌握的范围内采取一切措施来防止给他人造成损害。[②] 主要包括对自己掌控范围内的安全责任、因承担任务而担负责任和因事先行为（特别是因事先危险行为）而产生的责任等三类责任。[③] 而防止进入高度危险区域义务，是指通过必要的安全措施和警示标识，预防他人进入其管理的危险区域，进而使他人免受人身、财产损害的合理限度义务。

《侵权责任法》第37条规定的公共场所安全保障义务，仅适用于进入了其管理的公共场所的民事主体，而不包括预防进入的义务，其目的是保证公共场所的安全性。《侵权责任法》第76条所规定的管理人"采取安全措施并尽到警示义务"，不是对已经进入"高度危险活动区域或者高度危险物存放区域"的人提供安全保障，而是通过预防其进入该危险区域而预防损害的发生。可见，这两种义务在设置目的和避免损害的方式上差异明显。

2. 对《侵权责任法》第76条归责原则的厘清

《侵权责任法》第76条后段规定"管理人已经采取安全措施并尽到警示义务的，可以减轻或者不承担责任"的减责和免责事由，很容易被误解为是类似《侵权责任法》第32条第1款第2句规定的"监护人尽到监护责任的，可以减轻其侵权责任"法定减责事由，进而可以与前文改造后的动物园未尽管理职责侵权责任归入同一类型，适用无过错责任原则。

应该明确，该条前段规定的"未经许可进入高度危险活动区域或者高度危险物存放区域受到损害"的事实，已经足以认定构成被侵权人重大过失或者受害人故意，即使不存在"管理人已经采取安全措施并尽到警示义务"的事实，也已经可以减轻或者免除管理人的责任。质言之，"管理人已经采取安全措施并尽到警示义务"是侵权责任构成的规定，而非抗辩事由规定。

从文义上看，《侵权责任法》第76条在法律事实层面适用于"未经许可"进入

① 参见朱浩然：《八达岭野生动物园老虎伤人事件的法律分析——从野生动物园安全保障义务角度》，载《法治论丛》，2016（5）。

② 参见［德］马克西米利安·福克斯：《侵权行为法》，齐晓琨译，102页，北京，法律出版社，2006。

③ 参见［德］马克西米利安·福克斯：《侵权行为法》，齐晓琨译，105页，北京，法律出版社，2006。

高度危险活动区域或者高度危险物存放区域的情形，由此可以推导出，第 69～73 条规定的高度危险责任适用于“经过许可”进入高度危险活动区域或者高度危险物存放区域的情形。可见，第 76 条的适用情形，与未经许可进入动物园隔离区之内受损的情形具有实质类似性。《侵权责任法》第 76 条的规范要旨，应当是“未经许可进入高度危险活动区域或者高度危险物存放区域受到损害”适用过错推定责任；那么，如果管理人能够证明“已经采取安全措施并尽到警示义务的”，应当是免除其侵权责任。

3. 违反防止进入高度危险区域义务的侵权责任适用过错推定责任

《道路交通事故司法解释》第 9 条第 2 款规定：“依法不得进入高速公路的车辆、行人，进入高速公路发生交通事故造成自身损害，当事人请求高速公路管理者承担赔偿责任的，适用侵权责任法第七十六条的规定。”该条司法解释基于“依法不得进入高速公路的车辆、行人”与“未经许可进入高度危险活动区域或者高度危险物存放区域”的类似性，进行了参照适用，实际上也将《侵权责任法》第 76 条确定为违反防止进入高度危险区域义务的侵权责任的典型规范模式。

违反防止进入高度危险区域义务的侵权责任是危险责任领域的特殊规则，损害的发生并非危险源直接造成，而是负有违反防止进入高度危险区域义务的管理人未尽该义务造成的，其责任基础是过错，而非危险。这种危险责任领域的过错责任并非孤例，《侵权责任法》第 75 条第 2 句规定：“所有人、管理人不能证明对防止他人非法占有尽到高度注意义务的，与非法占有人承担连带责任。”这是一种基于“防止他人非法占有高度注意义务”的过错推定责任。笔者认为，“防止他人非法占有高度危险物注意义务”与“防止进入高度危险区域义务”有异曲同工之妙，前者是防止高度危险物被非法占有进而导致损害，后者是防止被侵权人进入高度危险区域，在过错的认定上，应该以采用类似的过错推定责任原则为宜。

（二）动物园防止进入隔离区义务属于防止进入高度危险区域义务

通过具体分析动物园防止进入隔离区义务的内容，我们可以进一步明确，这是一种防止进入高度危险区域义务。

1. 参观者进入动物园隔离区之内的具体方式

需要区分动物园运营方式，以确定“进入”隔离区之内的具体方式，进而确定防止进入隔离区义务的类别。从案件事实类型的角度出发，应该区分为围栏式运营和开放式运营两种。所谓围栏式运营，即城市动物园通常的展示方式，通过将动物圈入一定的围栏，实现与参观者的物理隔离，隔离措施主要是以动物为中心，“宁波老虎案”属于这种模式。这种情况下，防止进入隔离区义务较为明确，即不但要防止动物脱离围栏或者透过围栏致害，还要预防参观者越过，尤其是未成年人穿越围栏，进入隔离区之内。

所谓开放式运营，即野生动物园通常的展示方式，动物采用分区开放式管理，参观者乘坐车辆进入参观，通过车辆来实现参观者与动物的隔离，隔离措施实际上主要是以参观者为中心。这种情形下，又要特别区分是动物园提供的车辆还是自驾的车辆，核心差别在于动物园对参观者离开车辆的控制能力和方式。如果是动物园提供的车辆，那么防止进入隔离区义务主要可以通过车辆管理的方式来实现；如果是自驾车，那么动物园主要通过参观前和参观过程中的提醒来实现，“北京老虎案”属于这种模式。参观前要通过文字、语言乃至通过协议来确认参观者已经确知了违规参观的风险，并要重点落实未成年人陪同参观者的责任。参观过程中要不断地通过醒目的文字和图形标识以及必要的语音广播①来提示风险，并通过适当的方式与自驾进入的车辆保持在线沟通。对于规模巨大的野生动物园区，区域的设置还应该有明显的标志，提醒游客注意是否已经驶出危险区域。②

2. 动物园应尽的防止进入隔离区义务的类别

在时间维度上，动物园应尽的防止进入隔离区义务相比于管理职责有所提前，这是因为设置防止进入隔离区义务的直接目的是预防参观者进入，进而间接地预防损害的发生。具体来说，包括以下几项义务：

（1）事前的预防与警示义务

动物园防止进入隔离区义务与管理职责在事前义务上都有警示的内容，但其内容不同。前者的核心是“禁止进入”，后者的核心是“避免接触”。“防止”进入隔离区义务在事前体现为“防”，即预防，核心是预防参观者违规进入。违反事前的预防与警示义务在因果关系上体现为可能导致损害的发生。

（2）事中的监控与制止义务

动物园防止进入隔离区义务也有监控义务，但监控的重点在于是否有参观者违规进入或者试图进入隔离区，并即时予以制止。与参观者在隔离区外受到损害往往快速发生、不易察觉不同，进入隔离区之内需要一定的过程和时间，动作也较为明显，因此存在一定的时间段可供发现后即时制止。违反事中的监控与制止义务在因果关系上仍然体现为可能导致损害的扩大。

（3）事后的救助与医疗义务

就动物园防止进入隔离区义务而言，救助义务并非在事中，而是事后，因为作为防止进入高度危险区域义务，其作为的时间点在于“进入”时而非“致害”时。一旦参观者进入隔离区内，动物园应该采取紧急措施，尽快分离动物和参观者，避免损害发生或者进一步发生。如果已经发生损害，动物园应该及时提供医疗服务。在必要情况下，动物园应该麻醉动物；迫不得已的情况下，应该击毙对被侵权人有重大人身危险的动物。违反事后的救助与医疗义务在因果关系上体现为可能导致损害的扩大。

① 之所以不考虑更多地使用语音广播方式来进行警示，是因为这可能干扰野生动物的生活，也会对参观品质产生影响。

② 参见朱浩然：《八达岭野生动物园老虎伤人事件的法律分析——从野生动物园安全保障义务角度》，载《法治论丛》，2016（5）。

3. 动物园应尽的防止进入隔离区义务的程度

就动物园应尽的防止进入隔离区义务的程度而言，不但要预防完全民事行为能力人，还要提高注意义务，达到能够预防特殊对象（自杀者、精神病人和未成年人）的程度，尤其是未成年人还可能有不理会规定和要求莽撞行事的倾向。[①] 自杀者如果选择以进入危险动物隔离区之内的极端方式来结束自己的生命，那么在试图进入隔离区时较之一般的成年人可能准备更为充分、行动更为坚决。精神病人由于无法形成对危险的正确认知，警示措施可能无法对其产生效果。而以成年人为预防假想对象的安全措施设置，往往注意到了高、厚、长，忽略了未成年人因为矮、瘦、小的穿越行为。另外，动物越危险，进入隔离区之内受到的损害越大、后果越严重，对物理性隔离的要求也越高。

4. 作为防止进入高度危险区域义务的动物园防止进入隔离区义务

通过上述分析可以看到，在动物园隔离区之外因动物致害造成参观者受损的情形，与参观者违规进入隔离区之内被动物侵害造成损害，在事实上存在明显差别。动物园的防止进入隔离区义务是一种作为义务，违反这种义务导致损害是一种不作为侵权。这种类型与动物园违反管理职责侵权责任有本质区别，而应该与《侵权责任法》第 76 条规定的违反防止进入高度危险作业区域义务责任一起，共同作为违反防止进入高度危险区域义务的侵权责任的两个子类型，适用过错推定责任。

（三）未经许可进入动物园隔离区之内受损的规则设计

笔者建议，对于未经许可进入动物园隔离区之内受损的特殊规则，未来《民法典·侵权责任编》应该明确规定："未经许可进入动物园隔离区之内受到损害，动物园能够证明已经采取足够安全措施并尽到充分警示义务的，不承担侵权责任。"作为《侵权责任法》第 81 条对应条款的第 2 款。该条文的主旨如下：

第一，作为过错推定责任，动物园负有的实际上是一种高度的注意义务，必须能够证明已经采取"足够的"安全措施并尽到"充分的"警示义务，才能认定为没有过错。如果安全措施不足够或者警示义务不充分，则存在一定的过错，应当承担侵权责任。

第二，未经许可进入动物园隔离区之内，参观者构成违规参观。如果安全措施足够且警示充分，应当认定为被侵权人故意；如果安全措施不到位或者警示不充分，则根据实际情况认定被侵权人主观上是故意还是重大过失。

第三，动物园不能证明自己没有过错的，根据参观者主观上是故意还是重大过失，不同程度地减轻动物园的责任。只有动物园证明自己没有过错的，才能免除责任，不存在受害人故意制度适用的可能。

① 参见［德］埃尔温·多伊奇、汉斯-于尔根·阿伦斯：《德国侵权法——侵权行为、损害赔偿及痛苦抚慰金》，5 版，叶名怡、温大军译，刘志阳校，125 页，北京，中国人民大学出版社，2016。

参考文献

一、中文参考资料

（一）中文著作

1. 安徽省高级人民法院编．跃进中的安徽人民调处工作．合肥：安徽人民出版社，1959

2. 安徽省高级人民法院编．推行社会主义爱国公约．北京：法律出版社，1960

3. 程啸．侵权行为法总论．北京：中国人民大学出版社，2007

4. 程啸．侵权责任法．2 版．北京：法律出版社，2015

5. 曹建明．国际产品责任法概说．上海：上海社会科学院出版社，1987

6. 曹艳春．雇主替代责任研究．北京：法律出版社，2008

7. 邓小平．关于整风运动的报告．北京：人民日报出版社，1957

8. 邓曾甲．日本民法概论．北京：法律出版社，1995

9.《法学研究》编辑部编．新中国民法学研究综述．北京：中国社会科学出版社，1990

10. 福建省高级人民法院编．爱国公约和人民调处工作．福州：福建人民出版社，1959

11. 高铭暄，赵秉志编．新中国刑法立法文献资料总览．北京：中国人民公安大学出版社，1998

12. 顾昂然．新中国民事法律概述．北京：法律出版社，2000

13. 顾昂然，王家福，江平等．中华人民共和国民法通则讲座．北京：中国法制出版社，2000

14. 黄立．民法债编总论．修正 3 版．台北：自版，2006

15. 黄松有主编．最高人民法院人身损害赔偿司法解释的理解与适用．北京：人民法院出版社，2004

16. 黄茂荣．法学方法与现代民法．北京：法律出版社，2007

17. 林诚二．民法债编总论——体系化解说．北京：中国人民大学出版社，2003

18. 刘春茂主编．民法学．北京：中国人民公安大学出版社，1992

19. 刘素萍主编．继承法．北京：中国人民大学出版社，1988

20. 马原主编．中国民法教程．北京：人民法院出版社，1989

21. 梅仲协．民法要义．北京：中国政法大学出版社，1998

22. 邱聪智．新订民法债编通则（上）．北京：中国人民大学出版社，2003

23. 邱聪智．新订民法债编通则（下）．北京：中国人民大学出版社，2004

24. 全国科学技术名词审定委员会．进化遗传学．2 版．北京：科学出版社，2006

25. 芮沐．民法法律行为理论之全部．北京：中国政法大学出版社，2003

26. 史尚宽．债法总论．北京：中国政法大学出版社，2000

27. 山东省高级人民法院编．做好人民调处工作．济南：山东人民出版社，1959
28. 苏永钦．私法自治中的经济理性．北京：中国人民大学出版社，2004
29. 孙森焱．民法债编总论（上册）．北京：法律出版社，2006
30. 孙森焱．民法债编总论（下册）．北京：法律出版社，2006
31. 佟柔主编．中国民法．北京：法律出版社，1990
32. 佟柔主编．民法原理（修订本）．北京：法律出版社，1987
33. 王利明．侵权行为法归责原则研究．北京：中国政法大学出版社，1992
34. 王利明主编．民法·侵权行为法．北京：中国人民大学出版社，1993
35. 王利明主编．民法典·侵权责任法研究．北京：人民法院出版社，2003
36. 王利明．侵权行为法研究（上卷）．北京：中国人民大学出版社，2004
37. 王利明．侵权责任法研究（上）．北京：中国人民大学出版社，2011
38. 王利明．侵权责任法研究（下）．北京：中国人民大学出版社，2011
39. 王利明．人格权法研究．北京：中国人民大学出版社，2005
40. 王利明，杨立新．侵权行为法．北京：法律出版社，1996
41. 王利明，郭明瑞，方流芳．民法新论（上册）．北京：中国政法大学出版社，1987
42. 王利明，周友军，高圣平．中国侵权法教程．北京：人民法院出版社，2010
43. 王家福主编．中国民法学· 民法债权．北京：法律出版社，1991
44. 王泽鉴．债法原理（第一册）．北京：中国政法大学出版社，2001
45. 王泽鉴．民法概要．北京：中国政法大学出版社，2003
46. 王泽鉴．侵权行为法（第二册）．台北：自版，2006
47. 王泽鉴．民法学说与判解研究（第六册）．北京：中国政法大学出版社，2005
48. 王泽鉴．侵权行为．北京：北京大学出版社，2009
49. 王泽鉴．人格权法——法释义学、比较法、案例研究．台北：自版，2012
50. 王胜明主编．中华人民共和国侵权责任法解读．北京：中国法制出版社，2010
51. 王卫国．过错侵权责任：第三次勃兴．北京：中国法制出版社，2000
52. 王竹．侵权责任分担论．北京：中国人民大学出版社，2009
53. 王竹．侵权责任法疑难问题专题研究．北京：中国人民大学出版社，2012
54. 魏振瀛主编．民法．北京：北京大学出版社，2000
55. 谢振民．中华民国立法史（下册）．北京：中国政法大学出版社，2000
56. 奚晓明主编．《中华人民共和国侵权责任法》条文理解与适用．北京：人民法院出版社，2010
57. 奚晓明主编．最高人民法院关于食品药品纠纷司法解释理解与适用．北京：人民法院出版社，2014
58. 现代汉语词典．北京：商务印书馆，1983
59. 杨立新．侵权法论．3 版．北京：人民法院出版社，2005
60. 杨立新．侵权法论．4 版．北京：人民法院出版社，2011
61. 杨立新．侵权法论．5 版．北京：人民法院出版社，2012
62. 杨立新．中国人格权法立法报告．北京：知识产权出版社，2005
63. 杨立新．类型侵权行为法研究．北京：人民法院出版社，2006

64. 杨立新．侵权责任法．北京：法律出版社，2010

65. 杨立新．民法物格制度研究．北京：法律出版社，2008

66. 杨垠红．侵权法上的作为义务——安全保障义务之研究．北京：法律出版社，2008

67. 于敏．日本侵权行为法．北京：法律出版社，1998

68. 张民安．过错侵权责任制度研究．北京：中国政法大学出版社，2002

69. 张新宝．中国侵权行为法．北京：中国社会科学出版社，1998

70. 张新宝．侵权责任法原理．北京：中国人民大学出版社，2005

71. 张新宝．侵权责任构成要件研究．北京：法律出版社，2007

72. 张新宝．侵权责任法立法研究．北京：中国人民大学出版社，2009

73. 张新宝．侵权责任法．2 版．北京：中国人民大学出版社，2010

74. 张新宝．《中华人民共和国民法总则》释义．北京：中国人民大学出版社，2017

75. 张俊浩主编．民法学原理（下）．修订 3 版．北京：中国政法大学出版社，2000

76. 张文显主编．法理学．北京：法律出版社，2007

77. 赵晓明，宋秀英．生物遗传进化学．北京：中国林业出版社，2003

78. 周枏．罗马法原论（下册）．北京：商务印书馆，1996

79. 周友军．交往安全义务理论研究．北京：中国人民大学出版社，2008

80. 周友军．侵权法学．北京：中国人民大学出版社，2011

81. 郑玉波著，陈荣隆修订．民法债编总论．修订 2 版．北京：中国政法大学出版社，2004

82. 曾隆兴．详解损害赔偿法．北京：中国政法大学出版社，2004

83. 中央政法干部学校民法教研室编著．中华人民共和国民法基本问题．北京：法律出版社，1958

84. 中华人民共和国司法部办公厅编．推行社会主义爱国公约和开展调处委员会的工作．北京：法律出版社，1958

（二）中文论文

1. 艾尔肯．论医疗知情同意理论．河北法学，2008（8）

2. 艾尔肯，秦永志．论医疗知情同意书——兼评《侵权责任法》第 55 条，第 56 条的规定．东方法学，2010（3）

3. 陈龙江．对我国民法上的“公平责任”的质疑．海南大学学报（人文社会科学版），2005（4）

4. 程啸．论侵权行为法上的过失相抵制度．见：清华法学（第 6 辑），北京：清华大学出版社，2005

5. 崔建远．关于“公平责任原则”的考察与评论．当代法学，1990（3）

6. 崔建远．中国债法的现状与未来．法律科学，2013（1）

7. 崔建远．债法总则与中国民法典的制定——兼论赔礼道歉、恢复名誉、消除影响的定位．清华大学学报：哲社版，2003（4）

8. 崔建远．论归责原则与侵权责任方式的关系．中国法学，2010（2）

9. 柴发邦，李春霖．改革与完善人民调解制度．政法论坛，1986（1）

10. 邓大榜．共同侵权行为的民事责任初探．现代法学，1982（3）

11. 邓海鹰．这起邮票纠纷案该如何处理．法律适用，1994（12）

12. 丁建军．浅谈民事责任中的赔礼道歉．法律适用，1997（2）

13. 董春华．产品自身损害赔偿研究．河北法学，2014（11）

14. 董春华．中美医疗器械侵权中医疗机构性质之争．商业研究，2011（8）

15. 董春华．再论产品责任的责任主体及归责原则．法学论坛，2011（5）

16. 段匡，何湘渝．医师的告知义务和患者的承诺．见：民商法论丛（第 12 卷），北京：法律出版社，1999

17. 房绍坤，武利中．公平责任原则质疑．法律科学，1988（1）

18. 房绍坤．略论教唆侵权的民事责任．法学论坛，1991（3）

19. 房清侠．上访者“被精神病”现象的法社会学思考．河北法学，2011（1）

20. 高圣平．产品责任中生产者和销售者之间的不真正连带责任．法学论坛，2012（2）

21. 高圣平．论产品责任的责任主体及归责事由．政治与法律，2010（5）

22. 高圣平．论产品责任损害赔偿范围．华东政法大学学报，2010（3）

23. 郭明瑞．关于劳务派遣单位与劳务用工单位的侵权责任——兼论《侵权责任法》第 34 条第 2 款的适用．法学论坛，2012（2）

24. 郭明瑞．补充责任、相应的补充责任与责任人的追偿权．烟台大学学报，2011（1）

25. 郭锋，胡晓珂．强制责任保险研究．法学杂志，2009（5）

26. 葛云松．民法上的赔礼道歉责任及其强制执行．法学研究，2011（2）

27. 葛云松．赔礼道歉民事责任的适用．法学，2013（5）

28. 哈斯巴根，周炜．试论设立债法总则的途径及其现实性．宁夏社会科学，2013（2）

29. 韩强．论抛掷物、坠落物致损责任的限制适用．法律科学，2014（2）

30. 胡伟强．反思《侵权责任法》第 35 条第 1 款之规定——从法律经济分析的视角解读．见：2012 年度（第十届）中国法经济学论坛论文集，2012-06-23

31. 黄忠．认真对待“赔礼道歉”．法律科学，2008（5）

32. 黄忠．赔礼道歉的法律化：何以可能及如何实践．法制与社会发展，2009（2）

33. 江平．中国法治三十年．经济观察报，2009-07-23

34. 姜春玲．论患者的知情同意权——判例调查基础上的理论与立法检讨．见：南京大学法律评论（2006 年秋季卷）．北京：法律出版社，1996

35. 蒋颂平．“公平责任”原则应是独立的归责原则．人民司法，1989（7）

36. 季涛．谁是医疗关系中知情同意权的主体？．浙江社会科学，2010（2）

37. 姬新江，王燕军．论定作人的指示过失责任．当代法学，2007（1）

38. 孔祥俊．论侵权行为的归责原则．中国法学，1992（6）

39. 李霞．高空抛物致人损害的法律救济——以《侵权责任法》第 87 条为中心．山东大学学报（哲学社会科学版），2011（1）

40. 李剑．论销售者的产品缺陷责任——兼议《产品质量法》第 42 条与第 43 条的关系．当代法学，2011（5）

41. 李坤刚．劳动关系与劳务关系区别的再思考．安徽农业大学学报（社会科学版），2004（4）

42. 李中原．论机动车所有人与使用人的责任承担机制．苏州大学学报（哲学社会科学

版），2011（6）

43. 李中原．论民法上的补充债务．法学，2010（3）

44. 林嘉，范围．我国劳务派遣的法律规制分析．中国人民大学学报，2011（6）

45. 林文学．《侵权责任法》医疗损害责任规定若干问题探析．法律适用，2010（7）

46. 林彦．基本法律修改权失范及原因探析．法学，2002（7）

47. 梁慧星．制定民法典的设想．现代法学，2001（2）

48. 梁慧星．中国侵权责任法解说．北方法学，2011（1）

49. 梁慧星．论《侵权责任法》中的医疗损害责任．法商研究，2010（6）

50. 梁慧星．中国人身权制度．中国法学，1989（5）

51. 梁慧星．中国产品责任法——兼论假冒伪劣之根源和对策．法学，2001（6）

52. 刘东兴，蒋彬．论缺陷医疗器械损害中质量检验的完善——从一例医疗器械损害赔偿案说起．医院院长论坛，2011（3）

53. 刘士国．楼上落下物致人损害加害人不明的法律救济．烟台大学学报（哲学社会科学版），2006（3）

54. 刘士国．论侵权损害的公平责任原则．法律科学，1989（2）

55. 刘士国．使用人替代责任疑难问题探讨．辽宁大学学报（哲学社会科学版），2006（6）

56. 刘邦琰，郭斌．如何确定该枚邮票的赔偿价额．人民司法，1993（1）

57. 刘廷华．高楼抛掷物致害的法律规制——以《侵权责任法》第87条的经济分析为中心．北方法学，2012（1）

58. 蓝承烈．论公平责任原则．学习与探索，1987（3）

59. 廖焕国．医疗机构连带承担药品缺陷责任之质疑．法学评论，2011（4）

60. 卢修敏．我国劳务派遣法律结构分析．华东政法大学学报，2010（2）

61. 陆青．债法总则的功能演变——从共同规范到体系整合．当代法学，2014（4）

62. 满洪杰．作为知情同意原则之例外的紧急专断治疗——“孕妇死亡”事件舆论降温后的思考．法学，2008（5）

63. 梅夏英，武兴伟．劳务派遣中的用人者替代责任．广东社会科学，2011（1）

64. 米健．关于“公平”归责原则的思考．中外法学，1997（1）

65. 米健．再论现代侵权行为法的归责原则——兼答张佩霖先生．政法论坛，1991（2）

66. 潘杰．《侵权责任法》上用人者责任制度的司法适用——立法与司法解释的比较与适用衔接．法律适用，2012（2）

67. 齐云．论罗马法上的抛掷或倒泼之诉——以对D，9，3和I，4，5的分析为中心．见：何勤华主编．外国法制史研究（第十六卷）．北京：法律出版社，2014

68. 翟羽艳，吕秀军．公平责任三论．求是学刊，2000（2）

69. 冉克平．缺陷产品自身损失的救济路径．法学，2013（4）

70. 石柱华．试论公平责任原则．中南政法学院学报，1987（3）

71. 宋跃晋．药品缺陷的法律分析．河北法学，2010（11）

72. 邵建东．论雇主责任．见：南京大学法律评论（1997年春季卷）．北京：法律出版社，1997

73. 沈玮玮．从甘结到具结悔过：传统民事司法信任的转变．安徽大学学报（哲学社会科学版），2010（3）

74. 谭玲．我国《产品质量法》关于缺陷的界定标准问题．学术研究，2003（8）

75. 田侃，虞凯．试论保护性医疗措施的法律特征及行使原则．南京医科大学学报（社会科学版），2006（4）

76. 夏芸．患者自己决定权和医师裁量权的冲突——评“病人基于宗教信仰拒绝接受输血案”．见：南京大学法律评论（2003 年春季卷）．北京：法律出版社，2003

77. 谢哲胜．高层建筑坠落物致人损害的责任．见：月旦民商法（第 9 期）．台北：元照出版公司，2005

78. 熊继前，王煊城，徐新友．未出师徒弟履行职务侵权的民事责任承担．人民司法，1998（2）

79. 许传玺．中国侵权法现状考察与评论．政法论坛，2002（1）

80. 徐爱国．重新解释侵权行为法中的公平责任原则．政治与法律，2003（6）

81. 徐开墅．论民事活动中的法律责任．政法论坛，1987（5）

82. 薛林．论人民调解委员会．新疆社会科学，1983（4）

83. 王成．高空抛物侵权行为探究．法学评论，2007（6）

84. 王成，鲁智勇．高空抛物侵权行为探究．法学评论，2007（2）

85. 王立峰．民事赔礼道歉的哲学分析．见：判解研究．2005 年第 2 辑．北京：人民法院出版社，2005

86. 王利明．共同危险行为若干问题研究．法学杂志，2004（4）

87. 王利明．抛掷物致人损害的责任．政法论坛，2006（6）

88. 王利明．论债法总则与合同法总则的关系．广东社会科学，2014（5）

89. 王利明．论产品责任中的损害概念．法学，2011（2）

90. 王立明．析用人单位或者用工单位的替代责任．青海民族大学学报（教育科学版），2011（1）

91. 王占明．医生告知义务的三种豁免根据．见：厦门大学法律评论（第 18 卷）．厦门：厦门大学出版社，2010

92. 王书成．宪法方法论之觉醒——由合宪性推定说开．浙江学刊，2009（1）

93. 王毓莹，向国慧．论公平责任原则的限制适用——公平责任原则的公平危机及其防范．法律适用，2004（9）

94. 王毓莹．食品药品民事纠纷案件审理中的重点与难点问题．法律适用，2014（3）

95. 王永华．建国初期的爱国公约运动．党史博览，2007（4）

96. 汪渊智．论定作人的侵权责任．法学杂志，2007（3）

97. 王竹．论《民法通则》与《物权法（草案）》的合宪性——以“实质意义上的物权法”为核心．见：判解研究．2006 年第 3 辑．北京：人民法院出版社，2006

98. 王竹．我国侵权法上“公平责任”源流考．甘肃政法学院学报，2008（2）

99. 王竹．建筑物抛掷物致害的“不赔”与“赔”．燕山大学学报（哲学社会科学版），2008（3）

100. 王竹．论法定型不真正连带责任及其在严格责任领域的扩展适用．见：人大法律评

论．2009年卷．北京：法律出版社，2009

101. 王竹．我国侵权法上特殊数人侵权责任分担制度立法体例与规则研究．政法论丛，2009（4）

102. 王竹．论补充责任在《侵权责任法》上的确立与扩展适用．法学，2009（9）

103. 王竹．缺陷产品不真正连带责任制度的确立与完善．中国社会科学报，2009-12-08

104. 王竹．论受害人有过错的数人侵权责任分担．清华法学，2010（2）

105. 王竹．《侵权责任法》侵权责任分担立法体例与规则评析．法学杂志，2010（3）

106. 王竹．论客观关联共同侵权行为理论在中国侵权法上的确立．见：南京大学法律评论（2010年春季卷）．北京：法律出版社，2010

107. 王竹．论受害人有过错的数人侵权责任分担．清华法学，2010（2）

108. 王竹．论连带责任分摊请求权．法律科学，2010（3）

109. 王竹．再论共同危险行为．福建师范大学学报（哲学社会科学版），2010（4）

110. 王竹．《侵权责任法》立法程序的合宪性解释——兼论“民法典”起草过程中的宪法意识．法学，2010（5）

111. 王竹．比较法孤例饲养动物致害的三个无过错责任条款．中国社会科学报，2010-06-22

112. 王竹．论数人侵权责任分担中最终责任份额的确定方式．法商研究，2010（6）

113. 王竹．一概删除“被扶养人生活费”赔偿值得商榷．中国社会科学报，2010-11-04，11版

114. 王竹．人格权法立法展望．见：私法研究（第10卷）．北京：法律出版社，2011

115. 王竹．论风险责任概念的确立．北方法学，2011（2）

116. 王竹．论实质意义上侵权法的确定与立法展望．四川大学学报（哲学社会科学版），2011（3）

117. 王竹．论教唆行为与帮助行为的侵权责任．法学论坛，2011（5）

118. 王竹．解释论视野下的侵害患者知情同意权侵权责任．法学，2011（11）

119. 王竹．《侵权责任法》第86条第1款的理解与适用．见：月旦民商法（第31期）．台北：元照出版公司，2011

120. 王竹．特殊侵权行为中受害人过错制度的适用研究——以《侵权责任法》第六章到第十章为中心．河南财经政法大学学报，2012（1）

121. 王竹．特殊侵权行为中受害人过错制度的适用研究．河南财经政法大学学报，2012（1）

122. 王竹．论医疗产品责任规则及其准用——以《中华人民共和国侵权责任法》第59条为中心．法商研究，2013（3）

123. 王竹．论我国侵权法上的缺陷产品营销参与者责任——兼评最高人民法院《食品药品纠纷司法解释》相关规定．见：人大法律评论．2014年卷第1辑．北京：法律出版社，2014

124. 王竹．论数人侵权责任分担原则．苏州大学学报（哲学社会科学版），2014（2）

125. 王竹．《民法总则（草案）》若干法律规范去留问题大数据分析．四川大学学报（哲学社会科学版），2017（1）

126. 王竹，郑小敏．我国侵权法上公平责任的类型化研究．见：民事审判指导与参考．

2007年第4辑．北京：法律出版社，2008

127. 王竹，刘雨林．“Highpressure”抑或“highvoltage”——对《侵权责任法》第73条“高压”的本意解读．见：民商法争鸣（第2辑）．北京：法律出版社，2010

128. 王竹，王毅纯．论违反产品普遍性缺陷流通后补救义务的侵权责任．见：北航法律评论．2011年第1辑．北京：法律出版社，2011

129. 王竹，赵尧．论建筑物抛掷物、坠落物致害道义补偿责任——兼论建筑物抛掷物、坠落物致害强制责任保险制度的建立．政法论丛，2010（5）

130. 王竹，方延．身体权学理独立过程考．广州大学学报，2012（5）

131. 王竹，舒栎宇．医疗机构过错推定规则的理解与适用．医学与法学，2012（2）

132. 王竹，钟琴．论产品质量检验、认证机构侵权责任．东方法学，2013（5）

133. 王竹，刘洋．论缺陷产品预防性除险责任．见：北航法律评论．2013年第1辑．北京：法律出版社，2013

134. 王竹，王毅纯，邵省．全球视野下的产品责任典型案例分析．见：判解研究．2013年第2辑．北京：人民法院出版社，2013

135. 王竹，张恒．劳务派遣工作人员的侵权责任——兼论“不真正补充责任”的确立与扩展适用．法学，2013（2）

136. 王竹，周旭．机动车所有人与使用人不是同一人时的机动车一方交通事故责任分担规则．见：望江法学．2013年卷．北京：法律出版社，2013

137. 王竹，张恒．论我国侵权法上使用人替代责任的谱系化建构．四川师范大学学报（社会科学版），2013（5）

138. 魏振瀛．参加《民法通则》起草的片断回顾．见：判解研究．2006年第1辑．北京：人民法院出版社，2006

139. 魏振瀛．论请求权的性质与体系——未来我国民法典中的请求权．中外法学，2003（4）

140. 吴汉东．试论网络服务提供者的著作权侵权责任．中国法学，2011（2）

141. 伍再阳．意思联络是共同侵权行为的必备要件．现代法学，1984（2）

142. 杨立新．试论共同危险行为．法学研究，1987（5）

143. 杨立新．新中国侵权法司法解释的现状及思考．法学家，1994（2）

144. 杨立新．论公民身体权及其民法保护．法律科学，1996（6）

145. 杨立新．应当维护侵权连带责任的纯洁性——《关于审理人身损害赔偿案件适用法律若干问题的解释》规定的侵权连带责任研究．见：判解研究．2004年第6辑．北京：人民法院出版社，2004

146. 杨立新．新类型侵权行为的责任形态及其规则——对最高人民法院有关人身损害赔偿的司法解释的解读．政法学刊，2005（3）

147. 杨立新．共同侵权行为及其责任的侵权责任法立法抉择．河南省政法管理干部学院学报，2006（5）

148. 杨立新．中国医疗损害责任制度改革．法学研究，2009（4）

149. 杨立新．论产品代言连带责任及法律适用规则．政治与法律，2009（10）

150. 杨立新．《侵权责任法》规定的网络侵权责任的理解与解释．国家检察官学院学报，

2010（2）

151. 杨立新．论不动产错误登记损害赔偿责任的性质．当代法学，2010（1）

152. 杨立新．教唆人、帮助人责任与监护人责任．法学论坛，2012（3）

153. 杨立新．论不真正连带责任类型体系及规则．当代法学，2012（3）

154. 杨立新．多数人侵权行为及责任理论的新发展．法学，2012（7）

155. 杨立新．医疗产品损害责任三论．河北法学，2012（6）

156. 杨立新．中国侵权行为形态与侵权责任形态法律适用指引——中国侵权责任法重述之侵权行为形态与侵权责任形态．河南财经政法大学学报，2013（5）

157. 杨立新．最高人民法院《关于审理食品药品纠纷案件适用法律若干问题的规定》释评．法律适用，2014（3）

158. 杨立新，马桦．性骚扰行为的侵权责任形态分析．法学杂志，2005（6）

159. 杨立新，梁清．原因力的因果关系理论基础及其具体应用．法学家，2006（6）

160. 杨立新，袁雪石．论医疗机构违反告知义务的医疗侵权责任．河北法学，2006（12）

161. 杨立新，王竹．解释论视野下的《物权法》第一百六十六条和第一百六十七条——兼评用益物权编“不动产即土地”的定势思维．河南省政法管理干部学院学报，2008（1）

162. 杨立新，王竹．论侵权法上的受害人过错制度．见：私法研究（第7卷）．北京：法律出版社，2009

163. 杨立新，岳业鹏．医疗产品损害责任的法律适用规则及缺陷克服．政治与法律，2012（9）

164. 杨立新，尹艳．试论定作人指示过失的侵权责任．河北法学，1991（2）

165. 杨立新，袁雪石．论人格权请求权．法学研究，2003（6）

166. 杨立新，王竹．论侵权法上的受害人过错制度．见：私法研究（第七卷）．北京：法律出版社，2009

167. 杨丽珍．论定作人之责任．西北大学学报（哲学社会科学版），2010（1）

168. 杨向东，施向红，张振东，唐琳，潘菊新，范忠飞，史济峰．缺陷消毒产品收回模式的构建与实施．上海预防医学杂志，2010（3）

169. 杨垠红．高空不明抛掷物致害责任之比较研究．福建师范大学学报（哲学社会科学版），2014（6）

170. 姚宝华，王竹．新修改《道路交通安全法》第76条第1款第2项的解读与适用．人民司法，2008（15）

171. 尹鲁先，褚兢．国家名片索赔记——全国首例珍稀邮票赔偿案审判纪实．人民司法，1993（4）

172. 姚辉，段睿．“赔礼道歉”的异化与回归．中国人民大学学报，2012（2）

173. 姚辉．论人格权法与侵权责任法的关系．华东政法大学学报，2011（1）

174. 姚辉．赔礼道歉与“最后的手段”．法制日报，2010-08-11

175. 姚辉，梁展欣．使用人替代责任相关问题探讨．政法论丛，2010（5）

176. 姚建军．产品质量检验合格并不等于产品无缺陷．人民司法，2014（2）

177. 杨署东．转承责任基本理论问题新探．重庆大学学报（社会科学版），2010（4）

178. 杨永华，方克勤．陕甘宁边区调解工作的基本经验．法律科学，1984（2）

179. 营口市人民法院．一只小母鸡．人民司法，1959（6）

180. 尹飞．为他人行为侵权责任之归责基础．法学研究，2009（5）

181. 张谷．作为救济法的侵权法，也是自由保障法．暨南学报（哲学社会科学版），2009（2）

182. 张帆．《侵权责任法》视角下的劳务派遣雇主责任探析．中国劳动关系学院学报，2011（1）

183. 张富文．新中国初期社会主义爱国公约运动初探．北京社会科学，2009（6）

184. 张家勇．不当的方法产生不当的结论——评《劳务派遣工作人员的侵权责任》．见：民商法争鸣（第7辑），北京：法律出版社，2014

185. 张江莉．论销售者的产品责任．法商研究，2013（2）

186. 张力，郑志峰．侵权责任法中的第三人侵权行为．现代法学，2015（1）

187. 张玲，朱冬．论劳务派遣中的雇主责任．法学家，2007（4）

188. 张新宝，李玲．共同侵权的法理探讨．人民法院报，2001-11-09

189. 张新宝．最高人民法院公布的典型侵权百案类评（上）．见：侵权法评论．2003年第1辑．北京：人民法院出版社，2003

190. 张新宝，唐青林．经营者对服务场所的安全保障义务．法学研究，2003（3）

191. 张新宝，唐青林．共同侵权责任十论——以责任承担为中心重塑共同侵权理论．见：民事审判指导与参考（总第18集）．北京：法律出版社，2004

192. 张新宝，解娜娜．“机动车一方”道路交通事故赔偿义务人解析．法学家，2008（6）

193. 张新宝，任鸿雁．我国产品责任制度：守成与创新．北方法学，2012（3）

194. 朱浩然．八达岭野生动物园老虎伤人事件的法律分析——从野生动物园安全保障义务角度．法治论丛，2016（5）

195. 朱晓喆，冯洁语．产品自损、纯粹经济损失与侵权责任——以最高人民法院（2013）民申字第908号民事裁定书为切入点．交大法学，2016（1）

196. 朱岩．消灭时效制度中的基本问题：比较法上的分析——兼评我国时效立法．中外法学，2005（2）

197. 朱岩．风险社会与现代侵权责任法体系．法学研究，2009（5）

198. 赵德魁，孙承基，阎为群．对有关调处工作的几个问题的意见．法学，1958（7）

199. 张佩霖．谈谈《民法通则》规定的民事责任．政法论坛，1986（5）

200. 章亮明．派遣劳动者职务侵权时的雇主责任．法学论坛，2009（4）

201. 周翠．《侵权责任法》体系下的证明责任倒置与减轻规范——与德国法的比较．中外法学，2010（5）

202. 周宏．《侵权责任法》中劳务关系之认定．唯实，2011（11）

203. 周学峰．责任保险的社会价值及其对侵权法功能的影响．甘肃政法学院学报，2007（3）

204. 周友军．我国侵权责任形式的反思．法学杂志，2009（3）

205. 郑志峰．劳务派遣中雇主替代责任之检讨——兼评“不真正补充责任”．法学，2015（9）

（三）中文译作

1. ［古希腊］亚里士多德．尼各马可伦理学．廖申白译注．北京：商务印书馆，2005

2. ［德］埃尔温·多伊奇，汉斯-于尔根·阿伦斯．德国侵权法——侵权行为、损害赔偿及痛苦抚慰金．5版．叶名怡，温大军译．刘志阳校．北京：中国人民大学出版社，2016

3. ［德］迪特尔·梅迪库斯．德国债法总论．杜景林，卢谌译．北京：法律出版社，2003

4. ［德］迪特尔·梅迪库斯．德国债法分论．杜景林，卢谌译．北京：法律出版社，2007

5. ［德］卡尔·拉伦茨．法学方法论．陈爱娥译．北京：商务印书馆，2003

6. ［德］克雷斯蒂安·冯·巴尔．欧洲比较侵权行为法（上卷）．张新宝译．北京：法律出版社，2001

7. ［德］克雷斯蒂安·冯·巴尔．欧洲比较侵权行为法（下卷）．焦美华译．张新宝校．北京：法律出版社，2005

8. ［德］马克西米利安·福克斯．侵权行为法．齐晓琨译．北京：法律出版社，2006

9. ［美］罗斯．亚里士多德．王路译．张家龙校．北京：商务印书馆，1997

10. ［美］小詹姆斯·A. 亨德森，理查德·N. 皮尔森等．美国侵权法：实体与程序．7版．王竹，丁海俊，董春华，周玉辉译．王竹校．北京：北京大学出版社，2014

11. ［加］欧内斯特·J. 温里布．私法的理念．徐爱国译．北京：北京大学出版社，2007

12. ［意］桑德罗·斯奇巴尼选编．民法大全选译：债 契约之债．丁玫译．北京：中国政法大学出版社，1992

13. ［意］彼德罗·彭梵得．罗马法教科书．黄风译．北京：中国政法大学出版社，1992

14. ［日］圆谷峻．判例形成的日本新侵权行为法．赵莉译．北京：法律出版社，2008

15. ［英］H. L. A. 哈特，托尼·奥诺尔．法律中的因果关系．张绍谦，孙战国译．北京：中国政法大学出版社，2005

16. ［苏］坚金·布拉图斯主编．苏维埃民法（第三册）．中国人民大学法律系民法教研室译．北京：法律出版社，1957

17. ［苏］B. II. 格里巴诺夫，C. M. 科尔涅耶夫主编．苏联民法（下册）．中国社会科学院法学研究所民法经济法研究室译．北京：法律出版社，1986

（四）中文译文

1. ［奥地利］海尔穆特·库齐奥．比较法视角下的产品责任法基础问题．王竹，张晶译．求是学刊，2014（2）

2. ［南］佛·克鲁尔杰．南斯拉夫新债法的概念及其基本制度．王名扬译．盛愉校．法学译丛，1980（2）

3. 损害赔偿的减轻和公平责任．严治译．见：中国人民大学法律系民法教研室编．外国民法论文选（校内用书），1984

4. ［日］小口彦太．日本、中国、香港侵权行为法比较．法学家，1997（5）

5. ［日］小口彦太．不法行为二题．丁相顺译．见：侵权法评论．2004年第1辑．北京：人民法院出版社，2004

（五）外国法律条文中文译本

1. ［古罗马］查士丁尼．法学总论——法学阶梯．张企泰译．北京：商务印书馆，1989

2. 苏俄民法典．马骧聪，吴云琪译．王家福，程远行校．北京：中国社会科学出版

社，1980

3. 苏俄民法典．王增润译．王之相校．北京：新华书店，1950

4. 苏联民法纲要和民事诉讼纲要．中国社会科学院法学研究所译．北京：法律出版社，1963

5. 法国民法典．罗结珍译．北京：北京大学出版社，2010

6. 瑞士债务法．吴兆祥，石佳友，孙淑妍译．北京：法律出版社，2002

7. 美国法律整编・侵权行为法．刘兴善译．台北：司法周刊杂志社，1986

8. 奥地利普通民法典．周友军，杨垠红译．周友军校．北京：清华大学出版社，2013

9. 埃塞俄比亚民法典．薛军译．北京：中国法制出版社，2002

10. 巴西新民法典．齐云译，北京：中国法制出版社，2009

11. 西班牙民法典．潘灯，马琴译．北京：中国政法大学出版社，2013

12. 智利共和国民法典．徐涤宇译．香港：金桥文化出版（香港）有限公司，2002

13. 最新阿根廷共和国民法典．徐涤宇译．北京：法律出版社，2007

（六）立法资料与学者建议稿

1. 何勤华，李秀清，陈颐编．新中国民法典草案总览（上）．北京：法律出版社，2003

2. 何勤华，李秀清，陈颐编．新中国民法典草案总览（下）．北京：法律出版社，2003

3. 梁慧星主编．中国民法典草案建议稿附理由・侵权行为编・继承编．北京：法律出版社，2004

4. 石宏主编．《中华人民共和国民法总则》条文说明、立法理由及相关规定．北京：北京大学出版社，2017

5. 王利明主编．中国民法典学者建议稿及立法理由・侵权行为编．北京：法律出版社，2005

6. 王利明主编．中国民法典学者建议稿及立法理由：人格权编・婚姻家庭编・继承编．北京：法律出版社，2005

7. 杨立新主编．中华人民共和国侵权责任法草案建议稿及说明．北京：法律出版社，2007

8. 张新宝．《中国民法典・侵权行为法编草案建议稿》理由概说．见：张新宝．法路心语．北京：法律出版社，2003

9. 全国人大常委会法制工作委员会民法室编．侵权责任法立法背景与观点全集．北京：法律出版社，2010

10. 中国民法典立法研究课题组．中国民法典・侵权行为编草案建议稿．法学研究，2002（2）

11. 李建国．关于《中华人民共和国民法总则（草案）》的说明．在第十二届全国人民代表大会第五次会议上，2017-03-08

12. 李适时．关于《中华人民共和国民法总则（草案）》的说明．在第十二届全国人大常委会第二十一次会议上，2016-06-27

13. 全国人民代表大会常务委员会法律委员会．关于《中华人民共和国侵权责任法（草案）》主要问题的汇报，2008-12-22

14. 全国人民代表大会常务委员会法律委员会．关于《中华人民共和国侵权责任法（草

案)》审议结果的报告，2009-12-22

15. 全国人民代表大会法律委员会．关于《中华人民共和国民法总则（草案)》审议结果的报告．在第十二届全国人民代表大会第五次会议上，2017-03-12

16. 全国人大常委会法制工作委员会民法室编．《中华人民共和国侵权责任法》条文说明、立法理由及相关规定．北京：北京大学出版社，2010

17. 宋汝棼．全国人大法律委员会关于《中华人民共和国产品质量法（草案)》审议结果的报告．在第七届全国人民代表大会常务委员会第三十次会议上，1993-02-15

18. 宋汝棼．关于国家安全法（草案修改稿)、修改商标法的决定（草案)、关于惩治假冒注册商标犯罪的补充规定（草案)、产品质量法（草案修改稿）修改意见的汇报．在第七届全国人民代表大会常务委员会第三十次会议上，1993-02-22

19. 苏泽林．全国人民代表大会法律委员会关于《中华人民共和国消费者权益保护法修正案（草案)》审议结果的报告．在第十二届全国人民代表大会常务委员会第五次会议上，2013-10-21

20. 王汉斌．关于《中华人民共和国民法通则（草案)》的说明．在第六届全国人民代表大会第四次会议上，1986-04-02

21. 全国人民代表大会法律委员会．关于《全国人民代表大会常务委员会关于修改〈中华人民共和国消费者权益保护法〉的决定（草案)》修改意见的报告．在第十二届全国人民代表大会常务委员会第五次会议上，2013-10-24

22. 全国人民代表大会法律委员会．关于《中华人民共和国侵权责任法（草案)》主要问题的汇报．十一届全国人大常委会第六次会议，2008-12-22

（七）《中华人民共和国最高人民法院公报》刊载案例

1. 谢叶阳诉上海动物园饲养动物致人损害纠纷案．最高人民法院公报，2013（8）

2. 吴成礼等五人诉官渡建行、五华保安公司人身损害赔偿纠纷案．最高人民法院公报，2004（12）

3. 李萍、龚念诉五月花公司人身伤害赔偿纠纷案．最高人民法院公报，2002（2）

4. 李彬诉陆仙芹、陆选凤、朱海泉人身损害赔偿纠纷案．最高人民法院公报，2002（4）

5. 彭家惠诉《中国故事》杂志社名誉权纠纷案．最高人民法院公报，2002（6）

6. 王利毅，张丽霞诉上海银河宾馆赔偿纠纷案．最高人民法院公报，2001（2）

7. 江宁县东山镇副业公司与江苏省南京机场高速公路管理处损害赔偿纠纷上诉案．最高人民法院公报，2000（1）

8. 倪培璐、王颖诉中国国际贸易中心侵害名誉权纠纷案．最高人民法院公报，1993（1）

9.《遵义晚报》社侵害名誉权纠纷案．最高人民法院公报，1992（2）

10. 徐良诉《上海文化艺术报》、赵昌伟侵害名誉权纠纷案．最高人民法院公报，1990（4）

11. 胡冀超、周孔昭、石述成诉刘守忠、陈秀琴诉魏锡林、《今晚报》社名誉权纠纷案．最高人民法院公报，1990（2）

12. 康达医疗保健用品公司诉西北工商报社、陕西省医疗器械公司侵害法人名誉权纠纷案．最高人民法院公报，1990（2）

13. 王发英诉刘真及《女子文学》等四家杂志侵害名誉权纠纷案．最高人民法院公报，

1989（2）

14. 上海新亚医用橡胶厂诉武进药疗用品厂损害法人名誉权纠纷案．最高人民法院公报，1988（1）

15. 卓小红诉孙德西、重庆乳品公司侵犯肖像权纠纷案．最高人民法院公报，1987（1）

二、英文参考资料

（一）法律、重述与统一法案

1. DIRECTIVE 92/59/EEC.

2. ALI，Restatement of the Law，Second，Torts，1965—1979.

3. ALI，Restatement of the Law，Third，Torts：Products Liability，1998.

4. ALI，Restatement of the Law，Third，Torts：Apportionment of Liability，2000.

5. ALI，Restatement of the Law，Third，Torts：Liability for Physical and Emotional Harm，2009—2012.

6. NCCUSL，Uniform Contribution Among Tortfeasors Act（1939）.

7. NCCUSL，Uniform Contribution Among Tortfeasors Act（1955 Revised Act）.

8. NCCUSL，Uniform Comparative Fault Act（1977）.

9. NCCUSL，Uniform Apportionment of Tort Responsibility Act（2003）.

10. Law Reform（Miscellaneous Provisions）Act（North Ireland），1937.

11. Law Reform（Miscellaneous Provisions）（Scotland）Act，1940.

12. Model Uniform Product Liability Act of 1979.

13. Table of pre-2000 Uniform Statutes enacted，listed by statute.

（二）英文论文

1. Florence G'Sell-Macrez，Medical Malpractice and Compensation in France，86 *Chicago-Kent Law Review*，*1103*（*2011*）.

2. James A. Henderson Jr. & Aaron D. Twerski，Products Liability：Problems and Process（Sixth Edition）. *Wolters Kluwer Law & Business*，2008.

3. Robert Mac Coun，Is There a "Deep-Pocket" Bias in the Tort System? —the Concern over Biases against Deep-Pocket Defendants. *Santa Monica*，*Calif.*：*RAND*（1993）.

4. Zhu Wang，Ken Oliphant，Yangge Dance：the Process and Rhythm of the Reform of Tort Liability for Medical Malpractice in P. R. China. 87 *Chicago-Kent Law Review*，*23-25*（*2012*）.

（三）英文著作

1. Ariel Porat，Alex Stein，*Tort Liability under Uncertainty*，Oxford University Press，2001.

2. Basil S. Markesinis，Hannes Unberath，*Law of Torts*：*A Comparative Treatise*（4ed），Hart Publishing，2002.

3. Bénédict Winiger，Helmut Koziol，Bernhard A. Koch，Reinhard Zimmermann，eds.，*ssential Cases on Natural Causation*. Springer Wien New York，2007.

4. Dan B. Dobbs，*The Law of Torts*，West Group，2001.

5. Dan B，Dobbs，Paul T. Hayden，*The Law of Torts* 2008 *Supplement*（*Volume* 2），

Thomson West, 2008.

6. David G. Owen, *Products Liability (Second Edition)*, Thomson/West, 2008.

7. European Group on Tort Law, *Principles of European Tort Law: Text and Commentary*, Springer, 2005.

8. F. Dessemontet, T. Ansay, ed., *Introduction to Swiss Law (3rd)*, Kluwer Law International, 2004.

9. George A. Bermann, Etienne Picarded, *Introduction to French Law*, Kluwer Law International, 2008.

10. Glanville L. Williams, *Joint Torts and Contributory Negligence: A Study of Concurrent Fault in Great Britain, Ireland and the Common-Law Dominions*, Stevens, 1951.

11. James A. Henderson, Jr., Richard N. Pearson, Douglas A. Kysar, John A. Siliciano, *The Torts Process (7th)*, Aspen Publishers, 2007.

12. J. Spier (ed.), *Unification of Tort Law: Causation*, Kluwer Law International, 2000.

13. Ulrich Magnus, Martín-Casals (eds.), *Unification of Tort Law: Contributory Negligence*, Kluwer Law International, 2004.

14. Richard A. Epstein, *Torts*, Aspen Publishers, 1999.

15. Simon Deakin, Angus Johnston, Basil Markesinis, *Markesinis and Deakin's Tort Law*, Oxford University Press, 2008.

16. Tsachi Keren-Paz, *Torts, Egalitarianism, and Distributive Justice*, Ashgate Publishing Company, 2007.

17. Victor E. Schwartz, Evelyn F. Rowe, *Comparative Negligence*, Lexis Nexis (2007 Cumulative Supplement).

18. W. Page Keeton, et al., *Prosser and Keeton on Torts*, 5th ed., West Group, 1984.

19. W. V. H. Rogers (ed.), Unification of Tort Law: MultipleTortfeasors, Kluwer Law International, 2004.

20. W. V. H. Rogers, Winfield, Jolowicz, *On Tort* (16th ed.), London: Sweet & Maxwell, 2002.

21. Walter van Gerven, P. Larouche, J. lever, *Cases, Materials and Text on National, Supranational and International Tort Law*, Hart Publishing, 2000.

土鳖而立，To Be Early

——《侵权责任法疑难问题专题研究》（第一版）后记

辛卯年初，恩师虚岁花甲，同门聚首于京郊别墅，畅谈欢笑，其乐融融。原意待恩师六十周岁之际，正值鄙人而立有余，以新作杀青，敬祝寿比南山，谨记以师为范，始赴另一三十年学人之路。今恩师花甲以虚岁记，而吾人而立以周岁算，以本书敬致恩师，拜谢知遇之恩与培育之情；谨致自己，铭记学术理想与家庭责任；并与同仁共勉。

不觉之间，我竟也奔三了。2011 年年初，一日突然念叨“土鳖而立”，百度、Google 一番，竟属首创；在互联网时代，实为惊喜！又是一闪念，“To Be Early”，英文也是如此贴切。故本书又名《土鳖而立集》(Selections To Be Early)。待十年后不惑之时，再回首，遥望风华正茂之而立青年，当是何等感慨！

一、土鳖而立：立业与成家

“而立”的本义应是“立业”。古人结婚早，弱冠之时大多已成家。今人生活压力大，教育周期长，所以立业与成家的压力比肩而至。时间流逝，事务累积，自信而立业，温情以成家，实为幸事！

（一）立业：为徒与为师

1. 为徒八年，从学徒走向门徒

1999 年我考入中国人民大学，年方十八，初出蜀地，可谓意气风发，摩拳擦掌，大有作出一番事业之朦胧愿景。但仔细想来，当时竟无读博为学之理想，大概连研究生是何物都不知。摸爬滚打了两年多，专业没太上心，团学工作倒是做了不少。一日突然醒悟，决心静心求学，愿一生修行为学。最初选定的专业是社会学，后因家人实用主义的反对，难以抉择间，偶遇恩师，儒雅淡定之大家风范，顷刻间征服了我这个迷茫青年，故转投法学，拜入师门，于今八年有余。

八年间，从第一篇洋洋洒洒五万余字的杂乱长文缩减到一万字的精华发表，从言之无物到掷地有声，从人云亦云到独立思考，从自己文章的进步中看到的是为学的成长。从与人斗气到与人为善，从看人短处到看人长处，从认为自己很特别到认识到自己也很普通，从认为自己很牛到发现别人很牛，从恩师眼中看到的是自己的成熟。

为徒八年，屡有困惑，更多的是坚定；鲜有怠惰，常见的是勤奋；偶有拖沓，通常的是守时；少有犯错，多半是开拓。学术成长，情谊深入，自己逐渐从学徒走向门徒。

2. 为师两年，从教学走向为学

两年前，走过“博士僧”时代①，正式获得“土鳖”头衔的我，得到了四川大学法学院特批副教授的礼遇，实为意外。知遇之恩，无以为报，故勤写劳作，尽心教学。半年后获聘中国人民大学民商事法律科学研究中心侵权法研究所副所长，更激发了自己的学术热情。次年获聘硕士生导师，开始培养自己名下的学生，逐渐找到了自己的学术定位。

两年来，迎来了学术人生的多项“第一”：出版了第一本专著《侵权责任分担论》，并以该书获得了第一项省部级奖励；发表了第一篇英文论文和在台湾地区发表第一篇论文；获得了第一项社科基金资助和第一项教改项目；培养的第一位研究生顺利毕业，其论文被评为优秀硕士论文；博士论文也喜获“全国优秀博士论文提名奖”……

为师两年，从理想回归现实，从激情至逐渐淡定，从忙碌至升华充实。研习相生，教学相长，自己逐渐从教学走向为学。

（二）成家：为夫与为父

1. 为夫六年，从爱人走向丈夫

六年前，正值我硕士毕业前夕，爱妻已经决定回蓉工作，考虑到户口因素，在一个未经特别挑选的日子，我与爱妻在北京登记结婚。随后我读博三年期间，近一学期在台湾，一学年在美国，剩余时间大多待在北京。不少友人劝我读博期间把小孩要了，工作时小孩儿正好上幼儿园。我却觉得生儿育女是为人父母共同的责任，不忍让爱妻独自操劳，经济上也不希望太多依靠父母，所以此事就暂缓下来。但三年的两地分居，我终究找不到当丈夫的感觉。直到回到成都，任教于川大，才开始担当起丈夫的责任。

工作不久，老丈人突发心肌梗死去世，家庭的责任一下子重压到我身上，有一段时间心理压力很大，难以解脱。父母的支持，丈母娘的善解，爱妻的相助，使我逐渐适应了这一新的家庭和社会角色，并在工作与家庭之间找到了平衡点。最终，我走过六年的心路，而立为丈夫。

2. 为父一年，从茫然走向欣然

要小孩儿是工作后计划好的事情，爱妻怀胎十月，我工作日益忙碌。出差之时，心有牵挂；医院产检，日益频繁。在三天催产素的催促下，小女布布终于顺产降生。当父亲的喜悦，并不像电视剧或者小说中所描绘的那样涌上心头，现场的实际情况是护士程序性的交接与一片嘈杂。我径直走向刚从产房推出来的爱妻和布布。爱妻的微笑带给我安全感，布布的明眸和浓发带给我健康感，除此之外，心无旁骛。为了最大限度地不帮倒忙，腾出家庭空间，我每晚都睡在另一处房子。每天

① 参见王竹：《谨以至诚谢意向我的“博士僧”时代道别》，载王竹：《侵权责任分担论》，后记，北京，中国人民大学出版社，2009。

早上醒来顾不上洗脸，就奔回家中。如此一个半月，妻子终于出了月子，我也敢于怀抱小布布了，只是抱着有些茫然，一哭就不知所措，很快就有人接手过去，也就没我什么事情了。

大多数情况下，我都在家里将小布布放在一个我可以看见的位置，写作之余就可以看看她。由此可知，我其实单独带小布布的时候很少，自己的定位是给她“打杂”，无外乎扔尿不湿、凉开水、洗奶瓶、买东西之类，但也不亦乐乎。倒不是不愿意带，只是丈母娘和爱妻都不放心，加上请了钟点工做饭，自己倒是忙里偷闲，可以写写文章。小女乖巧，我也开了个博客，放上小女照片，与好友分享自己的喜悦。大约小女三个月的时候，不知道是否丈母娘和爱妻故意串通好了，一定要我自己照顾她几个小时，我当时又有稿件要交，就只能将布布放到车上绑好，安全第一，任凭她哭；哭得实在没有办法，只能电话催爱妻早点回来。小布布临近一岁，我又自己单独带了一次，小朋友已经通晓性情，在小区里转悠，陪我去买菜，竟然没哭。也许是自己也找到当父亲的感觉了吧，倍感欣然。

二、To Be Early：教训与经验

回顾自己从记事开始的这些年、那些事，吃下的是教训，记住的是经验。从教训到教育，希望能够授予学生，避免他们重蹈覆辙；从经历到经验，希望能够为己所用，激励前行。所以，To Be Early，有两层意思：其一，作为教训，土鳖而立（To Be Early）还太嫩；其二，作为经验，早起鸟儿（To be an early bird）有虫吃。

（一）教训：土鳖而立还太嫩

“而立”本是成熟的表现，但土鳖而立最大的问题就是还太嫩。学术嫩气，期待抛头露面；人情浅淡，难免恭维迎合；自恃学问，必致轻狂气盛；憧憬成功，屡憾铩羽而归。总结起来，教训主要有两点：

1. 为学：眼高手低，碗里锅外

鄙人曾自觉聪敏，常立志而难立长志，故眼高而手低。大多是手上的事情还没做完，下次的活儿还没开始，已经开始策划下下次的工作，正所谓“碗里”没吃净，“锅里”没添完，却已想到“锅外”，必然难成大事。到川大任教以来，踌躇满志。凡有机会总是不加选择地争取，每有合作提议总是热情参与，时有项目无不跃跃欲试，各类评奖都翘首以盼。两年下来，感觉时间越来越紧，问题越来越多，事务越来越杂，收获却日渐稀少，最让我焦虑的是，欠下了一笔“文债”，羞于见人。方知“舍得”二字重在“舍”而自成“得”。

而立之年，身心俱疲，痛下决心，以此书为诫，平心静气，踏实勤恳，了结文债，以求解脱；也以此教训赠予即将踏入学界的年轻同仁，切莫好高骛远。

2. 处事：接纳人情，拒绝潜规则

中国是个人情社会，我曾钟情世故，后倾心学术，仍善纳人情；潜规则横行，学界也非净土，偶被潜规则，倍感无奈。人情与潜规则之间，一步之遥，却如雷池内外，晴空云雨，一线之隔。有时托付的是人情，办事时才知是潜规则，或许受托之人并不知情，或许已习以为常，这是最难以抉择的情形。有时告诉你的是显规则，等待你的却是潜规则，交流时牛头不对马嘴，自然办不成事情，待到高人指点，方知其中奥妙，这却是最幸运的情形。以鄙人之个人经历，凡是侥幸托情之事，总不如正当程序办理得顺利，有时反而会误事；有时被潜规则愚弄，心理负担加重，内心难以平复，往往也达不到预期效果。

尝自问，何谓人情，何谓潜规则？今试作答：人情，人之常情，或情投意合，或礼尚往来，或投桃报李，终归落到"义"上；潜规则，有悖常情，或利益交换，或钱权交易，或有辱斯文，终归落到"利"上。然则潜规则，"以利取义，以义换利"，为人所不齿，因而谓之"潜"；市场经济，追求效益，公平竞争，自由选择，"以利谋益，崇益尚利"，无可厚非，因而谓之"显"。

我等年轻一辈，乃今日社会之希望，明日国家之脊梁，倘若不明此"潜—显"之分，将难免有被潜规则之虞。我们这个社会最大的隐忧，就是年青一代被潜规则化，然后潜规则进一步显规则化，则再无挽回之希望。故而立之前，鄙人偶被潜规则，已成往事，无以挽回。而立之后，鄙人誓言，以此书为证，接纳人情，拒绝潜规则；也以此作为对我学生的人生寄语，望能谨记践行。

（二）经验：早起鸟儿有虫吃

确切地说，机会总是留给最先有准备的人。勤能补拙，亦能先飞；林中虫少，早起先得。我辈民法学人，正值百年来中国民法典起草之黄金时期，理应奋发而图强，自强并不息。

不少友人羡慕我人生较为顺利，说我处处都"踩着了点儿"，却不知我一路走来，艰辛坎坷，历经挫折。回想起来，这种矛盾的描绘只能用"塞翁失马，焉知非福"来化解。小学五年级成绩优异，却因为当时倡导"德智体美"全面发展，体育未达标而没能跳级到初中，结果次年成都实验外国语学校开始招生，我以该校第一名分数考入，为塑造健全人格争取到了最佳出发点。高考之前曾立志以状元级分数考取一所提前录取的院校，结果最为擅长的数学和化学却"马失双蹄"，终有幸考入了中国人民大学，开启了我人生的新篇章。本科担任学生干部期间，意外落选机构负责人，却迎来了人生的华丽转身，投身学术。报考硕士，第一年考研因为看错了不止一道题目而没考上，却为后来的研习积淀了学术基础，还在第二年考研中与爱妻坠入爱河。博士生一年级国家留学基金委开始大规模资助博士生出国交流，我因已经申请了赴台交流而遗憾错过，第二年却得到了美国富布赖特基金会的资助赴美求学……

我曾在遭受挫折之后，忧郁数日而难以解脱。数日之后，天色不变，地球自转，生活还要继续，成功仍需奋斗。一步一个脚印，不可能处处“踩着了点儿”，也多有“踩空”之时。人生有得有失，关键是自己要随时提前做好准备，明白自己最需要的。遇到挫折时务求淡定，反而失望更少，惊喜颇多。

三、十年后，拿什么来不惑?

如果说弱冠之时，我尚在懵懂之中，那么如今而立之年，则对未来有些许规划。对我来说，不惑首先是做人，同时也是做学问。做人的不惑，估计得不惑之后才知道，也许要不了十年就豁然开朗，也许二十年后迷惑依旧。做学问的不惑却可以作为自己未来十年奋斗的目标。那么，十年后，拿什么来不惑呢？对我来说，就是在侵权法领域达到“引进来”“本土化”和“走出去”之三不惑。

（一）“引进来”之不惑

百年来，中国民法的整体态势是对域外法治的借鉴与移植，侵权法也不例外。我将中国侵权法的西学东渐特色，总结为“欧洲画布、美国色彩和中国精神”。有意思的是，大多数搞侵权法的人，包括我在内，并不懂德语或者法语，所以“欧洲画布”更多地源于欧洲国家民法典的中译本和有限的二手资料。美国法之所以成为比较借鉴的普遍选择，一方面受益于全国性的英语教学运动，另一方面坊间流传的美国法学会《侵权法重述·第二次》的中文译本，更是极大地丰富了我国侵权法学说中的“美国色彩”。但需要指出的是，《侵权法重述·第二次》出版于 20 世纪六七十年代，三十多年来，美国侵权法已经发生了较大变化，美国法学会已经开始第三次侵权法重述并出版了部分编章，因此，我国侵权法学说上的“美国色彩”亟待重新补色。笔者留美期间，获得了美国两位导师参与合著的 *The Torts Process* 一书第 7 版的翻译版权，回国后与几位同仁一直在倾心翻译这本百万字的巨著。几经延期，希望明年能够付梓，作为“引进来”的第一步。

如果能够有合适的机会，笔者希望能够赴欧洲交流，捡起多年前初学的法语，续走前辈德语求学之路，实现阅读欧陆侵权法第一手文献的心愿，补全自己的“欧洲画布”。参与东亚侵权法学会（AETL）起草《东亚侵权法示范法》的机遇，也使我有机会更深入地了解文化临近法域的侵权法理论和实务。十年后，愿能以更扎实的第一手资料和丰富的学术交流，达到“引进来”之不惑。

（二）“本土化”之不惑

在研习侵权法的过程中，笔者逐渐形成了“侵权责任构成论”“侵权责任分担论”和“侵权公平责任论”这一“侵权责任三论”的理论构想。其中，“侵权责任构成论”的内在伦理基础是“矫正正义”，“侵权责任分担论”的内在伦理基础是“分配正义”。在亚里士多德伦理学的框架中，矫正正义与分配正义分别是和算术比例与几何比例相对应的。正所谓“法之极，恶之极”，按照这两种数学模型对正义的实现方式，必然与现实生活不完全相符，因此在两种“正义”与现实生活的缝隙中，侵权法上才有适用“公平”进行裁判的余地，这也是“侵权责任正义论”与“侵权公平责任论”的分野所在。笔者希望通过三个方面来实现自己侵权法理论的本土化。

第一，通过完成“侵权责任三论”来推进侵权法理论体系的现代化。其中《侵权责任分担论》已经于2009年出版，感谢国家社科基金对我《侵权责任公平论》写作计划的支持，在此基础上，将最后撰写《侵权责任构成论》。

第二，通过判解研究方法，提升侵权判例法与成文法的结合程度。侵权法是民法中判例法和成文法配合程度最高的领域，但我国现在尚未全面公布判决，这对于一个每年六百多万件民事案件的国家的法治化进程来讲是不小的遗憾。希望《最高人民法院关于案例指导工作的规定》能够尽快落实，民事案例能够全面公开化，笔者也将持续关注并积极参与到这一法治进程中去。

第三，通过探求侵权法的法理基础，深化对侵权责任正当性的认识。笔者以为，侵权法的目的是保护自由，限制责任，包括对最终责任和风险责任的双重限制，否则，就不必设计复杂的归责原则、构成要件、抗辩事由和侵权责任分担形态的适用条件，直接规定“有损害就有救济”即可。这种观念的确立，还任重道远。

十年后，愿能以一本侵权法体系书，整合上述三个方面的思考，达到“本土化”之不惑。

（三）“走出去”之不惑

几次我都被学友误认为是“美国派”，大约是有过赴美的经历，写文章又没有引用过德文、法文或者日文文献的原因。其实我的个人定位是彻头彻尾的“本土派”，最有学术兴趣的三个领域是：第一，新中国前三次民法典起草过程中历次草案和相关文献，以回答“《民法通则》是怎么炼成的?”；第二，20世纪50年代和80年代翻译的苏联和东欧各国民法资料，以还原对我国民法学说形成和恢复过程中有着深刻影响的社会主义民法体系；第三，第四次“民法典”起草过程中各部法律的历次草案、修正案和相关学者建议稿以及相关文献，以把握即将形成的中国民法典的精髓。

在各种与域外学者交流的过程中，我逐渐认识到，最中国的，才是最世界的。中国侵权法理论的相对成熟与《侵权责任法》的颁布，使得侵权法领域成为改变中国法律百年来纯输入态势，实现法律输出梦想的最佳突破点。十年后，愿能以一本英文写作的中国侵权法，向世界发出中国侵权法学者的声音，达到“走出去”之不惑。

四、致谢

本书的写作得到了国家社科基金青年项目“我国侵权法上公平责任适用研究”（11CFX037）和教育部人文社会科学重点研究基地——中国人民大学民商事法律科学研究中心重点研究项目“解释论视野下的中国侵权责任法”（11MSFJD820002）

的资助，在此一并致谢。本书文责自负。

本书写作过程中，作者除了与恩师杨立新教授多次深入交流，还就部分问题请教了王利明教授、崔建远教授、郭明瑞教授、张新宝教授、姚辉教授、刘士国教授、王轶教授、梅夏英教授、孙鹏教授和朱岩教授，以及我国台湾地区王泽鉴教授、林诚二教授、邱聪智教授、潘维大教授、詹森林教授、陈聪富教授和香港城市大学丁春艳教授，并在国际会议上先后与奥地利皇家科学院欧洲侵权法研究中心主任 Oliphant 教授、美国亚利桑那大学法学院 Bublick 教授、美国南方卫理公会大学法学院 Pryor 教授、英国牛津大学伍斯特学院 Nolan 教授、澳大利亚国立大学 Lunney 教授和韩国庆熙大学法学院苏在先教授等国外学者进行过交流，在此也一并感谢。

本书的部分内容，是在与最高人民法院姚宝华法官、中国人民大学法学院郑小敏博士和刘雨林、赵尧、舒星旭、王毅纯等同学合作成果的基础上修改而成的，在本书相关专题中已经进行了说明，在此一并致谢。

本书的各专题在形成的不同阶段，除了在各种学术会议和各学术机构宣讲之外，还分别在中国人民大学法学院“明德民商法研习社”、四川大学法学院“望江法研社”、与张家勇和张金海两位师兄共同举办的“民法三人谈”，以及与马特博士、刘长秋博士、满洪杰博士、侯国跃博士、高飞博士、耿卓博士和张红博士等同仁发起的“民法典青年沙龙”的各期活动中进行过讨论，部分内容还征求过张铁薇博士、刘生亮博士、周友军博士、丁海俊博士、李昊博士、陈璐博士、王占明博士、黄忠博士、杨垠红博士、董春华博士、胡超宏博士、张玉东博士、刘召成博士和王丽莎博士的意见。向在上述学术活动中对本书提出建议和意见的学友和组织、参与上述学术活动的同学致敬！

我的硕士生刘雨林、李东岳、孙琦琳、赵晓芹、张振峰、朱律、张珏琼、张建芳、舒星旭、栾维维、蔡娜、林子焜、张链、滕彦、王蕾、冯瑶、方延、谈亮、祝婉丽、张恒、李莎莎、钟琴、舒栎宇、金靖、杨立源和吴玉章学院学生张晶、饶王林、苗可培、江霞等同学阅读了全部或者部分书稿，从读者角度对本书提出了大量修改建议和意见，使本书更适合同学们的口味，对各位同学的辛勤劳动表示感谢。

感谢四川大学法学院各位领导和同仁对我教学、研究和生活的关心与帮助，尤其是民商法教研室各位同仁的鼎力支持，让我找到了学术之家的归属感和荣誉感，激励我向着更高的目标继续努力前行。

爱妻方洁女士悉心照顾，丈母娘辛勤操劳，父母慈祥关爱，小女布布茁壮聪慧，也确保了本书的写作时间，无以为报，谨以此书深情致谢！

王　竹

电子邮件：emailtozhu@gmail.com

个人博客：xiaobaoriji.blog.163.com

2011 年 8 月 21 日　于四川大学江安校区法学院新楼办公室

图书在版编目（CIP）数据

侵权责任法疑难问题专题研究 / 王竹著．—2 版．—北京：中国人民大学出版社，2018.4
21 世纪法学研究生参考书系列
ISBN 978-7-300-25443-2

Ⅰ.①侵… Ⅱ.①王… Ⅲ.①侵权行为-民法-研究-中国-研究生-教材 Ⅳ.①D923.04

中国版本图书馆 CIP 数据核字（2018）第 011382 号

21 世纪法学研究生参考书系列
侵权责任法疑难问题专题研究（第二版）
王 竹 著
Qinquan Zerenfa Yinan Wenti Zhuanti Yanjiu

出版发行	中国人民大学出版社		
社　　址	北京中关村大街 31 号	**邮政编码**	100080
电　　话	010－62511242（总编室）		010－62511770（质管部）
	010－82501766（邮购部）		010－62514148（门市部）
	010－62515195（发行公司）		010－62515275（盗版举报）
网　　址	http://www.crup.com.cn http://www.ttrnet.com(人大教研网)		
经　　销	新华书店		
印　　刷	北京密兴印刷有限公司	**版　　次**	2012 年 5 月第 1 版 2018 年 4 月第 2 版
规　　格	170 mm×250 mm　16 开本		
印　　张	25 插页 3	**印　　次**	2018 年 4 月第 1 次印刷
字　　数	513 000	**定　　价**	59.00 元